マンキュー 経済学
I ミクロ編 第5版

N・グレゴリー・マンキュー 著

片桐満・篠 潤之介・溝口 哲郎 訳

センゲージラーニング株式会社

キャサリン、ニコラス、そしてピーターへ
私から次世代へのもう１つの貢献

Principles of Economics
Tenth Edition
N. Gregory Mankiw

Harvard University

© 2024, © 2021, © 2018
Copyright © 2024 Cengage Learning, Inc. ALL RIGHTS RESERVED.
ISBN: 978-0-357-72271-8

No part of this work covered by the copyright herein may be reproduced
or distributed in any form or by any means, except as permitted by U.S.
copyright law, without the prior written permission of the copyright owner.
Unless otherwise noted, all content is Copyright ©Cengage Learning, Inc.

学生への序文

「経済学とは、日常生活における人々の営みを研究する学問である」── 19世紀の偉大な経済学者、アルフレッド・マーシャルは、自身の教科書『経済学原理』の中でこう記している。マーシャルの時代以来、経済に関する知識は大きく蓄積されてきたが、経済学についてのこの定義は、1890年に彼の教科書の初版が出版された当時と同様、今日も変わらず真実である。

では、21世紀の学生であるあなたはなぜ経済学を学ぶべきなのだろうか？ 3つの理由がある。

経済学を学ぶ第1の理由は、あなたが生きている世界を理解するのに役立つからである。経済に関する多くの疑問が、あなたの知的好奇心を刺激するだろう。なぜニューヨーク市ではアパートを見つけることが難しいのか？ 航空会社が土曜の夜を含む往復便のチケット料金を安く設定するのはなぜだろうか？ なぜスカーレット・ヨハンソンは映画出演であれほど高額な報酬を得られるのだろうか？ 多くのアフリカ諸国で生活水準がこれほどまでに低いのはなぜか？ ある国ではインフレ率が高く、別の国では物価が安定しているのはなぜか？ なぜある年には仕事が見つけやすく、別のある年には見つけにくいのだろうか？ こうした疑問はほんの一例にすぎないが、経済学の授業を少し受講するだけで、これらの疑問に答える手助けが得られるであろう。

経済学を学ぶ第2の理由は、経済活動におけるより鋭敏な参加者になれるからである。人生を通じて、あなたは数多くの経済的な意思決定を行うことになる。学生として、学校に何年間在籍するかを決めなくてはならない。働きはじめたら、収入のうちどれだけを使い、どれだけを貯蓄し、その貯蓄をどのように投資するかを決めなくてはならない。将来、もし小規模なビジネスや、あるいは大企業を経営する立場になれば、何人の従業員を雇って、製品価格をいくらに設定するかを決めなくてはならない。経済学を学ぶことで、これらの意思決定を最適に行うための視点を獲得することができる。本書の各章を学ぶことだけでただちに裕福になれるわけではないが、こうした意思決定をするための手助けとなるであろう。

経済学を学ぶ第3の理由は、経済政策の可能性とその限界についての深い理解を得られるからである。経済問題は、常に市長室や州知事官邸、あるいはホワイトハウスにいる政策立案者たちの大きな関心事である。異なる税制の負担の大きさはどの程度か？ 他国と自由貿易をすることの効果は何か？ 何が環境保護のための最良の方法か？ 政府の財政赤字は経済成長にいかなる影響を及ぼすのか？ 有権者として、あなたは社会における資源配分を行う政策を選択する責任を担っている。経済学の知識は、その責任を果たす上で有用である。そして、いつの日か、あなた自身が政策立案者の1人になるかもしれない。

経済学の原則は、人生のさまざまな場面で使うことができる。将来、あなたがニュースを追いかけていようと、ビジネスを運営していようと、あるいはホワイトハウスの大統領執務室に座っていようと、経済学を学んでおいてよかったと思うであろう。

2022年5月

N・グレゴリー・マンキュー

原書「Principles of Economics 10版」と翻訳書の対応表

章タイトル (原書)	章タイトル (翻訳書)	原書10版	ミクロ編 第5版	マクロ編 第5版	入門経済学 第4版
Ten Principles of Economics	経済学の10原則	1	1	1	1
Thinking Like an Economist	経済学者らしく考えよう	2	2	2	2
Interdependence and the Gains from Trade	相互依存と交易の便益	3	3	3	3
The Market Forces of Supply and Demand	市場における需要と供給	4	4	4	4
Elasticity and Its Application	弾力性とその応用	5	5		4章付論
Supply, Demand, and Government Policies	需要、供給および政府の政策	6	6		5
Consumers, Producers, and the Efficiency of Markets	消費者、生産者、市場の効率性	7	7		6
Application: The Costs of Taxation	応用：租税のコスト	8	8		6章付論
Application: International Trade	応用：国際貿易	9	9		
Externalities	外部性	10	10		
Public Goods and Common Resources	公共財と共有資源	11	11		
The Economics of Healthcare	医療経済学	12	12		
The Design of the Tax System	税制の設計	13	13		
The Costs of Production	生産コスト	14	14		7
Firms in Competitive Markets	競争市場における企業	15	15		
Monopoly	独占	16	16		
Monopolistic Competition	独占的競争	17	17		
Oligopoly	寡占	18	18		
The Markets for the Factors of Production	生産要素の市場	19	19		
Earnings and Discrimination	収入と差別	20	20		
Income Inequality and Poverty	所得格差と貧困	21	21		
The Theory of Consumer Choice	消費者選択の理論	22	22		7章付論
Frontiers in Microeconomics	ミクロ経済学の最前線	23	23		
Measuring a Nation's Income	国民所得の計測	24		5	8
Measuring the Cost of Living	生活コストの計測	25		6	9
Production and Growth	生産と成長	26		7	10
Saving, Investment, and the Financial System	貯蓄、投資、金融システム	27		8	11
The Basic Tools of Finance	ファイナンスの基本的な分析ツール	28		9	
Unemployment	失業	29		10	
The Monetary System	貨幣システム	30		11	11章付論1
Money Growth and Inflation	貨幣量の成長とインフレーション	31		12	11章付論2
Open-Economy Macroeconomics: Basic Concepts	開放経済のマクロ経済学：基礎的概念	32		13	13
A Macroeconomic Theory of the Open Economy	開放経済のマクロ経済理論	33		14	
Aggregate Demand and Aggregate Supply	総需要と総供給	34		15	12
The Influence of Monetary and Fiscal Policy on Aggregate Demand	金融・財政政策が総需要に与える影響	35		16	
The Short-Run Trade-off between Inflation and Unemployment	インフレーションと失業の短期的なトレードオフ	36		17	
Six Debates over Macroeconomic Policy	マクロ経済政策に関する6つの議論	37		18	
Appendix: How Economists Use Data	補論：経済学者はどのようにデータを活用するか	38	24	19	付録 補論

もくじ

学生への序文／iii

原書と翻訳書の対応表／iv

第I部　イントロダクション

第1章　経済学の10原則 ……………………………………………………………… 1

1 人々はどのように意思決定するか ……… 2

1-1 原則1：人々はトレードオフに直面する ……… 2

1-2 原則2：何かのコストとは、それを手に入れるために諦めたもので測られる ……… 4

1-3 原則3：合理的な人々は「限界的に」考える ……… 4

1-4 原則4：人々はインセンティブに反応する ……… 6

2 人々はどのように影響しあうか ……… 8

2-1 原則5：交易によって全員の経済的状況を改善させることができる ……… 8

2-2 原則6：通常、市場は経済活動をまとめあげる良い方法である ……… 8

　FYI 知識を深める　アダム・スミスと見えざる手／10

　ケーススタディ　もしウーバーがある時代にアダム・スミスが生きていたら……／10

2-3 原理7：政府は市場のもたらす結果を改善できる場合がある ……… 11

3 経済は全体としてどのように動くか ……… 13

3-1 原則8：一国の生活水準は、財・サービスの生産能力に依存する ……… 13

3-2 原則9：政府が過剰な量の貨幣を印刷すると、物価は上昇する ……… 14

3-3 原則10：社会は、インフレーションと失業の短期的なトレードオフに直面する ……… 15

4 結論 ……… 16

本章のポイント／17　　理解度確認テスト／17　　演習と応用／18　　理解度確認クイズの解答／19

第2章　経済学者らしく考えよう ……………………………………………………… 21

1 科学者としての経済学者 ……… 22

1-1 科学的方法：観察、理論、そしてさらなる観察 ……… 22

1-2 仮定の役割 ……… 23

1-3 経済モデル ……… 24

1-4 経済モデルその1：フロー循環図 ……… 25

1-5 経済モデルその2：生産可能性フロンティア ……… 26

1-6 ミクロ経済学とマクロ経済学 ……… 30

2 政策アドバイザーとしての経済学者 ……… 31

  2-1 記述的分析と規範的分析 ……… 32

  2-2 ワシントンのエコノミスト ……… 33

  2-3 経済学者の提案がしばしば実行にうつされないのはなぜか ……… 34

3 経済学者間で意見が異なるのはなぜか ……… 35

  3-1 科学的判断についての意見の不一致 ……… 36

  3-2 価値観についての意見の不一致 ……… 36

  3-3 知覚 vs 現実 ……… 37

  専門家の見方 チケットの転売／38

4 さあ、はじめよう！ ……… 38

  本章のポイント／39　　理解度確認テスト／40　　演習と応用／40　　理解度確認クイズの解答／41

補論 グラフについての簡単なまとめ ……… 42

● 1変数のグラフ ……… 42

● 2変数のグラフ：座標系 ……… 42

● 座標系における曲線 ……… 44

● 傾き ……… 47

● 因果関係 ……… 49

第3章 相互依存と交易の便益 ……… 53

1 現代の経済についてのたとえ話 ……… 54

  1-1 生産可能性 ……… 55

  1-2 生産特化と交易 ……… 57

2 比較優位：専門特化の原動力 ……… 59

  2-1 絶対優位 ……… 59

  2-2 機会費用と比較優位 ……… 59

  2-3 比較優位と交易 ……… 60

  2-4 交易の価格 ……… 61

  FYI 知識を深める　アダム・スミスとデヴィッド・リカードの遺産／62

3 比較優位原則の応用例 ……… 63

  3-1 大坂なおみは自分で芝生を刈るべきか ……… 63

  3-2 アメリカ合衆国は、他国と貿易すべきか ……… 64

  専門家の見方 中国とアメリカの貿易／65

4 結論 ……… 66

  本章のポイント／66　　理解度確認テスト／66　　演習と応用／67　　理解度確認クイズの解答／68

第II部 市場はいかに機能するか

第4章 市場における需要と供給 ……… 69

1 市場と競争 ……… 69
- **1-1** 市場とは何か ……… 70
- **1-2** 競争とは何か ……… 70

2 需要 ……… 71
- **2-1** 需要曲線：価格と需要量の関係 ……… 72
- **2-2** 市場の需要と個人の需要 ……… 73
- **2-3** 需要曲線のシフト ……… 74
  - ケーススタディ 喫煙を減らす2つの方法／76

3 供給 ……… 78
- **3-1** 供給曲線：価格と供給量の関係 ……… 78
- **3-2** 市場の供給と個人の供給 ……… 79
- **3-3** 供給曲線のシフト ……… 79

4 需要と供給 ……… 82
- **4-1** 均衡 ……… 83
- **4-2** 均衡の変化を分析する際の3つのステップ ……… 85

5 結論：資源配分における価格の役割 ……… 89
  - 専門家の見方 価格のつり上げ／90

本章のポイント／91　理解度確認テスト／91　演習と応用／92　理解度確認クイズの解答／93

第5章 弾力性とその応用 ……… 95

1 需要の弾力性 ……… 96
- **1-1** 需要の価格弾力性とその決定要因 ……… 96
- **1-2** 需要の価格弾力性の計算方法 ……… 97
- **1-3** 中間点の手法：パーセント変化率および弾力性を求めるよりよい方法 ……… 98
- **1-4** 需要曲線の多様さ ……… 99
- **1-5** 総収入と需要の価格弾力性 ……… 101
  - FYI 知識を深める 現実の世界における弾力性：いくつかの例／103
- **1-6** 需要曲線が線形のときの弾力性と総収入 ……… 103
- **1-7** そのほかの需要弾力性 ……… 105

2 供給の弾力性 ……… 106
- **2-1** 供給の価格弾力性とその決定要因 ……… 106
- **2-2** 供給の価格弾力性の計算方法 ……… 107
- **2-3** 供給曲線の多様さ ……… 107

3 供給・需要・弾力性に関する３つの応用 ……… 110

   3-1 農業にとっての良いニュースが、農家にとっては悪いニュースになることはありうるか ……… 110

   3-2 OPECが原油価格を高い水準で維持することができなかったのはなぜか ……… 112

   3-3 麻薬の禁止は麻薬関連の犯罪を増やすか減らすか ……… 114

4 結論 ……… 116

  本章のポイント／116   理解度確認テスト／117   演習と応用／117   理解確認クイズの解答／119

第6章 需要、供給および政府の政策 ……… 121

1 価格規制がもたらす意外な効果 ……… 122

   1-1 価格上限は市場の結果にどのような影響を及ぼすか ……… 122

    ケーススタディ ガソリンスタンドに長蛇の列を作る方法／124

    ケーススタディ 家賃規制が長期的に住宅不足を引き起こす理由／125

    専門家の見方 家賃規制／127

   1-2 価格下限は市場の成果にどう影響するか ……… 127

    ケーススタディ 最低賃金をめぐる論争／128

    専門家の見方 最低賃金／130

   1-3 価格規制の評価 ……… 131

2 税の帰着の興味深い研究 ……… 132

   2-1 売り手への課税は市場の結果にどう影響するか ……… 132

   2-2 買い手への課税が市場の結果にどう影響するか ……… 134

    ケーススタディ 議会は給与税の負担を分散できるか？／136

   2-3 弾力性と税の帰着 ……… 136

    ケーススタディ 奢侈税は誰が払うのか？／138

3 結論 ……… 139

  本章のポイント／140   理解度確認テスト／140   演習と応用／141   理解確認クイズの解答／142

第Ⅲ部 市場と厚生

第7章 消費者、生産者、市場の効率性 ……… 143

1 消費者余剰 ……… 144

   1-1 支払用意 ……… 144

   1-2 需要曲線を用いた消費者余剰の測定 ……… 145

   1-3 物価の引き下げはどのように消費者余剰を高めるのか ……… 147

   1-4 消費者余剰は何を測っているのか ……… 148

2 生産者余剰 ……… 149

   2-1 コストと受取用意 ……… 149

   2-2 供給曲線による生産者余剰の測定 ……… 150

   2-3 価格が高いほど生産者余剰が増加する仕組み ……… 152

3 市場の効率性 ……… 154

   3-1 善意ある社会計画者 ……… 154

   3-2 市場均衡の評価 ……… 155

   ケーススタディ 臓器市場は存在すべきか？／157

   専門家の見方 腎臓の供給／158

4 結論：市場の効率性と市場の失敗 ……… 159

  本章のポイント／160　　理解度確認テスト／161　　演習と応用／161　　理解度確認クイズの解答／162

第**8**章　応用：租税のコスト ……………………………………………………… 163

1 課税の死荷重 ……… 164

   1-1 税が市場参加者に与える影響 ……… 165

   1-2 死荷重と取引からの利益 ……… 167

2 死荷重の決定要因 ……… 169

   ケーススタディ 死荷重についての論争／170

3 税が変化したときの死荷重と税収 ……… 172

   ケーススタディ ラッファー曲線とサプライサイド経済学／174

   専門家の見方 ラッファー曲線／175

4 結論 ……… 176

  本章のポイント／177　　理解度確認テスト／177　　演習と応用／177　　理解度確認クイズの解答／179

第**9**章　応用：国際貿易 ……………………………………………………………… 181

1 貿易の決定要因 ……… 182

   1-1 貿易がないときの均衡 ……… 182

   1-2 世界価格と比較優位 ……… 183

2 貿易の勝者と敗者 ……… 184

   2-1 輸出国の便益と損失 ……… 184

   2-2 輸入国の便益と損失 ……… 186

   2-3 関税の影響 ……… 188

   FYI 知識を深める 輸入割当：貿易を制限するもう１つの方法／190

   2-4 貿易政策についての結論 ……… 190

   2-5 国際貿易がもたらすそのほかの便益 ……… 191

3 貿易制限を巡る議論 ……… 193

   3-1 雇用についての議論 ……… 193

   3-2 安全保障についての議論 ……… 194

   3-3 「幼稚産業」についての議論 ……… 194

   3-4 不公平な競争についての議論 ……… 195

   3-5 交渉の切り札としての保護措置についての議論 ……… 195

   専門家の見方 貿易協定と関税／196

   ケーススタディ 貿易協定と世界貿易機関／196

4 結論 ……… 198

  本章のポイント／199　　理解度確認テスト／200　　演習と応用／200　　理解度確認クイズの解答／202

ix

第IV部　公共部門の経済学

第10章　外部性 ……………………………………………………………………… 203

1 外部性と市場の非効率性 ……… 205

  1-1 厚生経済学：まとめ ……… 205

  1-2 負の外部性 ……… 206

  1-3 正の外部性 ……… 207

  ケーススタディ　技術波及効果、産業政策、特許保護／208

2 外部性をめぐる公共政策 ……… 210

  2-1 直接規制政策：規制 ……… 210

  専門家の見方　新型コロナワクチン／211

  2-2 市場ベースの政策1：補正的課税と補助金 ……… 211

  ケーススタディ　なぜガソリンはこれほどの重い税を課されるのか／212

  2-3 市場ベースの政策2：取引可能な汚染排出権 ……… 213

  2-4 汚染の経済分析に対する異議申し立て ……… 216

  ケーススタディ　気候変動と炭素税／216

  専門家の見方　炭素税／218

3 外部性の私的解決策 ……… 219

  3-1 私的解決策の種類 ……… 219

  3-2 コースの定理 ……… 220

  3-3 私的な解決策が必ずしもうまくいかない理由 ……… 221

4 結論 ……… 222

  本章のポイント／223　　理解度確認テスト／223　　演習と応用／224　　理解度確認クイズの解答／225

第11章　公共財と共有資源 …………………………………………………………… 227

1 異なる種類の財 ……… 228

2 公共財 ……… 230

  2-1 フリーライダー問題 ……… 230

  2-2 重要な公共財 ……… 231

  ケーススタディ　灯台は公共財か？／233

  2-3 費用便益分析の難しい仕事 ……… 233

  ケーススタディ　生命の価値はいくらか？／234

3 共有資源 ……… 236

  3-1 コモンズの悲劇 ……… 236

  3-2 重要な共有資源 ……… 237

  専門家の見方　混雑料金／237

  ケーススタディ　ウシが絶滅しない理由／238

4 結論：所有権と政府の行動 ┈┈┈ 240

本章のポイント／240   理解度確認テスト／241   演習と応用／241   理解度確認クイズの解答／242

第12章 医療経済学 ┈┈┈┈┈┈┈┈┈┈┈┈┈┈┈┈┈┈┈┈┈┈┈┈┈┈┈┈┈┈ 243

1 医療市場（ヘルスケア市場）の特徴 ┈┈┈ 244

1-1 外部性の宝庫 ┈┈┈ 245

ケーススタディ ワクチン接種に対するためらい／246

1-2 品質の監視の難しさ ┈┈┈ 247

1-3 保険市場とその不完全性 ┈┈┈ 248

1-4 権利としての医療 ┈┈┈ 250

1-5 医療市場を規制するルール ┈┈┈ 251

2 アメリカの医療システムに関する主な事実 ┈┈┈ 253

2-1 人々の長寿化・高齢化 ┈┈┈ 253

2-2 医療支出は経済の成長に伴って増加している ┈┈┈ 254

専門家の見方 ボーモルのコスト病／256

2-3 アメリカの医療支出は特に高い ┈┈┈ 256

2-4 医療支出に占める自己負担の比率は減少傾向にある ┈┈┈ 258

専門家の見方 キャデラック税／259

3 結論：医療政策をめぐる議論 ┈┈┈ 260

本章のポイント／261   理解度確認テスト／261   演習と応用／262   理解度確認クイズの解答／263

第13章 税制の設計 ┈┈┈┈┈┈┈┈┈┈┈┈┈┈┈┈┈┈┈┈┈┈┈┈┈┈┈┈┈┈┈┈ 265

1 アメリカの税制：全体像 ┈┈┈ 266

1-1 連邦政府が徴収する税 ┈┈┈ 267

1-2 州および地方政府が徴収する税 ┈┈┈ 269

2 税と効率性 ┈┈┈ 271

2-1 死荷重 ┈┈┈ 271

ケーススタディ 所得と消費のどちらに課税すべきか？／272

2-2 事務負担 ┈┈┈ 273

2-3 限界税率と平均税率 ┈┈┈ 274

専門家の見方 最高限界税率／274

2-4 一括税 ┈┈┈ 275

3 税と公平性 ┈┈┈ 275

3-1 応益原則 ┈┈┈ 276

3-2 応能原則 ┈┈┈ 277

ケーススタディ 税負担はどのように分担されるのか？／278

3-3 税の帰着と租税の公平性 ┈┈┈ 279

ケーススタディ 法人所得税は誰が払うのか？／280

4 結論：公平性と効率性のトレードオフ ┈┈┈ 281

本章のポイント／282   理解度確認テスト／283   演習と応用／283   理解度確認クイズの解答／284

xi

第V部　企業行動と産業組織

第14章　生産コスト ···················· 285

1 コスト（費用）とは何か ········ 286
- **1-1** 総収入、総費用、利潤 ········ 286
- **1-2** 機会費用が重要な理由 ········ 287
- **1-3** 資本コストは機会費用である ········ 287
- **1-4** 経済学者と会計士の利潤の測定の相違 ········ 288

2 生産とコスト ········ 289
- **2-1** 生産関数 ········ 290
- **2-2** 生産関数から総費用曲線へ ········ 292

3 コストに関するさまざまな尺度 ········ 293
- **3-1** 固定費用と可変費用 ········ 294
- **3-2** 平均費用と限界費用 ········ 294
- **3-3** 費用曲線とその形状 ········ 295
- **3-4** 典型的な費用曲線 ········ 298

4 短期と長期のコスト ········ 299
- **4-1** 短期平均総費用と長期平均総費用の関係 ········ 299
- **4-2** 規模の経済性と不経済性 ········ 300
- **FYI** 知識を深める　あるビン工場からの教訓／301

5 結論 ········ 302

本章のポイント／303　　理解度確認テスト／303　　演習と応用／304　　理解度確認クイズの解答／306

第15章　競争市場における企業 ···················· 307

1 競争市場とは何か ········ 308
- **1-1** 競争の意味 ········ 308
- **1-2** 競争企業の収入 ········ 309

2 利潤最大化と競争企業の供給曲線 ········ 310
- **2-1** 利潤最大化の簡単な例 ········ 310
- **2-2** 限界費用曲線と企業の供給の決定 ········ 312
- **2-3** 企業の短期における操業停止の決定 ········ 313
- **2-4** こぼれた水とその他のサンクコスト ········ 315
- **ケーススタディ**　空席の多いレストランとシーズンオフのパターゴルフ／316
- **2-5** 市場から退出するか参入するか、企業の長期的意思決定 ········ 317
- **2-6** グラフで見る競争企業の利潤測定 ········ 317
- **2-7** 要約 ········ 319

3 競争市場における供給曲線 ········ 320
- **3-1** 短期：企業数が一定の場合の市場供給 ········ 321

3-2 長期：参入と退出がある場合の市場供給 ……… 321

3-3 なぜ利潤がゼロでも競争企業は事業を続けるのか ……… 322

3-4 短期と長期における需要のシフト ……… 324

3-5 長期供給曲線の傾きが右上がりになる理由 ……… 324

4 結論：供給曲線の裏側にあるもの ……… 327

本章のポイント／327　理解度確認テスト／328　演習と応用／328　理解度確認クイズの解答／330

第16章　独占 ……………………………………………………………………… 331

1 なぜ独占が生まれるのか ……… 332

1-1 資源の独占 ……… 333

1-2 政府による独占 ……… 333

1-3 自然独占 ……… 334

2 独占企業が生産と価格決定を行う方法 ……… 335

2-1 独占と競争 ……… 335

2-2 独占企業の収入 ……… 337

2-3 利潤の最大化 ……… 338

　FYI 知識を深める　独占企業に供給曲線がない理由／340

2-4 独占企業の利潤 ……… 341

　ケーススタディ　独占的医薬品とジェネリック医薬品／342

3 独占の厚生コスト ……… 343

3-1 死荷重 ……… 344

3-2 独占利潤は社会的コストか ……… 346

4 価格差別 ……… 347

4-1 価格づけに関するたとえ話 ……… 347

4-2 たとえ話の教訓 ……… 349

4-3 価格差別の分析 ……… 349

4-4 価格差別の例 ……… 351

5 独占企業に対する公共政策 ……… 352

5-1 独占禁止法による競争の拡大 ……… 352

5-2 規制 ……… 353

　専門家の見方　合併と競争／354

5-3 公的所有 ……… 355

5-4 何よりも、危害を加えないこと ……… 355

6 結論：独占の広がり ……… 356

本章のポイント／358　理解度確認テスト／358　演習と応用／359　理解度確認クイズの解答／362

第17章　独占的競争 ……………………………………………………………… 363

1 独占と完全競争の間 ……… 364

2 差別化された製品による競争 ……… 366

2-1 短期における独占的競争企業 ……… 366

2-2 長期均衡 ……… 367

xiii

2-3 独占的競争と完全競争 ········ 369

2-4 独占的競争と社会的厚生 ········ 370

3 広告 ········ 372

3-1 広告をめぐる論争 ········ 372

ケーススタディ 広告が価格に与える影響／373

3-2 品質のシグナルとしての広告 ········ 374

3-3 ブランド名 ········ 375

4 結論 ········ 377

本章のポイント／378　　理解度確認テスト／379　　演習と応用／379　　理解度確認クイズの解答／380

第18章　寡占 381

1 少数の売り手の市場 ········ 382

1-1 複占の例 ········ 382

1-2 競争、独占、カルテル ········ 382

1-3 寡占の均衡 ········ 384

1-4 寡占の規模が市場の結果に与える影響 ········ 385

専門家の見方 市場シェアと市場支配力／386

2 協調の経済学 ········ 387

2-1 囚人のジレンマ ········ 387

2-2 寡占と囚人のジレンマ ········ 389

ケーススタディ OPECと世界の石油市場／390

2-3 囚人のジレンマの他の例 ········ 391

2-4 囚人のジレンマと社会厚生 ········ 392

2-5 人はなぜ協調するのか ········ 393

ケーススタディ 囚人のジレンマのトーナメント大会／394

3 寡占企業に対する公共政策 ········ 395

3-1 取引の制限と反トラスト法（独占禁止法） ········ 395

ケーススタディ 違法電話／396

3-2 反トラスト政策をめぐる論争 ········ 397

専門家の見方 デジタル経済における独占禁止法／399

ケーススタディ マイクロソフトのケース／400

4 結論 ········ 402

本章のポイント／402　　理解度確認テスト／403　　演習と応用／403　　理解度確認クイズの解答／405

第VI部　労働市場の経済学

第19章　生産要素の市場 407

1 労働需要 ········ 408

1-1 利潤を最大化する競争的企業 ……… 409

1-2 生産関数と労働の限界生産物 ……… 409

1-3 限界生産物の価値と労働需要 ……… 411

1-4 労働需要曲線をシフトさせるものは何か ……… 413

FYI 知識を深める　投入物需要と生産物供給：コインの裏表／413

2 労働供給 ……… 414

2-1 仕事と余暇のトレードオフ ……… 415

2-2 何が労働供給曲線をシフトさせるのか ……… 415

3 労働市場の均衡 ……… 416

3-1 労働供給のシフト ……… 417

専門家の見方　移民／419

ケーススタディ　移民論議／419

3-2 労働需要のシフト ……… 420

ケーススタディ　生産性と賃金／421

4 その他の生産要素：土地と資本 ……… 423

4-1 土地と資本の市場における均衡 ……… 423

FYI 知識を深める　資本所得とは何か？／424

4-2 生産要素間の連関 ……… 425

ケーススタディ　ペスト（黒死病）の経済学／425

5 結論 ……… 426

本章のポイント／427　　理解度確認テスト／427　　演習と応用／428　　理解度確認クイズの解答／430

第20章　収入と差別 ……… 431

1 賃金の決定要因 ……… 432

1-1 補償賃金格差 ……… 432

1-2 人的資本 ……… 432

ケーススタディ　スキルの価値の上昇／433

専門家の見方　格差とスキル／434

1-3 能力、努力、そして機会 ……… 435

ケーススタディ　美しさの便益／436

1-4 教育についてのもう1つの見方：シグナリング ……… 437

1-5 スーパースター現象 ……… 437

1-6 均衡水準より低い賃金：モノプソニー ……… 438

専門家の見方　労働市場における競争／439

1-7 均衡水準より高い賃金：最低賃金法、労働組合、および効率賃金 ……… 439

2 差別の経済学 ……… 441

2-1 労働市場の差別を測定する ……… 441

ケーススタディ　エミリーはラキーシャよりも雇用されやすいのか？／442

2-2 雇用主による差別 ……… 443

ケーススタディ　分離された路面電車と利潤動機／444

2-3 顧客や政府による差別 ……… 445

ケーススタディ スポーツにおける差別／446

2-4 統計的差別 ……… 446

3 結論 ……… 448

本章のポイント／448　理解度確認テスト／449　演習と応用／449　理解度確認クイズの解答／450

第21章　所得格差と貧困 ……………………………………………………………………………… 451

1 格差の計測 ……… 452

1-1 アメリカにおける所得格差 ……… 452

1-2 世界における格差 ……… 453

FYI 知識を深める　超富裕層の所得／454

1-3 貧困率 ……… 455

1-4 貧困率の計測における問題点 ……… 457

1-5 所得階層の移動 ……… 459

ケーススタディ 所得格差に関する生涯の見通し／460

2 所得再分配の政治哲学 ……… 461

2-1 功利主義の伝統 ……… 461

2-2 自由契約主義の伝統 ……… 463

2-3 リバタリアンの伝統 ……… 464

3 貧困削減のための政策 ……… 466

3-1 最低賃金法 ……… 466

3-2 経済的福祉 ……… 467

3-3 負の所得税 ……… 468

3-4 現物給付 ……… 469

3-5 貧困対策プログラムと労働意欲 ……… 469

4 結論 ……… 471

本章のポイント／472　理解度確認テスト／472　演習と応用／473　理解度確認クイズの解答／474

第Ⅶ部　さらなる学習のためのトピック

第22章　消費者選択の理論 ……………………………………………………………………………… 475

1 予算制約線：消費者が買えるもの ……… 476

1-1 消費機会をグラフで表す ……… 476

1-2 予算制約線の変化 ……… 477

2 選好：消費者が望むもの ……… 479

2-1 無差別曲線で選好を表す ……… 479

2-2 無差別曲線の4つの性質 ……… 481

2-3 無差別曲線の2つの極端なケース ……… 483

3 最適化：消費者は何を選択するのか ……… 484

xvi

3-1 消費者の最適選択 ┈┈┈ 484

FYI 知識を深める 効用：選好と最適化を表すもう 1 つの方法／486

3-2 所得の変化が消費者の選択に与える影響 ┈┈┈ 486

3-3 価格の変化が消費者の選択に与える影響 ┈┈┈ 487

3-4 所得効果と代替効果 ┈┈┈ 488

3-5 需要曲線の導出 ┈┈┈ 491

4 3つの応用 ┈┈┈ 492

4-1 すべての需要曲線の傾きは右下がりか ┈┈┈ 492

ケーススタディ ギッフェン財を探して／493

4-2 賃金は労働供給にどう影響するか ┈┈┈ 494

ケーススタディ 労働供給における所得効果：歴史的趨勢、宝くじの当選者、カーネギーの仮説／497

4-3 金利は家計の貯蓄にどう影響するか ┈┈┈ 498

5 結論：人は本当にこのように考えるのか ┈┈┈ 501

本章のポイント／502　　理解度確認テスト／502　　演習と応用／503　　理解度確認クイズの解答／504

第23章　ミクロ経済学の最前線 ┈┈┈┈┈┈┈┈┈┈┈┈┈┈┈┈┈┈┈┈┈┈┈┈┈┈┈ 505

1 情報の非対称性 ┈┈┈ 506

1-1 隠れた行動：プリンシパル、エージェント、モラルハザード ┈┈┈ 506

FYI 知識を深める 株式会社経営／507

1-2 隠れた特性：逆選択とレモン問題 ┈┈┈ 508

1-3 私的情報を伝えるシグナリング ┈┈┈ 509

ケーススタディ シグナルとしての贈り物／510

1-4 私的情報を明らかにするスクリーニング ┈┈┈ 511

1-5 情報の非対称性と公共政策 ┈┈┈ 511

2 政治経済学 ┈┈┈ 513

2-1 コンドルセの投票パラドックス ┈┈┈ 513

2-2 アローの不可能性定理 ┈┈┈ 514

2-3 中位投票者は王である ┈┈┈ 515

2-4 政治家も人間である ┈┈┈ 517

3 行動経済学 ┈┈┈ 518

3-1 人は必ずしも合理的ではない ┈┈┈ 518

3-2 人々は公平さを重視する ┈┈┈ 520

3-3 人々は時間とともに一貫性を失う ┈┈┈ 521

専門家の見方 行動経済学／522

4 結論 ┈┈┈ 523

本章のポイント／524　　理解度確認テスト／524　　演習と応用／524　　理解度確認クイズの解答／526

第24章　補論：経済学者はどのようにデータを活用するか ┈┈┈┈┈┈┈┈┈┈┈ 527

1 経済学者が分析対象にするデータ ┈┈┈ 528

1-1 実験データ ┈┈┈ 528

ケーススタディ よりよい機会への移動プログラム／529

xvii

1-2 観察データ ……… 529

1-3 データの３つのタイプ ……… 531

2 経済学者はデータを用いて何をするか ……… 531

2-1 経済を描写する ……… 532

2-2 関係性を数量化する ……… 532

2-3 仮説を検定する ……… 533

2-4 将来を予想する ……… 533

ケーススタディ FRB/USモデル／534

3 データ分析の手法 ……… 535

3-1 最良推定値を見つける ……… 535

3-2 不確実性を測定する ……… 538

3-3 交絡変数を説明する ……… 540

3-4 因果関係を特定する ……… 542

ケーススタディ 兵役が一般市民の所得に与える影響／544

4 結論 ……… 546

本章のポイント／546　　理解度確認テスト／547　　演習と応用／547　　理解度確認クイズの解答／547

訳者あとがき／548

用語集／550

索引／559

Part I Introduction

第1章

Chapter 1
Ten Principles of Economics

経済学の10原則

　経済という語は、ギリシャ語の「oikonomos（家計を管理する者）」という言葉に由来する。家計と経済の関係は、はじめは明確ではないかもしれない。しかし実際は、多くの共通点がある。

　現代では、どのような家計においても、そのメンバーは終わることのない意思決定に直面している。彼らは何らかの方法によって、誰がどの仕事をし、誰がどれだけその対価を受け取るかを決めなければならない。誰が夕食を作るのか？　誰がデザートをもらうのか？　誰がバスルームを掃除するのか？　誰が車を運転するのか？　家計収入の高さ・低さにかかわらず、そのリソース（ここでは時間、デザート、あるいはまた車の走行距離）は、さまざまな用途に割り当てられる必要がある。

　家計と同様、社会も無数の意思決定に直面している。社会のなかでどういった仕事がなされるべきか、また、その仕事を誰が担うべきか、こうしたことを決める方法を見いださなければならない。社会には、食料あるいは衣服を作ったり、ソフトウェアを設計したりする人々が必要である。また、人々をこうしたさまざまな仕事に割り当てた後には、人々が生産した財やサービスをどのように分配するかという問題を解く必要がある。誰がジャガイモを食べて、誰がキャビアを食べるのか、また、誰が立派な豪邸に住み、誰が5階建てのアパートに住むのか、といったことを決める必要があるのである。

　こうした問題が社会にとって重要なのは、資源には限りがある（希少性）ためで

第Ⅰ部　イントロダクション

希少性
(scarcity)
社会の資源は無限に存在
するのではなく、限りが
あるという性質

経済学
(economics)
希少な資源をどのように
管理・利用すべきかにつ
いて研究する学問

ある。**希少性**とは、社会における資源（リソース）には限りがあり、したがって、人々が望むすべての財やサービスを生産することはできないということを意味する。家族のメンバーが常に自分の欲望を完全に満たすことができないように、社会における個々人も、常に彼らが望む生活水準を手に入れることはできない。

経済学とは、社会がその希少な資源をどのように管理・利用すべきかについて学ぶ学問である。ほとんどの社会では、資源は何百万もの家計や企業の意思決定の結果として配分される。経済学者は、人々がこれらをどのように選択するかを考察する。つまり、どのくらい働くか、何を買うか、いくら貯蓄するか、貯蓄を何に投資するか、といった問題を考察するのである。また、人々がどのように互いに影響を与えるのかも分析する。たとえば、買い手と売り手の相互行為の結果として、商品の販売価格や数量がどのように決まるかを分析する。最後に、平均所得の伸び、仕事が見つからない人々の割合、物価上昇率といった、経済全体に影響を与える要因や傾向を分析する。

経済学がカバーする範囲は広く、また分析に用いる手法も多岐にわたるが、それらはいくつかのコアとなる考え方に集約することができる。この章では、**経済学の10原則**について議論する。最初はすべてを理解できなくても、また、それがなぜ重要か完全に納得できなくても、心配する必要はない。後の章でより詳しく考察していくからである。この10原則を最初に紹介しておくことで、経済学が意味するもの、あるいはその本質を把握しやすくなる。いわば、この章は以降の章の予告編である。

1　人々はどのように意思決定するか

経済が意味するものは明確だ。ロサンゼルス、アメリカ合衆国、または地球全体を含むかどうかにかかわらず、経済とは、日常生活を送る中でお互いに関わり合っている人々の集団のことである。経済の動きはそこに所属する個々人の行動を反映する。最初の4つの原則は個々人の意思決定に関するものである。

1-1　原則1：人々はトレードオフに直面する

「フリー（無料の）ランチは存在しえない（There ain't no such thing as a free lunch.)」。文法的な問題はさておき、この古い言葉には、多くの真実が含まれている。何か欲しいものを得るためには、通常、別の欲しいものを手放さなければならない。意思決定には、常にある目的と別の目的とのトレードオフが伴う。

学生であるセレナは、自分にとって最も貴重かつ希少な資源＝時間をどのよう有効に使うべきかを決めようとしている。彼女は、経済学の勉強に全時間を費やすことも、心理学の勉強に全時間を費やすことも、あるいは2つの教科の勉強のために時間を分割することもできる。ある科目に1時間を費やすことは、別の科目の勉強に費やすことのできた1時間を諦めることを意味する。また、勉強に1時間を費やすことは、昼寝をしたり、自転車に乗ったり、テレビゲームをしたり、小遣いを稼ぐためにアルバイトをしたりするために使うことのできた1時間を諦めることを意

味する。

　次に、セレナの両親を考えてみよう。彼らは家族の所得をどのように使うかを決めようとしている。彼らは食料品や衣類を購入することも、セレナの学費に使うこともできる。退職したときや次の休暇のために所得の一部を貯蓄にまわすこともできる。これらのうちの1つに1ドルを割り当てると、別のものに使うことができた1ドルが減少する。

　社会全体としても、人々はトレードオフに直面している。そのなかでも、「軍事と食料品」のトレードオフは古典的なものである。軍事支出を増やすほど、消費財に費やすことができる金額は減少する。クリーンな環境と所得水準の間のトレードオフもまた、極めて重要なものである。企業に対して汚染削減を求める法律は、財・サービスの生産コストを上昇させる可能性がある。生産コストが高まると、企業利益は減少し、賃金は低下し、販売価格は上昇する。あるいはこの3つのうち複数が同時に起こりうる。汚染規制によりクリーンな環境を生み、それによって人々の健康も改善する一方、規制対象企業の所有者、労働者、および顧客の所得を減少させる可能性もある。

　もう1つの社会的なトレードオフは、効率性と公平性のトレードオフである。**効率性**とは、社会が希少な資源から最大の利益を得ていることを意味する。**公平性**とは、その利益が社会のメンバー全員に等しく配分されていることを意味する。言い換えると、効率性は経済的な「パイの大きさ」を指し、公平性はその経済的パイがどれだけ公平に分割されているかを指す概念である。

　効率性と公平性という2つのゴールは相反しうる。たとえば、格差を縮小することを目的とした政府の政策を考えてみよう。福祉や失業保険といった政策は、それを最も必要としている人々の助けとなる。一方、個人所得税などの政策は、経済的な成功を収めている人々に、他の人々よりも多くの貢献を求める。これらの政策は公平性を増加させる一方で、効率性を低下させるかもしれない。政府が富裕層から貧困層に所得を再配分することは、労働したことに対する金銭的な対価を減少させることを意味する。その結果、人々は労働時間を減らし、より少ない量の財・サービスしか生産しなくなるかもしれない。言い換えると、政府が経済のパイをより均一に分配しようとすると、パイの大きさが縮小することがありうるのである。

　人々はトレードオフに直面していることを認識しても、それによってベストの決定が何かが明らかになるわけではない。経済学の勉強の時間を確保したからといって、学生は心理学の勉強を諦めるべきではない。環境規制が物質的な生活水準を低下させるからといって、社会として汚染を許容すべきではない。貧困層を支援することが働く動機を損なうからといって、政府は彼らを無視すべきではない。しかし、自分にとって利用可能な選択肢を正しく理解していれば、より良い選択をすることができる。したがって、経済学は、日常生活におけるトレードオフを正しく認識することから始まるのである。

効率性
（efficiency）
社会が希少な資源から最大限の便益を得ていること

公平性
（equality）
経済的な便益を社会のメンバーの間で均等に分配していること

1-2 　原則2：何かのコストとは、それを手に入れるために諦めたもので測られる

　人々はトレードオフに直面する。このため、選択肢ごとの費用（コスト）と便益（ベネフィット）を比較する必要がある。しかしながら、多くの場合、コストは最初に想定していたほど明白ではない。

　大学への進学という意思決定を考えてみよう。主な便益は豊富な知識が得られることや、生涯にわたってよりよい雇用機会が得られることだろう。しかし、コストには何が含まれるだろうか？　授業料、教科書、部屋代、食費などに使うお金を含むことに異論はないかもしれない。しかし、これらは大学で1年過ごすために犠牲にするものを必ずしも正確に表してはいない。

　この計算には2つの問題がある。まず、大学に行くために生じる本来のコストではないものが含まれてしまっている。学校をやめても、眠る場所と食べ物は必要である。部屋代や食費は、自宅や自室での生活費を超える部分のみが大学進学に付随するコストである。第2に、この計算は大学進学に伴う最大のコスト、つまり時間を無視している。講義を聴いたり、本を読んだり、レポートを書いたりする時間、学生は働いてお金を稼ぐことができない。多くの学生にとって、学校に行くために諦める収入が、教育の最大のコストである。

機会費用
(opportunity cost)
あるものを手に入れるために諦めなくてはならないもの

　あるものの**機会費用**とは、それを手に入れるために諦めなくてはならないものを指す。意思決定をする際には、機会費用を考慮に入れることが賢明であり、人々は実際しばしばそうしている。大学生のスポーツ選手は、大学に行かずにプロのスポーツ選手になれば、数百万ドルを稼ぐことができる。このため、彼らは大学に進学する機会費用が高いことを理解している。驚くことではないが、彼らは時に、大学教育を受けることの便益がコストに見合わないと判断することがある。

1-3 　原則3：合理的な人々は「限界的に」考える

合理的な人々
(rational people)
計画的にかつ明確な意志に基づいて、目標を達成するための最善の方法を実行する人間

　経済学者はよく、人々が合理的であると仮定する。**合理的な人々**は、与えられた選択肢のもとで、計画的にかつ明確な意志に基づいて、目標を達成するための最善の方法を実行する。経済学を学ぶ中で、利益を最大化するために何人の労働者を雇い、どれだけの製品を生産・販売するかを決定している企業に出会うだろう。また、自らの満足を最大化するために、どれだけ働き、どれだけの商品やサービスを購入するかを決定している人々にも出会うだろう。確かに、人間の行動は複雑であり、時には合理性から逸脱する。しかし、経済学者は、人々が最善を尽くすという仮定が、人々の意思決定を分析するための第一歩としては適切なものであることを見いだしてきた。

　合理的な意思決定者は、日常生活における多くの問題が黒か白かという明快なものではなく、グレーな部分を含んでいることを理解している。夕食時に、「断食すべきか、豚のように食べるべきか」と自問することはない。むしろ、「マッシュポテトをもう一口食べるべきか」といった問いを考えるだろう。試験が近づいてくれば、あなたの直面する意思決定はおそらく、試験をスルーするか、一日中勉強する

第1章　経済学の10原則

かの選択ではなく、残りの1時間を友達と一緒にいるか、あるいは復習するかの選択となるだろう。経済学者は、既存の行動計画に調整を加えることを、**限界的な変化**と呼ぶ。ここで、「限界的」とは「縁・周辺」を意味することに注意してほしい。限界的な変化とは、あなたが現在していることの周辺での小さな調整である。合理的な人々は、**限界便益**と**限界費用**を比較して意思決定を行う。

……**限界的な変化**
（marginal change）
行動計画に対する漸進的な調整

　たとえば、今夜映画を観るかどうかの意思決定を考えてみよう。あなたは月額30ドルで映画を無制限に観ることができるストリーミングサービスに加入しており、通常は月に5本の映画を観ている。もう1本映画を観るかどうかを決める際に、考慮すべきコストは何だろうか？　答えは、1本の映画の平均費用である30ドル/5本、つまり6ドルと思うかもしれない。しかしその決定に、より関係があるのは限界費用である。つまり、もう1本映画を観る場合に追加的に支払わなければならない金額である。ここでは、映画を何本観ても月額料金が30ドルであるため、限界費用はゼロである。言い換えれば、限界的に考えると、映画を観ることは無料である。今夜映画を観ることで生じる唯一のコストは、他の活動、たとえば仕事をすることや、この教科書を読むことに使うことができなかった時間である。

　限界的に考えることは、ビジネス上の意思決定においても有用である。航空会社がキャンセル待ちで搭乗する乗客にいくら請求すべきかを決定する問題を考えてみよう。アメリカを横断する200席の飛行機を運航するコストが10万ドルとする。このとき、1席あたりの平均コストは500ドル（10万ドル/200席）である。したがって、航空会社は500ドル未満でチケットを販売すべきではないと考えるかもしれない。しかし、もし飛行機の離陸直前に10席の空席があり、キャンセル待ちの乗客であるスタンリーが300ドル支払う意思がある場合、航空会社は彼にチケットを販売すべきだろうか？　もちろん販売すべきである。なぜなら、追加の乗客を乗せるコストはごくわずかだからである。乗客1人あたりの平均費用は500ドルだが、限界費用はスタンリーが飲むソーダと彼の体重を支えるために必要なわずかなジェット燃料のコストだけである。スタンリーがこの限界費用よりも多く支払う限り、彼にチケットを販売することは航空会社にとっての利益となる。合理的な航空会社は、限界的に考えることで、利益を得ることができるのである。

　限界分析は、通常は理解しづらい現象について説明できることがある。たとえば、なぜ水は安く、ダイヤモンドは高いのか？　水は生存に必要不可欠である一方、ダイヤモンドは単に輝いているだけである。しかし、人々は水よりダイヤモンドに多額のお金を支払う。経済学者はこの理由を明らかにした。人がある商品に支払おうとする額は、その商品の追加的な1単位がもたらす限界便益に基づいている。そしてその限界便益は、その商品をすでに何単位有しているかに依存する。水は不可欠だが豊富に存在しているため、追加的なコップ1杯の水がもたらす限界便益は小さい。対照的に、ダイヤモンドは生き延びるためには必要ないが、大変希少であるため、追加的な1かけらの宝石がもたらす限界便益は大きい。

　合理的な意思決定者は、ある行動の限界便益が限界費用を上回る時、またその時にのみその行動をとる。この原則は、なぜ人々がストリーミングサービスをこれほどまでに利用するのか、なぜ航空会社が平均費用以下でもチケットを販売するのか、

第Ⅰ部　イントロダクション

そしてなぜ水よりもダイヤモンドに多くのお金を払うのかを説明する。限界的な考え方のロジックに慣れるには少し時間がかかるかもしれないが、経済学の学習を通じて、この考えを実践できるようになるだろう。

1-4　原則4：人々はインセンティブに反応する

インセンティブ
(incentive)
人々にある特定の行動を促すもの

インセンティブとは、人々にある特定の行動を促すなにかであり、たとえば、罰則や金銭的報酬がある。人々は、費用と便益を比較して意思決定をするとき、インセンティブに反応する。インセンティブは経済学において中心的な役割を果たしている。ある経済学者は、「経済学全体は『人々はインセンティブに反応する』という点に要約できる。それ以外はすべて付随的なものに過ぎない」とさえ述べている。

インセンティブは、市場がどのように機能するかを分析する際にも重要な概念である。たとえば、リンゴの価格が上昇すると、人々はリンゴを食べる量を減らそうとする。同時に、リンゴ価格の上昇により、リンゴ園はより多くの労働者を雇い、より多くのリンゴを収穫しようとする。つまり、価格上昇は、買い手に対しては消費を抑制するインセンティブを提供し、売り手に対してはより多く生産するインセンティブを提供する。後に見るように、価格が消費者や生産者の行動に与える影響は、市場経済が希少な資源をどのように分配するかにとって極めて重要である。

公共政策の立案者は、人々のインセンティブに注意を払う必要がある。多くの政策は、人々が直面するコストや便益を変化させ、その結果、彼らの行動を変化させる。たとえば、ガソリン税は、人々に燃費の良い車や電気自動車に乗り換えることを促す。ガソリン税が高いノルウェーでは多くの人々が電気自動車を運転し、ガソリン税が低いアメリカで大型SUVに人気がある理由の1つはこれである。さらに、高いガソリン税は、カーシェアリングや公共交通機関や自転車の利用、仕事場に近い場所に住むことを促す。

政策立案者がインセンティブを考慮しないと、制定された政策が予期せぬ結果を生む可能性がある。たとえば、自動車運転の安全性について考えてみよう。現在では、すべての車にシートベルトが装備されているが、60年前はそうではなかった。1965年、ラルフ・ネーダーの著書『どんなスピードでも自動車は危険だ (*Unsafe at Any Speed*)』は、自動車の安全性について大きな社会的関心を引き起こした。これに対し、連邦議会は新車に標準装備としてシートベルトを義務付ける法律を制定した。

このシートベルト法は、自動車の安全性にどのように影響しただろうか？　直接的な効果ははっきりしている。シートベルトを着用すると、自動車事故での生存率が高まる。しかし、これで終わりではない。法律は人々のインセンティブを変えることで、行動にも影響を与える。ここでの行動とは、ドライバーが車を運転する際の速度や注意深さである。ゆっくり慎重に運転することは、時間やエネルギーの観点からはコストがかかる。どのように運転するかを決める際、合理的な人々は、おそらく無意識のうちに、安全な運転から得られる限界便益と限界費用を比較している。安全性を追加して高めることの便益が高ければ、ゆっくり慎重に運転する。たとえば、道路が凍結しているときは、通常の道路状況のときより、人々はより注意

第1章　経済学の10原則

深く、低速で運転する。

　シートベルト法がドライバーにとっての費用・便益計算をどのように変えるかを考えてみよう。シートベルトを着用することで、けがや死亡のリスクは低下し、事故のコストは小さくなる。これは道路状況が改善されたような効果をもたらす。このような状況下では、人々はより速く、そして慎重に欠ける運転をする。これは、シートベルトのおかげで事故時のけがのリスクが低減されたドライバーにとっては特に問題ではない。しかし、より速く、より慎重に欠ける運転がより多くの事故を引き起こす場合、シートベルト法は、歩行者にとっては悪影響を与える。事故に巻き込まれる可能性は高まった上に、（ドライバーと違って）歩行者はシートベルトによる保護から便益を受けていないからである。

　インセンティブとシートベルトに関するこの議論は、単なる机上の空論ではない。経済学者サム・ペルツマン（Sam Peltzman）の1975年の古典的研究は、自動車の安全に関する法律が歩行者に影響をもたらしていることを明らかにした。ペルツマンによれば、これらの法律によって事故1件当たりの死亡者数は減少したが、事故の件数自体は増加した。その結果として、ドライバーの死亡者数にほとんど変化はなく、歩行者の死亡者数は増加したと結論づけた。

　ペルツマンによる自動車の安全性についての分析は、人々はインセンティブに反応する、という原則を喚起する一例である。どんな政策を分析する際にも、直接的な効果だけでなく、人々のインセンティブを通じた間接的な効果も考慮することが重要である。政策が人々のインセンティブを変え、その結果、行動まで変わることがあるのである。

理解度確認クイズ

1. 経済学の定義としてより適切なのは以下のどれか。

　a. 社会が希少な資源をどのように管理・利用すべきかについて研究する学問。

　b. 最も利益を上げるためのビジネス運営を研究する学問。

　c. インフレーション、失業、株価を予測する方法を研究する学問。

　d. 政府が人々を無制限な利己主義からどのように保護するかについて研究する学問。

2. 映画に行くことの機会費用は以下のうちどれか。

　a. チケットの価格。

　b. チケットの価格および映画館で購入するソーダやポップコーンの費用。

　c. 映画に行くために必要な総現金支出とあなたが持つ時間の価値。

　d. あなたが映画を楽しみ、時間とお金をかける価値があると考える限り、ゼロ。

3. 限界的な変化とは、以下のうちどれか。

　a. 公共政策にとって重要でないもの。

　b. 既存の計画を段階的に変更するもの。

　c. 結果を非効率的にするもの。

　d. インセンティブに影響を与えないもの。

4. 人々がインセンティブに反応することによって、どうなるか。

　a. 政策立案者は、罰則や報酬を変更することで、物ごとの結果を変えることができる。

　b. 政策によって意図しない結果がもたらされることがある。

　c. 社会は効率性と公平性のトレードオフに直面している。

　d. 以上のすべての選択肢が正しい。

➡（解答は章末に）

第Ⅰ部　イントロダクション

2　人々はどのように影響しあうか

　最初の4つの原則は、個人がどのように意思決定を行うかについて論じたものである。次の3つの原則は、人々がお互いにどのように関わり合うかに関するものである。

2-1　原則5：交易によって全員の経済的状況を改善させることができる

　ニュースで聞いたことがあるかもしれないが、世界経済において、中国はアメリカ合衆国の競争相手とされている。一面において、これは事実である。中国とアメリカの企業は、衣類、おもちゃ、太陽光パネル、自動車タイヤなどたくさんの市場で顧客の争奪戦を行っている。

　しかし、国家間の競争について考える際に、誤解されやすいことがある。アメリカと中国の間の貿易は、片方が勝ち、もう一方が負けるといったスポーツ競技のようなものではない。むしろ、真実はその逆である。2国間の貿易は、両国を経済的により良い状態にすることができる。世界経済における貿易が競争的だとしても、競争しているすべての国々にとってウィンウィンの結果につながることがあるのである。

　その理由を理解するためには、交易がある家計に与える影響について考えてみよう。ある家計のメンバーが仕事を探すとき、別の家計のメンバーとの競合が伴う。また、買い物をするときも、最高の商品を最低の価格で購入することを目指し、ほかの家計と競合する。ある意味、経済の中の家計は、ほかのすべての家計と競合関係にあるといえる。

　この競争関係にもかかわらず、家計はほかの家計から孤立することで、より良い経済的恩恵を受けられるわけではない。孤立してしまえば、彼らは自分たちだけで食料を育てたり、服を縫ったり、家を建てたりしなくてはならない。ほかの人々と交易することにより、明らかに、多くの便益を得ているのである。交易により、農業、縫製、または家の建設など、それぞれが自分の得意な活動に特化することができる。他者との交易によって、人々はより多くの種類の財やサービスを、より低コストで購入することができる。

　家計と同様に、国も互いに貿易することで恩恵を受ける。貿易により、自国の得意なことに特化し、より多くの種類の財やサービスを享受できる。フランス、ブラジル、ナイジェリアと同様、中国も、世界経済におけるアメリカの競争相手であると同時に、パートナーでもある。

2-2　原則6：通常、市場は経済活動をまとめあげる良い方法である

　1980年代後半と1990年代初頭のソビエト連邦と東欧諸国における共産主義の崩壊は、前世紀の変革的な出来事の1つであった。ソビエト圏内の多くの国では、政府の役人が経済の希少な資源を配分するベストの立場にあるとされていた。これら

の中央の政策立案者は、どの財・サービスを誰がどのくらい生産し、誰が消費するかを決定した。中央集権的な計画の背景にある考え方は、国やそこに住む仲間の幸福を確保するためには、政府が経済活動を組織する必要があるというものであった。

　かつて中央集権的な計画経済を採用していた多くの国々は、現在は市場経済に移行している。市場経済では、中央の政策立案者の決定は、何百万もの企業や家計の決定に置き換えられる。企業は誰を雇い、何を作るかを決定する。家計はどこで働き、得た収入で何を購入するかを決定する。これらの企業や家計は市場で相互に作用し、そこでは価格と自らの利益が、彼らの決定を導いている。

　市場経済では、社会全体の幸福を追求している人は誰もいないように見えるため、その成功は一見したところ不可解に思えるかもしれない。競争市場には莫大な財・サービスに多くの買い手と売り手がいて、彼らは皆、自分自身の利益を第一に追求する。しかし、この分散化された意思決定と利己的な意思決定者にもかかわらず、市場経済は経済活動を組織して繁栄を促進することに驚くほど成功してきた。

　1776年アダム・スミス（Adam Smith）は、著書『諸国民の富の性質と原因に関する研究』〔訳注：または『国富論』。英タイトルは *An Inquiry into the Nature and Causes of the Wealth of Nations*〕で、経済学の中でも最も有名な見解を示した。競争市場における企業や家計は、望ましい結果をもたらす「見えざる手（invisible hand）」によって導かれているかのように行動する、というのである。この本の主要な目標の1つは、見えざる手がどのようにこのマジックを展開するのかを理解することである。

　経済学を学んでいくと、見えざる手が経済活動を導くための道具が、価格であることがわかってくる。競争市場においては、売り手は供給量を決定する際に価格を参照し、買い手も需要量を決定する際に価格を参照する。彼らの決定の結果、価格は売り手の生産コストと、買い手にとっての商品価値の両者を反映する。スミスの優れた洞察は、価格調整によって、多くの場合、社会全体の幸福を最大化する結果が実現できるというものである。

　スミスの洞察には重要な系〔訳注：上の洞察から派生的に導かれる命題（系＝corollary）〕がある。それは、価格が持っている需要・供給の調整能力を政府が妨げると、経済を構成する企業や家計の意思決定を統合する見えざる手の能力が損なわれる、ということである。この系は、多くの税が資源配分に与える悪影響について説明する。税は価格や企業・家計の意思決定を歪める。この系はまた、家賃規制などの価格コントロール政策が引き起こす問題をも説明する。さらにこの系は、価格が市場でなく中央の政策立案者によって決められていた、共産主義国家の経済の失敗も説明する。市場経済においては、生産者のコストや消費者の嗜好についての複雑かつ絶えず変化する膨大な情報はすべて価格に織り込まれるが、中央の政策立案者はこれらの情報を十分には保持していなかった。彼らは、市場の見えざる"手"をいわば後ろ手に縛った状態で経済を運営しようとしたために失敗したのである。

···· 市場経済
（market economy）
市場で財やサービスを取引する際、多くの企業や家計の分権化された意思決定を通じて資源が配分される経済

アダム・スミスと見えざる手

アダム・スミスの偉大な著書『国富論』が出版された1776年は、アメリカの革命家たちが独立宣言に署名した年でもあったというのは単なる偶然かもしれない。しかし、この2つの文書は当時広がりをみせていたある視点を共有している。それは、個人は通常、自分たちの行動を政府に縛られることなく、自己の裁量に基づいて決めるべきだというものである。この哲学は市場経済や、より一般的には自由な社会の知的基盤を提供している。

分散型の市場経済がうまく機能するのはなぜだろうか？ それは、人々が互いに愛情、親切、寛大さを持って互いに信頼しあっているからだろうか？ 全くそうではない。以下は、市場経済において人々がどのように関わりあうかについてのアダム・スミスの説明である。

人間はほぼ常に仲間からの助けを必要とするが、その助けは仲間の善意によってのみもたらされると期待するのは、無駄である。仲間からの助けを得られるのは、仲間の利己心をその人に向けさせて、＜その人がして欲しいことをすることが、彼ら自身の利益にもなる＞ということを示すことができる場合である。…（中略）…たとえば、私が欲しいものをくれれば、あなたも自分が欲しいものを手に入れることができる、といった具合に。このようにして、私たちは自らが必要としている大部分のものを、互いに他人から得るのである。

私たちが夕食を食べられると期待するのは、肉屋や醸造業者、パン屋の善意からではなく、彼ら自身の利益への関心からである。私たちは彼らの慈悲ではなく利己心に訴えかけ、自分たちの必要性についてではなく彼らの利益について話す。物乞いでなければ、自分の生活の拠り所を他人の善意とすることはない。…（中略）…

個々の人間は…（中略）…公共の利益を促進しようとする意図はなく、またどれだけ促進されているかを知る由もない。自分の利益のためだけに意図し、そのことによって、他の多くの場合と同様、見えざる手によって意図しない結果がもたらされるのである。それが社会にとって必ずしも悪いことだとは限らない。社会全体の利益を改善させることを意図するより、自己の利益を追求するほうが、結果的に社会全体の利益が改善するといったことがしばしば起こるのである。

スミスは、経済の参加者は自己の利益によって動機付けられており、市場の「見えざる手」が、経済厚生が全般的に促進されるよう彼らを導いている、と述べている。

スミスが示した洞察の多くは、今なお現代経済学の中心を占めている。次章以降では、彼が導きだした結論をより厳密に表現し、市場の見えざる手の強み・弱みを詳しく分析していく。

ケーススタディ　もしウーバーがある時代にアダム・スミスが生きていたら……

中央集権的な計画経済の圏内で暮らしたことがなくても、大都市でタクシーを拾おうとした経験があるならば、それはおそらく強く規制された市場を経験したことになる。多くの都市では、自治体がタクシーの市場に厳しい制約を課しており、そこでの規制は通常、単なる保険や安全性の域を超えたものとなっている。たとえば、政府はタクシーの営業許可書を一定数しか与えないことで、市場への参入規制を設ける場合がある。また、タクシーが顧客に請求できる金額に規制をかけている場合

もある。さらに政府は、無認可のドライバーを路上から排除し、ドライバーが無認可の料金を請求することを防ぐために、罰金や禁固刑を課すといった警察力を行使する場合もある。

しかし2009年、この厳しい規制下にあった市場に、破壊的な勢力が侵攻してきた。乗客とドライバーを直接つなぐスマートフォンのアプリを提供する会社、ウーバー（Uber）である。ウーバー車はタクシーに乗ろうとしている顧客を探して道路を走り回っているわけではないので、厳密に言えばタクシーではなく、したがってタクシー規制の対象にはならない。しかし、彼らは同様のサービスを提供している。それどころか、ウーバーあるいはのちに参入してきた競合他社の車に乗るほうが、タクシーよりも便利なこともある。寒い雨の日に、誰が道端で空車のタクシーを待ちたいと思うだろうか？　車が到着するまで室内にいて、スマートフォンで配車し、暖かく湿気のないところで待っているほうが、より快適である。

ウーバー車はタクシーよりも安い料金を請求することが多いが、常にそうとも限らない。突然の豪雨や無数のほろ酔いの"パリピ"が安全な帰り道を求めている大みそかの遅い時間帯などでは、ウーバーの乗車料金は大きく上昇する。一方で、規制下にあるタクシーは通常、こうした料金の引き上げは認められていない。

全ての人がウーバーに好意的というわけではない。従来のタクシー運転手は、この新たな競争は収入を減少させていると不満を述べる。これは驚くことではない。商品やサービスの供給業者は、時に新たな競合他社を嫌う。しかし、供給業者の間での激しい競争は、消費者にとっては市場がよりよく機能することを意味する。

このため、経済学者たちはウーバーの市場参入を支持した。2014年に実施された数十人の著名な経済学者を対象とした調査で、ウーバーなどの乗車サービスが消費者の経済厚生（経済的幸福度）を高めたかどうかを尋ねた。経済学者の全員が「はい」と回答した。経済学者たちはまた、需要が多い時期の割増料金が消費者の経済厚生を高めるかどうかも尋ねられ、85％が「はい」と回答した。価格引き上げで時に顧客はより多く支払うことになるが、ウーバーのドライバーは割増料金のインセンティブに反応するので、最も必要とされているときに運転サービスの供給量も増加するのである。割増料金の価格設定はまた、そのサービスを最も高く評価する消費者に割り当てることを可能にし、車を探したり待機したりするコストを削減する。

もしアダム・スミスが今日生きていたら、きっと乗車アプリを自分の携帯電話に入れておくだろう。

2-3　原理7：政府は市場のもたらす結果を改善できる場合がある

見えざる手がそんなに素晴らしいのなら、経済において政府に残された仕事は何だろう？　経済学を学ぶ目的の1つは、政策の適切な役割と範囲についての考えを洗練させることである。

政府を必要とする理由の1つは、見えざる手がそのマジックを発揮できるのは、政府がルールを履行し、市場経済にとってキーとなる制度を維持する場合のみに限

第I部　イントロダクション

所有権
(property rights)
個人が限られた資源を所有し、自由にコントロールできる権利

市場の失敗
(market failure)
市場の力だけでは効率的な資源配分を実現できない状況

外部性
(externality)
ある人の行動が、別の人の厚生（満足度）に与える影響

市場支配力（価格支配力）
(market power)
単一の（あるいは少数からなる）経済主体が、市場価格に大きな影響を与える能力

られるからである。最も大切なことは、個々人が希少な資源を自らで所有し管理できるような所有権を担保する制度が必要であるということである。農業を営む人々は、収穫物が盗まれてしまうと予想すれば作物を育てようとはしないし、レストランは多くの顧客が支払わずに出て行ってしまうのであれば食事を提供しない。映画会社は、多くの人々が海賊版を作るなら映画を制作しない。市場参加者は、権利が正しく行使されるよう政府が設ける警察や裁判所を頼りにしており、見えざる手は、この法制度が正しく機能している場合にのみ、正しく機能する。

　政府を必要とするもう1つの理由は、見えざる手は強力であるものの、万能ではないからである。政府が経済に介入し、人々が自ら選択した資源配分を変更するには、大きく分けて2つの根拠がある。効率性を促進するためか、あるいは公平性を促進するためである。つまり、経済政策は、パイの大きさを拡大させるか、またはパイの分割の仕方を変更することを目的にしているのである。

　効率性という目標を考えてみよう。見えざる手は通常、経済的なパイの大きさを最大化させるように市場において資源配分を行うが、必ずしも常にそうなるとは限らない。市場の力だけでは効率的な資源配分を実現できない状況を、経済学者は市場の失敗と呼ぶ。市場の失敗の原因の1つは外部性である。外部性とは、ある一人の行動が、別の一人の厚生（満足度）に与える影響のことである。外部性の典型的な例に、汚染がある。ある物質の生産が大気を汚染し、工場の近くに住む人々に健康問題を引き起こす場合、市場はこのコストを織り込むことに失敗している可能性がある。市場の失敗のもう1つの原因は、市場支配力（または価格支配力）である。市場支配力とは、一人または企業（あるいは小さなグループ）が、市場価格に不当に大きな影響を与える能力を指す。たとえば、その町に住む全員が水を必要としているが、井戸は1つしかないとする。このとき、この井戸のオーナーは、通常であれば見えざる手によって展開される、（競争によって）各々の自己利益が抑えられるような状況には直面しない。したがって、この機会を利用して水の供給量を制限し、より高い価格を課す可能性がある。外部性や市場支配力が存在する場合には、適切に策定された公共政策によって効率性を高めることができる。

　次に、公平性という目標を考えてみよう。見えざる手によって効率的な結果がもたらされる場合であっても、経済厚生（経済的幸福度）には大きな不平等が存在しうる。市場経済は、人々がお金を払ってでも欲しがるような物を生産する能力が高いほど、そうした能力を持つ人に多くの報酬を与える。世界最高のバスケットボール選手が世界最高のチェスプレーヤーより多くを稼ぐのは、単に人々がチェスの試合よりバスケットボールの試合を観戦することに多くを支払ってもよいと考えているからである。全ての人に十分な食物やきちんとした衣類、適切な医療サービスが与えられることを、見えざる手が保証しているわけではない。この不平等により、政府の介入が必要とされるかもしれない。現実には、所得税や社会福祉制度といった多くの公共政策が、経済厚生のより公平な配分を目指している。

　政府が市場の結果を改善しうる（can）と言っても、常にそうなる（will）わけではない。公共政策は天使によって作られるのではなく、不完全な政治のプロセスによって作られる。時には、政策は政治的な立場の強い人に有利なように策定される。ま

第1章　経済学の10原則

た時には、それらの政策は、善意はあるが認識不足の指導者によって作られる。経済学を学ぶことで、効率性や公平性を促進させるかどうかの観点から見て、いかなる場合に政府の政策が正当化できるのかについての判断力を養うことができる。

理解度確認クイズ

5. 国際貿易がある国に利益をもたらすのは、以下のうちどの場合か。
   a. 海外での売上高が海外製品の購入額を上回る場合。
   b. 貿易相手国が経済的な厚生を減少させる場合。
   c. すべての国が自国の得意なことに特化している場合。
   d. 貿易のために国内の雇用が失われない場合。

6. アダム・スミスの「見えざる手」とは、以下のうちどれを指すか。
   a. 企業が消費者の犠牲のもとに利益を得るために使用する、功妙かつ目に付きにくい手法。

   b. 競争市場が持つ、市場参加者の利己心にもかかわらず、全体として好ましい結果を実現する能力。
   c. 消費者がそれを認識していなくとも、政府の規制が消費者に便益をもたらす能力。
   d. 規制のない市場において、生産者や消費者が無関係な部外者にコストを負担させる方法。

7. 政府が市場経済に介入する目的として適切なのは、以下のうちどれか。
   a. 所有権を保護する。
   b. 外部性による市場の失敗を修正する。
   c. 収入のより公平な分配を実現する。
   d. 以上のすべての選択肢が正しい。

➡ (解答は章末に)

3 経済は全体としてどのように動くか

　私たちは、個人がどのように意思決定をし、そして人々がどのように関わり合っているかについての議論をしてきた。これらすべての意思決定と相互作用が一体となって「経済」を形作る。最後の3つの原則は、経済全体の仕組みについてのものである。

3-1 原則8：一国の生活水準は、財・サービスの生産能力に依存する

　世界における生活水準の格差は驚くべきものである。2019年、平均的なアメリカ人は約6万5,000ドルの収入を得た。同じ年の平均的なドイツ人の収入は約5万6,000ドル、平均的な中国人の収入は約1万7,000ドル、平均的なナイジェリア人の収入はたった5,000ドルであった。平均的な収入のこの違いは、生活の質を測る指標に反映されている。高所得国の人々は、低所得国の人々より多くのコンピュータや車を持ち、栄養や健康の状態はより良く、そして平均寿命が長いのである。

　時間が経つにつれ、生活水準の変化も大きくなる。アメリカでは、所得は歴史的に年率約2%で成長してきた（生活費の変化を考慮した後の値）。このペースだと、平均収入は35年ごとに倍増することになる。過去1世紀で、平均的なアメリカ人の収入は約8倍上昇したのである。

　国々や時代ごとに見られる生活水準の違いをもたらすものはなんだろうか？　答

13

第Ⅰ部　イントロダクション

生産性
(productivity)
1単位の労働投入によって生産できる商品やサービスの量

えは簡単である。生活水準のほとんどすべての差異は、**生産性**の違いによる。すなわち、1単位の労働投入によって生産できる商品やサービスの量の違いに起因するものである。労働者が1時間あたりに多くの商品やサービスを生産できる国では、多くの人々が高い生活水準を享受している。一方、生産性が低い国では、多くの人が相対的に貧しい生活に耐え忍んでいる。同じように、一国の生産性の成長率は、その国の平均収入の伸び率を決定する。

　生産性と生活水準の関係は単純だが、その影響は広範囲に及ぶ。生産性が生活水準の主要な決定要因であれば、他の説明はそれほど重要ではないはずである。たとえば、過去1世紀でアメリカの労働者の所得が上昇したのは、寛大な雇用主や活発な労働組合のおかげだと考えたくなるかもしれないが、真のヒーローは彼ら自身の生産性向上なのである。別の例として、1970年代半ばから始まったアメリカにおける所得の伸び率の減速の要因を、国際的な競争の激化であるとするコメンテーターがいる。しかし、真の悪者たる要因は、アメリカの生産性伸び率の低迷である。

　この生産性と生活水準との関係は、公共政策にとって重要なインプリケーションをもつ。政策が生活水準にどういった影響を与えるのかを考える際に重要なのは、その政策が経済の生産力にどのように影響するかを考えることである。生活水準を引き上げるためには、政策担当者は、労働者に十分な訓練を受けてもらい、財・サービスの生産に必要な道具を確保し、最良の技術を利用可能にすることによって、生産性を向上させる必要がある。

3-2　原則9：政府が過剰な量の貨幣を印刷すると、物価は上昇する

　1921年1月、ドイツの日刊新聞の価格は0.30マルクだった。それから2年も経たない1922年11月、同じ新聞の価格は7,000万マルクになった。ほかの物価も同様に上昇した。この出来事は、**インフレーション**という経済における全般的な物価上昇の、歴史上でもっとも注目すべき一例である。

インフレーション
(inflation)
経済において全般的に物価が上昇すること

　アメリカは、1920年代のドイツのようなインフレーションを経験したことはないが、時折インフレーションが問題になることがある。1970年代には、物価全体の水準は2倍以上に上昇し、ジェラルド・フォード大統領はインフレーションを「国民にとって一番の敵」と呼んだ。一方、21世紀の最初の20年のインフレーション率は年率約2%だった。このペースだと、物価が2倍になるのには35年もかかる。高いインフレーションは社会にさまざまなコストをもたらすため、インフレーションを適度な水準に保つことは、世界中の政策立案者の目標となっている。

　インフレーションの原因は何だろうか？　大規模あるいは持続的なインフレーションのほとんどは、通貨量の増加が犯人である。政府が国の通貨を大量に発行すると、通貨の価値は下落する。1920年代初頭のドイツでは、平均して物価が1か月ごとに3倍になるなか、通貨量もまた1か月ごとに3倍に増加していた。アメリカの歴史はこれほどドラマチックではないが、同様の結論に至る。1970年代の高インフレは通貨量の急速な伸びと関連しており、一方で1980年代の低インフレは通貨量の増加ペースが緩やかになったことと関連している。

　2022年、まさにこの本が出版されたとき、アメリカではインフレ率が急上昇した。

14

第1章　経済学の10原則

2022年2月には、消費者物価は前年比で7.9％上昇し、インフレ率は過去40年でもっとも高くなった。2020年に始まる新型コロナウイルスのパンデミックによる経済低迷期に、政府は大規模な財政支出で危機を緩和したが、その結果、経済全体の通貨量は大幅に増加した。これらの政策は、パンデミックによる供給網の混乱と相まって、インフレの上昇に寄与した。重要なポイントは、多くの政府関係者が信じていたように、インフレの急上昇が一過性のものであるのか、あるいは1970年代と同様、アメリカ経済に定着してしまうのかどうかということであった。最終的な結果の大部分は、将来の金融政策によって決まることになる。

3-3　原則10：社会は、インフレーションと失業の短期的なトレードオフに直面する

通貨量の増加は、長期的には主として物価を引き上げるが、短期的には話はより複雑になる。多くの経済学者は、通貨量の増加の短期的な影響について、以下のように述べている。

- 経済における通貨量の増加は、総支出あるいは財やサービスの需要を刺激する。
- 需要の増加は、時間が経つにつれて企業に値上げをさせる要因となるが、同時により多くの従業員を雇用し、より多くの財やサービスを生産させることになる。
- 雇用の増加は、失業の減少につながる。

以上の一連の論理を踏まえると、最終的には経済全体のトレードオフが生じる。インフレーションと失業の短期的なトレードオフである。

一部の経済学者はこうした考えになお疑問を持っているが、多くの経済学者は、社会はインフレーションと失業率の短期的なトレードオフに直面していると認めている。これは、1〜2年程度の期間でみると、多くの経済政策がインフレーションと失業率を逆方向に変化させることを意味する。インフレーションと失業率がともに高い水準から始まる場合だろうが（1980年代初頭のように）、ともに低い水準から始まる場合だろうが（2010年代後半のように）、またはその間のどこかで始まる場合であろうが、政策立案者はこのトレードオフに直面する。この短期的なトレードオフは、**景気循環**（ビジネス・サイクル）の分析において重要な役割を果たす。ここで景気循環とは、財・サービスの生産量や雇用者数を用いて計測される、経済活動の不規則でほとんど予測不可能な振幅のことである。

景気循環
（business cycle）
雇用や生産活動などの経済活動の振幅

政策立案者は、さまざまな政策手段を用いて、このインフレーションと失業率の短期的なトレードオフを活用することができる。政府の支出の大きさや課税額、そして通貨供給量を変化させることで、政策立案者は財やサービスの総需要に影響を与えることができる。そしてこの総需要の変化は、短期間にはその経済におけるインフレーションと失業率の組み合わせを変化させる。こうした政策手段は非常に強力であるため、政策立案者がこれらをどのように利用すべきかは絶えず議論の対象となっている。

15

第 I 部　イントロダクション

理解度確認クイズ

8. 一部の国が他国よりも平均的な生活水準が高い主な理由は、以下のうちどれか。

　a. 裕福な国々が貧しい国々を搾取してきたため。

　b. 一部の国の政府がより多くの通貨を供給してきたため。

　c. 一部の国では労働者の権利を保護する法律がより強いため。

　d. 一部の国はより高い生産性を持っているため。

9. もしある国が高く持続的なインフレーションを抱えている場合、その背景としてもっともふさわしいのは、以下のうちどれか

　a. 政府が過剰な量の通貨を供給している。

　b. 労働組合が過度に高い賃金を要求している。

　c. 政府が過度の課税を行っている。

　d. 企業が市場支配力を利用して大幅な価格引き上げを強行している。

10. もし政府が財・サービスの需要を減らすために金融政策を用いると、短期的にはおそらくインフレーションが＿＿＿＿＿し、失業は＿＿＿＿＿する。

　a. 低下 ― 減少

　b. 低下 ― 増加

　c. 上昇 ― 増加

　d. 上昇 ― 減少

➡ (解答は章末に)

4　結論

　これで、あなたは経済学がおよそどういったものであるかをつかむことができた。次章以降では、人々や市場、経済についての多くの具体的な洞察をさらに進めていこう。これらを習得するには努力が必要だが、途方に暮れるほどではない。経済学は、いくつかのポイントとなる考え方を基礎としており、この考え方をさまざまな状況に適用していくのである。

　本書を通じて、この章で紹介し、表1-1にまとめた**経済学の10原則**を参照していく。この基本的な原則を心に留めておこう。最も洗練された経済分析でさえ、この10原則を基礎としているのである。

第1章　経済学の10原則

表1-1　経済学の10原則

人々はどのように意思決定するか

- 原則1：人々はトレードオフに直面する
- 原則2：何かのコスト（費用）とは、それを手に入れるために諦めたもので測られる
- 原則3：合理的な人々は「限界的に」考える
- 原則4：人々はインセンティブに反応する

人々はどのように影響しあうか

- 原則5：交易によって全員の経済的状況を改善させることができる
- 原則6：通常、市場は経済活動をまとめあげる良い方法である
- 原則7：政府は市場のもたらす結果を改善できる場合がある

経済は全体としてどのように動くか

- 原則8：一国の生活水準は、財・サービスの生産能力に依存する
- 原則9：政府が過剰な量の貨幣を印刷すると、物価は上昇する
- 原則10：社会は、インフレーションと失業の短期的なトレードオフに直面する

本章のポイント

- 個々の意思決定についての基本的な原則は以下の通り。人々は代替的な目標の間でトレードオフに直面する。どんな行動の費用も失われた機会によって測定される。合理的な人々は限界費用と限界便益を比較して意思決定を行う。人々は直面するインセンティブに応じて行動を変化させる。

- 人々の経済的な関わり合い（相互作用）についての基本的な原則は以下の通り。交易や相互依存は互いにとって便益をもたらす。市場は経済活動を統合するうえで通常は良い方法である。政府は市場の失敗を是正するか、経済的公平性を促すことで、市場がもたらす結果を改善できる場合がある。

- 経済全体に関しての基本的な原則は以下の通り。生産性は生活水準の根源的な決定要因である。貨幣量の増大はインフレーションの根源的な決定要因である。社会はインフレーションと失業の短期的なトレードオフに直面している。

理解度確認テスト

1. 自分の生活のなかで直面するトレードオフのうち、重要な例を3つ挙げなさい。

2. アミューズメント・パークへ行くときの機会費用を計算する際に含めるべき項目を挙げなさい。

3. 水は生命に必要不可欠である。コップ1杯の水の限界便益は大きいか、小さいか。

4. 政策担当者はなぜ人々のインセンティブを考慮すべきなのだろうか。

第I部　イントロダクション

5. 2国間の貿易は、片方が勝ってもう片方が負けるといったゲームのようなものではない。なぜか。

6. 市場において、「見えざる手」は何をしているのか。

7. 市場の失敗の主な原因を2つ挙げなさい。また、それぞれについての例を挙げなさい。

8. なぜ生産性は重要なのか。

9. インフレーションとは何か。何がインフレーションを引き起こすのか。

10. インフレーションと失業の短期的な関係とはどういうものか。

演習と応用

1. 以下のそれぞれのケースにおいて、人々はどのようなトレードオフに直面しているか述べなさい。
   a. 車を購入するかどうかを検討している家族
   b. 国立公園にどれだけの支出を充てるべきかを決めている国会議員
   c. 新工場を開設するかどうかを検討している企業の社長
   d. 授業の準備をどれだけするかを決めている大学教授
   e. 大学院への進学を考えている、最近学部を卒業した生徒
   f. 仕事をはじめるかどうかを検討している小さな子供を持つひとり親

2. あなたは休暇を取ろうかどうか決めようとしている。休暇のほとんどのコスト（航空券、ホテル、失うことになる賃金）はドルで測られる。一方、休暇の便益は心理的なものである。あなたはどのように便益とコストを比較すればよいか。

3. あなたは土曜日にパートの仕事をする予定だったが、友達がスキーに行かないかと誘ってきた。スキーに行くことの真のコストは何か。次に、同じ土曜日、あなたは図書館で勉強する予定だったとしよう。この場合のスキーに行くことのコストは何か。

4. あなたはバスケットボールくじで100ドル獲得した。この100ドルを今使うか、あるいは1年間銀行の口座に預けて5%の利子を得るかの2つの選択肢がある。今すぐ100ドルを使うこと

の機会費用は何か。

5. あなたが経営する会社は、新製品の開発に500万ドルを投資したが、開発が完了するまでにはまだかなりの時間がかかる。最近の会議で、営業担当者から、競合製品の投入により当社の新製品の予想売上高が300万ドルに減少したと報告があった。製品化するためにあと100万ドルかかるとしたら、それを続行すべきか。製品化するために最大いくらまで支払うべきか。

6. 1996年の法案によって連邦政府の貧困対策プログラムは修正され、多くの福祉受給者の受給期間が2年に制限された。
   a. この変更は、労働のインセンティブにどのような影響を与えたか。
   b. この変更は、公平性と効率性の間のトレードオフをどういった形で描写しているか。

7. 以下のそれぞれの政府の取り組みが、公平性を高めようとするものなのか、効率性を高めようとするものなのかを説明しなさい。効率性である場合は、関連する市場の失敗がどのようなものか論じなさい。
   a. ケーブルテレビの契約に規制価格を設ける。
   b. 一部の低所得者に、食品購入のために使用できるバウチャー（引換券・割引券）を配布する。
   c. 公共の場での喫煙を禁止する。
   d. スタンダード石油（かつて全米の石油精製所の90%を所有していた企業）を、いくつかの小さな企業に分割する。
   e. 高所得者に対する所得税率を引き上げる。

f. 飲酒運転を処罰する法律を制定する。

8. 以下の文について、公平性と効率性の観点から論じなさい。
   a. 社会のすべての人に、可能な限りの最良の医療が保証されるべきである。
   b. 労働者が解雇された場合、次の仕事が見つかるまでは失業手当が給付されるべきである。

9. 両親や祖父母があなたと同じ年齢の頃と比べて、あなたの生活水準はどのように変化したか。また、そうした変化が起きたのはなぜか。

10. アメリカ人が収入の一部をこれまでより多く貯蓄したとする。この追加的な貯蓄を銀行が企業に貸し出し、その資金が新工場の建設に使われる場合、どのようにして生産性の成長を促進するか。生産性が高まることによって、どの主体の便益につながるか。この場合、社会はフリーランチを得たといえるか。

11. 独立戦争中、アメリカの植民地は戦費を十分に賄うだけの税収を得ることができなかった。その（支出と税収の）差額を補うために、植民地はもっと貨幣を印刷することとした。支出を賄うための貨幣増刷は時に「インフレ税」と呼ばれる。貨幣が増刷されると、誰が課税されることになるのか、考えを述べなさい。また、それはなぜか。

理解度確認クイズの解答

1. a　**2.** c　**3.** b　**4.** d　**5.** c　**6.** b　**7.** d　**8.** d　**9.** a　**10.** b

第2章

Chapter 2

Thinking Like an Economist

経済学者らしく考えよう

　本書の目的は、経済学者（エコノミスト）の考え方を習得することである。このことはいかなる意味においてもとても有益なことである。ニュースの内容を理解しようとしたり、家計やビジネスの財務を管理したり、地域の交通渋滞から地球規模の気候変動にわたる問題についての政治家の公約を評価したりする場合、多少なりとも経済学の知見があれば、より理性的かつ体系的に考えることができる。そして、そのような考え方が、より良い結論に導いてくれるのである。

　どんな学問分野であっても、専門家は独自の用語法や方法論を展開させている。数学者は公理、積分、あるいはベクトル空間について語る。心理学者はエゴ、イド、認知的不協和といった用語を用いて語る。弁護士は裁判管轄、不法行為、約束的禁反言といった用語を使う。経済学者も同じである。需要（demand）、供給（supply）、弾力性（elasticity）、比較優位（comparative advantage）、消費者余剰（consumer surplus）、死荷重（deadweight loss）、これらの用語は、経済学者が使用する言葉の一例である。以降の章において、あなたはこれまでに聞いたことのない経済学の用語や、あるいは聞いたことはあるものの経済学においては特定の意味を持つ用語に出会うことになる。最初は、これらの専門用語は不必要に難解に聞こえるかもしれないし、実際のところ、日常生活を送る上では必ずしも理解する必要性はない。しかし、これらを理解することで、あなたが生きる世界についての新しく有用な考え方を習得することができる。本書では、こうした一見厄介にみえる用語や概念を

21

第Ⅰ部　イントロダクション

わかりやすく解説していく。

　経済学の本質や詳細な内容に踏み込む前に、経済学者が世界をどのように見ているかについての大まかな見取り図を知っておくことは有用だろう。この章では、経済学の方法論について議論する。経済学者が課題に立ち向かう際の特徴は何だろうか。"経済学者らしく考える"とはどういったことだろうか。

1 科学者としての経済学者

　経済学者は、科学者の客観性をもって問題に取り組もうとする。彼らは、物理学者が物質の研究に挑むように、あるいは生物学者が生命の研究に挑むように、経済学的問題に挑む。すなわち、まず理論を考案し、次にデータを収集し、そしてそのデータを分析して自らの理論が正しいかどうか検証するのである。

　経済学が科学であるという主張は奇妙に思われるかもしれない。経済学者は試験管や望遠鏡を使ったりするわけでもなく、白衣を着たりするわけでもない。他の社会科学者と同様、彼らの研究対象は人間、すなわち大学の学位など得なくても皆が少なからず知っているものが対象なのである。しかし、科学の本質はその**科学的方法**、すなわち世界がどのように機能しているかについての論理を冷徹なまでに展開し、検証することにある。そしてこの方法は、地球の重力や種の進化を研究する場合と同様、一国の経済を研究する場合にも適用できるのである。アルベルト・アインシュタイン（Albert Einstein）は、「科学というものは、日々の思考を洗練させたものにすぎない」と述べている。

　アインシュタインのこの言葉は、物理学だけでなく経済学にも当てはまるが、ほとんどの人は社会を科学的手法のレンズを通して見ることに慣れていない。経済がどのように機能するかを分析する際、経済学者は科学の論理をどのように用いているのであろうか。以下で実際の手法をいくつか見てみよう。

1-1 科学的方法：観察、理論、そしてさらなる観察

　17世紀の科学者でありまた数学者であったアイザック・ニュートン（Isaac Newton）は、ある日木からリンゴが落ちるのを見て、興味がかきたてられたと伝記作家に語っている。なぜリンゴは常に地面に向かって垂直に落ちるのだろうか？ニュートンの深い洞察は、リンゴの落下だけでなく宇宙空間における任意の2つの物体に適用される重力理論を発展させるきっかけとなった。その後このニュートンの理論は多くの状況に適用できることが示された（ただし、後にアインシュタインによって示されたように、すべての状況というわけではないが）。ニュートンの理論は私たちの周りで起こる現象を説明するのにかなり成功しており、今日でも物理学の授業で教えられている。

　こうした理論と観察の間の相互作用は、経済学においても生じる。物価が急上昇している国に住む経済学者は、これを観察することでインフレーションの理論を発展させるかもしれない。その理論は、政府が過剰な量の貨幣を発行すると高いインフレーションがもたらされると主張する。この理論を検証するために、経済学者は

多くの異なる国々から物価と貨幣に関するデータを収集し、分析することができる。もし貨幣量の伸びが物価上昇率と無関係であれば、経済学者はこのインフレーションの理論の妥当性を疑うようになるだろう。一方、各国のデータで貨幣量の伸び率とインフレーションが相関しているのであれば、（実際、それはたいてい正しいのだが）経済学者は自らが提案したこの理論についてより自信を持つようになるだろう。

経済学者は他の科学者と同様に理論と観察を用いるが、それを困難にする障害に直面する。実験を行うことが現実的には不可能な場合が多いのである。重力を研究している物理学者は、自分たちの理論を検証するために、実験室で物体を落下させることができる。対照的に、インフレーションを研究している経済学者は、分析に必要なデータを生成するためだけに国の金融政策を操作することは許されない。経済学者は、天文学者や進化生物学者と同様、通常は現実の世界から得られるデータを利用するしかない。

実験室で行われる実験の代わりとして、経済学者は歴史が提供する自然実験（natural experiment）に着目する。たとえば、中東における戦争によって原油の供給が制約を受けると、世界中で原油価格が急騰する。このような出来事は、原油や石油製品の消費者にとっては生活費を上昇させるし、政策立案者にとっては対応が難しい政策課題となる。しかし経済科学者にとって、この出来事は天然資源が世界経済に与える影響を研究する貴重な機会となる。本書を通じ、われわれは多くの歴史的な出来事を考察するが、このことは過去の経済に関する洞察を得て、現在の経済理論を具体化し評価するのに役立つ。

1-2 仮定の役割

もし物理学者に、10階建てのビルの上からビー玉が落ちるのにどれくらい時間がかかるかを尋ねると、その物理学者はビー玉が真空中を落下すると仮定したうえで答えるだろう。この仮定は正しくない。ビルは大気に囲まれていて、落下するビー玉との間に摩擦が生じることで落下時間は遅くなる。なぜ、現実世界の複雑さを無視した答えを導くのか？　この場合、物理学者はビー玉への摩擦は非常に小さく、その影響は無視できると指摘するだろう。大理石が真空中で落ちると仮定することで、答えに影響をほとんど与えることなく、問題を単純化することができるのである。もちろん、物理学者は、より正確な答えを得るためには、仮定を再検討し、より正確な分析を行う必要があることを承知している。

経済学者も同じ理由で仮定を用いる。仮定を設けることで複雑な世界を単純化させ、理解しやすくするのである。たとえば、国際貿易について研究する場合、この世界は2つの国からなり、それぞれの国が2種類の財のみを生産すると仮定する。現実世界は多くの国が何千もの異なる種類の財を生産していて、この仮定が現実世界の正確な描写ではないということをわれわれは知っている。しかし、この仮定を設けることで、問題の本質に集中することができる。この単純化された仮の世界における国際貿易の役割を分析することによって、実際に生活しているより複雑な世界での貿易の役割が、より容易に理解できるのである。

第Ⅰ部　イントロダクション

物理学であれ、生物学であれ、経済学であれ、どういった仮定を設けるかを決めることは、科学的思考における1つの技〔訳注：原書では、「科学」（Science）に対する語として「アート」（Art）を用いており、ここでは「アート」の訳語として「技」を用いている〕といえる。たとえば、ビルの上からビー玉ではなく、同じ重さのビーチボールを落下させる場合を考えてみよう。この場合、物理学者は、摩擦がないという仮定は極めて不正確であることに気付くだろう。ビーチボールはビー玉よりもずっと大きいため、ビーチボールとの間に生じる摩擦はより大きくなる。ビー玉の落下を研究する場合には、重力があたかも真空中で働くと仮定することは合理的だが、ビーチボールの落下を研究する際には大きな誤差を引き起こしうるのである。

同様に、経済学者は異なる問題に対して異なる仮定を設けて問題に答える。たとえば、政府が貨幣流通量を変化させたときに、経済に何が生じるかを調べたいとしよう。この分析で重要なのは、価格がどのように反応するかである。実際の経済においては、多くの価格はそれほど頻繁には変化しない。たとえば、店頭にならんでいる雑誌の価格は数年に1度しか改定されない。このことを踏まえると、異なる時間軸に対して異なる仮定を設けることになる。この政策の短期的な影響を調べるのであれば、価格があまり変化しないと仮定するであろう。極端な場合、価格は完全に固定されているという仮定すら設けるかもしれない。一方で、政策の長期的な影響を調べるのであれば、すべての価格が完全に伸縮的（フレキシブル）であると仮定するであろう。物理学者がビー玉の落下を分析するのか、あるいはビーチボールの落下を分析するのかに応じて異なる仮定を設けるように、経済学者も、分析対象が貨幣量の変化の短期的な影響なのか、あるいは長期的な影響なのかに応じて、異なる仮定を設定するのである。

1-3　経済モデル

高校の生物学の教師は、プラスチック製の人体模型を使って基礎的な解剖学を教える。このモデルには心臓、肝臓、腎臓などの主要な臓器がすべて備わっていて、それらがどのように体内で配置されているか、学生は容易に確認することができる。このプラスチック・モデルは適度に標準化されていて、細かい点は省略されているため、誰もそれを実際の人間だと見間違うことはない。このリアリティの欠如のために（むしろ欠如しているからこそ）、人体がどのように機能するかを学ぶうえで、このモデルは役に立つ。

経済学者も現実世界を理解するためにモデルを用いるのだが、生物学の教師が用いるプラスチック製の人体模型とは異なり、モデルは主に図表や数式から成る。プラスチック人体モデルと同様、経済モデルも多くの細かな点を省いて単純化しており、そしてそのことによって何が本質的に重要な要素なのかを理解することができる。生物学の教師のモデルが体のすべての筋肉や血管を含まないように、経済学者のモデルも経済のすべての特徴や人間行動のすべての側面を含んでいるのではない。

本書全体を通じ、われわれはさまざまな問題を検討するために経済モデルを用いるが、モデルは仮定を用いて構築されていることがわかるだろう。物理学者がビー

玉の落下を分析する際に摩擦は存在しないものと仮定したように、経済学者も、扱っている問題とは関係のない多くの細かな点を省略して単純化する。物理学であれ、生物学であれ、そして経済学であれ、いかなるモデルも、現実を単純化することによって、われわれがより深く理解することに貢献する。経済学のすべてのモデルは、現実に照らし合わせて修正されるべきときには修正される。重要なのは、その時々の状況に応じて適切なモデルを見つけることである。統計学者のジョージ・ボックス（George Box）は、「すべてのモデルは間違っているが、そのうちのいくつかは有用なのである（All models are wrong, but some are useful）」と述べている。

1-4　経済モデルその1：フロー循環図

経済は、さまざまな経済活動（売買取引、労働、雇用、製造など）に従事する多くの人々で構成されている。そうした経済がどのように機能しているかを理解するためには、これらすべての経済活動について思考を単純化させる必要がある。つまり、経済がどのように構成され、人々がどのように互いに相互作用するかを説明する経済モデルが必要なのである。

図2-1は、**フロー循環図**と呼ばれる、視覚的な経済モデルである。このモデルには、企業と家計という2種類の意思決定主体しかいない。企業は、労働、土地、資本（建物や機械）などの投入物（インプット）を用いて財・サービスを生産する。こうした投入物を**生産要素**と呼ぶ。家計は生産要素の保有主体であると同時に、企業が生産した財・サービスをすべて消費する。

> **フロー循環図**
> （circular-flow diagram）
> 貨幣が市場を通じて、家計と企業の間をどのように流れていくかを示す視覚的な経済モデル

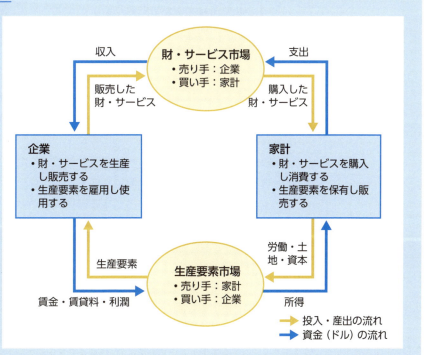

図2-1　フロー循環図

この図は、経済構造を示す模式図である。意思決定は家計と企業によって行われる。家計と企業は、財・サービス市場（家計が買い手で企業が売り手）や、生産要素市場（企業が買い手で家計が売り手）で互いに関わり合う。外側の矢印は資金（ドル）の流れを示し、内側の矢印は対応する投入物または産出物の流れを示している。

第I部 イントロダクション

　家計と企業は、2つのタイプの市場で関わり合う。**財・サービス市場**では、家計が買い手であり、企業が売り手である。具体的には、企業が生産する財・サービスを家計が購入する。**生産要素市場**では、企業が買い手であり、家計が売り手である。この市場においては、財・サービスを生産するために必要な投入物を家計が提供し、それを企業が購入する。フロー循環図は、経済における家計と企業の間でのすべての取引を整理する方法を簡潔に示している。

　フロー循環図には、それぞれ異なるが互いに関連している2つの循環（ループ）がある。内側のループは投入物（インプット）と産出物（アウトプット）のフローを示している。生産要素市場において、家計は労働力、土地、資本を使用する権利を企業に売る。企業はこれらの要素を用いて財・サービスを生産し、財・サービス市場で家計に販売する。図2-1の外側の循環は、対応する資金（ドル）のフローを示している。家計は企業から財・サービスを購入するために資金を用いる。企業はこれらの売上の一部を生産要素の購入（たとえば労働者に対する賃金の支払い）に用いる。売上の残りは企業の利益となり、企業所有者である家計に還元される。

　人から人へと渡っていく1ドル札の動きを追いながら、資金フローを巡るツアーをしてみよう。家計、たとえば、あなたの財布の中にある1ドル札からスタートするとする。もしコーヒーが欲しいなら、あなたはその1ドル札（あるいはもう少しの金額かもしれない）を持って、コーヒーの市場（多くの財・サービス市場のうちの1つ）に行く。地元のコーヒーショップでお気に入りのドリンクを買えば、そのドル紙幣は店のレジに移り、企業の売上となる。しかし、そのドルはそこに長くは滞在しない。なぜなら、企業は生産要素市場において投入物を購入するために、そのドルを使うからである。たとえば、コーヒーショップは、そのドルを店舗の家賃やバリスタの報酬として支払うかもしれない。あるいは、そのドルを店のオーナーに利益として還元するかもしれない。いずれにせよ、そのドルはある家計の収入となり、再び誰かの財布に収まるのである。その時点で、あらためてフロー循環の物語がはじまるのである。

　図2-1のフロー循環図は、単純な経済モデルである。より複雑で現実的なフロー循環図のモデルには、たとえば、政府や国際貿易の役割といった要素が含まれるであろう（あなたがコーヒーショップに渡したドルの一部は、税金の支払いやケニアの農家からコーヒー豆を購入するために使われるかもしれない）。しかし、そういった細かな点は、経済がどのように組織されているかについての基本的な理解を得るうえでは重要ではない。その単純さゆえに、フロー循環図は、経済の各部門がどのように組み合わさっているかを考える際に役立つのである。

1-5　経済モデルその2：生産可能性フロンティア

　大部分の経済モデルは、フロー循環図とは異なり、数学の概念を援用して構築される。ここでは、経済の基本的な考え方を表現するそうしたモデルのうち最も単純なものとして、生産可能性フロンティアと呼ばれるモデルを考えよう。

　実際の経済では非常に多くの財やサービスが生産されているが、ここでは自動車とコンピュータという2種類の財のみを生産する経済を考えてみよう。自動車産業

とコンピュータ産業は、それぞれこの経済にあるさまざまな生産要素を使用して生産活動を行う。この経済において利用可能な生産要素と生産技術を所与〔訳注：経済学では、あるXが与えられたもの、または自分たちでは変更できないものであるときに、「Xを所与とする」という語をよく用いる。英語ではgiven〕としたときの、生産可能なアウトプットの組み合わせ（この場合は、生産可能な自動車の台数とコンピュータの台数の組み合わせ）を図示したものを、**生産可能性フロンティア**と呼ぶ。

図2-2は、この経済の生産可能性フロンティアを示している。すべての資源（リソース）を自動車産業に投入すると、この経済は1,000台の自動車を生産する一方、コンピュータは生産されない。すべての資源をコンピュータ産業に投入すると、この経済は3,000台のコンピュータを生産する一方、自動車は生産されない。生産可能性フロンティアのこの2つの端点は、こうした極端な可能性に対応している。

より現実的なのは、生産のための資源が両産業に配分され、自動車とコンピュータがどちらも生産される場合だろう。たとえば、図2-2のA点に示されているように、この経済は600台の自動車と2,200台のコンピュータを生産することができる。もしくは、コンピュータ産業から自動車産業に一部の生産要素を移転させることで、この経済は700台の自動車と2,000台のコンピュータを生産することもできる（B点）。

資源の希少性により、すべての考えられる結果（自動車の生産量とコンピュータの生産量の組み合わせ）が実現可能というわけではない。たとえば、どのように資源を両産業の間で配分したとしても、この経済はC点で表されるような自動車とコ

> **生産可能性フロンティア**
> (production possibilities frontier)
> ある経済において、利用可能な生産要素と生産技術を用いて生産することのできる産出量の組み合わせを示したグラフ

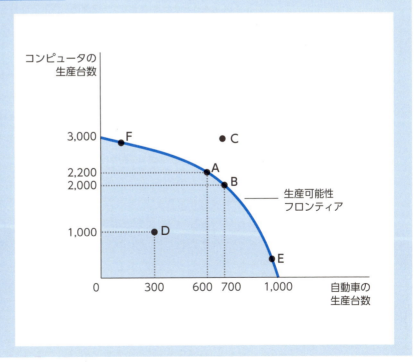

図2-2　生産可能性フロンティア

生産可能性フロンティアは、経済が生産可能なアウトプットの組み合わせ（この場合は自動車とコンピュータ）を示す。曲線上にある、または曲線の下に位置する任意の点は、この経済における生産可能なアウトプットの組み合わせである。フロンティアの外側の点は、経済が保有する資源を踏まえると、実現不可能なアウトプットの組み合わせである。生産可能性フロンティアの傾きは、コンピュータに対する車の機会費用を測定する。この機会費用は、経済がどれだけの量の両商品を生産しているかによって異なる。

ンピュータの生産量の組み合わせを実現することはできない。自動車とコンピュータを生産するために利用可能な生産技術を前提とすると、その水準の生産量を実現するために十分な生産要素をこの経済は持ち合わせていないのである。現在の資源を前提としたとき、この経済は、生産可能性フロンティアの境界上の任意の点、またはその内側の任意の点に対応する生産量を実現することはできるが、フロンティアの外の点に対応する生産量を達成することはできない。

　利用可能かつ希少な資源から、その経済が最大限のものを得ているとき、その状態を効率的であるという。生産可能性フロンティアの境界上の点（内側の点ではない）は、効率的な生産水準を表している。経済がA点のような効率的な生産水準にあるときは、一方の財の生産を減少させることなく、もう一方の財を増加させることはできない（すなわち、A点から少しでも右、上、または右上に移動すると、フロンティアの外に出てしまう）。一方、D点は非効率な状態である。何らかの理由、たとえば失業の広がりといった理由で、経済は利用可能なリソースの一部のみを利用して生産活動をしている。すなわち、ここでは300台の自動車と1,000台のコンピュータである。もし非効率性の原因が取り除かれれば、経済は両方の財の生産を同時に増やすことができる。たとえば、D点からA点に移動することで、自動車の生産は300台から600台に増加し、コンピュータの生産は1,000台から2,200台に増加する。

　第1章で学んだ**経済学の10原則**のうちの1つは、「人々はトレードオフに直面する」というものであった。生産可能性フロンティアは、社会が直面するトレードオフの1つを表している。経済がフロンティアの境界上の効率的な点に達すると、ある財の生産を増やす唯一の方法は、もう一方の財の生産を減らすことになる。たとえば、経済がA点からB点に移動することで、100台分の自動車を増産することができるが、その代わりコンピュータの生産を200台分減らさなくてはならない。

　このトレードオフは、**経済学の10原則**のうちの別の1つを理解するうえで役に立つ。「何かのコストとは、それを手に入れるために諦めたもので測られる」という原則である。これは**機会費用**と呼ばれる。生産可能性フロンティアは、他の財を基準に測られた、ある財を生産することの機会費用を示している。A点からB点に移動することは、100台分の自動車を生産するために、200台分のコンピュータの生産を諦めなければならないことを意味する。つまり、A点において、100台の自動車を生産することの機会費用は200台のコンピュータなのである。あるいは、1台の自動車の機会費用は2台のコンピュータである。なお、ここで自動車の機会費用は、生産可能性フロンティアのA点とB点を通る直線の傾きに等しいことに注意してほしい（傾きについては、章末のグラフについての補論で説明する）。

　コンピュータの台数で測った1台の自動車生産の機会費用は一定ではなく、経済が現時点でどれだけの自動車とコンピュータを生産しているかに依存している。このことは生産可能性フロンティアの形状に反映されている。図2-2の生産可能性フロンティアは外側に湾曲しているので、1台の車の機会費用は、多くの自動車が生産されていて、コンピュータがほとんど生産されていないとき、非常に大きくなる。たとえば、E点はそのような状態であり、そこではフロンティアの傾きが急になっ

ている。一方、F点のように、自動車の生産量がわずかで、かつコンピュータの生産量が大きいとき、1台の自動車の機会費用は小さくなっており、そこではフロンティアの傾きは平らになっている。

経済学者は、生産可能性フロンティアの形状は、多くの場合このように外側に湾曲していると考えている。資源のほとんどがコンピュータの製造に用いられているということは、熟練した自動車工など、自動車の生産に最適な資源もコンピュータ産業に投入されていることを意味する。これらの労働者はおそらくコンピュータの製造が得意というわけではないだろう。したがって、それまでコンピュータ製造に携わっていた自動車工を本来の自動車製造に向けることで、そこから車の生産を1単位増やしても、コンピュータの生産台数の低下幅は限定的だろう。したがって、F点では、コンピュータの台数で測った自動車生産の機会費用は小さく、フロンティアは比較的平坦である。一方、E点のように、ほとんどの資源が自動車の製造に投入されている場合、自動車製造に最適な資源はすでに自動車産業に投入されていることを意味する。したがって、自動車を追加的に生産するには、コンピュータ産業から何人かの非常に優れたコンピュータ技術者を自動車工にさせる必要がある。その結果、追加的に自動車を生産するためには、コンピュータの生産量をかなり減少させなければならない。自動車生産の機会費用は高く、フロンティアの傾きは急になる。

生産可能性フロンティアは、ある特定の時点における異なる財の間でのトレードオフを示しているが、そのトレードオフは時間とともに変化することがある。たと

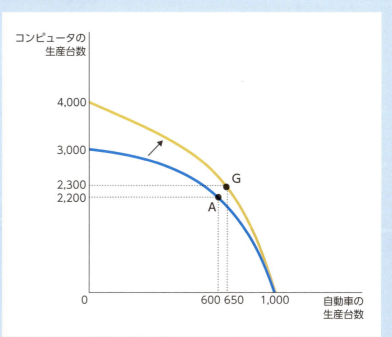

図2-3　生産可能性フロンティアのシフト

コンピュータ産業の技術進歩により、どんな特定の自動車の生産台数に対しても、これまでより多くのコンピュータを生産できるようになる。その結果、生産可能性フロンティアは外側にシフトする。A点からG点に移行すると、自動車とコンピュータの両方の生産台数が増加する。

第 I 部　イントロダクション

えば、コンピュータ産業の技術革新によって、労働者1人が1週間に生産できるコンピュータの台数が増加したとする。この進歩により、社会の選択肢が拡大する。どのような自動車の生産台数に対しても、経済は今より多くのコンピュータを生産できる。コンピュータを1台も生産しない場合は、引き続き生産可能な自動車の台数は1,000台であり、フロンティアの一方の端点は不変である。しかし、経済が資源を少しでもコンピュータ産業に割り当てると、その資源からはこれまでより多くのコンピュータが生産可能になる。その結果、図2-3のように、生産可能性フロンティアは外側にシフトする。

この図2-3は、経済が成長するときに何が生じるかを示している。経済は、これまでの古いフロンティア上のある点から、新しいフロンティア上の別の点に移動することができるのである〔訳注：ここでは常に効率的な生産量の組み合わせ＝境界上の点が選択されることが仮定されている〕。どの点を選択するかは、2つの財に対する社会の選好に依存する。この例では、この社会（における生産量の組み合わせ）はA点からG点に移動し、より多くのコンピュータ（2,200台から2,300台）と、より多くの自動車（600台から650台）が生産される。

生産可能性フロンティアは、複雑な経済を単純化することで、希少性、効率性、トレードオフ、機会費用、経済成長といった、基本的かつ重要な概念に焦点をあてている。経済学を学ぶうえで、これらの概念はさまざまなかたちで繰り返し登場するが、生産可能性フロンティアは、これらの概念について考えるうえで1つの簡便な方法を提供している。

1-6　ミクロ経済学とマクロ経済学

さまざまな研究対象は、さまざまな水準で研究が行われる。例として生物学を見てみよう。分子生物学者は、生物を構成する化学合成物を研究する。細胞生物学者は、化学化合物から構成され、かつ生物体の必要不可欠な構成要素でもある細胞を研究する。進化生物学者は、生物や植物の多様性や、種が長い時間をかけてどのように変化していくかを研究する。

経済学も同様に、さまざまなレベルで研究が行われている。われわれは個々の家計や企業の意思決定を分析することができるし、特定の財・サービスの市場における家計と企業の相互作用に焦点を当てることもできるし、あるいはまた、市場におけるすべての経済活動を包括している経済全体の動き方を研究することもできる。

ミクロ経済学
(microeconomics)
家計や企業がどのように意思決定をし、それが市場でどのように相互に関わり合うかを研究する分野

マクロ経済学
(macroeconomics)
インフレーション、失業、経済成長など、経済全体に関する事象を研究する分野

伝統的に、経済学は2つの分野からなる。ミクロ経済学は、家計や企業がどのように意思決定をし、それが市場でどのように相互に関わり合うかを研究する分野である。マクロ経済学は、経済全体に関する事象を研究する分野である。ミクロ経済学者は、ニューヨーク市における家賃規制の影響、国際競争がアメリカの自動車産業に与えるインパクト、あるいは教育が労働者の所得に与える影響、などを研究する。マクロ経済学者は、連邦政府が行う借入れの影響、ある経済における時間を通じた失業率の変化、あるいは一国の生活水準を改善させるための代替的な政策、などを研究する。

ミクロ経済学とマクロ経済学は密接に結びついている。経済全体の変化は何百万

30

第2章　経済学者らしく考えよう

人もの個人の意思決定の結果として生じるため、マクロ経済の動きを理解するためには、その背後にあるミクロ経済学的な意思決定を考慮することが必要不可欠である。たとえば、マクロ経済学者からなる分析チームが、連邦所得税の減税が財・サービスの生産全体に与える影響を分析するとしよう。このとき、彼らは個々の家計が財・サービス消費についての意思決定をどのように変化させるかを考慮する必要がある。

このようにミクロ経済学とマクロ経済学は、本質的には互いに関連している。しかしそれでもなお、2つの分野は相異なるものである。この2つの分野は異なる問題に取り組んでいるため、それぞれの分野には独自のモデルがあり、それらは往々にして別々のコースで教えられている。

理解度確認クイズ

1. 経済モデルの説明として正しいのは以下のどれか。
   a. 経済の機能を複製する機械装置
   b. リアルな経済についての完全かつ詳細な記述
   c. いくつかの側面を単純化した経済についての描写
   d. 経済の将来を予測するコンピュータ・プログラム

2. フロー循環図は、生産要素市場において＿＿＿＿＿ことを示している。
   a. 家計が売り手であり、企業が買い手である
   b. 家計が買い手であり、企業が売り手である
   c. 家計と企業がともに買い手である
   d. 家計と企業がともに売り手である

3. 生産可能性フロンティアの内側にある点について正しいのは以下のどれか。
   a. 効率的だが実現可能ではない。
   b. 実現可能だが効率的ではない。
   c. 効率的かつ実現可能である。
   d. 効率的でも実現可能でもない。

4. 以下のトピックのうち、ミクロ経済学の研究範囲に該当しないものはどれか。
   a. 10代の喫煙行動に対するたばこ税の影響
   b. マイクロソフトの市場支配力がソフトウェアの価格形成に与える影響
   c. ホームレスを削減するうえでの貧困対策プログラムの有効性
   d. 政府の赤字予算が経済成長に与える影響

➡（解答は章末に）

2　政策アドバイザーとしての経済学者

経済学者はしばしば、経済的な事象の原因を説明するよう求められる。たとえば、なぜ10代の若者の失業率は、より年配の世代の失業率よりも高いのだろうか。これは事実に関する問題であり、科学的に回答できるかもしれない。しかし時には、経済学者は経済的な成果を改善するための政策を提案するよう求められることもある。たとえば、10代の若者の経済厚生を改善させるために、政府は何をすべきだろうか。それに答えるためには、起こっている事実について理解するだけでなく、何をすべきかについての価値判断も必要になってくる。

現実の世界を説明しようとするとき、経済学者は科学者となる。現実世界を改善するための処方箋を提示しようとするとき、経済学者は政策アドバイザーとなる。プロの経済学者にならなくても、あなたは日常生活においてこの経済学的な考え方

31

第Ⅰ部　イントロダクション

の両方を使うかもしれない。世界を分析することも、それを改善するための解決策を考えることも、どちらも重要だが、これらのアプローチがどのように異なるかを理解することも重要である。

2-1　記述的分析と規範的分析

　経済学者が果たす2つの役割を明確にするために、言葉の使い方について考えてみよう。科学者と政策アドバイザーは異なる目的を持っているため、言葉の使い方もまた異なるのである。

　たとえば、最低賃金法について議論している2人の人物を想像してみよう。2人の以下の主張が聞こえてきた。

> プリシャ：最低賃金法は失業を引き起こす。
>
> ノア：政府は最低賃金を引き上げるべきだ。

　これらの主張に同意するかどうかはともかく、プリシャとノアの主張の仕方が異なっていることに注目しよう。プリシャは科学者のように話している。彼女は世界がどのように動いているのかを説明しようとしている。一方、ノアは政策アドバイザーのように話している。彼は世界を変えたいと考えている。

　一般的に、この世界について何らかの主張をするとき、それには2つのタイプがある。1つはプリシャのタイプで、それは記述的（positive）と呼ばれる。この語は陽気や楽観的であるという意味ではない。**記述的命題**というのは描写的である。それは世界がどうなっているかについて主張する。一方、ノアのような2つ目のタイプは、規範的（normative）とよばれる。**規範的命題**というのは指導的・教育的である。それは世界がどうあるべきかについて主張する。

　記述的命題と規範的命題の注目すべき違いは、その妥当性を判断する方法である。記述的命題は、証拠を検討することで、その正誤を確定させることができる。経済学者は、プリシャの主張を検証するために、たとえば最低賃金と失業率の変化についてのデータを分析する。本章末の補論で議論するように、因果関係を証明することは難しいが、この命題の成否は根本的には証拠によって決定されるべきである。一方で、規範的命題を評価することには、事実だけでなく価値の問題も関わってくる。ノアの命題が正しいかどうかはデータのみからでは判断できない。何が良い政策で、何が悪い政策なのかを判断することは、単なる科学的な問題ではない。そこには価値観や、倫理、宗教、あるいは政治哲学に関する見解といったものも関わってくる。

　記述的命題と規範的命題は異なるものであるが、しばしば互いに関連するものである。特に、世界がどのように機能するかについての記述的な発見は、どのような政策が望ましいかについての規範的な判断に影響を与えることがよくある。最低賃金が失業に影響を与えるというプリシャの主張がもし正しければ、政府は最低賃金を引き上げるべきだとするノアの主張は否定されるべきものになるだろう。一方で、失業に与える影響が小さいという記述的な発見が得られれば、ノアの政策提案は受

記述的命題
（positive statements）
現実をあるがままに描写しようとする命題

規範的命題
（normative statements）
現実がどうあるべきかについて定めようとする命題

け入れられることになるかもしれない。

規範的な判断は、研究者が分析対象としてどの記述的命題を選択するかにも影響を与える可能性がある。たとえば、最低賃金を引き上げたいというノアの願望は、最低賃金が失業を引き起こすというプリシャの主張を調査する方向に導くかもしれない。バイアスを排除するためには、彼は自分の規範的な主張はいったん脇に置いて、データを可能な限り客観的に検討すべきである。最良の場合、記述的な経済学は、研究者の個人的な価値観や政策課題とは切り離された科学として発展していく。

経済学を学ぶ際、記述的表現と規範的表現の大まかな区別を頭の片隅に置いておくことは有益である。経済学の大部分は記述的、すなわち経済がどのように機能するかを説明する。しかし、経済学を用いる人々はしばしば規範的な目的を持っている。彼らは経済をどのようにより良くできるかを学びたいのである。経済学者が規範的命題を主張するとき、彼らは科学者としてではなく政策アドバイザーとして話しているのである。

2-2 ワシントンのエコノミスト

ハリー・トルーマン大統領はかつて、「中立的な立場から離れられる経済学者（one-armed economist）」を見つけたいものだ、と述べた。経済学者に助言を求めるたびに、彼らはいつも「一方では……。もう一方では……」と答えたためである。

経済学者の助言は必ずしも常に直接的でわかりやすいわけではない、という点において、トルーマンは正しい。この傾向は、**経済学の10原則**のうちの1つ、「人々はトレードオフに直面する」という原理に根ざしている。経済学者は、ほとんどの政策決定において、トレードオフが存在することを認識している。ある政策は効率性を向上させるかもしれないが、同時に公平性を犠牲にするかもしれない。あるいは将来の世代を助けるかもしれないが、現世代には痛みとなるかもしれない。すべての政策決定は容易であると言う経済学者は、信頼できる経済学者ではない。

経済学者の助言を頼りにしていた大統領はトルーマンだけではない。1946年以来、アメリカ合衆国大統領は、3人の委員と数十人の経済学者からなるスタッフで構成される、経済諮問委員会（Council of Economic Advisors, CEA）からの助言を受けている。この委員会のオフィスはホワイトハウスのすぐ近くにあり、大統領への助言を行うほか、最近の経済動向のレビューと経済政策についての分析を示す年次大統領経済報告（Annual Economic Report of the President）を作成・公表している（なお、本書の著者であるマンキューは、2003～2005年まで経済諮問委員会の議長を務めていた）。

大統領はまた、さまざまな官庁に所属するエコノミストから情報と助言を受け取る。行政管理予算局（Office of Management and Budget）のエコノミストは支出計画や規制政策の策定を支援する。財務省のエコノミストは税制策定を支援する。労働省のエコノミストは労働者や失業者に関するデータを分析し、労働市場政策の策定を支援する。司法省のエコノミストは国の反トラスト法の遂行を支援する。

連邦政府のエコノミストは、行政府の枠外にもいる。政府の提案を政府から独立して評価するため、議会はエコノミストから成る議会予算局の助言を頼りにしてい

33

第I部　イントロダクション

る。アメリカの金融政策を決定する連邦準備制度は、アメリカ国内や世界各地の経済動向を分析するために百人単位のエコノミストを雇用している。

　経済学者の政策への影響力は、単なるアドバイザーとしての役割の域を超える。彼らの研究や著作物は、間接的にも政策に影響を与えうるのである。経済学者のジョン・メイナード・ケインズ（John Maynard Keynes）は、次のように述べている。

　　経済学者や政治哲学者の考え方は、それが正しい場合であれ間違っている場合であれ、一般に理解されているよりはるかに強力である。実際、世界のほとんどすべてを支配しているのは、こうした考え方なのである。こうした知的な影響力から自らは逃れられていると考えている実務家たちは、実際には、すでに故人となった経済学者の（考え方の）単なるしもべであることが多いのである。権力者たちは、どこからかやってきた意見を鵜呑みにして政策を進めることがあるが、その意見も、何年か前にどこかの学問的な書き手が残したものを元にしていることが多いのである。

　これは1935年に書かれたものだが、今なお真実である。実際、現代において公共政策に影響を与えている「学問的な書き手」とは、しばしばケインズ自身なのである。

2-3　経済学者の提案がしばしば実行にうつされないのはなぜか

　大統領をはじめとして、人々から選ばれたリーダーを助言する経済学者たちは、自分たちの提案が常に受け入れられるわけではないことを知っている。その理由は容易に理解できる。経済政策が形作られる現実の政策過程は、教科書で想定されている理想的なそれとは多くの点で異なるからである。

　本書を通じ、政策について議論する際には1つの問いに焦点を当てる。政府が追求すべき最善の政策は何か、という問いである。われわれは、政策が慈悲深くかつ全能の王によって設定されているかのように考え、行動している。そして、この王が正しい政策を見つけ出した後、王は自らの政策を問題なく実行できると考える。

　しかし、現実の世界では、正しい政策を考案することは指導者の仕事の一部、かつそのなかでも最も簡単な部分にすぎない。あなたが大統領であるとしよう。政策アドバイザーから最善と考えられる政策について聞いた後、あなたは他のアドバイザーのもとに向かうだろう。コミュニケーションを担当するアドバイザーは、提案された政策をどのように一般の人々向けに説明すればよいかを指示し、政策の実行を難しくしてしまうようないかなる誤解も前もって予測しようとする。報道・メディアを担当するアドバイザーは、あなたの提案が報道機関によってどのように報じられるか、社説でどのような意見が表明されるか、そしてソーシャルメディアでどういった反応が出てきそうかを伝える。立法府（すなわち議会）を担当するアドバイザーは、あなたの提案が議会にはどのように受け止められるか、議員が提案する修正案はどういったものか、そしてあなたの提案またはその修正版が議会を可決する可能性はどの程度か、といった点を伝える。政治アドバイザーは、提案された政策

第2章　経済学者らしく考えよう

を支持または反対するのはどのグループで、またどういったグループが組織されるか、この提案が有権者の投票行動にどのような影響を与えるのか、そしてほかの政策提案への支持がどう変化するかについて、助言する。これらの助言を総合的に考慮したあと、あなたは次の手順を決定するのである（この描写はあくまで理想化されたものである。最近のすべての大統領がこのような体系的な方法で政策を進めてきたわけではない）。

　代議制民主主義における経済政策の決定は入り組んだものであり、大統領をはじめとする政治家が経済学者の提唱する政策を採用しない理由には、しばしば妥当なものがある。経済学者の助言は、複雑なレシピのなかの一部に過ぎないのである。

理解度確認クイズ

5. 次のうち、記述的な（規範的ではない）言明はどれか。

　　a. 法律Xは国民所得を減少させる。

　　b. 法律Xは良い立法である。

　　c. 議会は法律Xを可決すべきである。

　　d. 大統領は法律Xを拒否すべきである。

6. 政府の次の部門のうち、経済学者の助言を定期的に利用しているのはどれか。

　　a. 財務省

　　b. 予算管理局

　　c. 司法省

　　d. 上記すべて

➡（解答は章末に）

---

3 経済学者間で意見が異なるのはなぜか

　「経済学者たち全員が連なって並べられたとしても、彼らは結論に達しないだろう〔訳注：経済学者が単独で個々に考えを述べても、最終的には共通の結論には至らない、の意〕」。ジョージ・バーナード・ショー（George Bernard Shaw）によるこの言葉は示唆的である。経済学者は、政策立案者に対してしばしば相反する助言を与えることで批判される。ロナルド・レーガン大統領はかつて、「もし経済学者向けにトリビア・パースート〔訳注：プレイヤーがさまざまなカテゴリーの質問に答える〕が作られたら、100の問題に対し、3,000の答えが出てくるだろう」とジョークを述べた。

　経済学者たちはなぜ政策立案者に対して互いに相反する助言をしているように見えるのだろうか？　基本的には、その理由は以下の2つである。

- 経済がどのように機能するかについての記述理論がいくつかあって、そのうちのどれが妥当かについて経済学者の間で意見の相違があるため。
- 経済学者は異なる価値観を持っていることから、政府の政策が何を達成すべきかについて異なる規範的見解を持っているため。

　それぞれの理由について、以下でより詳しく見てみよう。

35

第Ⅰ部　イントロダクション

3-1　科学的判断についての意見の不一致

数世紀前、天文学者たちは、太陽系の中心が地球なのか太陽なのかを議論した。最近では、気候学者たちは、地球は温暖化しているのか、そしてもしそうであればその理由について、議論している。科学とは世界を理解しようとする現在進行中の探求である。この探求が終わらない限り、真実が何かについて科学者が異なる意見を持つのは特に驚くことではない。

経済学者も同じ理由で異なる意見を持ちうる。本書を通じてわかるように、経済学は世界について多くのことを明らかにしているが、まだ不明な点も多く残されている。時に、経済学者は、代替的な理論のそれぞれの妥当性（適切さ）について、異なる直感を持っていることを背景に、意見を異にする。たとえば、経済変数がどのように関連しているかについてのパラメーターのサイズについて異なる見方を持つために、意見が分かれる。

例を挙げると、経済学者たちが、政府は家計の所得に課税すべきか、それとも消費に課税すべきかについて議論しているとする。現行の所得税から消費税への切り替えを主張する人々は、この変更によって家計の貯蓄が促されると考えている。なぜなら、所得のうち、貯蓄にまわされた分は非課税となるからである。貯蓄の増加によって（後の章で見るように、マクロ的に見て投資が促進されることから）、資本が蓄積され、生産性と生活水準の向上につながる。一方、現行の所得税制度を支持する人々は、税制が変更されても、人々の貯蓄行動が大幅に変わることはないと考えている。これら2つの経済学者グループは、節税の貯蓄に対する影響について異なる記述的な見解を持っているために、規範的にも税制について異なる見解を持つのである。

3-2　価値観についての意見の不一致

ジャックとジルが町の井戸から同じ量の水を汲んだとしよう。この町は井戸の維持費用をまかなうために住民に税金を課す。ジルは年収が15万ドルで、そのうち1万5,000ドル、つまり収入の10％が税金として課される。ジャックは年収が4万ドルで、そのうち6,000ドル、つまり収入の15％が税金として課される。

この政策は公平だろうか。公平でないのなら、どちらの課税額が多すぎて、どちらが少なすぎるだろうか。ジャックの低い所得が医学的な障害に起因するものなのか、あるいは俳優のキャリアを追い求めているからなのか、といった点は考慮すべきだろうか。ジルの高い所得が莫大な遺産によるものなのか、あるいは退屈な仕事を長時間、厭わずするからなのか、といった点は考慮すべきだろうか。

こうした問題は難しく、人々の意見が一致することはないであろう。この町が、井戸の維持費用をまかなうための適切な課税方法について調査するために2人の専門家を雇ったとして、2人が互いに相反する助言をしたとしても驚くことではない。

この単純な例は、なぜ経済学者がときどき公共政策について意見が分かれるのかを示している。規範的分析と記述的分析についての議論からもわかるように、政策は科学的な観点のみによって判断することはできない。経済学者たちは異なる価値

観や政治的哲学を持っているため、時に相反する助言をすることがある。科学としての経済学を完全なものにしたとしても、それだけでジャックとジルのどちらが支払い過ぎているかを判断できるわけではない。

3-3 知覚 vs 現実

科学的判断や価値観の違いにより、経済学者の間には必然的に意見の相違が生じる。しかし、意見の相違を過大に評価すべきではない。経済学者は、周りが思っている以上に、互いに意見が一致しているものである。

たとえば、「家賃に上限を設けて統制すると、住宅供給の質・量ともに低下する」という命題を考えてみよう。経済学者にこの点について質問したところ、93％が同意した。経済学者は、家賃統制という、家主が請求できるアパートの賃料に法的な上限を設定する政策が、住宅供給に負の影響を与え、社会の最も困窮している人々を支援する手段としては結果的に高コストになると考えている。にもかかわらず、多くの地方政府は経済学者の助言を無視し、家主が借主に請求できる賃料に上限を設けている。

同様に、「関税や輸入割当は、通常、一般的な経済厚生を低下させる」という命題を考えてみよう。再度、経済学者の93％はこの主張に同意する。経済学者は、関税（輸入品への税金）や輸入割当（国外から購入できる財の数量に制限を設けること）に反対する。なぜなら、こうした政策は、本来であれば自国と自国以外の生活水準を同時に改善することのできる、「生産の専門化（specialization）」を妨げるからである〔訳注：この点は第3章で詳しく議論する〕。それにもかかわらず、長年にわたり、大統領や議会は、特定の商品の輸入を制限することを選択してきた。

家賃統制や貿易障壁といった政策が、専門家が反対しているにもかかわらず続いているのはなぜだろうか。現実の政治プロセスが動かしがたい障害として立ちはだかっているのかもしれない。しかし一方で、経済学者たちがこれらの政策の不適切さについて、一般の人々に対して十分に説明できていない可能性もある。本書の目的の一つは、こうした論点についての経済学者の見解を理解してもらい、さらにその見解が正しいと納得してもらうことである。

本書には、「専門家の見方」というコラムがいくつかある。これは、世界的に著名な経済学者に継続的にアンケートを実施している、「IGM経済専門家パネル」を基に書かれたものである。アンケートでは数週間ごとに、経済専門家に命題の形を取った質問が投げられ、それに同意するか、同意しないか、どちらともいえないかを尋ねられる。コラムで示された結果は、どういったときに経済学者の意見が一致し、どういったときに意見が分かれ、またどういったときに彼らの認識が不足しているのかについて、あなたの感覚を養う手助けとなるだろう。

ここで示す例は、エンターテイメントやスポーツイベントのチケットの転売に関するものである。立法者は、チケットの転売、またはスケーリング（いわゆる「ダフ屋行為」）を禁止しようとすることがある。調査結果によると、多くの経済学者は、立法者ではなくこうした行為を行う側を支持している。

専門家の見方　チケットの転売

「エンターテイメントやスポーツイベントのチケットの転売を制限する法律は、これらのイベントの潜在的な観客の厚生を平均的に悪化させる」

経済学者の見解は？
- 同意しない 8%
- どちらともいえない 12%
- 同意する 80%

（出所）IGM Economic Experts Panel, April 16, 2012.

理解度確認クイズ

7. 経済学者が意見を異にするのは、以下のどの要因の違いによってか。
  a. 代替な理論の妥当性に関する感覚
  b. 主要なパラメーターの大きさに関する判断
  c. 公共政策の目的に関しての政治的哲学
  d. 上記すべて

8. 関税について、大部分の経済学者が信じているのは以下のうちどれか。
  a. 自国の経済成長を促進する良い方法である。
  b. 一般的な経済厚生を高めるには不適切な手段である。
  c. 外国との競争に対抗するうえでしばしば必要な対応である。
  d. 政府が収入を増やすための効率的な方法である。

➡（解答は章末に）

4　さあ、はじめよう！

ここまで最初の2章では、経済学における基本的な思考法や手法について紹介してきた。さあ、準備は整った。次章からは、経済行動や経済政策の原理をより詳細に学んでいく。

この本を読み進めるなかで、あなたは多くの知的スキルを活用する必要がある。最も偉大な経済学者であるジョン・メイナード・ケインズの以下のアドバイスは、心に留めておくと役に立つかもしれない。

経済学の学習に、特別な才能は必要ないように思われる。それは、高度な哲学や純粋科学と比較すると、非常にやさしい学問ではないだろうか。簡単ではある

第2章　経済学者らしく考えよう

のだが、その中で優れた成果をあげる人はめったにいないのである！　この逆説は、おそらく、「経済学の達人は、才能の組み合わせを持ち合わせている必要がある」という点に由来する。優れた経済学者は、数学者、歴史家、政治家、哲学者としての才能を少なからず持ち合わせていなければならない。シンボルを理解し、言葉にも巧みでなければならない。個々の出来事を一般化する視点で考察し、抽象と具体を同じ思考の枠組みで扱わなければならない。将来のために現在を、過去の光で照らしながら研究しなければならない。人間の本質や社会制度のどの部分も無視してはならない。そして明確な目的意識を持ちつつ、公平で無私でなければならない。芸術家のように高潔でありながら、時には政治家のように現実的な視点を持っていなくてはならない。

これらは大きな要求だろう。しかし、練習を重ねることで、徐々に経済学者のように考えることに慣れていくだろう。

本章のポイント

● 経済学者は、科学者の客観性をもって問題に取り組もうとする。すべての科学者と同様、適切な仮定を立てて単純化されたモデルを構築し、この世界を理解しようとする。フロー循環図と生産可能性フロンティアは、そうした単純化されたモデルのうちの2つである。フロー循環図は、家計と企業が財・サービス市場や生産要素市場においてどのように関わり合っているかを示している。生産可能性フロンティアは、異なる財を生産する際に社会が直面するトレードオフを示している。

● 経済学は、ミクロ経済学とマクロ経済学の2つの分野に大別される。ミクロ経済学者は、家計や企業の意思決定や、市場における家計や企業の関わり合い（相互作用）を研究する。マクロ経済学者は、経済全体に影響を及ぼす要因やトレンドを研究する。

● 現実をあるがままに描写しようとすることを記述的命題といい、現実がどうあるべきかについて主張しようとするのが規範的命題である。記述的な命題が、その正誤を事実と科学的方法に基づいて判断できる一方で、規範的な命題には価値判断も含まれる。経済学者が規範的な命題を示すとき、彼らは科学者というよりはむしろ政策アドバイザーとして行動している。

● 政策立案者に助言する経済学者は、科学的判断や価値観の違いによって、しばしば互いに相反する助言を行うことがある。経済学者の間で助言が一致している場合もあるが、そのような場合でも、政治プロセスにおけるさまざまな圧力や制約のために、政策立案者は助言を無視することがある。

第I部　イントロダクション

理解度確認テスト

1. どういった点において、経済学は科学であるといえるか。
2. 経済学者が仮定を用いるのはなぜか。
3. 経済モデルは現実を厳密にそのまま記述すべきか。
4. 生産要素市場では家計はどのように関わりあっているか、また、財・サービス市場では家計はどのように関わりあっているか、それぞれ例を1つ挙げなさい。
5. フロー循環図では明示されていない経済的な相互作用を1つ挙げなさい。
6. ミルクとクッキーのみを生産する経済の生産可能性フロンティアを示し、説明しなさい。

疫病によって乳牛の半分が死んでしまったとすると、このフロンティアはどう変化するだろうか。

7. 生産可能性フロンティアを用いて効率性の概念を説明しなさい。
8. 経済学における2つの分野とは何か。また、それぞれの分野は何を研究しているのか。説明しなさい。
9. 記述的命題と規範的命題の違いは何か。それぞれの例を挙げなさい。
10. 経済学者がしばしば政策立案者に対して互いに相反する助言を提示する理由は何か。

演習と応用

1. フロー循環図を描いてから、以下の各活動について、財・サービスの流れと資金の流れに対応する部分を明示しなさい。
   a. セレナが店主に1ドル払って、ミルク1リットルを購入する。
   b. スチュアートがファストフード店で働き、時給8ドルを稼ぐ。
   c. シャンナがヘアカット代40ドルを支払う。
   d. サルマがアクメ産業という企業の10%の所有権を持つことで、2万ドルを得る。

2. ある経済において、軍需品と消費財（以下、「銃」と「バター」と呼ぶ）が生産されているとする。
   a. 銃とバターの生産可能性フロンティアを描きなさい。機会費用の概念を用いて、なぜそのフロンティアの形状が外に張った形状（凸状）になるのか説明しなさい。
   b. グラフ上で、この経済において実現不可能な点はどこか。また、実現可能だが非効率な点はどこか。
   c. この社会には、強い軍を望むタカ派（Hawks）と、小さな軍を望むハト派（Doves）という2つの政党があるとする。タカ派が選択する可能性のある生産可能性フロンティア上の点と、ハト派が選択する可能性のある生産可能性フロンティア上の点を示しなさい。
   d. 隣国が軍事規模を縮小したとする。また、

その結果、タカ派とハト派の両方が同数の銃の生産を減らしたとする。このとき、自国のどちらの党が、より大きな「平和の配当」（バターの増産量で測定される）を享受するといえるか。その理由も説明しなさい。

3. 第1章において、経済学の10原則の1つは「人々はトレードオフに直面する」というものであった。生産可能性フロンティアを使用して、クリーンな環境と鉱工業生産量、という2つの財の間にトレードオフが存在していることを説明しなさい。フロンティアの形状や位置を決める要因にはどのようなものがあるか。より少ない汚染物質で同量の電力を算出できるような技術が開発された場合、フロンティアはどう変化するか。

4. ラリー、モー、カーリーの3人の労働者から成る経済を考える。各人は1日10時間働き、芝刈りと洗車という2つのサービスを提供できる。1時間で、ラリーは1区画分の芝生を刈るか、1台洗車することができる。モーは1区画分の芝生を刈るか、2台洗車することができる。カーリーは2区画分の芝生を刈るか、1台洗車することができる。
   a. 以下の場合において、2つのサービスがそれぞれどれだけ提供できるか計算しなさい。

- 3人全員が芝刈りにすべての時間を費やす場合（A）
- 3人全員が洗車にすべての時間を費やす場合（B）
- 3人全員が2つのサービスの提供に半分ずつの時間を費やす場合（C）
- ラリーが各活動に半分ずつ時間を費やし、モーは洗車にのみ、カーリーは芝刈りのみに時間を費やす場合（D）

b. この経済の生産可能性フロンティアを図示しなさい。そのうえで、設問（a）の解答を利用して、A、B、C、およびDがグラフ上のどこに位置するか明示しなさい。

c. 生産可能フロンティアがなぜそのような形をしているのかについて論じなさい。

d. 設問（a）で計算された配分の中に、非効率なものはあるか。あるとすればどれか。説明しなさい。

5. 以下のトピックは、ミクロ経済学に関連するものか、あるいはマクロ経済学に関連するものか。分類しなさい。

a. 所得のうちどれだけを貯蓄にまわすかについての家計の意思決定

b. 政府による自動車排ガス規制の影響

c. 一国の貯蓄増加が経済成長に与える影響

d. 労働者を何人雇用すべきかについての企業の意思決定

e. インフレ率と貨幣量の変化の関係

6. 以下の各記述は、記述的命題か、あるいは規範的命題か。説明しなさい。

a. 社会は、インフレーションと失業の短期的なトレードオフに直面する。

b. 貨幣供給量の伸び率低下はインフレ率を低下させる。

c. 連邦準備制度（アメリカの中央銀行）は貨幣供給量の伸び率を引き下げるべきである。

d. 福祉受給者には求職活動を行うことを義務付けるべきである。

e. 税率を下げることで、より多くの雇用と貯蓄が促進される。

理解度確認クイズの解答

1. c　　**2.** a　　**3.** b　　**4.** d　　**5.** a　　**6.** d　　**7.** d　　**8.** b

第Ⅰ部　イントロダクション

補論　グラフについての簡単なまとめ

　経済学で用いられる概念の多くは数値で表現できる。たとえばバナナの価格、バナナの販売数量、バナナの栽培コストなどである。これらの変数はしばしば互いに関連している。バナナの価格が上昇すると、人々のバナナ購買量は低下する。このような関係性を表現する方法の1つがグラフである。

　グラフには2つの目的がある。第1に、理論を展開する際、方程式や言葉に比べて考え方を明快かつ視覚的に表現することができる。第2に、データを分析する際、特定のパターンを見つけたり解釈したりするための強力な手段となる。どちらの場合も、グラフはいわば単なる無数の木の集まりから森としての形状を浮かび上がらせるレンズの役割を果たす。

　思考がさまざまな方法で言語化できるのと同じように、数値情報はさまざまな方法でグラフとして表現できる。優れた作家は、内容を明確にし、描写を魅力的にし、情景をドラマティックにするような言葉を選択する。同じように、優れた経済学者は、その時々の目的に最も適したグラフを選択する。

　この補論では、変数間の数学的な関係性を分析するために、経済学者がどのようにグラフを活用しているかを説明する。また、グラフを用いて分析する際に陥りがちないくつかの落とし穴も取り上げる。

● 1変数のグラフ

　図2A-1には、3つのよく使われるグラフが示されている。パネル(a)の**円グラフ**（pie chart）では、アメリカ合衆国の総所得が、雇用者報酬や企業収益といった項目にどのように分類されるかが示されている。円グラフの各部分は、各項目の総所得に占める割合を表している。パネル(b)の**棒グラフ**（bar graph）では、4か国の所得を比較しており、各棒の高さは、各国の平均所得を表している。パネル(c)の**時系列グラフ**（time-series graph）では、アメリカの企業部門における、時間を通じた生産性の上昇が示されている。線の高さは、各年の1時間当たりの生産量を表している。おそらく、ニュース報道などで似たようなグラフを見たことがあるだろう。

● 2変数のグラフ：座標系

　図2A-1の3つのグラフは有用だが、そこに含まれる情報は限られたものである。これらのグラフは、単一の変数に関する情報のみを示しているのである。経済学者が変数間の関係を分析する際、2つの変数を1つのグラフ上に表したいと思うかもしれない。そのためには**座標系**が必要である。

　たとえば、勉強時間と成績（GPA）の関係を調べたいとする。クラスの各生徒について、週あたりの勉強時間とGPAという2つの数値のペアを記録しよう。これらの数値ペアは**順序対**として括弧内に記述され、グラフ上では単一の点として表示することができる。たとえば、アルバートは（週25時間，GPA3.5）で表され、一方、楽天家のクラスメートであるアルフレッドは（週5時間，GPA2.0）で表される。

第2章 経済学者らしく考えよう

図 2A-1　グラフの種類

(a) 円グラフ

企業収益 12%
地主所得 10%
生産に関する税 4%
賃貸料所得 5%
利子所得 4%
雇用者報酬 65%

(b) 棒グラフ

1人当たり所得（2019年）

アメリカ（65,297ドル）
イギリス（48,484ドル）
メキシコ（20,448ドル）
インド（6,997ドル）

70,000
60,000
50,000
40,000
30,000
20,000
10,000
0

パネル(a) の円グラフは、2020年のアメリカの国民所得がどの項目から構成されているかを示している。パネル(b) の棒グラフは、4か国の平均所得を比較している。パネル(c) の時系列グラフは、アメリカの企業部門における労働生産性の時系列推移を示している。

(c) 時系列グラフ

生産性指数

120
100
80
60
40
20

1950 1960 1970 1980 1990 2000 2010 2020

(出所)アメリカ合衆国商務省、世界銀行。

これらの順序対を2次元の格子（グリッド）上にグラフ化することができる。順序対のうちの最初の数値を**x座標**と呼び、その点の水平方向の位置を規定する。2番目の数値を**y座標**と呼び、その点の垂直方向位置を規定する。x座標とy座標が共にゼロの点を**原点**と呼ぶ。順序対内におけるこの2つの座標は、原点に対してどの位置にあるかを示す。原点から右方向にx単位、上方向にy単位である。

図2A-2は、アルバート、アルフレッド、およびほかのクラスメートについて、各人の勉強時間とGPAとの関係をグラフ化している。このタイプのグラフは、点をばらまいたようにみえるため、**散布図**（scatter plot）と呼ばれる。このグラフから、右側に行く（すなわち、勉強時間が増加する）につれて、点が高い位置になる（すなわち、GPAがより良くなる）傾向にあることがわかる。勉強時間とGPAは同じ方向に動く（片方が増加すればもう片方も増加する。逆に片方が減少すればもう片方も減少する）傾向があるため、これらの2つの変数は**正の相関**（positive correlation）を持つといわれる。対照的に、パーティーの時間とGPAをグラフにすると、パーティーに費やす時間が長いほど、成績が低下するといった傾向を見いだせるであろう。これらの変数は通常、逆の方向に動く傾向があるため、これらは2つの変数は

43

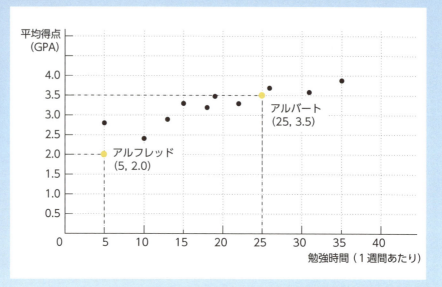

図 2A-2 座標系を利用する

縦軸がGPA、横軸が勉強時間である。各点はアルバート、アルフレッド、それ以外のクラスメートに対応している。グラフから、勉強時間が多いほど、GPAが高くなる傾向にあることがわかる。

負の相関（negative correlation）を持つといわれる。いずれの場合も、座標系を利用することで、2つの変数間の相関関係を簡単に見いだすことができる。

●座標系における曲線

　勉強時間が多い学生ほど、成績が良いという傾向が見いだせるが、他の要因も学生の成績に影響を与えうる。たとえば、自身の才能や教師からの注目度、事前の計画や朝食を適切にとることさえも重要な要因となりうる。図2A-2のような散布図は、勉強量が成績に与える影響を、他の諸要因の影響から切り離しているわけではない。しかし経済学者は、他の変数を一定にしたときに、ある変数が別の変数にどのように影響を与えるかを分析したいと考える。

　これがどう行われるかをみるために、経済学で最も重要なグラフの1つである**需要曲線**を考えてみよう。需要曲線は、ある商品の価格が、その商品の消費者の需要量に与える影響を示している。しかし、需要曲線を示す前に、エマが購入したいと思う小説の冊数が、小説の価格と彼女の収入にどのように影響されているかを示す表2A-1を見てみよう。小説の価格が低下すると、エマはたくさんの小説を購入する。価格が上昇すると、代わりに図書館から本を借りたり、映画を見たりして本を読まなくなるだろう。一方、価格を所与とすると、収入が増加するにつれより多くの小説を購入する。つまり、所得が増えると、所得の増加分の一部を小説に費やし、一部を他の商品の購入に費やすのである。

　ここまでで、小説の価格、所得、小説の購入量という3つの変数が得られたが、これは2次元で表示することができる以上の情報を含んでいる。表2A-1の情報をグラフに落とし込むためには、3つの変数のうち1つを一定に保ったうえで、他の2つの関係を示す必要がある。需要曲線は価格と需要量の関係を表すものなので、

第2章　経済学者らしく考えよう

表2A-1　エマの小説購入冊数

この表は、収入と価格の水準に応じてエマが購入できる小説の冊数を示している。収入の水準を1つ固定すると、価格と需要量のデータをグラフにすることで、図2A-3と図2A-4のようなエマの小説の需要曲線が得られる。

価格	収入３万ドル	収入４万ドル	収入５万ドル
10（ドル）	2（冊）	5（冊）	8（冊）
9	6	9	12
8	10	13	16
7	14	17	20
6	18	21	24
5	22	25	28
	需要曲線D_3	需要曲線D_1	需要曲線D_2

エマの収入を一定に保ったうえで、小説の価格と購入する小説の冊数との関係を示す必要がある。

　エマの収入が年間4万ドルであるとしよう。エマが購入する小説の冊数をx軸、小説の価格をy軸にとると、表2A-1の中央の列をグラフとして表現できる。表から入力した各点、つまり（5冊，10ドル）、（9冊，9ドル）などに対応した点をつなぐと、1本の線ができる。図2A-3に描かれているのがこの線であり、エマの小説の需要曲線とよばれる。これは、所得を一定に保ったうえで、各小説の価格に対し、エマがどれだけの小説を購入するかを示している。需要曲線は右下がりになっており、価格が低下すると小説の購入冊数が増加するという関係を示している。小説の需要量と小説の価格は逆方向に動くため、この2つの変数は**負の関係**にあると言う（逆に、2つの変数が同じ方向に動くと、それに対応した曲線は右上がりとなり、2つの変数は**正の関係**にあると言う）。

　エマの年間所得が5万ドルに上昇したとしよう。どの価格でも、エマは以前よりも多くの小説を購入する。表2A-1の中央の列からエマの小説の需要曲線を描いたように、今度は表の右側の列の数値を用いて新しい需要曲線を描く。この新しい需要曲線（D_2）は、以前の曲線（D_1）と合わせて図2A-4に描かれており、新たな曲線はその右に描かれている曲線と同様の形状になっている。このとき、エマの小説の需要曲線は、所得の増加に伴って右側にシフトすると言う。同様に、エマの年間所得が3万ドルに減少した場合、小説の需要量はどの価格においても減少し、需要曲線は左側にシフトする（D_3）。

　経済学では、**曲線上を移動すること**と**曲線自体のシフト**とを区別することが重要である。図2A-3からわかるように、エマの年間所得が4万ドルで小説1冊の価格が8ドルの場合、彼女は1年に13冊の小説を購入する。小説の価格が7ドルに低下すると、購入量は年間17冊に増加する。このとき、需要曲線自体は同じ位置に固定されている。エマは価格が同じである限り同じ冊数の小説を購入するが、価格が低下すると、彼女は需要曲線上を右下に向かって移動するのである。一方、小説の価

45

図 2A-3　需要曲線

直線D_1は、エマの収入を一定としたとき、小説の価格によって小説の購入冊数がどのようになるかを示している。価格と購入冊数は負の相関を持つため、需要曲線の傾きは負となっている。

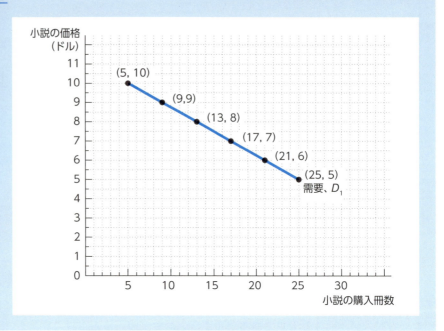

格は8ドルで一定だが年間所得が5万ドルに上昇した場合、エマは小説の購入を年間13冊から16冊に増やす。エマが所与の価格に対してより多くの小説を購入するため、図2A-4にあるように需要曲線は外側にシフトする。

需要曲線がシフトするかどうかを見分ける簡単な方法がある。**グラフのx軸また**

図 2A-4　需要曲線のシフト

エマの小説の需要曲線の位置は、彼女の収入がどれだけかに依存する。収入が増えるに従い、どんな価格のときにも購入する小説の冊数は増加するので、需要曲線は右にシフトする。曲線D_1は、年収4万ドルのときの需要曲線を表している。もし年収が5万ドルに上がると、需要曲線はD_2にシフトする。もし年収が3万ドルに下がると、需要曲線はD_3にシフトする。

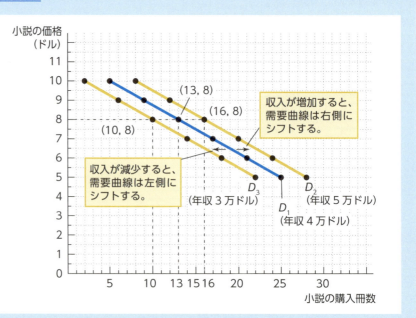

はy軸のいずれにも表示されていない変数が変化したとき、この曲線はシフトするのである。所得はグラフのx軸にもy軸にも表示されていないので、エマの所得が変化すると、需要曲線がシフトする。エマの購買行動に影響を与えるすべての変化（ただし小説の価格の変化のみは除く）についても同様である。たとえば、公共の図書館が閉鎖され、読みたい本はすべて自分で購入しなければならなくなった場合、エマはどの価格においてもこれまでより多くの小説を購買することから、需要曲線は右側にシフトする。また、映画の料金が下がり、エマが映画をより多く観るようになってその代わりに本を読む時間が減少する場合、どの価格においても小説の需要量は減少することから、需要曲線は左にシフトする。一方、グラフの軸上の変数が変化する場合、曲線はシフトしない。変化は曲線上を移動したものと解釈するのである。

● 傾き

エマの購買活動に関する別の問いは、価格の変化に対して購買活動がどの程度反応するかということだ。図2A-5に示されている需要曲線を見てみよう。この曲線の傾きが非常に急である場合、価格が高かろうが低かろうが、エマはほぼ同じ数の小説を購入することを意味する。曲線がずっと平らである場合、購入する小説の数は価格の変化により敏感であることを意味する。ある変数が変化したときに、別の変数がどれだけ反応するかについて知りたいときには、**傾き**という概念を用いればよい。

ある直線の傾きとは、直線上を移動する際に縦方向に移動した距離と横方向に移動した距離の比率である。この定義は通常、次のように数学記号で表される。

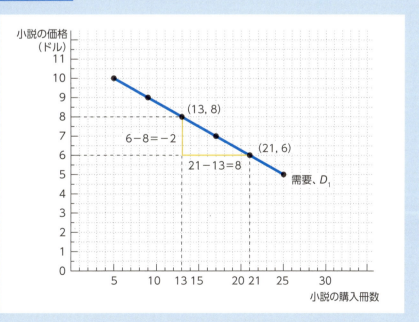

図2A-5 直線の傾きを計算する

需要曲線の傾きを計算するためには、座標上の2点、たとえば（13冊, 8ドル）から（21冊, 6ドル）まで移動するときのxとyの変化幅に着目する。直線の傾きは、yの変化幅（−2）とxの変化幅（+8）の比率であり、この場合−1/4となる。

$$傾き = \frac{\Delta y}{\Delta x}$$

ここで、ギリシャ文字の∆（デルタ）は変数の変化を意味する。言い換えると、直線の傾きは、「縦方向の変化（yの変化）」を「横方向の変化（xの変化）」で割ったものに等しい。

直線が右上がりであれば、xとyは同じ方向に変化するため、傾きは正（プラス）の値をとる。つまり、xが増加すればyも増加し、xが減少すればyも減少する。右上がりではあるが比較的フラットな直線の場合、傾きは小さな正の値をとる。右上がりかつ急勾配である場合、傾きは大きな正の値をとる。

直線が右下がりであれば、xとyは逆方向に変化するため、傾きは負（マイナス）の値をとる。つまり、xが増加すればyは減少し、xが減少すればyは増加する。右下がりではあるが比較的フラットな直線の場合、傾きは小さな負の値をとる。右下がりかつ急勾配である場合、傾きは大きな負の値をとる。

水平な直線の傾きはゼロである。なぜなら、この場合、変数yは一切変化しないからである。垂直な直線の傾きは無限大である。なぜなら、yはxが全く変化しなくても任意の値を取ることができるからである。

エマの小説の需要曲線の傾きを求めよう。まず、曲線は右下がりであるため、傾きは負の値をとることがわかる。傾きの数値を計算するには、直線上の2つの点をとってくればよい。エマの所得が4万ドルだとすると、8ドルで13冊、6ドルで21冊の小説が購入される。傾きの公式を適用するときは、これら2点間の変化を用いる。つまり、2点間の差として、次のように1つの点に対応する値からもう1つの点に対応する値を差し引くのである。

$$傾き = \frac{\Delta y}{\Delta x} = \frac{2番目の点のy座標 - 1番目の点のy座標}{2番目の点のx座標 - 1番目の点のx座標} = \frac{6-8}{21-13}$$

$$= \frac{-2}{8} = \frac{-1}{4}$$

図2A-5は、この計算の仕組みを視覚的に示している。異なる2点を用いてエマの需要曲線の傾きを計算してみよう。結果は常に−1/4になるはずである。直線が持つ特徴の1つは、直線上のどこでも同じ傾きを持つことである。これは、一般的な曲線の場合には当てはまらず、曲線上のある点では他の点より傾きが急であるといったことがありえる。

需要曲線の傾きは、エマの購入量が価格の変化に対してどれだけ反応するかを示唆するものである。小さな傾き（ゼロに近い負の値）は、需要曲線が比較的平坦であることを意味する。この場合、価格変化に対して、小説の需要量は大きく変化する。より大きな傾き（ゼロから大きく離れた負の値）は、需要曲線が比較的急であることを意味する。この場合、価格変化に対して、小説の需要量の変化はわずかなものにとどまる。

● 因果関係

経済の動きについて議論を展開するため、経済学者はしばしばグラフを用いる。彼らはグラフを使って、ある一連の出来事が、どのように別の一連の出来事の原因となっているかについて議論するのである。需要曲線のようなグラフの場合は、因果関係について疑問の余地はない。価格を変化させて他のすべての変数を一定に保つことで、小説の価格変化がエマの需要量に変化をもたらすことがわかる。ただし、この需要曲線はあくまで仮想的な例である。実世界のデータをグラフ化する場合、ある変数がどのように他の変数に影響を与えているかを見いだすことは、ずっと難しい。

最初の問題は、2つの変数の関係を分析する際、ほかのすべての変数の値を一定に保つことが難しいという点である。ほかの変数を一定に保つことができない場合どうなるか。グラフ上の2つの変数が、実際にはグラフ上にない第3の**欠落変数**（omitted variable）からの影響で変化しているにもかかわらず、グラフ上にある2つの変数に因果関係がある、と（誤って）判断してしまうかもしれないのである。しかし、2つの変数を正しく特定したとしても、2番目の問題が待ち受けている。**逆の因果関係**（reverse causality）とよばれるものである。実際にはBが原因となってAを引き起こしているにもかかわらず、Aが原因となってBを引き起こしていると誤って判断してしまう可能性である。グラフを用いて因果関係についての結論を導く際には、欠落変数と逆の因果関係という2つのわなに常に十分に気を付ける必要がある。

欠落変数 欠落変数の問題がどのようにして誤解を招きうるグラフと関係するのかを理解するために、具体例を考えてみよう。がん死亡者数の多さに対する国民の懸念を背景に、政府がビッグ・ブラザー統計サービスという調査会社（以下、BB社）に包括的な調査を依頼したと仮定しよう。BB社は、人々の家庭にある多くのアイテムを調べ、それらのアイテムとがんリスクとの関連性を調査する。そして、世帯が所有するライターの数と、その世帯の誰かががんになる確率との間に強い関係性があると報告した。図2A-6は、この関係を示している。

図2A-6　欠落変数がある場合のグラフ

右上がりの曲線は、より多くのライターを持つ世帯では、世帯のだれかががんを発症する可能性が高くなることを示している。しかし、ライターの所有ががんの原因であると結論づけるべきではない。なぜなら、このグラフは喫煙量という変数が無視されているからである。

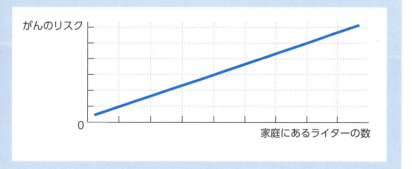

この結果をどう解釈すべきだろうか。BB社は迅速な政策対応を提案している。ライターの所有を抑制するため、ライター販売に課税すべき、というものである。また、「BB社の調査により、このライターはあなたの健康に有害であることが判明した」という警告ラベルの添付を義務化すべき、というものである。

BB社の分析の妥当性を判断するうえでは、以下の問いがポイントとなる。BB社は、分析において、われわれが注目している以外のすべての変数を、一定に保っていたのかどうか、というものである。もし答えがノーであれば、その分析の結論は疑わしいものである。図2A-6の簡単な説明は、人より多くのライターを所有している人はより多くタバコを吸う人でもあり、ライターではなくタバコががんを引き起こす、というものである。図2A-6は喫煙量を一定に保っていないために（BB社はその変数については一切調査していなかったのである）、ライターを所有することの真の効果を示していない。

以上の例は重要な原則を示している。因果関係についての議論をグラフを用いて行う場合には、欠落変数の動きでその結果が説明できてしまわないかどうか、をチェックすることが重要である。

逆の因果関係　経済学者は、原因と結果の向きを見誤ることによっても間違いを犯しうる。これがどのように起こるかを見るために、アメリカ・アナーキスト協会がアメリカの犯罪状況についての調査を委託し、図2A-7を得たとする。この図は、主要都市における人口1,000人当たりの暴力犯罪件数と、同じく1,000人当たりの警官数との関係を示している。アナーキスト協会は、グラフの曲線が右上がりなのは、警察の増加が都市の暴力を減少させるのではなく増加させているからだと主張し、したがって法の執行を廃止すべきだと提案している。

図2A-7は、しかし、アナーキストの主張の正しさを証明してはいない。このグラフは単に、より危険な都市にはより多くの警官がいることを示しているだけである。その理由は、より危険な都市ではより多くの警官が雇用されているからであろう。言い換えれば、警察が犯罪を引き起こすのではなく、犯罪が警察（の雇用）を引き起こすのである。十分に制御された実験が実施できるのであれば、逆の因果性

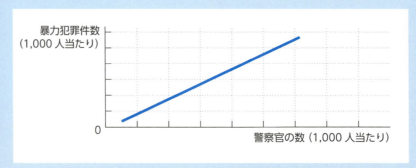

図2A-7　逆の因果性を示唆するグラフ

右上がりの曲線は、警察の集中度が高い都市ほど危険であることを示している。しかし、警察が犯罪を引き起こすのか、犯罪が多い都市がより多くの警察を雇うのか、ということはこのグラフだけでは判別できない。

がもたらす危険を回避することができる。この場合であれば、異なる都市に異なる数の警官をランダムに割り当て、その後、警察と犯罪との関係性を調べるのである。このような実験を行わない限り、因果関係の方向性を確定させることは相当に難しい。

どちらの変数が先に動くかを調べることで、因果関係の方向性が確定できるように見えるかもしれない。犯罪が増加してから警察官が増加した場合には、1つの結論が得られる。警察官が増加してから犯罪が増加した場合には、また別の結論が得られる。しかし、このアプローチも短所がある。多くの場合、人々は目の前の状況に応じて行動を変えるのではなく、将来の状況に対する**期待**（expectation）に応じて行動を変える。たとえば、将来犯罪が急増することが予想される都市は、今のうちに警察を増員しておくかもしれない〔訳注：その結果、犯罪数増加→警官数増加が真の因果関係であっても、時系列的には警官数増加→犯罪数増加となる〕。この問題は、赤ん坊とミニバンの場合にはっきりと表れる。夫婦は、子供が生まれることを見越してミニバンを購入することがよくある。ミニバンは赤ん坊よりも前にやってくるが、かといってミニバンの販売増加が人口増加をもたらすと結論づけることはできない。

どういったときにグラフから因果関係を導き出すのが適切かを決めるルールといったものはない。しかし、ライターがんを引き起こすわけではない（欠落変数）ことや、ミニバンが大家族をもたらすわけではない（逆の因果関係）ことに留意しておくだけでも、誤った経済的議論に陥ることを避けられるであろう。

第3章

Chapter 3
Interdependence and the Gains from Trade

相互依存と交易の便益

　ある典型的な1日を思い出してみよう。朝起きて、フロリダ産のオレンジジュースやブラジルのコーヒーを飲む。朝食時には、ニューヨークで編集されたニュース記事を、中国製のタブレットで読む。タイの工場で縫製され、ジョージア産の綿で作られた服を着る。世界中の国で製造された部品からなる自転車で授業に向かう。そして、マサチューセッツに住む著者が執筆し、オハイオにある企業が出版し、オレゴンで栽培された木から作られた紙に印刷された経済学の教科書を開くのである。

　あなたは日常生活において、さまざまな財・サービスを提供する人々に依存しているが、そのほとんどはこれまで会ったことのない人々である。このような相互依存関係が可能なのは、人々がお互いに交易をしているからである。これらのものを提供している人々は、善意から行動しているわけではなく、あるいは政府があなたの欲望を満たすように彼らに指示しているわけでもない。人々があなたや他の消費者に自分たちが生産した財・サービスを提供するのは、その見返りとしての何かを得るためである。

　後の章では、好みも違えば能力も違う何百万もの人々の行動を、経済がどのように調整しているのかについて学ぶ。その第一歩として、この章では、なぜ人々は経済的に相互依存するのかについて考える。第1章の**経済学の10原則**の1つは、「交易（貿易）によって全員の経済的状況を改善させることができる」というものであっ

53

第Ⅰ部　イントロダクション

た。ここでは、この原則をより詳しく見ていこう。人々が交易によって得られるものとは正確には何なのだろうか。なぜ人々は経済的に相互依存の関係になるのだろうか。

　これらの質問に対する答えは、グローバル経済を理解するためのカギとなる。今日、ほとんどの国は自分たちが消費する財・サービスの多くを海外から輸入し、生産するものの多くを海外に輸出している。この章では、人々の間の相互依存関係だけでなく、国家間の相互依存関係も説明する。後に見るように、交易・貿易から得られる便益は、地元の床屋さんで髪を切ってもらう場合でも、地球の反対側で作られたTシャツを購入する場合でも、同じようなものなのである。

1　現代の経済についてのたとえ話

　財・サービスを巡って人々が互いに頼り合うことが、どのように利益につながるかを理解するために、単純な経済を考えてみよう。財は肉とジャガイモの2種類のみであり、そこに牧場主ルビーとジャガイモ農家フランクの2人だけが存在している経済である。ルビーとフランクはどちらも、肉とジャガイモの両方を食べたいと思っているとする。

　取引から得られる便益は、ルビーが肉のみを生産し、フランクがジャガイモのみを生産するときに最も明確になる。この場合、フランクとルビーはお互いになんの関わりも持たないことも選択できる。しかし、数か月の間、牛肉だけをロースト、ブロイル、グリルなどの調理法で手を変え品を変え食べた後、ルビーは自給自足というのは言われているほど良いものではない、と考えるかもしれない。一方、ポテトだけをマッシュ、フライ、ベイク、スカロップ〔訳注：薄切りにしてオーブンなどで焼くこと〕などの方法で食べ続けているフランクも同様の考えに至るだろう。このとき、2人が交易することによって、両者がともにより多くの財を楽しむことができるのは明らかである。それぞれがステーキとベイクドポテト、またはハンバーガーとフライドポテトといった組み合わせを楽しむことができるのである。

　上記のケースは、交易によって全員が便益を得ていることを鮮やかに示している。さらに、フランクとルビー、両者とも自力でいずれの財も生産できるケース（1人で牛肉もポテトも生産できる場合）であっても、いずれかの生産コストが非常に高い場合は、同様の便益が交易によってもたらされる。たとえば、ルビーはジャガイモを栽培できるが、その土地は栽培に適していないとする。同様に、フランクは肉牛を飼育し、牛肉を生産できるが、得意というわけではない。この場合、フランクとルビーは、お互いに得意な分野に特化（specialize）したうえで、それから交易することで便益を得る。

　ただし、1人がもう1人よりすべての分野において優れている場合、利益は明確ではない。たとえば、ルビーが肉牛の飼育とジャガイモ栽培の両面で（フランクより）優れているとする。この場合、ルビーは自給自足を選択すべきだろうか。それともこの場合でもフランクと交易することは妥当なのだろうか。こうした意思決定に影響を与える要因をもう少し詳しく見てみよう。

54

1-1 生産可能性

フランクとルビーはそれぞれ1日8時間働き、この時間をジャガイモの栽培、牛の飼育、またはその両方に使うとしよう。図3-1の上の表（パネル(a)）には、それぞれが1オンス（約28グラム）の各財を生産するのに必要な時間が示されている。フランクは、1オンスのジャガイモを15分で生産し、1オンスの牛肉を60分で生産する。ルビーはいずれの生産活動においても（フランクより）優れており、1オンスのジャガイモを10分で生産し、1オンスの牛肉を20分で生産する。右側の2つの列は、彼らが8時間を牛肉またはジャガイモの生産のみに費やした場合に、それぞれがどれだけ生産できるかを示している。

図3-1下の左側、パネル(b)は、フランクが生産可能な牛肉とジャガイモの生産量の組み合わせを示している。8時間すべてがジャガイモの栽培に費やされるなら、フランクのジャガイモの生産量（横軸で測られる）は32オンスで、牛肉の生産量は

図 3-1　生産可能性フロンティア

パネル(a)は、農家フランクと牧場主ルビーが選択可能な生産機会を示している。パネル(b)は、フランクが生産できる牛肉とジャガイモの組み合わせを示している。パネル(c)は、ルビーが生産できる牛肉とジャガイモの組み合わせを示している。生産可能性フロンティアは、フランクとルビーがそれぞれ1日8時間働くことを仮定して導かれたものである。交易をしない場合、生産可能性フロンティアはそのまま消費可能性フロンティアでもある。

(a) 生産機会

	1オンスの生産に必要な時間（分）		8時間で生産できる量（オンス）	
	牛肉	ジャガイモ	牛肉	ジャガイモ
フランク（農家）	60	15	8	32
ルビー（牧場主）	20	10	24	48

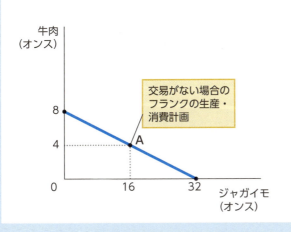

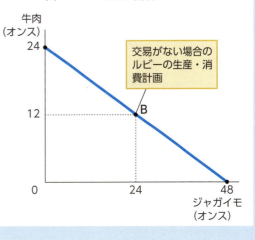

第Ⅰ部　イントロダクション

ゼロである。もしすべての時間が肉牛の飼育に費やされるなら、牛肉の生産量（縦軸で測られる）は8オンスで、ジャガイモの生産量はゼロである。もしフランクが2つの生産活動に時間を等分して、それぞれに4時間を費やすなら、ジャガイモの生産量は16オンスで、牛肉の生産量は4オンスとなる。図はこれらの3つの結果と、その間に位置するほかのすべての結果を示している。

　このグラフはフランクの生産可能性フロンティアである。第2章で議論したように、生産可能性フロンティアは、経済が生産できる産出量の組み合わせを示している。このグラフはまた、第1章の**経済学の10原則**の1つである「人々はトレードオフに直面する」ことを示している。ここでは、フランクは牛肉の生産とジャガイモの生産の間でトレードオフに直面しているのである。

　第2章で学んだ生産可能性フロンティアが、外側に湾曲して描かれていたことを覚えているだろうか。その場合、ある財を別の財と交換できる比率は、ある財の生産量に依存して変化するのであった〔訳注：第2章1-5「経済モデルその2：生産可能性フロンティア」の後半部分などを参照〕。しかし、ここでは、フランクは牛肉とジャガイモの生産を同じ比率で切り替えることができる（図3-1で要約されている）。すなわち、フランクが牛肉生産に費やす時間を1時間減らし、その1時間をジャガイモ栽培に用いることで、牛肉の生産量は1オンス減少し、ジャガイモの生産量は4オンス増加する。そして、これは今の生産量に依存せず、常に正しい。したがって、生産可能性フロンティアは直線になるのである。

　図3-1下の右側、パネル（c）は、ルビーの生産可能性フロンティアを示している。ジャガイモの栽培だけを行うなら、ジャガイモの生産量は48オンスで、牛肉の生産量はゼロである。もし肉牛の飼育だけを行うなら、牛肉の生産量は24オンスで、ジャガイモの生産量はゼロである。もし時間を均等に分配し、それぞれの生産活動に4時間を費やすなら、ジャガイモの生産量は24オンスで、牛肉の生産量は12オンスとなる。フランクの場合と同様、生産可能性フロンティアはすべての可能な生産量の組み合わせを示している。

　フランクとルビーが交易をせずに自給自足のままでいる場合、それぞれは自分が生産したもののみを消費する。このとき、生産可能性フロンティアは消費可能性フロンティアでもある。つまり図3-1は、交易が行われない場合にフランクとルビーがそれぞれ自分たちで生産・消費可能な牛肉とジャガイモの組み合わせを示している。

　これらの生産可能性フロンティアは、フランクとルビーが直面するトレードオフを理解するうえでは有用だが、それぞれがどの組み合わせを選択すべきかまでは教えてくれない。それを考えるためには、彼らの食事の好みについて知る必要がある。図3-1において、フランクはA点で示された組み合わせ、ルビーはB点で示された組み合わせを選択したとしよう。これは、選択可能な組み合わせ、および自分の食事の好みに基づいて、フランクは16オンスのジャガイモと4オンスの牛肉を生産・消費していることを意味する。一方、ルビーは24オンスのジャガイモと12オンスの牛肉を生産・消費している。

56

1-2 生産特化と交易

数年もの間、B点の牛肉とジャガイモの組み合わせを食べ続けた後、ルビーはあることを思いつき、フランクのもとを訪ねた。

ルビー：フランク、あなたにいい話を持ってきました！　それによって私とあなたとの生活を同時に改善できます。あなたは牛肉の生産を完全にやめて、ジャガイモの栽培に特化してください。私の計算によると、1日8時間働くと、あなたは32オンスのジャガイモを生産することができます。そしてその32オンスのうち15オンスを私に提供し、私はその代わりに5オンスの肉を提供します。素晴ら

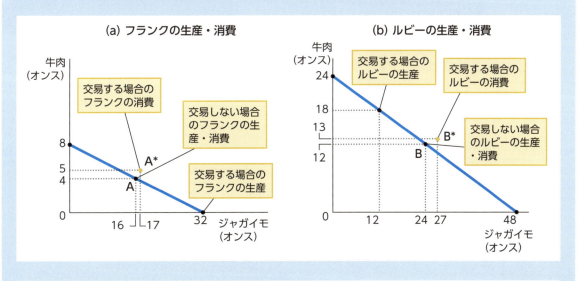

図 3-2 交易によって消費機会が拡大する仕組み

交易により、フランクとルビーは、交易がないときには実現不可能な牛肉とジャガイモの組み合わせを享受できる。パネル (a) では、フランクはA点ではなくA*点で消費する。パネル (b) では、ルビーはB点ではなくB*点で消費する。交易により、それぞれがより多くの牛肉とジャガイモを消費することができる。

(c) 交易による便益：まとめ

	フランク		ルビー	
	牛肉（オンス）	ジャガイモ（オンス）	牛肉（オンス）	ジャガイモ（オンス）
交易しない場合				
生産・消費	4	16	12	24
交易する場合				
生産	0	32	18	12
交易	5オンスもらう	15オンス与える	5オンス与える	15オンスもらう
消費	5	17	13	27
交易による便益				
消費の増加分	+1	+1	+1	+3

第Ⅰ部　イントロダクション

しいではないですか！　今の16オンスのジャガイモと4オンスの牛肉ではなく、あなたは毎日17オンスのジャガイモと5オンスの肉を食べることになります。私のこのプランでは、両方の食材を今より多く得ることができるのです［この点を示すため、ルビーはフランクに図3-2のパネル（a）を見せる］。

フランク：（疑うように）それは私にとって良い話のように聞こえますね。しかし、なぜあなたがそんな話を私に持ち掛けるのかが理解できない。もしその話が私にとってそんなに良いなら、あなたにとっては良いはずがないでしょう。

ルビー：いいえ、事実どちらにとってもいい話です！　たとえば、私が1日6時間を肉牛の飼育に、2時間をジャガイモの栽培に費やすとすると、18オンスの牛肉と12オンスのジャガイモを生産することができます。私が生産した牛肉のうちの5オンスを、あなたが生産したジャガイモのうちの15オンスと交換すると、私は現状の12オンスの牛肉と24オンスのジャガイモではなく、13オンスの肉と27オンスのジャガイモを持つことになります。したがって、私も両方の食材を今より多く消費することになるのです［この点を示すため、図3-2のパネル（b）を見せる］。

フランク：よくわかりませんが……。ちょっとうますぎる話に聞こえる……。

ルビー：そんなに難しいことではありません。私の提案を簡単な表にまとめました［図3-2の下部にあるパネル（c）を見せる］。

フランク：（表を熟読した後）計算は正しいようだけど、私はまだ納得できていない。この取引は、いったいどうやって私たち両方の状況を改善させているのでしょうか。

ルビー：交易を取り入れることで、それぞれが自分の得意分野に集中することができるのです。あなたはジャガイモの栽培により多くの時間を費やし、肉牛の飼育にはそれほど時間を使わない。私は肉牛の飼育により多くの時間を費やし、ジャガイモの栽培にはそれほど時間を使わない。交易と生産特化（専門化）のおかげで、私たちはこれまで以上に働いたりしなくても、より多くの牛肉とジャガイモを消費することができるのです。

理解度確認クイズ

1. 交易を始める前、フランクとルビーはそれぞれが以下のどの点で消費しているか。

　a. 自分たちの生産可能性フロンティアの内側の点

　b. 自分たちの生産可能性フロンティア上の点

　c. 自分たちの生産可能性フロンティアの外側の点

　d. もう一方の人と同じ量の牛肉とジャガイモ

2. 交易を行った後、フランクとルビーはそれぞれ以下のどの点で消費するか。

　a. 自分の生産可能性フロンティアの内側の点

　b. 自分の生産可能性フロンティア上の点

　c. 自分の生産可能性フロンティアの外側の点

　d. もう一方の人と同じ量の牛肉とジャガイモ

➡（解答は章末に）

第3章 相互依存と交易の便益

2 比較優位：専門特化の原動力

　交易による便益についてのルビーの説明は正しいが、1つの問いを提起している。ルビーが肉牛の飼育とジャガイモ栽培の両方で優位に立っているのなら、フランクはいったいどのようにして自分が得意な分野に特化できるのだろうか。フランクは得意分野がないように見える。この問いに答えるためには、**比較優位**の原則を学ぶ必要がある。

　第一歩として、次の質問を考えてみよう。この例では、フランクとルビーのどちらが低いコストでジャガイモを生産できるのだろうか。この質問に対しては2つの答えがありうるのだが、そこには交易からの便益を理解するカギが潜んでいるのである。

2-1 絶対優位

　先ほどの質問に答える方法の1つは、各生産者が必要とするインプットを比較することである。経済学者は、人、企業、あるいは国の生産性をほかと比較するとき、**絶対優位**という用語を用いる。ある財を生産するためにより少量のインプットしか必要としない生産者は、その財の生産において絶対優位を持つといわれる。

> **絶対優位**
> (absolute advantage)
> 他人より少量のインプットで財を生産できる能力

　われわれの単純な例では、時間が唯一の投入要因であるため、絶対優位を見るためには時間のみに着目すればよい。ルビーは、どちらの財を生産するにも、フランクよりも少ない時間しか必要としない。したがって、ルビーは牛肉生産とジャガイモ生産のいずれにおいても絶対優位を持っている。1オンスの牛肉を生産するのにルビーはたった20分しかかからないが、フランクは60分かかる。同様に、1オンスのジャガイモを生産するのにルビーはたった10分しかかからないが、フランクは15分かかる。したがって、生産コストがインプットの量で測られる場合、ルビーはより低いコストでジャガイモを生産しているといえる。

2-2 機会費用と比較優位

　ジャガイモの生産コストを考えるには、もう1つ別の方法がある。生産に必要なインプットの量に着目する代わりに、機会費用を調べるのである。第1章を思い出してほしい。あるものの**機会費用**とは、それを手に入れるために諦めなければならないものを指す。フランクとルビーはそれぞれ1日8時間働くと仮定した。ジャガイモ栽培に時間を使うと、その分、牛肉の生産に使える時間は減少する。2つの財の間で生産時間を再配分する際、ルビーとフランクは生産可能性フロンティア上を移動するが、このとき彼らはある財を生産するためにほかの財の生産を諦めているのである。機会費用は、それぞれが直面しているトレードオフを測定しているのである。

> **機会費用**
> (opportunity cost)
> あるものを手に入れるために諦めなくてはならないもの

　最初にルビーの機会費用から考えてみよう。図3-1のパネル(a)によれば、ルビーは1オンスのジャガイモを生産するのに10分かかるが、その間牛肉は生産されていない。ルビーが1オンスの牛肉を生産するのに必要な時間は20分なので、10分では

59

第Ⅰ部　イントロダクション

| 表3-1 | 牛肉とジャガイモの機会費用 |

	牛肉1オンスの機会費用	ジャガイモ1オンスの機会費用
フランク（農家）	ジャガイモ4オンス	牛肉1/4オンス
ルビー（牧場主）	ジャガイモ2オンス	牛肉1/2オンス

牛肉を1/2オンス生産できる。したがって、ルビーが1オンスのジャガイモを生産するための機会費用は、1/2オンスの牛肉ということになる。

　次に、フランクについて考えてみよう。1オンスのジャガイモを生産するのに15分かかる。1オンスの牛肉を生産するのに必要な時間は60分なので、15分では牛肉を1/4オンス生産する。したがって、フランクが1オンスのジャガイモを生産するための機会費用は、1/4オンスの牛肉ということになる。

　表3-1は、両者の牛肉とジャガイモの機会費用を示している。牛肉の機会費用はジャガイモの機会費用の逆数であることに注目してほしい。ジャガイモ1オンスの機会費用がルビーにとって1/2オンスの牛肉であるので、牛肉1オンスの機会費用はルビーにとって2オンスのジャガイモになるのである。同様に、ジャガイモ1オンスの機会費用がフランクにとって1/4オンスの牛肉であるので、牛肉1オンスの機会費用はフランクにとって4オンスのジャガイモになるのである。

比較優位 ....
（comparative advantage）
他人より少量の機会費用で財を生産できる能力

　経済学者は、2つの生産者が直面する機会費用を説明する際、**比較優位**という用語を用いる。ある財Xを生産する際に犠牲にするものが少ない生産者は、Xを生産する際の機会費用が小さく、財Xを生産する比較優位を持つと言う。われわれの例では、フランクはルビーよりもジャガイモ生産の機会費用が低い。ジャガイモ1オンスの機会費用をみると、フランクは牛肉1/4オンスだが、ルビーは牛肉1/2オンスである。一方、ルビーはフランクよりも牛肉生産の機会費用が低い。牛肉1オンスの機会費用をみると、ルビーはジャガイモ2オンスだが、フランクはジャガイモ4オンスである。したがって、フランクはジャガイモ栽培に比較優位を持ち、ルビーは牛肉生産において比較優位を持つ。

　この例におけるルビーのように、1人が両方の財に絶対優位を持つことはありうる。しかし、1人が両方の財に比較優位を持つことはありえない。1つの財の機会費用はもう一方の財の機会費用の逆数であるため、もしある財の機会費用が高い場合、もう一方の財の機会費用は必ず低くなるのである。2人の機会費用がまったく同じでない限り、1人は1つの財に比較優位を持ち、もう1人は別の財に比較優位を持つことになる。

2-3　比較優位と交易

　専門特化および交易から得られる便益は、比較優位の考えに基づいている。人々が比較優位を持つ財を生産することで、総生産量が増加し、経済的なパイが大きく

第3章　相互依存と交易の便益

なるのである。この果実を上手に分けることで、誰にとってもこれまでより好ましい状況を実現することができる。

一度交易が取り入れられると、フランクはジャガイモ栽培により多くの時間を費やし、ルビーは牛肉生産により多くの時間を費やす。ジャガイモの総生産量は40オンスから44オンスに増加し、牛肉の総生産量は16オンスから18オンスに増加する。フランクとルビーはともに、この生産増加による便益を分け合うのである。

これらの便益は、お互いが取引相手に支払う「暗黙の価格」（implicit price）に反映されている。フランクとルビーは異なる機会費用を持っているため、彼らはどちらも得をしている。つまり、機会費用よりも低い価格で財を入手することによって、彼らは交易の便益を享受しているのである。

フランクの視点からここでの取引を考えてみよう。彼は15オンスのジャガイモを受け渡す対価として5オンスの牛肉を受け取る。つまり、フランクは牛肉1オンスを3オンスのジャガイモで購入していることになる。この牛肉の価格は、彼の牛肉1オンスの機会費用であるジャガイモ4オンスよりも低くなっている。この低い価格のおかげで、フランクはこの取引から便益を得るのである。

次に、ルビーの視点で考えてみよう。彼女は5オンスの肉と引き換えに15オンスのジャガイモを受け取る。つまり、1オンスのジャガイモの価格は牛肉1/3オンスである。このジャガイモの価格は、彼女のジャガイモ1オンスの機会費用である牛肉1/2オンスよりも低くなっている。この低い価格のおかげで、ルビーは便益を得るのである。

ここまで述べてきた牧場主のルビーと農家のフランクの話には簡潔な教訓がある。**交易がすべての人々に便益をもたらすのは、それによって人々が自分が比較優位を持つ分野に活動を特化させることができるためである**、ということである。

2-4　交易の価格

比較優位の原則は、専門特化と交易から得られる便益の仕組みを説明するのに役立つが、同時にいくつかの疑問が生じる。実際に交易が行われるとき、取引価格はどうやって決まるのだろうか。交易の便益は取引当事者間でどのように分配されるのだろうか。これらの質問に対する正確な答えはこの章の範囲を超えるのだが、一般的な法則を示しておこう――**両方の当事者が交易から便益を得るためには、交易の際の取引価格は彼らの機会費用の間になければならない。**

われわれの例では、フランクとルビーが1オンスの牛肉と3オンスのジャガイモとを交換することで合意したとする。この価格は、ルビーの機会費用（牛肉1オンスあたりジャガイモ2オンス）とフランクの機会費用（牛肉1オンスのあたりジャガイモ4オンス）の間に位置している。両者が利益を得るためには、価格は必ずしもちょうど真ん中にある必要はないが、2と4の間にある必要がある。

価格がこの範囲外にある場合に何が起こるかを考えてみよう。牛肉の価格がジャガイモ2オンス以下であれば、フランクもルビーも牛肉を買いたがるだろう。なぜなら、それはどちらの機会費用よりも安いからである。同様に、牛肉の価格がジャガイモ4オンス以上であれば、両者とも牛肉を売りたがるだろう。なぜなら、その

61

価格はどちらの機会費用よりも高いからである。しかし、両者が同時に牛肉の買い手になることはできないし、両者が同時に牛肉の売り手になることもできない。どちらかは取引の相手側に立たなければならないのである。したがって、これらの価格では交易は成り立たない。

　お互いにとって利益になる取引は、価格が2と4の間にあるときに成立する。価格がこの範囲にあれば、ルビーは牛肉を売ってジャガイモを買いたがり、フランクはジャガイモを売って牛肉を買いたがる。彼らはそれぞれの機会費用よりも低い価格で財を買うことができるのである。結局、彼らは比較優位を持つ財の生産に特化し、その結果、両者にとってよりよい状況がもたらされるのである。

アダム・スミスとデヴィッド・リカードの遺産

　偉大な経済学者アダム・スミスは、交易の利益について以下のように述べている。

　賢明な家庭の主人であれば誰でも、自分で作るよりも買ったほうが安くすむものをわざわざ自宅で作ろうとはしない。仕立屋は自分で靴を作ろうとはせず、靴屋から買う。靴屋は自分で服を作ろうとはせず、仕立屋に依頼する。農夫はどちらも作ろうとはせず、それぞれの職人に依頼する。彼ら全員が、自分たちが隣人よりも優位性を持っている分野に従事し、そして自分たちが生産した財の一部で（あるいは同じことだがそれを販売した代金の一部で）、他に必要なものを購入することが利益になると考えている。

　スミスの1776年の著書『国富論』からのこの引用は、交易と経済的相互依存の分析における画期的なものであった。億万長者の株式仲買人デヴィッド・リカード（David Ricardo）は、スミスのこの著書に刺激され、経済学者になった。リカードは1817年の著書『経済学および課税の原理』で、今日われわれが知っている比較優位の原則を展開した。2つの財（ワインと布）と2つの国（イギリスとポルトガル）からなる具体例を考え、交易（貿易）を促進し専門特化することで、両国がともに利益を得られることを示した。

　リカードの理論は現代国際経済学の出発点であるだけでなく、彼の自由貿易擁護は単なる学問的な頭の体操ではなかった。彼は自らの発見を、イギリス議会の一員として実践に移した。穀物輸入を制限するコーン法に反対したのである。

　スミスとリカードによる、交易の便益に関する結論は、時代を超えて支持されてきた。経済学者はしばしば政策の問題について意見が異なるものの、自由貿易についてはほとんど全員がこれを支持している。しかも、議論の中核は過去200年間でほとんど変わっていない。経済学の領域は広がり、理論は洗練されてきたが、経済学者が規制貿易に反対する理由は、依然として大部分は比較優位の原則に基づいているのである。

第3章　相互依存と交易の便益

理解度確認クイズ

3. 1時間で、マテオは車を2台洗うか、芝生を1区画刈ることができる。一方、ソフィアは車を3台洗うか、芝生を1区画刈ることができる。車の洗浄についてはどちらが絶対優位を持っているか。芝生の刈り取りについてはどちらが絶対優位を持っているか。

   a. マテオが洗車、ソフィアが芝刈り

   b. ソフィアが洗車、マテオが芝刈り

   c. マテオが洗車、芝刈りはどちらもなし

   d. ソフィアが洗車、芝刈りはどちらもなし

4. マテオとソフィア、洗車について比較優位を持つのはどちらか。芝生の刈り取りについて比較優位を持つのはどちらか。

   a. マテオが洗車、ソフィアが芝刈り

   b. ソフィアが洗車、マテオが芝刈り

   c. マテオが洗車、芝刈りはどちらもなし

   d. ソフィアが洗車、芝刈りはどちらもなし

5. マテオとソフィアが効率的にサービスを供給し、かつ比較優位に基づいてお互いにとって便益のある交易を行うとすると、あてはまるのは以下のうちどれか。

   a. マテオがより多く芝生を刈り、ソフィアがより多く車を洗う。

   b. マテオがより多く車を洗い、ソフィアがより多く芝生を刈る。

   c. マテオとソフィアの両者がより多く車を洗う。

   d. マテオとソフィアの両者がより多く芝生を刈る。

➡（解答は章末に）

---

3 比較優位原則の応用例

比較優位の原則は相互依存と交易からの利得をうまく説明する。相互依存というのはさまざまな分野において見られるので、比較優位の原則は多くの範囲に応用できる。ここでは、1つは空想的な、そしてもう1つは現実において非常に重要な2つの具体例を挙げる。

3-1 大坂なおみは自分で芝生を刈るべきか

大坂なおみは偉大なアスリートである。現代において最高のテニスプレーヤーの1人であり、彼女は他のほとんどの選手より、早く走り、ボールを強く打つことができる。おそらく、彼女は他の運動でも高い才能を持つだろう。たとえば、大坂選手が他の誰よりも早く芝生を刈ることができると考えてみよう。しかし、彼女が芝生を早く刈ることが•で•き•るからと言って、彼女が芝生を刈る•べ•きだと言えるだろうか。もし彼女が芝刈りをリラックスするための手段として楽しむなら、もちろんすべきである。しかしそうでなければ、機会費用と比較優位の概念を適用することで、より良い結果が導かれる。

大坂選手が芝生を刈るのに2時間かかるとする。同じ2時間で、彼女はテレビCMの撮影を行い3万ドル稼ぐことができる。それに対して、隣の家の少年ハリは、大坂選手の家の芝生を4時間かけて刈ることができる。同じ4時間で、ハリはマクドナルドで働き、50ドルを稼ぐことができる。

大坂選手は、ハリより少ない時間で芝生を刈ることができるため、芝刈りに絶対優位を持っている。しかし、彼女の芝刈りの機会費用は3万ドルであり、ハリの芝

63

刈りの機会費用はたったの50ドルであるため、芝刈りの比較優位を有するのはハリである。

ここでの交易の便益は莫大である。大坂選手は自分で芝生を刈ることはせずに、テレビCMの撮影をし、ハリを雇って芝生を刈ってもらうべきである。大坂選手がハリに50ドルよりは大きく、3万ドルよりは小さい額を払うことで、両者にとってよりよい状態が導かれる。

3-2 アメリカ合衆国は、他国と貿易すべきか

個人と同じように、国家間でも、専門特化と交易により両国がともに便益を得ることができる。アメリカ人が楽しむ多くの財は海外で生産されており、同時にアメリカで生産される多くの財が海外で販売されている。海外で生産され、国内で販売される商品は**輸入品**である。国内で生産され、海外で販売される商品は**輸出品**である。

輸入品
(imports)
海外で生産され、国内で
販売される財・サービス

輸出品
(exports)
国内で生産され、海外で
販売される財・サービス

アメリカと日本を取り上げよう。両国とも食糧と自動車を生産している。自動車生産に関しては両国が同じくらい優れており、アメリカ人労働者と日本人労働者はそれぞれ1か月に1台の自動車を生産できる。一方で、アメリカはより肥沃な土地を持っているため、食糧生産においては優れている。アメリカの労働者は1か月に2トンの食糧を生産できるが、日本の労働者は1か月に1トンの食糧のみ生産できる。

比較優位の原則によると、各財は、その財を生産する際の機会費用が低い国によって生産されるべきである。自動車生産の機会費用はアメリカでは2トンの食糧であり、日本では1トンの食糧であるため、日本は自動車生産において比較優位を持つ。日本は、自国の需要以上に車を生産し、その一部をアメリカに輸出すべきである。同様に、食品1トンの機会費用については日本が自動車1台であり、アメリカでは自動車0.5台であるため、アメリカは食糧生産において比較優位を持つ。アメリカは、自国の消費分よりも多くの食糧を生産し、その一部を日本に輸出すべきある。専門特化と貿易を通じて、両国ともより多くの食品と自動車を入手することができる。

確かに、国家間の貿易に関する問題は、この単純な例が示唆するよりも複雑である。最も重要なのは、各国には多くの人々がいて、貿易は彼らに異なる影響を与えるという点である。アメリカが食糧を輸出して自動車を輸入するとき、それがアメリカの農家に与える影響と、アメリカの自動車労働者に与える影響とは同じではない。その結果として、国際貿易は一国全体を豊かにする一方で、一部の個人にとっては豊かさが低下する場合もある。しかし、この例は重要な教訓を与えている。政治家や評論家がしばしば口にするような、国際貿易は一方の国が勝ち、他方の国が負けるといった戦争のようなものではない。貿易はすべての国により大きな豊かさをもたらすのである。

理解度確認クイズ

6. ある国が商品を輸入するとき、その商品が持つ典型的な特徴は次のうちどれか。
   a. その国が絶対優位を持つ商品
   b. その国が比較優位を持つ商品
   c. 輸入先の国が絶対優位を持つ商品
   d. 輸入先の国が比較優位を持つ商品

7. アメリカでは航空機の生産に1万時間の労働が必要であり、シャツの生産には2時間の労働が必要である。中国では航空機の生産に4万時間の労働が必要であり、シャツの生産には4時間の労働が必要である。このときの貿易パターンは以下のうちどれか。
   a. 中国は航空機を輸出し、アメリカはシャツを輸出する。
   b. 中国はシャツを輸出し、アメリカは航空機を輸出する。
   c. 両国ともにシャツを輸出する。
   d. この状況では貿易による便益はない。

8. ケイラは夕食の調理に30分、洗濯に20分かかる。彼女のルームメイトはそれぞれの作業をするのに2倍の時間を必要とする。ルームメイトとの間で作業をどのように割り当てるべきだろうか。
   a. ケイラは比較優位に基づいて料理をより多く行うべきである。
   b. ケイラは比較優位に基づいて洗濯をより多く行うべきである。
   c. ケイラは絶対的な優位に基づいて洗濯をより多く行うべきである。
   d. この状況では割り当てによる便益はない。

➡ (解答は章末に)

専門家の見方　中国とアメリカの貿易

「中国との貿易は、特に中国でより安く生産された財を購入できるため、ほとんどのアメリカ国民にとって便益をもたらす」

経済学者の見解は？

同意しない 0%　　どちらともいえない 0%
同意する 100%

「中国との貿易により、衣料品や家具などの競合製品の生産に従事しているアメリカ国民の一部は、不利益を被っている」

経済学者の見解は？

同意しない 0%　　どちらともいえない 4%
同意する 96%

（出所）IGM Economic Experts Panel, June 19, 2012

第 I 部　イントロダクション

4　結論

　　相互に依存しあう経済に暮らすことは、莫大な便益をもたらす。アメリカ人が中国産のソックスを購入するとき、メイン州の住民がフロリダ産のオレンジジュースを飲むとき、そして家主が芝刈りのために地元の子供を雇うとき、同じ経済的な力が働いている。比較優位の原則は、交易によってすべての人々の厚生が高まることを示している。

　　以上、相互依存が望ましい理由を見てきたが、それがどのようにすれば可能になるかについて疑問を持ったかもしれない。自由な社会は、経済活動に関与するすべての人々の多様な活動をどのように調整するのだろうか。どうしたら財やサービスが、それを生産すべき人々からそれを消費すべき人々に、適切に受け渡されるのだろうか。ルビーとフランクの例のように、世界に 2 人だけしかいない場合は、答えは簡単である。交渉して直接リソースを割り当てればよい。しかし、数十億人の人々が存在する現実の世界では、問題ははるかに複雑である。次の章で見るように、ほとんどの経済は市場における需要と供給の力を使ってリソースを割り当てている。

本章のポイント

- われわれは、国内および世界中の多くの人々によって生産された財やサービスを消費している。相互依存と交易は、より多くの多様な財・サービスを皆が享受できるようになるため、望ましいものである。
- ある財を生産する能力を 2 人の間で比較する方法は 2 通りある。より少ないインプットで財を生産できる人は、その財の生産において**絶対優位**を持つといわれる。また、その財の

生産にかかる機会費用が低い人は、**比較優位**を持つといわれる。交易の便益は絶対優位ではなく、比較優位に基づいている。
- 交易は、人々が比較優位を持つ活動に特化することを可能にするため、全員の経済厚生をより良いものにする。
- 比較優位の原則は、人間だけでなく国にも適用できる。経済学者は、比較優位の原則を用いて、国家間の自由貿易を支持している。

理解度確認テスト

1. 生産可能性フロンティアが外側に湾曲せずに直線になるのはどのような条件のときか。
2. 絶対優位と比較優位の違いを説明しなさい。
3. ある人が絶対優位を持っているが、比較優位は別の人が持っているような具体例を挙げなさい。
4. 交易にとって絶対優位と比較優位はどちらが

重要な概念だろうか。問 3 の解答で挙げた具体例を用いて、その理由を説明しなさい。
5. もし二者が比較優位に基づいて交易を行い、双方が利益を得る場合、交易の際の価格はどの範囲に収まる必要があるか。
6. 経済学者が国家間の貿易を制限するような政策に反対するのはなぜか。

第3章　相互依存と交易の便益

演習と応用

1. マリアは１時間で経済学の本を20ページ読むことができる。また、１時間で社会学の本を50ページ読むことができる。彼女は１日に５時間勉強する。
   a. 経済学と社会学の本を読むことについてのマリアの生産可能性フロンティアを示しなさい。
   b. 社会学の本を100ページ読むことのマリアの機会費用は何か。

2. アメリカと日本の労働者はそれぞれ年間４台の自動車を生産できる。アメリカの労働者は年間10トンの穀物を生産できるのに対し、日本の労働者は年間５トンの穀物を生産できる。単純化のため、それぞれの国には１億人の労働者がいると仮定する。
   a. この状況について、図3-1の表と同様の表を作成しなさい。
   b. アメリカ経済と日本経済の生産可能性フロンティアを図示しなさい。
   c. アメリカの自動車生産の機会費用と穀物生産の機会費用はどれだけか。日本の自動車生産の機会費用と穀物生産の機会費用はどれだけか。これらを表3-1と同様の表にまとめなさい。
   d. 自動車生産と穀物生産、それぞれにおいて絶対優位を持っているのはどちらの国か。
   e. 自動車生産と穀物生産、それぞれにおいて比較優位を持っているのはどちらの国か。
   f. 貿易のない状況で、それぞれの国の労働者の半分が自動車を生産し、半分が穀物を生産する場合、各国はどれだけの量の自動車と穀物を生産するか。
   g. 貿易のない状況から始めて、貿易をすることで両国の厚生が改善する具体例を挙げなさい。

3. ディエゴとダーネルはルームメイトである。彼らはほとんどの時間を勉強に費やしているが、お気に入りの活動であるピザ作りとルートビア〔訳注：アルコールを含まない炭酸飲料〕作りのための時間も少し確保している。ディエゴはルートビア１ガロン（約3.8リットル）を醸造するのに４時間、ピザを作るのに２時間かかる。ダーネルはルートビア１ガロンを醸造す

るのに６時間、ピザを作るのに４時間かかる。
   a. それぞれのピザを作ることの機会費用はどれだけか。ピザを作ることの絶対優位を持っているのは誰か。比較優位を持っているのは誰か。
   b. ディエゴとダーネルが作ったものを互いに交換するとしたら、ルートビアを受け取ってその代わりにピザを提供するのはどちらか。
   c. ピザの価格はルートビアのガロン数で表すことができる。ピザが取引される際に両者がより良い状態になるためのピザの最高価格はいくらか。また最低価格はいくらか。その理由も説明しなさい。

4. カナダには1,000万人の労働者がいると仮定し、これらの労働者のそれぞれが1年間に2台の自動車または30ブッシェルの小麦〔訳注：ブッシェルは重さの単位〕を生産できるとする。
   a. カナダにおける自動車生産１台の機会費用はどれだけか。１ブッシェルの小麦生産の機会費用はどれだけか。２つの財の機会費用の関係を説明しなさい。
   b. カナダの生産可能性フロンティアを図示しなさい。貿易がない場合、カナダが1,000万台の自動車を消費しようとすると、消費できる小麦はどれだけになるか。生産可能性フロンティア上の対応する点を示しなさい。
   c. 今、アメリカが１台あたり20ブッシェルの小麦と引き換えに、カナダから1,000万台の自動車を購入すると提案している。カナダが1,000万台の自動車を消費し続ける場合、この取引でどれだけの小麦をカナダが消費できるようになるか。フロンティア上の対応する点を示し、カナダはこの取引を受け入れるべきかどうかを説明しなさい。

5. イングランドとスコットランドはどちらもスコーンとセーターを生産している。イングランドの労働者は１時間に50個のスコーンまたは1枚のセーターを生産できるとする。スコットランドの労働者は１時間に40個のスコーンまたは２枚のセーターを生産できるとする。
   a. どちらの国がそれぞれの財の生産において絶対優位を持っているか。どちらの国が比較優位を持っているか。

67

第Ⅰ部　イントロダクション

b. イングランドとスコットランドが貿易をすることになった場合、スコットランドはどちらの商品をイングランドに輸出することになるか。説明しなさい。

c. もしスコットランドの労働者が1時間に1枚のセーターしか生産できない場合、スコットランドは貿易によって利益を得るだろうか。同様に、イングランドは貿易から利益を得るだろうか。説明しなさい。

6. 以下の表は、「野球国」における2つの都市の生産可能性を示している。

	労働者が1時間で生産できる赤いソックス	労働者が1時間で生産できる白いソックス
ボストン	3ペア	3ペア
シカゴ	2ペア	1ペア

a. 貿易がない場合、ボストンにおける、赤いソックスの数で測られる白いソックスの価格はいくらか。シカゴにおける白いソックスの価格はいくらか。

b. それぞれの色のソックス生産において、どちらの都市が絶対優位を持っているか。どちらの都市が比較優位を持っているか。

c. 都市間で貿易が行われるとすると、どちらの都市がどの色のソックスを輸出するか。

d. 両都市に便益をもたらす取引価格の範囲を求めなさい。

7. ドイツの労働者は自動車を1台製造するのに400時間かかり、ワイン1ケースを製造するのに2時間かかる。フランスの労働者は自動車1台製造するのに600時間かかり、ワイン1ケースを製造するのにX時間かかる。

a. Xがどの範囲であれば、貿易による便益を得ることができるか。説明しなさい。

b. Xがどの範囲であれば、ドイツが自動車を輸出し、ワインを輸入することになるか。説明しなさい。

8. 1年間で、アメリカの労働者は100枚のシャツまたは20台のコンピュータを生産でき、中国の労働者は100枚のシャツまたは10台のコンピュータを生産できるとする。

a. 各国の生産可能性フロンティアを図示しなさい。貿易がないとき、各国の労働者は半分の時間をそれぞれの財の生産に費やすとする。グラフ上でこの点を示しなさい。

b. 2国間貿易が可能だとすると、どちらの国がシャツを輸出するか。具体的な数値例を示し、それをグラフに示しなさい。貿易から便益を得るのはどちらの国か。

c. 2国が貿易を行うとすると、コンピュータが取引される価格（シャツの枚数で測ったコンピュータの価格）の範囲を求めなさい。

d. 中国の生産性がアメリカに追いつき、中国の労働者が1年で100枚のシャツまたは20台のコンピュータを生産できるようになったとする。この場合、どのような貿易パターンが予測されるか。中国の生産性の向上は、両国の経済厚生にどのような影響を与えるだろうか。

9. 以下の各文は正しいか誤りか。その理由も説明しなさい。

a. 2国のうち1国がすべての財の生産において絶対優位を持っていても、貿易によって2国とも便益を得ることができる。

b. 特定の才能ある人々は、すべての分野で比較優位を持っている。

c. ある交易がある人にとって有益である場合、他の人にとっては有益とはなりえない。

d. ある交易がある人にとって有益である場合、それは他の人にとっても常に有益である。

e. 貿易がある国にとって有益である場合、それは国内のすべての人々にとっても有益である。

理解度確認クイズの解答

1. b　　2. c　　3. d　　4. b　　5. a　　6. d　　7. b　　8. d

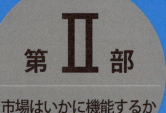

Part II How Markets Work

第Ⅱ部 市場はいかに機能するか

第4章

Chapter 4
The Market Forces of Supply and Demand

市場における需要と供給

　フロリダが寒波に見舞われると、アメリカ全土のスーパーマーケットでオレンジジュースの価格が上昇する。ニューイングランドの夏が暖かくなると、カリブ海のホテルの部屋の価格が急落する。中東で戦争が勃発すると、アメリカのガソリン価格が上昇し、中古のSUVの価格が下落する。これらの出来事に共通するのは何だろうか。これらの出来事はすべて、需要と供給の動きによるものである。

　需要と**供給**は経済学者が最もよく使用する2つの用語だが、それにはもっともな理由がある。市場経済は需要と供給によって機能するのであり、これらによって各商品の生産量と販売価格が決まる。さまざまなイベントや政策が経済にどのような影響を与えるかを知りたいときには、需要と供給の分析が必要なのである。

　この章では、需要と供給の理論を説明する。買い手と売り手がどのように行動してお互いに関わりあうのか、需要と供給がどのように価格を決定するのか、そして、希少な資源を配分する上で価格はどのような役割を果たすのか、といった点について考察していく。

1　市場と競争

　需要と**供給**という用語は、人々が競争市場で互いに関わりあう際の行動を指す。まず、**市場**と**競争**という用語の意味について考えてみよう。

第Ⅱ部　市場はいかに機能するか

1-1　市場とは何か

市場
(market)
ある財またはサービスの
買い手と売り手の集まり

　市場とは、ある財またはサービスの買い手と売り手の集まりである。買い手が商品の需要を決定し、売り手が商品の供給を決定する。

　市場はさまざまな形態をとる。一部の市場は高度に組織化されたものである。小麦やトウモロコシの市場では、買い手と売り手が特定の時間・場所に集まり、ある価格に対してこれらの農産物をどれだけ買いたいか、売りたいかを知ることができる。売買のプロセスを管理する競売人のもっとも重要な任務は売りと買いがちょうど釣り合うような価格を見つけることである。

　しかし多くの場合、市場はそこまで組織化されていない。たとえば、ある町のアイスクリーム市場を考えてみよう。アイスクリームの買い手は特定の時間・場所に全員が集まるわけではない。売り手もいくつかの場所に分かれており、異なるトッピングや味を提供している。アイスクリームの価格を決める競売人もいない。各売り手はアイスクリームの価格を掲示し、買い手はそれぞれの店でアイスクリームを何個買うかを決める。それでも、これらのアイスクリームの消費者と生産者は密接に関わりあっている。買い手は自分の欲求を満たすためにさまざまな選択肢の中から売り手を選択し、売り手はビジネス成功のために買い手を引き付けようと努力している。組織化されていないように見えるかもしれないが、アイスクリームの買い手と売り手は市場を形成しているのである。

1-2　競争とは何か

　アイスクリーム市場は、ほかの多くの市場と同様、非常に競争が激しい（競争的である）。買い手は複数の売り手から選択できることを知っており、売り手は自分の製品が他の製品と類似していることを認識している。その結果、アイスクリームの価格と販売数量は、一人の買い手や売り手によって決定されるのではなく、市場におけるすべての買い手と売り手の相互作用を通じて決定される。

競争市場
(competitive market)
売り手と買い手の数が非常に多いために、個々の売り手や買い手が単独で市場価格に与える影響が無視できるほど小さい市場

　経済学者は、**競争市場**という用語を用いるが、これは、売り手と買い手の数が非常に多いために、個々の売り手や買い手が単独で市場価格に与える影響が無視できるほど小さい市場を意味する。多くの売り手が類似した製品を提供しているために、特定の売り手が価格をコントロールできる余地は限られている。売り手には市場価格よりも安い価格にする理由がなく〔訳注：なぜそうなのかについては、限界費用という概念を学んだあと、厳密には後の章で説明される〕、一方で市場価格より高い価格にした場合は、買い手はどこかに行ってしまう。同様に、単一の買い手も価格に影響を与えることはできない。各買い手の購入量は、市場全体の規模にくらべると、ごく少量だからである。

　この章では、単純化のために、市場が完全競争であると仮定する。この理想的な競争形態では、市場は次の2つの特徴を持つ。(1) 販売される商品はすべてまったく同じであり、(2) 無数の買い手と売り手がいるために、単一の買い手や売り手が市場価格に与える影響は全くない、というものである。完全競争市場では、買い手と売り手は市場が決定する価格を受け入れなければならないため、**プライステイ**

カー（price taker）と呼ばれる。市場価格で、買い手は好きなだけ買うことができ、売り手は好きなだけ売ることができる。

完全競争の仮定が完全にあてはまる市場もある。たとえば、小麦市場には、小麦を売る何千もの農家と、小麦や小麦製品を消費する何百万もの消費者がいる。どの単一の買い手も売り手も小麦価格に影響を与えることはできないため、各々は市場価格を与えられたものとして受け入れる。

すべての財・サービスが完全競争市場で販売されるわけではない。たとえば、1つの売り手しかいない市場では、その売り手が価格を設定する。このような市場（またはその市場における売り手）を**独占**と呼ぶ。たとえば、ある町の住民にとってケーブルテレビのサービスを購入できる会社が1つしかない場合、その会社は独占企業である。現実には、多くの市場は、完全競争と独占の両極端の間に位置している。

とはいえ、完全競争市場は分析の第一歩として適切である。市場に参加している全員が、価格を市場によって与えられたものとして行動するので、分析が比較的容易だからである。また、ほとんどの市場は少なからず競争的な側面を持つので、完全競争下での需要・供給分析から得られた多くの知見が、より複雑な市場にもあてはまるのである。

理解度確認クイズ

1. 市場の定義として最も適切なのは、次のうちどれか。
   a. さまざまな商品やサービスを提供する店舗。
   b. 買い手が集まり、競売人が価格を定める場所。
   c. 財・サービスの買い手と売り手の集団。
   d. 特定の商品の唯一の供給者がその製品を提供する場所。

2. 完全競争市場に関する記述として正しいのは、以下のうちどれか。
   a. 各売り手は、競合他社よりも優れた製品を提供して差別化しようとする。
   b. 各売り手は、市場の条件によって定められた製品価格を受け入れる。
   c. 各売り手は、競合他社が請求する価格よりも低い価格をつけようとする。
   d. 唯一の売り手が競合他社を打ち負かしており、他の売り手はもはや残っていない。

3. 完全競争市場の定義に最もあてはまるのは、次のうちどの製品か。
   a. 鶏卵
   b. 水道水
   c. 映画
   d. コンピュータのオペレーティングシステム

➡（解答は章末に）

2 需要

市場の分析を始めるために、アイスクリームが大好きな買い手の行動を調査しよう（好きでない人が一体いるだろうか？）。

2-1 需要曲線：価格と需要量の関係

需要量
(quantity demanded)
買い手が購入したいと考え、かつ購入可能な量のこと

ある財の需要量とは、買い手が購入したいと考え、かつ購入可能な量のことである。ある財の需要量を決定する要因は多くあるが、中心的な役割を果たす要因は、価格である。アイスクリームの価格が1個あたり20ドルに上がった場合、ほとんどの人は購入量を減らすだろう。アイスクリームの替わりに、フローズンヨーグルトを買うかもしれない。アイスクリームの価格が1個あたり0.50ドルに下がった場合、購入量は増えるだろう。価格と需要量のこの関係は、ほとんどの商品に当てはまる。実際、経済学者はこれを需要の法則と呼んでいる。他の条件を一定とした場合、ある財の価格が上昇すると、需要量は減少し、価格が下落すると需要量は増加する、というものである。

需要の法則
(law of demand)
他の条件を一定とした場合、ある財の価格が上昇すると、その財の需要量は減少するという法則

図4-1の左の表は、それぞれの価格で、キャサリンが毎月何個のアイスクリームを購入するかを示したものである。アイスクリームが無料であれば、キャサリンは1月に12個購入する。1個あたり1ドルの場合、購入量は10個になる。価格が上昇するにつれ、彼女の購入量は減少していく。価格が6ドルに達すると、キャサリンは全くアイスクリームを購入しなくなる。この表は需要計画と呼ばれる。それは、消費者の購入に影響を与えうる他のすべての要因を一定にしたときの、商品の価格と需要量の関係を示している。

需要計画
(demand schedule)
財の価格と需要量の関係を示した表

図4-1の右のグラフは、表に示されている値を用いて、需要の法則を示している。

図4-1 キャサリンの需要計画と需要曲線

需要計画とは、各価格に対する需要量を示す表のことである。この表をグラフにしたものが需要曲線であり、価格の変動に伴って需要量がどのように変化するかを示している。価格が低下すると需要が増加するため、需要曲線は右下がりになる。

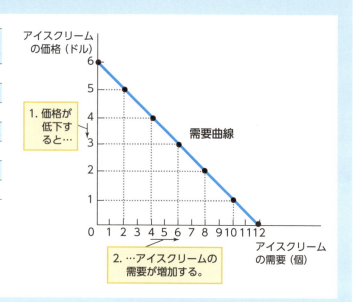

経済学の慣習として、アイスクリームの価格は縦軸、需要量は横軸に示されている。価格と需要量の関係を示す線は**需要曲線**である。他の条件を一定としたとき、価格が低下すると需要が増加するため、需要曲線の傾きは右下がりになっている。

> **需要曲線**
> （demand curve）
> 財の価格と需要量の関係を示したグラフ

2-2 市場の需要と個人の需要

図4-1の需要曲線はある財に対する個人の需要（個別需要）を示している。しかし、市場がどのように機能するかを分析するには、**市場需要**を知ることが重要である。これは、特定の財・サービスに対するすべての個別需要の合計である。

図4-2の表は、キャサリンとニコラス、2人のアイスクリームの需要計画を示している。それぞれの価格において、キャサリンの需要計画は彼女が何個のアイスクリームを買うかを示し、ニコラスの需要計画は彼が何個のアイスクリームを買うかを示している。それぞれの価格での市場需要は、これらの個別需要の合計となる。

図4-2のグラフは、これらの需要計画に対する需要曲線を示している。市場需要

図 4-2 市場需要：個別需要の合計

市場需要量は、各価格におけるすべての買い手の需要量の合計である。したがって、市場需要曲線は個別需要曲線を水平方向に加えることで求められる。価格が4ドルの時、キャサリンの需要量は4個、ニコラスの需要量は3個なので、この価格における市場需要量は7個になる。

アイスクリームの価格（ドル）	キャサリンの需要（個）		ニコラスの需要（個）		市場需要（個）
0	12	+	7	=	19
1	10		6		16
2	8		5		13
3	6		4		10
4	4		3		7
5	2		2		4
6	0		1		1

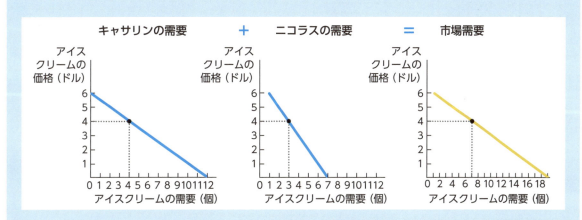

曲線を得るためには、個々の需要曲線を水平方向に足し合わせる。つまり、ある価格に対する総需要を見つけるために、個々の需要量（個別需要曲線の横軸に示されているもの）を足し合わせるのである。市場需要曲線は、市場がどのように機能するかを分析する上で極めて重要である。これは、消費者の購入に影響を与えうる他のすべての要因を一定にしたときに、商品の価格が変化するにつれて総需要量がどのように変動するかを示している。

2-3 需要曲線のシフト

市場需要曲線は、需要に影響を与える要因のうち、価格以外の他の要因を一定と仮定している。しかし、実際には、ずっと安定しているわけではない。ある価格における需要量を変化させるようなことが生じると、需要曲線はシフトする。

たとえば、アメリカ医師会が「定期的にアイスクリームを食べる人は長生きし、より健康的な生活を送ることができる」ことを発見したとしよう。この素晴らしい発見により、アイスクリームの需要は増加するだろう。どの価格においても、今や買い手はこれまでより多くのアイスクリームを購入したいと思うようになり、アイスクリームの需要曲線はシフトする。

図4-3は需要のシフトを示している。どの価格においても需要量を増加させるような変化（たとえばこの想像上の素晴らしい発見）は、需要曲線を右側にシフトさせ、これを**需要の増加（増大）**と呼ぶ。どの価格においても需要量を減少させるような変化は、需要曲線を左側にシフトさせ、これを**需要の減少（減退）**と呼ぶ。

需要曲線をシフトさせる要因は多岐にわたるが、なかでも重要なものを以下に挙げる。

所得　もし夏に仕事を失ってしまったら、あなたのアイスクリームの需要はどうな

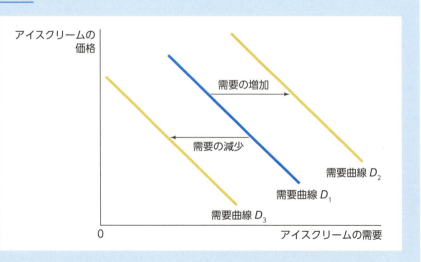

図4-3　需要曲線のシフト

どの価格においても買い手の需要量を増加させるような変化は、需要曲線を右側にシフトさせる。どの価格においても買い手の需要量を減少させるような変化は、需要曲線を左側にシフトさせる。

るだろうか。おそらく、アイスクリームのようなものに使うことのできるお金が減るため、需要は減少するだろう。所得が減ると需要が減る財を**正常財**と呼ぶ。

　多くの財が正常財だが、すべてというわけではない。所得が減ると需要が増加する財を**下級財**と呼ぶ。下級財の例としてはバスの乗車がある。所得が減ると、自動車を買ったりウーバーを利用したりすることは少なくなり、バスに乗ることが多くなるだろう。

関連する財の価格　フローズンヨーグルトの価格が下がったとしよう。需要の法則によれば、あなたはより多くのフローズンヨーグルトを購入する。同時に、アイスクリームの購入量は減るかもしれない。アイスクリームもフローズンヨーグルトもどちらも冷たくて甘い、クリーミーなデザートであり、同じような欲求が満たされるからである。一方の財（ここではフローズンヨーグルト）の価格が下がると、もう一方の財（ここではアイスクリーム）の需要が減少する場合、これらの2つの財を**代替財**と呼ぶ。代替財はしばしば、ホットドッグとハンバーガー、セーターとスウェットシャツ、そして映画チケットと動画配信サービスのように、互いに替わりとして利用される財の組み合わせとなる。

　次に、デザートにかけるチョコレートソースの価格が下がったとしよう。需要の法則によれば、あなたはより多くのチョコレートソースを購入する。しかしこの場合、あなたはアイスクリームももっと購入するかもしれない。なぜなら、アイスクリームとチョコレートソースは一緒に使うと相性が良いからである。一方の財（ここではチョコレートソース）の価格が下がると、もう一方の財（ここではアイスクリーム）の需要が増加する場合、これらの2つの財を**補完財**と呼ぶ。補完財はしばしば、電気とエアコン、コンピュータとソフトウェア、ピーナッツバターとジャム（サンドウィッチの中身として同時に使用されることが多い）のように、同時に利用される財の組み合わせとなる。

好み・嗜好　もしあなたがピスタチオのアイスクリームを好むなら、購入量は多くなるだろう。アイスクリームの味に対する好みのような個々人の嗜好は、需要を説明する上で非常に重要だが、経済学者はなぜそういった嗜好を持つのかについて説明することはあまりない。嗜好は歴史的および心理的な要因によって影響を受けつつも、個人に固有のものだからである。しかし、経済学者は嗜好が変化したときに何が起こるかは分析する。

期待・予測　将来に対するあなたの予測は、今日の需要に影響を与えるかもしれない。たとえば、来月の所得が増えると予測するなら、今はあまり貯金せずに、今日より多くのアイスクリームを購入するかもしれない。もしアイスクリームが明日には安くなると予測するなら、今日アイスクリームを買うことをためらうかもしれない。

買い手の数　個々の買い手の行動に影響を与える要因に加えて、市場需要は買い手

正常財
(normal good)
他の条件を一定としたとき、所得が増加すると需要が増加する財

下級財
(inferior good)
他の条件を一定としたとき、所得が増加すると需要が減少する財

代替財
(substitutes)
一方の財の価格が上がると、もう一方の財の需要が増加するような財の組み合わせ

補完財
(complements)
一方の財の価格が上がると、もう一方の財の需要が減少するような財の組み合わせ

第Ⅱ部　市場はいかに機能するか

> **表4-1**　買い手に影響を与える変数
>
> 消費者が購入する財の量に影響を与える変数の一覧。財の価格が果たす特別な役割に注意しよう。価格の変化は需要曲線上の動きを表すが、他の変数の変化は需要曲線をシフトさせる。

変数	変数が動くと……
自身の財の価格	需要曲線上を動く
所得	需要曲線がシフトする
関連する財の価格	需要曲線がシフトする
好み・嗜好	需要曲線がシフトする
期待・予測	需要曲線がシフトする
買い手の数	需要曲線がシフトする

が何人いるかにも影響を受ける。キャサリンやニコラスに加えてピーターがアイスクリームの消費者になれば、すべての価格において市場需要量は増加する。

要約　需要曲線は、買い手に影響を与える他のすべての要因を一定にしたうえで、財の価格が変動するにつれて需要量がどのように変化するかを示す。これら「他のすべての要因」のうちの1つが変化すると、各価格での需要量が変化し、需要曲線がシフトする。表4-1には、消費者が購入する財の量に影響を与える変数の一覧が示されている。

　需要曲線がシフトしているのか、それとも需要曲線上を動いているのか、どちらなのかを判断するのが難しい場合は、第2章の補論で学んだことを思い出そう。縦軸にも横軸にもない変数が変化した場合、グラフ上の曲線はシフトする。価格は縦軸にとられているので、価格の変化は需要曲線上の動きを示す。対照的に、収入、関連する財の価格、好み・嗜好、期待・予測、および買い手の数は縦軸にも横軸にもとられていない。したがって、これらの変数が変化すると需要曲線がシフトするのである。

> **ケーススタディ**　**喫煙を減らす2つの方法**
>
> 　喫煙は自分や周囲の人々に害を与える可能性があるため、政策立案者はしばしば人々の喫煙量を減らしたいと考えている。この目標を達成するための2つの方法を考えてみよう。
>
> 　1つめの方法は、タバコや関連するタバコ製品の需要曲線をシフトさせることである。これには、公共サービスにおけるアナウンス、タバコの包装に表示する健康に対する警告の義務付け、テレビでのタバコ広告の禁止などが含まれ、いずれも任意の価格におけるタバコの需要量を減少させることを目的としている。これらの政策が成功すると、図4-4のパネル (a) のように、タバコの需要曲線は左にシフトする。

喫煙を抑制する2つめの方法は、タバコの価格を引き上げることである。政府がタバコに課税すると、タバコを製造・販売する企業は、課税分の大部分を値上げという形で消費者に転嫁する。価格が上がると人々の購入量は減少するため、この政策も喫煙量を減少させる。しかし、このアプローチでは需要曲線はシフトしない。その代わりに、変化は同一の需要曲線上の動きとして現れ、需要曲線上のより高い価格と少ない需要量に対応する点に移行する（図4-4のパネル（b））。

　タバコの価格変化に対して喫煙量はどの程度反応するだろうか。経済学者はタバコ税の変化が喫煙量に与える影響を研究している。彼らは、価格が10％上昇するとタバコの需要量が4％減少することを見いだした。特に10代の若者〔訳注：以前アメリカでは多くの州で18歳以上の喫煙が合法であった〕はタバコの価格に敏感で、価格が10％上がると喫煙量は12％減少する。

　関連する問いとして、タバコの価格がマリファナなどの他の製品の需要にどのように影響を与えるか、というものがある。タバコ課税に反対する人々は、タバコとマリファナは代替財なので、タバコの価格が上昇するとマリファナの使用が助長されると主張する。これに対し、薬物乱用の専門家の多くは、タバコを「ドラッグに足を踏み入れる第一歩」とみなしており、喫煙によって若者が他の有害な薬物に手を出しやすくなるとみている。多くの実証研究は後者の見解と一致しており、タバコの価格が低いとマリファナ使用の増加につながることがわかっている。おそらく、タバコとマリファナは代替品ではなく、補完財なのである。

図4-4　需要曲線のシフトと需要曲線上の動き

タバコの包装に表示する警告によって、喫煙者が喫煙量の減少を促されると、タバコの需要曲線は左側にシフトする。パネル(a)では、曲線がD_1からD_2にシフトする。1パックあたりの価格が5ドルの場合、需要量は1日に20本から10本に減少し、これはA点からB点への動きに対応している。一方で、タバコ課税によってタバコの価格が上昇すると、需要曲線はシフトせず、その代わりに需要曲線上の動きがみられる。パネル(b)では、価格が5ドルから10ドルに上がると、需要量は1日に20本から12本に減少し、これはA点からC点への動きに対応している。

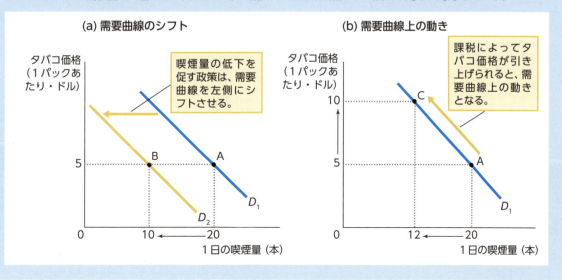

第Ⅱ部　市場はいかに機能するか

理解度確認クイズ

4. 次のうち、ハンバーガーの需要曲線をシフトさせないのはどれか。

  a. ホットドッグの価格

  b. ハンバーガーの価格

  c. ハンバーガーのバンズの価格

  d. ハンバーガーの消費者の所得

5. ピザの需要曲線を右側にシフトさせるのは次のうちどれか。

  a. ピザの代替財であるハンバーガーの価格上昇

  b. ピザの補完財であるルートビアの価格上昇

  c. 夏休みに大学生が帰省のためにいなくなること

  d. ピザの価格低下

6. もしパスタが下級財であるならば、＿＿＿＿＿＿が上昇するとき、需要曲線は＿＿＿＿＿＿にシフトする。

  a. パスタの価格 ― 右側

  b. 消費者の所得 ― 右側

  c. パスタの価格 ― 左側

  d. 消費者の所得 ― 左側

➡ (解答は章末に)

3　供給

　買い手は、市場がどのように機能するかについて理解する上での一方の側に過ぎない。もう一方の側は売り手である。そこでアイスクリームの売り手について考えてみよう。

3-1　供給曲線：価格と供給量の関係

供給量
(quantity supplied)
買い手が販売したいと考え、かつ販売可能な量のこと

　ある財の**供給量**とは、売り手が販売したいと考え、かつ販売可能な量のことである。ある財の供給量を決定する要因は多くあるが、中心的な役割を果たす要因は、またしても価格である。アイスクリームの価格が高ければ、アイスクリームの販売は大きな利益を生むため、供給量も多くなる。売り手は長時間働き、多くのアイスクリーム製造機を購入し、多くの労働者を雇用する。これに対して、価格が低い場合には、利益が少なくなるため、売り手は生産量を減少させる。一部の売り手は事業を閉鎖し、供給量をゼロにすることさえある。価格と供給量のこの関係は、**供給の法則**と呼ばれる。他の条件を一定とした場合、ある財の価格が上昇すると、供給量も増加し、価格が下落すると供給量も減少する、というものである。

供給の法則
(law of supply)
他の条件を一定とした場合、ある財の価格が上昇すると、その財の供給量が増加するという法則

　図4-5の左の表は、それぞれの価格で、アイスクリーム売り手のベンが、毎月何個のアイスクリームを供給するかを示したものである。価格が2ドルより低ければ、ベンはアイスクリームを全く供給しない。価格が上昇するにつれ、彼はより多くのアイスクリームを供給するようになる。この表は**供給計画**と呼ばれる。それは、生産者の販売に影響を与えうる他のすべての要因を一定にしたときの、商品の価格と供給量の関係を示している。

供給計画
(supply schedule)
財の価格と供給量の関係を示した表

　図4-5の右のグラフは、表に示されている値を用いて、供給の法則を説明している。価格と供給量の関係を示す線が**供給曲線**である。他の条件を一定としたとき、価格が上昇すると供給量が増加するため、供給曲線の傾きは右上がりになっている。

供給曲線
(supply curve)
財の価格と供給量の関係を示したグラフ

78

図 4-5 ベンの供給計画と供給曲線

供給計画とは、各価格に対する供給量を示す表のことである。この表をグラフにしたものが供給曲線であり、価格の変動に伴って供給量がどのように変化するかを示している。価格が上昇すると供給が増加するため、供給曲線は右上がりになる。

アイスクリームの価格（ドル）	アイスクリームの供給（個）
0	0
1	0
2	1
3	2
4	3
5	4
6	5

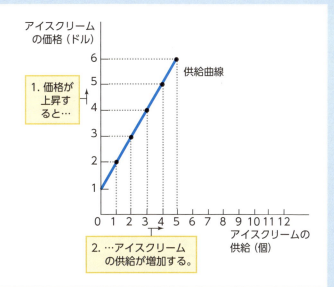

3-2 市場の供給と個人の供給

市場需要がすべての買い手の需要（個別需要）の合計であるように、市場供給もすべての売り手の供給（個別供給）の合計である。図4-6の表には、ベンとジェリー、2人のアイスクリーム製造業者の供給計画が示されている。それぞれの価格において、ベンの供給計画はベンの供給量を示し、ジェリーの供給計画はジェリーの供給量を示している。市場供給は2つの個別供給の合計となる。

図4-6のグラフは、これらの供給計画に対応する供給曲線を示している。需要曲線と同様、市場供給曲線も個々の供給曲線を水平方向に足し合わせることで得られる。つまり、ある価格に対する総供給量を見つけるために、個々の供給量（個別供給曲線の横軸に示されているもの）を足し合わせるのである。市場供給曲線は、生産者の販売に影響を与えうる他のすべての要因を一定にしたときに、商品の価格が変化するにつれて総供給量がどのように変動するかを示している。

3-3 供給曲線のシフト

市場供給は、供給に影響を与える要因のうち、価格以外の他の要因を一定と仮定している。しかし、実際には、ずっと安定しているわけではない。ある価格における供給量を変化させるようなことが生じると、供給曲線はシフトする。

第Ⅱ部　市場はいかに機能するか

> **図 4-6**　市場供給：個別供給の合計
>
> 市場における供給量は、各価格におけるすべての売り手の供給量の合計である。したがって、市場供給曲線は個別供給曲線を水平方向に加えることで求められる。価格が4ドルの時、ベンの供給量は3個、ジェリーの供給量は4個なので、この価格における市場供給量は7個になる。

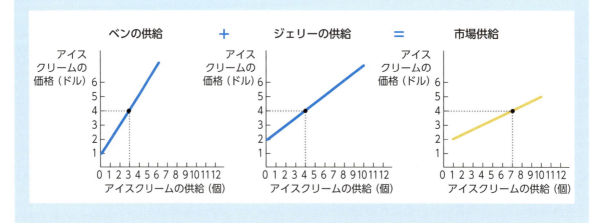

　たとえば、砂糖の価格が低下したとする。砂糖はアイスクリームの原料なので、砂糖の価格下落により、アイスクリーム販売の利益は大きくなる。これにより、アイスクリームの供給量が増加する。どの価格でも、売り手はより多く生産しようとする。この結果、供給曲線は右側にシフトする。

　図4-7は供給のシフトを示している。砂糖の価格の下落など、どの価格においても供給量を増加させるような変化は、供給曲線を右側にシフトさせ、これを**供給の増加（増大）**と呼ぶ。どの価格においても供給量を減少させるような変化は、供給曲線を左側にシフトさせ、これを**供給の減少（減退）**と呼ぶ。

　供給曲線をシフトさせる要因は多岐にわたるが、なかでも重要なものを以下に挙げる。

投入物価格　アイスクリームの売り手は、アイスクリームを作るためにさまざまな投入物を使用している。クリーム、砂糖、香料、アイスクリーム製造機、アイスク

リームが製造される建物、および材料を混ぜ、機械を操作する労働者の労働力である。これらの投入物の価格が上昇すると、アイスクリームの製造が生む利益は減少し、企業のアイスクリーム供給は減少する。投入物の価格が大幅に上昇すれば、企業は生産を停止しアイスクリームが全く供給されなくなるかもしれない。したがって、ある財の供給は、投入物価格の動きとは反対方向に動く。

技術（テクノロジー） 投入物を製品に変えるための技術も供給の決定要因の1つである。たとえば、アイスクリーム製造機の発明は、アイスクリームの製造に必要な労働力を低下させた。この技術進歩により生産コストが削減され、アイスクリーム供給は増加した。長期的には、このような技術の変化が市場の成果物に影響を与える最も強力な要因の1つとなる。

期待・予測 アイスクリームメーカーの供給量は、彼らが将来をどう予測するかにも依存するかもしれない。たとえば、価格が将来上昇すると期待される場合、彼らは現在生産したものの一部を貯蔵しておいて、今日の市場への供給量を減らすかもしれない。

売り手の数 個々の買い手の行動に影響を与える要因に加えて、市場供給は売り手が何人いるかにも影響を受ける。もしベンやジェリーがアイスクリームビジネスから撤退した場合、市場供給は減少する。もしエディがアイスクリームビジネスを新たに始めた場合、市場供給は増加する。

要約 供給曲線は、売り手に影響を与える他のすべての要因を一定にしたうえで、財の価格が変動するにつれて供給量がどのように変化するかを示す。これら「他の

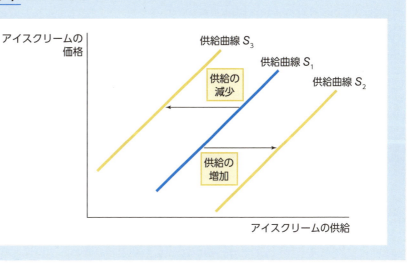

図4-7　供給曲線のシフト

どの価格においても売り手の供給量を増加させるような変化は、供給曲線を右側にシフトさせる。どの価格においても売り手の供給量を減少させるような変化は、供給曲線を左側にシフトさせる。

第Ⅱ部　市場はいかに機能するか

すべての要因」のうちの1つが変化すると、各価格での供給量が変化し、供給曲線がシフトする。表4-2には、売り手が販売する財の量に影響を与える変数の一覧が示されている。

ここでもまた、供給曲線がシフトしているのか、それとも供給曲線上を動いているのか、どちらなのかを判断するのが難しい場合は、以下のことを思い出そう。縦軸にも横軸にもない変数が変化した場合、グラフ上の曲線はシフトする。価格は縦軸にとられているので、価格の変化は供給曲線上の動きを示す。これに対し、投入物価格、技術、期待・予測、および売り手の数は縦軸にも横軸にもとられていないため、これらの変数が変化すると供給曲線はシフトするのである。

表4-2　売り手に影響を与える変数

生産者が販売する財の量に影響を与える変数の一覧。財の価格が果たす特別な役割に注意しよう。価格の変化は供給曲線上の動きを表すが、他の変数の変化は供給曲線をシフトさせる。

変数	変数が動くと……
自身の財の価格	供給曲線上を動く
投入物価格	供給曲線がシフトする
技術（テクノロジー）	供給曲線がシフトする
期待・予測	供給曲線がシフトする
売り手の数	供給曲線がシフトする

理解度確認クイズ

7. ピザの供給曲線上を上方に動くような出来事は、以下のうちどれか。

　a. ピザの価格上昇

　b. ピザの補完財であるルートビアの価格上昇

　c. ピザの投入物であるチーズの価格低下

　d. 人気のピザ店を焼失させるキッチン火災

8. ピザの供給曲線を右側にシフトさせる出来事は何か。

　a. ピザの価格上昇

　b. ピザの補完財であるルートビアの価格上昇

　c. ピザの投入物であるチーズの価格低下

　d. 人気のピザ店を焼失させるキッチン火災

9. 映画チケットと動画配信サービスは代替財である。動画配信サービスの価格が上昇すると、映画チケット市場では何が起こるか。

　a. 供給曲線が左側にシフトする。

　b. 供給曲線が右側にシフトする。

　c. 需要曲線が左側にシフトする。

　d. 需要曲線が右側にシフトする。

➡ (解答は章末に)

4　需要と供給

さて、需要と供給を組み合わせて、市場で販売される財の価格と数量がどのように決まるのかを見てみよう。

4-1 均衡

　図4-8は市場需要曲線と市場供給曲線を1つのグラフ上に示したものである。供給曲線と需要曲線が交差する点が、市場の**均衡点**（または**均衡**）である。この交点における価格が**均衡価格**、数量が**均衡数量**である。ここでは、均衡価格は4ドル、均衡数量は7個となっている。

　辞書では**均衡**を、力のバランスがとれた状態と定義している。この「釣り合っている」というイメージが、市場均衡の概念においては特に重要である。**均衡価格では、買い手が購入したいと思っている量が、売り手が販売したいと思っている量とちょうど釣り合っている。**均衡価格は時に**市場清算価格**（market clearing price）とも呼ばれる。なぜなら、この価格がこの水準にあるとき、買い手は買いたいものをすべて買い、売り手は売りたいものをすべて売っているという、すべての市場参加者が満足している状況が実現しているからである。

　買い手と売り手の行動が、市場を需要と供給の均衡に導く。なぜそうなるのかを見るために、市場価格が均衡価格と異なる場合に何が起こるかを考えてみよう。

　まず、図4-9のパネル（a）にあるように、市場価格が均衡価格を上回っているとする。価格が1個5ドルの場合、供給量（10個）が需要量（4個）を上回る。このとき、生産者は現在の価格で売りたいと考えているすべての商品を売ることはできず、この商品には**余剰**が生じている。余剰は時に**超過供給**（excess supply）の状態とも呼ばれる。アイスクリーム市場に余剰があるとき、売り手は売りたいが売れないアイスクリームで冷凍庫がいっぱいになっていることに気づく。彼らは価格を下げることでこの状況に対処する。価格が下がるにつれて、需要量が増加し、供給量は減少する。こうした変化は、需要曲線・供給曲線のシフトではなく、供給曲線上と需要曲線上の動きとして表される。価格は市場が均衡に達するまで下がり続ける。

　今度は、図4-9のパネル（b）にあるように、市場価格が均衡価格を下回っている

> **均衡（点）**
> （equilibrium）
> 需要量と供給量が等しくなる水準に市場価格が達した状態
>
> **均衡価格**
> （equilibrium price）
> 需要量と供給量を等しくさせる市場価格
>
> **均衡数量**
> （equilibrium quantity）
> 均衡価格における需要量と供給量
>
> **余剰**
> （surplus）
> 供給量が需要量を上回っている状態

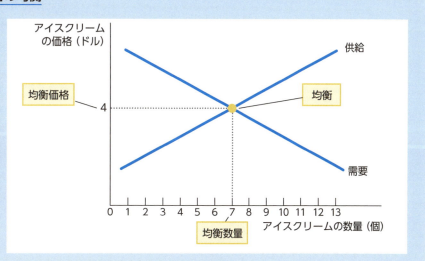

図 4-8　需要と供給の均衡

市場均衡は、供給曲線と需要曲線が交わる点である。均衡価格では、供給量が需要量と等しくなる。ここでの均衡価格は4ドルである。この価格では、7個のアイスクリームが供給され、同時に7個が需要されている。

図 4-9　均衡状態でない市場

パネル(a)では余剰が発生している。市場価格が5ドルで均衡価格よりも高いため、供給量（10個のアイスクリーム）が需要量（4個のアイスクリーム）を上回っている。生産者は価格を下げることで販売を増やそうとし、その結果、価格は均衡水準に向けて低下する。パネル(b)では不足が発生している。市場価格が3ドルで均衡価格よりも低いため、需要量（10個のアイスクリーム）が供給量（4個のアイスクリーム）を上回っている。多くの買い手が少ない商品を追い求めるため、売り手は価格を引き上げる。どちらの場合も、価格調整によって市場は需要と供給の均衡に至る。

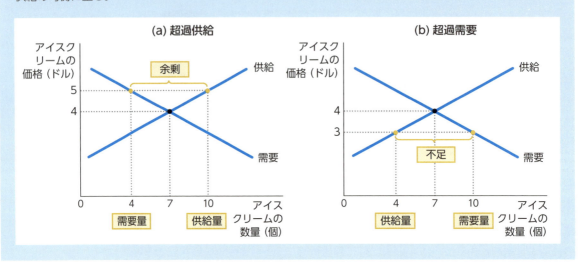

不足
(shortage)
需要量が供給量を上回っている状態

とする。価格が1個3ドルの場合、需要量が供給量を上回る。このとき、消費者は現在の価格で欲しいだけの商品を買うことができず、この商品には不足が生じている。不足は時に**超過需要**（excess demand）の状態とも呼ばれる。アイスクリーム市場に不足が生じると、買い手は少ないアイスクリームを買うために長い列に並ばなければならない。多くの買い手が少ない商品を追い求めるため、売り手は売上を失うことなく価格を引き上げることができる。価格が上がるにつれて、需要量が減少し、供給量は増加する。再び、こうした変化は需要曲線・供給曲線のシフトではなく、需要曲線上と供給曲線上の動きとして表され、市場を均衡に導く。

　価格がどこからスタートするかに関わらず、買い手と売り手の行動によって、市場価格は均衡に向かう。一度市場が均衡に達すると、すべての買い手と売り手は、現在の価格で望む量を買うことができ、かつまた売ることができるという意味で満足する。この状態に達すると、価格に対する上方圧力または下方圧力はもはや存在しない。均衡にどの程度速く達するかは、市場の価格調整速度に依存する。機能度の高い多くの市場では、価格が均衡水準に向かって迅速に動くため、余剰や不足は一時的なものにすぎない。この現象は非常に普遍的であるため、これを**需要と供給の法則**と呼ぶ。どんな財についても、需要量と供給量が釣り合うように価格が調整されるという法則である。

需要と供給の法則
(law of supply and demand)
どんな財についても、需要量と供給量が釣り合うように価格が調整されるという法則

第4章　市場における需要と供給

4-2　均衡の変化を分析する際の３つのステップ

　需要と供給が市場均衡を決定し、そして市場均衡によって買い手が購入し、売り手が生産する財の価格と数量が定まる。均衡価格と数量は、需要曲線と供給曲線の位置に依存する。ある出来事がどちらかの曲線をシフトさせると、均衡が変化し、それによって新たな価格と数量が定まり、そこで買い手と売り手の取引が行われる。

　ある出来事が市場均衡にどのように影響するかを分析する際に用いる「３つのステップ」は、以下のとおりである。第１ステップとして、その出来事が需要曲線をシフトさせるのか、供給曲線をシフトさせるのか、あるいはその両方をシフトさせるかどうかを判断する。第２ステップでは、第１ステップで識別した曲線が、右側にシフトするのかあるいは左側にシフトするのかを判断する。最後に、第３ステップでは、需要と供給の図（需給図）を用いて初期の均衡と新たな均衡を比較し、均衡の変化によって均衡価格と均衡数量がどう変化したかを示す。表4-3はこれら３つのステップをまとめたものである。これがどのように機能するかを見るために、アイスクリーム市場に影響を与えうるいくつかの出来事を考えてみよう。

具体例：需要曲線のシフトによる市場均衡の変化　この夏の気温が非常に高いとする。このことは、アイスクリーム市場にどのような影響を与えるだろうか。この質問に答えるために、先ほどの３つのステップに従ってみよう。

1. 気候の変化は消費者のアイスクリームに対する嗜好を変化させることで、需要曲線に影響を与える。つまり、どんな価格についても、人々が購入したいと考える数量を変化させる。一方、気候の変化はアイスクリームを販売する企業には直接影響を与えないため、供給曲線は変化しない。
2. 猛暑によって冷たいおやつがより魅力的になるため、人々はより多くのアイスクリームを求める。図4-10は、この需要増加を、需要曲線のD_1からD_2への右側へのシフトとして表している。このシフトは、あらゆる価格水準において、需要量が増加していることを示している。
3. 以前の価格である４ドルのままでは、今やアイスクリームに対する超過需要が生じる。そのため、企業は価格を引き上げる。図4-10が示すように、需要の増加は均衡価格を４ドルから５ドルに、均衡数量を７個から10個に引き上げる。言い換えれば、猛暑はアイスクリームの価格と販売数量の両方を引き上げるのである。

曲線のシフトと曲線上の動き　猛暑がアイスクリームの需要を増加させ、価格を引き上げると、供給曲線は変化しないにもかかわらず、アイスクリーム製造業者の供給量は増加する。この場合、経済学者は「供給量は増加したが、供給そのものに変化はなかった」と言う。

　供給とは供給曲線の位置のことであり、**供給量**とは生産者が販売したい量を指す。猛暑は生産者がどの価格でどれだけ売りたいかには影響を与えないため、供給は不

85

第Ⅱ部　市場はいかに機能するか

> **表4-3** 均衡の変化を分析する際の3つのステップ
>
> 1. その出来事が需要曲線をシフトさせるのか、供給曲線をシフトさせるのか、あるいはその両方をシフトさせるかどうかを判断する。
> 2. 第1ステップで識別した曲線が、どの方向にシフトするのかを判断する。
> 3. 需要と供給の図を用いて、シフトによって均衡価格と均衡数量がどう変化したかを示す。

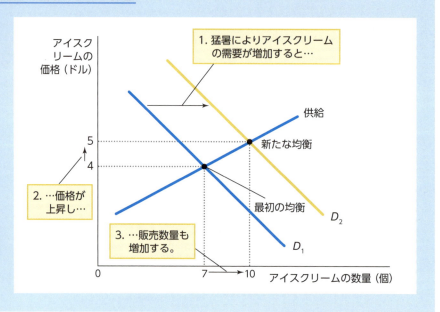

図4-10 需要の増加が均衡に与える影響

どんな価格水準でも需要量を引き上げるような出来事は、需要曲線を右側にシフトさせる。その結果、均衡価格、均衡数量ともに上昇する。ここでは、夏の猛暑によって買い手の需要量が増加している。需要曲線が D_1 から D_2 にシフトすることで、均衡価格は4ドルから5ドルに、均衡数量は7個から10個に上昇する。

変である。その代わりに、蒸し暑い天気によって、消費者は、どの価格水準にあってもこれまでより購入したいと考え、その結果需要曲線は右側にシフトする。需要の増加が均衡価格を上昇させるのである。価格が上がると、供給量も増加する。このときの供給量の増加は、供給曲線上の動きとして表される。

　要約すると、供給曲線のシフトを「供給の変化」と呼び、需要曲線のシフトを「需要の変化」と呼ぶ。固定された供給曲線上の動きを「供給量の変化」と呼び、固定された需要曲線上の動きを「需要量の変化」と呼ぶ。

具体例：供給曲線のシフトによる市場均衡の変化　ある年の8月、ハリケーンによってサトウキビの収穫が被害を受け、砂糖の価格が上昇したとする。このことは、アイスクリーム市場にどのような影響を与えるだろうか。ここでまた、先ほどの3つのステップに従ってみよう。

1. アイスクリームの原材料である砂糖の価格上昇は、アイスクリームの生産コ

ストを引き上げるため、供給曲線に影響を与える。一方、需要曲線は、原材料コストが高くなっても消費者が購入したいアイスクリームの数量には直接影響しないため、変化しない。

2. コストが高くなると、価格がどの水準にあっても、生産者が販売したいと考え、かつ販売可能な数量が低下する。図4-11は、この供給の減少を供給曲線のS_1からS_2への左側へのシフトとして表している。

3. 以前の価格である4ドルのままでは、アイスクリームに対する超過需要が生じる。これによって企業は価格を引き上げる。図4-11に示されているように、供給曲線のシフトは均衡価格を4ドルから5ドルに引き上げ、均衡数量を7個から4個に引き下げる。砂糖の価格上昇により、アイスクリームの価格が上昇し、販売数量は減少するのである。

具体例：需要曲線と供給曲線の両方がシフトする場合　不運な出来事が続き、同じ年の夏に熱波とハリケーンが同時に発生したとしよう。この厄介な組み合わせを分析するために、また3つのステップに戻ろう。

1. この場合、需要曲線、供給曲線の両方がシフトする。熱波は、価格水準に関わらず消費者が購入したいと考えるアイスクリームの数量を変化させるため、需要曲線に影響を与える。同時に、ハリケーンは砂糖の価格を押し上げることで、アイスクリーム製造業者が販売したいと考えるアイスクリームの数量を変化させるため、供給曲線に影響を与える。

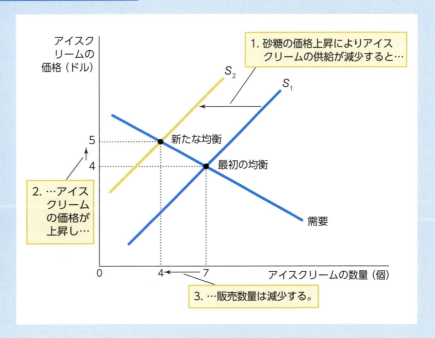

図4-11　供給の減少が均衡に与える影響

どんな価格水準でも供給量を引き下げるような出来事は、供給曲線を左側にシフトさせる。その結果、均衡価格は上昇し、均衡数量は減少する。ここでは、原材料である砂糖の価格高騰により、売り手のアイスクリーム供給が減少している。供給曲線がS_1からS_2にシフトすることで、均衡価格は4ドルから5ドルに上昇し、均衡数量は7個から4個に減少する。

図 4-12　需要曲線と供給曲線がどちらもシフトする場合

需要の増加と供給の減少は、以下のいずれかの結果を生じさせる。パネル(a)では、均衡価格はP_1からP_2に上昇し、均衡数量はQ_1からQ_2に増加している。一方、パネル(b)では、均衡価格は同様にP_1からP_2に上昇しているが、均衡数量はQ_1からQ_2に減少している。

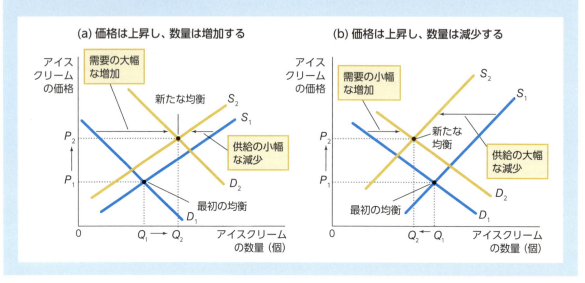

2. それぞれの曲線は先ほど示した2つの具体例と同じ方向にシフトする。すなわち、図4-12に示されているように、需要曲線は右側にシフトし、供給曲線は左側にシフトする。

3. 需要曲線と供給曲線のシフトの相対的な大きさによって、2つの結果がありうる。いずれの場合も、均衡価格は上昇する。パネル (a) では、需要が大幅に増加する一方で、供給の減少幅は限定的であり、この結果、均衡数量は増加している。しかし、パネル (b) では、供給が大幅に減少する一方で、需要の増加幅は限定的であり、この結果、均衡数量は減少している。したがって、熱波とハリケーンの組み合わせは、アイスクリームの価格を必ず引き上げる一方、販売数量に対する影響は確定的ではない (つまり、増加も減少もありうる)。

要約　需要曲線と供給曲線は、均衡の変化を分析するのに役立つ。ある出来事が需要曲線、供給曲線、または両方の曲線をシフトさせると、その出来事が均衡における価格と数量をどのように変化させるかを予測することができる。表4-4は、2つの曲線がシフトするパターンについてのあらゆる組み合わせに対する予測結果を示している。需要と供給というツールの使い方を確実に理解するために、表4-4のいくつかの項目を選び、そこに示されている予測を自分自身で説明できるようにしてほしい。

第4章　市場における需要と供給

> **表4-4** 需要曲線と供給曲線のシフトと価格・数量の変化の関係
>
> 練習として、この表のいくつかの項目を需要曲線と供給曲線の図を使って説明できるか、確認しよう。
>
> | | 供給変化なし | 供給増加 | 供給減少 |
> |---|---|---|---|
> | 需要変化なし | 価格不変・数量不変 | 価格低下・数量増加 | 価格上昇・数量減少 |
> | 需要増加 | 価格上昇・数量上昇 | 価格不確定・数量上昇 | 価格上昇・数量不確定 |
> | 需要減少 | 価格低下・数量減少 | 価格低下・数量不確定 | 価格不確定・数量低下 |

理解度確認クイズ

10. 新しい大規模な原油埋蔵量の発見は、ガソリンの＿＿＿＿曲線をシフトさせ、均衡価格を＿＿＿＿させる。

 a. 供給 ― 上昇

 b. 供給 ― 低下

 c. 需要 ― 上昇

 d. 需要 ― 低下

11. 経済が不況に陥り、所得が減少した場合、下級財の市場では何が起こるか。

 a. 価格が上昇し、数量が増加する。

 b. 価格が低下し、数量が減少する。

 c. 価格が上昇し、数量が減少する。

 d. 価格が低下し、数量が増加する。

12. 以下のうち、ジャムの均衡価格の上昇とジャムの均衡数量の減少を引き起こすのはどれか。

 a. ジャムの補完財であるピーナッツバターの価格上昇

 b. ジャムの代替財であるマシュマロクリームの価格上昇

 c. ジャムの原材料であるブドウの価格上昇

 d. （ジャムが正常財と仮定すると）消費者の所得増加

13. ＿＿＿＿の増加は、供給曲線上の動きを引き起こし、これは＿＿＿＿の変化と呼ばれる。

 a. 供給 ― 需要

 b. 供給 ― 需要量

 c. 需要 ― 供給

 d. 需要 ― 供給量

➡（解答は章末に）

5　結論：資源配分における価格の役割

　この章では、単一の市場における需要と供給について学んできた。議論はアイスクリーム市場を中心に展開してきたが、そこで学んだことは他のほとんどの市場にも適用できる。店に行って何かを買おうとするとき、あなたはその財の需要に貢献している。仕事を探すとき、あなたは労働サービスの供給に貢献している。需要と供給は市場経済において非常に広範に作用を及ぼすため、需要と供給のモデルは非常に強力な分析ツールなのである。

　第1章でみた**経済学の10原則**の1つは、「通常、市場は経済活動をまとめあげる良い方法である」というものであった。市場がもたらす帰結が良いか悪いかを判断するにはまだ尚早だが、この章では市場がどのように機能するかを示した。どの

経済システムにおいても、希少な資源を互いに競合する用途間でうまく配分しなければならない。市場経済はこの目的のために需要と供給の力を利用する。需要と供給は共同で、経済における多くの財・サービスの価格を決定する。そして価格は、資源配分を導くシグナルとなる。

たとえば、海岸沿いの土地の配分を考えてみよう。土地の広さは限られているため、誰もがビーチ沿いに住むという贅沢を享受できるわけではない。この資源を得るのは誰だろうか。その答えは、その土地の価格を支払う意思と能力がある者である。海岸沿い土地の価格は、土地の需要量と供給量が釣り合うまで調整される。市場経済では、価格が希少な資源を配分するメカニズムとなるのである。

同様に、価格は誰がどの商品をどれだけ生産するかも決定する。たとえば農業を考えてみよう。誰もが生きるためには食料を必要とするため、ある程度の人々が農業に従事することは極めて重要である。誰が農家となり、誰が農家とはならないかを決定する要因は何か。自由な社会では、政府の計画機関が十分な食料供給を確保するためにこの決定を行うことはない。そうではなく、農場への労働力の配分は、多数の労働者の、職業の選択についての意思決定に基づいている。この分散型システムは、これらの決定が価格に依存しているためにうまく機能する。食料の価格と農業従事者の賃金（つまり労働の価格）は、十分な人々が農業に従事することを選択するように調整される。

市場経済の動きを実際に見たことがない人にとっては、そうした考えはばかげているように見えるかもしれない。経済とは、相互に依存する数多くの活動に従事する膨大な人々の集まりである。分権的な意思決定が混乱に陥るのを防いでいるものは何だろうか。多様な能力と欲望を持つ人々の、何百万もの行動を調整するものは何だろうか。何によって必要なことが実際に行われるようになるのだろうか。その答えは一言で言えば、**価格**である。アダム・スミスが示唆したように、もし市場経済が見えざる手によって導かれているのなら、価格システムとは、いわばその見えざる手が経済という名のオーケストラを指揮するときの指揮棒なのである。

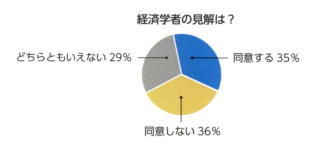

専門家の見方　価格のつり上げ

「危機時に供給不足に陥っている必需品の価格引き上げを防ぐ法律は、社会厚生を向上させる」

経済学者の見解は？

- 同意する 35%
- 同意しない 36%
- どちらともいえない 29%

出典：IGM Economic Experts Panel, May 26, 2020.

第4章　市場における需要と供給

本章のポイント

- 経済学者は、需要と供給のモデルを使用して競争市場を分析する。このような市場では、多くの買い手と売り手が存在し、各個人が市場価格に及ぼす影響はほとんど（あるいはまったく）ない。

- ある財の需要曲線は、価格に応じて需要量がどのように変化するかを示す。需要の法則によると、ある財の価格が低下すると、その財の需要量は増加する。これが需要曲線が右下がりになる理由である。

- 価格に加えて、消費者の購入量に影響を与える要因として、所得、代替財および補完財の価格、好み・嗜好、期待・予測、そして買い手の数が挙げられる。これらの要因のいずれかが変化すると、各価格における需要量が変化し、需要曲線がシフトする。

- ある財の供給曲線は、価格に応じて供給量がどのように変化するかを示す。供給の法則によると、ある財の価格が上昇すると、その財の供給量も増加する。これが供給曲線が右上がりになる理由である。

- 価格に加えて、生産者の販売量に影響を与える要因として、原材料価格、技術、期待・予測、そして売り手の数が挙げられる。これらの要因のいずれかが変化すると、各価格における供給量が変化し、供給曲線がシフトする。

- 需要曲線と供給曲線の交点は、市場均衡を表す。均衡価格では、需要量と供給量が等しくなる。

- 買い手と売り手の行動によって、市場は自然に均衡に導かれる。市場価格が均衡価格を上回ると、その財には余剰が生じ、市場価格が低下する。市場価格が均衡価格を下回ると、不足が生じ、市場価格が上昇する。

- ある出来事が均衡価格と均衡数量にどのように影響するかを分析するには、需要と供給の図を用いつつ、以下の3つのステップに従う。第1ステップでは、その出来事が需要曲線をシフトさせるのか、供給曲線をシフトさせるのか、あるいはその両方をシフトさせるかどうかを判断する。第2ステップでは、第1ステップで識別した曲線が、どちらの方向にシフトするのかを判断する。第3ステップでは、新しい均衡と最初の均衡を比較する。

- 市場経済では、意思決定を方向づけ、希少な資源を配分するシグナルの役割を果たすのは価格である。経済におけるすべての財に対して、価格は需要と供給が釣り合うことを保証する。均衡価格は、買い手がどれだけ消費し、売り手がどれだけ生産するかを決定する。

理解度確認テスト

1. 競争市場とは何か。完全競争ではない市場の例を1つ挙げ、簡単に説明しなさい。

2. 需要計画と需要曲線とは何か、そしてそれらはどのように関連しているか。なぜ需要曲線は右下がりになるのか。

3. 消費者の好みの変化は、需要曲線上の移動として表されるか、それとも需要曲線のシフトとして表されるか。価格の変化は、需要曲線上の移動として表されるか、それとも需要曲線のシフトとして表されるか。説明しなさい。

4. ハリーの所得が減少し、その結果、彼はより多くのカボチャジュースを購入したとする。カボチャジュースは下級財か正常財か。ハリーのカボチャジュースの需要曲線には何が起こるか。

5. 供給計画と供給曲線とは何か、そしてそれらはどのように関連しているか。なぜ供給曲線は右上がりになるのか。

6. 生産者の技術の変化は、供給曲線上の移動として表されるか、それとも供給曲線のシフト

91

第Ⅱ部　市場はいかに機能するか

として表されるか。価格の変化は、供給曲線上の移動として表されるか、それとも供給曲線のシフトとして表されるか。

7. 市場均衡を定義し、どのように市場が均衡に向かうかを説明しなさい。

8. ビールとピザは一緒によく楽しまれるため、補完財である。ビールの価格が上昇すると、ピザの市場における供給、需要、供給量、需要量、価格はどうなるか。

9. 市場経済における価格の役割を説明しなさい。

演習と応用

1. 需要と供給の図を用いて、以下の各文を説明しなさい。

　a.「フロリダに寒波が訪れると、アメリカ全土のスーパーマーケットでオレンジジュースの価格が上昇する。」

　b.「ニューイングランドで夏に気候が暖かくなると、カリブ海のホテルの部屋の価格が急落する。」

　c.「中東で戦争が勃発すると、ガソリンの価格が上昇し、中古SUVの価格が下落する。」

2.「ノートの需要が増加すると、ノートの需要量は増加するが、ノートの供給量は増加しない」。この記述は正しいか否か、説明しなさい。

3. ミニバンの市場について考える。以下の各事象について、需要または供給の決定要因のどちらが影響を受けるかを答えなさい。また、需要または供給が増加するのか減少するのかを答えなさい。そして、ミニバンの価格と数量に与える影響を示す図を描きなさい。

　a. 人々がより多くの子供を持つことを決定する。

　b. 鉄鋼労働者のストライキにより鉄鋼価格が上昇する。

　c. エンジニアがミニバン生産用の新しい自動化機械を開発する。

　d. SUV（スポーツ用多目的車）の価格が上昇する。

　e. 株式市場の暴落により人々の資産が減少する。

4. 動画配信サービス、テレビ（で視聴できる番組）、および映画チケットの市場について考える。

　a. 以下の組み合わせは補完財か代替財か。
　　・動画配信とテレビ
　　・動画配信と映画チケット
　　・テレビと映画チケット

　b. 技術進歩により、テレビの製造コストが低下したとする。テレビの市場で何が起こるかを示す図を描きなさい。

　c. 上記のテレビ市場における変化が動画配信市場および映画チケット市場にどのような影響を与えるか、さらに２つの図を描いて説明しなさい。

5. 過去40年間にわたって、技術進歩によりコンピュータに内蔵するチップの生産コストは低下してきた。このことは、コンピュータ市場にどのような影響を与えただろうか。コンピュータのソフトウェア市場にはどのような影響を与えたか。タイプライター市場についてはどうか。

6. 需要と供給の図を用いて、以下の事象がスウェットシャツの市場に与える影響を説明しなさい。

　a. サウスカロライナ州でハリケーンが発生し、綿花の収穫に被害を与える。

　b. レザージャケットの価格が下落する。

　c. すべての大学が適切な服装での朝の運動を必須とする。

　d. 新しい織機が発明される。

7. ケチャップはホットドッグの補完財（と同時に調味料）である。ホットドッグの価格が上昇したとき、ケチャップ市場には何が起こるか。トマト市場についてはどうか。トマトジュース市場、オレンジジュース市場についてはどうか。

第4章　市場における需要と供給

8. ピザ市場において、以下の需要計画と供給計画があるとする。

価格（ドル）	需要量（枚）	供給量（枚）
4	135	26
5	104	53
6	81	81
7	68	98
8	53	110
9	39	121

a. 需要曲線と供給曲線をグラフに描きなさい。この市場における均衡価格と均衡数量を求めなさい。
b. 実際の価格が均衡価格を上回っていた場合、この市場で均衡に向かわせる要因は何か。
c. 実際の価格が均衡価格を下回っていた場合、この市場で均衡に向かわせる要因は何か。

9. 科学者が「オレンジを食べると糖尿病のリスクが減少する」ことを明らかにし、同時に農家がオレンジの生産量を増やす新しい肥料を使用したとする。これらの変化がオレンジの均衡価格と均衡数量に与える影響を図で示し、説明しなさい。

10. ベーグルとクリームチーズは一緒に食べられることが多いので、補完財である。
a. クリームチーズの均衡価格とベーグルの均衡数量がどちらも上昇していることがわかったとする。このパターンの要因となりうるのは、小麦粉の価格下落、牛乳の価格下落、のどちらだろうか。図を用いて説明しなさい。
b. クリームチーズの均衡価格が上昇し、ベーグルの均衡数量が減少しているとする。このパターンの要因となりうるのは、小麦粉の価格上昇、牛乳の価格上昇、のどちらだろうか。図を用いて説明しなさい。

11. あなたの大学のバスケットボールの試合のチケット価格は、市場によって決定されているとする。現在の需要計画と供給計画は次の通りである。

価格（ドル）	需要量（枚）	供給量（枚）
4	10,000	8,000
8	8,000	8,000
12	6,000	8,000
16	4,000	8,000
20	2,000	8,000

a. 需要曲線と供給曲線を描きなさい。この供給曲線の特殊な点は何か。なぜこのようなことになるのか。
b. チケットの均衡価格と均衡数量を求めなさい。
c. あなたの大学は来年、総入学者を5,000人増やす予定である。新たに入学する学生の需要計画は以下の通りである。

価格（ドル）	需要量（枚）
4	4,000
8	3,000
12	2,000
16	1,000
20	0

既存の需要計画と新たに入学する学生の需要計画を足し合わせて、大学全体の新しい需要計画を計算しなさい。新たな均衡価格と均衡数量を求めなさい。

理解度確認クイズの解答

1. c　2. b　3. a　4. b　5. a　6. d　7. a　8. c　9. d　10. b　11. a　12. c　13. d

93

第5章

Chapter 5

Elasticity and Its Application

弾力性とその応用

　ある出来事が、アメリカ合衆国のガソリン価格を引き上げたとしよう。それは、中東の緊張による世界の石油供給の引き締めかもしれないし、中国経済の好調による世界の石油需要の押し上げかもしれない。あるいは、ガソリン税引き上げ法案の議会通過かもしれない。アメリカの消費者はこの価格上昇にどのように反応するだろうか。

　この質問にざっくりと答えるのは簡単だ。人々はガソリンの購入量を減らすだろう。これは前章で学んだ需要の法則から明らかである。すなわち、他の条件が一定であれば、ある財の価格が上がると需要量は減少する、というものである。しかし、あなたはもっと正確な答えを知りたいかもしれない。ガソリンの購入量はどのくらい減少するのだろうか。この質問には、**弾力性**という概念を使って答えることができる。

　弾力性とは、市場の状況の変化に対して、買い手や売り手がどれだけ反応するかを測る尺度である。この概念を用いることで、ある出来事や政策が市場にどのような影響を与えるかを分析する際には、影響の方向だけでなく、その大きさについても議論することができる。

　これまでの研究によれば、ガソリン市場において、ガソリンの価格に対する需要量の反応は短期よりも長期のほうが大きいことが知られている。価格が10％上昇すると、1年後にはガソリン消費量は約2.5％減少するが、5年後には約6％減少す

第Ⅱ部　市場はいかに機能するか

る。長期的な減少の約半分は運転量の減少によるものであり、もう半分はより燃費の良い車や、現在増えている、ガソリンを全く必要としない電気自動車への切り替えによるものである。こうした反応は需要曲線とその弾力性に反映されている。

1　需要の弾力性

第4章で、消費者は通常、価格が低いとき、所得が高いとき、代替財の価格が高いとき、または補完財の価格が低いときに、より多くの財を購入することを学んだ。この議論は定性的なものであり、定量的なものではない。つまり、需要量が増えるか減るかについては触れたが、その変化の大きさについては述べていない。これらの変数の変化に対して消費者がどれだけ反応するかを測定するために、経済学者は**弾力性**という概念を活用する。

1-1　需要の価格弾力性とその決定要因

需要の法則は、財の価格が下がると需要量が増えることを述べている。**需要の価格弾力性**は、価格変化に対して需要量がどれだけ反応するかを測定する。価格変化に対して需要量が大きく反応する場合、その財の需要は**弾力的**（elastic）であると呼ぶ。価格変化に対して需要量がほとんど反応しない場合、その財の需要は**非弾力的**（inelastic）であると呼ぶ。

ある財の需要の価格弾力性は、その価格が上昇するにつれて消費者がその財をどれだけ買い控えるかを測定する。需要曲線は消費者の嗜好を形成する経済的、社会的、心理的なさまざまな側面を反映しているため、需要曲線の弾力性を決定する簡潔かつ普遍的なルールといったものは存在しない。しかし、いくつかの経験則は存在する。

身近な代替財の利用の可能性　身近に代替財がある財は、消費者がその財から代替財へ容易に切り替えられるため、需要がより弾力的になるという傾向がある。たとえば、マーガリンはバターの身近な代替財である。マーガリンの価格が一定であると仮定すれば、バターの価格をわずかに上げただけで、バターの需要量は大幅に減少するだろう。一方で、卵には身近な代替財がないため、需要はそれほど弾力的ではない。卵の価格をわずかに上げても、需要量が大幅に減少するといったことはない。

必需品とぜいたく品　真の意味での必需品は、わずかな価格上昇が購入量を大きく減少させることはない。別の言い方をすれば、必需品の需要は非弾力的である傾向がある。たとえば、診察料が上昇すると、ほとんどの人は、少しくらいは医者に行く回数を減らすかもしれないが、大幅に減らすことはない。一方、ぜいたく品となると話は別である。セーリングボート（娯楽用の帆船）の価格が上昇すると、需要量は大幅に減少する。その理由は、ほとんどの人がセーリングボートをぜいたく品と見なしているからである。財が必需品かぜいたく品かは、その財に固有の特性で

弾力性
（elasticity）
需要量や供給量が、その決定要因の変化に対応してどれだけ反応するかを測る尺度

需要の価格弾力性
（price elasticity of demand）
価格変化に対して需要量がどれだけ反応するかを測定する尺度。需要量の変化率を価格の変化率で割ることで計算される。

はなく、購入者の嗜好に依存する。健康にあまり心配がない熱心な船乗りにとっては、セーリングボートは非弾力的な需要を持つ必需品であり、病院で診察してもらうことは弾力的な需要を持つぜいたく品かもしれない。

市場の定義（広いか狭いか）　需要の弾力性は、市場の境界をどのように引くかによっても影響を受ける。狭い範囲で定義された市場は、広い範囲で定義された市場よりも需要の弾力性が高くなる傾向がある。これは、狭く定義された商品に対しては、比較的容易に身近な代替財を見つけることができるためである。たとえば、食品という広いカテゴリーは、食品の適切な代替財というものが存在しないため、需要の弾力性は低い。一方、アイスクリームという狭いカテゴリーは、他のデザートに代替できるので、需要の弾力性は高い。さらに、バニラアイスクリームという非常に狭いカテゴリーは、スウィートクリームなどの他の味のアイスクリームがほぼ完璧な代替財であるため、非常に弾力的な需要を持つ。

時間軸（短いか長いか）　需要は、期間を長くとるとより弾力的になる傾向がある。ガソリンの価格が上昇しても、最初の数か月では需要量はわずかにしか減少しない。しかし、時間が経つにつれて、人々は燃費の良い車や電気自動車を購入したり、相乗り自動車を手配したり、公共交通機関に切り替えたり、職場の近くに引っ越したりする。その結果、数年経つと、ガソリンの需要量はより大幅に減少する。

1-2 需要の価格弾力性の計算方法

　需要の価格弾力性について一般的な説明をしたので、次にその測定方法についてより具体的に見ていこう。経済学者は、需要の価格弾力性を、「需要量の変化率を価格の変化率で割る」ことで計算する。すなわち、

$$需要の価格弾力性 = \frac{需要量の変化率}{価格の変化率}$$

となる。たとえば、アイスクリームの価格が10％上昇したとき、アイスクリームの購入量が20％減少したとする。このとき、需要の価格弾力性は以下の通りである。

$$需要の価格弾力性 = \frac{20\%}{10\%} = 2$$

この例では、弾力性は2であり、これは、需要量の変化率が価格の変化率の2倍であることを意味する。

　ある財の需要量はその財の価格とは逆方向に動くため、需要量の変化率は価格の変化率と逆の符号を持つ。この例では、価格の変化率はプラス10％（価格上昇を意味する）であり、需要量の変化率はマイナス20％（需要減少を意味する）である。このため、需要の価格弾力性は負（マイナス）の値として示されることがある。しかし、通常はマイナス記号を省略し、すべての需要の価格弾力性は正（プラス）の値で示される（数学者はこれを**絶対値**と呼ぶ）。本書もこの習慣に従うが、大きな価格弾力性は、需要量が価格変化に対してより大きく反応することを意味するのである。

第Ⅱ部　市場はいかに機能するか

1-3 中間点の手法：パーセント変化率および弾力性を求めるよりよい方法

　需要曲線上の2点の間で需要の価格弾力性を計算しようとすると、面倒な問題に直面する。「A点からB点への弾力性」と、「B点からA点への弾力性」が、一見、異なるように見えるのである。次の例を考えてみよう。

　　　　A点：価格 = 4ドル、数量 = 120個
　　　　B点：価格 = 6ドル、数量 = 80個

　A点からB点への変化を考えると、価格は50％上昇、数量は33％減少なので、需要の価格弾力性は33/50、つまり0.66である。一方、B点からA点への変化を考えると、価格は33％下落、数量は50％増加なので、需要の価格弾力性は50/33、つまり1.5になる。この違いは、変化率を計算する際の基準点が異なるためである。しかし、背景にある現実、つまり価格変化に対する買い手の反応は、A点からB点に移動する場合と、B点からA点に移動する場合とは同じである。

　弾力性を計算するための**中間点法**（midpoint method）は、この混乱を避けるための方法である。変化率を計算する標準的な手順は、変化量を「変化前の水準」で割ることである。しかし、中間点法では、変化量を「変化前と変化後の中間点」（または平均）で割る。たとえば、5ドルは4ドルと6ドルの中間に位置している。したがって、中間点法によれば、4ドルから6ドルへの変化は、$(6 - 4)/5 \times 100 = 40\%$の上昇と計算される。同様に、6ドルから4ドルへの変化も40％の減少と計算される。

　中間点法は変化の方向に関係なく同じ答えが得られるため、2点の間の需要の価格弾力性を計算する際にしばしば使用される。この例では、A点とB点の間の中間点は、

　　　　中間点：価格 = 5ドル、数量 = 100個

である。中間点法によれば、A点からB点に移動すると、価格が40％上昇し、数量が40％減少する。同様に、B点からA点に移動すると、価格が40％下落し、数量が40％増加する。どちらからどちらに移動するかに関わらず、需要の価格弾力性は1となる。

　以下の式は、2つの点 (Q_1, P_1) と (Q_2, P_2) の間の需要の価格弾力性を計算するための中間点法を表すものである。

$$需要の価格弾力性 = \frac{(Q_2 - Q_1)/[(Q_2 + Q_1)/2]}{(P_2 - P_1)/[(P_2 + P_1)/2]}$$

分子は中間点法を用いた場合の数量の変化率であり、分母は中間点法を用いた場合の価格の変化率である。もし弾力性を計算する必要があれば、この式を使用すればよい。

本書では、そのような計算をほとんど行わない。ここでは、価格変化に対する需要量の反応がどのように計算されるかよりも、そうした反応が何を表すかがより重要である。

〔訳注〕中間点法は、経済学の中で特に一般的な手法というわけではない。なぜなら、微分という概念を導入すると、こうした手法が必要なくなるからである。微分は経済学において最も用いられる数学的なツールであるため、本書の読者（特にこれから経済学を学ぼうとしている学生）には、本書を読んだあと、微分およびより一般的な弾力性の表現を学んでほしい。なお、より一般的な弾力性は、「異なる2点間の移動」で計算されるのではなく、需要曲線上の1点に対応して定義される。

1-4 需要曲線の多様さ

経済学者は、需要曲線を分類するために弾力性を活用する。価格の変化率に対して数量の変化率が大きくなる場合、弾力性は1より大きくなり、需要は**弾力的**であると言われる。価格の変化率に対して数量の変化率が小さくなる場合、弾力性は1より小さくなり、需要は**非弾力的**であると言われる。最後に、数量の変化率が価格の変化率と等しい場合、弾力性はちょうど1であり、需要は**単位弾力性**を持つと言われる。

需要の価格弾力性は、需要量が価格変化にどれだけ反応するかを測定するものであり、したがって需要曲線の傾きと密接に関連している。以下は有用な一般的性質である——ある点において需要曲線がより平らになるほど、需要の価格弾力性は大きくなる。逆に、ある点において需要曲線がより急になるほど、需要の価格弾力性が小さくなる。

図5-1は5つのケースを示している。パネル(a)は弾力性がゼロという極端なケースを示しており、需要は**完全に非弾力的**（perfectly inelastic）であり、需要曲線は垂直になる。この場合、価格に関係なく需要量は一定である。弾力性が高まるにつれて、パネル(b)、(c)、(d)に示されるように、需要曲線は次第に平らになる。もう一方の極端な例は、パネル(e)に示されているように、需要が**完全に弾力的**（perfectly elastic）な場合である。このとき、需要の価格弾力性はきわめて大きく（近似的に無限大とみなさせるほど大きく）なっている。需要曲線は水平になり、価格のごくわずかな変化が需要量の膨大な変化をもたらすことを示している。

もしどちらが**弾力的**でどちらが**非弾力的**か混乱するようなら、以下の記憶法が役立つかもしれない。図5-1のパネル(a)のような非弾力的な曲線は、アルファベットの「I」のように見え、すなわちそれは非弾力的（すなわち<u>I</u>nelastic）なのである（経済学者はそれを曲線と呼ぶが、完全に非弾力的な場合、実際には垂直線である）。これは深遠な洞察というわけではないが、試験の際には役立つかもしれない。

図 5-1　需要の価格弾力性

需要の価格弾力性によって、需要曲線の傾きが急なのか緩やかなのかが決まる。なお、すべての変化率は中間点法を用いて計算されている。

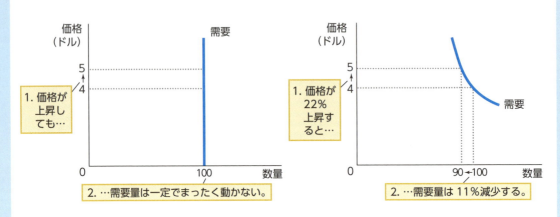

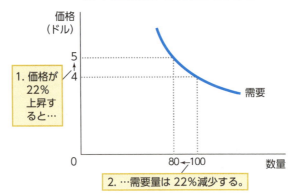

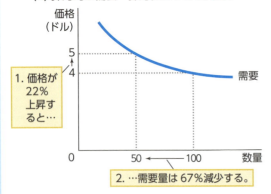

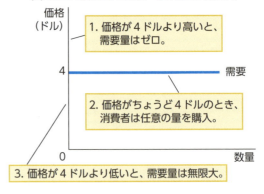

1-5 総収入と需要の価格弾力性

市場における需要や供給の変化を分析する際に、しばしば分析対象となるのは総収入である。これは商品の買い手が支払った金額、または売り手が受け取った金額である。数学的には、Pを商品の価格、Qを販売数量とすると、総収入は$P \times Q$で表される。図5-2は総収入をグラフで示している。需要曲線の下の四角形の高さはPであり、幅はQである。したがってこの四角形の面積、$P \times Q$がこの市場の総収入に等しくなる。図5-2では、Pが4ドルでQが100なので、総収入は4ドル×100、すなわち400ドルとなる。

需要曲線上を動いていくと、総収入はどのように変化するだろうか。その答えは需要の価格弾力性に依存する。図5-3のパネル (a) のように需要が非弾力的である場合、価格の上昇は総収入の増加をもたらす。ここでは、価格が4ドルから5ドルに上昇することで、需要量が100から90に減少し、その結果、総収入が400ドルから450ドルに増加している。価格Pの上昇に比べて、数量Qの減少が相対的に小さいため、価格の上昇により、$P \times Q$が上昇するのである。言い換えれば、1個あたりの商品をより高い価格で販売することによる収入の増加分（図5-3中の領域A）が、販売数量が低下することによる収入の減少分（図5-3中の領域B）よりも大きくなるのである。

需要が弾力的である場合には、逆の結果が生じる。価格上昇は総収入の減少を引き起こすのである。たとえば、図5-3のパネル (b) では、価格が4ドルから5ドルに上昇すると、需要量が100から70に減少し、その結果、総収入が400ドルから350ドルに減少している。需要が弾力的であるため、需要量減少の影響が非常に大きく、価格引き上げの影響を上回る。つまり、価格の上昇により、$P \times Q$が減少す

> **総収入**
> (total revenue)
> 商品の買い手が支払った金額、または売り手が受け取った金額であり、その商品の価格と販売量を掛け合わせることで計算される。

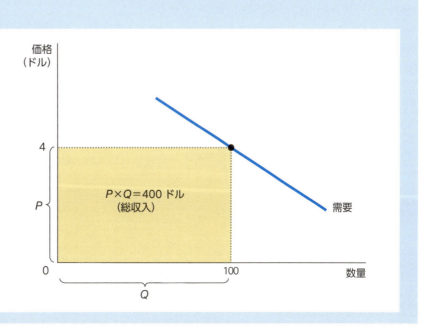

図5-2 総収入

需要曲線の下の四角形の面積、$P \times Q$は、商品の買い手が支払った金額、または売り手が受け取った金額と等しい。ここでは、価格が4ドルのとき、需要量は100であり、総収入は400ドルとなる。

図 5-3　価格が変化したときの総収入の変化

価格変化が総収入（価格×数量）に与える影響は、需要の弾力性に依存する。パネル(a)では、需要曲線が非弾力的である。価格の上昇に比べると、需要量の減少が相対的に小さいため、総収益は増加する。ここでは、価格が4ドルから5ドルに上昇、需要量は100から90に減少、総収益は400ドルから450ドルに増加している。パネル(b)では、需要曲線が弾力的である。価格の上昇に比べると、需要量の減少が相対的に大きいため、総収入は減少する。ここでは、価格が4ドルから5ドルに上昇、需要量は100から70に減少、総収入は400ドルから350ドルに減少している。

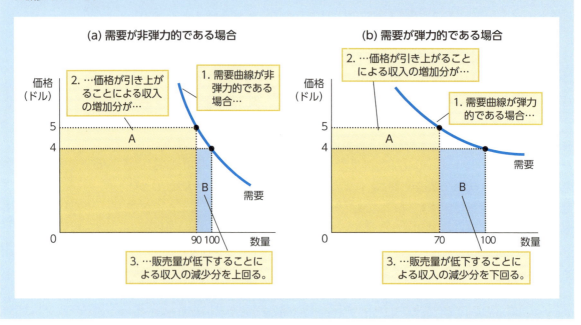

るのである。ここでは、1個あたりの商品をより高い価格で販売することによる収入の増加分（領域A）が、販売数量が低下することによる収入の減少分（領域B）よりも小さくなるのである。

　この例は、以下の一般的な原則を示している。

- 需要が非弾力的である（価格弾力性が1より小さい）場合、価格と総収入は同じ方向に動く。すなわち、価格が上昇すると、総収入も増加する。
- 需要が弾力的である（価格弾力性が1より大きい）場合、価格と総収入は逆方向に動く。すなわち、価格が上昇すると、総収入が減少する。
- 需要が単位弾力性を持つ（価格弾力性がちょうど1）場合、価格が変化しても総収入は変化しない。

現実の世界における弾力性：いくつかの例

弾力性の意味、弾力性を決定する要因、および弾力性の計算方法について説明してきた。こうした一般的な思考を踏まえたのち、あなたは具体的な数値を知りたくなるかもしれない。現実には、財の価格がその需要量に与える影響は具体的にどの程度なのか。

この問いに答えるために、経済学者はデータを集め、統計的な手法を駆使して需要の価格弾力性を推定するのである。ここで、さまざまな研究から得られたいくつかの財の実際の価格弾力性を挙げておく。

卵	0.1	▲ 非常に非弾力的（価格変化に対して需要量がほとんど反応しない）
ヘルスケア	0.2	
たばこ	0.4	
米	0.5	
住宅	0.7	
牛肉	1.6	
ピーナッツバター	1.7	
レストランでの外食	2.3	▼ 非常に弾力的（価格変化に対して需要量が強く反応する）
チーリオス（シリアル）	3.7	
マウンテンデュー（飲料）	4.4	

これらの数字を見て考察してみるのは面白いし、市場を比較する際には役立つのだが、ある程度割り引いてみる必要がある。その理由の1つは、これらの推定に用いられる統計的手法がいくつかの仮定に基づいたものであり、しかもそれらの仮定が実際には必ずしも真実ではないからである（経済学の一分野である計量経済学は、これらの統計的手法を研究する分野である）。もう1つの理由は、需要の価格弾力性は需要曲線上のすべての点で同じであるわけではないからである（あとで線形の需要曲線について学ぶとき、この点を確認する）。これらの理由のため、別々の研究が同じ商品に対して異なる需要の価格弾力性を推定していたとしても、驚くべきことではない。

1-6 需要曲線が線形のときの弾力性と総収入

図5-4に示すように、需要曲線が直線である場合（以下、線形需要曲線とも呼ぶ）に、需要曲線上の動きに応じて弾力性がどのように変化するかを考えてみよう。需要曲線は直線なので、傾きは一定である。傾きは「上昇距離÷横方向の移動距離」と定義されるが、ここでは価格変化幅（「上昇距離」）を数量の変化幅（「横方向の移動距離」）で割った比率となる。ここでは、価格が1ドル増加すると、需要量が常に2単位減少するために、需要曲線の傾きは一定となっている。

需要曲線が直線の場合、傾きは一定であるにもかかわらず、弾力性は一定ではない。これは、傾きが2つの変数の変化幅の比率であるのに対し、弾力性はそれらの変化率の比率であるためである。これは、図5-4において、グラフの線形需要曲線に対応した需要計画を示している表で確認できる。この表では、需要の価格弾力性を計算するために中間点法を採用している。そして、以下の重要な原則を示している——**価格が低く数量が大きいとき、線形需要曲線は非弾力的になる。価格が高く数量が小さいとき、線形需要曲線は弾力的である。**

図5-4　需要曲線が直線（線形）である場合の弾力性

直線の需要曲線の傾きは一定だが、弾力性は一定ではない。需要の価格弾力性は、需要計画と中間点法を用いて計算される。価格が低くて需要が多い点では、需要曲線は非弾力的になる。一方、価格が高くて需要が少ない点では、需要曲線は弾力的になる。

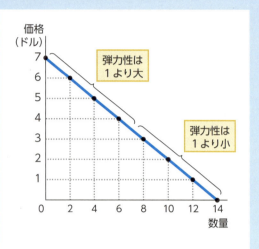

価格（ドル）	数量	総収入（価格×数量）	価格変化率	数量変化率	弾力性	特徴
7	0	0				
6	2	12	15	200	13.0	弾力的
5	4	20	18	67	3.7	弾力的
4	6	24	22	40	1.8	弾力的
3	8	24	29	29	1.0	単位弾力的
2	10	20	40	22	0.6	非弾力的
1	12	12	67	18	0.3	非弾力的
0	14	0	200	15	0.1	非弾力的

　この原則は、変化率の計算方法によるものである。価格が低く、消費者の購入量が多い場合、1ドルの価格上昇と2単位の需要量の減少は、価格の大幅なプラスの変化率と需要量の小幅なマイナスの変化率につながり、その結果、弾力性は小さくなる。価格が高く、消費者の購入量が少ない場合、同じ1ドルの価格上昇と2単位の需要量の減少は、価格の小幅なプラスの変化率と需要量の大幅なマイナスの変化率につながり、その結果、弾力性は大きくなる。

　この表はまた、需要曲線上の各点における総収入を示しているほか、総収入と弾力性の関係も示唆している。たとえば、価格が1ドルの場合、需要は非弾力的であり、価格が2ドルに上がると総収入が増加する。価格が5ドルの場合、需要は弾力的であり、価格が6ドルに上がると総収入は減少する。3ドルから4ドルの間では、需要は単位弾力性を持っており、これら2つの価格の間で総収入は不変である。

　要するに、需要曲線上のすべての点で需要の価格弾力性が同じなわけではない。一定の弾力性を持つ需要曲線もありうるが、それは特殊な場合である。線形需要曲線の弾力性は決して一定ではない。

1-7 そのほかの需要弾力性

　市場における買い手の行動を特徴づけるために、経済学者は需要の価格弾力性以外の弾力性概念も用いる。

需要の所得弾力性　**需要の所得弾力性**は、消費者の所得が変化するときに需要量がどのように変化するかを測定する。需要の所得弾力性は、需要量の変化率を所得の変化率で割って計算する。すなわち、

$$需要の所得弾力性 = \frac{需要量の変化率}{所得の変化率}$$

である。第4章で学んだように、ほとんどの財は**正常財**である。つまり、所得が増加すると需要量も増加する。需要量と所得が同方向に動くため、正常財は正（プラス）の所得弾力性を持つ。一部の商品、たとえばバスの乗車券などは**下級財**である。これは、それらが悪いものであるという意味ではなく、単に、所得が増えると需要量が減少する財であることを意味する。需要量と所得が逆方向に動くため、下級財は負（マイナス）の所得弾力性を持つ。

　正常財の中でも、所得弾力性は大きく異なる。食品などの必需品は、消費者は所得が低いときでもこれらを一定程度は購入するため、所得弾力性が小さくなる傾向がある（**エンゲルの法則**は、19世紀の統計家にちなんで名付けられたもので、家計の所得が上昇するに従い、所得に対する食費の割合が低下し、所得弾力性が1より小さくなることを示したものである）。一方、ダイヤモンドなどの宝石やセーリングボートなどのぜいたく品は、所得弾力性が大きくなる傾向がある。多くの消費者は、所得が減少するとそれらなしでも十分に生活できると感じるからである。

需要の交差価格弾力性　**需要の交差価格弾力性**は、ある財の価格変化に対する、別の財の需要量の反応を測定する。これは、財1の需要量の変化率を財2の価格の変化率で割って計算される。すなわち、

$$（財1の）需要の交差価格弾力性 = \frac{財1の需要量の変化率}{財2の価格変化率}$$

となる。交差価格弾力性が正になるか負になるかは、2つの財が代替財か補完財かに依存する。第4章で学んだように、**代替財**はハンバーガーとホットドッグのように、通常、互いに替わりとして利用される財である。ホットドッグの価格が上昇すると、人々は替わりにより多くのハンバーガーを焼く。ホットドッグの価格とハンバーガーの需要量が同じ方向に動くため、交差価格弾力性は正になる。逆に、**補完財**は通常、同時に使用される財であり、コンピュータとソフトウェアなどが該当する。この場合、交差価格弾力性は負であり、コンピュータの価格上昇はソフトウェアの需要量を減少させることを意味する。

需要の所得弾力性
（income elasticity of demand）
消費者の所得変化に対して需要量がどれだけ反応するかを測定する尺度。需要量の変化率を所得の変化率で割ることで計算される。

需要の交差価格弾力性
（cross-price elasticity of demand）
ある財の価格変化に対して、別の財の需要量がどれだけ反応するかを測定する尺度。財1の需要量の変化率を財2の価格の変化率で割ることで計算される。

第Ⅱ部　市場はいかに機能するか

理解度確認クイズ

1. ある財の価格弾力性が小さくなるのは、以下のどの場合か。

　　a. その財が必需品である場合

　　b. 身近に代替財が多くある場合

　　c. 市場の範囲が狭く定義されている場合

　　d. 長期的な反応が測定されている場合

2. ある財の価格上昇により、消費者がその財に支出する総額が減少したとする。このとき、需要の_____弾力性は１より_____。

　　a. 所得 ― 小さい

　　b. 所得 ― 大きい

　　c. 価格 ― 小さい

　　d. 価格 ― 大きい

3. 線形で右下がりの需要曲線が持つ性質は、以下のうちどれか。

　　a. 非弾力性である。

　　b. 単位弾力性を持つ。

　　c. 弾力的である。

　　d. 一部の点では非弾力性であり、他の点では弾力的である。

4. ローハンの市民の「所得のうちから食料品に費やす比率」は、ゴンドールの市民の同比率よりも高い。その理由としてありうるのは、次のうちどれか。

　　a. ローハンでは、食料品の価格が低く、需要の価格弾力性がゼロである。

　　b. ローハンでは、食料品の価格が低く、需要の価格弾力性が0.5である。

　　c. ローハンでは、市民の収入が低く、需要の所得弾力性が0.5である。

　　d. ローハンでは、市民の収入が低く、需要の所得弾力性が1.5である。

➡（解答は章末に）

2　供給の弾力性

　　第４章の供給に関する考察では、ある財の価格が上昇すると、その財の生産者はより多く販売しようとしたことを思い出そう。供給量についての定性的な議論から数量的な言及に移るために、経済学者はここでも弾力性の概念を使用する。

2-1　供給の価格弾力性とその決定要因

供給の価格弾力性
(price elasticity of supply)
価格変化に対して供給量がどれだけ反応するかを測定する尺度。供給量の変化率を価格の変化率で割ることで計算される。

　　供給の法則は、財の価格が上がると供給量が増えることを述べている。**供給の価格弾力性**は、価格変化に対して供給量がどれだけ反応するかを測定する。価格変化に対して供給量が大幅に反応する場合、供給は**弾力的**と呼ばれ、供給量がわずかにしか反応しない場合は**非弾力的**と呼ばれる。

　　供給の価格弾力性は、売り手が生産量をどれだけ柔軟に変更できるかに依存する。海沿いの土地の供給は非弾力的である。なぜなら、マーク・トウェインがかつて助言したように、「土地を買いなさい、それ以上作られないから」である。本や自動車、テレビなどの工業製品は、それらを生産する企業が価格上昇に対応して工場をより長く稼働させることができるため、弾力的な供給を持っている。

　　ほとんどの市場では、供給は短期よりも長期のほうが弾力的である。その理由は単純である。短期間では、企業は労働時間を延長することで生産量を増やすことはできるが、工場の規模を簡単に変えることはできない。したがって、短期では供給量は価格の変化に対してあまり大きくは反応しない。しかし、長期では企業は新しい工場を建設したり古い工場を閉鎖したりすることができる。さらに、新しい企業

106

第5章　弾力性とその応用

が市場参入したり、古い企業が退出したりすることも可能になる。したがって、長期では供給量は価格の変化に大きく反応する。

2-2 供給の価格弾力性の計算方法

以上が供給の価格弾力性の一般的な性質だが、より正確には、経済学者は、供給量の変化率を価格の変化率で割ることで、供給の価格弾力性を計算する。すなわち、

$$供給の価格弾力性 = \frac{供給量の変化率}{価格の変化率}$$

である。たとえば、牛乳の価格が1ガロンあたり2.85ドルから3.15ドルに上昇すると、酪農家が1か月に生産する牛乳の量が9,000から1万1,000ガロンに増加するとする。中間点法を使用して、価格の変化率を次のように計算する。

$$価格の変化率 = \frac{(3.15 - 2.85)}{3.00} \times 100 = 10\%$$

同様に、供給量の変化率を次のように計算する。

$$供給量の変化率 = \frac{(11,000 - 9,000)}{10,000} \times 100 = 20\%$$

したがってこの場合、供給の価格弾力性は以下の通りとなる。

$$供給の価格弾力性 = \frac{20\%}{10\%} = 2$$

この例では、弾力性が2であることは、供給量が価格の変化に対して2倍の大きさで変化することを示している。

2-3 供給曲線の多様さ

供給曲線の形状は、供給の価格弾力性を反映している。図5-5は5つのケースを示している。パネル (a) は、弾力性がゼロという最も極端なケースを示しており、**供給は完全に非弾力的**、そして供給曲線は垂直である。この場合、価格に関係なく供給量は一定である。弾力性が高くなるにつれて、供給曲線は次第に平らになり、価格の変化に対して供給量がより大きく反応することを示している。もう一方の極端な例は、パネル (e) に示されているように、**供給が完全に弾力的**な場合である。これは、供給の価格弾力性が無限に近づき、供給曲線が水平になり、価格のごくわずかな変化が供給量に膨大な変化をもたらすことを示している。

いくつかの市場では、供給弾力性が一定ではなく、供給曲線の場所しだいで変化する。図5-6は、企業が生産能力に上限が存在する（すなわち、無限には生産できない）工場を持つ場合の典型的なケースを示している。供給量の水準が低いときは、供給の弾力性が高く、企業は価格の変化に大きく反応する。供給曲線がこの領域にあるとき、企業には工場や設備などの生産能力に余剰があり、1日の一部またはすべての時間が非稼働になっている。したがって、価格がわずかに上昇するだけでも、企業はこの日稼働している生産能力を活用することが利益になる。しかし、供給量が増加するにつれて、企業の現在の生産能力の上限に近づいていく。そうなると、さらなる増産のためには新工場の建設が必要になるかもしれない。しかし、追加の

107

図 5-5　供給の価格弾力性

供給の価格弾力性によって、供給曲線の傾きが急なのか緩やかなのかが決まる。なお、すべての変化率は中間点法を用いて計算されている。

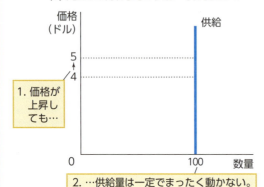

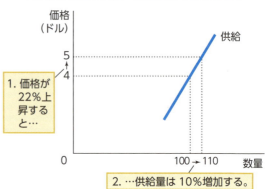

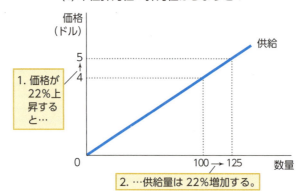

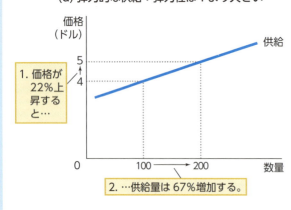

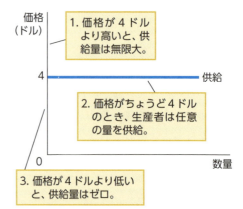

費用負担をまかなうためには価格が大幅に上昇しなければならないため、この範囲では供給が非弾力的となる。

図5-6は以上の議論を具体的に示している。価格が3ドルから4ドルに上昇すると（中間点法を使用すると29％の増加）、供給量は100から200に増加する（67％の増加）。供給量の変化率が価格の変化率より大きいため、供給曲線は1より大きい弾力性を持つ。対照的に、価格が12ドルから15ドルに上昇すると（22％の増加）、供給量は500から525に増加する（5％の増加）。この場合、供給量の変化率は価格変化率よりも小さいため、弾力性は1よりも小さくなる。

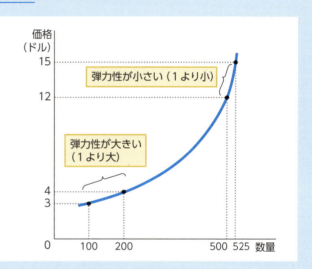

図5-6 供給の価格弾力性はどう変化するか

企業の生産能力には上限があるため、供給の弾力性は供給量が少ない時に非常に高くなる一方、供給量が多い時に非常に低くなることがある。たとえば、価格が3ドルから4ドルに上昇すると、供給量が100から200に増加する。中間点法で計算された供給量の67％の増加は価格の29％の上昇よりも大きいため、この範囲の供給曲線は弾力的である。対照的に、価格が12ドルから15ドルに上昇すると、供給量は500から525にしか増加しない。供給量の5％の増加は価格の22％の上昇よりも小さいため、この範囲の供給曲線は非弾力的である。

理解度確認クイズ

5. ある財の価格が16から24ドルに上昇し、供給量が90から110に上昇した場合、中間点法を使用して計算された供給の価格弾力性は、以下のうちどれになるか。

   a. 1/5
   b. 1/2
   c. 2
   d. 5

6. 供給の価格弾力性がゼロのときの供給曲線の形状は、以下のうちどれか。

   a. 右上がり
   b. 水平
   c. 垂直
   d. 数量が少ないときはかなり平坦だが、数量が多くなると急勾配

7. 時間を通じて企業が市場に自由に参入・退出できることにより、長期的には以下のうちどれがもたらされるか。

   a. 需要曲線がより弾力的になる。
   b. 需要曲線がより非弾力的になる。
   c. 供給曲線がより弾力的になる。
   d. 供給曲線がより非弾力的になる。

➡ （解答は章末に）

第Ⅱ部　市場はいかに機能するか

3　供給・需要・弾力性に関する3つの応用

　農業にとって良いニュースが、農家にとっては悪いニュースになることがありうるのだろうか。国際石油カルテルであるOPECが、原油価格を高い水準で維持できなかったのはなぜか。麻薬禁止によって麻薬関連犯罪は増えるだろうか、それとも減るだろうか。これらの質問は一見あまり共通点がないように思えるかもしれない。しかし、これらはすべて市場に関する問題であり、そして市場はすべて需要と供給の影響を受ける。

3-1　農業にとっての良いニュースが、農家にとっては悪いニュースになることはありうるか

　あなたがカンザスの小麦農家だとする。所得のすべてを小麦の販売から得ているため、土地の生産性をなるべく高くしようと努める。天候や土壌の状態を観察し、害虫や病気をチェックし、最新の農業技術を学ぶ。多くの小麦を育てるほど、収穫量は増え、売上が増えて生活水準も向上する。

　ある日、カンザス州立大学が重要な発見を発表する。1エーカー当たりの生産量を20％増加させる小麦の新たな交配種を開発したというのである。これに対し、あなたはどう対応すべきだろうか。この新しい交配種の発見は、あなたをより良い状態にするだろうか、悪い状態にするだろうか。

　第4章で学んだ「3つのステップ」を思い出そう。まず、その出来事が需要曲線をシフトさせるのか、供給曲線をシフトさせるのか、あるいはその両方をシフトさせるかどうかを判断する。次に、シフトの方向性を判断する。最後に、第3ステップでは、需要と供給の図を用いて市場均衡がどのように変化するかを確認する、というものであった。

　この場合、交配種の発見は供給曲線に影響を与える。交配種は1エーカー当たりの生産量を増加させるため、農家はどんな価格水準においても、これまでより多くの小麦を供給しようとする。つまり、供給曲線は右側にシフトする。需要曲線については、消費者の小麦製品を購入する意欲は、どの価格水準においても交配種の発見に影響を受けないため、これまでと変わらない。図5-7は以上の変化を示している。供給曲線がS_1からS_2にシフトすると、小麦の販売量は100から110に増加し、価格は3ドルから2ドルに低下する。

　この発見は農家にとってより良いものだろうか。彼らの総収入、つまり小麦価格と販売量を掛け合わせた$P \times Q$に何が生じるのかを考えてみよう。この発見は、農家に対して相異なる2つの影響を与える。交配種により農家はより多くの小麦を生産できるようになる（Qの増加）。しかし小麦1ブッシェルあたりの価格が低下する（Pの低下）。

　総収入が増加するか減少するかは、需要の価格弾力性によって決まる。小麦は多くの人々にとって、食生活における中心的な食材である。このような基礎的な食材の需要は通常、価格が比較的安く、代替品がほとんどないため、価格弾力性は小さ

110

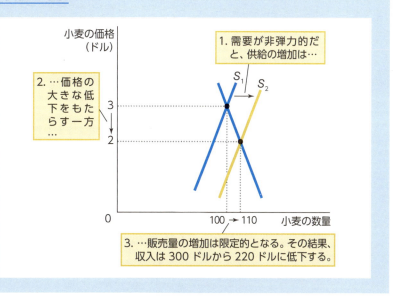

図5-7 小麦市場における供給の増加

技術進歩によって小麦の供給がS_1からS_2に増加すると、価格は低下する。小麦の需要が非弾力的であるため、数量が100から110に増加した変化率より、価格が3ドルから2ドルに低下した変化率のほうが大きい。その結果、農家の総収入は300ドル（3ドル×100）から220ドル（2ドル×110）に減少する。

くなる。図5-7のように需要曲線が非弾力的な場合、価格の低下は総収入の減少を引き起こす。この図で見ると、小麦の価格が大幅に下がる一方、販売量はわずかにしか増えないため、総収入が300ドルから220ドルに減少していることがわかる。つまり、新しい交配種は農家の総収入を減少させるのである。

　農家がこの交配種の発見によって不利益を被るのであれば、それを採用する理由などあるのだろうか。その答えは、競争市場がどのように機能しているかについての核心に関わるものである。競争市場という前提のもとでは、各農家は小麦市場のごくわずかな部分のみを占めるにすぎないため、価格を与えられたものとして受け入れる。価格が所与であれば、より多くの小麦を生産して販売するほうが得であるため、新しい交配種を使用して増産する。しかし、すべての農家がこれを行うことで、小麦の供給が増加し、価格が低下し、農家は不利益を被ることになるのである。

　この例は仮説にすぎないように見えるかもしれないが、アメリカ経済に生じた、ある大きな変化を説明する力を持つのである。200年前、ほとんどのアメリカ人は農業に従事していた。農業技術に関する知識は非常に原始的であり、この国の人口を養うためにはほとんどのアメリカ人が農家である必要があった。しかし、時間とともに、農業技術が進歩し、各農家が生産できる食料の量が増加した。食料供給の増加と食料の価格弾力性の低さにより、農業収入が減少し、人々は農業を離れることになった。

　アメリカのこの変化の規模を示すいくつかの数値がある。1900年には、労働力の40％を占める約1,200万人が農業に従事していた。2020年の農業従事者は労働力の2％、およそ300万人である。農家の数が大幅に減少したにもかかわらず、生産性の向上により、アメリカの農場は4倍以上に増加した人口を養うことができた。

　この分析は、以下の興味深い公共政策を説明する上で有益である。ある種の政府

第Ⅱ部　市場はいかに機能するか

プログラムは、農家に作物を栽培させないように誘導することで、農家を支援しようとする。その目的は、農産物の供給を減らし、それによって価格を引き上げることである。彼らが生産する財に対する需要は非弾力的であるため、市場に供給する農作物を農家全体で少なくすれば、より多くの総収入を得ることができる。政府の介入がない場合、個々の農家は市場価格を与えられたものとして受け入れることしかできないので、あえて休耕地を作って生産しないという選択肢は採らないだろう。（自分だけ）栽培量を減らしても、単に収入が減るだけである。しかし、すべての農家に対して、同時に栽培量を減らすように説得できれば、市場価格が上昇し、すべての農家がより良い状況になる可能性が生じる。税金で賄われる補助金は、その説得に用いられるのである。

しかし、農家の利益は、社会全体の利益と一致しない場合がある。農業技術の改善は、農家にとって不必要に悪影響を及ぼすものかもしれないが、消費者にとっては食料品を安く買えるようになるので好ましいことである。同様に、農産物の供給量を減らすことを目的とした政府の政策は、農家の収入を増やすという点では好ましいかもしれないが、高い価格を支払う消費者と補助金のコストを負担する納税者の犠牲のもとに成り立っているともいえる。

3-2　OPECが原油価格を高い水準で維持することができなかったのはなぜか

世界経済における大きな混乱のうちの多くは、世界の原油市場が発端となっている。1970年代、石油輸出国機構（OPEC）の加盟国は、原油販売による収入を増やすために原油価格を引き上げることを決定した。これらの国々は、供給する原油量を共同で減らすことによってこの目標を達成した。その結果、1973年から1974年にかけて、原油価格は、インフレ調整後でみて、50％以上上昇した。数年後、OPECは再び同じことを行った。1979年から1981年までの間、原油価格はほぼ倍になった。

しかし、OPECはそのような高い水準で価格を維持することが難しいことに気づかされた。1982年から1985年にかけて、原油価格は毎年約10％ずつ着実に下落していった。OPEC加盟国の間に不満と混乱が急速に広がっていった。1986年、OPECメンバー間の協調は完全に崩壊し、原油価格は45％急落した。1990年、原油価格は、インフレ調整後で見ると1970年初と同じ水準に戻り、1990年代の大部分を通じ、その低い水準で推移することになった。

このような1970年代から1980年代にかけてのOPECをめぐる出来事は、需要と供給の作用は短期と長期で異なることを示している。短期では、原油の需要と供給の双方が比較的非弾力的である。供給が非弾力的であるのは、原油埋蔵量や原油の採掘能力はすぐには変化しないためである。需要が非弾力的であるのは、購買習慣が価格の変化に直ちには反応しないためである。このため、図5-8のパネル（a）に示されているように、短期的には需要曲線と供給曲線は急勾配である。石油の供給がS_1からS_2にシフトすると、価格はP_1からP_2へと大きく上昇する。

長期では状況が大きく異なってくる。OPEC以外の石油生産者は、高い価格に反

112

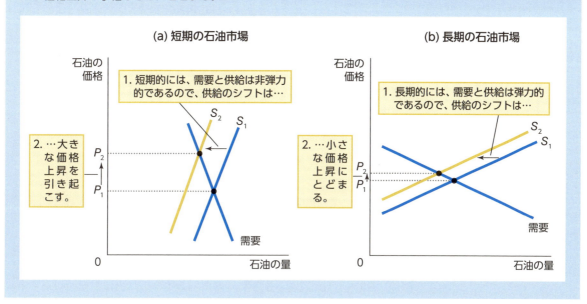

図 5-8　石油市場における供給の減少

石油供給が減少した場合、その反応は時間の長さに依存する。短期的には、パネル(a)のように、需要と供給は相対的に非弾力的である。供給曲線がS_1からS_2にシフトすると、価格は大幅に上昇する。しかし、長期的には、パネル(b)のように、需要と供給は相対的に弾力的である。この場合、同じ規模の供給曲線のシフト(S_1からS_2)がもたらす価格上昇は小幅なものにとどまる。

応じて原油の探査を増やし、新しい採掘設備を構築する。消費者は、古い非効率な自動車を新しい効率的なものと交換するなど、石油消費の節約に努める。図5-8のパネル(b)に示されているように、長期的な需要と供給の曲線はより弾力的である。長期的には、供給曲線がS_1からS_2に移動すると、価格の上昇は小幅なものにとどまるのである。

　以上が、なぜOPECが原油価格を短期間には高水準で維持させることができたかを説明している。OPEC加盟国が石油の減産に同意することで、供給曲線は左側にシフトした。各OPEC加盟国の石油販売量は減少したにも関わらず、短期間には価格が大幅に上昇したため、加盟国の収入は増加した。しかし、長期的には、需要と供給はより弾力的である。その結果、供給曲線の平行なシフトによって測定される供給量が同じ規模であっても、価格の上昇はより小さくなる。OPECは、価格引き上げが短期的には容易だが、長期的にはそうではないことを学んだのである。

　21世紀の最初の20年間、原油価格は再び大きく変動したが、主な要因はOPECの供給制限ではなかった。その代わりに、需要面では世界経済の好況と不況による需要変動、供給面ではフラッキング技術の進歩による供給増が石油市場を動かす主な原動力となった。今後は、地球温暖化への懸念に基づく化石燃料からの脱却が、主要な原動力になるであろう。

第Ⅱ部　市場はいかに機能するか

3-3　麻薬の禁止は麻薬関連の犯罪を増やすか減らすか

　ヘロイン、フェンタニル、コカイン、エクスタシー、メタンフェタミンといった非合法薬物（麻薬）の乱用は、何十年もの間、アメリカ合衆国の悩みの種であり続けている。薬物の使用にはいくつかの有害な影響がある。中毒は薬物の使用者とその家族の生活を破壊する。中毒者はしばしば、何とか薬物を手に入れようとして強盗などの暴力的な犯罪に手を染め、逮捕されると長期間刑務所で過ごすことになる。麻薬流通の抑制のために、アメリカ政府は毎年数十億ドルを費やしている。需要と供給のツールは、この麻薬禁止政策の影響を分析するのに有用である。

　政府が麻薬の流通を阻止するために連邦捜査官の数を増やすとする。このとき、違法薬物市場の全体像はどうなるだろうか。いつものように、答えは3つのステップから求められる。まず、需要曲線と供給曲線のどちらがシフトするかを判断する。次に、シフトの方向を判断する。最後に、シフトが均衡価格と均衡数量に与える影響を調べる。

　麻薬禁止の直接的な影響は、麻薬の購入者ではなく麻薬の販売業者の側に生じる。政府が麻薬の自国への持ち込みを禁止し密輸業者を逮捕すると、麻薬の販売コストが上昇し、他の条件を一定とすると、どの価格水準に対しても麻薬の供給量が減少する。一方、麻薬の需要、つまりある価格に対して買い手が購入したい量は不変である。図5-9のパネル (a) にあるように、麻薬持ち込みの禁止は需要曲線を変えずに供給曲線を左側、つまりS_1からS_2にシフトさせる。均衡価格はP_1からP_2に上昇し、均衡数量はQ_1からQ_2に減少する。均衡数量の減少は、麻薬の持ち込み禁止によって麻薬の使用量が減少することを意味する。

　しかし、麻薬関連の犯罪数はどうなるのだろうか。麻薬使用者が購入した麻薬の合計金額を考えてみよう。ほとんどの中毒者は価格が高いからと言って麻薬の使用をやめることはないだろう。したがって、麻薬の需要曲線は、図5-9にあるように、非弾力的である。需要が非弾力的であれば、価格上昇は麻薬市場の総収入を増加させる。つまり、麻薬の禁止によって、麻薬の使用量の減少率よりも価格の上昇率のほうが高くなるために、麻薬使用者が支払う総額を増加させるのである。麻薬中毒者はより大きな額の現金をより迅速に手に入れようとするだろう。その結果、避けられないことが生じる。麻薬の禁止は麻薬関連の犯罪を増加させる可能性があるのである（さらに、ここでは考慮していない、薬物法の施行が、特定のコミュニティ（特に有色人種の人々）に与えるよく知られた経済的・社会的ダメージも存在する）。

　こうした麻薬禁止の副作用を踏まえ、一部のアナリストは代替的なアプローチを提案している。その1つは、マリファナなどの相対的に危険度の低い薬物の合法化である。引き続き非合法である薬物については、政策立案者は、供給を減らすことではなく、薬物教育を通じて需要を減らすことに挑むかもしれない。薬物教育が成功すると、図5-9のパネル (b) に見られるような効果が生じる。需要曲線はD_1からD_2へと左側にシフトする。その結果、均衡数量はQ_1からQ_2に減少し、均衡価格はP_1からP_2に低下する。したがって、総収入である$P×Q$も減少する。麻薬禁止とは対照的に、薬物教育は麻薬の使用と麻薬関連の犯罪の両方を減らすことができる。

114

図 5-9　麻薬の使用を減らす政策

麻薬の禁止はパネル(a)のように麻薬の供給を S_1 から S_2 に減少させる。もし麻薬の需要が非弾力的であれば、麻薬の使用量が減少しても、使用者が支払う総額は増加する。これに対して、薬物教育はパネル(b)のように麻薬の需要を D_1 から D_2 に減少させる。価格と数量の両方が減少するため、使用者が支払う総額も減少する。

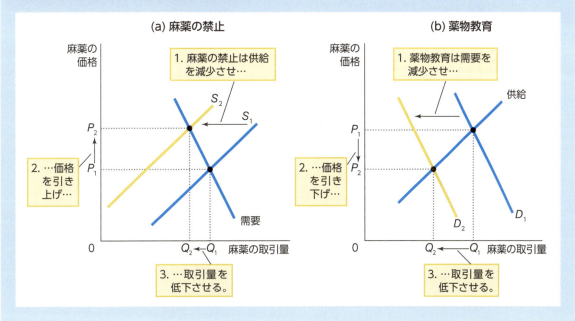

　麻薬禁止の支持者は、「需要の弾力性は時間軸に依存するため、この政策の長期的な影響は短期的な影響とは別のものになる」と主張するかもしれない。麻薬の需要は、短期間ではおそらく非弾力的である。なぜなら、価格を引き上げても中毒者の麻薬使用にほとんど影響を与えないからである。しかし、長期間では、麻薬の需要はより弾力的かもしれない。なぜなら、高い価格によって若者による麻薬使用のきっかけが阻まれ、時間の経過とともに麻薬中毒者が減少する可能性があるためである。これが正しければ、麻薬の禁止は短期では麻薬関連の犯罪を増加させるが、長期では減少させる可能性がある。

理解度確認クイズ

8. 穀物の供給が増加したとき、穀物生産者の総収入が減少するのは以下のうちどれか。
   a. 供給曲線が非弾力的である場合
   b. 供給曲線が弾力的である場合
   c. 需要曲線が非弾力的である場合
   d. 需要曲線が弾力的である場合

9. 競争市場において、農家が自分たちの収入を結果的に減少させてしまうような新技術を採用する理由は、以下のうちどれか。
   a. 各農家がプライステイカーであるため
   b. 農家が目先のことしか見ていないため
   c. 規制により最新の技術の使用が求められているため
   d. 消費者が農家に価格を下げるよう圧力をかけるため

第Ⅱ部　市場はいかに機能するか

10. 石油の需要曲線が長期的には＿＿＿＿＿ため、OPECの石油供給削減は長期的には短期的よりも価格に＿＿＿＿＿影響を与えた。

　　a. より弾力的でない ― より小さい

　　b. より弾力的でない ― より大きい

　　c. より弾力的である ― より小さい

　　d. より弾力的である ― より大きい

11. 時間の経過とともに、技術の進歩は、①消費者の所得を増加させ、②スマートフォンの価格を引き下げる。もし需要の所得弾力性が＿＿＿＿＿より大きく、需要の価格弾力性が＿＿＿＿＿より大きければ、①と②のそれぞれが消費者のスマートフォンに対する支出額を増加させる。

　　a. ゼロ ― ゼロ

　　b. ゼロ ― 1

　　c. 1 ― ゼロ

　　d. 1 ― 1

➡（解答は章末に）

4　結論

　昔からのジョークに、「オウムでも『需要と供給』とさえ言えるようになれば経済学者になれる」というものがある。第4章と第5章の2つの章を読んで、そのジョークには少なからず真実が含まれていることがわかるだろう。需要と供給のツールは、経済に起こるさまざまな出来事や政策を分析するのに役立つ。あなたは今、経済学者（少なくともよく訓練されたオウム）になる道を順調に進んでいるのである。

本章のポイント

- 需要の価格弾力性は、価格変化に対して需要量がどれだけ反応するかを測定する。代替品が入手しやすいとき、必需品ではなくぜいたく品であるとき、定義される市場の範囲が狭いとき、または価格変化に対して買い手が反応するための十分な時間があるとき、需要はより弾力的になる傾向がある。

- 需要の価格弾力性は、需要量の変化率を価格の変化率で割って計算する。需要量の変化率が価格の変化率よりも小さい場合、弾力性は1未満となり、需要は非弾力的である。需要量の変化率が価格の変化率よりも大きい場合、弾力性は1より大きくなり、需要は弾力的である。

- 総収入、すなわち商品に対して支払われる総額は、価格に販売数量を掛けたものである。需要曲線が非弾力的であれば、総収入は価格と同じ方向に動く。需要曲線が弾力的であれば、総収入は価格と反対方向に動く。

- 需要の所得弾力性は、消費者の所得変化に対して需要量がどれだけ反応するかを測定する。需要の交差価格弾力性は、ある財の価格変化に対して他の財の需要量がどれだけ反応するかを測定する。

- 供給の価格弾力性は、価格変化に対して供給量がどれだけ反応するかを測定する。この弾力性は多くの場合、時間軸の長さに依存する。ほとんどの市場では、供給は短期よりも長期において、より弾力的である。

第5章　弾力性とその応用

- 供給の価格弾力性は、供給量の変化率を価格の変化率で割って計算する。供給量の変化率が価格の変化率より小さい場合、弾力性は1未満となり、供給は非弾力的である。供給量の変化率が価格の変化率よりも大きい場合、弾力性は1より大きくなり、供給は弾力的である。

- 需要と供給のツールは、さまざまな市場に適用できる。この章では、このツールを用いて小麦市場、石油市場、違法薬物市場を分析した。

理解度確認テスト

1. 需要の価格弾力性と需要の所得弾力性を定義しなさい。

2. 需要の価格弾力性の4つの決定要因（本章で取り上げたもの）を挙げ、それぞれについて説明しなさい。

3. 弾力性が1より大きい場合、需要は弾力的か、非弾力的か。弾力性がゼロの場合、需要は完全に弾力的か、完全に非弾力的か。

4. 需要と供給の図を用いて、均衡価格、均衡数量、および生産者が受け取る総収入を示しなさい。

5. 需要が弾力的な場合、価格の上昇は総収入にどのような影響を与えるか。説明しなさい。

6. 所得弾力性がゼロより小さい財を何と呼ぶか。

7. 供給の価格弾力性はどのように計算されるか。それが何を測定しているのか、答えなさい。

8. 一定量の財が利用可能であり、さらにそれ以上は作られない場合、供給の価格弾力性はどうなるか。

9. 暴風雨によってそら豆の収穫量の半分が失われたとする。そら豆の需要が非常に弾力的な場合、非常に非弾力的な場合、それぞれの場合において、この出来事はそら豆の農家にとってより悪い影響を与えるかどうか、説明しなさい。

演習と応用

1. 以下のそれぞれの財の組み合わせについて、より弾力的な需要があると予想される財はどちらか。その理由も説明しなさい。
   a. 必修の教科書、またはミステリー小説
   b. ビリー・アイリッシュの音楽を録音したもの、または一般的なポップ音楽を録音したもの
   c. 6か月間の地下鉄の乗車券、または5年間の地下鉄の乗車券
   d. ルートビア、または水

2. ビジネス旅行者と休暇旅行者が、シカゴからマイアミへの航空券に対する以下の需要を持っているとする。

価格 （ドル）	需要量（ビジネス旅行者、枚）	需要量（休暇旅行者、枚）
150	2,100	1,000
200	2,000	800
250	1,900	600
300	1,800	400

   a. チケットの価格が200ドルから250ドルに上昇したときの、①ビジネス旅行者、②休暇旅行者、の需要の価格弾力性はどうなるか（計算には中間点法を用いなさい）。
   b. なぜ休暇旅行者とビジネス旅行者は異なる弾力性を持つのか。

117

第Ⅱ部　市場はいかに機能するか

3. 暖房油の需要の価格弾力性が、短期では0.2で、長期では0.7であるとする。
   a. 暖房油の価格が1ガロンあたり1.80ドルから2.20ドルに上昇すると、短期的には暖房油の需要量にどのようなことが生じるか。長期的にはどうか（計算には中間点法を使用しなさい）。
   b. なぜこの弾力性は時間軸に依存しているのか。

4. 価格変動により、ある財の需要量が30％減少した一方で、その財の総収入は15％増加した。この需要曲線は弾力的か、それとも非弾力的か。説明しなさい。

5. コーヒーとドーナツは補完財であり、非弾力的な需要を持つ。ハリケーンにより、コーヒー豆の収穫量の半分が失われたとする。適宜、図を用いて、以下の問いに答えなさい。
   a. コーヒー豆の価格はどうなるか。
   b. コーヒー1杯の価格はどうなるか。コーヒーに対する総支出はどうなるか。
   c. ドーナツの価格はどうなるか。ドーナツに対する総支出はどうなるか。

6. 先月、アスピリンの価格が急上昇したが、販売数量は変わらなかった。5人がこの現象についてさまざまな見方をしている。

   ● メレディス：需要は増加したが、供給は完全に非弾力的である。
   ● アレックス：需要は増加したが、需要は完全に非弾力的だった。
   ● ミランダ：需要は増加したが、同時に供給が減少した。
   ● リチャード：供給が減少したが、需要は単位弾力的だった。
   ● オーウェン：供給が減少したが、需要は完全に非弾力的だった。

   誰の見方が正しいか。グラフを使用してあなたの答えを説明しなさい。

7. あなたのピザの需要計画が以下の通りであるとする。

価格（ドル）	需要量（枚）［所得が2万ドルのとき］	需要量（枚）［所得が2万4,000ドルのとき］
8	40	50
10	32	45
12	24	30
14	16	20
16	8	12

   a. あなたの所得が①2万ドルの場合と、②2万4,000ドルの場合に、ピザの価格が8ドルから10ドルに上昇したときの価格弾力性を、中間点法を用いて計算しなさい。
   b. 価格が①12ドルの場合と、②16ドルの場合に、あなたの所得が2万ドルから2万4,000ドルに上昇したときの所得弾力性を計算しなさい。

8. ニューヨーク・タイムズ紙は、運賃値上げ後に地下鉄の利用者が減少したことを、以下の通り報じた（1996年2月17日）。
   「地下鉄のトークン〔訳注：支払い手段の1つ〕の価格が25セント上がって1.5ドルになってからの最初の月である1995年12月には、前年12月対比で約400万人の乗客が減少し、4.3％の減少となった」。
   a. このデータを用いて、地下鉄利用における需要の価格弾力性を推定しなさい。
   b. あなたの推定によると、運賃が上昇したとき、地下鉄の運航当局の収入はどうなるか。
   c. あなたの弾力性の推定が必ずしも信頼できるものでないとすると、それはなぜか。

9. 2人のドライバー、テルマとルイーズがそれぞれガソリンスタンドに停車した。価格を見ずに、それぞれ以下の注文をした。
   テルマ：ガソリンを5ガロンください。
   ルイーズ：20ドル分のガソリンをください。
   それぞれのドライバーの需要の価格弾力性はどのようなものか。

10. 喫煙を対象とした公共政策を考える。
   a. 既存研究によると、タバコの需要の価格弾力性は約0.4である。現在のタバコ1パックの価格が5ドルであり、政府が喫煙を20％

118

第5章　弾力性とその応用

減少させたい場合、価格をどこまで引き上げるべきか。

b. 政府がタバコ価格を恒久的に引き上げた場合、この政策が喫煙に対してより大きな影響を持つのは1年後だろうか、5年後だろうか。

c. 既存研究はまた、10代の若者の需要の価格弾力性が、大人よりも高いことを示している。その理由を説明しなさい。

11. あなたは博物館の学芸員である。博物館の運営資金が不足しているため、収入を増やしたいと考えている。入場料を引き上げるべきか、それとも引き下げるべきか。説明しなさい。

12. なぜ以下のようなことが起こりうるのか、説明しなさい。「世界中で干ばつが発生すると、農家が穀物販売から得る総収入が増加するが、カンザス州だけで干ばつが発生すると、カンザス州の農家が得る総収入は減少する」。

理解度確認クイズの解答

1. a　**2.** d　**3.** d　**4.** c　**5.** b　**6.** c　**7.** c　**8.** c　**9.** a　**10.** c　**11.** b

第6章

Chapter 6

Supply, Demand, and Government Policies

需要、供給および政府の政策

　経済学者には多くの役割がある。科学者として、自分たちを取り巻く世界を説明するための理論を構築し、検証する。政策アナリストやアドバイザーとして、これらの理論を使って世界を変えようとする。これまでの2つの章では、科学的な内容を取り扱ってきた。需要と供給の理論は、財の価格と販売量の関係を説明する。さまざまな出来事によって需要と供給がシフトすると、均衡価格と均衡数量が変化する。弾力性という概念は、こうした変化の大きさを測るのに役立つ。この理論は、経済学の多くの基礎となっている。

　本章は政策について説明する。需要と供給のツールを使って、何種類かの政府政策を分析し、いくつかの興味深い洞察を得る。政策は往々にして、その立案者が予想さえしなかった効果をもたらすのである。

　物価をコントロールする努力はよく吟味する価値がある。この分類においては、家主が借主に請求できる料金の上限を定めた家賃規制法と、雇用主がそれ以下にしてはならない賃金の閾値（境目となる値）を定めた最低賃金法を検証する。政策立案者は、財やサービスの市場価格が高すぎる、あるいは低すぎると考える場合、価格規制を制定することが多い。しかし、こうした政策は、それ自体が問題を引き起こすこともある。

　価格規制の次は、税の影響について考える。政策立案者は歳入を確保し、市場の結果に影響を与えるために税を活用する。経済における税の普及は明らかであるが、

121

第Ⅱ部　市場はいかに機能するか

その効果は明らかではない。たとえば、企業が労働者に支払う金額に政府が課税する場合、その負担は企業が負うのか、果たして労働者が負うのか、その答えは需要と供給という強力なツールを適用するまでは明らかにならないのである。

1 価格規制がもたらす意外な効果

価格規制が市場の結果にどのような影響をもたらすのかを見るために、アイスクリーム市場に話を戻そう。第4章で見たように、アイスクリームが競争市場で販売される場合、価格は通常、需要と供給のバランスをとるように調整される。均衡価格では、買い手が買いたいアイスクリームの数量は、売り手が売りたい数量とちょうど等しくなる。具体的には、均衡価格がアイスクリーム1個あたり3ドルだとしよう。

この結果を好まない人もいるだろう。全米アイスクリーム消費者協会は、誰もが1日1個（協会の推奨する1日の摂取量）を楽しむには3ドルという価格は高すぎると不満を述べている。一方、全米アイスクリーム製造業者協会は、3ドルという価格は「熾烈な競争」の結果であり、あまりに安すぎるために会員の収入を圧迫していると訴える。これら各団体は、アイスクリームの価格を統制する法律を通すことによって市場の結果を変えるために、政府に働きかけを行う。

買い手はたいていより安い価格を望み、売り手はより高い価格を望むため、2つのグループの利害は対立する。全米アイスクリーム消費者協会の政府への働きかけが成功すると、政府はアイスクリームの販売価格に法的上限を設ける。価格がこの水準を超えて上昇することは許されないため、法律で定められた上限は**価格上限**と呼ばれる。対照的に、全米アイスクリーム製造業者協会が政府への働きかけに成功した場合、政府は価格に法的下限を課す。価格がこの水準を下回ることは許されないため、法律で定められた下限は**価格下限**と呼ばれる。

価格上限 ……………………
（price ceiling）
財を販売できる価格の法律で定められた上限

価格下限 ……………………
（price floor）
財を販売できる価格の法律で定められた下限

1-1 価格上限は市場の結果にどのような影響を及ぼすか

全米アイスクリーム消費者協会の苦情と選挙献金に心を動かされた政府が、アイスクリームの市場に価格の上限を課した場合、2つの結果が考えられる。図6-1のパネル (a) では、政府はアイスクリーム1個当たり4ドルの価格上限を課す。この場合、需要と供給を均衡させる価格（3ドル）は上限を下回るので、価格上限は**拘束力を持たない**。市場原理は経済を均衡に向かわせ、この価格上限は価格にも販売量にも影響を与えない。

図6-1のパネル (b) は、もう1つの、より興味深い可能性を示している。この場合、政府はアイスクリーム1個当たり2ドルの価格上限を課す。均衡価格の3ドルは価格上限を上回っているため、価格上限は市場を**拘束力を持つ制約となる**。需要と供給の力は価格を均衡に向かわせる傾向があるが、この上限は市場価格が均衡に達するのを妨げる。その代わり、市場価格は価格上限でなければならない。この価格では、アイスクリームの需要量（図6-1では125個）が供給量（75個）を上回る。50個の超過需要によって、現行価格でアイスクリームが欲しいのに買えない人がいる。つ

図 6-1　価格上限がある市場

パネル(a)では、政府は4ドルの価格上限を課している。3ドルの均衡価格より高いので、上限は何の効果もなく、市場は需要と供給の均衡に達することができる。均衡点で、需要量と供給量はともに100個となる。パネル(b)では、政府は2ドルの価格上限を課す。価格上限は均衡価格3ドルを下回るので、市場価格は2ドルである。この価格では、125個のアイスクリームが需要される一方で、75個しか供給されないので、50個のアイスクリームの不足が生じる。

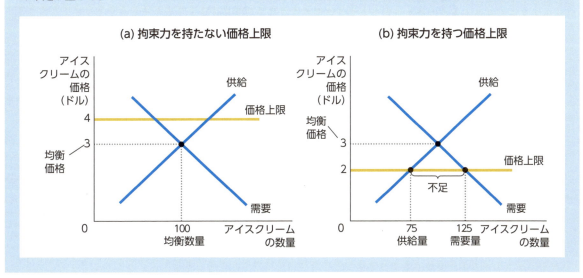

まり価格上限はアイスクリーム不足を生み出す。

　この品不足に対応するため、アイスクリームを配給する何らかの仕組みが自然に発生するだろう。それは長蛇の列かもしれない。その場合、早く到着して列に並んだ（あるいは他の人にお金を払って並ばせた）買い手はアイスクリームを手に入れることができるが、それができない、あるいはそうしたくない買い手はアイスクリームを手に入れることができない。もう1つの可能性は、売り手が自分の個人的な偏見に従ってアイスクリームの配給を決め、友人や親戚、自分の属する人種や民族のグループ、あるいは何らかの見返りに便宜を図ってくれる人にしか売らないかもしれない。明らかに、価格上限がアイスクリームの買い手を助けることを意図していたとしても、すべての買い手がこの政策の恩恵を受けているわけではない。行列に並んで待たなければならないかもしれないが、安い価格で購入できる買い手もいれば、アイスクリームをまったく手に入れられない買い手もいる。

　この例は一般的な結果を示している。**政府が競争市場に拘束力を持つ価格上限を課すと、不足が生じ、売り手は潜在的な買い手の間で希少な商品を配給しなければならない**。価格上限の下で現れる配給メカニズムは、望ましいことはめったにない。長蛇の列は買い手の時間を浪費するので非効率的である。売り手の偏見に依存することは、非効率的であり（その財を最も高く評価する買い手にその財が渡らない可能性があるため）、かつ不公正である。対照的に、自由競争市場における配給メカニズムは単純明快である。市場が均衡に達すれば、市場価格を支払う意思のある人

は誰でもその財を買うことができる。これは、価格が高いときには一部の買い手にとって不公平に見えるかもしれないが、効率的かつ非個人的なものである。アイスクリームを買うのに、アイスクリーム製造業者の友人や親戚である必要はない。あなたはただ、3ドルを支払う能力と意志があればよい。

> **ケーススタディ　ガソリンスタンドに長蛇の列を作る方法**
>
> 　第5章では、1973年に石油輸出国機構（OPEC）が原油の生産を減らし、価格を引き上げた経緯について述べた。原油はガソリンの原料となるため、原油価格の高騰はガソリンの供給減をもたらした。ガソリンスタンドには長蛇の列ができ、ドライバーは数ガロンのガソリンを買うために何時間も待たされることもあった。
>
> 　長蛇の列の原因は何だったのだろうか？　大半の人たちはOPECを非難した。確かに、OPECが原油の生産を減らさなければ、ガソリン不足は起こらなかっただろう。しかし、経済学者たちは、ガソリン価格に上限を設けるアメリカ政府の規制という、もう1つの原因を発見した。
>
> 　図6-2がそれを示している。パネル（a）が示すように、OPECが原油価格を引き上げるまでは、ガソリンの均衡価格P_1は価格上限を下回っていた。したがって、価格規制の効果はなかった。しかし、原油価格が上昇すると、状況は一変した。原油価格の上昇によってガソリンの生産コストが上昇し、ガソリンの供給が減少したので

図 6-2　価格上限があるガソリン市場

パネル(a)は、均衡価格P_1が価格上限を下回るため、価格上限が拘束力を持たない場合のガソリン市場を示している。パネル(b)は、原油価格（ガソリンを製造するための投入物）の上昇によって供給曲線がS_1からS_2へと左にシフトした後のガソリン市場を示している。規制のない市場であれば、価格はP_1からP_2に上昇したはずである。しかし、価格上限がそれを阻む。拘束力のある価格上限では、消費者はQ_Dを買いたいが、ガソリンの生産者はQ_Sしか売りたくない。需要量と供給量の差$Q_D - Q_S$は、ガソリン不足を表す。

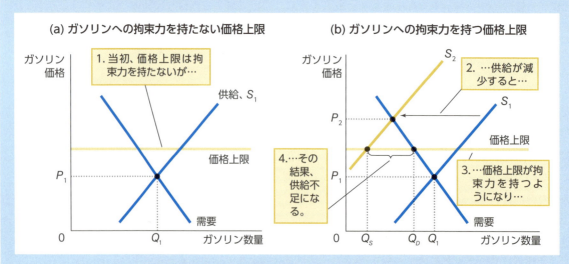

第6章　需要、供給および政府の政策

ある。パネル（b）が示すように、供給曲線はS_1からS_2へと左にシフトした。規制のない市場であれば、この供給シフトによってガソリンの均衡価格はP_1からP_2へと上昇し、ガソリンの供給不足は発生しなかったであろう。その代わり価格が価格均衡水準まで上昇しなかったのは価格上限のためであった。価格上限では、生産者はQ_Sを売りたがったが、消費者はQ_Dを買いたがった。この供給シフトにより、規制価格では深刻なガソリンの供給不足が発生した。

ついには、ガソリン価格を規制する法律は廃止された。議員たちは、アメリカ人がガソリンを買うために何時間も行列に並ばなければならなかったことの責任の一端は自分たちにあると理解するようになった。今日では、原油価格が変動すると、ガソリン価格は需要と供給を均衡させるために自由に調整される。

ケーススタディ　家賃規制が長期的に住宅不足を引き起こす理由

多くの都市では、地方政府が、家主が借主に請求できる家賃の上限を定めている。これは家賃規制であり、住宅費を低く抑えることで貧困層を救済することを目的とした政策である。しかし、経済学者は往々にして、家賃管理は貧困層を救済するための極めて非効率的な方法だと批判する。ある経済学者は、家賃規制を「爆撃以外で都市を破壊する最良の方法」とまで呼んだ。

家賃規制の悪影響は、何年にもわたって発生するため、あまりはっきりとしない。家主は賃貸アパートの数が決まっているので、短期的に、市場の条件の変化に応じてこの数を迅速に調整することはできない。さらに、短期的にはアパートを探す人々の数は家賃にあまり反応しないかもしれない。というのも、人々は住まいの手配を整えるのに時間がかかるからである。言い換えれば、短期的な住宅の需要と供給は相対的に非弾力的である。

図6-3のパネル（a）は、家賃規制が住宅市場に及ぼす短期的効果を示している。拘束力のある価格上限と同じで、家賃規制は住宅不足を引き起こす。しかし、短期における需要および供給は非弾力的であるため、当初の不足幅は小さい。短期的には、賃料の引き下げという賃借人に人気のある成果が得られる。

長期的には、賃貸住宅の買い手と売り手は、時間が経過するにつれて市場の状況に反応するようになるため、話は大きく異なってくる。供給側では、低家賃に対応するため、家主たちは新築アパートを建てず、既存のアパートの状態の維持を行わない。需要側では、低家賃によって、人々は（ルームメイトや両親と同居するよりも）自分のアパートを見つけ、市内に引っ越してくるようになる。したがって、長期的には需要および供給ともに弾力的になる。

図6-3のパネル（b）は、長期における住宅市場を示している。家賃規制によって賃料が均衡水準よりも下落すると、アパートの供給量は大幅に減少し、需要量は大幅に増加する。その結果、住宅は大幅に不足する。

家賃規制が行われている都市では、家主や建築主はさまざまな仕組みを使って住宅を供給する。長い待機者リストを作るところもある。子供のいない入居者を優先

125

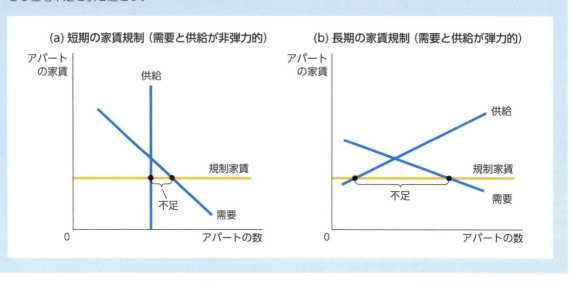

図 6-3　短期と長期における家賃規制

パネル(a)は、家賃規制の短期的効果を示している。アパートの需要曲線と供給曲線は相対的に非弾力的であるため、家賃規制法によって課される価格上限は、住宅の不足をわずかに引き起こすにすぎない。パネル(b)は、家賃規制の長期的効果を示している。アパートの需要曲線と供給曲線はより弾力的であるため、家賃規制はより大きな住宅不足を引き起こす。

するところもある。また、人種で差別するところもある。時には、賄賂を支払ってくれる入居者にアパートが割り当てられることもある。実際、こうした賄賂によって、アパートの総価格が均衡価格に近づくこともある。

　第1章の**経済学の10原則**の1つ、「人々はインセンティブに反応する」を思い出してほしい。うまく機能している市場では、家主は建物を清潔で安全に保てば、より高い価格を要求することができる。しかし、家賃規制によって供給不足と入居者待ちリストが生じると、家主はそのインセンティブを失う。入居を待っている人がいるのに、物件を維持・改善するためにお金を使う必要があるのだろうか？　結局のところ、家賃規制は入居者の負担額を減らすが、同時に都市の住宅ストックの量と質を低下させる。

　このような弊害が明らかになると、政策立案者はしばしば追加的に規制を課すことで対処しようとする。たとえば、住宅における人種差別を違法とし、最低限適切な住環境を提供することを家主に義務付けるさまざまな法律がある。しかし、これらの法律を施行するのは難しく、コストもかかる。対照的に、家賃規制がなければ、住宅市場は競争の力によって調整されるため、このような法律の必要性は低くなる。もし住宅価格が均衡水準まで上昇することが許されれば、家主の望ましくない行動を引き起こすような住宅不足はほぼ解消されるだろう。

専門家の見方　家賃規制

「ニューヨークやサンフランシスコのように、一部の賃貸住宅の家賃上昇を制限する地方条例は、過去30年間で、この条例を採用した都市の広く手頃な賃貸住宅の量と質にプラスの影響を与えてきた」

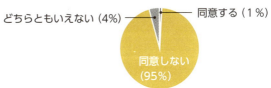

（出所）IGM Economic Experts Panel, February 7, 2012.

1-2　価格下限は市場の成果にどう影響するか

　別の種類の政府による価格規制の効果を調べるために、アイスクリーム市場に話を戻そう。ここで、全米アイスクリーム製造業者協会が、3ドルの均衡価格は低すぎると政府を説得したとしよう。この場合、政府は価格下限を設定するかもしれない。価格下限も価格上限と同様、均衡価格水準以外の価格を維持しようとする政府の試みである。価格上限が価格に法的な上限を設定するのに対し、価格下限は法的な下限を設定する。

　政府がアイスクリームに価格下限を設定した場合、結果が2つ考えられる。価格下限がアイスクリーム1個当たり2ドルで、均衡価格が3ドルの場合、何も起こらない。均衡価格は下限価格を上回っているため、価格下限は拘束力を持たない。市場原理によって経済は均衡に向かうため、価格下限は何の影響も与えない。図6-4のパネル(a)はこの結果を示している。

　図6-4のパネル(b)は、政府がアイスクリーム1個当たり4ドルの価格下限を課した場合の結果を示しており、これは均衡価格の3ドルよりも高い。この場合、価格下限は市場に対して拘束力を持つ制約である。需要と供給の力は価格を均衡価格に向けて動かす傾向があるが、価格は下限価格を下回ることはできない。その結果、価格下限が市場価格となる。この水準では、アイスクリームの供給量（120個）が需要量（80個）を上回る40個の供給過剰である。言い換えれば、アイスクリームを現行の価格で売りたい人の中に、買い手がつかないということである。このように、**拘束力を持つ価格下限は余剰をもたらす**。

　価格上限による供給不足と同様に、価格下限による余剰によっても望ましくない配給メカニズムが生じうる。買い手の個人的な偏見に訴える売り手は、おそらくそうでない売り手よりも財を売ることができるかもしれない。対照的に、自由市場では価格が配給メカニズムである。売り手は、均衡価格での支払額には不満かもしれないが、好きなだけ売ることができる。

図6-4　価格下限がある市場

パネル(a)では、政府は2ドルの価格下限を課している。価格下限は均衡価格である3ドルを下回っているため、価格下限の効果はなく、市場は需要と供給の均衡に達することができる。需要量と供給量はともに100個になる。パネル(b)では、政府は4ドルの価格下限を課す。価格下限は均衡価格3ドルを上回るので、市場価格は4ドルである。この価格では、120個のアイスクリームが供給される一方で、需要は80個しかないので、40個のアイスクリームが余剰となる。

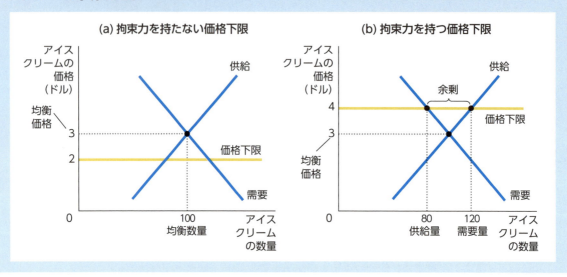

ケーススタディ　最低賃金をめぐる論争

　価格下限の重要な例であり、議論の的となっているのが、最低賃金である。最低賃金法は、雇用主が支払うことのできる労働の最低価格を定めるものである。アメリカ議会は1938年の公正労働基準法（Fair Labor Standards Act: FLSA）で初めて最低賃金を制定し、労働者に最低限十分な生活水準を保証した。

　2021年、連邦法による最低賃金は時給7.25ドルだった。さらに、多くの州や市が連邦レベル以上の最低賃金を義務付けている。たとえばシアトルの最低賃金は2021年、大企業の場合、時給16.69ドルだった。ほとんどのヨーロッパ諸国にも最低賃金を定める法律があり、多くの場合、アメリカよりもはるかに高い。たとえば、フランスの平均所得はアメリカより30％近く低いにもかかわらず、フランスの最低賃金は50％以上高い。

　需要と供給の理論が最低賃金の影響をどのように予測するかを見るために、労働市場を考えてみよう。図6-5のパネル(a)は競争的労働市場を示しており、他の競争市場と同様、需要と供給の力が働いている。労働者は労働力を供給し、企業は労働力を需要する。政府が介入しなければ、賃金は労働の需要と供給を均衡させるように調整される。

　図6-5のパネル(b)は、最低賃金が設定された労働市場を示している。ここでもそうであるように最低賃金が均衡水準を上回ると、労働供給量が労働需要量を上回

る。その結果、労働余剰、すなわち失業が発生する。最低賃金は、職に就いている労働者の所得を増加させる一方で、現在仕事を見つけることができない求職者の所得を減少させる。

最低賃金を十分に理解するためには、経済には単一の労働市場ではなく、さまざまなタイプの労働者のための多くの労働市場が含まれていることを心に留めておこう。最低賃金の影響は、労働者の技能と経験に依存する。高い技能を持ち、経験を積んだ労働者は、均衡賃金が最低賃金を大きく上回っているため、影響を受けない。これらの労働者にとって、最低賃金は拘束力を持たない。

最低賃金は10代の労働市場に最も大きな影響を与える。10代の労働者の均衡賃金は低く、これは10代の労働者が労働力の中で最も熟練度が低く、経験も浅いためである。加えて、10代は実地訓練と引き換えに低賃金を受け入れることが多い（無給でインターン（研修生）として働くことを厭わない10代の若者もいる。多くのインターン制度は無給であるため、最低賃金法が適用されないことが多い。もし適用されれば、このようなインターンには存在しないものもあるかもしれない）。その結果、最低賃金は他の労働力よりも10代の若者により強い拘束力を持つ。

多くの経済学者が、最低賃金法が10代の労働市場にどのような影響を与えるかを研究している。これらの研究者は、最低賃金の経年変化と10代の雇用の変化を比較している。最低賃金の影響については議論があるが、一般的な研究では、最低賃金が10％上昇すると、10代の雇用が1〜3％減少するとされている。

最低賃金研究の欠点の大半は、短期間の効果に焦点を当てていることである。たとえば、最低賃金が変更される前年と翌年の雇用を比較するような場合である。雇

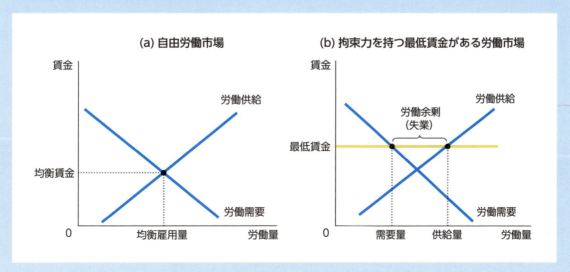

図6-5 最低賃金は競争的な労働市場にどのような影響をもたらすか

パネル(a)は、労働の需要と供給を均衡させるために賃金が調整される労働市場を示している。パネル(b)は、拘束力を持つ最低賃金の影響を示している。最低賃金は価格下限であるため、供給される労働量が需要量を上回り、余剰が生じる。その結果が失業である。

用に対する長期的な効果を確実に推定するのは難しいが、政策を評価する上ではより適切である。企業が職場を再編成するには時間がかかるため、最低賃金の上昇による長期的な雇用減少は、推定された短期の雇用減少より大きくなる可能性がある。

最低賃金は労働需要量を変化させるだけでなく、供給量も変化させる。最低賃金は10代の若者が得られる賃金を引き上げるため、職探しを選択する10代の若者の数を増加させる。最低賃金が上がると、どの若者が雇用されるかも変わるという研究結果もある。最低賃金が上がると、まだ高校に通っている10代の若者の中には高校を中退して仕事に就くことを選択する。するとさらに多くの人たちが勤務可能な就職口を争うようになるため、新たに中退した若者の一部は、すでに学校を中退していた他の若者に取って代わり、取って代わられた若者は失業することになる。

最低賃金は頻繁に議論されるテーマである。最低賃金の引き上げを支持する人々は、この政策を貧しい労働者の所得を引き上げる人道的な方法と見ている。彼らは、最低賃金を稼ぐ労働者はわずかな生活水準しか得られないと的確な指摘をしている。たとえば、最低賃金が時給7.25ドルだった2021年、最低賃金の仕事で1年を通じて毎週40時間働く大人2人の共同年収はわずか3万160ドルだった。この額はアメリカの世帯収入の中央値の40％程度に過ぎなかった。最低賃金の引き上げを支持する人の中には、労働市場は競争市場における需要と供給の理論ではうまく説明できないと主張する人もいる。また、この政策には雇用喪失などの悪影響があることは認めるが、その影響は小さく、すべてを考慮すると、最低賃金の引き上げは貧困層をより豊かにすると言う人もいる。

最低賃金引き上げ反対派は、最低賃金引き上げは貧困対策として最良の方法ではないと主張する。最低賃金が高いと失業が増え、10代の若者の退学を促し、一部の未熟練労働者が実地訓練を受けられなくなるという。さらに、最低賃金の引き上げに反対する人々は、最低賃金は的を絞った政策ではないと指摘する。最低賃金労働者のうち、所得が貧困ライン以下の家庭の労働者は3分の1にも満たない。その多くは中流家庭の10代の若者で、小遣い稼ぎのためにアルバイトをしている。

2021年、バイデン大統領は2025年までに最低賃金を時給15ドルに引き上げることを提案した。「週40時間働いて貧困にあえぐ人などいないはずだ」と述べた。2021年2月、超党派の政策アナリストで構成される政府機関、議会予算局がこの提案に関する調査結果を発表した。その結果、1,700万人の賃金が上昇し、90万人が貧困から抜け出し、140万人が失業すると試算された。本書が出版された時点では、議会はまだバイデン案を成立させていない。

専門家の見方　最低賃金

「現在のアメリカの連邦最低賃金は時給7.25ドルである。各州はこれより高い最低賃金を設定するかどうかを選択でき、多くの州がそうしている。連邦最低賃金が時給15ドルになれば、多くの州で低賃金労働者の雇用が減少するだろう」

経済学者の見解は？
- 同意しない (16%)
- どちらともいえない (34%)
- 同意する (50%)

（出所）IGM Economic Experts Panel, February 2, 2021.

第6章　需要、供給および政府の政策

1-3　価格規制の評価

　第1章の**経済学の10原則**の1つに、「通常、市場は経済活動をまとめあげる良い方法である」というものがある。経済学者がしばしば価格上限や価格下限に反対するのはこのためである。経済学者にとって、価格は何らかの偶然的な過程の結果ではない。経済学者は需要曲線と供給曲線の背後にある何百万もの企業や消費者の意思決定の結果であると主張する。価格は需要と供給のバランスをとり、それによって経済活動を調整するという重要な役割を担っている。政府の価格設定は、そうでなければ社会の資源配分の指針となるはずのシグナルを見えにくくしている。

　これは物語の一面に過ぎない。**経済学の10原則**のもう1つは、「政府は市場のもたらす結果を改善できる場合がある」というものである。実際、政策立案者が価格を制御しようとするのは、市場の結果を不公平だと考えるからである。価格規制は貧困層の救済を目的とすることが多い。たとえば、家賃規制法は住宅を誰もが購入できる価格にしようとするものであり、最低賃金法は貧困からの脱出を支援しようとするものである。

　しかし、価格規制は、助けるはずの人々を傷つける可能性がある。家賃規制は家賃を低く抑えるが、家主が建物を維持する意欲をなくし、住宅を見つけにくくする。最低賃金法は一部の労働者の所得を引き上げるが、他の労働者の雇用を失わせることもある。

　困っている人々を助けることは、物価をコントロールする以外の方法でも達成できる。たとえば、政府は貧困家庭の家賃の一部を負担したり、現金給付を行うことで、彼らが自分で家賃を支払えるようにして、住宅をより手頃な価格にすることができる。家賃規制とは異なり、こうした補助金は住宅の供給量を減らすものではないので、住宅不足を招くことはない。同様に、賃金補助は、企業の雇用意欲を削ぐことなく、働く貧困層の生活水準を引き上げる。賃金補助の例としては、低賃金労働者の所得を補助する政府プログラムである**勤労所得税額控除**（Earned Income Tax Credit: EITC）がある。

　これらの代替政策は、価格規制よりも優れていることが多いが、完全ではない。家賃補助や賃金補助を申請することは、貧しい人々にとって負担となる。さらに、家賃補助や賃金補助は政府の負担となるため、より高い税金が必要となる。次節で見るように、課税にはそれ自身にもコストがかかる。

理解度確認クイズ

1. 政府が拘束力を持つ価格下限を課すと、どうなるか。

　　a. 供給曲線が左にシフトする。
　　b. 需要曲線が右にシフトする。
　　c. 財の不足が発生する。
　　d. 財の余剰が発生する。

2. 価格上限が拘束力を持つ市場では、価格上限を上げると、どうなるか。

　　a. 余剰が増加する。
　　b. 不足が増加する。
　　c. 余剰が減少する。
　　d. 不足が減少する。

第Ⅱ部　市場はいかに機能するか

3. 家賃規制は＿＿＿＿においてより大きな不足を引き起こす。なぜならその時間軸では、需要と供給はより＿＿＿＿だからである。

  a. 長期 ― 弾力的

  b. 長期 ― 非弾力的

  c. 短期 ― 弾力的

  d. 短期 ― 非弾力的

4. 最低賃金の引き上げは、＿＿＿＿の価格弾力性が1より＿＿＿＿場合、影響を受ける労働者に支払われる総額を減少させる。

  a. 供給 ― 大きい

  b. 供給 ― 小さい

  c. 需要 ― 大きい

  d. 需要 ― 小さい

➡ （解答は章末に）

2　税の帰着の興味深い研究

　世界中の国家政府から小さな町の地方政府を含むすべての政府は、道路、学校、国防などの公共事業のための財源を調達するために税を利用している。このように税は重要な政策手段であり、私たちの生活にさまざまな影響を与えるため、本書の中で何度も登場する。本節では、税が経済にどのような影響を及ぼすかについての研究から始める。

　分析の舞台を用意するために、ある地方政府が、パレードや花火、町の大物によるスピーチなど、毎年恒例のアイスクリームの祭典を開催することを決めたとする。このイベントのために、町はアイスクリームの売上1個につき0.50ドルの税を課す。この計画が発表されると、2つのロビー団体が行動を開始する。全米アイスクリーム消費者協会は、アイスクリームの消費者が生活に困っていると主張し、アイスクリームの売り手が税を支払うべきだと主張する。全米アイスクリーム製造業者団体は、会員が競争市場で生き残るのに苦労していると主張し、アイスクリームの買い手が税を払うべきだと主張する。市長は妥協案として、買い手と売り手がそれぞれ半分ずつ税を負担することを提案する。

　提案を評価するために、シンプルだが巧妙な質問をする。政府がある財に税を課すとき、その税を実際に負担するのは誰か？　その財を買う人だろうか？　その財を売る人だろうか？　あるいは、買い手と売り手が税負担を分担する場合、その分担は何によって決定されるのだろうか？　市長が言うように政府が決定できるのか、それとも市場原理が介在するのだろうか？　これらの問題は、**税の帰着**、つまり税の負担が経済内のさまざまな人々の間でどのように配分されるかを研究することに関係している。需要と供給のツールは、税の帰着に関する驚くべき事実を明らかにするだろう。

税の帰着 ·································
(tax incidence)
市場の参加者間で分担される税負担の方法

2-1　売り手への課税は市場の結果にどう影響するか

　まず、販売者に課税される税から考えてみよう。アイスクリームの売り手は、アイスクリームを1個売るごとに0.50ドルを地方政府に納付しなければならないとする。この法律は、アイスクリームの買い手と売り手にどのような影響を与えるだろうか？　第4章の需要と供給の分析の3つのステップに従い、この問いに答える。すなわち、(1)法律が需要曲線と供給曲線のどちらに影響するかを決める。(2)曲

132

線がどちらにシフトするかを決める。(3) 曲線のシフトが均衡価格と均衡数量にどのような影響を与えるのかを調べる。

ステップ1 課税は直接的に売り手に影響する。買い手には課税されないので、どの価格でも需要量は変わらず、したがって需要曲線は変化せず同じである。対照的に、売り手に対する課税は、アイスクリーム事業の採算性をどの価格でも低下させるので、供給曲線をシフトさせる。

ステップ2 売り手への課税はアイスクリームの生産と販売のコストを上げるので、どの価格においても供給量を減少させる。供給曲線は左（または同じことだが、上）にシフトする。

シフトの大きさについて詳しく説明しよう。アイスクリームのどの市場価格でも、売り手にとっての実効価格（税を払った後の手取り額）は0.50ドル低くなる。たとえば、アイスクリームの市場価格がたまたま2.00ドルだった場合、売り手が受け取る実効価格は1.50ドルになる。市場価格がどうであれ、売り手にとっての実効価格は0.50ドル安くなり、売り手はその安い価格に見合った量のアイスクリームを供給する。言い換えれば、売り手にある数量を供給させるためには、市場価格を0.50ドル高くして税の影響を補わなければならない。図6-6が示すように、供給曲線はS_1からS_2へと、ちょうど税の大きさ分（0.50ドル）だけ上方にシフトする。

ステップ3 供給曲線がどのようにシフトするかを決定したところで、最初の均衡と新しい均衡を比較してみよう。図6-6は、アイスクリームの均衡価格が3.00ドルから3.30ドルに上昇し、均衡数量が100個から90個に減少することを示している。

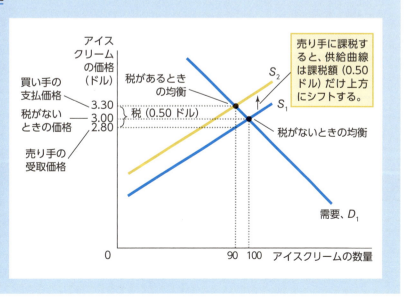

図6-6 売り手への課税

売り手に0.50ドルの税が課されると、供給曲線はS_1からS_2へ0.50ドル分上昇する。均衡数量は100個から90個に減少する。買い手が支払う価格は3.00ドルから3.30ドルに上昇する。(税を支払った後)売り手が受け取る価格は3.00ドルから2.80ドルに下がる。売り手には税が課されるが、買い手と売り手は税負担を分担する。

第Ⅱ部 市場はいかに機能するか

売り手は販売量を減らし、買い手は購入量を減らすので、税はアイスクリーム市場の規模を縮小させる。

結果の意味 さて、税の帰着の問題を考えてみよう。誰が税を支払うのか？ 政府に税を納付するのは買い手ではなく売り手だが、買い手と売り手はその負担を分かち合う。税によって市場価格が3ドルから3ドル30セントに上がるので、買い手はアイスクリームに0.3ドル多く支払うことになる。売り手はより高い価格（3.30ドル）を得るが、税を払った後では2.80ドル（3.30ドル − 0.50ドル＝2.80ドル）しか手元に残らない。税は買い手と売り手の両者に不利益をもたらす。これらをまとめると、この分析から2つの教訓が得られる。

- 税は市場活動を抑制する。財に課税すると、新しい均衡では販売量が少なくなる。
- 買い手と売り手は税負担を分かち合う。新しい均衡では、買い手の支払額は増加し、売り手の受取額は減少する。

2-2 買い手への課税が市場の結果にどう影響するか

次に、買い手に課税される税について考えてみよう。アイスクリームが大好きな人は、アイスクリームを1つ買うごとに0.50ドルを地方政府に納付する。この法律はどのような影響を及ぼすだろうか。再び、3つのステップに立ち返ってみよう。

ステップ1 直ちに影響が出るのはアイスクリームの需要である。どのような価格であっても、売り手にはアイスクリームを市場に提供する同じインセンティブがあるため、供給曲線は変わらず同じである。ところが、買い手は（売り手への価格に上乗せして）政府に税を支払わなければならないため、課税によってアイスクリームの需要曲線がシフトする。

ステップ2 次に、シフトの方向を決める。税によってアイスクリームを買う魅力が減るので、買い手はどの価格でも以前より少ない量のアイスクリームを需要する。図6-7に示されるように、需要曲線は左（または同等に下）にシフトする。

再び、シフトの大きさについて詳しく説明しよう。買い手には0.50ドルの税が課税されるため、買い手の実効価格は、市場価格がいくらであろうと、0.50ドル高くなる。たとえば、アイスクリームの市場価格が2.00ドルだった場合、買い手は2.50ドルの実効価格に直面することになる。買い手は税を含めた総費用を見るので、あたかも市場価格が実際よりも0.50ドル高いかのようにアイスクリームの量を需要する。言い換えれば、買い手がある数量を需要するようにするためには、税の影響を補うために市場価格を0.50ドル安くしなければならない。この税によって、需要曲線はD_1からD_2へと、まさに税の大きさ分（0.50ドル）だけ下方にシフトする。

ステップ3 ここで、最初の均衡と新しい均衡を比較して、税の効果を評価してみ

134

図6-7 買い手への課税

買い手に0.50ドルの税を課すと、需要曲線はD_1からD_2へ0.50ドル下方にシフトする。均衡数量は100個から90個に減少する。売り手が受け取る価格は3.00ドルから2.80ドルに下がる。(税金を含む)買い手が支払う価格は3.00ドルから3.30ドルに上昇する。買い手に税が課されるが、買い手と売り手は税負担を分担する。

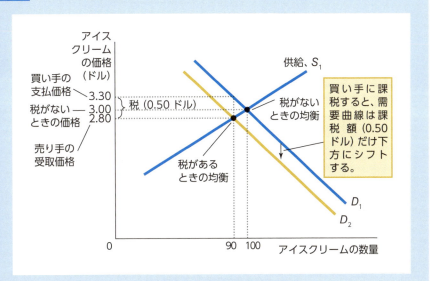

よう。図6-7では、アイスクリームの均衡価格は3.00ドルから2.80ドルに下がり、均衡数量は100個から90個に減少している。再び、税はアイスクリーム市場の規模を縮小させる。そして再び、買い手と売り手が負担を分かち合う。売り手は製品の価格を下げ、買い手は売り手に以前よりも低い市場価格を支払うが、実効価格(税込み)は3.00ドルから3.30ドルに上昇する。

結果の意味 図6-6と図6-7を比較すると、意外な結果に気づくだろう。**売り手への課税と買い手への課税は同等である**。どちらの場合も、税によって買い手が支払う価格と売り手が受け取る価格の間にくさび〔訳注:くさびとは、隙間に打ち込んで材料を割ったり固定したりするのに使う道具のこと〕ができる。買い手と売り手のどちらに課税するかにかかわらず、くさびはそのまま維持される。どちらの場合でも、需要曲線と供給曲線の相対的な位置が変化する。新しい均衡では、買い手と売り手が税負担を分担する。売り手への課税と買い手への課税の唯一の違いは、誰が政府に税を納付するかということである。

この2つの税の等価性をよりよく理解するために、政府がアイスクリーム税0.50ドルを各アイスクリーム店のカウンターのボウルに集めていると想像してみよう。売り手に課税される場合、売り手はアイスクリームを売るたびに0.50ドルをボウルに入れる必要がある。買い手に課税される場合、買い手はアイスクリームを買うたびに0.50ドルをボウルに入れなければならない。0.50ドルが買い手のポケットから直接ボウルに入るか、間接的に買い手のポケットから売り手の手に入り、それからボウルに入るかは問題ではない。市場が新しい均衡に達すれば、課税の方法にかかわらず、買い手と売り手が負担を分担する。

第Ⅱ部　市場はいかに機能するか

> **ケース
> スタディ**　　**議会は給与税の負担を分散できるか？**
>
> 　給与を受け取ったことがある人なら、稼いだ金額から税が差し引かれていること
> に気が付くことだろう。これらの税の1つは、連邦保険拠出法（Federal Insurance
> Contributions Act）の頭文字をとってFICAと呼ばれている。連邦政府は、FICA税
> からの収入を、高齢のアメリカ人のための所得扶養および医療プログラムである社
> 会保障およびメディケアの支払いに充てている。FICAは**給与税**（payroll tax）であ
> り、企業が労働者に支払う賃金に課される税である。2021年、一般的な労働者へ
> のFICA税総額は収入の15.3％だった。
>
> 　この給与税を負担するのは企業だろうか、それとも労働者だろうか？　議会はこ
> の法案を可決する際、税負担を分割しようとした。この法律によれば、税の半分は
> 企業が負担し、もう半分は労働者が負担する。つまり、税の半分は企業の収入から
> 支払われ、残りの半分は労働者の給与から差し引かれる。給与明細に控除額として
> 記載されるのは労働者負担分である（自営業者は通常、全額を自分で支払う）。
>
> 　しかし、税の帰着に関する分析から、法律家が税負担の配分をそう簡単に決める
> ことはできないことがわかる。給与税は、アイスクリームのような財に対する税と
> 同じように分析される。この場合、財は労働力であり、価格は賃金である。ここで
> も税は、企業が支払う賃金と労働者が受け取る賃金（別名「手取り賃金」）の間にく
> さびをもたらす。図6-8はその結果を示している。給与税が制定されると、労働者
> が受け取る賃金は下がり、企業が支払う賃金は上がる。結局、法律が要求している
> ように、労働者と企業は負担を分かち合うことになる。図6-8の税負担の分担は必
> ずしも半々ではなく、法律が労働者または企業のいずれかに税をすべて課しても同
> じ結果になる。
>
> 　この例は、しばしば見落とされがちな教訓を浮き彫りにしている。法律家は、税
> が買い手の懐から来るか売り手の懐から来るかを決めることはできるが、税の真の
> 負担を法律で決めることはできない。むしろ、税の帰着は需要と供給の力によって
> 決まる。

2-3　弾力性と税の帰着

　買い手と売り手の間で、税負担は具体的にどのように分担されるのだろうか。等
しく分担されることはまれである。これを理解するために、図6-9の2つの市場に
対する課税の影響を考えてみよう。どちらの図にも、当初の需要曲線と供給曲線と、
買い手が支払う額と売り手が受け取る額の間にくさびをもたらす税が示されている
（新しい需要曲線または供給曲線は、どちらの図にも描かれていない。どちらの曲
線がシフトするかは、課税対象が買い手か売り手かによって決まるが、これは税の
帰着を決定する上で、無関係という事実である）。2つのパネルの違いは、需要と
供給の相対的な弾力性である。

136

図6-8 給与税

給与税によって、企業が支払う額と労働者が受け取る額の間にくさびが生じる。課税がある場合とない場合を比較すれば、労働者と企業が税負担を分担していることは明らかである。この分担は、政府が税をすべて労働者に課すか、企業に課すか、2つのグループに均等に分けるかには関係ない。

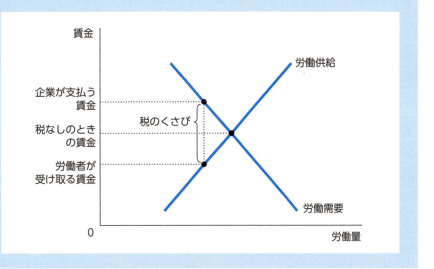

　図6-9のパネル (a) は、供給が非常に弾力的で、需要が相対的に非弾力的な市場における税を示している。つまり、売り手は価格の変化に非常に敏感であり（そのため、供給曲線は比較的なだらかである）、一方、買い手はあまり反応しない（そのため、需要曲線は比較的急である）。このような市場に税が課された場合、売り手の受け取る価格はそれほど下がらないので、売り手の負担はわずかである。しかし、買い手が支払う価格は大幅に上昇するため、買い手が税負担の大部分を負うことになる。

　図6-9のパネル (b) は、供給がかなり非弾力的で、需要が非常に弾力的な市場における税を示している。この場合、売り手は価格の変化にあまり反応しない（そのため、供給曲線は急になる）が、買い手は敏感に反応する（そのため、需要曲線はなだらかになる）。税が課されると、買い手が支払う価格はそれほど上昇しないが、売り手が受け取る価格は大幅に下落する。したがって、売り手は税負担の大部分を負うことになる。

　この2つの図は、一般的な教訓を示している。**税負担は、市場の弾力性が低い側により重くのしかかる**。これはなぜだろうか。要するに弾力性とは、状況が悪化したときに買い手や売り手が市場から退出する意思を測るものである。需要の弾力性が小さいということは、買い手がこの特定の財を消費するための適切な代替手段を持っていないことを意味する。供給の弾力性が小さいということは、売り手にはこの特定の財を生産するための良い代替手段がないということである。その財に課税されると、代替財の少ない市場側は、市場から離れようとせず、税負担が大きくなる。

　この論理は、前述のケーススタディで取り上げた給与税にも当てはまる。経済学者は一般に、労働供給は労働需要よりも弾力性が小さいとしているため、給与税負担の大部分は企業ではなく労働者が負うことになる。言い換えれば、税負担の配分は、法律家が意図した半々の分担からはかけ離れている。

図 6-9　税負担はどのように分担されるか

パネル(a)では、供給曲線は弾力的で、需要曲線は非弾力的である。この場合、売り手が受け取る価格はわずかに下がるだけだが、買い手が支払う価格は大幅に上昇する。つまり、買い手が税負担の大半を負うことになる。パネル(b)では、状況は逆転する。供給曲線は非弾力的で、需要曲線は弾力的である。この場合、売り手が受け取る価格は大幅に下落し、買い手が支払う価格はわずかに上昇するだけである。ここでは、売り手が税負担の大半を負うことになる。

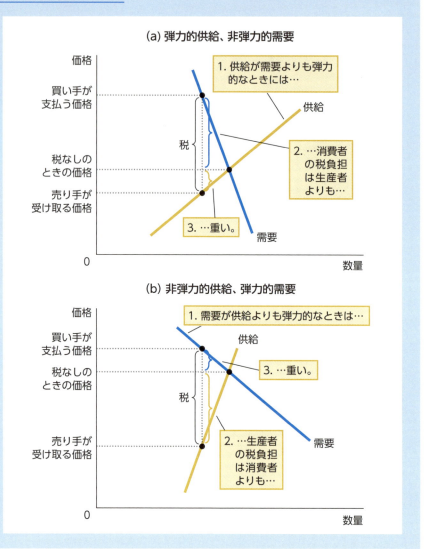

ケーススタディ　奢侈税は誰が払うのか？

　1990年、アメリカ議会はヨット、自家用飛行機、毛皮、宝石類、高級車などの品目に対する奢侈税を採択した。その目的は、最も簡単に支払う余裕のある人々から歳入を上げることであった。そのような贅沢をする余裕があるのは富裕層だけなので、ぜいたく品への課税は論理的な方法だと思われた。

　しかし、需要と供給の力が支配したとき、結果は議会の意図したものではなかった。たとえば、ヨットの市場を考えてみよう。この市場の需要はかなり弾力的である。億万長者は簡単にヨットを買うことができない。そのお金で島を買ったり、もっと豪華な休暇をとったり、相続人にもっと多額の遺贈をしたりすることができる。

第6章　需要、供給および政府の政策

対照的に、ヨットの供給は、少なくとも短期的には相対的に非弾力的である。ヨットを生産する造船所は、簡単に別の用途に転用できないし、そこで働く労働者は、市場環境の変化に応じて転職しようとはしない。

われわれの分析は明確な予測を示している。需要が弾力的で供給が非弾力的な場合、税負担は主として供給者に大きくのしかかる。この場合、ヨットに課税すると、ヨットを製造する企業や労働者の負担が大きくなる。なぜならヨットの販売額が大幅に減少してしまうからである。経営者の中には裕福な者がいても、労働者はそうではない。結局のところ、奢侈税は富裕層の顧客よりも中流階級の労働者の大きな負担となる。

奢侈税が施行されると、その負担率に関する誤った前提がすぐに明らかになった。奢侈品の供給者は選挙で選ばれた議員たちにその問題をよく認識させ、議会は1993年に奢侈税の大部分を廃止した。

理解度確認クイズ

5. ある財の消費者に課される単位当たり1ドルの税に等しいのは、次のうちのどれか。

   a. 財の生産者に課される単位当たり1ドルの税
   b. 財の生産者に支払われる単位当たり1ドルの補助金
   c. 単価1ドルだけ財の価格を引き上げる価格下限
   d. 単価1ドルだけ財の価格を引き上げる価格上限

6. 財に税が課されるとき、その負担が主に消費者にかかる場合はどれか。

   a. 消費者に課税される場合
   b. 生産者に課税される場合
   c. 供給は非弾力的で、需要は弾力的である場合
   d. 供給は弾力的で、需要は非弾力的である場合

7. 次のうち、供給量を増加させ、需要量を減少させ、消費者が支払う価格を増加させるのはどれか。

   a. 財への課税の導入
   b. 財への課税の廃止
   c. 拘束力を持つ価格下限の設定
   d. 拘束力を持つ価格下限の撤廃

8. 次のうち、供給量を増加させ、需要量を増加させ、消費者が支払う価格を減少させるものはどれか。

   a. 財への課税の導入
   b. 財への課税の廃止
   c. 拘束力を持つ価格下限の設定
   d. 拘束力を持つ価格下限の撤廃

➡ (解答は章末に)

3　結論

経済は2種類の法則に支配されている。需要と供給の法則と、政府が施行する法律である。この章では、これらの法律がどのように相互作用しているかを見てきた。価格規制や税はさまざまな市場で一般的であり、その効果については頻繁に議論されている。少しでも経済的な知識があれば、これらの政策を理解し、評価することができる。

以降の章では、政府の政策をより詳細に分析する。税制の効果をより詳細に検討し、さらに広範囲な政策を検討する。しかし、基本的な教訓に変わりはない。すな

第Ⅱ部　市場はいかに機能するか

わち政府の政策を分析する際には、需要と供給が最初の、そして最も有用な分析手段である。

本章のポイント

- 価格上限とは、財やサービスの価格に対する法的な上限である。家賃規制がその例である。価格上限が均衡価格を下回れば、上限は拘束力を持ち、需要量が供給量を上回る。その結果、不足が生じるため、売り手は、何らかの方法で、財やサービスを買い手の間で配分しなければならない。

- 価格下限は、財やサービスの価格に対する法的な下限である。最低賃金がその例である。価格下限が均衡価格を上回っている場合、価格下限は拘束力を持ち、供給量が需要量を上回る。結果として余剰が生じるため、財やサービスに対する買い手の需要は、何らかの形で売り手の間で配給されなければならない。

- 政府が財に課税すると、その財の均衡数量は減少する。つまり、市場に対する課税は市場の規模を縮小させる。

- 財への課税は、買い手が支払う価格と売り手が受け取る価格の間にくさびをもたらす。市場が新しい均衡に移行すると、買い手はその財に対してより多くの金額を支払い、売り手はその財に対してより少ない金額を受け取ることになる。この意味で、買い手と売り手は税負担を分かち合うことになる。税の帰着（つまり税負担の分担）は、税が買い手と売り手のどちらに課税されるかに依存しない。

- 税の帰着は、需要と供給の価格弾力性に依存する。市場の弾力性が低い側は、売買数量を変えることによって税に容易に反応できないため、負担の大部分は弾力性が低い側にかかる。

理解度確認テスト

1. 価格上限の例と価格下限の例を挙げなさい。
2. 価格上限と価格下限では、どちらが財の不足をもたらすのか。図を用いて、答えを述べなさい。
3. 財の価格が需要と供給の均衡をもたらすことができない場合、どのようなメカニズムで資源は配分されるか。
4. 経済学者がよく価格規制に反対する理由を説明しなさい。
5. 政府がある財の買い手に対する課税を撤廃し、売り手に対して同規模の課税を行ったとする。

この政策変更は、この財に対して買い手が売り手に支払う価格、（税の支払いを含む）買い手が負担する金額、売り手が受け取る金額（税の支払いを差し引いた金額）、および販売される財の数量にどのような影響を与えるか。
6. 財への課税は、買い手が支払う価格、売り手が受け取る価格、販売数量にどのような影響を与えるか。
7. 税の負担を買い手と売り手の間でどのように分担するかを決定する要因は何か。その理由も説明しなさい。

第6章 需要、供給および政府の政策

演習と応用

1. お笑い愛好家が議会を説得し、お笑いライブのチケットに1枚50ドルという価格上限を課した。この政策の結果、お笑い公演に参加する人は増えるだろうか、それとも減るだろうか。説明しなさい。

2. 政府はチーズの自由市場価格が低すぎると判断した。
   a. 政府がチーズ市場に拘束力を持つ価格下限を課したとする。この政策がチーズの販売価格と数量に及ぼす影響を示す需要と供給の図を描きなさい。そのときチーズは不足するだろうか、余剰になるだろうか。
   b. チーズの生産者は、価格下限が彼らの総収入を減らしたと訴えている。このことはありうるだろうか。説明しなさい。
   c. チーズ生産者の苦情を受け、政府は余剰チーズをすべて価格下限で買い取ることに同意する。従来の価格下限と比べて、この新しい政策で得をするのは誰だろうか。誰が損をするだろうか。

3. 最近の調査によると、フリスビーの需要および供給計画は以下の通りである。

フリスビーの価格（ドル）	需要量（万枚）	供給量（万枚）
11	フリスビー100	フリスビー1,500
10	200	1,200
9	400	900
8	600	600
7	800	300
6	1,000	100

   a. フリスビーの均衡価格と均衡数量はいくらか。
   b. フリスビー製造業者は、フリスビーの製造は科学者の空気力学の理解を向上させるので、国家安全保障にとって重要であると政府を説得する。関心を持った議会は、均衡価格より2ドル高い価格下限を課すことを決議する。新しい市場価格はいくらか。フリスビーは何枚売れるだろうか。
   c. 怒った大学生がワシントンにデモ行進し、

フリスビーの値下げを要求する。さらに事態を憂慮した議会は、価格下限を廃止し、以前の価格下限より1ドル低い価格上限を課すことを決議する。新しい市場価格はいくらになるだろうか。フリスビーは何枚売れるだろうか。

4. 連邦政府がビールを飲む人に、ビール1ケース購入につき2ドルの税を支払うことを義務付けたとする（実際、連邦政府も州政府も何らかの形でビール税を課している）。
   a. 税金のない場合のビール市場の需要と供給の図を描きなさい。消費者が支払う価格、生産者が受け取る価格、およびビールの販売数量を示しなさい。消費者が支払う価格と生産者が受け取る価格の差はいくらか。
   b. 次に、課税がある場合のビール市場の需要と供給の図を描きなさい。消費者が支払う価格、生産者が受け取る価格、ビールの販売数量を示しなさい。消費者が支払う価格と生産者が受け取る価格の差はいくらか。ビールの販売量は増加しただろうか、それとも減少しただろうか。

5. ある上院議員が税収を増やし、労働者の待遇を良くしたいと考えている。メンバーのあるスタッフは、企業が支払う給与税を引き上げ、その余剰収入の一部を使って労働者が支払う給与税を減らすことを提案する。これは議員の目標を達成するだろうか。説明しなさい。

6. 政府が高級車に500ドルの税をかけた場合、消費者が支払う価格は500ドル以上に上昇するか、それとも500ドル未満になるか、それともちょうど500ドルになるか。説明しなさい。

7. アメリカ議会と大統領は、ガソリンの使用を減らすことで大気汚染を減らすべきだと決定した。ガソリン販売1ガロンにつき、0.50ドルの税が課される。
   a. この税は、生産者と消費者のどちらに課すべきだろうか。需要と供給の図を使ってていねいに説明しなさい。
   b. もしガソリンの需要がより弾力的であったなら、この税はガソリンの消費量を減らす

141

第Ⅱ部　市場はいかに機能するか

のにより効果的だろうか、あまり効果的ではないだろうか。図および言葉を用いて説明しなさい。

c. この税によって、ガソリンの消費者は助かるだろうか、それとも損をするだろうか。その理由も説明しなさい。

d. 石油産業の労働者はこの税によって助かるだろうか、それとも損をするだろうか。その理由も説明しなさい。

8. 本章のケーススタディでは、連邦最低賃金法について論じている。

a. 最低賃金が、非熟練労働市場における均衡賃金を上回っているとする。非熟練労働市場の需要と供給の図を用いて、市場賃金、雇用労働者数、失業労働者数を示しなさい。また、非熟練労働者への賃金支払総額を示しなさい。

b. ここで、労働長官が最低賃金の引き上げを提案したとする。この引き上げは雇用にどのような影響を与えるだろうか。雇用の変化は、需要の弾力性に依存するだろうか、供給の弾力性に依存するだろうか、それとも両方の弾力性に依存するだろうか、それともどちらにも依存しないだろうか。

c. 最低賃金の上昇は失業にどのような影響を与えるだろうか。失業率の変化は、需要の弾力性、供給の弾力性、両方の弾力性に依存するだろうか。あるいはそのいずれにも依存しないだろうか。

d. もし非熟練労働に対する需要が非弾力的であった場合、提案されている最低賃金の引き上げは、非熟練労働者への賃金支払総額を増加させるか、それとも減少させるか。非熟練労働に対する需要が弾力的であった場合、その答えは変わるだろうか。

9. ボストン・レッドソックスの本拠地であるフェ

ンウェイ・パークでは、座席数は約3万8,000に制限されている。したがって、チケットの発行枚数はこの数字に固定されている。収入を上げる絶好の機会と考えたボストン市は、チケット1枚につき5ドルの税を課すことにしたとしよう。市民意識が高いことで有名なボストンのスポーツファンは、チケット1枚につき5ドルを律儀に納めるものとする。この税の影響を示す、軸ラベルの付いたグラフを作成しなさい。税負担は、チームのオーナー、ファン、あるいはその両者が考えられるが、誰の負担になるか。その理由も記しなさい。

10. 市場は以下の供給曲線Q^Sと需要曲線Q^Dで表されている。

$$Q^S = 2P$$
$$Q^D = 300 - P$$

a. 均衡価格と均衡数量を求めなさい。

b. 政府が90ドルの価格上限を課した場合、不足と余剰のどちら（あるいはそのどちらでもない）が発生するだろうか。価格、供給量、需要量、不足または余剰の大きさはどうなるだろうか。

c. 政府が90ドルの価格下限を課した場合、不足または余剰（あるいはそのどちらでもない）は発生するだろうか。価格、供給量、需要量、不足または余剰の大きさはどうなるだろうか。

d. 価格規制の代わりに、政府は生産者に30ドルの税を課す。その結果、新しい供給曲線は、

$$Q^S = 2(P - 30)$$

となる。このとき、不足が生じるか、それとも余剰が生じるか（あるいはどちらも生じないか）。価格、供給量、需要量および不足または余剰の大きさはどうなるだろうか。

理解度確認クイズの解答

1. d　　2. d　　3. a　　4. c　　5. a　　6. d　　7. c　　8. b

Part III Markets and Welfare

第7章

Chapter 7
Consumers, Producers, and the Efficiency of Markets

消費者、生産者、市場の効率性

　消費者は地元のファーマーズ・マーケットに行くと、瑞々しい真っ赤なトマトを見つけて喜ぶかもしれないが、その値段の高さにはびっくりするだろう。一方、農家が自分たちの育てたトマトを市場に持ち込むときには、おそらくもっと高い値段を望むだろう。このような話は驚くことではない。他の条件が同じであれば、買い手はより安い価格を望み、売り手はより高い価格を望むものである。しかしながら、社会全体から見たトマトの「適正価格」は存在するのだろうか。

　これまでの章では、競争市場において、需要と供給の力が財やサービスの価格と販売量を決定することを学んだ。しかし、これまでのところ、市場が希少資源をどのように配分するかについては説明してきたが、この市場配分が望ましいかどうかは考慮してこなかった。トマトの需要量と供給量が等しくなるように、トマトの価格が調整されることはわかっている。しかし、この均衡において、トマトの生産量と消費量は多すぎたり少なすぎたりしないだろうか、それともちょうど良いのであろうか。

　この章では、資源配分が経済的幸福にどのような影響を与えるかを研究する厚生経済学を取り上げる。まず、市場取引によって買い手と売り手が受ける便益について考える。そして、社会がこの便益をできるだけ大きくするにはどうすればよいかを検討する。この分析は、極めて重要な結論を導き出す。競争市場における需要と供給の均衡は、すべての買い手と売り手を合わせた総便益を最大化する。

厚生経済学
(welfare economics)
資源配分が経済的幸福にどのような影響を与えるのかの研究領域

143

第Ⅲ部　市場と厚生

第1章で学んだことを思い出した人もいるだろう。**経済学の10原則**の1つに、「通常、市場は経済活動をまとめあげる良い方法である」というものがある。厚生経済学では、この原理をより詳しく説明している。また、トマトの適正価格についての疑問にも答えてくれる。トマトの需要と供給のバランスをとる価格は、消費者と生産者の総厚生を最大化するため、ある意味では最も良い価格である。トマトの消費者も生産者もこのゴールを目指す必要はないが、市場価格によって導かれる彼らの共同行動は、あたかも見えざる手に導かれるかのように、厚生最大化の結果へと向かわせることになる。

1　消費者余剰

買い手が市場に参加することで得られる便益に注目することから、厚生経済学の学習を始めよう。

1-1　支払用意

あなたが大叔母からエルビス・プレスリーの新品同様のファーストアルバムを相続したとする。とても希少なものだが、あなたはエルビスの音楽に興味がないので、そのアルバムをオークションに出して売ることにした。

4人のエルビス・ファンがオークションにやってくる。ホイットニー、エラ、マライア、カレン。全員、そのアルバムを欲しがっているが、そのアルバムに支払う金額に制限を設けている。表7-1は、4人の買い手がそれぞれ支払うであろう最大価格を示している。買い手の最大額は**支払用意**と呼ばれ、各人がその商品にどれだけの価値を見いだすかを測るものである。それぞれの買い手は、自分の支払用意より低い価格でアルバムを買いたがり、支払用意より高い価格では買うことを拒否するだろう。自分の支払用意に等しい価格であれば、買い手はその商品を買うことに無差別である。すなわち価格と自分が価値を見いだしたアルバムの価値が全く同じであれば、買い手はアルバムを買ってもお金を手元に残しても、どちらでもよいだろう。

アルバムを売るために、たとえば100ドルという安い価格で入札を始める。4人の買い手全員がもっと高くてもいいと思っているので、価格はすぐに上がる。ホイッ

> **支払用意**
> （willingness to pay）
> 買い手のそれぞれが財に対して支払うであろう最大価格

表7-1　想定される4人の買い手の支払用意

買い手	支払用意（ドル）
ホイットニー	1,000
エラ	800
マライア	700
カレン	500

第7章　消費者、生産者、市場の効率性

トニーが800ドル（またはそれより少し高い価格）で入札した時点で、入札は終了する。この時点で、エラ、マライア、カレンは800ドル以上を提示する気がないため、入札から降りている。ホイットニーは800ドルを支払い、アルバムを手に入れる。つまりアルバムはその価値を最も高く評価した買い手に渡ることになる。

　ホイットニーがエルビス・プレスリーのアルバムを買うことで、どんな便益があるのだろうか？　ある意味、彼女は掘り出し物を見つけたといえる。なぜなら、彼女はアルバムに1,000ドル支払う用意があったが、800ドルの支払いで済んだからである。経済学者は、ホイットニーは200ドルの**消費者余剰**を得たという。**消費者余剰**とは、ある財に対して買い手の支払用意額から、買い手が実際に支払う金額を差し引いたものである。

　消費者余剰は、買い手が市場に参加することによって受ける便益を測定する。この例では、ホイットニーは1,000ドルの価値があるものに800ドルしか支払わないので、200ドルの便益を得る。エラ、マライア、カレンの3人は、アルバムを入手せず、支払いもなしにオークションから去るので、消費者余剰は得られない。

　ここで、少し異なる例を考えてみよう。同じエルビス・プレスリーのアルバムが2枚あるとする。この場合も、4人の買い手に対してオークションにかける。簡単化のために、2枚とも同じ値段で売ることにし、誰も1枚以上のアルバムを欲しがらないと仮定する。したがって、買い手が2人になるまで価格は上昇する。

　この場合、ホイットニーとエラがそれぞれ700ドル（またはそれより少し高い価格）で入札すると、入札が終わる。この価格では、ホイットニーとエラは喜んでアルバムを購入し、マライアとカレンはこれ以上高く入札する気はない。ホイットニーとエラはそれぞれ、支払用意から価格を引いた消費者余剰を受け取る。ホイットニーの消費者余剰は300ドルで、エラの消費者余剰は100ドルである。ホイットニーの消費者余剰は、同じアルバムに対して支払う金額が少ないので、先の例よりも高くなる。市場の消費者余剰の合計は400ドルとなる。

消費者余剰
（consumer surplus）
買い手が商品に対する支払用意から、買い手が実際に支払う金額を差し引いた金額

1-2　需要曲線を用いた消費者余剰の測定

　消費者余剰は、製品の需要曲線と密接な関係がある。引き続きエルビス・プレスリーの希少なアルバムの需要曲線を考えてみよう。

　まず、4人の買い手の支払用意を使って、アルバムの市場需要計画を求めよう。図7-1の表は、表7-1の評価に対応する需要一覧を示している。価格が1,000ドル以上の場合、そこまで支払おうという買い手はいないため、需要量は0となる。価格が800ドルから1,000ドルの間であれば、需要量は1である。なぜならホイットニーだけがその高価格を支払おうという意思を持っているからである。価格が700ドルから800ドルの間であれば、ホイットニーもエラもその価格を支払う意思があるので、需要量は2である。他の価格についても同じようにこの分析を続けることができる。このようにして、4人の買い手の支払用意から需要計画を導くことができる。

　図7-1のグラフは、この需要計画に対応する需要曲線を示している。曲線の高さと買い手の支払用意の関係に注目してほしい。どの数量においても、需要曲線が示す価格は、**限界的な買い手**（marginal buyer）、つまり価格がこれ以上高ければ真っ

145

> 第Ⅲ部　市場と厚生

> **図 7-1**　需要計画と需要曲線
>
> この表は、エルビス・プレスリーの新品同様のファーストアルバムの（表7-1に記載された）買い手の需要計画を示している。グラフは対応する需要曲線を示している。需要曲線の高さは、買い手の支払用意を反映している。

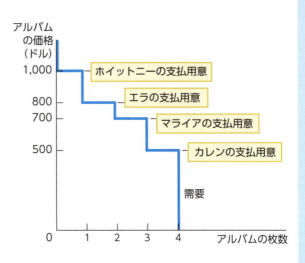

先に市場から去ってしまう買い手の支払用意を示している。たとえば、アルバム4枚の数量では、需要曲線の高さは500ドルであり、カレン（限界的な買い手）が支払う意思のある価格である。アルバム3枚の場合、需要曲線の高さは700ドルで、これはマライア（現在の限界的な買い手）が支払う意思のある価格である。

需要曲線は買い手の支払用意を反映するため、消費者余剰を測定するためにも使うことができる。図7-2は、2つの例を示している。パネル(a)では、価格は800ドル（またはそれより少し上）で、需要量は1である。価格の上側と需要曲線の下側の領域が200ドルに等しいことに注意しよう。この金額は、先に計算した、アルバム1枚だけが売れたときの消費者余剰である。

図7-2のパネル(b)は、価格が700ドル（またはそれより少し上）の場合の消費者余剰を示している。この場合、価格の上側と需要曲線より下側の面積は、2つの長方形の合計面積に等しい。この価格でのホイットニーの消費者余剰は300ドル、エラの消費者余剰は100ドルである。この面積は合計400ドルに等しい。もう一度確認すると、この金額は先に計算した消費者余剰である。

この例から得られる教訓は、すべての需要曲線に当てはまる。すなわち**需要曲線より下側であり、かつ価格線より上側の面積は、市場における消費者余剰となっている**。なぜなら、需要曲線の高さは、その商品に対する買い手の支払用意によって測定される価値を表しているからである。この支払用意と市場価格との差が、各買い手の消費者余剰である。需要曲線と価格線の間に生じる領域の面積は、財またはサービスの市場におけるすべての買い手の消費者余剰の合計である。

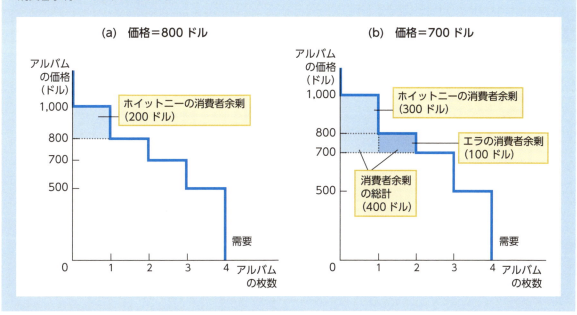

図 7-2　需要曲線による消費者余剰の測定

パネル(a)では、財の価格は800ドルで、消費者余剰は200ドルである。パネル(b)では、価格は700ドルであり、消費者余剰は400ドルである。

1-3　物価の引き下げはどのように消費者余剰を高めるのか

　買い手は購入する商品に対してより少ない金額で買いたいので、価格が低ければ低いほど、その商品の買い手はより良い生活を送ることができる。しかし、価格が下がることで、買い手の満足度はどの程度高まるのだろうか。消費者余剰の概念がこの疑問に対する正確な答えを示してくれる。

　図7-3は典型的な需要曲線を示している。前の2つの図のような不連続な階段状ではなく、徐々に右下りになっていることに注意したい。多くの買い手がいる市場では、各買い手の退出による段差は非常に小さく、滑らかな需要曲線を形成する。この曲線は異なる形状をしているが、これまで展開してきた考え方を適用することができる。すなわち消費者余剰は、価格線の上側と需要曲線の下側にある領域の面積である。パネル(a)では、価格はP_1であり、消費者余剰は三角形ABCの面積となる。

　ここで、パネル(b)に示すように、価格がP_1からP_2に下落したとする。すると消費者余剰は三角形ADFの面積に等しくなる。値下げによる消費者余剰の増加は、四角形BCFDの面積である。

　この消費者余剰の増加は、2つの部分からなる。第1に、すでに高い価格P_1でQ_1の財を購入していた購入者は、支払う金額が少なくなったので、より高い便益を得る。既存の買い手の消費者余剰の増加は、彼らが支払う金額の減少分であり、長方形BCEDの面積に等しい。第2に、新規の買い手の中にはより低い価格で商品を購入することを望むので、市場に参入する者がおり、需要量はQ_1からQ_2に増加する。

図7-3　価格が消費者余剰に与える影響

パネル(a)では、価格はP_1であり、需要量はQ_1で、消費者余剰は三角形ABCの面積に等しい。パネル(b)のように価格がP_1からP_2に下がると、需要量はQ_1からQ_2に増加し、消費者余剰は三角形ADFの面積に拡大する。消費者余剰の増加（四角形BCFDの面積）は、当初より市場に参加している消費者の支払額が少なくなる部分（四角形BCED）と低い価格で市場に新しく参入してき消費者による部分（三角形CEF）からなる。

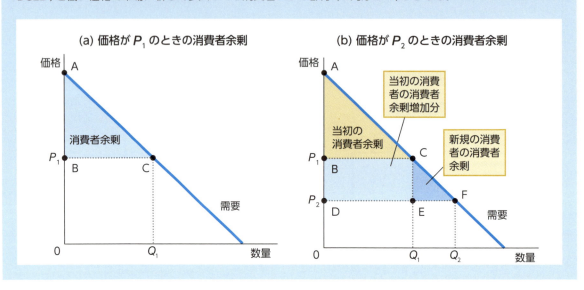

新規参入者の消費者余剰は、三角形CEFの面積である。

1-4　消費者余剰は何を測っているのか

消費者余剰の概念は、市場の望ましい結果について判断する際に役立つ。消費者余剰がどのようなものかを見た上で、それが経済厚生を測る良い指標であるかどうかを考えてみよう。

あなたが経済システムを設計する政策立案者だとしよう。消費者余剰を気にするだろうか？　消費者余剰は、買い手が財に支払うことを望む金額から、実際に支払う金額を差し引いたものであるため、買い手自身が認識する市場から買い手が得る便益を表す。政策立案者が買い手の好みを満たしたいのならば、消費者余剰は経済厚生を測るのに適している。

状況によっては、政策立案者は買い手の行動を促す好みを尊重しないため、消費者余剰を無視することを選ぶかもしれない。たとえば、麻薬中毒者は、自分が選んだ薬物に対して高い価格を支払うことをいとわない。しかし、政策立案者は（たとえ麻薬中毒者がそう言ったとしても）麻薬中毒者が薬物を安く買えることで大きな便益を得ているとは言いにくいだろう。社会から見れば、この場合の支払用意は、購入者の便益を測る良い指標ではないし、消費者余剰は経済厚生を測る良い指標ではない。

しかし、ほとんどの市場では、消費者余剰は経済厚生を反映している。経済学者は一般に、買い手が意思決定をするときは合理的であると仮定している。合理的な

第7章 消費者、生産者、市場の効率性

人々は、その機会が与えられれば、目的を達成するために最善を尽くす。また、経済学者は通常、人々の好みが尊重されるべきであるとも仮定する。この場合、消費者は、自分が購入した商品からどれだけの便益を得られるかを判断する最良の審判者である。

理解度確認クイズ

1. アレクシス、ブルーノ、カミラはそれぞれアイスクリームを欲しがっている。アレクシスは12ドル、ブルーノは8ドル、カミラは4ドルを支払う意思がある。市場価格は6ドルである。彼らの消費者余剰は、何ドルになるか。

   a. 6ドル
   b. 8ドル
   c. 14ドル
   d. 18ドル

2. アイスクリームの価格が3ドルに下がった場合、アレクシス、ブルーノ、カミラの消費者余剰は、何ドル増加するか。

   a. 6ドル
   b. 7ドル
   c. 8ドル
   d. 9ドル

3. クッキーの需要曲線は右下がりで、クッキーの価格が3ドルのとき、需要量は100である。価格が2ドルに下がった場合、消費者余剰はどうなるか。

   a. 下落幅は100ドル未満
   b. 下落幅は100ドル以上
   c. 上昇幅は100ドル未満
   d. 上昇幅は100ドル以上

➡ (解答は章末に)

2 生産者余剰

次に市場の反対側に目を向け、売り手が市場に参加することで受ける便益について考えてみよう。売り手の厚生の分析は、買い手の厚生の分析と平行して行われる。

2-1 コストと受取用意

あなたが家の持ち主で、家をペイントしたいと思っているとしよう。あなたは4人のペイント業者に依頼する。ヴィンセント、クロード、パブロ、アンディ。どのペイント業者も、適切な価格であれば喜んで仕事を引き受けてくれる。あなたはオークションを設定し、4人のペイント業者から入札を受ける。

各ペイント業者は、価格が仕事に必要なコストを上回れば、喜んで仕事を引き受ける。ここでいう**コスト（費用）**とは、ペイント業者の機会費用と解釈すべきものである。ペイント業者の機会費用には、実費（ペンキ代、ブラシ代など）と、最も重要なことだが、ペイント業者が労働にかける時間価値が含まれる。表7-2は、各ペイント業者の費用を示している。ペイント業者の原価は、仕事を受ける際の最低価格であるため、ペイント業者のサービスを売る意思を測るものである。各ペイント業者は、費用より高い価格でサービスを売りたがり、自分自身のコストより低い価格でサービスを売ることはない。自分自身のコストとまったく同じ価格であれば、サービスを売ることに無差別である。すなわち、仕事を得ることに満足するか、仕

···· コスト（費用）
(cost)
売り手が商品を生産するために諦めなければならないすべての価値

149

第Ⅲ部　市場と厚生

事を得られず他のことに時間とエネルギーを割くことにしても、同じように満足するだろう。

入札を受けると、高い価格から始まるかもしれないが、ペイント業者たちが競合するうちにすぐに価格は下がる。アンディが2,400ドル（またはそれより少し安い金額）で入札した時点で、彼が唯一の入札者として残る。アンディがこの値段で仕事を喜んで引き受けるのは、彼のコストが2,000ドルだからである。ヴィンセント、クロード、パブロは2,400ドル以下では仕事を引き受けることはしない。最も安い費用で仕事ができるペイント業者が仕事を受注することに注意しよう。

アンディはこの仕事を得ることによって、どのような便益を得るだろうか？　彼は2,000ドルで仕事をする意思があるが、2,400ドルの報酬を受け取っているため、経済学者は彼が400ドルの**生産者余剰**を受け取っているという。生産者余剰とは、売り手に支払われた金額から生産コストを差し引いたものである。生産者余剰は、売り手が市場に参加することでどれだけの便益を得られるのかを測るものである。

別の例を考えてみよう。2軒の家でペンキ塗りが必要だとする。ここでも、4人のペイント業者がこの仕事に入札する。簡単化のために、両方の家をペイントできるペイント業者はおらず、それぞれの家をペイントするために持ち主が同じ金額を支払うと仮定する。したがって、2人のペイント業者が残るまで、価格は下落することになる。

この場合、アンディとパブロがそれぞれ3,200ドル（またはそれより少し安い金額）を入札した時点でオークションは終了する。アンディとパブロは3,200ドルで入札し、ヴィンセントとクロードはそれ以下では入札しない。3,200ドルで、アンディの生産者余剰は1,200ドル、パブロの生産者余剰は800ドルである。市場の生産者余剰の合計は2,000ドルである。

生産者余剰
(producer surplus)
売り手に支払われた金額から生産コストを差し引いたもの

表7-2　**想定される4人の売り手のコスト**

売り手	コスト（ドル）
ヴィンセント	3,600
クロード	3,200
パブロ	2,400
アンディ	2,000

2-2　供給曲線による生産者余剰の測定

消費者余剰が需要曲線と密接な関係があるように、生産者余剰は供給曲線と密接な関係がある。どのようなものかを知るために、ペイント・サービスの供給曲線を導いてみよう。

まず、4人のペイント業者のコストを使って、供給計画を求めることから始める。

図7-4の表は、表7-2のコストに対応する一覧表を示している。価格が2,000ドル以下であれば、どのペイント業者も仕事をしないので、供給量はゼロである。価格が2,000ドルから2,400ドルの間であれば、アンディだけが仕事をするので、供給量は1になる。価格が2,400ドルから3,200ドルの間であれば、アンディとパブロが仕事をするので、供給量は2である。このように、供給計画は4人のペイント業者のコストから導かれる。

図7-4のグラフは、この供給計画に対応する供給曲線を示している。供給曲線の高さは、売り手のコストに関係していることに留意したい。どの数量においても、供給曲線が示す価格は、**限界的な売り手**（marginal seller）のコストを示している。たとえば、数量が4軒の場合、供給曲線の高さは3,600ドルであり、これはヴィンセント（限界的な売り手）がペイント・サービスを提供するために発生するコストである。3軒の場合、供給曲線の高さは3,200ドルであり、これはクロード（現在の限界的な売り手）が負担するコストである。

供給曲線は売り手のコストを反映するため、生産者余剰を測定するために使用することができる。図7-5は、2つの例の生産者余剰を計算するために供給曲線を使用したものである。パネル(a)では、価格は2,400ドル（またはそれよりも少し安い）、供給量は1である。価格より下側で供給曲線より上側の長方形の面積は400ドルに等しい。これが、先ほどアンディについて計算した生産者余剰となる。

図7-5のパネル(b)は、価格が3,200ドル（またはそれより少し安い場合）の生産者余剰を示している。この場合、価格の下側と供給曲線の上側の面積は、2つの長方形を合計した面積に等しい。この面積は2,000ドルであり、2軒の家にペンキ塗りが必要であったときに、パブロとアンディについて先に計算された生産者余剰に等し

図 7-4　供給計画と供給曲線

この表は、ペイントサービスの（表7-2に記載した）売り手の供給計画を示している。グラフは、対応する供給曲線を示している。供給曲線の高さは売り手のコストを反映している。

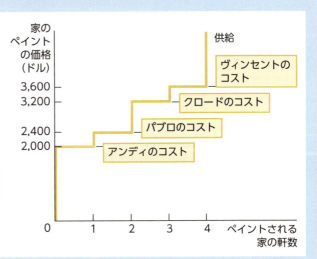

図 7-5　供給曲線による生産者余剰の測定

パネル(a)では、財の価格は2,400ドルで、生産者余剰は400ドルである。パネル(b)では、価格は3,200ドルで、生産者余剰は2,000ドルである。

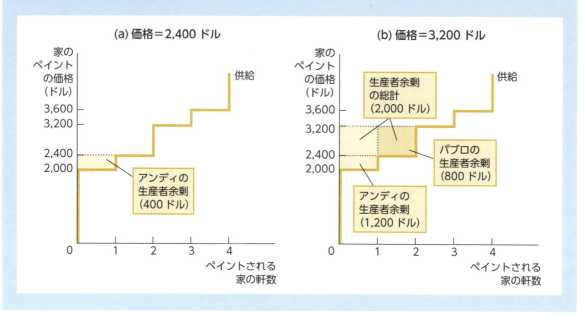

い。

　この例から得られる教訓は、すべての供給曲線に当てはまる。すなわち、**価格線より下側であり、かつ供給曲線より上側の面積は、市場における生産者余剰を表している**。その論理は明快である。つまり、供給曲線の高さは売り手のコストであり、価格と生産コストの差は各売り手の生産者余剰である。したがって、価格線と供給曲線の間の面積は、すべての売り手の生産者余剰の合計である。

2-3　価格が高いほど生産者余剰が増加する仕組み

　売り手は一般的に、販売する財の価格がより高いことを好むと聞いても驚かないだろう。しかし、価格が高くなると、売り手の厚生はどの程度増加するのだろうか？生産者余剰の概念がその答えを示してくれる。

　図7-6は、売り手が多数存在する市場で生じる典型的な右上がりの供給曲線を示している。この供給曲線の形は前の図とは異なるが、生産者余剰は同じ方法で測ることができる。すなわち、生産者余剰は、価格の下側と供給曲線の上側の面積である。パネル(a)では、価格はP_1であり、生産者余剰は三角形ABCの面積である。

　パネル(b)は、価格がP_1からP_2に上昇した場合を示している。生産者余剰は三角形ADFの面積に等しい。この生産者余剰の増加は2つの部分からなる。第一に、すでにP_1の低い価格でQ_1の財を売っていた売り手は、売った財に対してより多くの利益を得る。これらの既存の売り手の生産者余剰の増加は、長方形BCEDの面積に等しい。次に、新しい売り手がより高い価格で市場に参入するので、供給量はQ_1

図 7-6 価格が生産者余剰に与える影響

パネル(a)では、価格はP_1であり、供給量はQ_1で、生産者余剰は三角形ABCの面積に等しい。パネル(b)のように価格がP_1からP_2に上がると、供給量はQ_1からQ_2に増加し、生産者余剰は三角形ADFの面積に拡大する。生産者余剰の増加（四角形BCFDの面積）は、当初からの生産者がより高い価格でより多くを受け取る部分（四角形BCED）と、より高い価格が新規生産者の市場参入による部分（三角形CEF）から生じる。

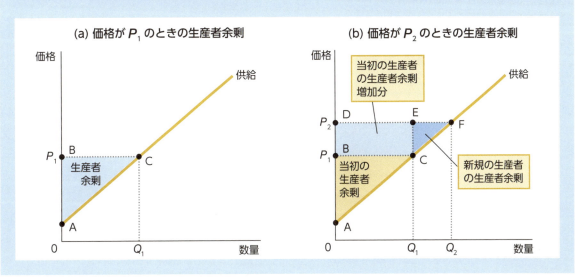

からQ_2に増加する。これらの新規参入者の生産者余剰は、三角形CEFの面積に等しい。

　この分析が示すように、生産者余剰は、消費者余剰が買い手の厚生を測定するのとほぼ同じ方法で、売り手の厚生を測定する。この2つの経済的厚生の指標は非常に似ているので、次節で行うように、一緒に考えることは自然なことである。

理解度確認クイズ

4. ディエゴ、エミ、フィンは今学期、家庭教師として働くことができる。家庭教師の機会費用は、ディエゴが400ドル、エミが200ドル、フィンが100ドルである。大学は家庭教師を300ドルで雇う。この市場における生産者余剰は、いくらか。

   a. 100ドル
   b. 200ドル
   c. 300ドル
   d. 400ドル

5. ギャビンは週300ドルで庭師としてフルタイムで働いている。市場価格が400ドルに上昇したとき、ヘクターも庭師になった。この価格上昇により、生産者余剰はいくら上昇するか。

   a. 100ドル未満
   b. 100ドルと200ドルの間
   c. 200ドルと300ドルの間
   d. 300ドル以上

6. ある製品の供給曲線は$Q^S=2P$であり、市場価格は10ドルである。この市場における生産者余剰はいくらか（ヒント：供給曲線をグラフに描いて、三角形の面積の公式を思いだすこと）。

   a. 5ドル
   b. 20ドル
   c. 100ドル
   d. 200ドル

➡（解答は章末に）

第Ⅲ部　市場と厚生

3 　市場の効率性

　消費者余剰と生産者余剰は、経済学者が市場における買い手と売り手の厚生を研究するために使用する基本的なツールである。これらのツールは、根本的な問題を解決するのに役立つ。すなわち、競争市場は望ましい資源の配分を達成しているのか、というものである。

3-1 　善意ある社会計画者

　市場の結果を評価するために、新しい仮想的なグループを導入する。善意ある社会計画者（social planner）たちは、全知全能で、十分に情報を得た者である。彼らは、社会のすべての人の経済厚生を最大化したいと考えている。彼らは何をすべきか？買い手と売り手が自分たちで均衡を見いだすようにすればいいのだろうか？　それとも、市場の結果を何らかの形で変えることによって、計画者は幸福を高めることができるのだろうか？

　この問いに答えるために、計画者はまず社会厚生を測る方法を決めなければならない。社会の厚生を測るための指標の1つは、消費者余剰と生産者余剰の合計であり、これを**総余剰**（total surplus）と呼んでいる。消費者余剰は、買い手が市場に参加することによって受ける便益であり、生産者余剰は売り手が受ける便益である。したがって、総余剰は、社会計画者が市場の資源配分を判断する際に考慮すべき自然な変数である。

　この指標をより深く理解するために、消費者余剰と生産者余剰の定義を思い出してみよう。消費者余剰は次のように定義される。

消費者余剰＝買い手にとっての価値－買い手が支払う金額

同様に、生産者余剰は次のように定義される。

生産者余剰＝売り手が受け取る金額－売り手が負担するコスト

消費者余剰と生産者余剰を足すと、以下のようになる。すなわち、

総余剰＝（買い手にとっての価値－買い手が支払う金額）
　　　＋（売り手が受け取る金額－売り手が負担するコスト）

ここで、買い手が支払う金額と売り手が受け取る金額は等しいので、上式の中間の2つの項は相殺される。その結果、

総余剰＝買い手にとっての価値－売り手が負担するコスト

となる。市場における総余剰とは、買い手の支払用意によって表された財の買い手にとっての価値の合計から、それらの財を提供する売り手の総費用を差し引いたものである。

　資源の配分が総余剰を最大化する場合、経済学者はその配分が効率的であるとい

う（**効率性**）。配分が効率的でない場合、買い手と売り手の間の取引から得られる潜在的便益の一部が実現されていないことになる。たとえば、ある財が最もコストの低い売り手によって生産されていない場合、配分は非効率的である。この場合、高コストの生産者から低コストの生産者に生産を移せば、売り手の総コストを削減し、総余剰を上げることができる。同様に、財がその財に最も喜んで支払う買い手によって消費されていない場合、配分は非効率的である。この場合、評価の低い買い手から評価の高い買い手に財の消費を移動させれば、総余剰を上げることができる。

> **効率性**
> （efficiency）
> 社会の全メンバーが受け取る総余剰を最大化するという資源配分に関する性質

効率性に加えて、社会計画者は**公平性**、つまり、市場のさまざまな買い手と売り手が同程度の経済厚生を享受しているかどうかを気にするかもしれない。要するに、市場での取引から得られる便益は、市場参加者の間で分け合うパイのようなものである。効率性の問題は、パイが可能な限り大きいかどうかに関係する。公平性の問題は、パイをどのように切り分け、社会の構成員に分配するかに関係する。本章では、社会計画者の基準として効率性に焦点を当てる。しかし、現実の政策立案者は、しばしば公平性にも関心を持つことに留意してほしい。

> **公平性**
> （equality）
> 経済的な便益を社会のメンバーの間で均等に分配している性質

3-2 市場均衡の評価

図7-7は、市場が需要と供給の均衡に達したときの厚生指標を示している。消費者余剰は、価格の上側で需要曲線の下側にある部分に等しく、生産者余剰は価格の下側で供給曲線の上側にある部分に等しいことを思い出そう。均衡点までの供給曲線と需要曲線の間の面積は、この市場における総余剰を表す。

この資源の均衡における配分は効率的だろうか？ つまり、総余剰を最大化して

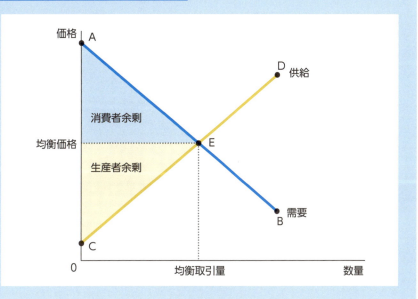

図 7-7　市場の均衡における消費者余剰と生産者余剰

総余剰（消費者余剰と生産者余剰の合計）は、均衡取引量までの供給曲線と需要曲線の間の面積である。

第Ⅲ部　市場と厚生

いるのだろうか？　市場が均衡状態にあるとき、価格が市場に参加する可能性のある買い手と売り手を決定することを思い出そう。その財を価格よりも高く評価する買い手（需要曲線上の線分AE）は、その財を買うことを選択し、価格よりも低く評価する買い手（線分EB）は、その財を買わない。同様に、コストが価格より小さい売り手（供給曲線の線分CE）は、財を生産し販売することを選択し、コストが価格より大きい売り手（線分ED）はそうしない。

これらの観察から、市場の結果について2つの洞察が導かれる。

1. 競争市場は、支払用意によって測定されるように、財の供給を、その財に最も価値を見いだす買い手に配分する。
2. 競争市場は、財の需要を、それを最も低コストで生産できる売り手に配分する。

したがって、市場均衡での生産販売量が与えられた場合、社会計画者は、買い手の間の消費配分や売り手の間の生産配分を変更することによって、経済厚生を増加させることはできない。

しかし、社会計画者は、財の量を増やしたり減らしたりすることで、厚生を高めることができるのだろうか？　答えは「ノー」である。市場の結果に関する次の第3の洞察で述べられている通りである。

3. 競争市場は、消費者余剰と生産者余剰の和を最大化する財の量を生産する。

図7-8はその理由を示している。この図を解釈するために、需要曲線は買い手の価値を反映し、供給曲線は売り手のコストを反映していることを思い出そう。Q_1のような均衡レベル以下の量では、限界的な買い手にとっての価値が限界的な売り手にとってのコストを上回っている。その結果、生産量と消費量を増やすと、総余剰が増加する。これは、数量が均衡水準に達するまで継続する。逆に、Q_2のような均衡レベルを超える量では、限界的な買い手にとっての価値は限界的な売り手にとってのコストを下回る。この場合、量を減らすと総余剰が増加し、これは量が均衡水準に達するまで続く。総余剰を最大化するために、社会計画者は、需要曲線と供給曲線が交わる数量を選択することになる。

これら3つの洞察をまとめると、市場で得られる結果は消費者余剰と生産者余剰の合計を最大化することがわかる。言い換えれば、市場均衡の結果は資源の効率的配分である。したがって、効率性を重視する社会計画者は、市場で得られる結果をそのままにしておくことができる。この「放っておく」政策は、フランス語で**レッセフェール**（自由放任）と表現され、直訳すれば「任せる」という意味だが、より広く解釈すれば「好きなようにさせる」という意味である。

社会計画者が介入する必要がないのは、社会にとって幸運である。全知全能で、すべてを知っている、善意の計画者が何をするかを想像することは、有益な思考実験であったが、現実を直視しよう。ところがこのような人物はなかなかいない。独裁者の中には全能に近い人物もいるかもしれないが、善意ある人物はめったにいな

図 7-8 均衡取引量の効率性

Q_1のような均衡取引量より少ない量では、買い手にとっての価値が売り手のコストを上回る。Q_2のような均衡取引量より多い量では、売り手のコストが買い手のコストを上回る。したがって市場均衡は、生産者余剰と消費者余剰の合計を最大化する。

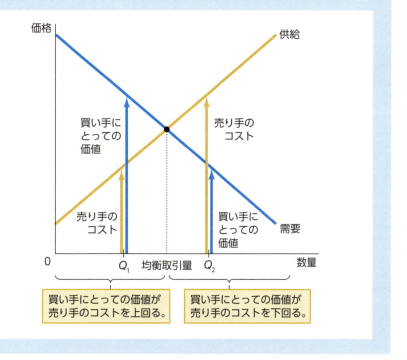

い。仮にそのような高潔な人物を見つけたとしても、彼らには重要な情報が欠けている。

仮に、社会計画者が市場の力に頼るのではなく、自分たちで資源の効率的な配分を選択しようとしたとしよう。そのためには、すべての潜在的消費者にとっての特定の財の価値と、すべての潜在的生産者にとってのコストを知る必要がある。しかも、この情報はこの市場だけでなく、経済に存在する何千もの市場のすべてについて必要となる。このような情報収集は事実上不可能であり、これが、実在する中央計画経済が非効率に満ちている理由である。

しかし、計画者の仕事は、アダム・スミスの「市場の見えざる手」を使えば簡単なものになる。見えざる手は、買い手と売り手に関するすべての情報を考慮に入れて、経済効率の基準によって判断される最良の結果へと、市場にいるすべての人を導く。これは驚くべき偉業である。経済学者が、経済活動を組織する最良の方法として、自由な競争市場を提唱することが多いのはそのためである。

ケーススタディ　臓器市場は存在すべきか？

数年前、ボストン・グローブ紙に「母の愛がどのようにして2人の命を救ったのか」という記事が掲載された。息子に腎臓移植が必要だった女性、スーザン・ステファンズの話である。彼女の腎臓が息子に適合しないことを知った医師は、斬新な解決

策を提案した。もしステファンズが自分の腎臓の1つを見知らぬ人に提供すれば、彼女の息子を腎臓移植待ちリストのトップに載せようというのだ。母親はこの取引を受け入れ、まもなく2人の患者が待ちに待った移植を受けた。

医師の提案の独創性と母親の行為の崇高さは疑う余地がない。しかし、この話は興味深い疑問を投げかけている。もし母親の腎臓と他の腎臓を交換できるのであれば、彼女が他の方法では買えないような高価で実験的なガン治療と腎臓を交換することを、病院は許可するだろうか？ 病院の医学部に通う息子の学費を無料にするために、腎臓を交換することは許されるのだろうか？ 腎臓を売って、そのお金で古いシボレーを下取りに出し、新しいレクサスを買うことができるだろうか？

公序良俗の問題として、人が自分の臓器を売ることは違法である。多くの人々は、人間の臓器を売買するという概念そのものに嫌悪感を抱いている。おそらくそれは、生命の尊厳に関する文化的・宗教的規範に反するからだろう。しかし、そのような反応はいったん脇に置いておいて、腎臓を市場原理が働く財として考えてみよう。要するに、腎臓の市場では、政府は価格上限をゼロに設定しているのだ。その結果、どんな拘束力を持つ価格上限でもそうであるように、供給不足が生じる。ステファンズのケースでは、現金の授受がなかったため、この禁止事項に該当しなかった。法的には市場取引ではなかった。

しかし、多くの経済学者によれば、この禁止を撤廃し、臓器の公開市場を認めれば、大きな便益が得られるという。人は生まれつき2つの腎臓を持っているが、通常は1つしか必要としない。一方、腎臓が働かないため病気に苦しむ人もいる。取引による便益は明らかであるにもかかわらず、現状は悲惨である。一般的な患者は腎臓移植まで数年待たなければならず、適合する腎臓が見つからないために毎年何千人もの人が亡くなっている。市場による解決の支持者は「もし腎臓を必要としている人が、2つ腎臓を持っている人から腎臓を買うことができれば、価格は需要と供給のバランスをとるために上昇するだろう」と述べる。売り手は、余分な現金がポケットに入るので、より良い生活を送ることができる。買い手は、命を救うために必要な臓器を手に入れることができる。腎臓不足は解消されるだろう。

このような市場は資源の効率的な配分につながるだろうが、それでもこの計画には批判がある。嫌悪感の問題に加えて、公平性を心配する声もある。臓器市場では、最も支払用意と能力のある人に臓器が割り当てられるため、貧しい人々を犠牲にして金持ちを利することになると彼らは主張する。しかし、現在のシステムの公平性にも疑問を呈することができる。今、われわれのほとんどは、実際には必要のない余分な臓器を持って歩き回っている。それは公平だろうか。

専門家の見方　腎臓の供給

「腎臓病患者の延命のために、ヒトの腎臓への代金支払を認める市場を実験的に確立すべきである」

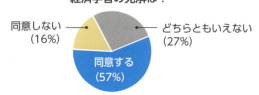

（出所）IGM Economic Experts Panel, March 11, 2014.

第7章　消費者、生産者、市場の効率性

理解度確認クイズ

7. イザベルは自分の時間を1時間60ドルで評価している。彼女は2時間かけてジェイラにマッサージを施す。ジェイラはマッサージに300ドルでも支払うつもりであったが、2人は200ドルで交渉した。この取引では、_____は_____より_____ドル大きい。

   a. 消費者余剰 ― 生産者余剰 ― 20

   b. 消費者余剰 ― 生産者余剰 ― 40

   c. 生産者余剰 ― 消費者余剰 ― 20

   d. 生産者余剰 ― 消費者余剰 ― 40

8. 資源の効率的配分は、_____を最大化する。

   a. 消費者余剰

   b. 生産者余剰

   c. 消費者余剰＋生産者余剰

   d. 消費者余剰－生産者余剰

9. 市場が均衡状態にあるとき、買い手は_____支払用意を持つ者であり、売り手は_____コストを持つ者である。

   a. 最も高い ― 最も高い

   b. 最も高い ― 最も低い

   c. 最も低い ― 最も高い

   d. 最も低い ― 最も低い

10. 需要と供給の均衡を上回る量を生産することは非効率的である。なぜなら限界的な買い手の支払用意が_____なるからである。

   a. 負と

   b. ゼロと

   c. 正であるが、限界的な売り手のコストより小さく

   d. 正であり、限界的な売り手のコストより大きく

➡（解答は章末に）

4　結論：市場の効率性と市場の失敗

　この章では、厚生経済学の基本的な道具である消費者余剰と生産者余剰を紹介し、それらを使って市場の結果の効率性を評価した。そして、需要と供給の力が資源を効率的に配分することを示した。市場の買い手と売り手は、それぞれ自分の厚生にしか関心がないにもかかわらず、見えざる手によって、買い手と売り手の総便益を最大化する均衡へと導かれる。

　ここで少し注意しておきたいことがある。市場が効率的であると結論づけるために、われわれは市場がどのように機能するかについていくつかの仮説を立てた。これらの仮説が成り立たない場合、市場の均衡が効率的であるという結論はもはや成り立たないかもしれない。この章を閉じるにあたり、われわれが行った最も重要な2つの仮説について簡単に考えてみよう。

　第1に、われわれの分析は市場が完全競争であることを前提としている。しかし実際の経済では、競争は完全とは言い難い場合がある。市場によっては、1人の買い手や売り手（あるいはその小さなグループ）が市場価格をコントロールできる場合もある。このような価格に影響を与える力を**市場支配力**という。市場支配力は、需要と供給を均衡させる水準から価格と数量を遠ざけ、市場を非効率にする可能性がある。

　第2に、われわれの分析では、市場の結果は市場に参加する買い手と売り手にとってのみ重要であると仮定した。しかし、時には買い手と売り手の決定が関係のない第三者に影響を与えることもある。汚染はその典型例である。たとえば、農薬の使用は、農薬を製造するメーカーや農薬を使用する農家だけでなく、農薬で汚染され

159

第Ⅲ部　市場と厚生

た空気を吸ったり水を飲んだりする多くの人々に影響を与える。市場が**外部性**と呼ばれるこのような副作用を示す場合、市場活動の厚生的意味は、買い手が実現する価値と売り手が負担するコストだけに依存するわけではない。買い手と売り手は、消費量や生産量を決定する際にこのような外部性を無視する可能性があるため、市場の均衡は社会全体から見ると非効率になりうる。

　市場支配力と外部性は、**市場の失敗**（規制のない市場が資源を効率的に配分できないこと）と呼ばれる一般的な現象の一例である。市場が失敗する場合、公共政策によって問題を是正し、経済効率を高めることが可能である。ミクロ経済学者は、市場の失敗がどのような場合に起こりうるか、また、どのように修正するのが最善かを研究することに多くの労力を費やしている。経済学の勉強を続けるうちに、ここで展開された厚生経済学のツールが、その目的のために容易に活用できることがわかるだろう。

　市場の失敗の可能性にもかかわらず、市場の見えざる手は非常に重要である。多くの市場では、本章で立てた仮定がうまく機能し、市場の効率性という結論がそのまま当てはまる。さらに、厚生経済学と市場の効率性の分析を用いることで、さまざまな政府の政策の効果に光を当てることができる。次の第8章と第9章では、税制と国際貿易の厚生効果という2つの重要な政策課題に、ここで展開したツールを適用する。

本章のポイント

- 消費者余剰は、ある財に対して買い手の支払用意から実際に支払った金額を差し引いたものに等しく、買い手が市場に参加することで得られる便益を測るものである。消費者余剰は、需要曲線の下側と価格の上側の面積を計算することによって求めることができる。

- 生産者余剰は、売り手の商品に対して支払われた金額から生産コストを差し引いた金額に等しく、売り手が市場に参加することで得られる便益を測るものである。生産者余剰は、価格の下側と供給曲線の上側の面積を計算することによって求めることができる。

- 総余剰（消費者余剰と生産者余剰の合計）を最大化する資源配分は効率的という。政策立案者は、経済的結果の公平性とともに効率性にもしばしば関心を持つ。

- 通常の条件下では、需要と供給の均衡は総余剰を最大化する。つまり、市場の見えざる手は通常、競争市場における買い手と売り手が資源を効率的に配分するように導く。

- 市場支配力や外部性のような市場の失敗が存在する場合、市場は資源を効率的に配分しない。

第7章　消費者、生産者、市場の効率性

理解度確認テスト

1. 買い手の支払用意、消費者余剰、需要曲線がどのように関連しているかを説明しなさい。

2. 売り手のコスト、生産者余剰、供給曲線の関係を説明しなさい。

3. 市場均衡における生産者余剰と消費者余剰を需要と供給の図に示しなさい。

4. 効率性とは何か。それは政策立案者の唯一の目標だろうか。

5. 市場の失敗を2種類挙げなさい。それぞれが市場で得られる結果を非効率にする理由を説明しなさい。

演習と応用

1. カイラはiPhoneを360ドルで購入し、240ドルの消費者余剰を得た。
　a. 彼女の支払用意はいくらか。
　b. もし彼女がiPhoneをセールで270ドルで購入したならば、消費者余剰はいくらか。
　c. もしiPhoneの価格が750ドルだったら、彼女の消費者余剰はいくらか。

2. カリフォルニアで秋に土壌の凍結が起こり、レモンの収穫が悪化した。レモン市場で消費者余剰がどうなるのか説明しなさい。また、レモネードの市場での消費者余剰はどうなるか、図を用いて説明しなさい。

3. フランスパンの需要が上昇したとする。フランスパン市場の生産者余剰はどうなるか説明しなさい。また、小麦粉市場の生産者余剰はどうなるか、図を用いて説明しなさい。

4. バートは暑い日に喉が渇いている。以下の表は、買い手がボトルドウォーター（ペットボトル入り飲料水）につける価値である。

1本目の価値	7ドル
2本目の価値	5ドル
3本目の価値	3ドル
4本目の価値	1ドル

　a. この情報からバートの需要計画を導出しなさい。またボトルドウォーターに対する需要曲線をグラフにしなさい。
　b. ボトルドウォーターの値段が4ドルだとすると、バートは何本買うか。バートはこの買物からどれだけの消費者余剰を得られるか。消費者余剰をグラフに示しなさい。

　c. 価格が2ドルに下がった場合、需要量はどのように変化するか。バートの消費者余剰はどのように変化するのか。これらの変化をグラフに示しなさい。

5. アーニーは井戸とポンプを所有している。大量の水を汲み上げることは少量の水を汲み上げることよりも難しいので、ボトルドウォーターを製造するコストは汲み上げる量が増えるほど高くなる。ボトルドウォーターを1本作るのにかかるコストは、以下の通りである。

最初のボトルのコスト	1ドル
2本目のボトルのコスト	3ドル
3本目のボトルのコスト	5ドル
4本目のボトルのコスト	7ドル

　a. この情報から、アーニーの供給計画を導出しなさい。アーニーのボトルドウォーターの供給曲線をグラフにしなさい。
　b. ボトルドウォーター1本の価格が4ドルだとすると、アーニーは何本の水を生産して販売するか。アーニーはこれらの販売からどれだけの生産者余剰を得られるか。アーニーの生産者余剰をグラフに示しなさい。
　c. 価格が6ドルに上昇した場合、供給量はどのように変化するか。アーニーの生産者余剰はどのように変化するか。これらの変化をグラフに示しなさい。

6. 問4のバートが買い手で、問5のアーニーが売り手である市場を考える。
　a. アーニーの供給計画とバートの需要計画を使って、価格が2ドル、4ドル、6ドルのときの需要量と供給量を求めなさい。

161

第Ⅲ部　市場と厚生

b. この均衡における消費者余剰、生産者余剰、総余剰はいくらか。

c. もしアーニーが生産し、バートが消費するボトルドウォーターが1本少なかったら、総余剰はどうなるか。

d. アーニーが生産し、バートがさらに1本のボトルドウォーターを消費した場合、総余剰はどうなるか。

7. 薄型テレビの製造コストは過去10年間で低下している。この変化の意味を考えてみよう。

a. 生産コストの低下が薄型テレビの販売価格と販売数量に及ぼす影響を示す需要曲線と供給曲線を描きなさい。

b. 消費者余剰と生産者余剰がどうなっているのかを図で示しなさい。

c. 薄型テレビの供給が非常に弾力的であるとする。消費者と生産者のどちらが、生産コストの低下から最も便益を受けるか。

8. 4人の消費者はヘアカットに以下の金額を支払う意思がある。

グロリア： 35ドル	ジェイ： 10ドル	クレア： 40ドル	フィル： 25ドル

また、4店の理髪店では、以下のコストがかかる。

店A： 15ドル	店B： 30ドル	店C： 20ドル	店D： 10ドル

各店は最大1回のヘアカットを提供できる。効率性を達成するためには、何回ヘアカットすべきか。どの店がヘアカットし、どの消費者がヘアカットをしてもらうべきか。総余剰は最大どのくらいになるだろうか。

9. 過去数十年間の経済における大きな変化の1つは、技術の進歩によってコンピュータの製造コストが下がったことである。

a. コンピュータ市場の価格、数量、消費者余剰、生産者余剰がどうなったかを示す需要と供給の図を描きなさい。

b. 40年前、学生たちはタイプライターを使って授業用のレポートを作成していたが、今日ではコンピュータを使っている。コンピュータとタイプライターは補完財だろうか、それとも代替財だろうか。タイプライターの市場における価格、数量、消費者余剰、生産者余剰がどうなったかを、需要と供給の図を使って示しなさい。タイプライターの生産者は、コンピュータの技術的進歩を喜ぶべきだろうか、それとも悲しむべきだろうか。

c. コンピュータとソフトウェアは補完財か、それとも代替財か。ソフトウェアの市場における価格、数量、消費者余剰、生産者余剰に何が起こったかを示す需要と供給の図を描きなさい。ソフトウェア生産者は、コンピュータの技術的進歩を喜ぶべきだろうか、それとも悲しむべきだろうか。

d. この分析は、ソフトウェアの製造者であるビル・ゲイツが世界の大富豪の1人になった理由を説明するのに役に立つだろうか。

10. あなたの友人が2つの映画配信サービスを検討している。プロバイダーAは、配信している映画の数に関係なく、年間120ドルを請求する。プロバイダーBは、固定サービス料ではなく、映画1本につき1ドルを課金する。あなたの友人の映画に対する年間需要は、$Q^D=150-50P$という式で導き出される。ただしPは映画1本当たりの価格である。

a. 各プロバイダーで、友人が映画を1本追加した場合のコストはいくらになるか。

b. 設問 (a) の答えを踏まえた上で、友人は各プロバイダーで何本の映画を鑑賞するか。

c. 各プロバイダーに毎年いくら支払うことになるか。

d. 各プロバイダーから得られる消費者余剰はいくらか（ヒント：需要曲線をグラフにし、三角形の面積の公式を思い出すこと）。

e. 友人にどちらのプロバイダーを選ぶことを勧めるか。その理由は何か。

理解度確認クイズの解答

1. b　　**2.** b　　**3.** d　　**4.** c　　**5.** b　　**6.** c　　**7.** a　　**8.** c　　**9.** b　　**10.** c

第**8**章

Chapter 8

Application: The Costs of Taxation

応用：租税のコスト

　税は過熱した政治論争の原因となることが多い。1776年、イギリスの税に対するアメリカ入植者の怒りがアメリカ独立のきっかけとなった。それから2世紀以上経った今でも、アメリカ人は税制の適切な規模やあり方について議論している。しかし、ある程度の課税が必要であることを否定する人はほとんどいないだろう。かつて法学者オリバー・ウェンデル・ホームズ・ジュニア (Oliver Wendell Holmes Jr.) は、「税は文明社会のために支払うものである」と述べている。

　税は現代経済に大きな影響を与えるため、自由に使える政策手段を拡大しながら、本書を通じて税の話題を繰り返し取り扱うことになる。第6章では、需要、供給、弾力性を用いて、財への課税が価格と数量にどのような影響を与えるか、また税負担が買い手と売り手の間でどのように分担されるかを示した。本章では分析を拡張し、税が市場参加者の経済的幸福と定義される厚生にどのような影響を与えるかを検討する。

　税が厚生に与える影響は明らかだと思われるかもしれない。政府は税収を上げるために課税し、その税収は誰かの財布から支払われる。第6章で示したように、ある財に課税されると、その財の買い手と売り手の両方が不利になる。なぜなら買い手はより多く支払い、売り手はより少なく受け取るためである。しかし、税が経済厚生（経済的な幸福）にどのような影響を与えるかを完全に理解するためには、買い手と売り手の損失と政府の徴収額を比較しなければならない。この比較を可能に

163

するのが、消費者余剰と生産者余剰というツールである。この分析により、買い手と売り手にかかる税のコストは、通常、政府から得られる収入を上回ることがわかる。

課税が常に望ましくないというわけではない。税収は政府事業の原資として必要であり、それは価値あるものである。しかし、他に代わる政策を評価するためには、文明社会の代償がどれほど高いものになるかを理解する必要がある。

1 課税の死荷重

まず、第6章の学習を思い出してみよう。税が市場に与える最終的な影響は、買い手と売り手のどちらに課税されても同じである。買い手に対する課税は、課税額の分だけ需要曲線を下方にシフトさせ、売り手に対する課税は、その分だけ供給曲線を上方にシフトさせる。いずれの場合も、税は買い手の支払う価格を引き上げ、売り手の受け取る価格を引き下げる。その結果、税負担が生産者と消費者の間でどのように配分されるかは、課税方法ではなく、需要と供給の弾力性に依存する。

図8-1は課税の効果を示している。税が課されることによって、どちらかの曲線がシフトしなければならないが、物事を単純化するために、この図では需要曲線または供給曲線のシフトは示していない。この章では、シフトを示さないことで、分析を一般的なものにし、グラフが複雑にならないようにしている。重要な点は、税によって買い手の支払価格と売り手の受取価格の間にくさびが生じるということである。このくさびがあるため、販売量は税がない場合よりも少なくなる。言い換えれば、第6章で示したように、財への課税はその財の市場規模を縮小させるのである。

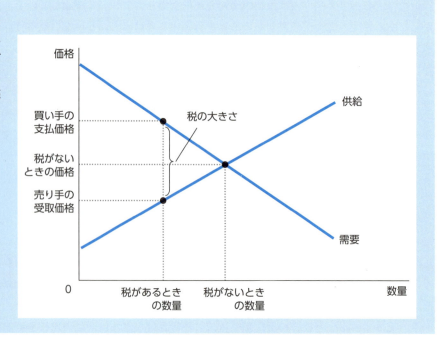

図8-1 税の効果

財に課税すると、買い手が支払う価格と売り手が受け取る価格との間にくさびが生じる。財の販売量は減少する。

1-1 税が市場参加者に与える影響

次に、厚生経済学のツールを使って、ある財に課税することによる便益と損失を測定してみよう。そのためには、税金が買い手、売り手、政府にどのような影響を与えるかを考えなければならない。買い手の厚生とは、買い手が財に対する支払用意の金額から、実際に支払う金額を差し引いたものである消費者余剰によって測られる。売り手の厚生は、売り手が財の対価として受け取る金額から、その財を生産するためのコストを差し引いた生産者余剰によって測られる。第7章では、これらの経済厚生の尺度を紹介した。

第3の利害関係者である政府についてはどうだろうか。T を税の大きさ、Q を販売された財の量とすると、政府は $T \times Q$ の税収を得ることになる。この税収は、道路、警察、公教育などの行政サービスを提供したり、たとえば低所得世帯のための移転プログラムの資金に充てられたりする。税が経済厚生にどのような影響を与えるかを分析する際、政府の税収を使って税による公共の便益を測定する。しかし、この便益は実際には政府にではなく、税収が使われる人々にもたらされる。

図8-2において、政府の税収は供給曲線と需要曲線の間にある長方形で表される。この長方形の高さは税の大きさ T であり、幅は財の販売量 Q である。長方形の面積は高さに幅を掛けたものであるから、この長方形の面積は $T \times Q$ であり、税収に等しい。

税がない場合の厚生　税が厚生にどのような影響を与えるかを見るために、まず税が課される前の状況を考えてみよう。図8-3は、重要な面積をAからFの文字で示した需要と供給の図である。

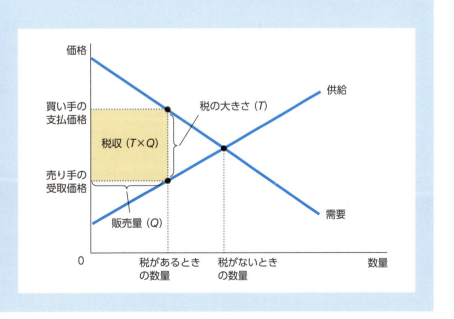

図8-2　税収

政府が徴収する税収は、税額 $T \times$ 販売数量 Q に等しい。したがって、税収は供給曲線と需要曲線の間の長方形の面積に等しい。

第III部 市場と厚生

図 8-3 税が厚生に与える影響

ある財に課税すると、消費者余剰（B+Cの面積）と生産者余剰（D+Eの面積）が減少する。生産者余剰と消費者余剰の減少が税収（B+Dの面積）を上回るため、税は死荷重（C+Eの面積）を課すと言われる。

	課税なし	課税あり	変化
消費者余剰	A+B+C	A	−(B+C)
生産者余剰	D+E+F	F	−(D+E)
税収	なし	B+D	+(B+D)
総余剰	A+B+C+D+E+F	A+B+D+F	−(C+E)

C+Eの面積は、総余剰の減少を示しており、課税による死荷重と呼ばれる。

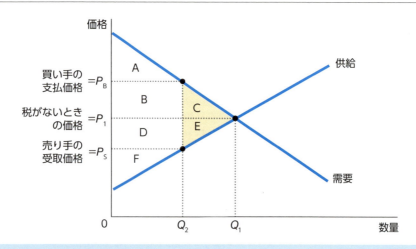

税が課されなければ、均衡価格と均衡数量は需要曲線と供給曲線の交点である。価格はP_1であり、販売数量はQ_1である。需要曲線は買い手の支払用意を反映するため、消費者余剰は需要曲線と価格の間の面積（A+B+C）となる。同様に、供給曲線は売り手のコストを反映するため、生産者余剰は供給曲線と価格の間の面積（D+E+F）となる。この場合税がないため、税収はゼロとなる。

消費者余剰と生産者余剰の合計である総余剰は、A+B+C+D+E+Fの面積に等しい。すなわち、第7章でみたように、これは均衡取引量までの供給曲線と需要曲線の間の面積である。図8-3の表の最初の列は、これらの結果を要約したものである。

税がある場合の厚生 次に、税がある場合の厚生を考えてみよう。買い手が支払う価格はP_1からP_Bに上昇するので、消費者余剰はAの面積（需要曲線の下でかつ買い手の価格P_Bより上の面積）のみに等しい。売り手が受け取る価格はP_1からP_Sに下がるので、生産者余剰はFの面積（供給曲線の上方で売り手価格P_Sの下方の面積）のみに等しい。販売数量はQ_1からQ_2に減少し、政府はB+Dの面積に等しい税収を徴収

第8章　応用：租税のコスト

する。税がある場合の総余剰を求めるには、消費者余剰、生産者余剰、税収を合計すればよい。したがって総余剰は、A+B+D+Fの面積となる。これらの結果は表の第2列目にまとめられている。

厚生の変化　課税前と課税後の厚生を比較することで、課税の効果を見ることができる。表の3列目がその変化を示している。消費者余剰はB+Cの面積の分だけ減少し、生産者余剰はD+Eの面積の分だけ減少する。税収はB+Dの面積分だけ増加する。驚くことではないが、税によって買い手と売り手は不利な状況に陥り、政府はより多くの収入を得ることになる。

　総厚生の変化には、消費者余剰の変化（これはマイナス）、生産者余剰の変化（これもマイナス）、税収の変化（これはプラス）が含まれる。これら3つを足し合わせると、市場の総余剰はC+Eの面積だけ減少することがわかる。**税によって売り手と買い手が被る損失は、政府が上げる収入を上回る**。税（または他の政策）が、本来であれば効率的な市場の結果を歪めた場合に生じる総余剰の減少を、死荷重と呼ぶ。C+Eの面積が、死荷重の大きさを表す。

····· 死荷重
（deadweight loss）
市場の歪みから生じる総
余剰の減少

　なぜ税が死荷重を引き起こすのかを理解するために、第1章の**経済学の10原則**の1つ、「人々はインセンティブに反応する」を思い出してほしい。第7章では、競争市場は通常、希少な資源を効率的に配分することを示した。つまり、税がない場合、需要と供給の均衡は、市場における買い手と売り手の総余剰を最大化する。ところが、政府が税を課すと、買い手の支払価格が上昇し、売り手の受取価格が下落することになり、買い手には消費を減らすインセンティブを、売り手には生産を減らすインセンティブを与えることになる。その結果、市場は最適点よりも小さくなる（図ではQ_1からQ_2への動きで示される）。このように、税はインセンティブを歪めるため、市場が資源を非効率的に配分する原因となる。

1-2 死荷重と取引からの利益

　税が死荷重を引き起こす理由をよりよく理解するために、次のような例を考えてみよう。マリクが毎週100ドルでメイの家を掃除しているとしよう。マリクの時間の機会費用は80ドルであり、メイにとってのきれいな家の価値は120ドルであり、この取引によって各々が20ドルの便益を得る。総余剰の合計40ドルは、この取引から得られる便益を示している。

　ここで、政府が掃除サービスの提供者に50ドルの税金を課したとする。メイがマリクに支払うことのできる価格で、両者がより得になる価格はない。メイが支払ってもいいと思うのはせいぜい120ドルだが、そうするとマリクは税金を支払ったあと、自身の機会費用である80ドルよりも少ない70ドルしか手元に残らない。逆に、マリクが80ドルの機会費用をカバーするためには、メイが130ドルを支払う必要がある。これは掃除サービスとしてメイが支払ってもよいと思っている120ドルを上回っている。その結果、メイとマリクは取引をキャンセルし、マリクは収入を失い、メイは自分の家を掃除する羽目になる。

　この税により、マリクとメイはそれぞれ20ドルの余剰を失ったため、合計40ド

167

ル分が低下することになる。しかし、マリクとメイが取引を行わないため、政府はマリクとメイから税収を得られない。40ドルは純粋な死荷重となる。いわば市場の買い手と売り手にとっての損失であり、政府収入の増加によって相殺されるものではない。この例は死荷重の究極的な発生源を示している。つまり、**税は、買い手と売り手が取引から得られる便益の一部を実現するのを妨げるため、死荷重を引き起こす**。

税によって生じる供給曲線と需要曲線の間の三角形の面積（図8-3のC+E）は、こうした損失を測定するものである。この結論は、需要曲線が消費者にとっての財の価値を、供給曲線が生産者のコストを反映していることを思い出せば、図8-4でよりわかりやすく説明できる。課税によって買い手が支払う価格がP_Bに引き上げられ、売り手が受け取る価格がP_Sに引き下げられると、限界的な買い手と売り手は市場を退出するので、販売数量はQ_1からQ_2に減少する。しかし、図8-4が示すように、これらの買い手にとっての財の価値は、これらの売り手のコストを依然として上回っている。Q_1とQ_2の間の数量すべてにおいても、マリクとメイの例と同じ状況が生じている。取引から得られる便益（買い手の価値と売り手のコストの差）は、税を下回る。その結果、いったん課税が行われると、このような取引は行われなくなる。こうした相互に有利な取引を税が阻害するために失われる余剰が、死荷重である。

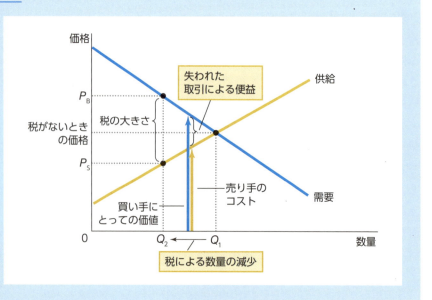

図 8-4　死荷重の発生源

政府が財に税を課すと、販売数量はQ_1からQ_2へと減少する。Q_1とQ_2の間のすべての数量において、買い手と売り手の間の取引から得られる潜在的便益は実現されない。このように取引から失われた便益が、死荷重となる。

第8章　応用：租税のコスト

理解度確認クイズ

1. 財への課税は、どのような場合に死荷重となるか。

   a. 消費者余剰と生産者余剰の減少が税収より大きい場合

   b. 税収が消費者余剰と生産者余剰の減少より大きい場合

   c. 消費者余剰の減少が生産者余剰の減少より大きい場合

   d. 生産者余剰の減少が消費者余剰の減少より大きい場合

2. ドナは宿屋を経営しており、自身のコストに等しい1泊300ドルの部屋代を請求する。サム、ハリー、ビルは、それぞれ500ドル、325ドル、250ドルの支払用意のある3人の潜在的顧客である。政府が宿屋に1泊あたり50ドルの税を課すと、ドナは350ドルに値上げする。この税による死荷重は、何ドルか。

   a. 25ドル

   b. 50ドル

   c. 100ドル

   d. 150ドル

3. ソフィーはスカイに毎週50ドルの芝刈り代を支払っている。政府がスカイに10ドルの芝刈り税を課すと、スカイは料金を60ドルに上げた。ソフィーは高い値段で彼を雇い続ける。生産者余剰の変化、消費者余剰の変化、および死荷重は何ドルか。

   a. 0ドル、0ドル、10ドル

   b. 0ドル、−10ドル、0ドル

   c. 10ドル、−10ドル、10ドル

   d. 10ドル、−10ドル、0ドル

➡（解答は章末に）

2　死荷重の決定要因

税による死荷重が大きいか小さいかは何で決まるのか。その答えは、供給量と需要量が価格の変化にどれだけ反応するかを示す、需要と供給の価格弾力性にある。

まず、供給の弾力性が死荷重の大きさにどのように影響するかを考えてみよう。図8-5の上の2つのパネルでは、需要曲線と税の大きさは同じである。唯一の違いは供給曲線の弾力性である。パネル（a）では、供給曲線は相対的に非弾力的で、供給量は価格の変化にわずかに反応するだけである。パネル（b）では、供給曲線は相対的に弾力的である。すなわち供給量は価格の変化により大きく反応する。死荷重は、需要曲線と供給曲線の間の三角形の面積であり、供給曲線がより弾力的であるほど大きくなることに注意したい。

同様に、図8-5の下の2つのパネルでは、需要の弾力性が死荷重の大きさにどのように影響するかを示している。ここでは、供給曲線と税の大きさは一定に保たれている。パネル（c）では、需要曲線は相対的に非弾力的であり、死荷重は小さい。パネル（d）では、需要曲線はより弾力的であり、税による死荷重はより大きい。

この図8-5から得られる教訓は明らかである。税は、買い手と売り手の行動を変えるように誘導するため、死荷重が生じる。税は買い手の支払う価格を上げるので、買い手の消費は減る。同時に、売り手の受け取る価格も下がるので、生産量も減る。このような行動の変化により、市場の均衡量は経済効率上の最適量よりも縮小する。買い手と売り手が価格の変化に反応すればするほど、均衡数量は縮小する。**したがって、需要と供給の弾力性が大きければ大きいほど、税の死荷重は大きくなる。**

169

図 8-5　税の歪みと弾力性

パネル(a)と(b)では、需要曲線と税の規模は同じだが、供給の価格弾力性は異なる。供給曲線が弾力的であればあるほど、税の死荷重は大きくなる。パネル(c)と(d)では、供給曲線と税の規模は同じであるが、需要の価格弾力性が異なる。需要曲線が弾力的であればあるほど、税の死荷重は大きくなる。

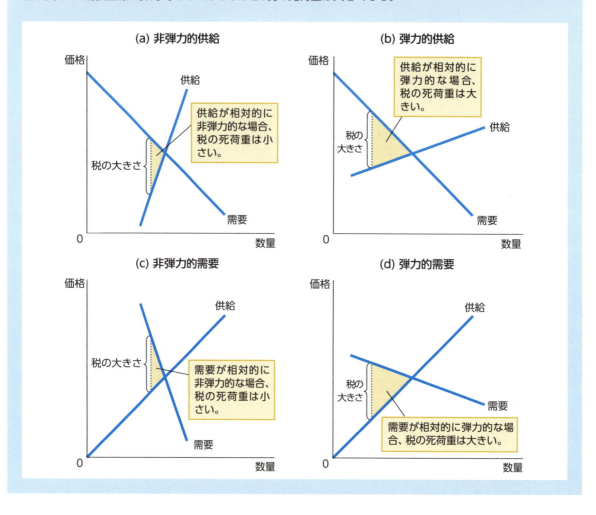

ケーススタディ　死荷重についての論争

　供給、需要、弾力性、死荷重、これらの経済理論はどれも、十分に混乱をもたらすものである。しかし、これらは「政府はどのくらいの大きさであるべきか」という深遠な政治的問題の一部である。これらの概念が重要なのは、課税による死荷重が大きければ大きいほど、政府事業のコストが大きくなるからである。課税が大きな死荷重を伴うのであれば、その損失は、より小さな政府、より少ない課税を求める論拠となる。しかし、課税による死荷重が小さければ、政府事業のコストは他の方法よりも低くなり、より大きな政府を求める議論につながることになる。もちろん、大きな政府、小さな政府を受け入れる理由は、死荷重という現象だけではない。

第8章　応用：租税のコスト

もう1つの重要な論点は、税収で賄われる政府事業の価値である。

　では、課税による死荷重はどの程度なのだろうか。その答えについては、経済学者の間でも意見が分かれている。この意見の相違の本質を知るために、アメリカ経済で最も重要な税、すなわち労働税について考えてみよう。社会保障税、メディケア税、連邦所得税の大部分は労働税である。多くの州政府も州所得税を通じて労働収入に課税している。労働税によって、企業が支払う賃金と労働者が受け取る賃金の間にくさびが生じる。典型的な労働者の場合、すべての労働税を合計すると、労働所得に対する**限界税率**（所得に対する最後の1ドルへの課税）は約40％である。

　労働税の大きさを決めるのは簡単だが、この税の死荷重を計算するのはそれほど簡単ではない。この40％の労働税の死荷重が小さいか大きいかについては、経済学者の間でも意見が分かれている。この意見の相違は、労働供給の弾力性に関する経済学者の見解が異なるために生じる。

　労働税が市場で得られる結果を大きく歪めることはないとする経済学者は、労働供給はかなり非弾力的であると主張する。ほとんどの人は賃金に関係なくフルタイムで働くと主張する。そうであれば、労働供給曲線はほぼ垂直であり、労働に課税しても死荷重は小さい。一家の大黒柱である働き盛りの労働者については、このような傾向があることを示唆する証拠もある。

　労働税による歪みが非常に大きいと主張する経済学者は、労働供給はより弾力的であると主張する。労働者の中には、労働税の変化に対して労働供給量をあまり変化させないグループもあることを指摘しながらも、他のグループはインセンティブにより多く反応すると主張する。以下はその例である。

- たとえば時間外労働など、働く時間を調整できる人々もいる。賃金が高ければ高いほど、より長い時間働くことを選ぶ。
- 多くの家庭には、子持ちの既婚女性という第2の稼ぎ手がいる。彼女たちは、家庭で無給の仕事をするか、市場で有給の仕事をするかについて、ある程度の裁量を持つ。そして、仕事を得るかどうかを決める際に、家にいることのメリット（育児費用の節約を含む）と得られる賃金を比較する。
- 多くの人は退職時期を選ぶことができるが、その決断の一部は賃金に基づいている。フルタイムの仕事をやめた後、パートタイムで働くインセンティブは賃金水準によって決まる。
- 脱税をする人の中には、"裏稼業"で働いたり、麻薬の販売など違法な経済活動に従事する人たちもいる。経済学者はこれを**地下経済**（underground economy）と呼ぶ。潜在的な犯罪者は、地下経済で働くか合法的な仕事で働くかを決める際に、法を犯して得られる賃金と合法的に得られる賃金を比較する。

　いずれの場合も、労働供給量は税引き後賃金に依存するため、労働収入に対する課税は人々の意思決定に影響を与える。これらの税は、労働者が労働時間を減らし、第2の稼ぎ手が家にとどまり、高齢者が早期退職し、無法者が地下経済に入り込むことを助長する。

171

第Ⅲ部　市場と厚生

労働課税による歪みをめぐる議論は今日に至るまで続いている。実際、政府がより多くのサービスを提供すべきか、それとも税負担を軽減すべきかについて、選挙に立候補した2人の政治家の意見が食い違うときには、その意見の不一致の原因の一部は、労働供給の弾力性と課税の死荷重についての異なる見解に起因しているといえるだろう。

理解度確認クイズ

4. 政策立案者が、死荷重を最小限に抑えながら財に課税して歳入を増やしたい場合、需要の弾力性が＿＿＿＿＿財、供給の弾力性が＿＿＿＿＿財を探すべきである。

  a. 小さい ― 小さい
  b. 小さい ― 大きい
  c. 大きい ― 小さい
  d. 大きい ― 大きい

5. アグリコラ国の経済では、農家は耕作に使用する土地を地主から借りている。土地の供給が完全に非弾力的である場合、土地への課税では死荷重が＿＿＿＿＿、課税の負担はすべて＿＿＿＿＿にかかる。

  a. かなり大きく生じ ― 農家

  b. かなり大きく生じ ― 地主
  c. 生じず ― 農家
  d. 生じず ― 地主

6. ブドウゼリーの需要が（イチゴゼリーが良い代替品であるため）完全に弾力的であり、供給が単位弾力性を持つとする。ブドウゼリーへの課税は死荷重が＿＿＿＿＿＿、課税の負担はすべてブドウゼリーの＿＿＿＿＿＿にかかる。

  a. かなり大きなものになり ― 消費者
  b. かなり大きなものになり ― 生産者
  c. まったく生じず ― 消費者
  d. まったく生じず ― 生産者

➡（解答は章末に）

3　税が変化したときの死荷重と税収

税の大きさがずっと同じままであることはめったにない。政策立案者は常に、ある税の引き上げや別の税の引き下げを検討している。税の大きさが変わると、死荷重と税収はどうなるかを考えてみよう。

図8-6は、市場の需給曲線を一定に保ったまま、小、中、大、3段階の税の効果を示している。死荷重（税によって市場規模が最適値より縮小した場合に生じる総余剰の減少）は、需要曲線と供給曲線の間の三角形の面積に等しい。パネル (a) の小さな税では、死荷重の三角形の面積は非常に小さい。しかし、パネル (b) と (c) では、税の規模が大きくなるにつれて、死荷重はどんどん大きくなっている。

実際、税の死荷重は、税の大きさ以上に急速に増加する。これは、死荷重が三角形の面積であり、三角形の面積はその大きさの2乗に依存するからである。たとえば、税の規模を2倍にすると、三角形の底辺と高さは2倍になり、その結果、死荷重は4倍になる。税の大きさを3倍にすると、底辺と高さは3倍になり、その結果、死荷重は9倍になる。

172

図 8-6　死荷重と税収が税の規模によってどのように変化するか

死荷重は、税によって生じる総余剰の減少である。税収は、税の規模に販売された財の量を乗じたものである。パネル(a)では、小さな税は死荷重が小さく、税収も小さい。パネル(b)では、中くらいの税のほうが、死荷重が大きく、より多くの歳入をもたらす。パネル(c)では、非常に大きな税は非常に大きな死荷重をもたらすが、市場規模を非常に縮小させるため、税収はわずかである。パネル(d)と(e)は、これらの結論をまとめたものである。パネル(d)は、税の規模が大きくなればなるほど、死荷重が大きくなることを示している。パネル(e)は、まず税収が増加し、次に減少することを示している。この関係はラッファー曲線と呼ばれるものである。

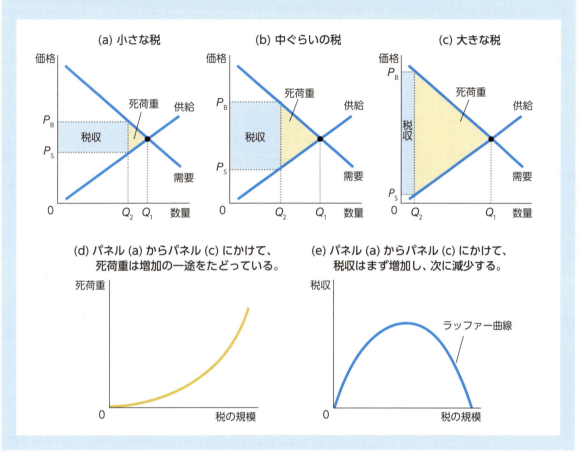

　政府の税収は、税額に販売された財の量をかけたものである。図8-6の最初の3つのパネルが示すように、税収は供給曲線と需要曲線の間の長方形の面積に等しい。パネル(a)の小さな税では、税収は小さい。パネル(a)からパネル(b)へと税の規模が大きくなるにつれて、税収は増加する。しかし、パネル(b)からパネル(c)へと税額がさらに大きくなるにつれて、税収は減少する。非常に大きな税の場合、人々はその財の売買を完全にやめてしまうため、税収は増えない。

　図8-6の最後の2つのパネルが、これらの結果をまとめたものである。パネル(d)では、税の規模が大きくなるにつれて、その死荷重が急速に大きくなることがわかる。これとは対照的に、パネル(e)では、税収はまず税の規模が大きくなるほど増加するが、税の規模がさらに大きくなるにつれて市場が大きく縮小し、税収が減少

し始めることを示している。

ラッファー曲線とサプライサイド経済学

　1974年のある日、経済学者のアーサー・ラッファー（Arthur Laffer）がワシントンのレストランで著名なジャーナリストや政治家たちとテーブルを囲んでいた。彼はナプキンを取り出し、税率が税収にどのように影響するかを示す図を描いた。それは図8-6のパネル（e）に類似していた。ラッファーは、アメリカはこの曲線の傾きが右下がりになっていると示唆した。税率が非常に高いので、税率を下げれば税収は増えるかもしれない、と彼は主張した。

　ほとんどの経済学者はラッファーの提案に懐疑的であった。彼らは、税率の引き下げが税収を増加させるという考えを理論的には受け入れたが、実際にそうなるかどうかは疑問に思った。アメリカの税率が実際にそのような極端な水準に達しているというラッファーの見解を裏付ける証拠はほとんどなかった。

　それにもかかわらず、この**ラッファー曲線**はロナルド・レーガンの想像力をかき立てた。第1次レーガン政権の予算局長であったデイヴィッド・ストックマンは、次のように語っている。

　　［レーガンは］かつてラッファー曲線を実際に経験したことがある。「第2次世界大戦中に大金が稼げる映画の世界に入った」と彼はいつも言っていた。戦時中の所得税は90％に達していた。「映画を4本撮るだけで、その時点でトップクラスの仲間入りだ。だから、映画を4本撮ったらみんな仕事をやめて田舎に帰ってしまった」。高い税率は仕事を減らし、低い税率は仕事を増やした。税率が低いと仕事が増える。彼の経験がそれを証明している。

　レーガンは1980年の大統領選挙に出馬した際、減税を政策の一部に掲げた。レーガンは、税が高すぎるために勤労意欲が削がれ、所得が減少していると主張した。税金が低ければ人々の勤労意欲が高まり、ひいては経済厚生が高まると主張した。彼は、税率を下げたにもかかわらず、税収が増えるほど所得が増える可能性があることを示唆した。税率の引き下げは、人々が供給する労働量を増やすことを促すものであったため、ラッファーとレーガンの見解は**サプライサイド経済学**として知られるようになった。

　経済学者たちはラッファーの主張について論争を続けている。税率を下げれば税収が増えるというラッファーの推測は、その後の歴史によって否定されたと考える人が多い。しかし、歴史は別の解釈も可能であるため、1980年代の出来事はサプライサイド経済学にとって好都合であったと捉える人もいる。ラッファーの仮説をきちんと評価するには、レーガンによる減税がなかったら税収が上がっていたか、あるいは下がっていたかを歴史的に検証する必要がある。しかし、そのような実験を行うことは不可能である。

　中間の立場をとる経済学者もいる。通常、全体的な税率引き下げは税収を減らす

が、納税者の中には、自分たちがラッファー曲線の間違えた側にいるかもしれないと考える者もいる。他の条件が同じであれば、減税は最高税率に直面する納税者に適用されたほうが税収を増やす可能性が高い。加えて、ラッファーの議論は、アメリカよりもはるかに税率が高い国々でより説得力を持つ可能性がある。たとえば、1980年代初頭のスウェーデンでは、一般的な労働者の限界税率は約80％であった。このような高税率は、労働に対する実質的な阻害要因となる。スウェーデンには「税率を下げれば税収が増える」という研究結果もある。

こうした問題について経済学者の意見が分かれるのは、関連する弾力性の大きさについて合意が得られていないことが一因である。どの市場でも、需要と供給の弾力性が高ければ高いほど、税は行動を歪め、減税が税収を増やす可能性は高くなる。しかし、一般的な教訓については一致している。税制変更によって政府がどれだけの歳入を得たり失ったりするかは、税率を見るだけでは計算できない。また、税制改正が人々の行動にどのような影響を与えるかにもよる。

アーサー・ラッファーが再び注目を集めたのは、ドナルド・トランプのアドバイザーを務めた2016年の大統領選挙だった。スティーブン・ムーア（Stephen Moore）との共著『トランポノミクス（Trumponomics）』で語られているように、彼はトランプ候補に大規模な減税を提案するよう勧めた。ラッファーの主張は、数年前に彼が行ったものと同じだった。「ほとんどの経済学者が予測している2％の成長に甘んじるのはなぜだろうか」。「もっと経済が急拡大すれば、すべての問題を簡単に処理できるのではないだろうか」。この著書では、トランプが税制計画を発表した際に、成長率を「3％、4％、5％、あるいは6％」に引き上げるため、政府の財政赤字（政府支出に対する税収の不足分）を増やすことはないだろうと述べたことが引用されている。しかし、ほとんどのエコノミストは懐疑的だった。実際のところそれは正しく、減税実施後の2年間における経済成長率は2.4％で、財政赤字は膨らんでしまった。

専門家の見方　ラッファー曲線

「今（2012年）、アメリカで連邦所得税率を引き下げれば、5年以内に、減税しない場合よりも国民所得が増えるだろう」

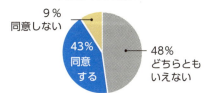

経済学者の見解は？
9％ 同意しない
43％ 同意する
48％ どちらともいえない

「今アメリカで連邦所得税率を引き下げれば、課税所得は十分に増加し、5年以内に年間総税収は、引き下げない場合よりも増加するだろう」

経済学者の見解は？
0％ 同意する
4％ どちらともいえない
96％ 同意しない

（出所）IGM Economic Experts Panel, June 26, 2012.

第Ⅲ部　市場と厚生

理解度確認クイズ

7. ラッファー曲線は、ある状況下では、政府が財への課税を減らし、_____を増やすことができることを示している。

    a. 消費者が支払う価格

    b. 均衡数量

    c. 死荷重

    d. 政府の税収

8. 卵の供給曲線は直線で右上がりであり、需要曲線は直線で右下がりである。卵1個につき2セントの税が3セントに引き上げられた場合、その税による死荷重はどうなるか。

    a. 50％未満の増加で、減少することさえある。

    b. ちょうど50％増加する。

    c. 50％以上増加する。

    d. 答えは、需要と供給のどちらに弾力性があるかによって決まる。

9. ピーナッツバターの供給曲線は右上がりで、需要曲線は右下がりである。1ポンドあたり10セントの税が15セントに引き上げられた場合、政府の税収はどうなるか。

    a. 50％未満の増加で、減少することさえある。

    b. ちょうど50％増加する。

    c. 50％以上増加する。

    d. 答えは、需要と供給のどちらに弾力性があるかによって決まる。

➡ （解答は章末に）

4 結論

　この章では、税についてよりよく理解するために、厚生経済学のツールを応用した。第1章の**経済学の10原則**の1つは、「通常、市場は経済活動をまとめあげる良い方法である」というものである。第7章では、消費者余剰、生産者余剰、市場効率性という概念を用いて、この原則をより正確に説明した。ここでは、政府が財に税をかけると、資源配分の効率が悪くなることを見てきた。税は、市場参加者から政府へ資源を移転させるだけでなく、インセンティブを歪め、死荷重を生み出すので、コストがかかる。

　本章と第6章での分析は、税の効果に注目してきたが、それで終わりではない。ミクロ経済学者は、効率性と公平性のバランスをどのようにとるかなど、税制をどのように設計するのが最善かを研究している。また、市場の失敗が効率性を阻害している場合、的確な税制が問題を解決することもある。マクロ経済学者は、税が経済全体にどのような影響を与えるか、また政策立案者が経済活動を安定させ、急速な成長を促進するために税制をどのように利用できるかを研究する。よって、経済学の勉強を続けていると、税の話題が再三出てくることがあるので驚かないでほしい。

第8章　応用：租税のコスト

本章のポイント

- 財への課税は、財の買い手と売り手の厚生を減少させる。消費者余剰と生産者余剰の減少は、通常、政府によって上げられる歳入を上回る。消費者余剰、生産者余剰、税収の合計である総余剰の減少は、税の死荷重と呼ばれる。

- 税は、買い手の消費を減らし、売り手の生産を減らすので、死荷重をもたらす。こうした行動の変化によって、市場は、総余剰を最大化する水準以下に縮小する。需要と供給の弾力性は、買い手と売り手が市場の状況にどれだけ反応するかを測るため、弾力性が大きいほど死荷重が大きいことを意味する。

- 税が大きくなればなるほど、インセンティブをより歪めることになり、死荷重は大きくなる。しかし、税は市場の規模を縮小させるため、税収は税の規模が大きくなるほど増加するわけではない。最初は税の大きさに応じて税収は増加するが、税が十分に大きくなると税収は減少し始める。

理解度確認テスト

1. 財の販売に課税した場合、消費者余剰と生産者余剰はどうなるか。消費者余剰と生産者余剰の変化は、税収と比較してどうなるか。説明しなさい。

2. 財の販売に課税した場合の需要曲線と供給曲線を描きなさい。死荷重と税収を示しなさい。

3. 需要と供給の弾力性は、税の死荷重にどのように影響するか。またなぜそのような影響があるのか。

4. 労働への課税の死荷重が小さいか大きいかについて、専門家の意見が分かれるのはなぜか。

5. 増税した場合、死荷重と税収はどうなるか。

演習と応用

1. ピザの市場は、右下がりの需要曲線と右上がりの供給曲線によって特徴づけられる。
   a. 市場における競争均衡を描きなさい。価格、数量、消費者余剰、生産者余剰を示しなさい。死荷重は存在するだろうか。説明しなさい。
   b. 政府が各ピザ屋に、売れたピザ1枚につき1ドルの税金を支払うよう要求したとする。この税がピザ市場に与える影響を図示しなさい。消費者余剰、生産者余剰、政府収入、死荷重、それぞれの面積は、課税前の場合と比較してどうなるか。
   c. ピザ税がなくなれば、ピザの食べ手も売り手ももっと良い状態になるが、政府は税収を失う。消費者と生産者が、その利益の一部を自発的に政府に移転したとしよう。（政府を含む）すべての当事者たちは、税があるときよりも良い状態になるだろうか。グラフで示した面積を使って説明しなさい。

2. 次の2つの文を評価しなさい。賛成か、反対か。その理由は何か。
   a. 死荷重のない税は、政府の歳入を増やすことはできない。
   b. 政府にとって何の歳入ももたらさない税は、いかなる死荷重をもたない。

3. 輪ゴムの市場を考えてみよう。
   a. この市場における供給が非常に弾力的で、需要が非常に非弾力的な場合、輪ゴムに対する税の負担は消費者と生産者の間でどのように分担されるか。消費者余剰と生産者余剰の方法を用いて答えなさい。
   b. この市場における供給が非常に非弾力的

177

第Ⅲ部　市場と厚生

で、需要が非常に弾力的な場合、輪ゴムに対する税負担は消費者と生産者の間でどのように分担されるか。あなたの答えと設問（a）の答えを対比しなさい。

4. 政府が暖房用の石油に課税するとする。
   a. この税による死荷重は、課税後 1 年目と 5 年目のどちらが大きいか。説明しなさい。
   b. この税から徴収される収入は、課税後 1 年目と 5 年目のどちらが大きいか。説明しなさい。

5. 経済学の授業の後、あなたの友人が、食糧に対する需要はかなり非弾力的なので、食糧に課税するのは歳入を増やす良い方法だと提案した。食糧への課税はどのような意味で歳入を増やすための「好ましい」方法なのだろうか。また、どのような意味で歳入をもたらす方法として「好ましくない」のだろうか。

6. 1977年から2001年までニューヨーク州選出の上院議員だったダニエル・パトリック・モイニハンは、先端が空洞になった特定の弾丸に 1 万％の税を課すという法案を提出したことがある。
   a. この税はより多くの歳入をもたらすだろうか。その理由を含めて答えなさい。
   b. 仮にこの税で歳入が増えないとしても、なぜモイニハン上院議員はそれを提案したのだろうか。

7. 政府は靴下の購入に税を課すものとしよう。
   a. この税が靴下市場の均衡価格と均衡数量に及ぼす影響を図示しなさい。課税前と課税後の消費者の総支出額、生産者の総収入、政府の税収の面積を明示すること。
   b. 生産者の受取価格は上昇するだろうか、それとも下落するだろうか。生産者の受取総額が増えるだろうか、それとも減るだろうか。説明しなさい。
   c. 消費者の支払価格は上昇するだろうか、それとも下落するだろうか。消費者の総支出は増えるか、それとも減るか。詳しく説明しなさい（ヒント：弾力性について考えること）。消費者の総支出が減少した場合、消費者余剰は増加するだろうか。説明しなさい。

8. この章では、ある財に課税した場合の厚生効果を分析した。では、逆の政策を考えてみよう。政府がある財に補助金を出すとしよう。すなわちその財が 1 単位売れるごとに、政府は買い手に2ドルを支払うものとする。この補助金は、消費者余剰、生産者余剰、税収、および総余剰にどのような影響を与えるだろうか。補助金は死荷重をもたらすだろうか。説明しなさい。

9. スモールタウン市のホテルの部屋は通常100ドルで、1,000室が貸し出されている。
   a. 歳入を増やすため、市長はホテルに 1 部屋あたり10ドルの税を課すことを決定した。課税後、宿泊料金は108ドルに上昇し、貸し部屋数は900に減少した。この税が市にもたらす収入額と、この税の死荷重を計算しなさい（ヒント：三角形の面積は底辺×高さ×1/2である）。
   b. 市長は税を 2 倍の20ドルにした。価格は116ドルに上昇し、貸し部屋数は800に減少した。このように税額が大きくなった場合の税収と死荷重を計算しなさい。それらは設問（a）の答えの 2 倍になったか、2 倍以上か、2 倍未満になったか。説明しなさい。

10. ある市場が以下の需要式Q^Dと供給式Q^Sで記述されているとする。

$$Q^D = 300 - P$$
$$Q^S = 2P$$

   a. 均衡価格と均衡数量を求めなさい。
   b. 仮にTの税が買い手に課されるとすると、新しい需要式は次のようになる。

$$Q^D = 300 - (P+T)$$

   新しい均衡価格と均衡数量を求めなさい。売り手が受け取る価格、買い手が支払う価格、販売数量はどうなるか。
   c. 税収は$T \times Q$である。設問（b）の答えを使って、税収をTの関数として解きなさい。Tが 0 から300の値をとるとき、この関係をグラフで表しなさい。
   d. 税の死荷重は、需要曲線と供給曲線の間の三角形の面積である。三角形の面積は1/2×底辺×高さであることを思い出し、死荷重をTの関数として解きなさい。Tが 0 から

第8章　応用：租税のコスト

300の値をとるとき、この関係をグラフで表しなさい（ヒント：横軸から見ると、死荷重の三角形の底辺はTであり、高さは税があるときの販売数量と税がないときの販売数量の差である）。

e. 政府は現在、この商品に1個当たり200ドルの税を課している。これは良い政策だろうか。その理由を含めて答えなさい。またもっと良い政策を提案することができるか。

理解度確認クイズの解答

1. a　　2. a　　3. b　　4. a　　5. d　　6. b　　7. d　　8. c　　9. a

179

第9章

Chapter 9

Application: International Trade

応用：国際貿易

　もし、あなたが今着ている服のラベルを確認すれば、それらの多くが海外で作られたものであることを知るだろう。100年前は、ほとんどのアメリカ人にとって、それは当てはまらなかった。当時、繊維および衣料品産業は国内経済の主要な一部だった。しかし、海外の工場がより低コストで質の高い製品を生産し始めると、アメリカの企業は国内生産を停止し、労働者を解雇したのである。現在では、アメリカ人が消費する繊維・衣料品のほとんどは輸入品である。

　繊維・衣料品産業におけるこのシフトは重要な問いを想起させる。国際貿易は経済厚生にどのような影響を与えるのだろうか。誰が国際貿易によって便益を得、誰が損失を被るのだろうか。そして、その便益と損失はどのように比較できるのだろうか。

　第3章では、比較優位の原理を適用して国際貿易の分析を紹介した。この原理は、各国が自国の最も得意とする分野に特化することで、すべての国が貿易から便益を得ることができるとする。しかし、第3章での分析は完全ではなかった。つまり、多国間の市場がどのようにしてこうした貿易による便益を達成するのか、またその便益が市場参加者の間でどのように分配されるのかを説明していなかったのである。

　こうした問いに答えるために、供給・需要・均衡・消費者余剰・生産者余剰といった、これまでの章で学んできたツールを活用しよう。これらは、国際貿易がどのよ

181

うに厚生に影響するかを説明するのに役立つのである。

1 貿易の決定要因

　繊維市場を考えてみよう。この市場は国際貿易の便益と損失を研究するのに非常に適している。なぜなら、繊維は世界中で生産・取引されており、政策立案者は自国内の繊維生産業者を海外の競争相手から保護するために、しばしば貿易制限を検討（そして時には実施）するからである。ここでは、架空の国「イソランド」の繊維市場を考察しよう。

1-1 貿易がないときの均衡

　イソランドの繊維市場は、最初は世界の他の国々から隔離されているとしよう。政府の命令により、イソランドの誰もが繊維製品を輸入または輸出することを禁じられており、違反した場合の罰則が非常に厳しく設定されているため、誰も違反しようとはしない。

　国際貿易がないため、イソランドの繊維市場は国内の買い手と売り手のみで構成されている。図9-1に示されているように、国内の価格は国内の売り手による供給量と国内の買い手の需要量が釣り合うように調整される。この図は、貿易がない状態での消費者余剰と生産者余剰を示している。消費者余剰と生産者余剰の合計は、買い手と売り手が繊維市場から受け取る総便益である。

　さて、政治的混乱を経て、イソランドは新大統領にオリビア・オープンマインディッドを選出した。「変革」を掲げ、大胆な新しいアイデアを公約としたキャンペーンの後、オープンマインディッド大統領の最初の行動は、イソランドの貿易政策を評価するための経済学者のチームを編成することだった。彼女はチームに以下の3つの質問について報告するよう依頼した。

図9-1　貿易がない状態での均衡

ある国の経済が世界市場から隔離されて貿易ができない場合、国内価格は国内の需要と供給が釣り合うように調整される。この図は、イソランドの繊維市場において、国際貿易がない状態での均衡における消費者余剰と生産者余剰を示している。

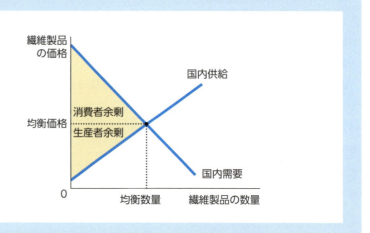

第9章 応用：国際貿易

- もし政府がイソランド人に繊維製品の輸入および輸出を許可した場合、国内市場における繊維製品の価格と販売数量はどうなるか。
- 繊維製品の自由貿易から利益を得るのは誰で、損失を被るのは誰か、そして利益は損失を上回るのか。
- 新しい貿易政策の一部として関税（繊維製品の輸入に課する税）を導入すべきか。

お気に入りの教科書（もちろん本書である）で需要と供給の概念を復習した後、イソランドの経済学者チームは分析を開始した。

1-2 世界価格と比較優位

経済学者が最初に取り組む問題は、イソランドが繊維製品の輸入国、輸出国のどちらになる可能性があるかである。つまり、自由貿易が許可されると、世界市場においてイソランド人は繊維製品を買う側になるのか、それとも売る側になるのか、ということである。

この問いに答えるために、経済学者は現在の繊維製品のイソランド価格と、**世界価格**と呼ばれる他の国々で成立している価格を比較する。もし繊維製品の世界価格が国内価格を上回っていれば、イソランドは貿易が許可されると繊維製品を輸出することになる。イソランドの繊維製品の生産者は海外でのより高い価格で販売したいと考え、自国の繊維製品を他国の消費者に販売しようとするためである。逆に、世界価格が国内価格より低い場合、イソランドは繊維製品を輸入する。外国の売り手がより良い（低い）価格で販売するため、イソランドの消費者はすぐに他国から繊維製品を購入し始めるからである。

つまり、世界価格と貿易がない状態での国内価格を比較することで、イソランドが繊維製品の生産に比較優位を持っているかどうかが明らかになる。国内価格は機会費用を反映している。それは、イソランド人が1単位の繊維製品を得るために、犠牲にしなければならないものを示している。国内価格が低い場合、イソランドでの繊維製品の生産コストは低く、イソランドが他国と比較して比較優位を持つことを意味する。国内価格が高い場合、イソランドでの繊維製品の生産コストは高く、他国が比較優位を持っていることを意味する。

第3章で議論したように、国家間の貿易は比較優位に基づいている。つまり、貿易は各国が最も得意とする分野に特化することが可能であるがゆえに、便益をもたらすのである。世界価格と貿易がない状態での国内価格を比較することで、イソランドが繊維製品の生産において、世界と比較して優位なのかそうでないのかを判断することができる。

世界価格
(world price)
その財の世界市場で成立している価格

183

第Ⅲ部　市場と厚生

理解度確認クイズ

1. オータルカ国では国際貿易が禁じられている。オータルカ国では羊毛のスーツが3オンスの金で買えるが、隣国では同じスーツが2オンスの金で買える。この時あてはまるのは次のうちどれか。

   a. オータルカ国はスーツの生産に比較優位を持っており、貿易を開始した場合、スーツの輸出国になる。

   b. オータルカ国はスーツの生産に比較優位を持っており、貿易を開始した場合、スーツの輸入国になる。

   c. オータルカ国はスーツの生産に比較優位を持っておらず、貿易を開始した場合、スーツの輸出国になる。

   d. オータルカ国はスーツの生産に比較優位を持っておらず、貿易を開始した場合、スーツの輸入国になる。

2. オペニア国は自由貿易を許可し、鉄鋼を輸出している。もし鉄鋼の輸出が禁止された場合、オペニア国内の鉄鋼の価格は＿＿＿＿なり、鉄鋼の＿＿＿＿に利益をもたらす。

   a. 高く ― 消費者

   b. 安く ― 消費者

   c. 高く ― 生産者

   d. 安く ― 生産者

➡（解答は章末に）

2　貿易の勝者と敗者

　貿易が経済厚生に与える効果を分析する際、イソランドの経済学者は、イソランドが世界全体と比較して小規模であると仮定する。この「小規模経済の仮定」は、イソランドの経済行動が世界市場に対して無視できるほどの影響しか与えないことを意味する。より具体的には、イソランドの貿易政策の変化が繊維製品の世界価格に影響を与えないということである。イソランド人は世界経済における**プライステイカー**であると仮定するのである。つまり、イソランド人は、世界市場における需要と供給のバランスによって決定した繊維製品の価格を受け入れる。イソランドは、この世界価格の下で繊維製品の売り手側になれば輸出国、買い手側になれば輸入国になる。

　小規模経済の仮定は国際貿易からの便益と損失を分析するために必ずしも必要というわけではない。しかし、イソランドの経済学者たちは経験上（そして本書第2章を読んだことにより）、単純化した仮定を置くことが、有用な経済モデルを構築する上でカギとなることを知っている。イソランドが小規模な経済であるという仮定は分析を簡略にするが、そこから得られる基本的な知見は、大規模経済のような複雑な場合でも変わらない。

2-1　輸出国の便益と損失

　図9-2は、貿易がない場合の国内の均衡価格が世界価格よりも低い場合のイソランドの繊維市場を示している。貿易が許可されると、国内価格は世界価格と等しくなるまで上昇する。市場参加者がすべて最良の価格を求めている場合、繊維製品の売り手は世界価格よりも低い価格を受け入れず、買い手も世界価格よりも高い価格を支払わない。

図 9-2　輸出国における国際貿易

貿易が許可されると、国内価格は世界価格に等しくなるまで上昇する。供給曲線は国内で生産される繊維製品の供給量を示し、需要曲線は国内で消費される繊維製品の需要量を示す。イソランドからの輸出は、世界価格での国内供給量と国内需要量の差分に等しくなる。売り手の厚生は改善し（生産者余剰はCからB＋C＋Dに増加）、買い手の厚生は悪化する（消費者余剰はA＋BからAに減少）。総余剰は領域Dの分だけ増加し、貿易が一国の経済厚生を全体として改善させることを示している。

	貿易前	貿易後	変化
消費者余剰	A+B	A	−B
生産者余剰	C	B+C+D	＋(B+D)
総余剰	A+B+C	A+B+C+D	＋D

領域Dが総余剰の増加分であり、貿易がもたらす便益となる。

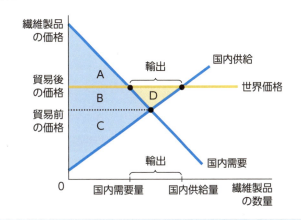

　国内価格が世界価格まで上昇したあと、国内供給量と国内需要量は異なる水準になる。供給曲線はイソランドの売り手によって供給される繊維製品の数量を示している。需要曲線はイソランドの買い手によって需要される繊維製品の数量を示している。国内供給量が国内需要量を上回るため、イソランドは他国に繊維製品を販売することになる。これは、イソランドが繊維製品の輸出国になることを意味する。

　国内の供給量と需要量が異なるものの、繊維市場は依然として均衡状態にある。なぜなら、市場には海外（または他国）という別の市場参加者が存在するからである。世界価格の水準で引かれている横線は、海外の繊維需要を表している。この需要曲線は完全に弾力的である。なぜなら、小規模経済であるイソランドは、世界価格で望むだけの繊維製品を売ることができるからである。

　貿易による便益と損失を考えてみよう。明らかに、すべての人が便益を得るわけではない。貿易により、国内価格は世界価格まで上昇する。国内の繊維製品の生産者は繊維をより高い価格で売ることができるので便益を得るが、国内の消費者は今や繊維製品をより高い価格で購入しなくてはならないので、不利益を被るのである。

　これらの便益と損失を測定するためには、消費者余剰と生産者余剰の変化を見る必要がある。貿易が許可される前に、繊維製品の価格は国内市場における需要と供給が釣り合う水準まで調整される。消費者余剰は、貿易前の価格と需要曲線の間の面積であり、A＋Bの領域である。生産者余剰は、貿易前の価格と供給曲線の間の面積であり、Cの領域である。貿易前の総余剰、すなわち消費者余剰と生産者余剰

第Ⅲ部　市場と厚生

の合計は、A＋B＋Cの領域となる。

貿易が許可されると、国内価格が世界価格まで上昇する。消費者余剰は領域A（需要曲線と世界価格の間の領域）に縮小し、生産者余剰は領域B＋C＋D（供給曲線と世界価格の間の領域）に拡大する。貿易が許可された場合の総余剰は、A＋B＋C＋Dの領域となる。

これらの厚生計算は、輸出国における貿易の勝者と敗者を示している。売り手（輸出業者）は、生産者余剰が領域B＋Dの分だけ増加するため、貿易によって便益を得る。買い手は、消費者余剰が領域Bの分だけ減少するため、損失を被る。売り手の便益が買い手の損失を領域Dの分だけ上回るため、イソランドの総余剰は増加する。

以上の輸出国の分析から、以下の2つの結論が得られる。

- 貿易が許可され、その国がある財の輸出国となる場合、その財の国内生産者は便益を得、その財の国内消費者は損失を被る。
- 貿易は、勝者の便益分が敗者の損失分を上回るという意味で、一国の経済厚生を改善させる。

2-2　輸入国の便益と損失

次に、貿易前の国内価格が世界価格よりも高い場合を考えてみよう。前述したように、貿易が許可されると、国内価格は世界価格と等しくなる。図9-3に示されているように、国内供給量は国内需要量よりも少なくなる。国内需要量と国内供給量の差分は海外から購入され、イソランドは繊維製品の輸入国となる。

このとき、世界価格の水準で引かれている横線は、海外の繊維製品の供給を表している。この供給曲線は完全に弾力的である。なぜなら、小規模経済であるイソランドは、世界価格で望むだけの繊維製品を購入することができるからである。

貿易からの便益と損失を考えてみよう。前述したように、すべての人が便益を受けるわけではない。しかし、ここでは勝者と敗者が逆転する。貿易によって国内価格が下がると、国内の消費者は（より安価に購入できるために）便益を得、国内の生産者は（より低い価格で売らなければならないために）不利益を被る。消費者余剰と生産者余剰の変化が便益と損失の大きさを示す。貿易前の消費者余剰は領域A、生産者余剰は領域B＋C、総余剰は領域A＋B＋Cである。貿易により、消費者余剰は領域A＋B＋D、生産者余剰は領域C、総余剰は領域A＋B＋C＋Dとなる。

これらの厚生計算は、輸入国における貿易の勝者と敗者を示している。買い手は、消費者余剰が領域B＋Dの分だけ増加するため、貿易によって便益を得る。売り手は、生産者余剰が領域Bの分だけ減少するため、損失を被る。買い手の便益が売り手の損失を上回り、イソランドの総余剰は領域Dの分だけ増加する。

以上の輸入国の分析から、輸出国の分析に対応した以下の2つの結論が得られる。

- 貿易が許可され、その国がある財の輸入国となる場合、その財の国内消費者は便益を得、その財の国内生産者は損失を被る。

図9-3 　輸入国における国際貿易

貿易が許可されると、国内価格は世界価格に等しくなるまで低下する。供給曲線は国内で生産される繊維製品の供給量を示し、需要曲線は国内で消費される繊維製品の需要量を示す。輸入は、世界価格での国内需要量と国内供給量の差分に等しくなる。買い手の厚生は改善し（消費者余剰はAからA＋B＋Dに増加）、売り手の厚生は悪化する（生産者余剰はB＋CからCに減少）。総余剰は領域Dの分だけ増加し、貿易が一国の経済厚生を全体として改善させることを示している。

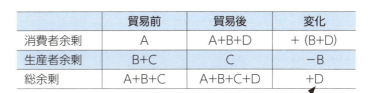

領域Dが総余剰の増加分であり、貿易がもたらす便益となる。

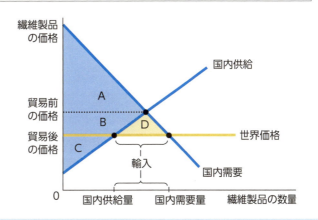

- 貿易は、勝者の便益分が敗者の損失分を上回るという意味で、一国の経済厚生を改善させる。

以上の貿易についての分析を踏まえて、第1章で学んだ**経済学の10原則**の1つ「交易によって全員の経済的状況を改善させることができる」の意味をあらためて考えてみよう。この原則の意味するところは何であろうか。

イソランドが繊維市場を開放して国際貿易に加わると、イソランドが輸出国になるのか輸入国になるのかに関わらず、常に勝者と敗者が生まれる。しかし、どちらの場合も、勝者の便益分が敗者の損失分を上回るため、勝者が敗者に何らかの補償を行ったとしても、なお両者とも以前より改善した状況にいることができる。この意味において、貿易は全員の経済的状況を改善させることができる。しかし、貿易は全員をより良い状態にするのだろうか。おそらくそうではない。実際には、国際貿易における敗者に補償が行われることはまれである。そのような補償がなければ、一国の経済を国際貿易に開放することは、経済のパイ全体を大きくする一方で、一部の人にとっては自分に与えられる部分が以前より少なくなる可能性も生じさせる。

これが、貿易政策がしばしば大きな論争を引き起こす理由である。政策が勝者と敗者を生み出すとき、政治闘争の舞台が整う。貿易の敗者が勝者よりもよく組織化されているとき、政府はしばしば貿易制限に踏み切る。敗者はその団結力を政治的

第Ⅲ部　市場と厚生

影響力に変え、関税や輸入割当といった貿易制限を求めるロビー活動を行うこともある。

2-3 関税の影響

関税
(tariff)
海外で生産され、国内で販売される財に課される税

イソランドの経済学者は次に、輸入財に対する課税、すなわち関税の影響を分析する。経済学者たちはすぐに、もしイソランドが繊維製品の輸出国であれば、繊維製品に対する関税は何の影響も及ぼさないということに気づく。なぜなら、誰も繊維製品を輸入しないのであれば、繊維製品の輸入に関する税金は無関係だからである。関税は、イソランドが繊維製品の輸入国になった場合にのみ意味を持つ。経済学者たちはこのケースに焦点をしぼり、関税がある場合とない場合の厚生を比較する。

図9-4は、イソランドの繊維市場を示している。自由貿易下では、国内価格は世界価格と等しくなる。関税は、輸入された繊維製品の価格を課税額分だけ世界価格より引き上げる。輸入繊維製品を供給する海外の供給業者との競合にさらされている国内の供給業者は、今やその製品を世界価格に関税を加えた価格で売ることができる。その結果、輸入品と国産品の両方の価格が関税額分だけ上がり、貿易がない場合の価格に近づく。

価格の変化は国内の買い手と売り手の行動に影響する。関税によって繊維の価格が上昇するため、国内の需要量はQ_1^DからQ_2^Dに減少し、国内の供給量はQ_1^SからQ_2^Sに増加する。**関税は輸入量を減少させ、国内市場を貿易がない場合の均衡に近づける。**

関税からの便益と損失を考えてみよう。国内価格が上昇するために、国内の売り手は便益を得、国内の買い手は不利益を被る。さらに、政府は関税収入を得るが、これは公共の目的に使用できる。これらの利益と損失は、第8章で見たように、消費者余剰、生産者余剰、および政府収入の変化によって測定される。これらの変化は、図9-4の表にまとめられている。

関税がない場合、国内価格は世界価格と等しい。消費者余剰は、需要曲線と世界価格に囲まれた領域であり、A＋B＋C＋D＋E＋Fである。生産者余剰は、供給曲線と世界価格に囲まれた領域Gである。政府収入はゼロである。総余剰は、消費者余剰、生産者余剰、および政府収入の合計であり、領域A＋B＋C＋D＋E＋F＋Gとなる。

関税がある場合、国内価格は課税額分だけ世界価格を上回る。消費者余剰は領域A＋Bになる。生産者余剰は領域C＋Gである。関税収入は、1単位輸入財あたりの関税額と関税後の輸入量を乗じたものであり、領域Eである。したがって、関税がある場合の総余剰は、領域A＋B＋C＋E＋Gとなる。

関税が経済厚生に与えるトータルの影響を測定するには、消費者余剰の変化（負）、生産者余剰の変化（正）、および政府収入の変化（正）を合計する。結果は、総余剰は領域D＋Fの分だけ減少するというものである。この総余剰の減少は、関税による**死荷重**である。

関税は死荷重をもたらす。ほとんどの税金と同様に、関税も人々のインセンティ

188

第9章 応用：国際貿易

図9-4 関税の影響

輸入品に課される税である関税は、輸入量を減少させ市場を貿易がない場合の均衡に近づける。総余剰は領域D＋Fの分だけ減少する。これら2つの三角形の領域は関税による死荷重を示している。

	関税前	関税後	変化
消費者余剰	A+B+C+D+E+F	A+B	− (C+D+E+F)
生産者余剰	G	C+G	+C
政府収入	0	E	+E
総余剰	A+B+C+D+E+F+G	A+B+C+E+G	− (D+F)

領域D＋Fが総余剰の減少分であり、関税がもたらす死荷重を表す。

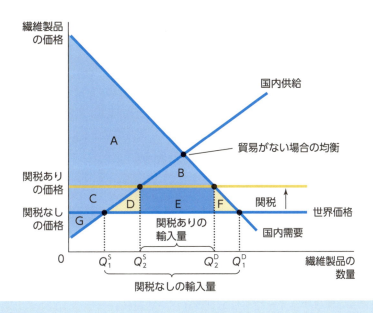

ブを歪め、希少資源の配分を最適なものではなくするからである。この場合、2つの効果に注目すべきである。第1に、関税により繊維の国内価格が世界価格よりも引き上げられると、国内の生産者は生産水準をQ_1^SからQ_2^Sに引き上げようとする。この増産分の製造コストが世界価格で購入するコストよりも高い場合でも、関税により、国内の生産者にとっては増産することが利益になる。第2に、関税が価格を引き上げると、消費者は、消費量をQ_1^DからQ_2^Dに低下させる。これらの減少分については、本来であれば世界価格以上の水準で買う意志があったにもかかわらず、国内消費者は関税によって購入を減らすように促されるのである。領域Dは繊維製品の過剰生産による死荷重、領域Fは過少消費からの死荷重を示している。総死荷重は、これら2つの三角形の合計である。

輸入割当：貿易を制限するもう1つの方法

関税のほかに国際貿易を制限する方法は、ある財の輸入量に制限を設けることである。本書ではそうした政策を分析することはしないが、ここでは結論だけ示しておこう。輸入割当制度は関税とよく似ている。どちらも輸入量を減らし、財の国内価格を引き上げ、国内消費者の厚生を低下させ、国内生産者の厚生を増加させ、そして死荷重をもたらす。

これら2種類の貿易制限の唯一の違いは次のとおりである。関税は政府収入を増やすが、輸入割当制度は輸入許可を得た者に余剰を生み出す。輸入許可を得た者の利益は、国内価格（輸入された財を販売する価格）と世界価格（財を購入する価格）の差である。

政府が輸入許可を得た者に料金を請求する場合、関税と輸入割当制度は、さらに類似してくる。政府が許可料金を国内価格と世界価格の差額と同じ水準に設定したとする。この場合、許可所有者が得た利益の全額が政府に支払われることから、輸入割当制度は関税制度と全く同じように機能する。消費者余剰、生産者余剰、および政府収入は、どちらの政策でも同一になる。

しかしながら、実際には、輸入割当によって貿易を制限する国々が、輸入許可を与える際に料金を請求するケースはほとんどない。たとえば、アメリカ政府は時折、日本に対して日本車のアメリカ国内での販売を「自主的に」制限するよう圧力をかけてきた。この場合、日本政府は輸出許可を日本企業に割り当て、そしてこれらの企業はこの許可を得たことで余剰を得る。アメリカの経済厚生の観点からは、この種の輸入割当制度は、輸入車に対する関税制度を課すより好ましくない。関税も輸入割当制度も価格を引き上げ、貿易を制限し、死荷重をもたらす。ただし、少なくとも関税はアメリカ政府に税収増をもたらす一方、海外の生産者に利益をもたらすようなものではない。

2-4 貿易政策についての結論

イソランドの経済学者チームが新大統領に手紙を書く——

尊敬するオープンマインディッド大統領、

貿易を開放することに関しての3つの質問をいただきました。しっかりと検討した末、私たちは以下の答えにたどり着きました。

質問：もし政府がイソランド人に繊維製品の輸入および輸出を許可した場合、国内市場での繊維製品の価格と販売数量はどうなるか。

回答：貿易を許可すると、イソランドにおける価格は世界で行き渡っている価格に等しくなる。

もし貿易前のイソランドの価格が世界価格よりも低い場合、国内価格は上昇する。価格上昇により、イソランド人の繊維製品の消費量は減少し、生産量は増加する。この場合、イソランドは繊維製品の生産において比較優位を持つため、繊維製品の輸出国となる。

逆に、貿易前のイソランドの価格が世界価格よりも高い場合、国内価格は低下する。価格低下により、イソランド人の繊維製品の消費量は増加し、

第9章　応用：国際貿易

生産量は減少する。この場合、他国が繊維製品の生産において比較優位を持つため、イソランドは輸入国となる。

質問：繊維製品の自由貿易から利益を得るのは誰で、損失を被るのは誰か、そして利益は損失を上回るのか。

回答：答えは、貿易が許可されたときに価格が上がるか下がるかに依存する。価格が上昇する場合、繊維の生産者が利益を得、消費者が損失を被る。価格が低下する場合、消費者が利益を得、生産者が損失を被る。しかし、いずれの場合も、利益が損失を上回るため、自由貿易はイソランド全体としての経済厚生を高める。

質問：新しい貿易政策の一部として関税（繊維製品の輸入に課する税）を導入すべきか。

回答：関税は、イソランドが繊維製品の輸入国になった場合にのみ影響を与える。この場合、関税は経済を貿易がない場合の均衡に近づけ、ほとんどの税と同様、死荷重を引き起こす。関税は国内生産者の厚生を改善させ、政府収入を増やすが、これらの便益は消費者が被る損失を相殺できるほど大きくはない。したがって、経済効率の観点からみた最善の政策は、関税のない自由貿易を許可することである。

　最後に、繊維製品の自由貿易へと移行することで、勝者だけでなく敗者も生まれることを念頭に置いてください。たとえ敗者の損失が勝者の便益より小さくても、一部の国民はこの政策に反対することが予想されます。この反対を和らげ、便益をより公平に分配するためには、社会的なセーフティーネットによって、敗者が被っている不利益を緩和することができるかどうかを確認しておくことが望ましいでしょう。

　新しい政策を決定する際に、これらの回答がお役に立つことを願っています。

貴殿の忠実なしもべ
イソランドの経済学者チーム

2-5　国際貿易がもたらすそのほかの便益

　イソランドの経済学者チームの結論は、国際貿易の標準的な分析に基づいている。彼らの分析は、経済学者の最も基本的なツールである需要、供給、生産者余剰および消費者余剰を用いている。それは、自由貿易には勝者と敗者がいること、しかし同時に勝者の便益は敗者の損失を上回っていること、を示している。

　しかし、自由貿易を擁護する論拠は、さらに強力である。なぜなら、標準的な分析で強調されている以外にも、貿易にはさらにいくつかの経済的便益があるためである。以下はそのうちの主なものである。

191

第III部　市場と厚生

- **財の多様性の拡大**　異なる国で生産される財はまったく同じではない。たとえば、ドイツのビールはアメリカのビールと同じではない。自由貿易によって、すべての国の消費者の選択肢は拡大する。

- **規模の経済を通じたコスト低減**　一部の財は、大量に生産されるときにのみ、低コストで生産できる場合がある。これを**規模の経済**（economies of scale）と呼ぶ。企業は、小規模な国内市場でしか財を販売できない場合、規模の経済のメリットを十分に活用することができない。自由貿易によって世界市場へのアクセスが可能になることで、規模の経済がより活用できるようになる。

- **競争の促進**　海外の競合他社から守られている企業は、市場支配力を持つ可能性が高く、その結果、競争的な水準を上回る水準での価格設定が可能になる。これは消費者に不利益を与え、非効率性をもたらす市場の失敗の一種である。貿易の開放は競争を促進し、それにより「見えざる手」の効力がより発揮されるようになる。

- **生産性の向上**　国際貿易が開放されると、最も生産性の高い企業が市場を拡大し、最も生産性の低い企業は競争によって淘汰される。資源が最も生産性の低い企業から最も生産性の高い企業へと移動することで、生産性が全体として向上する。

- **アイデア・技術の伝播の促進**　技術進歩の世界的な伝播は、その技術を用いて作られた財の取引と結びついている。たとえば、貧しい農業国がコンピュータ革命について迅速に学ぶ最良の方法は、自分たちでゼロから作ることではなく、外国からコンピュータを輸入することである。

　要するに、自由貿易は消費者に対して財の多様性を拡大し、企業が規模の経済を活用できるようにし、市場をより競争的にし、経済をより生産的にし、技術の伝播を促進する。もしイソランドの経済学者がこれらの便益も考慮に入れていたら、大統領に対する彼らの助言はより力強いものになっていただろう。

理解度確認クイズ

3. エクテニア国がコーヒー豆の世界貿易を開放すると、国内価格が低下する。このときあてはまるのは次のうちどれか。

a. コーヒーの国内生産が増加し、エクテニアがコーヒーの輸入国になる。

b. コーヒーの国内生産が増加し、エクテニアがコーヒーの輸出国になる。

c. コーヒーの国内生産が減少し、エクテニアがコーヒーの輸入国になる。

d. コーヒーの国内生産が減少し、エクテニアがコーヒーの輸出国になる。

4. ある国がある財の貿易を開放し、輸入国になる場合、あてはまるのは以下のうちどれか。

a. 生産者余剰は減少するが、消費者余剰と総余剰は増加する。

b. 生産者余剰は減少するが、消費者余剰は増加するので、総余剰への影響はどちらともいえない。

c. 生産者余剰と総余剰は増加するが、消費者余剰は減少する。

d. 生産者余剰、消費者余剰、総余剰はすべて増加する。

第9章　応用：国際貿易

5. 財を輸入する国が関税を課すと、次のうちどれが増加するか。

   a. 国内需要量

   b. 国内供給量

   c. 海外からの輸入量

   d. 均衡における効率性

6. 以下のうち、生産者に便益をもたらし、消費者に不利益を与え、貿易量を増加させるのはどれか。

   a. 輸入国における関税の引き上げ

   b. 輸入国における関税の引き下げ

   c. 世界価格が国内価格よりも高いときに貿易を開始すること

   d. 世界価格が国内価格よりも低いときに貿易を開始すること

➡ (解答は章末に)

3 貿易制限を巡る議論

　経済学者チームからの手紙によって、オープンマインディッド大統領は、繊維製品の貿易許可を検討することになる。彼女は、国内価格が現在、世界価格よりも高いことに注目する。ここから、自由貿易は繊維製品の価格を引き下げ、国内の生産者に打撃を与えることがわかる。貿易許可という新しい政策を実行に移す前に、大統領はイソランドの繊維企業に対し、経済学者チームの助言についてコメントするよう求める。

　驚くことではないが、繊維企業は繊維製品の自由貿易に反対する。彼らは、政府が国内の繊維産業を海外との競争から保護すべきであると考えている。その立場を擁護するために彼らが用いるであろういくつかの主張と、それに対する経済学者チームの反応を考えてみよう。

3-1 雇用についての議論

　自由貿易の反対派は、しばしばそれによって雇用が失われると主張する。たとえば、イソランドでは、繊維製品の自由貿易は価格を下げ、国内生産量を減少させ、地域の繊維産業の雇用を大幅に減少させる可能性がある。この雇用喪失は望ましくない状況であり、貿易が拡大していく過程でしばしば起こりうることでもある。

　しかし、自由貿易は古くからの雇用を破壊する一方で、新しい雇用を創出する。イソランド人が海外から繊維製品を購入することで、海外の国々はイソランドから他の財を購入するためのリソースを得る。失業したイソランドの繊維産業の労働者は、イソランドが比較優位を持つ産業に移ることができる。この移行は、一部の労働者にとっては、特に短期間では困難かもしれない。しかし、適切な社会的セーフティーネットがあれば彼らの苦難を緩和させることができ、国全体としてより高い生活水準を享受することができる。

　自由貿易の反対派は、貿易が雇用を創出することについてしばしば懐疑的である。彼らは、すべてのものが海外でより安く生産されると主張するかもしれない。そして、自由貿易により、イソランドの人々がどの産業でも利益を上げられなくなると主張するかもしれない。しかし、第3章で学んだように、貿易の便益は比較優位に基づいており、絶対優位ではない。この概念は理解するのは簡単ではないかもし

193

第Ⅲ部　市場と厚生

ないが、重要である。ある国が他国よりもすべての財の生産において優位にあるとしても、各国は互いに貿易することで便益を得ることができる。労働者は最終的に、自国が比較優位を持つ産業で仕事を見つけることになるだろう。

3-2 安全保障についての議論

　自由貿易の反対派は、国際競争にさらされた産業について、その産業が国家の安全保障に不可欠であると主張することがよくある。たとえば、イソランドの鉄鋼会社は、鉄鋼が銃や戦車を作るのに使われている点を指摘するだろう。鉄鋼の自由貿易により、イソランドは鉄鋼の供給を他国に依存することになる。戦争によって海外からの供給が途絶えれば、イソランドは自国防衛のための十分な鉄鋼や武器を迅速に生産することが不可能になるかもしれない。

　経済学者は、国家の安全保障に関する正当な懸念がある場合、関連する産業を保護することが適切であると認識している。しかし、消費者の犠牲のもとに便益を得ようとする生産者によって、この主張があまりにも簡単に利用されていることも認識している。

　誰が安全保障の議論をしているのかに注意するべきである。企業にとっては国際競争からの保護は自らの利益になるため、国防における自分たちの役割を誇張する金銭的動機を持っている。一方、軍の指令官たちは異なる視点を持っている可能性がある。実際、軍がある産業の生産物を購入するとき、軍は消費者であり、輸入から便益を得る。たとえば、イソランドの鉄鋼が安くなれば、イソランド軍は低コストで兵器を備蓄することができる。

3-3 「幼稚産業」についての議論

　新しい産業は、その始動を支援してもらうために一時的な貿易制限を求めることがある。彼らの主張は、一定期間保護されることで、海外企業と争うだけの十分な競争力を備えることができる、というものである。同様に、古い産業は、新たな状況に適応するまで一時的な保護が必要だといった主張もある。

　経済学者は、そのような主張について懐疑的である。なぜなら、このようないわゆる「幼稚産業論」に基づく貿易制限は実際には実行するのが難しいからである。保護貿易を成功させるためには、政府がそれによって便益を受ける産業を特定したうえで、保護による便益が、消費者が被る不利益を上回るかどうかを判断する必要がある。しかし、このプロセスにおける勝者を判断するのは極めて難しい。さらに、政治的に影響力の強い産業が有利である、という事実を踏まえると、こうした決定を政治的に行うことにはより大きな困難がある。そして、一度政治的に強力な産業が優遇されてしまうと、「一時的な」政策が永続してしまうのである。

　さらに、多くの経済学者は、幼稚産業論そのものに疑問を持っている。たとえば、ある産業がまだ始動期にあり、現状海外の競合他社に対抗できていないが、しかし長期的には利益を得ることが期待できる場合を考えてみよう。こうした場合、この産業に属する企業の所有者は、将来の利益のために一時的な損失を喜んで受け入れるべきなのである。保護は必要ない。ビジネスを開始したばかりの企業（スタート

194

第9章 応用：国際貿易

アップ企業）はしばしば一時的な損失を被るものだが、競争からの保護なしでも長期的にみれば成功する。

3-4　不公平な競争についての議論

　すべての国が同一のルールに従っている場合にのみ、自由貿易は望ましいと言われることがよくある。国によって企業が従うべき法律や規制が異なる場合、それらの企業が世界的に競争するのは不公平だという議論である。たとえば、ネイバーランド国が繊維産業に補助金を出し、自国の企業の生産コストを下げる場合を考えてみよう。イソランド国の繊維産業は、ネイバーランドが公平な競争を行っていないとして、海外企業との競争から保護されるべきだと主張するかもしれない。

　実際に、補助金を受けた価格で他国から繊維製品を購入することがイソランドに悪影響を及ぼすだろうか。イソランドの生産者は苦しむだろう。しかし、イソランドの消費者は低価格を歓迎するだろう。自由貿易の場合でも同じである。消費者の便益は生産者の損失を上回るのである。ネイバーランドの補助金は悪い政策かもしれないが、それはネイバーランドの納税者にとって悪い政策なのである。イソランド国民は、補助金を受けた価格で繊維製品を購入できることにより、便益を受ける。外国の補助金に反対するのではなく、イソランドはむしろネイバーランドに感謝状を送るべきなのである。

3-5　交渉の切り札としての保護措置についての議論

　一部の政治家が言うように、貿易制限は他国との交渉の切り札となりうる。彼らは、仮に自由貿易が望ましいものだとしても、貿易制限は貿易相手国から譲歩を引き出すのに役立つと主張する。たとえば、イソランドは、ネイバーランドが小麦にかけている関税を撤廃しなければ、繊維製品に関税を課すと脅すかもしれない。ネイバーランドがこの脅しに屈して関税を撤廃すると、結果的により自由な貿易が実現する。

　この戦略の問題は、脅しが効かない可能性があり、それによって自国に2つの悪い選択肢がもたらされることである。1つは貿易制限を実施し、自ら厚生を損なう、すなわち経済学者が言うように、「自らの足を撃つ」ことである。もう1つの選択肢は、そうした脅しを撤回して、自国の威信や将来の交渉力を失うことである。行動を伴わない強硬な発言をする国をなぜ信じられるというのだろうか。こうした選択肢に直面すれば、この国はおそらく最初から脅さなければよかったと考えるだろう。

専門家の見方　貿易協定と関税

「過去の主要な貿易協定は、ほとんどのアメリカ人に利益をもたらした」

「相手国が新しい労働規制や環境規制を採用しなければ、貿易自由化を認めないとするのは悪い政策である。なぜなら、新たな基準がある側面で歪みを減らすものだとしても、そうした政策は貿易制限という大きな歪みを維持するという脅しを含むものだからである」

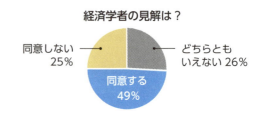

「2019年のアメリカにおける輸入関税の影響は、主にアメリカの家計部門にもたらされる可能性が高い」

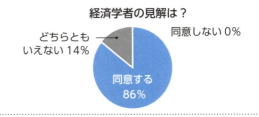

「関税とそれに対する中国の報復措置がアメリカの物価および雇用に与える影響は、低所得層および地域に最も強くもたらされる可能性が高い」

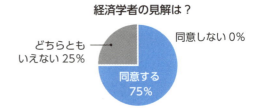

（出所）IGM Economic Experts Panel, November 11, 2014, March 27, 2013, and May 29, 2019.

ケーススタディ　貿易協定と世界貿易機関

　国は自由貿易に向けて2つの方向性のうちの1つを選択することができる。**単独アプローチ**（unilateral approach）では、国は自国の貿易制限を自ら撤廃する。19世紀のイギリスや、最近ではチリや韓国がこのアプローチを採用した。一方、国は**多国間アプローチ**（multilateral approach）、つまり、他の国々と協調して貿易制限を撤廃することもできる。言い換えれば、世界中の貿易制限を削減するために貿易相手国と交渉することができるのである。

　多国間アプローチの重要な例の1つが、1993年にアメリカ合衆国、メキシコ、カナダ間の貿易障壁を引き下げた北米自由貿易協定（NAFTA）である。2020年には更新され、新しいNAFTA、あるいはアメリカ・メキシコ・カナダ協定とも呼ば

れる協定が発効した。

　もう1つの重要な多国間アプローチの例は、関税及び貿易に関する一般協定（GATT）である。これは世界の多くの国々による一連の交渉で、自由貿易の促進を目的としている。アメリカ合衆国は第2次世界大戦後、1930年代の大恐慌時代に課せられた高関税への対処として、GATTの創設を支援した。多くの経済学者は、それらの高関税が当時の世界的な経済的苦境の1つの要因だったと考えている。GATTは、加盟国の間の関税率の平均を、第2次世界大戦後の20％以上から、2000年には5％未満まで削減するのに成功した。その後も、関税率は長年にわたって低水準で推移した。

　GATTで確立された規則は、世界貿易機関（WTO）と呼ばれる国際機関によって施行される。WTOは1995年に設立され、本部はスイスのジュネーブにある。2021年現在、164か国、世界貿易に占める比率で見ると98％の国々がこの組織に加盟している。WTOの機能は、貿易協定の執行、交渉の場の提供、および加盟国間の紛争処理である。

　しかし、自由貿易への道のりは一方通行のようなたやすいものではない。アメリカは数十年にわたり多国間アプローチを推進してきたが、トランプ政権時代に方針転換し、中国、EU、および多くの他の国々との紛争で一方的に関税を引き上げた。そこでの議論はどこかで聞いたことのあるもので、本章で見てきた自由貿易批判の多くが含まれていた。アメリカの貿易相手国の一部は、自国の関税を引き上げて報復した。たとえば、2018年初頭、中国との間の貿易に対してはほとんど関税は課せられていなかったが、2020年末までに、中国からアメリカへの輸入の半分以上が、平均20％程度の関税の対象となった。また、アメリカから中国に向けた輸出の半分以上が、ほぼ同じ程度の関税の対象となった。今後数年間で世界の関税がどこまで上昇するか、まったく不透明である。

　自由貿易へ向けて多国間アプローチを再開することの利点と欠点は何だろうか。利点の1つは、自国だけではなく他国の貿易障壁も撤廃できるため、単独アプローチよりもより自由な貿易がもたらされる可能性があるということである。しかし、多国間交渉が失敗した場合には、単独アプローチよりもより制限の多い貿易になる可能性もある。

　さらに、多国間アプローチには政治的な利点がある。ほとんどの市場では、生産者は消費者よりも少数であるがより組織化されている。したがって、生産者は政治への強い影響力を保持している。たとえば、イソランドの繊維製品に関する関税を削減することは、それだけでは政治的に困難かもしれない。繊維企業は自由貿易に反対する一方で、自由貿易から便益を得る繊維製品の購入者は多数いるために、彼らの自由貿易支持を組織化することは難しいだろう。しかし、ネイバーランドが小麦にかける関税を削減することを約束し、同時にイソランドが繊維製品にかける関税を削減するとする。この場合、政治的に影響力のあるイソランドの小麦農家は合意を支持するだろう。多国間アプローチでは、単独アプローチでは得られないような政治的支持を獲得することが可能なのである。

第Ⅲ部　市場と厚生

理解度確認クイズ

7. リリパット国は、ブロブディングナグ国からロープを輸入している。ブロブディングナグ国では、ロープ生産者の政治的影響力が大きく、彼らは政府から補助金を受けている。リリパット国の観点から見て、最も効率性の高い政策は次のうちどれか。

a. 補助金を受けた価格での貿易を続ける。

b. 補助金を相殺するためにロープの輸入に関税を課す。

c. リリパットのロープ生産者に同様の補助金を与える。

d. ブロブディングナグ国との貿易を停止する。

8. 多国間貿易協定の目的は通常、次のうちどれか。

a. 各国間の関税水準を均等化し、どの国も他国に比べて不利にならないようにすること。

b. 各国が比較優位を持つ財を生産するように関税を使用すること。

c. 各国の関税を同時に削減し、保護主義への政治的圧力を和らげること。

d. 将来的に発展が見込まれる幼稚産業にのみ関税を適用することを確実にすること。

➡（解答は章末に）

4 結論

　経済学者と一般の市民は、国際貿易についてしばしば異なる見方をしている。世論調査をすると、貿易は良い機会なのか、それとも脅威なのかについて、人々の意見が分かれることが一般的である。政治家もこのような意見の相違を見せることがある。対照的に、経済学者は圧倒的に自由貿易を支持している。彼らは自由貿易を、生産を効率的に割り当て、国内外の生活水準を向上させる方法とみなしている。

　経済学者は、アメリカ合衆国の50州を、自由貿易の利点を証明する現在進行中の実験であるとみなす。アメリカ合衆国は、その歴史上一貫して州の間での制限のない貿易を許容しており、貿易によって可能になる専門特化による恩恵を受けている。フロリダはオレンジを育て、テキサスは石油を採掘し、カリフォルニアはワインを製造する、といったように。もし自分たちの州で生産された財とサービスのみしか消費できないとしたら、今日のような生活水準を享受することはできないだろう。世界についても同様に、多国間の自由貿易から恩恵を受けることができるのである。

　貿易に対する経済学者の見方をよりよく理解するために、イソランドに戻ろう。最新の世論調査の結果に目を通した後、オープンマインディッド大統領は自国の経済学者チームの助言を無視し、繊維製品の自由貿易を許可しないことを決定したとする。イソランドは国際貿易がない場合の均衡状態にとどまることになる。

　その後ある日、イザベル・インベンターという名のイソランド人が、非常に低コストで繊維製品を製造する方法を発見する。しかしこのプロセスは門外不出である。奇妙なことに、インベンターは綿や羊毛といったこれまでの原料は必要としない。必要とする唯一の原料は小麦なのである。さらに不思議なことに、小麦から繊維製品を製造する際、労働力はほとんど必要とされない。

　イザベル・インベンターは天才として称賛される。衣類は誰もが購入するものな

第9章　応用：国際貿易

ので、繊維製品の製造コストが低くなることで、すべてのイソランド人の生活水準が向上する。繊維製品を製造していた労働者たちは、工場が閉鎖されるという苦難を経験するが、最終的には他の産業で仕事を見つける。一部の人々は農民になり、インベンターが繊維製品の生産の際に必要とする小麦を栽培する。他の人々は、イソランドの生活水準の向上の結果として現れた新しい産業に参入する。すべての人々が、労働者が旧産業から移動することが、技術進歩と経済成長に必要不可欠であることを理解している。

　数年後、ロベルト・レポーターという名のジャーナリストがこの神秘的な新技術を調査することを決断する。彼はインベンターの工場に忍び込み、彼女が実際には繊維製品をまったく製造していないことを見つける。代わりに、彼女は自国の小麦と引き換えに、他の国々から繊維製品を密輸入していたのである。インベンターが唯一見いだしていたのは、国際貿易から得られる便益だったのである。

　レポーターが真実を暴露すると、政府はインベンターの業務を停止した。繊維製品の価格は上昇し、労働者たちは再び繊維工場での仕事に就いた。イソランドの生活水準は以前の水準に戻った。インベンターは逮捕され、嘲笑の的になった。結局、彼女は発明家ではなく、ただの経済学者だったのである。

本章のポイント

- 自由貿易の効果は、貿易がない場合の国内価格と世界価格を比較することで明らかになる。国内価格のほうが低い場合、その国がその財の生産について比較優位を持っており、その国が輸出国になることを示唆する。国内価格のほうが高い場合、海外の他国がその財の生産について比較優位を持っており、その国が輸入国になることを示唆する。

- 国が自由貿易を許可し、財の輸出国になると、その財の生産者は便益を得、その商品の消費者は損失を被る。一方、貿易が許可され、財の輸入国になると、消費者は便益を得、生産者は損失を被る。いずれの場合も、貿易から得られる便益が損失を上回る。

- 関税（輸入品に課される税金）は、市場を貿易がない場合の均衡に近づけ、貿易から得られる便益を減少させる。国内の生産者は便益を得、政府収入は増加するが、消費者の損失

はこれらの便益を上回る。

- 国際貿易は比較優位に基づく便益に加えて、さらにいくつかの便益をもたらす。消費者にとっての財の多様性の拡大、企業が規模の経済を活用できる機会の増加、市場競争の促進、より生産性の高い企業が増加し、生産性の低い企業が減少することによる全体的な生産性の向上、最先端の技術へのアクセス向上、などである。

- 貿易制限を擁護するさまざまな主張が存在する。雇用の保護、国家安全保障、いわゆる幼稚産業の支援、不公平な競争の防止、相手国の貿易制限への対抗、などである。これらの議論のいくつかは場合によっては妥当性を持つこともあるが、ほとんどの経済学者は通常、自由貿易がより良い政策であると考えている。

第Ⅲ部　市場と厚生

理解度確認テスト

1. 国際貿易がない場合の国内価格は、その国の比較優位についてどういった情報をもたらすか。

2. ある国が財の輸出国になるのはどういった場合か。輸入国になるのはどういった場合か。

3. 輸入国における需要と供給の図を描きなさい。貿易が許可される前の消費者余剰と生産者余剰を特定しなさい。自由貿易が許可された場合の消費者余剰と生産者余剰を特定しなさい。

総余剰はどう変化するか。

4. 関税とは何か。またその経済的な影響を説明しなさい。

5. 貿易制限を擁護するためにしばしば用いられる5つの主張を列挙しなさい。これらの主張に対して経済学者はどう回答するか。

6. 自由貿易を達成するための単独アプローチと多国間アプローチの違いは何か。それぞれの具体例を挙げなさい。

演習と応用

1. 世界のワイン価格は、貿易がない場合のカナダの国内価格を下回っている。

   a. カナダのワイン輸入量が世界の総ワイン生産量に占める割合は非常に小さいと仮定したうえで、自由貿易下でのカナダのワイン市場の（需要と供給の）グラフを描きなさい。適切な表を用いて消費者余剰、生産者余剰、および総余剰を特定しなさい。

   b. メキシコ湾岸の海流のシフトにより、ヨーロッパで季節外れの冷夏が発生し、ぶどうの収穫の大半が被害を受けたとする。このショックは世界のワイン価格にどのような影響を与えるか。設問（a）のグラフと表を使用して、カナダの消費者余剰、生産者余剰、および総余剰に対する影響を示しなさい。勝者と敗者は誰か。カナダは国全体として厚生が改善したといえるか、悪化したといえるか。

2. 海外との競争から自国の自動車産業を保護するため、アメリカ議会が輸入自動車に関税を課すとする。アメリカが世界の自動車市場でプライステイカーであると仮定して、以下を図示しなさい。①輸入量の変化、②アメリカの消費者の損失、③アメリカの製造業者の便益、④政府収入、⑤関税を課したことに伴う死荷重。消費者の損失は、国内生産者の便益、政府収入、そして死荷重の3つの部分に分解できる。これら3つの部分を、図を使って特定しなさい。

3. 中国の衣料産業が拡大すると、世界の供給増加

によって衣料の世界価格が低下する。

   a. この価格変化が衣料の輸入国（たとえばアメリカ）の消費者余剰、生産者余剰、および総余剰に与える影響を、適切な図を描いて分析しなさい。

   b. 次に、この価格変化が衣料の輸出国（たとえばドミニカ共和国）の消費者余剰、生産者余剰、および総余剰に与える影響を、適切な図を描いて分析しなさい。

   c. 設問（a）および設問（b）の解答を比較しなさい。類似点と相違点は何か。どちらの国が中国の衣料産業の拡大を懸念すべきだろうか。どちらの国がそれを称賛すべきだろうか。説明しなさい。

4. 貿易制限を擁護する議論を考えてみよう。

   a. あなたは、低価格の海外製品との競争に苦しんでいる典型的な産業である木材業界のロビイストである。そしてあなたは議会に貿易制限法案を通過させようとしている。本章で議論された5つの議論のうち、どの2つ（または3つ）が議員に対して最も説得力を持つと思うか。その理由を説明しなさい。

   b. あなたは経済学を学ぶ聡明な学生であるとする（それほど非現実的な仮定ではないことを願う）。貿易制限を擁護するすべての議論には欠点があるが、そのうちあなたにとって最も経済学的に妥当だと思う2つ（または3つ）の議論を挙げなさい。それぞれの議論について、その経済学的な妥当性

200

と、その議論に対する経済学的な反論を挙げなさい。

5. テキスティリア国は衣料品の輸入を不許可としている。貿易がない場合の均衡において、Tシャツの価格は20ドル、均衡数量は300万枚である。休暇中にアダム・スミスの『国富論』を読んだ後、大統領はテキスティリアの市場を国際貿易に開放することを決めた。Tシャツの市場価格は世界価格の16ドルに低下し、国内で消費されるTシャツの数は400万枚に増加、Tシャツの生産量は100万枚に減少した。
   a. 上で説明された状況をグラフで示しなさい。グラフにはすべての数値を表示すること。
   b. 貿易を開放したことによる、消費者余剰、生産者余剰、および総余剰の変化を計算しなさい（ヒント：三角形の面積は1/2×底辺×高さである）。

6. 中国は小麦、トウモロコシ、米などの穀物の主要な生産国である。数年前、中国政府は穀物の輸出が国内消費者向けの食料価格を押し上げていることを懸念し、穀物の輸出に税を課した。
   a. 輸出国の穀物市場を表すグラフを描きなさい。このグラフを用いて、以下の質問に答えなさい。
   b. 輸出税は国内の穀物価格にどのような影響を与えるか。
   c. 輸出税は国内消費者の厚生、国内生産者の厚生、および政府収入にどのような影響を与えるか。
   d. 消費者余剰、生産者余剰、および税収の合計で測られる中国の総余剰はどうなるか。

7. ある国が海外から財を輸入しているとする。以下の各文について、それが正しいか誤りか、そしてその理由を答えなさい。
   a. 需要が弾力的になるほど、貿易からの利益も大きくなる。
   b. 需要が完全に非弾力的であれば、貿易からの便益はない。
   c. 需要が完全に非弾力的であれば、消費者は貿易から便益を得ない。

8. 繊維製品の関税（輸入品への課税）を拒否した後、イソランドの大統領は今、繊維製品の消費（輸入品および国内で生産された商品の両方を含む）に同額の税を課することを検討している。
   a. 図9-4を使用して、繊維消費税を課した場合のイソランドの消費量と生産量を特定しなさい。
   b. 繊維消費税を導入した場合の、図9-4の表に対応した表を作成しなさい。
   c. 政府収入をより増加させるのは、消費税か関税のどちらか。どちらのほうが死荷重が小さくなるか。説明しなさい。

9. アメリカがテレビの輸入国であり、貿易制限がないと仮定する。アメリカの消費者は年間100万台のテレビを購入し、そのうち40万台は国内で生産され、60万台は輸入されるものとする。
   a. 中国のテレビ製造業者による技術革新が、テレビの世界価格を100ドル引き下げたとする。この変化がアメリカの消費者と生産者の厚生、および総余剰に与える影響を、グラフを描いて示しなさい。
   b. 価格低下後、消費者は120万台のテレビを購入し、そのうち20万台が国内で生産され、100万台は輸入されたとする。価格低下による消費者余剰、生産者余剰、および総余剰の変化を計算しなさい。
   c. 政府が輸入テレビに100ドルの関税を課した場合、どうなるか。政府収入と死荷重を計算しなさい。アメリカの経済厚生の観点から見て、この政策は良い政策といえるか。誰がこの政策を支持する可能性があるか。
   d. 価格低下が技術革新によるものではなく、中国政府が自国産業に対してテレビ1台あたり100ドルの補助金を出していることによるものであった場合、以上の分析にどのような影響を与えるか。

10. 鋼材を輸出する小規模経済の国を考える。"貿易賛成"の政府が、海外で販売される輸出鋼材に対して一定の補助金を支払うことを決定した。この輸出補助金は、国内の鋼材価格、鋼材の生産量、鋼材の消費量、および鋼材の輸出量にどのような影響を与えるか。また、消

第Ⅲ部　市場と厚生

費者余剰、生産者余剰、政府収入、そして総余剰にはどのような影響を与えるか。この政策は、経済効率の観点から良い政策といえるか（ヒント：輸出補助金の分析は関税の分析と類似している）。

理解度確認クイズの解答

1. d　2. b　3. c　4. a　5. b　6. c　7. a　8. c

第10章

Chapter 10
Externalities

Part IV The Economics of the Public Sector

第Ⅳ部 公共部門の経済学

外部性

　紙を製造・販売する企業は、その製造過程でダイオキシンと呼ばれる化学物質を副産物として生み出している。科学者によれば、ダイオキシンはいったん環境に排出されると、ガンや先天性欠損症などの健康問題を引き起こす可能性があるという。この章では、ダイオキシンのような汚染物質の放出が、市場の分析にどのように適合するのかを考察する。

　第1章にある**経済学の10原則**の1つは、「通常、市場は経済活動をまとめあげる良い方法である」というものである。第4章から第9章を通して、この原則を説明した。そこでは競争市場が希少資源をどのように配分するかを調べ、需要と供給の均衡が通常、資源を効率的に配分することを示した。アダム・スミスの比喩を用いるならば、「見えざる手」が買い手と売り手を導き、市場参加者が受け取る便益の合計を最大化するのである。

　しかし、自由市場は万能ではない。見えざる手だけでは、紙市場の企業がダイオキシンを大量に排出するのを防ぐことはできない。社会はこの問題を解決する他の方法を見つける必要がある。このことは、**経済学の10原則**の別の原則である「政府は市場のもたらす結果を改善できる場合がある」につながる。

　ここで取り上げた市場の失敗とは、**外部性**と呼ばれる一般的な分類に属するものである。**外部性**とは、周囲の人々の厚生に影響を与える行為を誰かが行い、その影響に対して対価が支払われない場合に発生する。周囲の人々に悪影響を及ぼすので

外部性
(externality)
ある人の行動が周囲の人々の厚生に及ぼす、補償されることのない影響

203

第Ⅳ部　公共部門の経済学

あれば、**負の外部性**となる。有益であれば、それは**正の外部性**となる。

　外部性が存在する場合、市場の結果に対する社会の関心は、市場における買い手と売り手の厚生を超えて、周囲の人々の厚生にまで及ぶ。買い手と売り手は、需要と供給の量を決定する際に、自らの行動の外部効果を考慮しないため、市場の均衡は効率的ではない。言い換えれば、社会厚生は最大化されず、政府の政策によって市場の失敗を是正できる可能性がある。

　たとえば、ダイオキシンの環境への放出は負の外部性であり、深刻なものである。政府の介入がなければ、製紙会社は自らが引き起こした汚染の総コストを考慮せず、紙の消費者は自分たちの購入を通じた汚染の総コストを考えないかもしれない。政府がきちんと考案した政策で介入しない限り、市場における大量のダイオキシンの排出を許してしまう。実際、環境保護庁はダイオキシン濃度を監視し、その放出を規制している。

　外部性にはさまざまな種類があり、それに対処しようとする政策も各種の対応がある。いくつか例を挙げてみよう。

- 自動車から排出される排気ガスは、他の人々が呼吸する恐れのあるスモッグを発生させ、地球規模の気候変動の原因となるため、負の外部性である。どの車を買うか、どの程度使うかを決める際に、ドライバーは、この外部性を無視することがあるため、汚染がひどくなる傾向がある。連邦政府は、自動車の排ガス規制を設けることでこの問題に対処している。また、人々の自動車運転量を減少させるために、ガソリンの課税、大量輸送機関への補助金、自転車専用道路の整備などの対策も行っている。

- 修復された歴史的建造物は、それを見る人々が建造物の景観美や建物がもたらす歴史感を楽しむため、正の外部性をもたらす。しかし、建物の所有者は、通行人が体験するような便益を享受できないため、古い建物を早めに取り壊す傾向がある。この問題を認識した多くの地方政府は、歴史的建造物の取り壊しを規制し、修復した所有者には税制優遇措置を講じている。

- 犬の鳴き声は、その騒音によって近隣住民が迷惑を被るという負の外部性を生み出す。犬の飼い主は騒音の負担をすべて負うわけではなく、騒音を防ぐための予防策もあまりとらない傾向がある。地方政府は、静けさを乱す行為を違法とすることで、この問題に対処している。

- 新技術の研究は、他人が利用できる知識を生み出すため、正の外部性をもたらす。もし個々の発明家、企業、大学が発明の恩恵を享受できなければ、あまり研究に資源を割り振らないだろう。連邦政府は、発明者に一定期間発明の独占的利用を与える特許制度を通じて、不十分ではあるが、この問題に対処している。

- パンデミックがピークに達した時に、病気が蔓延する機会を提供してしまうことで、繁忙するレストランは、負の外部性を生み出す。レストランの所有者は、自分たちのビジネスが社会に与える健康への影響を無視するかもしれない。政府は、レストランに対し、一時的にテイクアウトのみに切り替えるよう要求することで、この問題に対処することができる（そしておそらく、レストランの

オーナーと従業員に対し補償を行う）。

このような場合、人々は自分たちの行動が外部に及ぼす影響を考慮しない可能性がある。政府は、周囲の人々の利益を守るために、彼らの行動に影響を与えようとする。

1 外部性と市場の非効率性

この節では、第7章で展開した厚生経済学のツールを用いて、外部性が経済厚生にどのような影響を与えるのかを検証する。この分析では、なぜ外部性が市場の資源配分を非効率にするのかを明らかにする。後の節では、民間人や公共政策の立案者がこの種の市場の失敗を是正する方法を検討する。

1-1 厚生経済学：まとめ

まず、第7章で学んだ厚生経済学の教訓を、鉄鋼市場を例に復習してみよう。図10-1は鉄鋼市場における需要曲線と供給曲線を示している。

第7章では、需要曲線と供給曲線がコストと便益に関する重要な情報を含んでいることを示した。需要曲線は、消費者の支払う意思によって測定される、消費者にとっての鉄鋼の価値を反映している。どの数量においても、需要曲線の高さは、限界的な買い手の支払用意を示している。言い換えれば、需要曲線は、最後の1単位の鉄鋼を購入した消費者の価値を示している。同様に、供給曲線は鉄鋼の生産コストを反映している。どの数量においても、供給曲線の高さは、限界的な売り手のコストを示している。言い換えれば、供給曲線は、最後の1単位の鉄鋼を販売する生産者のコストを示している。

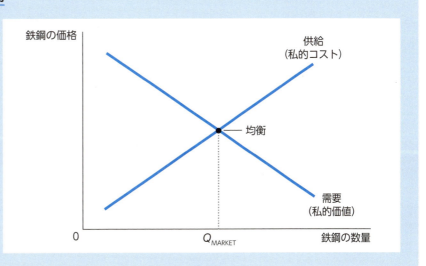

図10-1　鉄鋼の市場

需要曲線は買い手の価値を反映し、供給曲線は売り手のコストを反映する。均衡数量Q_{MARKET}は、買い手の価値の合計から売り手のコストの合計を引いたものを最大化する。外部性がない場合、市場の均衡は効率的である。

価格は鉄鋼の需要と供給を均衡させるように調整される。図10-1にQ_{MARKET}として示されている市場均衡における生産量と消費量は、生産者余剰と消費者余剰の合計を最大化するという意味で効率的である。つまり、鉄鋼を購入・使用する消費者の総価値から、鉄鋼を製造・販売する生産者の総コストを差し引いたものを最大化するように、市場は資源を配分するのである。

1-2 負の外部性

今、鉄鋼工場が汚染を排出しているとしよう。つまり鉄鋼を1単位生産するごとに、一定量の煙が大気中に排出される。これらの排出は健康リスクや気候変動リスクを引き起こすため、負の外部性となる。この外部性は市場の効率性にどのような影響を与えるだろうか。

この外部性のために、鉄鋼生産にかかる社会的コストは鉄鋼生産者のコストを上回る。生産される鉄鋼1単位につき、**社会的コスト**は、鉄鋼生産者の直接的な私的コストと、排出ガスによって被害を受ける周囲の人々のコストに等しい。図10-2は、鉄鋼生産の社会的コストを示している。鉄鋼生産によって社会に課される外部コストを考慮しているため、社会的コスト曲線は供給曲線の上にある。この2つの曲線の差は、排出された汚染のコストを反映している。

ではどのくらいの量の鉄鋼を生産すべきだろうか。善意ある社会計画者ならどうするだろうか。善意ある計画者は、市場から得られる総余剰（鉄鋼の消費者にとっての価値から生産コストを差し引いたもの）を最大化したいと考えている。しかし、彼らは広い視野を持ち、鉄鋼の生産コストには汚染という外部コストが含まれていることを理解している。

計画者は、需要曲線が社会的コスト曲線と交わる生産レベルを選択することにな

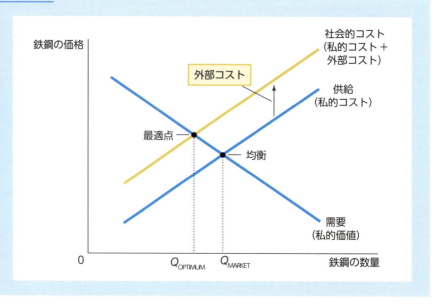

図10-2　汚染と社会的最適

汚染のような負の外部性が存在する場合、財の社会的コストは私的コストを上回る。したがって、最適数量$Q_{OPTIMUM}$は、均衡数量Q_{MARKET}よりも小さくなる。

る。この交点が、社会全体から見た最適な鉄鋼量を決定する。この生産水準以下では、消費者にとっての鉄鋼の価値（需要曲線の高さで測定）が、それを生産する社会的コスト（社会的コスト曲線の高さで測定）を上回る。このレベルを超えると、鉄鋼を追加生産する社会的コストが、消費者にとっての価値を上回る。

均衡鉄鋼量Q_{MARKET}は、社会的に最適な量 $Q_{OPTIMUM}$よりも大きいことに注意しよう。このような非効率が生じるのは、市場均衡が生産の私的コストのみを反映しているからである。市場均衡では、限界的な消費者は、鉄鋼を生産する社会的コストよりも低い価格で鉄鋼を評価する。つまり、Q_{MARKET}では、需要曲線は社会的コスト曲線の下にある。鉄鋼の生産と消費を市場均衡レベル以下に抑えることで、総経済厚生が向上する。

社会計画者はどのようにして最適な結果を得ることができるのだろうか。1つの方法は、鉄鋼の販売量1トンごとに鉄鋼メーカーに課税することである。課税によって、供給曲線は課税額の分だけ上方にシフトする。もし税が大気中に放出される汚染物質の外部コストを正確に反映していれば、新しい供給曲線は社会的コスト曲線と一致するだろう。新しい市場均衡では、鉄鋼の生産者は社会的に最適な量の鉄鋼を生産するだろう。

経済学者によれば、このような課税は、市場の売り手と買い手に自らの行動の外部への影響を考慮するインセンティブを与えるので、**外部性を内部化**するものである。つまり、鉄鋼の生産者は、どれだけの鉄鋼を供給するかを決定する際に、汚染コストを考慮することになる。また、生産者への課税が市場価格に反映されるため、鉄鋼の消費者は購入量を減らすインセンティブを持つことになる。この政策は、**経済学の10原則**の1つ「人々はインセンティブに反応する」に基づいている。この章の後半では、政策立案者が外部性にどのように対処できるかについて、さらに詳しく説明する。

> 外部性の内部化
> (internalizing the externality)
> 人々が自分の行動の外部効果を考慮するように、インセンティブを変えること

1-3 正の外部性

第三者にコストを課す活動もあれば、便益をもたらす活動もある。教育で考えてみよう。教育の便益は私的なものである。厳密に金銭で換算すると、教育を受けた人はより生産的な労働者となり、賃金の上昇という形でその便益の多くを享受する。さらに、教育を受けることで視野が広がり、より豊かな人間になることができる。しかし、こうした私的便益だけではなく、教育は正の外部性をももたらす。1つ目は、教育を受けた人口が増えることで、博識な有権者が増え、すべての人々にとってより良い政府が実現する。2つ目は、教育水準が高いほど犯罪率が低くなる傾向がある。3つ目は、より教育水準の高い人口が技術的進歩の発展と普及を促し、すべての人々の生産性と賃金の向上につながるということである。こうした正の外部性を考えると、人々は教育水準の高い隣人を持つことを好むかもしれない。

正の外部性の分析は、負の外部性の分析と似ている。図10-3が示すように、需要曲線は財の社会的価値を反映していない。社会的価値は私的価値を上回るため、社会的価値曲線は需要曲線の上に位置する。最適量は、社会的価値曲線と供給曲線が交わるところに見いだされる。社会的に最適な数量は、私的な市場が自力で到達す

る数量を上回る。言い換えれば、外部からの介入がなければ、市場がもたらす教育は少なすぎるということである。

この場合も、政府は市場参加者が外部性を内部化するように誘導することで、市場の失敗を是正することができる。正の外部性に対処するための適切な政策は、負の外部性に対する政策とは正反対である。市場均衡を社会的最適に近づけるためには、正の外部性は補助金を必要とする。実際、政府はそのような政策をとっている。教育には、公立学校、政府奨学金、税制優遇措置などを通じて、多額の補助金が支給されている。

要約すると、**負の外部性は、社会的に望ましい量よりも多く生産するように市場を導く。正の外部性は、社会的に望ましい量よりも少なく生産するように市場を導く。この問題を解決するために、政府は負の外部性を持つ商品に課税し、正の外部性を持つ商品に補助金を出すことによって、外部性を内部化することができる。**

図10-3　教育と社会的最適

正の外部性が存在する場合、財の社会的価値は私的価値を上回る。したがって、最適数量 $Q_{OPTIMUM}$ は、均衡数量 Q_{MARKET} よりも大きい。

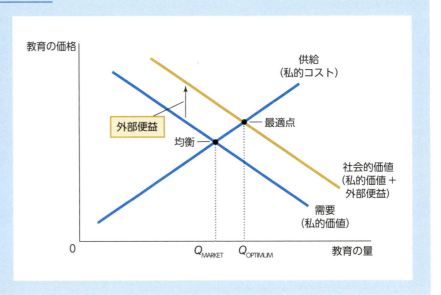

ケース・スタディ　技術波及効果、産業政策、特許保護

潜在的に重要な正の外部性の一種は、**技術的波及**（technology spillover）と呼ばれるもので、ある企業の研究・生産努力が他の企業の技術進歩へのアクセスに与える影響である。

産業用ロボットの市場を考えてみよう。ロボットは急速に変化する技術の最前線にある。ある企業がロボットを製造するたびに、より優れた新しい設計を発見するチャンスがある。この新しい設計は、技術的知識として蓄積されるため、その企業

だけでなく社会の他の人々にも便益をもたらすかもしれない。つまり、新しい設計は、他の生産者に正の外部性を与える可能性がある。

この場合、政府はロボットの生産に補助金を出すことで、外部性を内部化することができる。政府がロボットを生産するごとに企業に補助金を支払えば、供給曲線は補助金の分だけ下方にシフトし、このシフトによってロボットの均衡数量が増加する。市場の均衡が社会的最適と等しくなるように、補助金は技術的波及の価値と等しくなければならない。

技術的波及の規模はどの程度なのか、そしてそれは公共政策にとって何を意味するのか。技術進歩は生活水準を長期的に向上させるカギであるため、これは重要な問題である。しかし、経済学者の意見がしばしば対立する難しい問題でもある。

一部の経済学者は、技術的波及は広く浸透しており、政府は波及効果の大きい産業を奨励すべきだと考える。たとえば、ポテトチップスを作るよりもコンピュータチップを作るほうが波及効果が大きいのであれば、政府はポテトチップスの生産よりもコンピュータチップの生産を奨励すべきだと主張する。アメリカの税制は、研究開発費に対する特別減税という限定的な方法でこれを実現している。さらに進んで、技術的波及効果が大きいとされる特定の産業に補助金を出す国もある。技術的に強化したい産業の振興を目的とした政府の介入は、**産業政策**（industrial policy）と呼ばれることもある。

産業政策に懐疑的な経済学者もいる。技術の波及が一般的であるとしても、産業政策を進めるには、政府が異なる市場からの波及の大きさを測定する必要がある。この測定問題はきわめて難しい。正確な測定ができなければ、政治システムは、正の外部性が最も大きい産業ではなく、政治的影響力が最も大きい産業に補助金を出すことになりかねない。また、産業政策が、外国との競争によって消滅してしまう雇用を保護するといった、波及効果とはあまり関係のない理由で追求されることもある。それは、社会資源の最も生産的な使い方ではないかもしれない。

技術的波及に対処するもう1つの方法は特許保護である。特許法は、発明者の権利を保護し、発明を一定期間独占的に使用できるようにするものである。企業が画期的な発明をし、そのアイデアを特許化すれば、経済的便益の多くを自社に取り込むことができる。特許は、企業に発明の**所有権**（property right）を与えることで、外部性を内部化する。他者がその技術を使用したい場合は、発明企業から許可を得て、使用料を支払わなければならない。このシステムは完璧とはいえない。というのも、特許権者が請求する特許使用料は、新技術の普及を遅らせるからである。しかし、特許制度は、企業に対し、技術を進歩させる研究やその他の活動に従事する大きなインセンティブを与える。

第IV部　公共部門の経済学

理解度確認クイズ

1. 正の外部性の例は次のどれか。

　a. マイラはデヴの芝を刈り、100ドルの報酬を受け取った。

　b. マイラの芝刈り機からは煙が出ていて、デヴの隣人ザビエルは煙を吸う羽目になる。

　c. デヴの新しく刈り込まれた芝生によって、近所がより魅力的になっている。

　d. デヴの隣人ザビエルは、デヴ自身が芝生をよく手入れしているのであれば、お金を支払う。

2. ある財の生産が負の外部性をもたらす場合、社会的コスト曲線は供給曲線の＿＿＿＿＿に位置し、社会的最適量は均衡量よりも＿＿＿＿＿。

　a. 上側 ― 多い

　b. 上側 ― 少ない

　c. 下側 ― 多い

　d. 下側 ― 少ない

➡ (解答は章末に)

2　外部性をめぐる公共政策

　これまで、なぜ外部性が市場の資源配分を非効率に導くのかを見てきたが、この非効率をどのように改善するかについては簡単にしか触れてこなかった。実際には、公的な政策立案者も私的な個人も、さまざまな方法で外部性に対応している。どの改善策も、資源の配分を社会的最適に近づけるという目標を共有している。

　この節では、政府による解決策について考える。一般的な問題として、政府は2つの方法で外部性に対応することができる。まず直接行動を規制する**直接規制政策**（command-and-control policies）である。そして**市場ベースの政策**（market-based policies）は、民間の意思決定者が自ら問題解決を選択できるよう、インセンティブを与える。経済学者が市場ベースの政策を好む傾向があることは驚くには当たらないが、直接規制政策も時には必要である。

2-1　直接規制政策：規制

　政府は、特定の行動を要求したり禁止したりすることで、外部性を是正することができる。たとえば、有毒な化学物質を水源に投棄することは犯罪である。この場合、社会にとっての外部費用は、汚染者にとっての便益をはるかに上回る。そこで政府は、この行為を全面的に禁止する直接規制政策を実施する。

　しかし、多くの汚染の場合、状況はそれほど単純ではない。一部の環境保護主義者が公言している目標とは裏腹に、汚染活動すべてを禁止することは不可能である。たとえば、事実上すべての輸送手段（馬でさえも）は、望ましくない副産物を生み出している。しかし、政府がすべての交通手段を禁止するのは筋が通らない。汚染を完全に根絶しようとするのではなく、社会はコストと便益を天秤にかけて、許容できる汚染の種類と量を決めなければならない。アメリカには、環境保護庁（EPA）という環境保護のための規制を策定し、実施することを任務とする政府機関がある。

　環境規制にはさまざまな形がある。EPAは、工場が排出してよい汚染の最大レベルを規定することがある。また、排出量を削減するために特定の技術を採用する

210

よう企業に求めることもある。どのような場合でも、優れた規則を策定するためには、政府規制当局が特定の産業と、その産業が採用しうる代替技術の詳細を知る必要がある。この情報を政府規制当局が入手するのは難しいかもしれない。利潤を追求する産業は（一般的な社会的責任以外には）、知っていることを共有する理由がほとんどない。むしろ、生産による健康への悪影響を隠蔽し、よりクリーンな技術に移行するためのコストを誇張しようとするインセンティブが働くことが多い。

> **専門家の見方　新型コロナワクチン**
>
> 「ワクチン接種による正の外部効果を考慮すれば、効果的な新型コロナワクチンは（乳幼児や免疫力が低下している人など健康上の例外を除いて）、すべてのアメリカ国内居住者に義務づけられ、その費用は連邦政府が負担すべきである」

（出所）IGM Economic Experts Panel, June 23, 2020.

2-2　市場ベースの政策1：補正的課税と補助金

　政府は、外部性に対応して行動を規制する代わりに、市場ベースの政策を使って、私的インセンティブを社会的効率と一致させることができる。たとえば、先に見たように、政府は負の外部性を持つ活動に課税し、正の外部性を持つ活動に補助金を出すことで、外部性を内部化することができる。負の外部性の影響に対処するために制定された税は、**補正的課税**と呼ばれる、負の外部性から生じる社会的コストを考慮するよう、民間の意思決定者を誘導するために設計された税である。補正的課税は、その使用を早くから提唱していた経済学者アーサー・ピグー（Arthur Pigou、1877～1959）にちなんで**ピグー税**（Pigovian taxes）とも呼ばれる。理想的な補正的課税は、負の外部性を持つ活動から生じる外部コストに等しく、理想的な補正的補助金は、正の外部性を持つ活動から生じる外部便益に等しい。

　経済学者は通常、汚染に対処する方法として、規制よりも補正的課税のほうを好む。なぜならば、補正的課税のほうが社会により低いコストで汚染を減らすことができるからである。その理由を知るために、ある例を考えてみよう。

　製紙工場と製鉄工場の2つの工場が、それぞれ毎年500トンの「ヘドロ」を河川に投棄しているとする。さらに、2つの架空の工場から排出されるヘドロは同一であり、ヘドロは少量であれば無害であるが、大量に排出されると危険であると仮定する。EPAは排出量を削減したいと考えている。EPAは2つの解決策を検討する。

- 規制：EPAは各工場に対し、ヘドロを年間300トンに減らすよう指示するこ

> **補正的課税**
> （corrective tax）
> 負の外部性から生じる社会的コストを考慮するよう、民間の意思決定者を誘導するために設計された税

第IV部　公共部門の経済学

とができる。

- 補正的課税：EPAは、各工場が排出するヘドロ1トンにつき5万ドルの税金を課すことができる。

規制は汚染レベルを指定し、税金は工場所有者に汚染を減らすインセンティブを与える。どちらの解決策が良いだろうか。

このような場合、経済学者のほとんどは課税を好む。この好みを説明するために、彼らはまず、多様な汚染形態の全体的なレベルを下げるには、税は規制と同じくらい効果的であると指摘するだろう。EPAは、税を適切な水準に設定することで、自らが望む汚染レベルを達成することができる。税が高ければ高いほど、汚染の削減効果は大きくなる。税が高すぎると、工場は完全に閉鎖され、汚染はゼロになる。

規制と補正的課税はどちらも多くの種類の汚染を削減することができるが、税のほうがより効率的にこの目標を達成することができる。というのも、規制は各工場に同量の汚染削減を求めるが、これは必ずしも水質浄化に最もコストのかからない方法ではないからである。製紙工場が製鉄工場よりも低コストで汚染を削減できる可能性はある。そうであれば、製紙工場は税を避けるために汚染を大幅に減らすことで対応し、製鉄工場は汚染を減らして税を支払うことになる。

要するに、補正的課税は汚染する権利に値段をつけるということである。経済学者の考え方に慣れていないと、これは奇妙に思えるかもしれない。しかし、市場が最も価値を見いだす買い手に商品を配分するように、補正的課税は、汚染を削減するために最も高いコストに直面する工場に汚染の権利を配分するのである。この柔軟な手段を使えば、EPAは最も低い総費用であらゆるレベルの排出量を達成することができる。

経済学者はまた、補正的課税のほうが環境にとって良い場合が多いとも主張している。直接規制政策では、工場は目標値である300トンの排出量を達成しても、それ以上排出量を削減する理由がない。対照的に、補正的課税は、よりクリーンな技術を開発するインセンティブを工場に与える。

補正的課税は、他のほとんどの税とは異なる。第8章で述べたように、ほとんどの税金はインセンティブを歪め、資源の配分を社会的な最適から遠ざける。消費者余剰と生産者余剰の減少による経済厚生の減少は、政府の収入額を上回り、結果として死荷重となる。しかし、外部性が存在する場合、社会は周囲の人々の厚生も考慮する必要がある。補正的課税は、市場参加者に適切なインセンティブを与える。すなわち、外部性を内部化することで、これらの税は資源の配分を社会的最適に近づける。補正的課税は政府歳入を増加させ、経済効率を高める。

ケーススタディ　なぜガソリンはこれほどの重い税を課されるのか

多くの国で、ガソリンは最も重い税を課せられている商品の1つである。ガソリ

第10章　外部性

ン税は、自動車運転に伴う3つの負の外部性に対処するための補正的課税とみなすことができる。

- **汚染**：自動車の排気ガスはスモッグの原因となり、心臓や肺の病気のリスクを高める。また、ガソリンのような化石燃料の燃焼は、地球規模の気候変動の主な原因となっている。ガソリン税は、ガソリンの消費を抑制することで、こうした悪影響を軽減する。
- **渋滞**：道路を走る車が減れば、交通渋滞は緩和される。ガソリン税は、人々が公共交通機関を利用したり、自転車に乗ったり、頻繁に相乗りしたり、職場の近くに住むことを奨励することで、渋滞を抑える。
- **事故**：大型車やSUVを購入すると、自分自身は安全になるかもしれないが、隣人を危険にさらすことにもなる。小型車を運転している人が大型車やSUVに衝突された場合、他の小型車に衝突された場合よりもけがをする可能性がはるかに高い。ガソリン税は、ガソリンを大量に消費する大型車によって他人を危険にさらす人々に、その代償を払わせる間接的な方法である。購入する車を選ぶ際に、このリスクを考慮するよう誘導している。

　一般的な税のように死荷重をもたらすのではなく、ガソリン税は経済をより良く機能させる。つまり、より清潔な環境、より少ない交通渋滞、より安全な道路を実現するのである。

　ガソリンへの税金はどのくらい高くするべきだろうか。ほとんどのヨーロッパ諸国は、アメリカよりもはるかに高いガソリン税を課している。多くの識者は、アメリカもガソリン税をもっと高くすべきだと指摘している。2007年に『ジャーナル・オブ・エコノミック・リテラチャー』誌に掲載された研究では、自動車運転に関連するさまざまな外部性の大きさに関する研究がまとめられている。それによると、ガソリンに対する最適な補正的課税は2005年のドル換算で1ガロン当たり2.28ドル、インフレ調整後の2021年のドル換算では3.20ドルに相当する。対照的に、2021年のアメリカにおける実際の課税額は1ガロンあたり約55セントに過ぎない。

　ガソリン税の引き上げによる税収は、所得税など、インセンティブを歪め、死荷重を引き起こす税の引き下げに使うことができる。さらに、自動車メーカーに燃費の良い車の生産を義務づける政府の規制も、電気自動車に対する政府の補助金も不要になる。しかし、ガソリン税の増税が政治的に支持されることはない。

2-3　市場ベースの政策2：取引可能な汚染排出権

　製紙工場と製鉄工場に話を戻そう。経済学者の助言にもかかわらず、EPAが規制を採用し、それぞれの工場に年間300トンの汚染削減を求めたとしよう。規制が実施され、両工場が遵守したある日、両工場はEPAにある提案を持ち込んだ。製鉄所はヘドロの排出量を300トンから400トンに増やしたい。製紙工場は、製鉄工

213

場が500万ドルを支払えば、その排出量を300トンから200トンに削減することに同意した。ヘドロの総排出量は600トンのままである。EPAはこの2工場の取引を許可すべきだろうか。

経済効率の観点からは、答えは「イエス」である。この取引により、2つの工場の所有者はより良い生活を送ることができる。いわば、彼らは自発的に同意しているのである。さらに、汚染の総量は変わらないので、この取引は外部効果をもたらさない。したがって、製紙工場がその汚染権を製鉄工場に売却することによって、厚生が向上するのである。

同じ論理が、ある企業から別の企業への自主的な汚染権の譲渡にも当てはまる。EPAがこのような取引を企業に認めるということは、要するに、汚染排出権という新たな希少資源を生み出すということである。こうした排出権を取引する市場が発達し、そしてその市場は、需要と供給の力によって支配される。見えざる手は、この新しい市場が効率的に汚染の排出を配分することを保証する。つまり、排出権は、支払用意によって判断されるように、排出権に最も価値を見いだす人々の手に渡ることになる。企業が汚染する権利に対して支払用意は、汚染削減のためのコストに依存する。つまり企業が汚染を削減するためのコストが高ければ高いほど、排出権に支払う金額も高くなる。

汚染排出権の市場を認めることの利点は、企業間の排出権の初期配分が、経済効率性の観点からは問題にならないということである。低いコストで汚染を削減できる企業は、取得した排出権は何でも売るだろうし、高いコストでしか汚染を削減できない企業は、必要な排出権は何でも買うだろう。排出権の市場が存在すれば、最初の割り当てに関係なく、最終的な割り当ては効率的になる。

汚染排出権は、補正的課税とは大きく異なるように見えるかもしれないが、この2つの政策には多くの共通点がある。どちらの場合も、企業は汚染の代償を支払う。補正的課税では、環境を汚染する企業は政府に税を納めなければならない。汚染排出権の場合、環境を汚染する企業は排出権を購入しなければならない（すでに排出権を所有している企業であっても、公開市場で排出権を売ることができたはずであり、その収入を見送ることによって機会費用が発生するという意味で、汚染するために支払わなければならない）。経済学の用語でいえば、補正的課税も汚染排出権も、企業が汚染するコストを高くすることによって、汚染の外部性を内部化するものである。

この2つの政策の類似性は、汚染権市場を考えればわかる。図10-4の2つのパネルは、汚染権の需要曲線を示している。この曲線は、汚染の価格が低いほど、企業がより多く汚染することを示している。パネル (a) では、EPAが補正的課税を使って汚染に価格を設定している。この場合、汚染権の供給曲線は完全に弾力的であり（企業は税を払えばいくらでも汚染できるため）、需要曲線は汚染量を決定する。パネル (b) では、EPAが排出権を発行することによって汚染量を設定している。この場合、汚染権の供給曲線は完全に非弾力的であり（汚染量は排出権の数によって固定されるため）、需要曲線は価格を決定する。EPAは、補正的課税によって価格を設定するか、汚染排出権によって量を設定することで、需要曲線上のどの点にも到

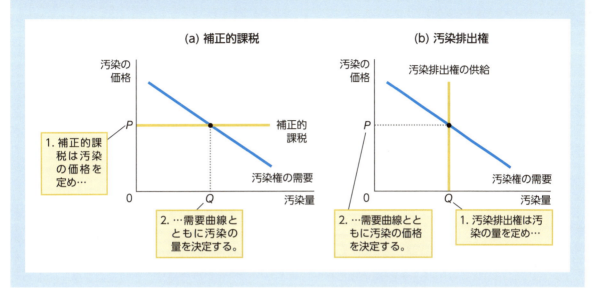

図10-4　補正的課税と汚染排出権の同等性

パネル(a)では、環境保護庁（EPA）は補正的課税を課すことによって汚染に価格を設定し、需要曲線が汚染量を決定する。パネル(b)では、EPAが汚染排出権数を限定することによって、汚染量を制限し、需要曲線が汚染価格を決定する。価格と汚染量は両方のケースにおいて同等である。

達することができる。

　しかし、汚染排出権を販売するか、補正的課税を課すかの選択は、汚染権に対する需要曲線が不確実な場合に問題となる。たとえば、EPAは、河川に投棄される汚染物質が600トンを超えないことを望んでいるが、需要曲線を把握していないため、どの程度の規模の税がその目標を達成するのかわからないとする。この場合、600トンの汚染排出権を競売にかけることができる。オークション価格は、事実上、EPAの目標達成に必要な補正的課税となる。一方、EPAは汚染の外部費用がヘドロ1トン当たり5万ドルであることを知っているが、その価格で工場がどれだけのヘドロを排出するかは不明であるとする。この場合、EPAは1トン当たり5万ドルの補正的課税を設定し、市場に汚染量を決定させることで、効率的な結果を得ることができる。

　政府が汚染する権利をオークションにかけるというアイデアは、最初は経済学者の想像の産物のように聞こえるかもしれない。実際、このアイデアは想像上の産物として始まった。しかし、EPAが汚染を規制するためにこの制度を利用することが増えている。注目すべき成功例は、酸性雨の主な原因である二酸化硫黄（SO_2）のケースである。1990年に大気浄化法が改正され、発電所はSO_2の排出量を大幅に削減することが義務づけられた。同時にこの改正は、発電所がSO_2排出枠を取引できるようにする制度も設けた。当初、産業界代表も環境保護論者もこの提案に懐疑的だったが、時間の経過とともに、この制度は最小限の混乱と低コストで汚染を削減した。現在では、補正的課税と同様に、汚染排出権は環境をクリーンに保つための

第IV部　公共部門の経済学

費用対効果の高い方法として広く受け入れられている。

2-4　汚染の経済分析に対する異議申し立て

「私たちは誰に対しても、料金を払って汚染するという選択肢を与えることはできない」。1972年に制定された「水質汚濁防止法（Clean Water Act）」の制定に奔走したエドモンド・マスキー上院議員のこの言葉は、今でも一部の環境保護主義者の見解を反映している。1969年、クリーブランドのカヤホガ川は工業汚染物質で汚染され、実際に火災が発生した。これは繰り返し発生する問題であったが、この法律の制定により解決された。きれいな空気と水は基本的人権と見なされ、それらが奪われた。当時を思い起こすと、環境保護主義者の多くは、経済的なことはせいぜい二の次で、ある面では嫌悪感を抱くものであるという。きれいな空気と水が貴重であり、すべての人間に受け継がれているものだとしたら、それらに値段をつけようとする人間がいるだろうか？　環境は非常に重要であり、それを守ることはコストに関係なく絶対的な優先事項だと言う人もいる。

現代の経済学者の多くは環境保護主義者であり、きれいな空気と水を実現し、地球規模の気候変動を終わらせることに尽力している。経済学者にとって、優れた環境政策は、第1章にある**経済学の10原則**の最初の原則、「人々はトレードオフに直面する」を認識することから始まる。環境対策の価値は、その機会費用、すなわちあるものを得るために諦めなければならないもの、と比較されなければならない。すべての汚染をなくすことは、悲しいかな不可能である。すべての汚染をなくそうというのは高い目標ではあるが、実現可能な目標ではない。少なくとも予見可能な将来においては、私たちが高い生活水準を享受できるようにしている技術的進歩の多くを逆行させてしまう。環境を可能な限りクリーンにするために、栄養不良や不十分な医療、粗悪な住宅を受け入れる人はほとんどいないだろう。

環境保護主義の理念は、経済学者のように考えることで、間違いなく前進する。クリーンな環境は、計り知れない価値を持つもうひとつの財とみなすことができる。通常の財と同様、環境も正の所得弾力性がある。実際、豊かな国は貧しい国よりも環境をきれいにする余裕があり、通常、より厳格な環境保護を行っている。さらに、他の多くの財と同様、きれいな空気と水は需要の法則に従う。つまり、環境保護の価格が低ければ低いほど、国民はより多くの環境保護を望むようになる。補正的課税と汚染排出権を使用する経済的アプローチによって、きれいな空気と水を得るためのコストが削減されれば、人々が求める環境保護の量も増えるはずである。

ケーススタディ　気候変動と炭素税

科学者たちは、人間の炭素排出が地球規模の気候変動の原因であり、それがさまざまな悪影響を及ぼしているという。これは負の外部性の典型的な例である。ある心配性の市民（仮に彼をヨーラムと呼ぶ）が、二酸化炭素排出量を削減したいと考えたとしよう。どうすればよいだろうか？

- ヨーラムは、ハイブリッド車や電気自動車など、燃費のいい車を買うことができる。
- ヨーラムは相乗りで通勤することができる。
- ヨーラムはもっと公共交通機関を使うことができる。
- ヨーラムは職場の近くに引っ越すことができる。
- ヨーラムは、冷暖房に必要なエネルギー消費量の少ない小さな家を買うことができる。
- ヨーラムは、冬は涼しく、夏は暖かくなるように家のサーモスタットを調節できる。
- ヨーラムは屋根にソーラーパネルを設置することができる。
- ヨーラムはもっとエネルギー効率の良い家電製品を買うことができる。
- ヨーラムは、輸送に必要な燃料が少なくて済む地元産の食品をより多く食べることができる。
- ヨーラムは、牛肉の生産が膨大な量の温室効果ガスを排出するため、牛肉を食べるのをやめることができる。

もう、おわかりだろう。私たちは毎日、炭素排出量に影響を与えるライフスタイルを選択している。これらの決断は個人的なものであるが、世界的な影響を及ぼしている。

政策立案者にとっての主な疑問は、人々が自分の行動の個人的影響と外部性の両方を考慮した上で、正しい意思決定を行えるようにするにはどうすればいいのかということである。それには3つのアプローチがある。

1つ目のアプローチは、個人の社会的責任感に訴えることである。実際、地球への配慮から二酸化炭素排出量を最適なレベルまで削減する人もいるだろう。しかし、ほとんどの人にそのような行動を期待するのは非現実的である。生活は忙しく、人にはそれぞれの優先順位があり、自分の行動が世界に与える影響を知ることさえ困難な作業である。

2つ目のアプローチは、政府の規制を利用して人々の意思決定を変えることである。たとえば、CAFE（Corporate Average Fuel Economy：企業平均燃費）基準は、アメリカで自動車の排ガスを規制している。

しかし、この規制アプローチには問題が多い。1つは、消費者が買いたいと思う製品と、企業が売ることを許される製品との間に緊張関係が生まれることだ。元自動車業界トップのロバート・A・ルッツは、CAFE基準は「官僚主義による巨大な悪夢」だと嘆く。彼は、「CAFEは、衣料品メーカーに小さいサイズを作るよう要求することで肥満を治そうとしているようなものだ」と言う。

このような規制のより重要な問題は、規制が一部の重要な決定にしか影響を及ぼせないことである。政府は、ヨーラムが自動車ディーラーで見つける車の種類を規制することはできるが、ヨーラムが職場の近くに住んでいるかどうかや、隣人と相乗りするかどうかを規制することは容易ではない。しかしながら、最小限のコストで炭素排出量を削減するには、調整可能なすべてのマージンを網羅する政策が必要

である。

　幸いなことに、より広範囲な政策は可能であり、気候外部性に対処するための3つ目のアプローチにつながる。それは、炭素排出に価格をつけることである。これによって、炭素排出に課税するか、取引可能な汚染排出権の「キャップ＆トレード」制度を創設することができる。ガソリン、電気、牛肉などの販売者が、その製品に含まれる炭素の排出量に応じて手数料を支払わなければならないとすれば、その手数料は価格に組み込まれることになる。ヨーラムをはじめとする消費者は、日常的な意思決定をする際、自分たちが直面する価格に目を向け、事実上、自分たちの選択が地球全体に与える影響を考慮することになる。炭素価格は外部性を内部化する。ヨーロッパでは効果的に機能しているが、アメリカではまだ浸透していない。

　しかし、下記の「専門家の見方」欄が示すように、炭素税は経済学者の間では人気のある政策である。

専門家の見方　炭素税

「ブルッキングス研究所は最近、アメリカの炭素税を1トン当たり20ドル、年率4％で増加させると、今後10年間で年間1,500億ドルの連邦税収を上げると推定している。二酸化炭素排出によって生じる負の外部性を考慮すれば、この税率の連邦炭素税は、労働所得の限界税率を全面的に引き上げて同じ歳入を得る増税よりも、アメリカ経済への有害な歪みを伴わないだろう」

経済学者の見解は？

0％：同意しない　2％：どちらともいえない　98％：同意する

「燃料の炭素含有量に課税することは、自動車の「企業平均燃費」要求のような政策の集まりよりも、二酸化炭素排出量を削減するための安価な方法である」

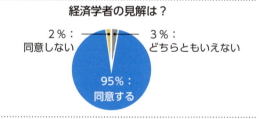

経済学者の見解は？

2％：同意しない　3％：どちらともいえない　95％：同意する

「炭素税は、キャップ＆トレードよりも優れた気候政策の実施方法である」

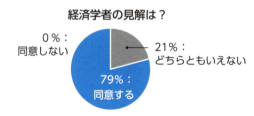

経済学者の見解は？

0％：同意しない　21％：どちらともいえない　79％：同意する

（出所）IGM Economic Experts Panel, December 4, 2012, December 20, 2011, and November 13, 2018.

理解度確認クイズ

3. 政府が財の生産に関連する外部コストに等しい税を課すと、消費者が支払う価格は_____し、市場の結果が_____になる。

   a. 増加 ― より効率的
   b. 増加 ― やや非効率的
   c. 減少 ― より効率的
   d. 増加 ― やや非効率的

4. 補正的課税に関する次の記述のうち、一般に正しくないものはどれか。

   a. 消費者余剰を減少させる。
   b. 政府歳入を増加させる。
   c. 市場での販売量を減少させる。
   d. 死荷重を引き起こす。

5. 政府は500単位の汚染権を競売にかける。この権利は1単位あたり50ドルで売却され、政府には2万5,000ドルの歳入をもたらした。この政策は、

汚染1単位あたり_____の補正的課税に相当する。

   a. 10ドル
   b. 50ドル
   c. 450ドル
   d. 500ドル

6. 補正的課税よりも直接規制のほうがより優れているのは、次のどの場合か。

   a. 補正的課税は業種によって効果が異なる場合
   b. 一部の汚染者は、他の汚染者よりも安価に排出量を削減できる場合
   c. 負の外部性が非常に大きいため、最適数量はゼロである場合
   d. 汚染削減コストに関する知識は分散しており、入手が困難である場合

➡（解答は章末に）

3 外部性の私的解決策

外部性は市場の結果を非効率にする傾向があるが、政府の行動が唯一の解決策というわけではない。時には、人々は私的な解決策を得ることができる。

3-1 私的解決策の種類

道徳規範や社会的制裁は外部性の問題を解決することができる。たとえば、ほとんどの人がポイ捨てをしない理由を考えてみよう。ゴミのポイ捨てを禁止する法律はあるが、厳密には施行されていない。ポイ捨てはやってはいけないことだから、ほとんどの人はポイ捨てをしない。多くの子供たちに教えられた黄金律には、「己の欲する所を人に施せ」とある。この道徳的な命令は、私たちの行動が他の人々にどのような影響を与えるかを考えよというものである。経済学のあまり詩的でない言葉で言えば、外部性を内部化せよということである。

もう1つの民間の解決策は、慈善団体である。たとえば、シエラ・クラブは、環境保護を求める民間ドナーによって資金提供されている非営利団体である。大学や専門学校は、卒業生、企業、財団から寄付を受けているが、その理由の1つは、教育が社会にとって大きな便益（正の外部性）をもたらすからである。政府は、慈善寄付に対する所得税控除を認めることで、このような民間の解決策を奨励している。

外部性の問題は、多くの場合、民間市場が関係者の利己心に頼って解決することができる。時には、異なる種類の事業を統合するという形で解決することもある。たとえば、リンゴ栽培農家と養蜂農家が隣接している場合を考えてみよう。それぞ

第IV部　公共部門の経済学

れのビジネスがもう一方のビジネスに便益をもたらし、正の外部性を伝える。たとえばリンゴの木に咲く花に受粉することで、ミツバチは果樹園がリンゴを生産するのを助け、ミツバチはリンゴの木の蜜を使ってハチミツを生産する。だからといって、両者がこれらの便益を考慮しているとは限らない。リンゴ農家が植える木の本数を決め、養蜂家が飼うミツバチの数を決めるとき、彼らは正の外部性を無視している。その結果、リンゴ農家は植える木の本数が少なすぎ、養蜂家は飼うミツバチの数が少なすぎる。ミツバチとリンゴのビジネスが合併すれば、これらの外部性は内部化される。すなわち両者の活動は同じ企業内で行われ、その企業は最適な数の樹木とミツバチを選ぶことができる。外部性を内部化することが、複数の種類の事業に携わる企業がある理由の１つである。

リンゴ栽培農家と養蜂家が契約交渉を行い、適切な樹木の本数とミツバチの数を定め、一方から他方へ支払うという私的な方法もある。契約は、通常このような外部性から生じる非効率性を解決し、両者をより良い状態にすることができる。

3-2　コースの定理

コースの定理
(Coase theorem)
民間の当事者たちが資源の配分についてコストなしに交渉できるのであれば、外部性の問題を自分たちで解決できるという命題

外部性に対処する上で、私的市場はどの程度効果的なのだろうか。経済学者ロナルド・コース（Ronald Coase）にちなんで**コースの定理**と呼ばれる有名な結果は、ある状況においては非常に効果的であることを示唆している。コースの定理によれば、もし民間のグループが資源の配分をめぐってコストなしで交渉できるのであれば、民間市場は常に外部性の問題を解決し、資源を効率的に配分することになる。

コースの定理がどのように機能するかを見るために、例をあげて考えてみよう。エミリーがクリフォードという犬を飼っているとする。クリフォードは吠え、エミリーの隣人ホレスに迷惑をかける。エミリーはクリフォードとの親密さから大きな便益を得ているが、犬は熟睡を好むホレスに負の外部性を与えている。果たしてエミリーはクリフォードのために新しい家を見つけるべきか、それともホレスはクリフォードの吠え声のせいで眠れない夜を過ごすべきだろうか。

まず、どのような結果が社会的に効率的かを考えてみよう。社会の利益を第一に考える経済学者なら、エミリーが犬から得る便益と、ホレスが吠えることで負担するコストを比較するだろう。もし便益がコストを上回れば、エミリーは犬を飼い、ホレスは吠え声と共存するのが効率的である。しかし、もしコストが便益を上回れば、エミリーは犬を処分すべきである。

コースの定理によれば、私的市場は自力で効率的な結果に到達する。どのようにするのだろうか。ホレスは、クリフォードを新しい家に移すためにエミリーにお金を払うと申し出ることができる。エミリーは、ホレスが提示する金額が犬を飼う便益よりも大きければ、その取引を受け入れるだろう。

価格交渉によって、エミリーとホレスは常に効率的な結果に到達することができる。たとえば、エミリーが犬から1,000ドルの便益を得て、ホレスは吠え声から1,500ドルのコストを負担するとする。この場合、ホレスは犬を処分するためにエミリーに1,200ドルを提供することができ、エミリーはそれを受け入れるだろう。両者とも以前よりも改善し、効率的な結果が得られる。

第10章 外部性

もちろん、エミリーが受け入れるような価格をホレスが提示しない可能性もある。たとえば、エミリーが犬から3,000ドルの便益を得て、ホレスは吠え声による1,500ドルのコストを負担するとする。この場合、エミリーは3,000ドル以下の申し出は断るだろうし、ホレスは1,500ドル以上の金額は提示しないだろう。結局、エミリーはクリフォードを飼うことになる。これらの費用と便益を考えると、この結果は効率的である。

ここまでの例は、エミリーが吠える犬を飼う法的権利を持っていることを前提としている。言い換えれば、ホレスが彼女に自発的に犬を手放すよう誘導するのに十分な金額を支払わない限り、エミリーはクリフォードを飼うことができる。しかし、もしホレスが平和と静寂に対する法的権利を持っていたら、結果はどう変わるだろうか。

コースの定理によれば、市場が効率的な結果に到達するためには、権利の初期分布は問題ではない。たとえば、ホレスがエミリーに犬を処分するよう法的に強制できるとする。この権利を持つことはホレスに有利に働くが、おそらく結果は変わらないだろう。この場合、エミリーは犬を飼うことを許可してもらうためにホレスに金を払うと申し出ることができる。もしエミリーにとっての犬の便益が、ホレスにとっての吠え声のコストを上回れば、エミリーとホレスは、エミリーが犬を飼うという交渉をすることになる。

エミリーとホレスは、最初に権利がどのように分配されるかに関係なく、効率的な結果に到達することができるが、権利の分配は無関係ではない。言わば、権利の分配は経済的厚生の分配を左右する。エミリーが犬が吠えることのできる権利を持っているか、ホレスが平和で静かな生活に対する権利を持っているかによって、最終的な交渉で誰が誰に支払うかが決まる。しかし、どちらの場合でも、両当事者は互いに交渉し、外部性の問題を解決することができる。エミリーの便益がホレスの費用を上回る場合にのみ、エミリーはクリフォードを飼うことになる。

要約すると、**コースの定理は、私的な経済主体同士であれば、外部性の問題を解決できる可能性があるというものである。最初の権利分配がどのようなものであれ、利害関係者は、誰もがより改善され、結果が効率的となるような交渉に達することができる。**

3-3 私的な解決策が必ずしもうまくいかない理由

コースの定理という魅力的な論理にもかかわらず、私的な個人だけでは外部性に起因する問題を解決できないことが多い。コースの定理が適用されるのは、利害関係者が合意に達し、それを実施するのに問題がない場合に限られる。しかし、現実の世界では、互恵的な合意が可能であっても、交渉が常にうまくいくとは限らない。

取引コスト、つまり当事者が取引に合意し、それを実行する過程で発生するコストのために、利害関係者が外部性問題の解決に失敗することがある。この例では、エミリーとホレスが異なる言語を話すため、合意に達するためには通訳を雇う必要があるとする。犬の吠え声問題を解決する便益が通訳のコストよりも小さい場合、エミリーとホレスは問題を未解決のままにするかもしれない。より現実的な例では、

···· **取引コスト**
(transaction costs)
当事者たちが取引に合意し、それを実行する過程で発生するコスト

221

第Ⅳ部　公共部門の経済学

取引コストは通訳のコストではなく、契約書の作成と執行に必要な弁護士のコストである。

また、交渉が決裂することもある。戦争や労働争議が繰り返されることは、合意に達することが困難であり、合意に達することができなければ大きな代償を払うことになることを示している。問題は多くの場合、各当事者がより良い取引を求めて粘ることである。たとえば、エミリーがクリフォードを飼うことで1,000ドルの便益を得る一方、ホレスは犬の吠え声のせいで1,500ドルのコストを負担するとする。ホレスはエミリーにお金を払って犬のために別の家を探すのが効率的であるが、このような結果になる価格はたくさんある。エミリーは1,400ドルを要求し、ホレスは1,100ドルしか提示しないかもしれない。彼らが値段交渉をしている間、犬の吠え声がやまないという非効率的な結果が続く。

利害関係者の数が多い場合、すべての人を調整するのはコストがかかるため、効率的な交渉を成立させるのは特に難しい。たとえば、近隣の湖の水を汚染する工場を考えてみよう。この汚染は地元の漁師に負の外部性を与える。コースの定理によれば、汚染が非効率的であれば、工場と漁師は交渉し、漁師がお金を支払うことによって工場が汚染しないようにすることができる。しかし、漁師の数が多ければ、全員で調整して工場と交渉することはほとんど不可能であろう。温室効果ガスの排出に責任を負う人々や企業があまりにも多すぎるため、彼らが交渉して世界的な解決策を打ち出すことは不可能である。

私的交渉がうまくいかない場合、政府がその役割を果たすことがある。政府は集団行動のために作られた制度である。湖の例で言えば、漁師が自ら行動することが現実的でない場合でも、政府は漁師に代わって行動することができる。

理解度確認クイズ

7. コースの定理について正しいのは次のどれか。

a. 民間主体は、政府抜きで外部性の問題を解決するための合意に達することができる。

b. 補正的補助金は、正の外部性の問題を解決する最善の政策である。

c. 負の外部性は社会にとって問題であるが、正の外部性はそうではない。

d. 2つの民間主体が友好的に外部性の問題を解決する場合、問題を第三者に転嫁する。

8. コースの定理が適用されないのは次のどれか。

a. 両当事者間に著しい外部性がある場合

b. 裁判制度が全契約を強力に執行する場合

c. 取引コストが交渉を困難にする場合

d. 当事者両方が外部性を十分に理解している場合

➡（解答は章末に）

---

4 **結論**

見えざる手は強力であるが、全能ではない。市場の均衡は、生産者余剰と消費者余剰の和を最大化する。市場の売り手と買い手が唯一の利害関係者である場合、この結果は社会から見て効率的である。しかし、汚染のような外部効果がある場合、

市場の結果を評価するには、第三者の幸福を考慮する必要がある。この場合、市場の見えざる手は資源を効率的に配分できない可能性がある。

場合によっては、人々は外部性の問題を自力で解決することができる。コースの定理は、利害関係者同士が交渉し、効率的な解決策に合意できることを示唆している。しかし、利害関係者の数が多く交渉が困難なためか、効率的な結果が得られないこともある。

外部性の問題を私的に解決できない場合、政府が介入することが多い。しかし、政府が介入しても、市場原理を回避するのではなく、利用することで社会は便益を得ることができる。政府は、市場参加者に対し、その行為のコストを全額負担するよう求めることができる。たとえば、排出量に対する補正的課税や汚染排出権は、いずれも汚染の外部性を内部化するように設計されている。環境保護に関心のある人々にとって、こうした政策はますます選択されるようになっている。適切に誘導された市場原理は、しばし市場の失敗に対する最良の改善策となる。

本章のポイント

- 売り手と買い手の間の取引が第三者に直接影響を与える場合、その影響は外部性と呼ばれる。ある活動が汚染のような負の外部性をもたらす場合、市場における社会的に最適な量は均衡量より少なくなる。ある活動が技術波及のような正の外部性をもたらす場合、社会的に最適な量は均衡量より多くなる。

- 政府は外部性に起因する非効率を是正することができる。時には行動を規制する。また、補正的課税を使って外部性を内部化することもある。もう1つの政策は、許可権を与えることである。たとえば、政府は限られた数の汚染排出権を与えることで環境を保護することができる。この政策の結果は、汚染者に補正的課税を課すことと同じである。

- 外部性の影響を受ける者は、問題を私的に解決できる場合がある。たとえば、ある企業が他の企業に外部性を課している場合、2つの企業が合併することで外部性を内部化することができる。あるいは、利害関係者が契約交渉によって問題を解決することもできる。コースの定理によれば、人々がコストをかけずに交渉できれば、資源を効率的に配分する合意に達することができる。しかし、多くの場合、多数の利害関係者の間で交渉を成立させることは困難であるため、コースの定理は適用されない。

理解度確認テスト

1. 負の外部性の例と正の外部性の例を1つずつ挙げなさい。

2. ある企業の生産プロセスによって生じる負の外部性の影響を説明するために、需要と供給の図を描きなさい。

3. 特許制度は、社会が外部性の問題を解決するためにどのように役立っているか、説明しなさい。

第Ⅳ部　公共部門の経済学

4. 補正的課税とは何か。環境を汚染から守る方法として、経済学者が規制よりも補正的課税を好むのはなぜか、説明しなさい。

5. 外部性によって生じる問題を、政府介入なしに解決する方法をいくつか挙げなさい。

6. あなたが非喫煙者で、喫煙者と同室だとする。コースの定理によると、あなたのルームメートが部屋で喫煙するかどうかは何によって決まるか。この結果は効率的だろうか。あなたとルームメートはどのようにして解決策に到達できるか説明しなさい。

演習と応用

1. 盗難から愛車を守る2つの方法を考えてみよう。クラブ（ハンドルロック）は、車泥棒が車を盗みにくくする。ロージャック（追跡システム）は、警察が車泥棒を捕まえやすくする。これらの方法のうち、他の車の所有者に負の外部性を与えるものはどれか。どちらの方法が正の外部性をもたらすだろうか。あなたの分析には政策的含意があると思うか、説明しなさい。

2. 消火器の市場を考えてみよう。
　a. なぜ消火器は正の外部性をもたらすのだろうか。
　b. 消火器市場のグラフを描き、需要曲線、社会的価値曲線、供給曲線、社会的コスト曲線を示しなさい。
　c. 市場均衡の生産水準と効率的な生産水準を示しなさい。これらの数量が異なる理由を直観的に説明しなさい。
　d. 外部的便益が消火器1本当たり10ドルである場合、効率的な結果をもたらすであろう政府の政策を説明しなさい。

3. アルコールの摂取量が増えると自動車事故が増え、飲酒運転をしない人にもコストがかかる。
　a. アルコール市場を図示し、需要曲線、社会的価値曲線、供給曲線、社会的コスト曲線、市場均衡生産水準、および効率的生産水準を表示しなさい。
　b. グラフ上で、市場均衡の死荷重に相当する部分に斜線を入れ、説明しなさい（ヒント：社会的コストが社会的価値を上回るアルコール量が消費されるため、死荷重が生じる）。

4. 現在の社会における汚染レベルは高すぎるという意見もある。
　a. 社会が汚染全体を一定量削減したい場合、企業によって削減量が異なると効率的になるのはなぜだろうか。
　b. 直接規制アプローチは、多くの場合、企業間の均一な削減に依存している。なぜこのようなアプローチでは、より大きな削減を実施すべき企業をターゲットにできないのだろうか。
　c. 経済学者は、適切な補正的課税や取引可能な汚染排出権が効率的な汚染削減につながると主張している。これらのアプローチは、より大きな削減を行うべき企業をどのようにターゲットにしているのだろうか。

5. フービルに住む多くの同じ住民は、ズラープを飲むのが大好きである。各住民は、このおいしい飲み物に対して、以下のように支払用意がある。

1本目	5ドル
2本目	4ドル
3本目	3ドル
4本目	2ドル
5本目	1ドル
6本以上	0

　a. ズラープの製造コストは1.5ドルであり、競争的な供給者はこの価格で販売している（供給曲線は水平である）。各フービルの住人は何本消費するだろうか。各人の消費者余剰はいくらか、説明しなさい。
　b. ズラープを製造すると汚染が発生する。この追加コストを考慮すると、設問（a）で説明した配分における1人当たりの総余剰はい

224

第10章 外部性

くらになるか。

c. フービルの住人の1人であるシンディ・ルー・フーは、自らズラープの消費量を1本減らすことを決めた。シンディの厚生（彼女の消費者余剰－彼女が被る汚染コスト）はどうなるだろうか。シンディの決定はフービルの総余剰にどのような影響をもたらすだろうか。

d. グリンチ市長はズラープに1ドルの税を課した。1人当たりの消費は現在、どうなっているだろうか。消費者余剰、外部費用、政府収入、および1人当たりの総余剰を計算しなさい。

e. あなたの計算に基づくと、あなたは市長の政策を支持するか。支持する場合、または支持しない場合の理由を述べなさい。

6. ブルーノは大音量でロックンロールをかけるのが好きである。プラシドはオペラが好きで、ロックンロールは嫌いである。不幸なことに、彼らは紙のように薄い壁のアパートの隣人である。

a. ここでの外部性とは何だろうか。

b. 貸主はどのような直接規制をとる可能性があるか。そのような方針は非効率的な結果をもたらす可能性があるだろうか。

c. 貸主は借主の好きなようにさせているとする。コースの定理によれば、ブルーノとプラシドはどのようにして当事者間で効率的な結果に達することができるだろうか。彼らが効率的な結果に到達するのを妨げるものは何だろうか。

7. 図10-4は、汚染する権利に対する任意の需要曲線に対して、政府は補正的課税によって価格を設定するか、汚染排出権で量を設定するかのい

ずれかによって同じ結果を達成できることを示している。ここで汚染をコントロールする技術が急速に向上したとしよう。

a. 図10-4と同様のグラフを用いて、この技術の進歩が汚染権需要に及ぼす影響を説明しなさい。

b. それぞれの規制制度の下で、汚染の価格と量にどのような影響があるか。説明しなさい。

8. 政府が、ある種の汚染に対して取引可能な汚染排出権を発行することを決定したとする。

a. 政府が排出権を割り当てるのか、あるいはオークションを行うのかは、経済効率の側面からは重要だろうか。重要か、または重要でないか、説明しなさい。

b. 政府が排出権の割り当てを選んだ場合、企業間の排出権の割り当ては効率性にとっては重要だろうか、説明しなさい。

9. ハッピー・バレーには3つの企業がある。

企業	初期汚染レベル	汚染を1単位削減するコスト
A	30単位	20ドル
B	40単位	30ドル
C	20単位	10ドル

政府は汚染を60単位まで削減したいため、各企業に20単位の取引可能な汚染排出権を与える。

a. 誰が排出権を売却し、その数はどのくらいか。誰が排出権を購入し、その数はどのくらいか。売り手と買い手がそれぞれそうしたい理由を、簡単に説明しなさい。この状況における汚染削減の総費用はいくらか。

b. もし排出権が取引されなければ、汚染削減のコストはどの程度高くなるだろうか。

理解度確認クイズの解答

1. c　　2. b　　3. a　　4. d　　5. b　　6. c　　7. a　　8. c

第11章

Chapter 11
Public Goods and Common Resources

公共財と共有資源

「人生で最高のものはタダだ」という古い歌があるが、それは本当かもしれない。川、山、浜辺、湖、海は自然の恵みであり、誰もが利用できる。遊び場、公園、パレードはしばしば政府によって提供され、人々は通常、それらを楽しむために何も支払う必要はない。

価格のない財は、これまで私たちが実践してきたような分析には当てはまりにくい。私たちは主に市場を通じて配分される品目に焦点をあててきた。そこでは、買い手は受け取るものに対して対価を支払い、売り手は提供するものに対して対価を受け取る。このような場合、価格が買い手と売り手の意思決定を導き、資源の効率的な配分につながる。しかし、財やサービスが無償で提供される場合には、このような明確な市場シグナルは存在しない。

価格がなければ、民間市場だけでは、そのような財が利用可能になり、社会全体の最大便益のために正しく使われることを保証することはできない。本章では、このような問題を検証し、政府の政策によって市場の失敗を修正し、経済厚生（経済的幸福度）を高めることができる場合が多いことを示す。この結論は、第1章の**経済学の10原則**の1つ、「政府は市場のもたらす結果を改善できる場合がある」を明らかにする。

第Ⅳ部　公共部門の経済学

1　異なる種類の財

　人々が望むものを提供する上で、市場はどの程度機能するのだろうか。その答え
は、対象となる財によって異なる。第4章と第7章では、アイスクリームについて、
市場が効率的に機能していることを示した。すなわちアイスクリームの価格は需要
と供給のバランスをとるように調整され、この均衡は生産者余剰と消費者余剰の和
を最大化する。しかし、第10章では、市場がすべての場合において、このような
すばらしい結果をもたらすとは限らないことを示した。たとえば、鉄鋼メーカーが
私たちの呼吸する空気を汚染するのを、市場の力だけで防止することはできない。
鉄鋼の買い手と売り手は、通常、自分たちの決定が外部に及ぼす影響を考慮してい
ない。市場はアイスクリームにはうまく機能するが、きれいな空気にはうまく機能
しない。

　経済資源を効率的に配分する市場の能力について考えるとき、財をより体系的に
分類することが役立つ。これからいくつかの例を挙げて説明するが、以下の2つの
特徴が最も重要である。

排除可能性
（excludability）
人がその財の使用を妨げ
ることができるような財
の性質

- **排除可能性**：人々が財を使うことを防ぐことができれば、それは排除可能であ
  る。人々が財を使用することを防ぐことが不可能であれば、それは排除可能で
  はない。

消費における競合性
（rivalry in
consumption）
ある人の使用によって他
の人の使用が減少する財
の性質

- **消費における競合性**：ある人がある財を1単位使用することで、他の人がその
  財を使用する能力が減少する場合、その財は消費において競合関係にある。あ
  る人の使用が他の人の使用を減少させなければ、その財は消費における競合関
  係にはない。

　グリッド上では、これら2つの特徴によって、図11-1に示す4つのカテゴリーが
定義される。

私的財
（private goods）
排除可能であり、かつ消
費において競合する財

1. **私的財**は排除可能であると同時に、消費において競合関係にある。たとえば、
   アイスクリームは、誰かが食べるのを防ぐことができるので、排除可能であ
   る。また、ある人がアイスクリームを食べると、別の人は同じアイスクリー
   ムを食べることができないので、消費において競合関係にある。

   　経済におけるほとんどの財は、アイスクリームのような私的財である。す
   なわちお金を払わなければ手に入らないし、いったん手に入れれば、得をする
   のは自分だけである。第4章、第5章、第6章で需要と供給を分析し、第7章、
   第8章、第9章で市場の効率性を分析したとき、われわれは暗黙のうちに、
   財は排除可能であり、かつ消費において競合性があると仮定した。

公共財
（public goods）
排除可能でも消費におい
て競合的でもない財

2. **公共財**は、排除可能でも消費において競合的でもない。人々が公共財を利用
   することを妨げることはできないので、公共財は排除可能ではないし、ある
   人の利用によって他の人の利用能力が低下することはないので、競合性もな

第11章　公共財と共有資源

図11-1　4種類の財

財は、2つの特徴によって4つのカテゴリーに分類することができる。(1)ある財は、人々がその財を使うのを防ぐことができれば、**排除可能**である。(2)ある人がその財を使用することで、他の人のその財の使用が減少する場合、その財は**消費において競合**している。この図は、それぞれのカテゴリーに属する財の例を示している。

	消費において競合的か？	
	競合する	競合しない
可能 排除可能か？	**私的財** ・アイスクリーム ・衣服 ・渋滞した有料道路	**クラブ財** ・衛星TV ・防火 ・渋滞していない有料道路
不可能	**共有資源** ・海の魚 ・環境 ・渋滞した無料道路	**公共財** ・竜巻警報のサイレン ・国防 ・渋滞していない無料道路

い。

　たとえば、小さな町の竜巻警報のサイレンである。いったんサイレンが鳴れば、それを聞かないようにすることは不可能である。また、ある人が警告の便益を得ても、他の人の便益が減るわけではないので、サイレンは消費において競合しない。

3. **共有資源**は消費において競合的であるが、排除可能ではない。海の魚を考えてみよう。ある人が魚を捕ると、次の人のために残される魚が少なくなるため、魚は消費において競合関係にある。漁師が広大な海から魚を持ち出すのを止めるのは難しいので、魚は排除可能ではない。

　　　⋯ **共有資源**
（common resources）消費において競合的であるが、排除可能ではない財

4. **クラブ財**は排除可能だが、消費において競合的ではない。たとえば衛星テレビである。もしあなたが料金を支払わなければ、会社はあなたとの契約を打ち切り、財は排除可能にできる。しかし、あなたが衛星放送を利用したからといって、他の人の衛星放送を利用する能力が低下するわけではないので、このサービスは消費において競合的ではない（後でクラブ財に戻り、クラブ財が**自然独占**の一種であることを確認する）。

　　　⋯ **クラブ財**
（club goods）排除可能だが、消費において競合的でない財

　図11-1は、財をはっきりと4つのカテゴリーに分けたものである。これは、これらのカテゴリーについて考えるのに役立つが、境界があいまいなこともあり、完全に現実的なものではない。財が消費において排除可能であるか、消費において競合的であるかは、程度の問題に過ぎない。海洋の魚は海洋の至る所で漁をモニタリングするのが難しいため、排除不可能であるが、十分な規模の沿岸警備隊がいれば、少なくとも海洋の一部では、魚を部分的に排除することができる。同様に、魚の消費量は一般的に競合関係にあるが、魚の数に対して漁師の数が少なければ、このようなことはあまり当てはまらないだろう（ヨーロッパからの入植者が来る前の北ア

229

第IV部　公共部門の経済学

メリカを考えてみよう）。しかし、このようなあいまいさにもかかわらず、財をこの4つのカテゴリーに分類することは有益である。

　本章では、排除不可能な財、すなわち公共財と共有資源について検討する。これらの財は、人々の利用を妨げることができないため、誰もが無料で利用することができる。しかし、価値のあるものに価格が付かない場合、外部性が生じる。たとえば、私人が竜巻警報のサイレンのような公共財を提供すれば、他の人々はより恩恵を受けることになる。彼らはお金を支払うことなく便益を受ける。つまり、正の外部性である。同様に、ある人が海の魚のような共有資源を利用すると、他の人は獲れる魚が減るため、より不利になるが、その損失は補償されない。これも外部性であるが、負の外部性である。このような外部効果のために、消費と生産に関する私的決定は、政府の政策が問題を解決しない限り、非効率的な資源配分につながる可能性がある。

理解度確認クイズ

1. 排除可能な財のカテゴリーはどれか。
- **a.** 私的財とクラブ財
- **b.** 私的財と共有資源
- **c.** 公共財とクラブ財
- **d.** 公共財と共有資源

2. 消費において競合的な財のカテゴリーはどれか。
- **a.** 私的財とクラブ財
- **b.** 私的財と共有資源
- **c.** 公共財とクラブ財
- **d.** 公共財と共有資源

➡ (解答は章末に)

2　公共財

　公共財が他の財とどう違うのか、なぜ社会に問題をもたらすのかを理解するために、花火大会を考えてみよう。花火大会は排除可能なものではない。誰でも空を見上げれば見ることができる。また、消費において競合的でもない。頭上で菊の花が爆発するのを見た私の喜びが、それを見たあなたの喜びを減じることはない。

2-1　フリーライダー問題

　アメリカのスモールタウンの市民は7月4日（アメリカ独立記念日）の花火が大好きだ。町の住民500人それぞれがこの経験に10ドルの価値があるとし、合計5,000ドルの便益がある。花火大会の費用は1,000ドルである。5,000ドルの便益は、1,000ドルの費用を上回るので、スモールタウンの市民が独立記念日に花火を楽しむのは効率的である。

　民間市場がこのような結果を生むだろうか。おそらく無理であろう。スモールタウンの起業家ゾーイが花火大会を開催することにしたとしよう。ゾーイはチケットを売るのに苦労するだろう。なぜなら、潜在的な顧客はチケットがなくても花火を見ることができることに気づくからである。花火は、排除可能ではないので、**フリー**

フリーライダー
(free rider)
財の便益を受けているのにも関わらず、その対価を支払うことを避ける人

230

ライダー（財の便益を受けながら、その対価を払うことを避ける人）になるのは簡単である。もし、ほとんどの人がチケット購入者ではなくフリーライダーを選ぶとしたら、市場は効率的な結果を提供できないだろう。

この市場の失敗は、外部性から生じていると見なすことができる。もしゾーイが花火大会を開催すれば、その費用を支払うことなく、花火を見る人々に外部便益を与えることになる。しかし、花火を上げるかどうかを決めるとき、ゾーイは外部便益を考慮しない。ゾーイは慈善家ではない。花火大会が社会的に望ましいものであっても、採算が合わないので、私的には合理的だが社会的には非効率な、花火をしないという決定を下す。

民間市場ではスモールタウンの住民が望む花火は打ち上げられないが、スモールタウンの問題を解決する方法は明らかである。地方政府は7月4日の祝典を後援することができる。すなわち町議会は住民税を2ドル値上げし、花火の制作をゾーイに依頼すればいい。スモールタウンの住民は、花火の価値10ドルから2ドルの税金を差し引いた8ドル分だけ得をする。ゾーイは、民間の起業家としてはできなくても、公務員としてスモールタウンの効率的な結果に貢献することができる。

このスモールタウンの政府主催の花火の話は簡略化されているが、現実的である。実際、アメリカでは独立記念日の花火は多くの地方政府が負担している。より重要なのは、この話が一般的な教訓を示していることである。公共財は排除できないため、フリーライダー問題によって民間市場が供給できないことがよくある。しかし、政府はこの問題を解決することができる。公共財の総便益がそのコストを上回ると政府が判断すれば公共財を供給し、その対価を税収で賄うことができ、誰もがより豊かになる可能性がある。

2-2 重要な公共財

公共財には多くの例がある。ここでは最も重要なものを3つ紹介する。

国防　外国の侵略者から国を守ることは、公共財の典型的な例である。いったん国が自国を防衛するために軍事費を支払えば、その国のある人がこの国防の便益を享受することを妨げることは不可能である。そして、ある人が国防の便益を享受しても、その人が他の人の便益を減らすこともない。国防は、排除可能なものでもなければ、消費において競合するものでもない。

国防はまた、最も高価な公共財の1つでもある。2020年、アメリカ連邦政府は国防費として総額8,860億ドル、1人当たり2,682ドルを支出した。この額が小さすぎるか大きすぎるか、すべての軍事費が実際にわれわれをより安全にするかどうかについては議論があるが、国防のための政府支出がある程度必要であることを疑う人はほとんどいない。小さな政府を主張する経済学者でさえ、国防は政府が提供しなければならない公共財であることに同意している。

基礎研究　研究はさまざまな知識を増やす。研究に対する公共政策を評価する際には、一般的な知識と、より長い寿命のバッテリー、より小型のマイクロチップ、よ

り優れたデジタル音楽プレーヤーの発明のような特定の技術的知識とを区別することが重要である。この種の知識は特許を取ることができる。特許は、発明者にその創作物に対する独占的な権利を期間限定で付与するものである。それを使いたい人は、発明者にその権利の対価を支払わなければならない。言い換えれば、特許は発明者の仕事を排除可能なものにする。

対照的に、一般知識は公共財である。たとえば、数学者は定理の特許をとることはできない。一度証明された知識は、排除可能ではない。すなわち定理は、誰もが無償で利用できる知識の集積となる。また、定理は消費においても競合しない。つまり、ある人が定理を使ったからといって、他の人がそれを使うのを妨げることはない。

営利企業は、特許を取得して販売できる製品を開発するために研究に多くの費用を費やすが、そのほとんどが基礎研究にはあまり費用をかけない。彼らのインセンティブは、他者が創造した一般的知識にただ乗りすることにある。その結果、公共政策がなければ、社会が知識を創造するために割く資源が少なすぎることになる。

政府はさまざまな方法で、一般知識という公共財を提供しようとしている。国立衛生研究所や国立科学財団などの政府機関は、医学、数学、物理学、化学、生物学、さらには経済学などの基礎研究に助成金を出している。宇宙開発が知識の集積を増やすという理由で、政府による宇宙開発への資金援助を正当化する人々もいる。政府支援の適切なレベルを決定するのは難しい。というのも、便益を測定するのは難しいし、資金を拠出する連邦議会議員も、どの分野の研究が最大の便益をもたらすかを判断するのに必要な専門知識を持っていないのが普通だからである。基礎研究が公共財であることは確かだが、公共部門が適切な種類の研究に妥当な額の資金を配分しないことも多い。

貧困との闘い　多くの政府の事業計画は、経済的に恵まれない人々を支援することを目的としている。TANF（Temporary Assistance for Needy Families、生活保護と呼ばれることもある）は、子供のいる貧しい家庭に一時的な所得支援を提供する。SNAP（Supplemental Nutrition Assistance Program、以前はフードスタンプと呼ばれた）は、低所得世帯の食料購入を補助し、メディケイドは医療を提供する。EITC（Earned Income Tax Credit：所得税控除）は、低賃金労働者に税金を割り戻す制度である。これらやその他の貧困撲滅計画は、高所得者の税金で賄われている。

経済学者たちは、貧困との闘いにおいて政府が果たすべき役割について議論している。とりあえず、重要な議論に目を向けてみよう。すなわち貧困撲滅計画の擁護者は、貧困対策は公共財であると主張することがある。たとえすべての人が貧困のない社会で暮らすことを望むとしても、貧困との戦いは、民間によって適切に提供される「財」ではない。

その理由を知るために、誰かが富裕層のグループを組織して貧困をなくそうとしたとしよう。彼らは公共財を供給しようとするだろう。この財は、消費において競合するものではない。つまりある人が貧困のない社会で暮らすことを享受しても、他の人の喜びが減るわけではない。またこの財は排除可能ではない。なぜなら、ひ

第11章　公共財と共有資源

とたび貧困がなくなれば、この事実を喜ぶことを誰も妨げることはできない。その結果、人々は他人の寛大さにただ乗りし、その理念に貢献することなく貧困撲滅の便益を享受する傾向がある。

フリーライダーの問題があるため、民間の慈善事業による貧困対策ではおそらく十分ではないだろう。しかしながら、政府の行動はこの問題を解決することができる。富裕層に課税して貧困層の生活水準を引き上げれば、すべての人がより良い生活を送れるようになる可能性がある。貧困層はより高い生活水準を享受できるようになり、納税者は貧困の少ない社会での生活を楽しめるようになるため、より良い暮らしができるようになる。

ケーススタディ　灯台は公共財か？

財の中には、状況に応じて公共財と私的財の間を行き来するものもある。たとえば、花火大会は多くの住民が住む町では公共財である。しかし、ディズニー・ワールドで行われる花火大会は、来園者が入場料を支払うため、私的財に近い。

灯台は長い間、公共財の例として使われてきた。灯台は海岸沿いの特定の場所を示すので、通過する船は危険な海域を避けることができる。灯台が船長に提供する便益は、排除可能なものでも消費において競合的でもないため、各船長は灯台を利用することで、サービスの対価を支払うことなくフリーライドするインセンティブを持つ。このフリーライダー問題のために、民間市場は通常、船長が必要とする灯台を提供することができない。その結果、今日灯台のほとんどは政府によって運営されている。

しかし、灯台が私的財に近づいたケースもある。たとえば、19世紀のイギリスの沿岸では、灯台の一部が個人所有で運営されていた。しかし、灯台の所有者は船の船長に料金を請求する代わりに、近くの港の所有者に料金を請求した。港の所有者が支払いをしない場合、灯台の所有者は灯りを消し、船はその港を避けて通った。

何かが公共財であるかどうかを判断するには、誰が便益を受けるのか、そして、その便益を受ける人々がその公共財を利用することを排除できるかどうかによる。フリーライダー問題は、受益者が多数に上り、その1人を排除することが不可能な場合に生じる。灯台が多くの船長に便益をもたらすなら、それは公共財である。灯台が主に1人の港湾所有者に便益をもたらすのであれば、それは私的財に近い。

2-3　費用便益分析の難しい仕事

これまで、政府が公共財を提供するのは、民間市場だけでは効率的な量を生産できないからであることを見てきた。しかし、政府がその役割を果たさなければならないと決めることは、最初の一歩に過ぎない。政府は次に、どのような種類の公共財をどれだけ供給するかを決定しなければならない。

233

第Ⅳ部 公共部門の経済学

政府が新しい高速道路の建設などの公共事業を検討しているとする。事業を進めるかどうかを判断するために、政府はそれを利用するすべての人々にとっての便益と、建設や維持にかかるコストを比較する。経済学者やエンジニアのチームが、社会全体に対するプロジェクトの総コストと便益を比較考慮するために、**費用便益分析**と呼ばれる調査を行う。

費用便益アナリストの仕事は難しい。高速道路は誰もが無料で利用できるため、その価値を判断するための価格がない。高速道路にどれだけの価値を見いだすかを人々に尋ねるだけでは、信頼性に欠ける。つまり、アンケートの結果を用いて便益を定量化することは困難であり、回答者には真実を語るインセンティブがほとんどない。高速道路を利用する人は、建設してもらうために自分が受ける便益を誇張するインセンティブがある。高速道路によって損害を受ける人は、建設を中止させるためにコストを誇張するインセンティブがある。

したがって、公共財の効率的な供給は、私的財の場合よりも本質的に困難である。私的財の買い手が市場に参入するとき、彼らは支払用意価格を通じてその財の価値を明らかにする。同時に売り手は、受取用意価格によってコストを明らかにする。均衡はこれらすべての情報を反映しているため、資源の効率的な配分となる。対照的に、費用便益分析は、政府が公共財を提供すべきかどうか、またどの程度提供すべきかを評価する際に、価格のシグナルを観察することができない。公共事業のコストと便益に関する知見は、せいぜい大まかな近似値にすぎない。

費用便益分析 ·················
（cost-benefit analysis）
ある公共財を提供することによって社会にもたらされる費用と便益を比較する研究

> ### ケーススタディ　生命の価値はいくらか？
>
> あなたが地元の町議会議員に選出されたとしよう。町の技師があなたのところに来て、ある提案をする。今は一時停止の標識しかない交差点に信号機を設置し、運用するために町は1万ドルを支出することができる。信号機の便益は安全性の向上である。技師は同じような交差点のデータに基づき、信号機が設置されると、死亡事故のリスクが1.6％から1.1％に減少すると推定している。新しい信号機にお金をかけるべきだろうか。
>
> この疑問に答えるために、あなたは費用便益分析に目を向ける。しかしすぐに障害にぶつかる。なぜならコストと便益を意味のある形で比較するには、同じ単位で測定しなければならないからだ。コストはドルで測定されるが、便益（人の命を救う可能性）は直接金銭的には換算されない。決断を下すには、人の命にドルの価値をつけなければならない。
>
> 最初は、人の命はかけがえのないものだと言うかもしれない。結局のところ、自分や愛する人の命を投げ出そうという気にさせるようなお金は、おそらくいくらあっても足りないだろう。これは、人の命が無限の貨幣価値を持つことを示唆している。
>
> しかし、費用便益分析では、この答えは無意味な結果を導く。人命に無限の価値を置くのであれば、街角には必ず信号機を設置し、最新の安全装備を満載した大型

第11章　公共財と共有資源

車に乗るべきである。しかし、信号機はすべての街角にあるわけではないし、サイド・エアバッグやアンチロック・ブレーキのような安全オプションのない安い小型車のほうを選択することもある。公的な判断でも私的な判断でも、人々は時にリスクを冒してでもお金を節約する。

人の命には暗黙の貨幣価値があるという考えを受け入れたとして、その価値をどのように決定すればよいのだろうか。1つのアプローチは、裁判所が不法死亡訴訟で損害賠償を認定する際に使われることがあるが、その人が稼げたであろう金額の合計を見るというものである。しかし、経済学者はしばしばこのアプローチに批判的である。なぜならそれは命を失うことによる他の機会費用を無視しているからである。それは、奇妙なことに、働かない人の命には何の価値もないということを暗示している。

人命を評価するためのより良い方法は、人々が自発的に引き受けるリスクと、それを引き受けるために支払わなければならない金額を見ることである。たとえば、死亡リスクは仕事によって異なる。高層ビルで働く建設労働者は、オフィスで働く労働者よりも仕事中に死亡するリスクが高い。リスクの高い職業とそうでない職業の賃金を比較し、学歴や経験、その他の賃金決定要因をコントロールすることで、経済学者は人々が自分の人生にどのような価値を置いているかをある程度把握することができる。この方法を使った研究では、人命の価値は約1,000万ドルと結論づけている。

あなたは今、町の技師に答えることができる。信号機は死亡事故のリスクを0.5％ポイント減少させるので、信号機の設置によって期待される便益は0.005×1,000万ドル、つまり5万ドルである。この便益の見積もりは1万ドルのコストを上回るので、あなたはこのプロジェクトを承認すべきである。

理解度確認クイズ

3. 次のうち、公共財はどれか。
   a. 住宅
   b. 国防
   c. レストランでの食事
   d. 海の魚

4. 公共財とは、どのようなものか。
   a. 市場原理によって効率的に提供される。
   b. 政府が存在しない場合、十分に提供されない。
   c. 政府が存在しない場合、過度に利用される。
   d. 自然独占の一種である。

5. スモールヴィルの3人の住人は花火大会を検討している。クラークはこの公共財を80ドル、ラナは50ドル、ピート（花火嫌い）は−30ドルと評価する。花火のコストは町に120ドル、もしくは1人当たり40ドルかかる。村にとって効率的な結果はどれか。
   a. 中央値の住人が1人当たりのコストよりも公共財の価値を高く評価しているため、公共財を提供する。
   b. 住民の過半数が1人当たりのコストよりも公共財の価値を高く評価しているため、公共財を提供する。
   c. 多数派の価値の合計が総コストを上回るため、公共財を提供する。
   d. 全住民の総価値が総コストを下回るため、公共財を提供しない。

➡（解答は章末に）

235

第Ⅳ部　公共部門の経済学

3　共有資源

共有資源は、公共財のように排除可能ではない。利用したい人は誰でも無料で利用できる。しかしながら、共有資源は消費において競合的である。ある人が共有資源を利用すると、他の人の利用能力が低下する。つまり、いったん財が提供されると、政策立案者はそれがどれだけ使われるかに関心を持つ必要がある。この問題は、「コモンズの悲劇」と呼ばれる古典的な寓話から最もよく理解できる。

コモンズの悲劇
(Tragedy of the Commons)
社会全体から見て、望ましい量以上に共有資源が使用される理由を説明するたとえ話

3-1　コモンズの悲劇

中世の小さな町で行われる多くの経済活動の中で、最も重要なものの1つが羊の飼育である。多くの家庭が羊の群れを所有し、衣服の材料となる羊毛を売ることで生活を支えている。

物語は、羊たちが町の周囲にあるタウン・コモンズと呼ばれる土地で草を食んでいるところから始まる。この土地を所有する家族はいない。その代わり、町の住民が共同で所有し、住民全員がその土地で羊を放牧することを許されている。集団所有がうまく機能するのは、土地が豊富にあるからである。誰もが良い放牧地を手に入れられる限り、タウン・コモンズは消費が競合的にはならないし、住民の羊がタダで放牧されても何の問題も起こらない。誰もが幸せである。

年月が経過するにつれ人口は増加し、タウン・コモンズで草を食む羊の数も増えていく。羊の数が増えると、土地は再生能力を失い始める。やがて土地は不毛の大地と化す。タウン・コモンズに草がなくなると、羊の飼育は不可能となり、かつて繁栄していた羊毛産業は消滅する。多くの家族が生活の糧を失ってしまう。

この悲劇はどうして起きてしまったのだろうか。なぜ羊飼いたちはタウン・コモンズを破壊してしまうほどに、羊の数を増やしてしまったのだろうか。その理由は、社会的インセンティブと私的インセンティブが異なるからである。放牧地の破壊を避けるには、羊飼いたちの集団行動にかかっている。羊飼いたちが力を合わせれば、タウン・コモンズが維持できる規模まで羊の数を減らすことができる。しかし、それぞれの羊の群れは問題のごく一部でしかないため、どの家族にも自分の羊の群れを減らすインセンティブはない。

要約すると、「コモンズの悲劇」は外部性のために起こるのである。ある家族の羊が共有地に放牧されると、他の家族が利用できる土地の質が低下する。人々は羊の数を決める際にこの負の外部性を無視するため、結果として羊の数が過剰になってしまう。

もしこの悲劇が予見されていたなら、町はさまざまな方法でこの問題を解決できただろう。各家族の羊の数を規制したり、羊に課税することで外部性を内部化したり、限られた羊の放牧許可を競売にかけることができたはずである。つまり、中世の町は、現代社会が汚染に対処するのと同じように、過剰な放牧に対処することができたのである。

しかし土地の場合は、もっと簡単な解決策がある。町が土地を各家族に分割すれ

ば良い。各家族は自分の区画をフェンスで囲い、過度の放牧から土地を守ることができる。こうすることで、土地は共有資源ではなく私有財となる。これは17世紀のイギリスで起こった囲い込み運動として知られている。

コモンズの悲劇は、一般的な教訓を教えてくれる。つまり共有資源を利用する人は、それを享受する他の人々の能力を低下させる。この負の外部性のために、共有資源は過度に利用される傾向がある。しかし、政府は望ましくない行動を規制したり、課税することで問題を解決することができる。あるいは、政府は共有資源を私的財に変えることもできる。

この教訓は何千年も前から知られていた。古代ギリシャの哲学者アリストテレスは、この問題を次のように指摘している。「多くの人が共有するものは最も大切にされない。なぜなら人は皆、他人と共有するものよりも自分のものを大切にするからである」。

3-2 重要な共有資源

共有資源をめぐっては、過剰利用の問題を緩和するために政府がさまざまな政策を打ち出した例が数多くある。

きれいな空気と水　第10章では、自由市場は環境をきちんと保護しないことを示した。汚染は負の外部性であり、規制や補正的課税によって改善することができる。この市場の失敗は、共有資源の問題として捉えることができる。きれいな空気と水は、広々とした放牧地のような共有資源であり、過剰な汚染は過剰な放牧のようなものである。環境悪化は、現代の「コモンズの悲劇」である。

交通渋滞　道路は公共財にも共有資源にもなりうる。道路が渋滞していなければ、ある人の利用が他の人に影響を与えることはない。この場合、利用は消費において競合的ではなく、道路は公共財である。しかし、多くの都市部では、空いた道路は実現不可能な夢である。道路が混雑している場合、その利用は負の外部性をもたらす。他の車が道路を走るたびに、道路は混雑し、他の車はもっとゆっくり走らなければならなくなる。この場合、道路は共有資源である。

専門家の見方　**混雑料金**

「一般的に、混雑した交通網の混雑課金（都市部のピーク時の通行料値上げや、航空機の離着陸枠のピーク時の料金値上げなど）を増やし、その収益を他の税金の引き下げにあてれば、市民の平均的な暮らし向きは良くなるだろう」

（出所）IGM Economic Experts Panel, January 11, 2012.

第IV部　公共部門の経済学

　政府が交通渋滞に対処する方法の1つは、ドライバーに通行料を課すことである。これは要するに、渋滞の外部性に対する補正的課税である。地方の道路の場合、通行料を徴収するコストが高すぎるため、現実的な解決策にならないこともある。しかし、ロンドンやストックホルムをはじめとするいくつかの大都市では、通行料金の引き上げが渋滞解消に非常に効果的であることがわかっており、この考えは広まりつつある。

　渋滞が問題となるのは、ある特定の時間帯だけであることもある。たとえば、ラッシュアワーにしか橋の通行量が多くない場合、渋滞の外部性はその時間帯に最も大きくなる。効率的な解決策は、ラッシュアワーの通行料を高くすることである。そうすることで、ドライバーにスケジュールを変更するインセンティブを与え、渋滞が最大になる時間帯の交通量を減らすことができる。

　（前章で議論した）交通渋滞の問題に対処するもう1つの政策は、ガソリン税である。ガソリン税が高くなれば、燃料の価格が上がり、人々の運転量が減り、交通渋滞が緩和される。この税は、渋滞の道路を走る車の量以外の意思決定にも影響を与えるため、渋滞に対する不完全な解決策である。特に、この税は、渋滞の外部性がないにもかかわらず、渋滞していない道路での運転を抑制する。また、電気自動車による渋滞も考慮されていない。

魚、クジラ、その他の野生生物　多くの生物種は共有資源である。たとえば魚やクジラは商業的価値があり、誰でも海に行って何でも獲ることができる。一人一人には、次の年もその種を維持しようというインセンティブはほとんどない。過度の放牧がタウン・コモンズを荒廃させるように、過度の漁や捕鯨は商業的に価値のある海洋生物を破壊しかねない。

　海は依然として、最も規制の緩い共有資源の1つである。簡単には解決できない2つの問題がある。第1に、多くの国が海に面しているため、どのような解決策を講じるにしても、価値観の異なる国同士の国際協力が必要となる。第2に、海は非常に広大であるため、いかなる協定も実施することが困難である。その結果、漁業権は通常友好的であるはずの国々の間でしばしば緊張の原因となってきた。

　アメリカでは、魚類やその他の野生生物資源を管理するために、さまざまな法律が定められている。政府は釣りや狩猟のライセンスを有料化し、釣りや狩猟のシーズンの期間を制限している。漁師は小さな魚を海に戻すことが要求されることが多く、猟師は限られた数の動物しか殺すことが許されない。これらの法律はすべて、共有資源の使用を減らし、動物の個体数を維持するのに役立っている。

ケーススタディ　ウシが絶滅しない理由

　歴史を通じて、多くの動物種が絶滅の危機にさらされてきた。ヨーロッパ人が初めて北アメリカに到着したとき、北アメリカ大陸には6,000万頭以上のバッファローが生息していた。しかし、バッファロー狩りが横行したため、1900年までにバッファ

238

ローの生息数は約400頭まで減少し、政府が種の保存に踏み出した。現在、アフリカのいくつかの国では、密猟者が象牙を得るためにゾウを殺しており、ゾウは同様の問題に直面している。

しかし、商業的価値のあるすべての動物がこのような脅威に直面しているわけではない。肉牛は貴重な食料源だが、すぐに絶滅してしまうのではないかと心配する人はいない。牛肉に対する大きな需要が、この種の存続を確実なものにしているようだ。

象牙の商業的価値がゾウを脅かし、牛肉の商業的価値がウシを守るのはなぜだろうか。ゾウは共有資源であり、ウシは私有財だからである。ゾウは所有者なしで自由に歩き回り、密猟者はできるだけ多くのゾウを殺す。密猟者は多数いるため、それぞれがゾウの個体数を維持するインセンティブはほとんどない。対照的に、ウシは個人所有の牧場に生息しており、その所有者にはウシの個体数を維持するインセンティブがある。

各国政府は2つの方法でゾウの問題を解決しようとしてきた。ケニア、タンザニア、ウガンダなどの一部の国では、ゾウの殺害と象牙の販売を違法としている。しかし、これらの法律を施行するのは難しく、当局と密猟者との戦いはますます激しくなっている。ゾウの個体数は減少の一途をたどっている。対照的に、ボツワナ、マラウイ、ナミビア、ジンバブエなどの他の国々では、ゾウを私有財産とし、ゾウの殺処分を許可している。土地所有者は自分の土地でゾウを保護するインセンティブを持ち、その結果、ゾウの個体数が増え始めている。私有地と利潤動機があれば、アフリカゾウもいつの日か、ウシと同じように絶滅を免れるかもしれない。

理解度確認クイズ

6. 次のうち、共有資源の例はどれか。
   a. 住宅
   b. 国防
   c. レストランでの食事
   d. 海の魚

7. 共有資源とは、どのようなものか。
   a. 市場原理によって効率的に提供される。
   b. 政府が存在しない場合、十分に提供されない。
   c. 政府が存在しない場合、過度に利用される。
   d. 自然独占の一種である。

8. マスパイクはラッシュアワーのみ混雑する有料道路である。それ以外の時間帯は、高速道路の使用は＿＿＿＿＿＿＿＿ではなく、通行料金は＿＿＿＿＿＿＿＿なる。
   a. 排除可能 — より高く
   b. 排除可能 — なく
   c. 消費において競合的 — より高く
   d. 消費において競合的 — なく

➡ (解答は章末に)

第Ⅳ部　公共部門の経済学

4　結論：所有権と政府の行動

　本章と前章では、市場は社会が必要とするものすべてを十分に提供するものではないことを示した。私たちが呼吸する空気がきれいであることも、外国の侵略から国を守ることも、市場が保証してくれるわけではない。その代わりに、社会は政府が環境を保護し、国防を提供することに依存している。

　これらの章で検討されている問題は、さまざまな文脈で生じているが、共通のテーマを持っている。いずれの場合も、価値のあるものに価格がついていない場合、市場は資源を効率的に配分することができない。これは、**所有権**が十分に確立されていない場合に起こることで、時には確立できないために起こることもある。たとえば、きれいな空気や国防は紛れもなく価値あるものだが、私的な個人は、それらに価格を付け、その使用から利益を得る法的権利を持たない。工場が過剰に汚染するのは、その工場が排出する汚染に対して誰も代金を請求しないからである。国防は、国防を受ける人々にその便益を請求することができないため、市場によって賄われることはない。

　所有権の不在が市場の失敗につながる場合、政府はその問題を解決できるかもしれない。汚染排出権の販売のように、政府が財産権を定義し、市場原理を働かせることができる場合もある。また、狩猟期間の制限のように、政府が民間の行動を規制することもある。また、国防のように、市場が供給できない財を政府が税収で供給することもある。いずれの場合も、政策がよく計画され、うまく運営されれば、資源の配分をより効率的にし、経済厚生を高めることができる。

本章のポイント

- 財は、排除可能かどうか、消費において競合的かどうかで異なる。財は、誰かがその財を使用するのを妨げることが可能であれば、排除可能である。ある人が財を使用することで、他の人が同じ単位の財を使用する能力が低下する場合は、消費において競合的である。市場は、排除可能であり、消費において競合的である私的財に最もよく機能する。他の種類の財については、市場はそれほどうまく機能しない。

- 公共財は、消費において排除可能でも競合的でもない。公共財の例としては、花火大会、国防、基礎知識の発見などがある。人々は公共財の利用に対して課金されないため、フ

リーライド（ただ乗り）のインセンティブが働き、私的な公共財の提供は実現不可能となる。政府は、公共財を提供し、費用便益分析によって各財の供給量を決定することで、資源の配分を改善することができる。

- 共有資源は排除することはできないが、消費においては競合的となる。たとえば、共有の放牧地、きれいな空気、渋滞した道路などである。人々は共有資源の使用料を請求されないため、過剰に使用する傾向がある。したがって、政府は共有資源の利用を制限するために、規制や補正的課税などさまざまな方法を用いて、この問題を改善することができる。

第11章　公共財と共有資源

理解度確認テスト

1. 財が「排除可能」であるとはどういう意味か説明しなさい。財が「消費において競合的である」とはどういうことか説明しなさい。ピザ一切れは排除可能だろうか。それは消費において競合的だろうか。

2. 公共財を定義し、その一例を挙げなさい。民間の市場はこの財を単独で提供することができるか、説明しなさい。

3. 公共財の費用便益分析とは何か。なぜそれは重要なのか。なぜそれが難しいのか。

4. 共有資源を定義し、その一例を挙げなさい。政府の介入がなければ、人々はこの財を過剰に使うのか、それとも過少に使うのか。それはなぜか。

演習と応用

1. 地方政府が提供する商品やサービスについて考えてみよう。
   a. 図11-1の分類を用いて、以下の商品をそれぞれ分類し、その選択について説明しなさい。
      ● 警察による保護　● 除雪　　　● 教育
      ● 郊外の道路　　　● 街中の道路
   b. なぜ政府は公共財ではないものを提供するのだろうか。

2. 公共財も共有資源も外部性を伴う。
   a. 公共財に関連する外部性は一般的に正か、または負か。自由市場における公共財の量は一般的に、社会的に効率的な量よりも多いか、それとも少ないか。例を挙げて答えなさい。
   b. 共有資源に関連する外部性は、一般的に正か、または負か。共有資源の自由市場での利用は、一般的に社会的に効率的な利用よりも大きいか、あるいは小さいか。例を挙げて答えなさい。

3. フレドは地元の公共テレビ局で『ダウントン・アビー』を見るのが大好きだが、同局の資金集め期間に支援のためのお金を一切送ったことがない。
   a. 経済学者はフレドのような人を何と呼ぶか。
   b. フレドのような人々が引き起こす問題を、政府はどのように解決できるのか。
   c. 民間市場がこの問題を解決する方法を、あなたは考えることができるだろうか。ケーブルテレビという選択肢は、この状況をどのように変えられるだろうか。

4. コミュニティヴィル市の空港では、無線高速インターネットが無料で提供されている。
   a. 最初は、このサービスを利用しているのは数人だけだとする。このとき、これはどのような種類のものか、それはなぜか。
   b. やがて、より多くの人々がこのサービスを知り、使い始めると、接続速度は低下し始める。この場合、無線インターネットのサービスとはどのような種類のものか。
   c. どのような問題が結果として起こりうるか、またそれはなぜか。この問題を解決できる1つの方法は何か。

5. 4人のルームメイトが週末に寮の部屋で古い映画を見ようと計画しており、何本見るかを協議している。各映画に対する彼らの支払用意は以下の通りである。

	ドウェイン	ハビエル	サルマン	クリス
1本目の映画	7ドル	5ドル	3ドル	2ドル
2本目の映画	6ドル	4ドル	2ドル	1ドル
3本目の映画	5ドル	3ドル	1ドル	0
4本目の映画	4ドル	2ドル	0	0
5本目の映画	3ドル	1ドル	0	0

   a. 寮の部屋での映画上映は、公共財か。なぜそうなのか、または、なぜそうではないのか。
   b. 映画をストリーミングするのに8ドルかかる場合、ルームメートは総余剰を最大化するために何本の映画をストリーミングすべきか。
   c. 彼らが設問（b）から最適な数を選択し、映画をストリーミングするコストを均等に分割した場合、各人が映画を見ることによって得られる余剰はいくらか。

241

第IV部　公共部門の経済学

d. 全員が便益を得られるよう、コストを分割する方法はあるか。この解決策は実際、どのような問題を引き起こすか。

e. 全員で効率的な数を選択し、事前に映画のコストを等分することに合意したとする。ドウェインが支払用意を尋ねられたとき、彼には真実を話すインセンティブがあるだろうか。もしあるなら、それはなぜか。もしないなら、彼は何を言おうとするだろうか。

f. この例から、公共財の最適な供給についてどのようなことがわかるだろうか。

6. 一部の経済学者は、民間企業は効率的な基礎科学研究を引き受けないだろうと主張する。

　a. その理由を説明しなさい。解答では、基礎研究を図11-1に示す分類のいずれかに分類しなさい。

　b. この問題に対して、アメリカはどのような政策をとってきたか。

　c. この政策によって、アメリカの生産者の技術力は、外国企業の技術力に対して相対的に向上するという議論がよくなされる。この議論は、設問（a）の基礎研究の分類と矛盾しないだろうか（ヒント：排除可能性は、公共財の潜在的受益者に適用され、他の受益者には適用されないことがあるか？）

7. 3人の住民が住む2つの町が、新年を祝う花火大会を行うかどうかを決めている。花火のコストは360ドルである。それぞれの町には、花火を他の人たちよりも楽しむ人たちがいる。

　a. ベイポートの町では、住民一人一人が花火を次のように評価している。

フランク	50ドル
ジョー	100ドル
キャリー	300ドル

　費用便益分析によって、花火大会は実施されることになるかどうか説明しなさい。

　b. ベイポートの町長は、花火の住民投票が多数決によって可決された場合、そのコストを全住民で均等に負担することを提案している。誰が賛成票を投じ、誰が反対票を投じるだろうか。投票の結果は費用便益分析と同じ答えになるだろうか。

　c. リバーハイツの町では、住民一人一人が花火を次のように評価している。

ナンシー	20ドル
ベス	140ドル
ネッド	160ドル

　費用便益分析によって、花火大会は実施されることになるかどうか説明しなさい。

　d. リバーハイツの町長もまた、花火の住民投票が多数決で可決された場合、そのコストを全住民で均等に負担することを提案している。誰が賛成票を投じ、誰が反対票を投じるだろうか。投票の結果は費用便益分析と同じ答えになるだろうか。

　e. 公共財の最適な提供に関して、これらの例は何を述べていると考えられるか。

8. 高速道路沿いにはよくゴミが落ちているが、家の庭にはほとんど落ちていない。この事実を経済学的に説明しなさい。

9. ワシントンD.C.のメトロ（地下鉄）のような多くの交通機関は、ラッシュ時にはそれ以外の時間帯よりも高い運賃を請求する。なぜそのようなことをするのだろうか。

10. 高所得者は、死亡のリスクを回避するためなら、低所得者よりも多く支払うことをいとわない。たとえば、彼らは自動車の最先端の安全機能にお金を払う傾向がある。公共事業を評価する際、費用便益分析を行うアナリストは、この事実を考慮に入れるべきだろうか。たとえば、豊かな町と貧しい町の両方で、信号機の設置を検討しているとしよう。豊かな町は、この決定を下す際に、人命に対してより高額の価値を置くべきだろうか。なぜそうなのか、または、なぜそうではないのか。

理解度確認クイズの解答

1. a　　2. b　　3. b　　4. b　　5. d　　6. d　　7. c　　8. d

242

第12章

Chapter 12
The Economics of Healthcare

医療経済学

　私たちは皆長く健康的な人生を送りたいと思っている。そして、可能であれば、外科医のメスや看護師の注射針、歯科医のドリルに耐えるといったことを経験することなくそうしたいと思うだろう。しかし、健康はそれほど簡単に手に入るものではない。長く健康的な人生を達成するには、しばしば希少な資源を必要とし、それは少なくとも部分的には経済問題を引き起こす。アメリカ経済では、総支出の6分の1以上が何らかの形で医療に使われる。医師、看護師、歯科医、病院、医薬品、および医療研究科学者への支出等である。現代の経済を理解するには、医療についての経済学を理解することが不可欠である。

　本章は、医療システムのなかでも、経済に関係する諸機能を検討することから始める。需要と供給の標準モデルでは、価格が買い手と売り手を効率的な資源配分に導くと説明されるが、医療市場（ヘルスケア市場）はこれとは多くの点で逸脱している。これらの逸脱により、医療に関する希少資源が効率的かつ公平に配分されるためには、政府の政策が必要となる。そして、ほとんどの国では、政府が医療市場に深く関与している。特に、新型コロナウイルスのパンデミックの重大な影響を抑えるために、世界中の政府が緊急措置を取る必要に迫られた2020年および2021年、政府の関与は大幅に拡大した。

　本章の後半では、アメリカの医療システムについてのいくつかの基本的な事実を確認する。現在のシステムは50年前とは大きく異なっており、他国のシステムと

243

第Ⅳ部　公共部門の経済学

も異なっている。これらの違いを認識することは、現在の医療システムを理解するためだけでなく、将来のシステムを構想するためにも重要である。

医療分野における政府介入の適切な範囲や、医療システムを形成している基本的な原則さえも、激しい議論の対象となっている。この医療経済学の入門では、こうした議論に対する十分な基礎知識を提供する。

1　医療市場（ヘルスケア市場）の特徴

市場機能についての標準的な理論は、第4章から第7章で学んだ需要と供給のモデルである。このモデルはいくつかの特徴を持つ。

1. 主な当事者（利害関係者）は市場における買い手と売り手である。
2. 買い手は売り手から何が購入できるのかについての十分な知識があるため、自分で判断できる。
3. 買い手は交換される財やサービスに対して売り手に直接支払いを行う。
4. 市場参加者の意思決定を調整する主要なメカニズムは市場価格である。
5. 「見えざる手」が自らの力で効率的な資源配分を実現する。

多くの財やサービスにおいて、このモデルは現実をかなりよく描写しているといえる。

しかし、標準モデルにおけるこれら5つの特徴のいずれも、医療市場にはあてはまらない。医療市場には消費者（患者）と生産者（医師、看護師など）がいるが、さまざまな要因によって、彼らの相互作用を分析することがより複雑になっている。特に次の点が挙げられる。

1. 第三者（保険会社、政府、あるいは無自覚な第三者）が、医療が提供するものについての利害当事者になることが多い。
2. 患者は自分が必要としているものを知らず、自分が受けている処置を適切に評価することができない。
3. 医療提供者に対しては、患者ではなく、民間または政府の健康保険によって支払いが行われる。
4. 資源配分を決定するのは市場価格ではなく、保険が定めた規則となる。
5. これらの点を踏まえると、見えざる手はその能力を発揮することができず、資源配分が非常に非効率的になる可能性がある。

供給、需要、そして見えざる手がうまく機能する、という標準モデルから逸脱する財・サービスは、医療だけではない（第10章の外部性や第11章の公共財の議論を思い出してほしい）。しかし、医療は、この基準から根本的に逸脱してしまう分野のうち、最も重要なものかもしれない。この市場の特別な側面を考察することは、なぜ政府が医療の提供において重要な役割を果たしているのか、また、なぜ医療政

第12章 医療経済学

策がしばしば複雑で厄介なものであるのか、といった点を理解する上での第一歩となる。

1-1 外部性の宝庫

第10章では、外部性が存在する場合、市場がもたらす結果が非効率になる可能性があることを示した。要約すると、**外部性**（externality）は、ある人の経済活動が第三者の厚生に影響を与えるが、その影響に対する対価の授受が行われない場合に発生する。第三者への影響が悪影響である場合、それは**負の外部性**と呼ばれる。逆に、影響が利益をもたらす場合、それは**正の外部性**と呼ばれる。外部性が存在する場合、社会の関心は市場の買い手と売り手の厚生だけでなく、間接的に影響を受ける第三者の厚生にも及ぶ。買い手と売り手が需要量と供給量を決定する際、外部性がもたらす影響（外部効果）は無視されるため、市場に特に規制がなければ、外部性によって市場がもたらす結果が非効率になる可能性がある。

この一般的な結論は、外部性が至る所に存在している医療市場を理解するために非常に重要である。これらの外部性によって、市場の失敗を是正するために政府のアクションが必要になるときがある。

たとえばワクチンを取り上げてみよう。もしヴィッキーがある疾病のワクチンを接種すると、彼女はその疾病にかかる可能性が低くなり、他の人へと感染を広げるキャリアとなる可能性も低くなる。経済学の言葉を使えば、ヴィッキーの行動は正の外部性をもたらすのである。注射を受けることに何らかのコスト（お金、時間、不快感、あるいは副作用のリスクなど）がかかる場合、人々はコストと便益の大小関係を測る際にこの正の外部性を十分に考慮しないため、ワクチンを受ける人は少なくなってしまう。政府は、ワクチン接種を義務化するか、メディアキャンペーンやインセンティブを通じてそれを奨励することで、この問題を解決することができる。政府はまた、ワクチンの開発、製造、流通を援助することで、ワクチンの供給を増やすこともできる。

医療に関する別の外部性の例は、医療研究に関するものである。医師や科学者が新たな治療法を見つけ出すと、その情報は社会の医学知識のプールに含まれることになる。これは他の医師や患者にとっては正の外部性となる。そうした正の外部性の対価を医療研究に適切に支払うような政府の介入がなければ、医療研究は過剰に少なくなってしまう。

政府はさまざまな方法でこの問題に対処している。時には、新しい医薬品のように、研究者に特許を与える。特許は、研究者が利益を得るために一時的な独占を許可することで、研究へのインセンティブを提供する。特許は外部性を内部化するものであると言われる。しかし、このアプローチは完璧ではない。独占価格が生産の限界費用よりも高いためである。第16章で見るように、高い独占価格は特許治療の消費量を減らすことを通じ、死荷重によって測られる非効率性を高める。さらに、高い価格は低所得の患者にとって特に厳しいものになる。

医療に関する外部性は、時に政策立案者を相反する方向に導くことがある。再び、ワクチンを考えてみよう。新しいワクチン研究は正の外部性をもたらすために、政

245

第Ⅳ部　公共部門の経済学

府は特許による保護を供与する。しかし、一度ワクチンが開発されると、特許による高価格がワクチンの普及を遅らせ、ワクチン接種がもたらす正の外部性が損なわれてしまう。経済学者のマイケル・クレマーが提唱する解決策の1つは、政府が特許保持者を買い取ってしまう（バイアウトする）ことである。このアプローチは、イノベーションを公共の領域に置くことによって、より広く利用可能にすると同時に、研究へのインセンティブも提供する。

政府が医療研究に関する正の外部性に対処する別の方法は、研究を直接補助することである。実際、政府はこれを行っている。医学研究を資金提供する国立衛生研究所（NHI）の年間予算は400億ドル以上、（アメリカ人）1人当たり約130ドルである。この政策には必要資金を調達するための課税が必要であり、ほとんどの課税は死荷重を伴う。しかし、資金提供された研究からの（正の）外部性が死荷重を含む研究コストを上回る場合、全体の経済厚生（経済的幸福度）は増加しうるのである。

ケーススタディ　ワクチン接種に対するためらい

はしかの疾患は、医療経済学の核心である外部性の問題をよく描写している例である。はしかは非常に感染力が高く、特に子供にとって危険である。1963年にワクチンが開発される以前、アメリカでは年間300〜400万人がこの病気に罹患していた。そのうち何万人もの人々が入院を必要とし、数百人が死亡していた。

幸運にも、ワクチン接種は効果的であることが明らかになった。アメリカでは2000年までに、健康に対するリスクとしてのはしかはほぼ撲滅された。その後の10年間で、年間報告される症例は約60件にとどまっていた。はしかワクチンは、現代医学におけるもっとも偉大な成果の1つである。経済学の言葉を用いれば、ワクチン開発の研究は、アメリカだけでなく世界中に大きな正の外部性をもたらした。

しかし、その疾病の根絶は、いくつかの予期しない結果をもたらした。特に、親が子供にワクチン接種を受けさせないことに対する警戒度が低下した。彼らのワクチン接種を見送る背景の1つには、「ワクチンが有害な副作用のリスクを伴う」という信念（科学者の間では否定されているが、一部の一般市民の間では根強い信念）、に基づいていた。またほかの一部の人々は、ワクチン接種を見送る宗教的な根拠を主張した。接種率の低下により、はしかが再び広がりはじめた。報告された症例数は2018年に372件、2019年には1,000件以上となった。

政策立案者はどのように対応すべきかに苦慮した。いくつかの州では、全ての子供が必ずワクチン接種を受けなければならない条件を強化した。正当な医学的な理由を持っている場合の接種免除は許可されたが、宗教的または哲学的信念に基づく接種免除は不許可となった。これらに対し批評家は、個人の自由の侵害であるとみなした。一方、擁護する側は、感染症に固有の外部性に対処するために、共同体にとって必要なものであるとみなした。

同様の問題が2020年から2021年の新型コロナウイルスのパンデミック中にも発生した。この新たなウイルスに対するワクチンが開発されるとすぐに、それらは広

く利用可能となった。医学の専門家によると、病気を撲滅するには人口の大部分がワクチンを接種することが不可欠である。しかし、ワクチンが新しいものだったため、多くの人々が接種をためらった。一部の経済学者は、ワクチンを接種した人々に報酬を支払うことを提案した。外部性を内部化し、パンデミックの終結を早めるためのピグーの補助金（補正的補助金）である。この提案は全国的に広く採用されるには至らなかったが、一部の州や地域ではそのようなインセンティブが試験的に付与された。たとえば、ニューヨーク市では、ワクチン接種を受けた人々にはシェイクシャック（Shake Shack）のバーガーの引換券が提供された。

1-2 品質の監視の難しさ

　ほとんどの市場では、消費者は自分が望むものを知っており、取引が完了した後には、自分が手に入れたものに満足しているかどうかを判断することができる。しかし、医療は異なる。病気になると、どの治療法が最善かを知ることができない場合がある。あなたは長年専門的な訓練を受けた医師の助言に頼らざるを得ない。そして、後で振り返っても、あなたに提供された措置が正しいものだったかどうかを確実に判断することはできない。最先端の医療でさえ、患者の健康状態を改善できないことがある。また、人体が本来備えている回復力をふまえると、誤った治療が時には効果があるように見えてしまうこともある。

　医療の消費者が自らの購入する製品の品質をモニターできないということは、政府の規制につながる。最も重要なのは、政府が医師、歯科医、看護師、および他の医療の専門家に、ライセンスの保持を義務付けていることである。これらのライセンスは、認可された学校を修了し、厳格な試験に合格した後にのみ付与される。ライセンスなしで医療行為を行う者は、有罪になりうる。同様に、食品医薬品局（FDA）は、新しい医薬品のテストの監視と認可を担当し、それらが安全かつ有効であることを承認する。

　政府の規制に加えて、医療業界は自己監視を行い、医学校に認定を与え、最善の行動（ベストプラクティス）を促し、専門家の行動規範を確立する。医師の助言は、患者にとっての最善の利益に完全に基づくべきであり、医師自身の個人的な便益に基づくべきではない。患者がこの助言を受け入れるとき、彼らは相互にある程度信頼しており、この信頼関係は医師と患者の間の長期的な関係によって育まれている。しかし、医療分野における利益相反の問題は社会の他の分野と同様に存在し、この信頼が時には破られることもある。

　医療の公的・私的な規制は、患者に多くの便益をもたらす一方で、いくつかの欠点もある。たとえば、一部の経済学者は、新しい医学校を開設する際の障壁があまりにも多いことを主張する。彼らは医療業界が独占企業かのように行動しており、医師の数を制限することで医師の給与と消費者の医療コストを押し上げていると指摘している。他の経済学者は、FDAの新薬に対する認可があまりにも遅すぎると主張している。実験的な治療から便益を得るかもしれない患者は、そうした治療を

第IV部　公共部門の経済学

受けることを阻まれている。公共の安全を保護しつつ、人々が自分自身で医療上の決定を行う自由を与える、という適切なバランスをどうとるかは、今なお議論の対象である。

1-3　保険市場とその不完全性

人々は自分がいつ病気になるか、その時どういった医療措置が必要になるのかについて、事前に知ることができない。このため、将来の医療支出の大きさを予測するのは不可能である。この不確実性とそれに対する人々の対応の仕方を念頭におくことで、現在の医療関連の制度についての理解が容易になる。

リスク回避
(risk aversion)
不確実性を嫌うこと

保険の価値　ほとんどの人は**リスク回避**的である。つまり、彼らは不確実性を嫌う。たとえば、①確実に10万ドルを受け取るか、あるいは②50％の確率で5万ドルまたは15万ドルのいずれかを獲得するコイントスをするかのどちらかを選択できるとする。これらの2つの選択肢は平均的に得られる金額は同じだが、後者のほうがよりリスクがある。①の確実な10万ドルを好むなら、あなたはリスク回避的である。

同様の選択肢が、医療支出のランダム性から生じる。ある病気が人口の2％に影響を及ぼし、誰もが同じ確率で罹患するとする。治療費は1人あたり3万ドルである。この場合、100人あたり2人が病気にかかり、医療費の合計は6万ドルとなる。1人あたりの平均医療費は、6万ドル÷100人、すなわち600ドルである。

ここで重要な点は、リスク回避的な人々は、2％の確率で3万ドルを支払うという選択肢の代わりに、確実に（すなわち100％の確率で）600ドルを支払うという選択肢を好むだろう。保険は人々にこの選択肢を提供するのである。

保険の一般的な仕組みは、リスクに直面している人が保険会社に料金（**プレミアム**と呼ばれる）を支払い、その対価として、保険会社がリスクの全体または一部を受け入れることに同意するというものである。さまざまなタイプの保険が存在している。自動車保険は自動車事故に巻き込まれるリスク、火災保険は家が焼失するリスク、健康保険は高額の医療措置が必要になるリスクをカバーしている。上記の例では、健康保険会社は、罹患した2％の顧客の治療費3万ドルを負担することを約束する代わりに、600ドルのプレミアム（または利益を得るためにはそれより少し多く）を請求する。

保険市場はリスクを軽減する上で有用だが、十分かつ効率的に機能することを妨げる2つの問題がある。

モラルハザード
(moral hazard)
十分に監視されていない人が、不正な行動や望ましくない行動をとる傾向

モラルハザード　保険市場の機能を妨げる最初の問題は、**モラルハザード**である。人々が医療支出を負担する保険を保有すると、その支出を適切な水準に保つための行動をする動機が弱くなる。たとえば、患者が医師の診察ごとに支払いをしなくてもよい場合、一部の人々は軽い症状（鼻水、指の痛みなど）があるたびに医師の診察を受けるかもしれない。同様に、保険会社が費用を負担することを知っている場合、やる価値があるのか疑わしい検査を医師はより頻繁に行うかもしれない。

健康保険会社は、人々がより責任ある行動を取るように促すことで、モラルハザー

248

ドを軽減しようとする。たとえば、医師の診察に対する費用を保険会社が全額負担する代わりに、診察ごとに20ドルの**自己負担**（co-pays）を患者に課すことで、不必要な診察を抑制することがある。保険会社はまた、医師が指示した検査の費用を負担するかどうかについて、厳格な規則を定めている場合がある。

逆選択　保険市場の運営を妨げる2番目の問題は、**逆選択**である。顧客が異なる属性（慢性疾患の有無など）を持っており、これらの違いを顧客は知っているが保険会社には知られていない場合、こうした異なる属性を持った人々が購入する保険の価格は高額になる可能性がある。特に、隠れた病状を持つ健康状態の悪い人々は、健康な人々よりも健康保険を購入する可能性が高い。その結果、保険会社がその費用をカバーするためには、保険の価格は健康状態が悪い人の費用を反映したものでなくてはならない。その価格は、平均的な健康状態の人々が保険を購入しなければしないほど、高くなる可能性がある。人々が保険を購入しなくなると、保険市場は病気による金銭的リスクを軽減するという目的を達成できなくなる。

> **逆選択**
> （adverse selection）
> 観察できない属性が混ざることで、情報を持たない側から見て望ましくない結果がもたらされる傾向

　さらに悪いことに、逆選択は**デス・スパイラル**（death spiral）と呼ばれる現象につながる可能性がある。保険会社がすべての人に同じ保険料を請求することしかできないとすると、保険料を平均的な健康状態を持つ人に基づいて設定することが合理的に見えるかもしれない。しかし、そうすると、最も健康な人々は保険がコストに見合わないと判断し、保険に加入しなくなるだろう。すると、初期の予想以上に健康状態の悪い顧客の比率が高くなるため、コストが高くなり、したがって保険料も引き上げなくてはならなくなる。保険料の上昇は健康状態が次に良いグループの人々に保険の解約を促し、再び費用と保険料が上昇する。このプロセスが続くにつれて、より多くの人々が保険を解約し、保険加入者のプールに含まれる人々の平均的な健康状態はますます悪化し、保険料は上昇し続ける。そして最終的には、保険市場自体が消滅するかもしれない。

　逆選択の問題は、医療政策の議論で中心的な論点となっている。たとえば、2010年にオバマ大統領が署名した「医療保険改革法」（通称「オバマケア」）では、保険会社に、既往疾患のある人々の保険料を上乗せすることを禁じている。このルールは健康問題を継続的に抱える人々を支援するために制定されたが、同時に逆選択の問題を生むことにもなった。既往疾患のある人々は、保険を契約したほうが得になると認識し、そのため健康な人々よりも健康保険を購入する可能性が高いかもしれない。一方で、健康な人々は、病気になるまで待ってから保険を購入するというインセンティブを持つことになる。

　立法者はこの問題に気づいており、対応策として、医療保険改革法はすべてのアメリカ人に医療保険を購入することを義務付け、保険を購入しない人には罰金を科した（低所得世帯が保険を購入するための補助金も提供した）。義務化の目的は、保険を購入する健康な人々の数を増やし、逆選択の問題を軽減し、保険の費用を低く抑えることであった。健康な人々が保険市場に参入すると、既往疾患のない人々は実質的に既往疾患のある人々を補助することになる。

　医療保険改革法が医療保険市場をどの程度改善させたかについて、アナリストた

ちの意見は分かれている。多くの人々（おそらく健康な人々）が保険に加入せず、罰金を支払うことを選択したため、保険を購入しない場合に適用される罰金制度は、逆選択を防ぐには十分ではなかったとする意見もある。しかし、この法律により、その主要な目的である医療保険の加入者数の増加が実現した。メディケアの資格が始まる年齢である65歳未満の人口では、医療保険未加入者の割合は2010年の18%から2020年には11%まで低下した。

ただし、健康保険購入の義務化は政治的な分裂も引き起こした。その批判者は、何かを購入しないことに対して罰則することは、個人の自由に対する過度の侵害であると主張している。2017年末に、ドナルド・トランプ大統領は税制改革法に署名し、そこには健康保険の義務化撤廃の条項も含まれていた。いままでのところ、義務化撤廃によるデス・スパイラルの兆候はみられていない。おそらく、ほとんどの人々が保険の価値を理解しており、義務付けられなくとも購入の必要性を認識しているためである。

1-4 権利としての医療

通常、一部の人々が特定の商品やサービスを購入しなくても、その結果は社会にとって大きな問題とはならない。たとえば、水族館の入場料が高くなり、低所得者が他の娯楽を選択するとする。水族館が幅広く楽しまれていないと嘆く人はいるかもしれないが、それが大きな不公正であると主張する人はほとんどいない。

しかし、医療の場合は異なる。人々が病気になった場合、低所得であるからといって彼らの治療を拒むのは、間違っているようにみえる。水族館の入場許可と異なり、医療を受けることは人々の権利であると見なされている。この判断は伝統的な経済学の範囲を超えるものだが、医療経済学の研究ではこの点を考慮する必要がある。

いくつかの点において、医療は食べ物に似ている。どちらも生存に不可欠である。政府は必要に応じて介入し、誰もがこの必需品を手に入れることができるようにする。たとえば、アメリカ合衆国では、食品入手のための援助が補足的栄養支援プログラム（SNAP、以前はフードスタンプ・プログラムとして知られていたもの）によって提供されている。ただし、食料と医療との間には重要な違いが存在する。過去数十年間で、食料品価格は所得よりも上昇ペースが緩やかであったため、世帯予算に占める、適切な食事を手に入れるのに必要な金額の比率は低下していった。それに対して、最新の医療を受けるためのコストは急速に上昇しているため、そのコストが家計予算に占める比率は上昇していった。

医療は人々の権利であるという認識と、その費用の上昇により、政府の役割が拡大している。カナダやイギリスなどの多くの国では、政府が医療制度を運営し、主に税金で費用が賄われている。これらはしばしば、**単一支払者制度**（single-payer system）と呼ばれる。単一の主体である政府のヘルス・サービスが請求されたすべてを支払うからである。

アメリカ合衆国では、ほとんどの人々が雇用先を通じて民間の健康保険に加入しているが、政府もなお大きな役割を果たしている。メディケアは65歳以上の人々に健康保険を提供し、メディケイドは低所得者に健康保険を提供している。退役軍

人保険局は元軍人に医療を提供し、医療保険法は民間健康保険市場を規制し、多くの低所得者世帯に保険の補助金を提供している。これらのプログラムを改善できるかどうか、そしてどのように改善すべきかは、今なお議論の対象である。しかし、医療を受けることが人権と見なされる限り、政府が引き続き医療制度において大きな役割を果たしていくことに疑いの余地はない。

1-5 医療市場を規制するルール

健康保険の重要性によって、供給主体が民間企業か政府かに関係なく、医療市場の機能の仕方は他のほとんどの市場とは異なる。ほとんどの市場、たとえばアイスクリームの市場は、図12-1のパネル (a) のように表現できる。市場は買い手と売り手から成り立っている。売り手は市場価格で財・サービスを提供する。その財が欲しい買い手は、単に購入するために必要な金額を提示するだけである。取引が行われ、売り手は利益を計上し、買い手はアイスクリームを楽しむ。

医療市場は、図12-1のパネル(b)のように表現できる。プロバイダー(医療提供者、または医療サービスの売り手) は患者 (買い手) から直接支払いを受けるわけではない。代わりに、患者は保険の提供者 (保険会社) にプレミアム (保険会社が民間企業の場合) または税金 (保険会社が政府の場合) の形で支払いをする。保険会社はこの資金を元にプロバイダーに支払いを行い、プロバイダーは患者に医療サービスを提供する。

このプロセスには適切な行動を促すための３つのルールが必要になる。最初のルールは、資金調達（ファイナンス）に関するものである。つまり、保険料を誰が、いくら支払うかという点である。保険会社が政府の場合、医療費の支払いは税制の一部となる。保険会社が民間企業の場合、医療費は保険加入者が支払うプレミアムによって賄われる。プレミアムは保険市場で設定され、価格は他の市場と同様にコ

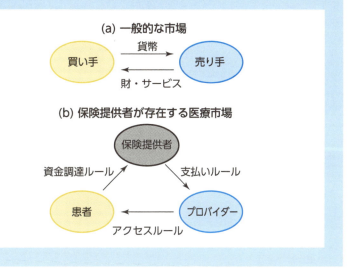

図 12-1 保険提供者による市場の変化

パネル(a)に示されるような一般的な市場では、売り手が買い手に財・サービスを提供し、買い手は市場で決定された価格を売り手に支払う。パネル(b)に示される医療市場では、プロバイダー（医療提供者）が患者に医療を提供するが、医療提供者への支払いは保険提供者（政府または民間保険会社）が行う。この仕組みには、資金調達、医療へのアクセス、支払いに関するルールが必要となる。

第Ⅳ部　公共部門の経済学

ストに基づいて計算される。しかし、多くの場合、民間保険市場は州や連邦政府によって規制されている。たとえば、保険会社が年齢、性別、および既往歴に基づいて異なる保険料を請求できる範囲を制限することがある。したがって、医療費のファイナンスが患者と民間保険会社の間で行われる場合でも、それは依然として政府の政策が反映される。

　第2のルールは、患者の医療へのアクセスに関するものである。保険加入者は消費する医療サービスの全費用を支払うわけではないので、過剰消費の可能性が生じる。モラルハザード問題を緩和させるため、保険会社（政府または民間企業）は医療へのアクセスを適切な場合のみに制限しようとする。これを実行するため、保険会社は見積もられたコストと便益に基づいて、医療サービスの利用を割り当てるルールを設定する。たとえば、定期健康診断を受信できるのは年に1度まで、受診できるのは保険会社と契約を結んでいる医師のみ、高額な費用のかかる専門性の高い医師から受診できるのは一般開業医からの紹介がある場合のみ、といったルールである。このようなアクセスルールは面倒ではあるが、保険で費用が賄われるようになると、市場価格は希少資源を割り当てる適正なシグナルではなくなってしまうので、その代わりに必要なのである。

　第3のルールは、保険会社からプロバイダーへの支払いに関するものである。このルールは、保険会社がどの治療やケアを支払い対象とし、またそれぞれに対していくら支払うかを決定する。保険会社は、いくつかの治療や措置をあまりに高価、あまりに実験的すぎる、または十分な価値がないとして、全く支払いを行おうとしないかもしれない。そうなると、プロバイダーはもはや患者にサービスを提供しなくなってしまう。時には、プロバイダーは患者が治療の全費用を支払う場合にのみサービスを提供する（これは美容手術などでよくあるケースである）。このようなケースでは、医療市場は図12-1のパネル（b）ではなく、より一般的な市場であるパネル（a）で表される。

　資金調達、医療へのアクセス、支払いに関するルールが一体となって、医療制度が形成されている。政府運営の医療制度を持つ国々では、これらのルールは公共政策によって定められる。アメリカのように、より民間保険が普及している国々では、これらのルールは、政府の規制を受けつつも、保険会社によって、顧客獲得のための競争のもとで決定される。

理解度確認クイズ

1. 医療市場が通常の市場と異なる理由は以下のうちどれか。

  a. 消費者が自らが何を必要としているかを知らないことがあるため

  b. 生産者に対して、消費者ではなく保険会社から支払いが行われるため

  c. 第三者も結果に利害関係を持つため

  d. 上記全て

2. 人々が健康保険を購入する理由は以下のうちどれか。

  a. モラルハザードを減らすため

  b. 逆選択を減らすため

  c. 不確実性を減らすため

  d. 外部性を減らすため

第12章　医療経済学

3. 健康保険には、患者の医療へのアクセスに関する
ルールがあるが、この目的は以下のうちどれか。

    a. モラルハザードを減らすため

    b. 逆選択を減らすため

    c. 不確実性を減らすため

    d. 外部性を減らすため

4. 健康な人々が健康保険を購入しなくなると、健康
保険市場にどういった問題が生じるか。

    a. モラルハザード

    b. 逆選択

    c. 不確実性

    d. 外部性

➡ (解答は章末に)

2 アメリカの医療システムに関する主な事実

　医療分野における主な経済的な仕組みが理解できたので、アメリカの医療システムを特徴づけるいくつかのデータを見てみよう。まず、医療システムが提供するものとして、人々がどのくらい長く生きるかという指標を確認する。次に、それがいくらかかるか、他の国がいくら支払っているか、そしてどのように料金が支払われているかを確認する。

〔訳注〕本節は主にアメリカに焦点を当てているため、飛ばしても構わないが、国際比較や日本を含む各国が共通で抱える問題（高齢化やそのもとでの医療支出の増加など）も論じられているので、他の節と同様に読むことを勧める。

2-1　人々の長寿化・高齢化

　まず、良いニュースから見てみよう。現代の人々は、1世紀前と比べるとはるかに長生きしている。図12-2は、アメリカにおける平均寿命の推移を示している。平均寿命は、今日生まれた人が、その時点における各年齢の死亡率で推移していった場合に、平均的に何年生きることができるかを計算したものである。この図から、時間とともに平均寿命が大幅に伸びていることがわかる。1900年時点で、寿命はわずか47.3歳だった。それが1950年には68.2歳に、2019年には78.8歳にまで伸びた。

　もちろん、一時的な逆行も時折発生する。1918年のインフルエンザのパンデミックは、アメリカにおける平均寿命が10年以上も縮小した最も劇的な例である。さらに、第2次世界大戦下、1942年から1943年にかけて、寿命は2.9年縮小した。最近では、オピオイドの流行がアメリカにおいて多くの人々の寿命を短縮し、2010年代半ばの寿命の伸びを鈍化させた。そして、2020年には、新型コロナウイルスのパンデミックが数十万人の命を奪い、アメリカの平均寿命を1.5年縮小させた（これは悲劇的な展開であるが、今後数年のうちに平均寿命は反転するとも予想されている）。しかし、こうした局面を経験したにもかかわらず、長期的なトレンドは非常にポジティブである。

　平均寿命の増加の大部分は、乳幼児の死亡率の低下によるものである。20世紀初頭、生後1歳までに約10%の子供が亡くなっていた。今日、乳幼児死亡率は0.6%未満である。

253

第Ⅳ部　公共部門の経済学

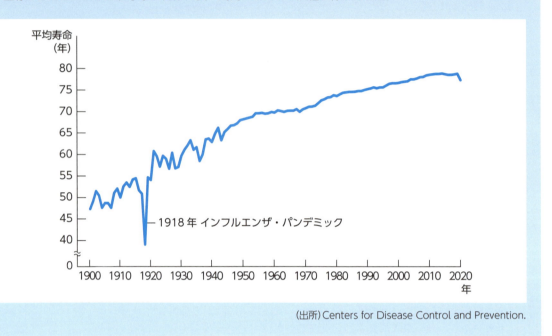

> **図 12-2** アメリカの平均寿命
>
> 人が生存することのできる平均的な年数は、長い期間にわたって大幅に伸びてきた。
>
> (出所) Centers for Disease Control and Prevention.

　歴史的な平均寿命の伸長の多くは、医療技術の進歩に帰着する。疾病の予防方法や、病気が発生した場合の治療方法について、医師は以前よりはるかに多くの知識を持っている。たとえば、新型コロナウイルスのパンデミック中に開発された極めて効果的なワクチンは、それなしでは助からなかった数え切れないほどの命を救っている。

　しかし、他の進展も平均寿命の伸長に貢献している。公衆衛生の改善、たとえば、清潔な水の供給と下水の整備が疾病の感染を抑制させた。また、喫煙の減少も貢献している。1960年以来、1人あたりの喫煙量は50％以上減少した。さらに、シートベルトやエアバッグなどの自動車運転の安全技術の進歩のおかげで、交通事故による死亡率は1950年の半分にまで減少した。

2-2　医療支出は経済の成長に伴って増加している

　図12-3は、アメリカの医療支出を対GDP比率で示したものである（GDPは経済の総所得を測る指標）。医療支出は1960年の対GDP比5％から2019年の同18％に上昇し、長期的にみてこの上昇トレンドがストップする兆候も見られない。

　このトレンドの背景には何があるのだろうか。複数の要因がこれに寄与している。

　まず、多くの医療サービス、たとえば医師の診察は、床屋が髪を切ることや教師の授業などと同様に、個人が提供するサービスである。経済学者のウィリアム・ボーモル（William Baumol）がかつて指摘したように、多くの場合、個人サービスの供給者の生産性は、時間が経過してもあまり変化しない。しかし、他の経済部門では

図 12-3　医療支出の対 GDP 比率：時系列推移

医療支出がアメリカの国民所得に占める比率は、時間とともに上昇している。

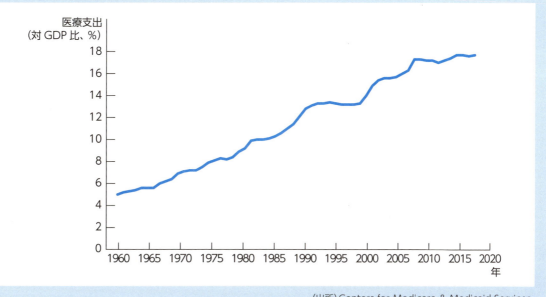

(出所) Centers for Medicare & Medicaid Services.

技術進歩が実現していくことから、経済全体でみた労働生産性と賃金は増加する。個人サービスを提供する者は、他の部門における労働サービスと同様に、自分たちの賃金上昇を期待するようになる。しかし、これらの部門で生産性の向上がほとんどない場合、サービス提供者により高い賃金を支払う唯一の方法は、彼らのサービスの価格を(インフレ調整後でみて)上げることである。これを別の角度からみると、経済全体の生産性が向上しているとき、低生産性部門でみられる症状は、コストと価格の上昇である。この現象は**ボーモルのコスト病**と呼ばれる。これは、ライブ演奏や高等教育、そして医療など、多くのサービス価格の上昇を説明するのに有効である。そして、医療部門にみられるように、サービス部門の需要の価格弾力性が低い場合、価格の上昇により、そのサービスに費やす支出も増加する。

　第2に、医療技術は大きく進歩したが、その多くはコストを削減するどころか、むしろ支出を増加させている。過去には、多くの疾患に対して医師はほとんど治療法を持っていなかった。安静と経過観察が、彼らが提供できる最善策であった。今日、治療の選択肢は増えている。新たな治療法は寿命や人生の質の向上をもたらすが、往々にして高価なものである。

　第3に、人口面での変化が医療に対する需要を増加させている。特に、出生率が減少している。50年前、1人の女性が生涯に持つ平均的な子供の数は3人だったが、今日では約2人である。出生率の減少と平均寿命の伸びによって、さまざまな年齢層の構成比率が変化した。65歳以上がアメリカの全人口に占める割合は、1960年には9％だったのに対し、2020年には17％に増加した。高齢者は一般的に若者よ

りも多くの医療を必要とするため、人口の高齢化は医療支出の増加につながる。

　第4に、時間の経過に伴って社会は豊かになり、その変化が医療支出の比率を増加させた。今日、インフレ調整後でみた1人当たり平均所得は、1960年の3倍以上になっている。所得が上昇すると、人々は多くのものにより多くを費やすが、全ての項目に比例的に支出を増やすわけではない。所得の増加分をどのように使うかは、個々の嗜好に依存する。たとえば、所得が増加すると、支出全体に占める食品に対する支出の比率は低下する。なぜなら、より多くのカロリーを摂取することの限界価値が急速に低下するからである。それに対して、寿命が長くなって日々を楽しむことの限界価値はゆっくりと低下するため、豊かになるにつれて、私たちは予算のより大きな部分を医療に費やすかもしれない。言い換えれば、医療は需要の所得弾力性が1よりも大きいことが考えられる。国際比較に基づく推定では、この弾力性は約1.3とされている。

　これらの4つの要因を踏まえると、医療支出の比率増加は避けられないかもしれない。医療支出が増加すること自体は、必ずしも問題というわけではない。しかし、これは医療部門の政策上の課題が今後より重要になってくることを意味している。

専門家の見方　ボーモルのコスト病

「異なる部門の労働市場は相互に関連しているため、製造業の生産性が上昇すると、教育や医療などの労働集約型サービスのコストが上昇する」

（出所）IGM Economic Experts Panel, May 16, 2017.

2-3　アメリカの医療支出は特に高い

　図12-4は、主要先進7か国の医療支出の対GDP比率を示している。顕著な事実の1つは、アメリカの医療支出比率が特に高いということである。ほとんどの先進国の比率は9〜12%であるのに対し、アメリカの医療支出の対GDP比率は約17%となっている。

　アメリカの医療システムに批判的な人々は、この種の比較を用いて、アメリカの医療システムが際立って非効率的であると主張している。彼らは、カナダやフランス、日本などは、医療費の比率が低いにも関わらず、平均寿命が長いことを指摘している。また、多くの他国同様に、民間保険ではなく政府が主導する医療保険を中心に据えるほうが、健康状態に悪影響を与えることなく費用を削減できると提案する。特に、アメリカ政府が財源を提供する単一支払者制度に移行すれば、管理コストや利益のために保険会社が確保しているマークアップ〔訳注：コストに上乗せする部

図12-4 医療支出の対GDP比率：国際比較

アメリカは他国と比較して、所得のより大きな部分を医療に支出している。

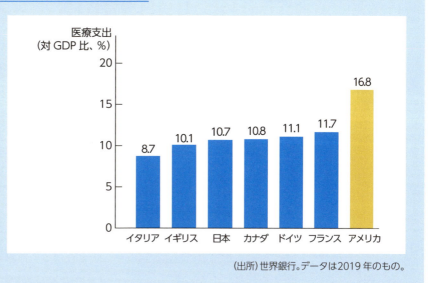

(出所) 世界銀行。データは2019年のもの。

分）を節約できる、と主張している。

　一方、アメリカの医療システムの擁護者は、改革がコストを削減する可能性はあるが、国際比較から確実な結論を得るのは難しいと述べる。たとえば、アメリカの肥満率は、図12-4にある他の6か国よりも高い。肥満率が高いと寿命は短くなり、医療費は増加する。したがって、先に見たようなデータで観察される国際的な違いのいくつかは、医療システムの違いを浮き彫りにするものではなく、食事と運動へのアプローチが異なることが反映されているのかもしれない。

　広く議論されているアメリカと他国との違いの1つは、医薬品の価格設定に関するものである。平均的にみて、カナダ人が薬に支出する金額は、アメリカ人よりも約30％少ない（ヨーロッパの一部の国の住民はもっと少ない）。同じ薬が国境を越えたカナダ側ではアメリカ側よりもはるかに安いということがしばしばみられる。その理由は、カナダが中央集権的な政府運営の医療システムを持ち、薬価を厳格に管理しているからである。アメリカの医療システムに批判的な人々は、製薬会社が特許保護された薬に対してアメリカ人に法外な価格を請求し、アメリカの分散型のシステムを悪用していると考えている。彼らは、アメリカ政府がカナダに倣い、薬価を引き下げるためのより積極的な規制政策を採るべきだと主張している。一方、アメリカ型システムの擁護者は、薬価コントロールをアメリカに拡大すると、製薬会社の新薬開発のインセンティブが低下すると信じている。だとすると、消費者は今日の低価格を享受するが、将来の治療法の範囲が狭まるというコストを負うことになる。アメリカ型システムの擁護者はまた、薬価コントロールを採用している国々が、アメリカでの高い薬価によって資金が賄われている新薬研究にただ乗り（フリーライド）していると主張している。

2-4 医療支出に占める自己負担の比率は減少傾向にある

あなたが医師や歯科医に行って診察を受けるとき、医師への支払いは以下の2つの方法のいずれかによる。自己負担して直接支払うか、政府の保険プログラムや民間保険会社などの第三者があなたのために支払う。両方の組み合わせとなる場合もある。

図12-5は、アメリカにおける、個人医療に対して支払われる金額に対する、自己負担の比率を示している。比率は1960年の55％から2019年には13％にまで低下した。逆に、第三者による支払い比率は、45％から87％に増加した。自己負担以外の支払い分のうち、半分弱が民間保険会社によって支払われ、半分強が高齢者向けプログラムであるメディケア（65歳以上の人向け）やメディケイド（低所得者向け）といった政府が提供する医療保険によって支払われている。

健康保険の重要性が高まっている理由は理解できる。医療の必要性は予測不可能であり、費用が高くなるにつれて、人々は保険を取得することで自ら金銭的なリスクから回避しようとする。

しかし、多くの経済学者は、特に小規模な医療支出や習慣化した医療支出に関して、アメリカの医療システムが健康保険に過度に依存してしまっていると考えている。彼らは、過剰な保険提供が先に述べたモラルハザードの問題を悪化させ、医療費を増加させていると考えている。過剰な保険提供を説明するうえで、経済学者は、

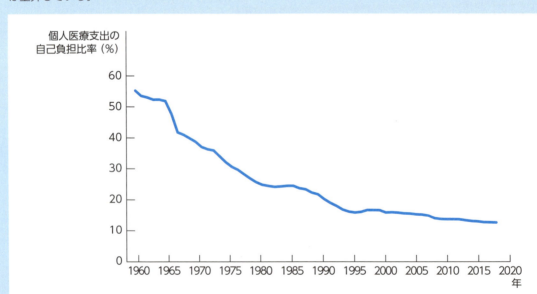

図12-5　個人医療支出の自己負担比率

個人医療支出の自己負担比率は、時間とともに低下している。政府や民間保険会社といった第三者の支払い比率は上昇している。

(出所) Centers for Medicare & Medicaid Services.

アメリカの所得税制度が雇用主提供の健康保険に対して優遇措置を与えている点を注視している。健康保険形式の補償は、現金補償とは異なり、免税である。その結果、従業員は、自己負担する医療費の額を減らすために、より手厚い（したがってより高価）な健康保険を持とうという動機を持つのである。

医療改革法（ACA）は、こうした高額な雇用主提供の健康保険に「キャデラック税」と呼ばれる税金を課すことで、医療保険の過剰提供を解決しようと試みた。この政策により、現金補償と寛大な健康保険での支払いとの間の均等な競争環境が整った。つまり、税法によって過剰な保険を提供するというインセンティブが付与されなくなったのである。しかしキャデラック税は、もともと2018年に施行される予定であったが、延期され、最終的に2019年に廃止となった。

専門家の見方　キャデラック税

「高額な雇用主提供の健康保険に対する「キャデラック税」は、予定通り2018年に施行されれば、アメリカの医療システムにおける高コスト体質を軽減するだろう」

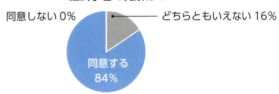

（出所）IGM Economic Experts Panel, May 17, 2016.

理解度確認クイズ

5. アメリカの医療支出は、経済全体の所得に対する比率でみると、50年前_____、他の国々と比較して_____。
   a. よりもはるかに大きく ― ほぼ同じである
   b. よりもはるかに大きく ― はるかに大きい
   c. とほぼ同じであり ― ほぼ同じである
   d. とほぼ同じであり ― はるかに大きい

6. ボーモルのコスト病がサービス産業のある部門で生じるのは、その部門が以下のどれを経験する場合か。
   a. 生産性の伸びが低いとき
   b. 生産性の伸びが高いとき
   c. 需要の伸びが低いとき
   d. 需要の伸びが高いとき

7. 過去と比べて、今日のアメリカ人は医療費の自己負担の比率が_____なっている。この傾向はモラルハザードの問題を_____させる。
   a. 高く ― 増加
   b. 高く ― 減少
   c. 低く ― 増加
   d. 低く ― 減少

➡（解答は章末に）

3 結論：医療政策をめぐる議論

　本章では、医療市場を理解するのに役立ついくつかの事実と経済的な考察を紹介した。これらの考え方のほとんどは、医療経済学者の間で広く受け入れられているものである。しかし、この合意にもかかわらず、アメリカの政策立案者たちの間では、医療システムにおける政府の役割に関する議論が続いている。

　政治的左派の人々は多くの点で異なる意見を持っているが、ほとんどの人々は医療分野で政府の大きな役割が不可欠だと考えている。彼らはしばしば、民間の保険会社は非効率的であり、人々の健康よりも利益を優先する傾向があると主張する。一部の人々は、政府が医療システムにおいて**公的な選択肢**（public option）を提供することを望んでいる。つまり、民間の保険の購入ではなく、誰もが加入できる政府運営の保険プログラムである。他の人々は、現在65歳以上の人々に提供されているメディケア型の制度を拡大し、政府が税収からすべての人の医療費を支払う、**単一支払者制度**に移行すべきと考えている。彼らが良い例として挙げるのはカナダである。彼らは、知識豊富な管理者によって運営される中央集権的なシステムが、事務の非効率性を減少させ、無駄な治療を排除し、医療提供者とコスト交渉を行い、医療のための資源を最も必要な場所に最も公平に配分するためのベストな制度である主張している。

　政治的右派の人々も多様だが、他の論点と同様に、医療システムに関しても、政府の役割を小さくしたいと考える人が多いと言ってもよいだろう。彼らは、健康保険市場を規制する必要性を認識しているが、現在の規制があまりにも厳格であると感じている。彼らは、民間の保険会社や医療提供者が、消費者をめぐって公正に競争することで、ベストな医療が生まれると考えている。また、中央集権的な政府運営のシステムが、個人の自由を制限し、医療を過度に割り当て、イノベーションの抑制につながることを懸念している。彼らの見解に従うと、カナダは誤った医療システムの具体例となる。そこでは医療処置の待ち時間が非常に長くなることがあり、人々は金銭的に余裕があれば、待たずにアメリカに治療を受けに行くのである。

　医療・健康政策に関する議論は、所得の不平等と政府の役割に関する、より大きな議論の一部である。第1章で述べたように、社会はしばしば公平性と効率性のトレードオフに直面し、これは医療の提供を論じる際には大きなポイントとなる。政治的左派の人々は一般的に、政府による保険を提供するか、低所得世帯に対して私的保険の購入を補助することによって、全員に健康保険が行き渡っている状況を実現したいと考えている。しかし、これらの政策の実現には、高所得世帯に対する増税が必要であり、そうした税制は人々のインセンティブを歪め、経済のパイの大きさを小さくしてしまう可能性がある。政治的右派の人々は、税金と所得再分配によってもたらされる歪みを強調する。彼らは政府の役割を限定し、税金を下げることを提唱し、このアプローチが経済のパイの大きさを拡大させると考えている。しかし、政府が小さくなり税収が低くなることは、必要な医療を受けるのに苦労している人々を支援するための、公共のリソースが減少することを意味する。

第12章　医療経済学

　この議論は難しくかつ重要な問題を提起し、この章の中で簡単に答えを導くことはできない。しかし、本章で学んだ医療経済学のイントロダクションは、多くの問題を考える出発点となるはずである。

本章のポイント

- 医療市場（ヘルスケア市場）は、いくつかの点で他の多くの市場とは異なる。第1に、ワクチン接種や医学研究などに関して外部性が広く存在している。第2に、消費者が自らの購入するものの品質を簡単に把握することが難しいため、民間企業や公的機関が介入して、措置が適切であることを保証している。第3に、医療を受けることは人々の権利と見なされているため、全員が医療を受けられるように政府が役割を担っている。

- 医療に対する支出は大きくかつ予測不可能であるが、健康保険は、高額な支払いが必要になる出来事に直面することから生じる金銭的リスクを軽減する。ただし、モラルハザードと逆選択の問題が、保険市場の有効性を弱めている。人々が民間企業または政府プログラムが提供する保険を持つと、保険を提供する側は、資金調達、医療へのアクセス、支払いに関するルールを定める。

- 1900年以来、アメリカの平均寿命は約30年伸びており、その主要因は医療技術の進歩である。

- 過去60年間で、国民所得に対する医療支出の比率は大幅に増加している。これには、ボーモルのコスト病、医療技術の進歩、人口高齢化、および所得の増加など、いくつかの要因が作用している。

- アメリカは、他の先進国よりも国民所得に対する医療支出の比率が高い。この背景を説明するのは簡単ではない。アメリカの医療システムを批判する人々、あるいは擁護する人々が、いくつかの異なる理由を挙げている。

- 保険ではなく自己負担で支払われる医療支出の比率は、長期間にわたって大幅に低下している。一部の経済学者は、保険への依存が過度であり、モラルハザードを悪化させ、医療費を増大させていると述べている。

理解度確認テスト

1. 医療システムにおける外部性の例を2つ挙げなさい。

2. 健康保険市場におけるモラルハザードと逆選択とは何か、説明しなさい。

3. 医療市場に必要な3つのルールを説明しなさい。

4. 平均寿命が時間とともに伸びている理由を3つ挙げなさい。

5. アメリカの医療支出は50年前と比べてどのように変化しているか。その傾向の背後にある4つの経済的要因を挙げなさい。

6. アメリカの医療支出は他の先進国と比べてどのように異なるか、説明しなさい。

7. 高額な医療保険プランに対する「キャデラック税」の合理性を説明しなさい。

第IV部　公共部門の経済学

演習と応用

1. 健康保険が医療サービスの数量にどのように影響するか考えてみよう。ある典型的な医療措置のコストが100ドルであるとする。健康保険に加入していれば、自己負担分は20ドルのみであり、保険会社が残りの80ドルを支払う（保険会社は80ドルを保険料で回収するが、支払う保険料はその人がその措置を何回受けるかには依存しない）。

   a. この医療措置に関する市場の需要曲線を描きなさい（横軸を医療措置の回数としなさい）。各措置の価格が100ドルである場合の需要量を示しなさい。

   b. 消費者が措置ごとに20ドルのみを支払う場合の需要量を図に示しなさい。もし各措置のコストが本当に100ドルであり、個々人が上記の健康保険に加入している場合、実施される措置の数は総余剰を最大化しているか。説明しなさい。

   c. 経済学者はしばしば医療保険制度を医療の過剰利用の原因として非難している。なぜこの医療の利用が過剰と見なすことができるのか、分析しなさい。

   d. どういった政策によって、この過剰な利用を防ぐことができるだろうか。

2. ライブ・ロング・アンド・プロスパー健康保険会社は、家族単位の保険の年間料金を5,000ドルとしている。この会社の社長は、利益を増やすために年間料金を6,000ドルに引き上げることを提案している。会社がこの提案に従う場合、経済的にどのような問題が発生する可能性があるか。この保険会社の顧客層は平均的にみてより健康的になるだろうか、それともより健康的でなくなるだろうか。会社の利益は必ず増加するだろうか。

3. サービス部門におけるボーモルのコスト病の背後にある論理を完成しなさい（それぞれの［　］の中から正しいものを１つ選びなさい）。経済には製造業部門とサービス業部門の２つの部門があり、技術革新は製造業でのみ発生すると仮定する。

   a. 製造業における労働生産性が技術革新によって向上すると、製造業における労働需要が増加し、製造業労働者の均衡賃金は［増加／減少］する。

   b. 労働者が製造業とサービス業の部門間を移動できる場合、設問（a）で特定された変化はサービス部門の労働供給を［増加／減少］させる。

   c. 設問（b）で特定されたシフトの結果、サービス部門の労働者の賃金は［上昇／低下］する。

   d. 設問（c）で特定された変化により、サービスを提供するビジネスのコストは［増加／減少］する。

   e. 設問（d）で特定されたコストの変化により、サービスの価格は［上昇／低下］する。

   f. したがって、製造業における技術革新は、サービスの価格を［上昇／低下］させる。

4. デス・スパイラルの具体例を考える。経済は、異なる健康問題を持つ、5つのタイプの人々で構成されている。タイプ別の来年の医療費の見込みは以下の通りである。

   タイプA：1,000ドル
   タイプB：2,000ドル
   タイプC：3,000ドル
   タイプD：4,000ドル
   タイプE：5,000ドル

   a. 5タイプのすべての人が健康保険を購入した場合、保険会社が支払う医療費の平均はいくらか。会社はこの平均費用をカバーする必要があり、かつ他の費用（通常の利益を含む）700ドルを加える。会社はすべての購入者に同じ価格を請求すると仮定すると、保険の価格（保険料）はいくらになるか。

   b. すべての消費者は不確実性を減らすために保険に加入したいと考えているが、この機能の価値は1,000ドルとみなしている。したがって、保険の価格が自分の予想される医療費よりも1,000ドル以上高い場合は、保険購入を見送る。設問（a）で計算された価格だと、どの消費者が保険に加入するか。

   c. 設問（b）で特定された新たな保険加入者プールでは、医療費の平均はいくらか。保険会社がこの新しい平均費用を見たとき、保険価格はいくらに設定されるか。

   d. 消費者が設問（c）の新しい価格を見たとき、保険に加入するのはどの消費者か。

第12章 医療経済学

e. 設問 (d) で特定された新たな保険加入者プールでは、医療費の平均はいくらか。保険会社がこの新しい平均費用を見たとき、保険価格はいくらに設定されるか。

f. 消費者が設問 (e) の新しい価格を見たとき、保険に加入するのはどの消費者か。

g. 設問 (f) で特定された新たな保険加入者プールでは、医療費の平均はいくらか。保険会社がこの新しい平均費用を見たとき、保険価格はいくらに設定されるか。

h. 消費者が設問 (g) の新しい価格を見たとき、保険に加入するのはどの消費者か。この結果は均衡に見えるか。

i. 各人の保険の価値は、不確実性が低下することによる1,000ドルと、医療費の見込額である。一方、保険のコストは保険料である。

消費者余剰は保険料を差し引いた価値の部分である。設問 (h) で示された状況において、保険市場から得られる消費者余剰はいくらか。

j. 設問 (a) の状況に戻り、今、政府がすべての人に保険を購入するよう命じるとする。この場合、各消費者が得る余剰はいくらか。市場における総余剰はいくらか。

k. もしこの社会が保険の義務化を行うべきかどうかの投票を実施し、すべての人が自己の利益に基づいて投票した場合、投票の結果はどうなるか。

l. 全員を確実に義務化に従わせるために、保険を購入しなかった場合にペナルティ（罰金）を課すとすると、その罰金はいくらである必要があるか。

理解度確認クイズの解答

1. d   2. c   3. a   4. b   5. b   6. a   7. c

263

第13章

税制の設計

Chapter 13
The Design of the Tax System

1920年代のギャングで犯罪組織のボスだったアル・"スカーフェイス"・カポネは、凶悪犯罪で有罪判決を受けることはなかった。しかし、最終的には脱税で刑務所に入った。カポネはベンジャミン・フランクリンの「この世で確かなことは、死と税だけだ」という言葉を聞き入れなかった。

フランクリンがこのように主張した1789年当時、アメリカ人の納税額は所得の5%未満であり、その後100年間はその状態が続いた。しかし、20世紀に入ると、ほとんどのアメリカ市民の生活において、税はますます重要になってきた。今日、個人所得税、法人所得税、給与税、売上税、固定資産税など、すべての税を合わせると、アメリカの総所得の4分の1以上を占めている。多くのヨーロッパ諸国では、税の負担はさらに大きい。

市民が政府に財やサービスの提供を期待する以上、税は避けられない。第1章の**経済学の10原則**の1つは、「通常、市場は経済活動をまとめあげる良い方法である」というものである。しかし、市場経済は所有権と法の支配に依存しているため、政府は警察と裁判所を提供する。**経済学の10原則**のもう1つは、「政府は市場のもたらす結果を改善できる場合がある」というものである。政府が（公害などの）外部性を是正したり、（国防などの）公共財を提供したり、（公共の湖の魚などの）共有資源の利用を規制したりすることで、経済厚生（経済的幸福度）を高めることができる。しかし、こうした活動にはコストがかかる。政府がさまざまな重要な機能を果たす

265

ためには、課税によって歳入を集めなければならない。

これまでの章では、需要と供給のモデルを用いて税を分析した。第6章では、財への課税がどのように販売数量を減少させるか、また需要と供給の弾力性に応じて税負担がどのように買い手と売り手に分担されるかについて議論した。第8章では、税が経済厚生にどのような影響を与えるかを検討した。ほとんどの場合、税は**死荷重**（deadweight loss）をもたらす。つまり税によって生じる消費者余剰と生産者余剰の減少は、政府によって上げられる収入を上回る。しかし、第10章で明らかにしたように、税は外部性を内部化し、市場の失敗を補正することで、効率性を高めることができる。

本章では、これらの教訓を踏まえ、税制の設計について論じる。まず、アメリカ政府がどのように資金を調達しているかを概観する。次に税制の原則について述べる。税はできるだけ小さな負担で済ませるべきで、税負担は公平に配分されるべきだというのが、多くの人の意見である。つまり、税制は**効率的かつ公平であるべき**なのである。しかし、後述するように、これらの目標を述べることは簡単だが、それを達成することは容易ではない。

1 アメリカの税制：全体像

政府は国民の所得のうちどれだけを税として徴収しているのだろうか。図13-1は、連邦、州、地方を含む政府の歳入が、アメリカ経済の総所得に占める割合を示して

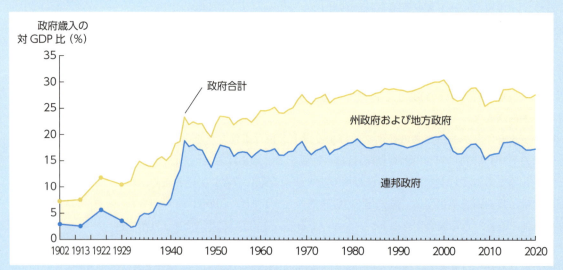

図 13-1　政府歳入の対 GDP 比率：時系列推移

この図は、連邦政府および州・地方政府の歳入が国内総生産（GDP）に占める割合を示している。この図から、政府がアメリカ経済において大きな役割を果たしていること、そしてその役割が時代とともに大きくなっていることがわかる。

（出所）Historical Statistics of the United States、アメリカ合衆国商務省経済分析局、著者による計算。

図13-2 政府歳入の対GDP比率：国際比較

政府が税収として得る所得の割合は国によって大きく異なる。

(出所) OECD。データは2019年のもの。

いる。この図から、政府の役割は過去1世紀で大きく成長したことがわかる。1902年には、政府は総所得の7％しか徴収していなかったが、近年では30％近くを徴収している。言い換えれば、経済の所得が増加するにつれて、政府の税収はそれ以上に増加している。

図13-2は、総所得に占める税収の割合で測った、いくつかの主要国の税負担を示している。アメリカは、他のほとんどの先進国と比べて税負担が軽い。多くのヨーロッパ諸国ははるかに高い税負担を強いており、その分、貧困や失業を経験した人々に対するより手厚い支援など、税収はより手厚い社会的セーフティネットの財源となっている。

1-1 連邦政府が徴収する税

アメリカ連邦政府は、アメリカ経済における納税額全体の約3分の2を徴収している。表13-1は2020年の連邦政府の税収を示している。この年の総受取額は約3兆7,000億ドルで、理解するのが困難なほど大きな数字である。この天文学的な数字を現実のものにするには、2020年のアメリカの人口約3億3,100万人で割ればよい。そうすると、平均的なアメリカ人は2020年に連邦政府に1万1,069ドルを支払ったことになる。

個人所得税 連邦政府にとって最大の収入源は個人所得税である。例年4月15日が

第Ⅳ部　公共部門の経済学

表13-1　連邦政府の歳入（2020年）

税	額（10億ドル）	1人当たりの金額（ドル）	歳入の割合（％）
個人所得税	1,690	5,106	46
社会保険税	1,421	4,293	39
法人所得税	199	601	5
その他	354	1,069	10
合計	3,664	11,069	100

四捨五入の関係上、各列の合計が「合計」として示した数値と一致しない場合がある。
（出所）アメリカ合衆国商務省経済分析局。

近づくと、アメリカのほぼすべての家庭が、政府に支払うべき所得税を決定するための書類に記入する。各世帯は、勤労による賃金、貯蓄の利子、株式を所有する企業からの配当、経営する小規模事業からの利益など、あらゆる収入源からの所得を申告する必要がある。一家の**納税義務額**（支払うべき金額）は、所得総額に基づいて決定される。

　しかし、一家の所得税負担額は単純に所得に比例しているわけではない。その代わり、法律ではもっと複雑な計算が必要となる。課税所得とは、総収入から扶養家族（主に子供）の数に応じた金額を差し引いたもので、政策立案者が「控除可能」とみなした特定の経費（住宅ローンの利子支払いや慈善事業への寄付など）を差し引いたものである。そして、表13-2のような一覧表を使って、課税所得から納税義務額を計算する。

　この表は、**限界税率**（所得が1ドル増えるごとに適用される税率）を示している。所得が増えるほど限界税率は高くなるため、高所得世帯ほど、所得に占める税の割合が大きくなる。この表の各税率は、その人の所得全体ではなく、関連する範囲内の所得にのみ適用されることに注意しよう。たとえば、所得が100万ドルの人が支

表13-2　連邦所得税率（2020年）

この表は、独身納税者の限界税率を示している。支払うべき税は、納税者の所得レベルまでのすべての限界税率に依存する。たとえば、所得4万ドルの納税者は、最初の所得9,875ドルの10％、その後残りの所得の15％を支払う。

課税所得	税率
0〜9,875ドル	10％
9,876ドル〜40,125ドル	15％
40,126ドル〜85,525ドル	22％
85,526ドル〜163,300ドル	24％
163,301ドル〜207,350ドル	32％
207,351ドル〜518,400ドル	35％
518,401ドル以上	37％

第13章 税制の設計

払う税は、最初の9,875ドルについてはその10%に過ぎない（限界税率についてのより詳細な議論は、この章の後半で行う）。

給与税　連邦政府にとって個人所得税と同じくらい重要なのが**給与税**で、企業が労働者に支払う賃金に課税される。表13-1では、この税収を**社会保険税**と呼んでいるが、これは主に社会保障とメディケアに充てられるからである。社会保障制度は、主に高齢者の生活水準を維持するための所得支援制度である。メディケアは高齢者のための政府の医療プログラムである。2020年の給与税総額は、年収13万7,700ドルまでは15.3%、13万7,700ドル以上は2.9%で、高所得者（独身なら20万ドル以上、既婚なら25万ドル以上）にはさらに0.9%が上乗せされる。多くの中所得世帯にとって、給与税は最大の税である。

法人所得税　個人所得税や社会保険税に比べればはるかに小さいが、その次に大きいのが法人所得税である。**法人**は、その所有者とは別個の、独自の法的存在を持つように設定された事業所である。政府は、各法人の**利潤**（法人が販売した商品やサービスからその製造コストを差し引いた金額）に基づいて課税する。企業の利潤はしばしば二重課税される。法人が利潤を得る際に法人所得税が課税され、法人がその利潤を使って株主に配当金を支払う際に個人所得税が課税される（この二重課税の例外は、株式が大学の寄付金や一部の退職金口座のような非課税団体によって保有されている場合である）。二重課税を補うため、政策立案者は配当所得に他の所得より低い税率で課税することを決定した。2020年には、配当所得に対する最高限界税率はわずか20%（プラス3.8%のメディケア税）であるのに対し、通常の所得に対する最高限界税率は37%（同じくプラス3.8%のメディケア税）である。

その他の税金　表13-1で「その他」と表示されている最後の分類は、徴収額の10%を占めている。このカテゴリーには**物品税**が含まれ、ガソリン、タバコ、アルコール飲料など特定の商品にかかる税である。また、相続税や関税など、さまざまな小項目も含まれる。

1-2 州および地方政府が徴収する税

　州および地方政府は、納税額全体の約3分の1を徴収している。表13-3は、アメリカの州および地方政府の税収を示している。2020年の税収総額は3兆ドル、1人当たり9,157ドルである。この表はまた、この総額を税の種類別に分けたものである。

　州および地方政府にとって最も重要な税は固定資産税で、税収の19%を占め、土地や建造物の推定価格に対する割合で不動産所有者に課税される。

　州や地方政府は、個人所得税や法人所得税も課すことができる。多くの場合、これらの税は連邦所得税のようなものである。その他の場合は、ルールが異なる。たとえば、州によっては、給与所得に対する課税が、利子や配当として得た所得に対する課税よりも軽い場合がある。また個人所得に全く課税しない州もある。

　税収の14%を占める売上税もまた、大きな収入要因である。売上税は、小売店

269

第IV部　公共部門の経済学

表13-3	州および地方政府の歳入（2020年）

税	額（10億ドル）	1人当たり金額（ドル）	歳入の割合（%）
固定資産税	586	1,770	19
個人所得税	466	1,408	15
売上税	426	1,287	14
物品税	209	631	7
法人所得税	76	230	3
連邦補助金	873	2,637	29
その他	395	1,193	13
合計	3,031	9,157	100

四捨五入の関係上、各列の合計が「合計」として示した数値と一致しない場合がある。
（出所）アメリカ合衆国商務省経済分析局。

で消費された総額に対する割合で課税される。顧客が何かを購入するたびに、小売業者は政府に送金する金額を追加で支払う（州によっては、食料品や衣料品など、必需品とみなされる特定の品目を除外しているところもある）。売上税と似ているのが物品税で、ガソリン、タバコ、アルコール飲料など特定の商品に課される。物品税は、州と地方の歳入の7%を占めている。

州や地方政府は連邦政府からも多額の資金を受け取っている。連邦政府が州政府に歳入を配分する政策は、ある程度、（より多くの税金を納める）高所得の州から（より多くの給付を受ける）低所得の州に資金を再配分するものである。多くの場合、これらの資金は連邦政府が補助したいプログラムに紐づけられている。たとえば、低所得者に医療を提供するメディケイドは、州によって管理されているが、その資金の大部分は連邦政府によって賄われている。

最後に、州と地方政府は、表13-3の「その他」に含まれる財源から収入を得ている。これには、漁業や狩猟のライセンス料、道路や橋の通行料、公共バスや地下鉄の運賃などが含まれる。

理解度確認クイズ

1. 国民所得に占めるアメリカ合衆国の税の割合は、次のうちどれか。

   a. フランス、ドイツ、イギリスより高い。

   b. フランス、ドイツ、イギリスより低い。

   c. フランスやドイツよりは高いが、イギリスよりは低い。

   d. フランスやドイツよりは低いが、イギリスよりは高い。

2. アメリカ連邦政府にとって最大の税収源は、次のうちどれか。

   a. 個人所得税と法人所得税

   b. 個人所得税と社会保険のための給与税

   c. 法人所得税と社会保険のための給与税

   d. 社会保険のための給与税と固定資産税

➡（解答は章末に）

第13章　税制の設計

2　税と効率性

アメリカの税制は、議員たちが歳入を増やすためにさまざまなアプローチを採用する中で、変化し続けている。もしゼロから始めるとしたら、原則的にどのように税制を設計すればいいのだろうか。第1の目的は政府の財源を確保することだが、そのための方法はたくさんある。代替税制を選択する際には、効率性と公平性という2つの目的を考慮することが有効である。

ある税制が他の税制よりも効率的であるのは、納税者が負担するコストが少なく、同額の歳入を上げることができる場合である。納税者が負担する税とは何だろうか。最も明らかなのは納税そのものであり、これはどの税制にも避けられない特徴である。しかし、それ以外にも2つのコストがかかり、これらはうまく設計された税制によって回避されるか、少なくとも最小化される。

- 税が人々の意思決定を歪めることによって生じる死荷重
- 納税者が税法を遵守する際に課される事務負担

効率的な税制とは、死荷重が小さく、事務負担が小さい税制である。

2-1　死荷重

経済学の10原則の1つは、「人々はインセンティブに反応する」というもので、これには税制によるインセンティブも含まれる。政府がアイスクリームに課税すれば、人々はアイスクリームを食べる量を減らし、フローズンヨーグルトを食べるようになる。政府が住宅に課税すれば、人々はより小さな家に住み、他のことにもっとお金を使うようになる。政府が労働収入に課税すれば、人々は労働を減らし、余暇を楽しむようになる。

税はインセンティブを歪めるため、多くの場合、第8章で説明した死荷重を伴う。税の死荷重とは、政府への税収を上回る市場参加者の幸福の減少として定義される。言い換えれば、死荷重は、人々が、売買される財やサービスのコストや便益ではなく、税のインセンティブに従って資源を配分する際に生じる非効率のことである。

ハリルはピザ1枚に16ドル、カルメンは12ドルを支払う意思があるとする。ピザの供給は、価格10ドルで完全に弾力的である（これは、生産者余剰がゼロであることを保証する）。もしピザに税がかからなければ、ハリルもカルメンもピザを買い、それぞれが支払った金額以上の余剰を得る。ハリルの消費者余剰は6ドル、カルメンの消費者余剰は2ドルで、合計8ドルである。

今度は、政府がピザに4ドルの税を課し、その価格が14ドルに値上がりしたとしよう。ハリルはそれでもピザを買うが、消費者余剰はわずか2ドルになる。カルメンは、今回自分にとっての価値以上のコストがかかるため、ピザを購入しないので、彼女の消費者余剰はゼロになる。2人の消費者の余剰は合わせて6ドル減少し（8ドルから2ドルへ）、一方政府はハリルのピザから4ドルの税収を得る。消費者余剰の

271

第IV部　公共部門の経済学

減少が税収の増加を上回るため、この税は死荷重となる。この場合の死荷重は2ドルとなる。

　死荷重は、税金を払っているハリルからではなく、払っていないカルメンから生じていることに注目してほしい。ハリルの余剰が4ドル減少することで、政府が徴収する歳入がちょうど相殺される。死荷重が生じるのは、税がカルメンの行動を変えるよう誘導するからである。税がピザの価格を上げると、カルメンの余剰は減少するが、政府の収入は相殺されない。このカルメンの厚生の減少が税の死荷重である。

　最後に、インセンティブを変化させる税がすべて死荷重につながるわけではないことを思い出してほしい。第10章で示したように、外部性が存在する場合、市場が単独で非効率な結果をもたらすことがあり、適切な課税によって問題を補正することができる。たとえば、レンガ窯で焼かれるピザの香ばしい匂いが、ピザは美味しいがあまり健康的でないことを連想させるためか、通りすがりの人々を空腹にさせ、不機嫌にさせる場合、ピザに課税することで効率性を高めることが考えられる。また、補正的課税は税収を増加させるので、死荷重を生む税を減らすために使うこともできる。

ケーススタディ　所得と消費のどちらに課税すべきか？

　カルメンがピザを買う量を減らすことを誘導したように、税が人々の行動を変える場合、税は資源の配分を非効率にする可能性がある。第8章のケーススタディでは、所得税が一部の人々の勤労意欲を削いでいることを取り上げた。しかし、これで話が終わるわけではない。この税は別の非効率を引き起こす。つまり、人々の貯蓄意欲を削ぐことである。

　25歳のサミー・セーバーが1,000ドルを貯金するかどうかを考えているとしよう。サミーがこの資金を6%の利子が付く預金口座に入れておくと、65歳の定年時には1万286ドルになる。しかし、政府が毎年利子収入の4分の1に課税すると、実効金利は4.5%にしかならない。40年間4.5%の利息を得続けると、1,000ドルは5,816ドルにしかならない。これが、利子所得に対する課税が貯蓄の魅力を低下させる理由である。

　経済学者の中には、貯蓄に対する税制上の阻害要因をなくすことを提唱する者もいる。政府は所得に課税するのではなく、消費に課税するのである。この提案では、貯蓄された所得はすべて、貯蓄が使われるまで課税されない。**消費税**と呼ばれるこの代替システムは、人々の貯蓄の意思決定を歪めることはないだろう。

　現行法のいくつかの規定は、すでにこの制度を消費税のようなものにしている。人々は、個人退職勘定（IRA: Individual Retirement Accounts）や401（k）プラン（確定拠出型年金）のような税制優遇口座に、所得の一定額を預けることができる。この所得は、積み立てられた利子とともに、退職時に引き出されるまで課税を免れる。これらの退職金口座に貯蓄の大半を入れている人にとって、税は事実上、所得では

272

なく消費に基づいて請求される。

　ヨーロッパ諸国は消費税を好んで導入している。そのほとんどが付加価値税（VAT）を通じて多額の政府歳入を確保している。付加価値税は、アメリカの多くの州が採用している小売売上税のようなものである。しかし、消費者が最終財を購入する際に小売レベルで税をすべて徴収するのではなく、政府は財が生産される過程で（つまり、生産の連鎖に沿って付加価値が付けられる過程で）段階的に税を徴収する。

　アメリカの政策立案者の中には、アメリカの税制を所得よりも消費に課税する方向へさらに進めることを提案している者もいる。2005年、当時連邦準備制度理事会（FRB）の議長であった経済学者のアラン・グリーンスパン（Alan Greenspan）は、税制改革に関する大統領委員会で次のような助言を行った。「ご存じのように、多くの経済学者は、経済成長を促進するという観点からは消費税が最適であると考えている。特に、税制をゼロから設計する場合には、消費税は貯蓄と資本形成を促進する可能性が高いからである。しかし、現行の税制から消費税への移行には、一連の難しい問題がある」。

2-2　事務負担

　多くの人は、納税申告書の記入という作業を、歯磨きとトイレ掃除の間の、重要だが不快な家事リストの最上位に位置づけるだろう。税制の事務負担は非効率の原因である。期限内に書類を記入するのに費やす時間だけでなく、税務上の記録を残すために年間を通して必要とされる時間や、政府が税法を執行するために使用する資源も含まれる。

　多くの人々、特に高所得者層は、税金対策のために弁護士や会計士を雇っている。複雑な税法の専門家である税理士は、依頼人のために納税申告書を作成し、納税額を減らすように依頼人の手続きを手助けする。このような行為は、違法な脱税とは対照的に、合法的な節税行為である。有名な法学者ラーンド・ハンド（Learned Hand）はこう言っている。「誰でも自分の税ができるだけ少なくなるように手続きをすることができる。国庫に最も多額の税を納付するパターンを選ぶ義務はない。税を増やすことは、愛国的な義務ですらない」。

　税制を批判する人々は、アドバイザーがしばしば「抜け穴」と呼ばれる税法の細かい規定を利用することで、依頼人の節税を手助けしているという。場合によっては、抜け穴は議会のミスから生じることがある。いわば、税法の曖昧さや抜け漏れから生じるものである。最も多いのは、議会が特定の種類の行動を優遇することを選択したために生じるものである。たとえば、連邦税法が地方債の投資家を優遇しているのは、議会が州や地方政府の借入を容易にするためである。この条項はある程度、州や地方に便益をもたらすが、所得の高い納税者にも便益をもたらす。ほとんどの抜け穴は、税制を決定する議会関係者にはよく知られているが、ある納税者には抜け穴に見えても、別の納税者には正当な税調整に見えることもある。

税法を遵守するために費やされる資源は、それ自体が一種の死荷重である。政府が得られるのは納税額だけである。対照的に、納税者はこの金額だけでなく、文書化、計算、節税に費やした時間とお金も失う。

税制の事務負担は、税法を簡素化することで軽減できる。しかし、簡素化は政治的に困難な場合が多い。他人が得をする抜け穴をなくす準備はできているが、自分が得をする抜け穴を手放したいと思う人はほとんどいない。結局のところ、税法の複雑さは、自分たちの特別な利害を持つ納税者が自分たちの目的のためにロビー活動を行うという政治的プロセスから生じるのである。

2-3 限界税率と平均税率

所得税について論じるとき、経済学者は税率について平均税率と限界税率という2つの概念を区別する。平均税率は、総支払税額を総所得で割ったものである。限界税率とは、所得が1ドル増えることによる増税額のことである。

平均税率
(average tax rate)
総支払税額を総所得で割ったもの

限界税率
(marginal tax rate)
所得が1ドル増えることによる増税額

たとえば、政府が最初の所得5万ドルに対して20%、5万ドル以上の所得に対して50%の税を課すとする。この税制では、6万ドルを稼ぐ人は1万5,000ドルの税を払うことになる。つまり、最初の5万ドルの20%（0.20×5万ドル＝1万ドル）と残りの1万ドルの50%（0.50×1万ドル＝5,000ドル）である。この場合、平均税率は1万5,000ドル/6万ドル、つまり25%である。しかし、この人がさらに1ドル所得を得た場合、その1ドルには50%の税率が適用されるため、政府に支払うべき金額は0.50ドル増えることになる。したがって、限界税率は50%となる。

限界税率と平均税率には、それぞれ有用な情報が含まれている。納税者の犠牲の大きさを測るのであれば、平均税率のほうがより適切である。なぜなら平均税率は所得に占める税金の割合を示すからである。これとは対照的に、税制がインセンティブをどのように歪めているかを測ろうとするならば、限界税率がより有意義である。第1章の**経済学の10原則**の1つに、「合理的な人々は「限界的に」考える」というものがある。この原則の系として、限界税率は、税制がどれだけ人々の働く意欲を削いでいるかを測るものである。もしあなたがあと数時間働こうと考えているなら、限界税率はあなたの追加収入から政府がいくら取るかを決定する。したがって、所得税の死荷重を決めるのは限界税率なのである。

専門家の見方　最高限界税率

「個人所得に対する連邦税の最高限界税率を70%に引き上げる（そして、最高税率の定義を含む現行の税制の残りの部分は固定とする）ことで、経済活動を低下させることなく、（連邦と州を合わせた）歳入を大幅に増やすことができる」

経済学者の見解は？

- どちらともいえない　16%
- 同意する　21%
- 同意しない　63%

（出所）IGM Economic Experts Panel, January 16, 2019.

2-4 一括税

政府がすべての人に8,000ドルの簡易課税を課したとしよう。つまり、収入や状況、その人が取るかもしれない行動に関係なく、誰もが同じ額を支払うことになる。このような税は**一括税**と呼ばれる。

一括税は、平均税率と限界税率の違いを明確に示している。所得が4万ドルの人の場合、8,000ドルの一括税の平均税率は20%であり、所得が8万ドルの人の平均税率は10%である。両者とも、所得が1ドル増えても支払うべきものはないため、限界税率はゼロである。

一括税は、最も効率的な課税である。個人の意思決定によって負担額が変わることがないため、税はインセンティブを歪めず、死荷重を引き起こさない。誰もが簡単に支払うべき金額を計算でき、税理士や会計士を雇う必要がないため、一括税は最小限の事務負担しか課さない。

一括税がそれほど効率的なら、なぜめったに見られないのだろうか。それは、効率性がすべてではないからだ。一括税は所得に関係なく全員から同じ額を徴収することになり、大半の人々は不公平だと考えるだろう。現実の税制を説明するためには、租税政策のもう1つの大きな目標である公平性に注目しなければならない。

> **一括税**
> （lump-sum tax）
> すべての人に同額が課される税

理解度確認クイズ

3. ベティはピアノを教えている。彼女のレッスンごとの機会費用は50ドルで、レッスンの料金は60ドルである。彼女には2人の生徒がおり、アーチーは支払用意が70ドル、ベロニカは支払用意が90ドルである。政府がピアノのレッスンに20ドルの税金をかけ、ベティがレッスン料を80ドルに値上げしたとき、死荷重は_____、税収は_____となる。

  a. 10ドル ― 20ドル
  b. 10ドル ― 40ドル
  c. 20ドル ― 20ドル
  d. 20ドル ― 40ドル

4. 税法が最初の所得2万ドルを非課税とし、それ以上の所得に25%課税する場合、5万ドル稼ぐ人の平均税率は_____%、限界税率は_____%となる。

  a. 15 ― 25
  b. 25 ― 15
  c. 25 ― 30
  d. 30 ― 25

5. 一括税とは、次のうちどれか。

  a. 限界税率がゼロである。
  b. 平均税率がゼロである。
  c. 管理コストが高い。
  d. 死荷重が大きい。

➡（解答は章末に）

---

3 税と公平性

アメリカへの入植者が、輸入されたイギリスの紅茶をボストン港に捨てて以来、租税政策はアメリカの政治において最も白熱した議論を巻き起こしてきた。しかし、効率性の問題によって白熱することはほとんどない。むしろ、税負担をどのように

第IV部　公共部門の経済学

分配すべきかという意見の対立から生じるのである。1948年から1987年まで連邦税制に絶大な影響力を持ったルイジアナ州選出の上院議員ラッセル・ロングは、かつてこのような小唄で大衆の議論を真似て揶揄したことがある。

　　君に課税するな。
　　俺に課税しないでくれ。
　　木の後ろにいるやつに課税しろ。

　もちろん、私たちが望む財やサービスの一部を政府に頼るのであれば、誰かがその財やサービスのために税を納めなければならない。税負担はどのように国民に分配されるべきだろうか。税制が公平かどうかはどのように評価すればよいのだろうか。税制が公平であるべきであることは皆が合意しているが、どうすれば公平になるのかについては意見がかなり分かれている。

3-1　応益原則

応益原則 ……………………
(benefits principle)
国民は政府によるサービスから受ける便益に応じて税を支払うべきだという考え方

　租税の**応益原則**とは、人々が政府のサービスから受け取るものに応じて税を支払うべきだというものである。このアプローチは、公共財を私的財のようにしようとするものである。アイスクリームをよく食べる人は、めったに食べない人よりも、アイスクリームを買うために合計でより多くの金額を支払うのは公平に思える。同じように、この原則によれば、公共財から大きな便益を得る人は、ほとんど便益を得ない人よりも、その公共財のために多くのお金を払うべきである。

　たとえばガソリン税は、応益原則によって正当化されることがある。州によっては、ガソリン税からの収入は道路の建設や維持に使われ、州間高速道路は連邦政府のガソリン税からの収入で維持されている。ガソリンを購入する人は道路を利用する人と同じであるため、ガソリン税はこの政府のサービスに支払う公平な方法とみなされるかもしれない（しかし、最近の電気自動車の普及により、ガソリン税の対象範囲が狭くなっているため、代わりにマイル課税を提案する政策立案者もいる）。

　応益原則は、裕福な市民は貧しい市民よりも高い税を払うべきだという主張にも使える。なぜかというと、単純に、富裕層は公共サービスからより多くの恩恵を受けているからである。たとえば、警察が盗難から守ってくれる便益について考えてみよう。守るべき財産が多い人は、守るべきものが少ない人よりも警察から多くの便益を受ける。したがって、応益原則によれば、富裕層は警察の維持費をもっと負担すべきである。同じ議論は、防火、国防、裁判制度など、他の多くの公共サービスにも当てはまる。

　富裕層への課税を財源とする貧困撲滅プログラムへの賛同を主張するために、応益原則を用いることも可能である。第11章で述べたように、人々は貧困のない社会を好むかもしれない。つまり、それは貧困対策プログラムは公共財であることを示唆している。富裕層がこの公共財に中流階級よりも高い金銭価値を置いているとすれば、富裕層がより多く支出できるからに過ぎない。もしそうであれば、応益原則に従って、富裕層にはこれらのプログラムの費用を賄うためにより重い税負担が

課されるべきである。

3-2 応能原則

税制の公平性を評価するもう1つの方法は、**応能原則**と呼ばれ、税はその人がどれだけ負担に耐えられるかによって課税されるべきだというものである。政府を支えるために、誰もが「平等な犠牲」を払うべきだと言われることもある。しかし、その犠牲の大きさは、納税額の大小だけでなく、所得やその他の状況にも左右される。すなわち所得の低い人が払う1,000ドルの税は、はるかに所得の高い人が払う1万ドルの税よりも大きな犠牲を必要とするかもしれない。

応能原則は、垂直的公平性と水平的公平性という2つの系の概念につながる。**垂直的公平性**とは、支払い能力の高い納税者ほど多くの金額を拠出すべきであるというものである。**水平的公平性**とは、同程度の支払い能力を持つ納税者は同額を拠出すべきであるというものである。これらの公平性の考え方は広く受け入れられているが、これを税制の評価に適用することは容易ではない。

垂直的公平性　もし税が支払い能力に基づいているのであれば、金持ちは貧乏人より多く支払うべきである。しかし、富裕層はどの程度多く支払うべきなのだろうか。租税政策をめぐる議論は、しばしばこの問題に焦点が当てられる。

表13-4の3つの税制を考えてみよう。いずれの場合も、所得の多い納税者ほど多くの税を支払っている。しかし、各税制は、所得に比例して増税されるスピードが異なる。第1の税制は、比例的である。なぜなら納税者全員が所得の同じ割合を納税するからである（**比例税**）。第2の税制は、逆進的である。なぜなら高所得者ほど税の納付額が多いにも関わらず、所得のより低い割合を納税するからである（**逆進税**）。第3の税制は、累進的である。なぜなら高所得者は所得のより大きな割合を納税するからである（**累進税**）。

これら3つの税制のうち、どれが最も公平なのだろうか。経済理論だけでは答えは出ない。公平性は、美のように、見る人の目の中にある（何が美しいかは、その人の主観による）。次のケーススタディが示すように、アメリカの税制は概して累進的であり、所得の高い人ほど所得に占める税の割合を大きくすべきだという意見の一致を反映している。

応能原則
(ability-to-pay principle)
その人の負担能力に応じて税は課税されるべきだという考え方

垂直的公平性
(vertical equity)
支払い能力の高い納税者ほど、より多額の税を納めるべきだという考え方

水平的公平性
(horizontal equity)
同程度の支払い能力を持つ納税者は同額を納めるべきだという考え方

比例税
(proportional tax)
すべての所得レベルの納税者が、所得に対して同じ割合の税を支払うこと

逆進税
(regressive tax)
高所得の納税者が低所得の納税者よりも所得に占める税額の割合が小さい税

累進税
(progressive tax)
高所得の納税者が低所得の納税者よりも所得に占める税額の割合が大きい税

表13-4　3つの税制

所得（ドル）	比例税			逆進税			累進税		
	税額（ドル）	所得の割合		税額（ドル）	所得の割合		税額（ドル）	所得の割合	
50,000	12,500	25%		15,000	30%		10,000	20%	
10,000	25,000	25%		25,000	25%		25,000	25%	
20,000	50,000	25%		40,000	20%		60,000	30%	

277

ケーススタディ　税負担はどのように分担されるのか？

　税制をめぐる議論では、しばしば高所得者が公平な負担をしているかどうかが問題になる。この判断を下す客観的な方法はない。しかし、この問題を自分自身で評価する上で、現行の税制のもとで、所得の異なる家族がどれだけの金額を支払っているかを知ることは有益である。

　表13-5は、連邦税が所得階層間でどのように分配されているかについてのデータを示している。これらの数値は、本書が出版された時点で入手可能な最新の2018年のもので、アメリカ議会予算局（CBO）が集計したものである。個人所得税、給与税、法人所得税、物品税などすべての連邦税が含まれているが、州税と地方税は含まれていない。

　この表を作成するために、世帯は収入に応じてランク付けされ、**5分位**（quintiles）と呼ばれる同じ大きさの5つのグループに分類される。この表では、アメリカ人のうち最も裕福な1％のデータも示している（5分位の最上位のうちの1％）。表の2列目は、各グループの平均市場所得を示している。市場所得とは、賃金や給与、事業所得、利子、キャピタルゲイン、配当、年金給付など、家計が経済活動から得た所得である。5分位のうち最も低いグループの平均市場所得は1万6,600ドル、最も高い5分位の平均市場所得は31万ドルであった。上位1％の平均市場所得はほぼ200万ドルであった。

　表の3列目は、所得に占める税総額の割合（平均税率）を示している。見ての通り、アメリカの連邦税制は累進的である。第1分位（最下位）の世帯は、所得に対してほぼ税を支払っていない。これは、給与税などの税が、所得控除などの税還付によって相殺されているからである。第3分位（中位）は所得の15.5％を納税している。第5分位（最上位）は25.4％、最上位1％は30.3％を支払っている。

表13-5　連邦税の負担

5分位	平均市場所得（ドル）	市場所得に占める税の割合（％）	市場所得に占める税控除後の譲渡所得の割合（％）
第1分位（最下位）	16,600	0.0	−127.1
第2分位	35,900	11.1	−44.0
第3分位（中位）	63,900	15.5	−11.1
第4分位	104,000	18.8	4.6
第5分位（最上位）	310,000	25.4	21.3
最上位1％	1,987,500	30.3	29.7

（出所）アメリカ合衆国商務省経済分析局。数値は2018年のものである。

第13章 税制の設計

　税に関するこれらの数字は、政府の負担がどのように分配されているかを理解するための良い出発点ではあるが、全体像としては不完全である。お金は、税という形で家計から政府に流れるだけでなく、社会保障、失業保険、メディケア（高齢者向け医療プログラム）、メディケイド（低所得者向け医療プログラム）、SNAP給付金（以前はフードスタンプとして知られていたプログラム）、住宅扶助などの移転支出という形で、政府から家計に戻ることもある。ある意味で、移転支出は税の対極にある。

　移転支出を負の税として扱うと、表の最後の欄に示されているように、税負担の分布が大幅に変わる。この変化は高所得世帯では小さい。つまり第5分位が所得の21.3％を政府に納め、最上位1％が29.7％を納めている。しかし、第3分位から第1分位までの平均税率はマイナスになる。つまり、所得分布の下位5分の3に属する典型的な世帯は、納税額よりも移転額のほうが多いのである。これは特に所得の最も低い世帯に当てはまる。第1分位の平均市場所得は1万6,600ドルに過ぎないが、税と移転支出を差し引いた平均所得は3万7,700ドルである。政府政策の累進性を完全に理解するには、人々が支払うものと受け取るものの両方を考慮に入れる必要があることは明らかである。

　最後に、表13-5の数字は古くなっている可能性がある。2021年、バイデン大統領は最高所得者への増税と子供のいる低所得者世帯への税額控除の拡大を提案した。

水平的公平性　税が支払い能力に基づいているのであれば、同じような納税者が同じような額の税を払うはずである。しかし、家庭にはさまざまな違いがある。税制が水平的に公平かどうかを判断するには、まず、どの違いが家族の支払い能力に関係し、どれが関係ないかを決めなければならない。

　ガルシア家とジャクソン家の年収がそれぞれ10万ドルだとする。ガルシア家には子供はいないが、ガルシア氏は病気にかかり、3万ドルの医療費がかかる。ジャクソン家は健康であるが、3人の子供がおり、うち2人は大学生で、6万ドルの学費がかかる。所得が同じだからといって、この2つの家族が同額の税を払うのは公平だろうか？　高額な医療費を相殺するためにガルシア家に減税するのは公平だろうか？　ジャクソン家の学費を援助するために減税するのは公平だろうか？

　これらの質問には簡単には答えられない。実際のところ、アメリカの税法には、特定の状況に基づいて家族の納税義務を変更する特別条項がたくさんある。

3-3　税の帰着と租税の公平性

　租税の公平性を評価する上で、税の帰着（誰が税を負担しているかという研究）は中心的な意味を持つ。第6章で指摘したように、税を負担するのは必ずしも政府から納税書を受け取る人とは限らない。税は需要と供給を変えるため、均衡価格も変えるのである。その結果、税は法令に従って税を納める人以外にも影響を及ぼす。税の垂直的・水平的公平性を評価する際には、このような間接的な影響を考慮する

279

ことが重要である。

税の公平性に関する多くの議論は、税の間接的効果を無視しており、経済学者が嘲笑的に「税の帰着に関する**ハエ取り紙理論**（flypaper theory）」と呼ぶものに基づいている。この理論によれば、税の負担は、ハエ取り紙にとまったハエのように、最初に舞い降りた場所に付着してしまう。しかし、この仮定が成り立つことはまれである。

たとえば、経済学を学んでいない人は、毛皮の購入者のほとんどが裕福であるため、高価な毛皮のコートへの課税は垂直的公平であると主張するかもしれない。しかし、これらの購入者が毛皮の代わりに他の贅沢品を容易に購入できるのであれば、毛皮への課税は毛皮の販売を減少させるだけになるだろう。結局、毛皮税の負担は、毛皮を買う人よりも、毛皮の販売・生産者の上に重くのしかかることになる。毛皮を作る労働者のほとんどは裕福ではないため、毛皮税の公平性はハエ取り紙理論が示すものとはかなり異なる可能性がある。

ケーススタディ　法人所得税は誰が払うのか？

法人所得税は、租税政策における税の帰着の重要性を示す好例である。法人所得税は一部の有権者に人気がある。結局のところ、法人は人間ではない。有権者は常に減税を熱望し、人間ではない法人にツケを払わせようとする。

しかし、法人所得税が政府にとって歳入を増やす良い方法だと判断する前に、法人所得税の負担を誰が負うのかを考えてみよう。これは経済学者の意見が一致しない難しい問題であるが、1つだけ確かなことがある。それはすなわち、**すべての税は人々が負担している**ということである。政府が法人に課税する場合、法人は納税者というより徴税人のようなものである。税の負担は、最終的には法人の所有者、顧客、労働者といった人々の上にのしかかる。

なぜ労働者や顧客が法人所得税の一部を負担するのか。次の例を考えてみよう。アメリカ政府が自動車会社の所得に対する課税を引き上げることを決定したとしよう。当初、この税は、税引き後の利益が少なくなる企業のオーナーを苦しめる。しかし、時間の経過とともに、オーナーはこの税に対応するようになる。自動車の生産は収益性が低くなるため、新しい自動車工場の建設への投資は減る。たとえば、より大きな家を購入したり、他の産業や国に工場を建設したりする。国内の自動車工場が減少すれば、自動車の供給は減少し、自動車工場の労働者の需要も減少する。自動車を製造する法人への課税は、自動車価格の上昇と自動車工場の労働者の賃金の下落を引き起こす。

この問題は、トランプ政権の初期に脚光を浴びた。2017年にトランプ大統領が署名した税制法案は、法人所得税率を35％から21％に引き下げた。大統領の経済アドバイザーは、この政策の長期的な効果は資本蓄積、生産性、賃金の上昇であると主張した。法案を批判した人たちは、こうした成長効果が生じることには同意し

第13章　税制の設計

たが、その効果は小さいと考えていた。彼らの見解では、法人所得税減税の主な恩恵は、富裕層が多い企業のオーナーにもたらされる。しかし、擁護派も批判派もこの点では一致していた。すなわち、どのような税制変更であれ、その公平性を評価するには、税の帰着に注意を払う必要がある。

理解度確認クイズ

6. 通行料は有料道路を利用する市民に対する税である。この政策は、＿＿＿＿＿＿とみなすことができる。

   a. 応益原則の適用
   b. 水平的公平性
   c. 垂直的公平性
   d. 税の累進性

7. アメリカでは、所得分布の最上位1%の納税者は、所得の約＿＿＿%を連邦税として支払っている。

   a. 5
   b. 10
   c. 20
   d. 30

8. 法人所得税が企業の設備投資の削減を誘導する場合、どうなるか。

   a. その税は死荷重を生じない。
   b. 企業の株主はその税から便益を得る。
   c. 労働者はその税の負担の一部を負担する。
   d. この税は垂直的公平性の目標を達成している。

➡ (解答は章末に)

4　結論：公平性と効率性のトレードオフ

公平性と効率性は、税制の最も重要な2つの目標である。しかし、これら2つの目標は対立する可能性があり、特に公平性が累進性によって判断される場合はその傾向が強い。租税政策について人々の意見がしばしば対立するのは、これらの目標に対する重みづけが異なるからである。

租税政策の歴史を振り返ると、政治指導者の公平性と効率性に対する見解がいかに異なるかがわかる。1980年にロナルド・レーガンが大統領に選出されたとき、アメリカの富裕層の所得に対する限界税率は50%だった。利子所得に対する限界税率は70%であった。レーガンは、このような高税率は勤労と貯蓄のインセンティブを大きく歪めると主張した。言い換えれば、レーガンは、このような高税率は効率性という点でコストがかかりすぎると主張したのである。レーガンは1981年に大幅な税率引き下げに署名し、1986年にも再び同様の法案に署名した。1989年にレーガンが退任したとき、最高限界税率はわずか28%だった。

ビル・クリントンは1992年の大統領選に出馬した際、富裕層は公平な税負担をしていないと主張した。つまり、富裕層に対する低い税率は、彼の考える垂直的公平性に反するというのだ。1993年、クリントン大統領は最高限界税率を約40%に

281

第IV部　公共部門の経済学

引き上げる法案に署名した。

　その後数年間、政治的議論の振り子は揺れ続けた。ジョージ・W・ブッシュ大統領はレーガンが掲げたテーマの多くを再現し、2003年に最高税率を35％に引き下げた。バラク・オバマ大統領は再び垂直的公平性を強調し、2013年には最高税率は約40％に戻った。しかしその後、ドナルド・トランプが大統領に選出され、2018年から最高税率を37％に引き下げる法律に署名した。2021年には、バイデン大統領が年収2,500万ドル以上の納税者を対象に45％への引き上げを提案した。

　経済学だけでは、効率性と公平性の目標を両立させる最善の方法を決定することはできない。この問題は、経済学だけでなく政治哲学にも関わってくる。しかし、経済学者はこの議論において重要な役割を担っている。というのも、税制を設計する際に社会が必然的に直面するトレードオフに光を当てることができ、公平性を推進せずに効率性を犠牲にする政策を避けるのに役立つからである。

本章のポイント

- 政府はさまざまな税を使って歳入を確保している。アメリカ連邦政府にとって最も重要なものは、個人所得税と社会保険のための給与税である。州や地方政府にとって最も重要なのは、固定資産税、個人所得税、売上税である。
- 税制の効率性には、それが納税者に課すコストが含まれる。税には、納税者から政府への資源移転のほかに、2つのコストがある。1つ目は、税がインセンティブを変化させ、資源配分を歪めることによって生じる死荷重である。もう1つは、税法を遵守するための事務負担である。
- 税制の公平性とは、税負担が国民に公平に分配されているかどうかということである。応

益原則によれば、国民は政府から受ける給付に基づいて税を納めるのが公平である。応能原則によれば、人々が財政負担を処理する能力に基づいて税を支払うことが公平である。税制の公平性を評価する際には、税の帰着の研究から得た教訓を思い出すことが重要である。すなわち、税負担の配分と税額の配分は同じではない。

- 税法の改正を検討する際、政策立案者はしばしば効率性と公平性のトレードオフに直面する。租税政策をめぐる議論の多くは、人々がこの2つの目標に置く比重が異なるために生じる。

第13章　税制の設計

理解度確認テスト

1. 過去100年間で、政府の税収は他の経済に比べて伸びだか、それとも伸びなかったか。

2. 企業利潤が二重に課税される仕組みを説明しなさい。

3. 納税者の負担が政府の収入より大きいのはなぜだろうか。

4. 所得よりも消費への課税を主張する経済学者がいるのはなぜだろうか。

5. 一括税の限界税率はいくらか。これは税の効率性とどのような関係があるだろうか。

6. 高所得者が低所得者よりも税を多く払うべき理由を2つ挙げなさい。

7. 水平的公平性とはどのような概念か、またなぜ適用が難しいのか。

演習と応用

1. 本章の表の多くは、毎年発行される「大統領経済報告」に掲載されている。図書館またはインターネットで、同レポートの最新号を入手し、以下の質問に答え、答えを裏付ける数字を示しなさい（ヒント: 政府印刷局のウェブサイトはwww.gpo.gov である）。
   a. 図13-1は、総所得に占める政府歳入の割合が長期的に増加していることを示している。この増加は、主に連邦政府の歳入の変化に起因するのか、それとも州および地方政府の歳入に起因するのか。
   b. 連邦政府と州・地方政府を合わせた歳入を見ると、歳入総額の構成は時代とともにどのように変化してきたか。個人所得税の重要性は高いのか、それとも低いのか。社会保険税についてはどうか。法人所得税についてはどうか。

2. あなたが典型的なアメリカ人だとしよう。州所得税は所得の4%、連邦給与税（雇用者負担分と被雇用者負担分を合わせた）は労働収入の15.3%を支払っている。また、表13-2のように連邦所得税も支払っている。年収4万ドルの場合、それぞれの税はいくらだろうか。すべての税を考慮した場合、あなたの平均税率と限界税率はいくらになるだろうか。所得が8万ドルに増えた場合、あなたの税額と平均税率、限界税率はどうなるだろうか。

3. 州によっては、食料品や衣料品などの必需品を売上税から除外しており、除外していない州もある。この除外の利点について論じなさい。

効率性と公平性の両方を考慮すること。

4. 2018年以前は、連邦所得税の課税所得を計算する際に州・地方税（SALT）を全額控除することができた。2018年から、SALT控除は1万ドルに制限された。
   a. カリフォルニアやニューヨークのような高税率州の住民と、フロリダやテキサスのような低税率州の住民とで、無制限のSALT控除の恩恵を最も受けたのはどちらか。
   b. SALT控除の制限は、州間の人々の移動にどのような影響を与えたか。
   c. SALT控除の制限は、州・地方政府の増税傾向にどのような影響を与えたか。

5. セレーナ・セイバーが所有している（株式などの）資産が値上がりした場合、「発生」したキャピタルゲインを保有する。その資産を売却すると、それまで未収だった利益が「実現」する。アメリカの所得税制度では、実現したキャピタルゲインには課税されるが、発生したキャピタルゲインには課税されない。
   a. 個人の行動がこのルールによってどのような影響を受けるか、説明しなさい。
   b. 一部の経済学者は、キャピタルゲイン税率、特に一時的な税率の引き下げは税収を増やすことができると考えている。どうしてそのように考えられるのか。
   c. 実現したキャピタルゲインには課税するが、発生したキャピタルゲインには課税しないというのは良いルールだと思うか。その理由を述べなさい。

283

第Ⅳ部　公共部門の経済学

6. あなたの州の消費税が5％から6％に引き上げられたとしよう。州の歳入委員は、売上税収が20％増加すると予測している。これは妥当だろうか。説明しなさい。

7. 1986年の税制改革法により、消費者負債（主にクレジットカードと自動車ローン）の利払いの損金算入が廃止されたが、住宅ローンと住宅担保貸付の利払いの損金算入は維持された。消費者負債と住宅担保貸付による借入額の相対的な差はどうなっただろうか。

8. 以下の各資金調達スキームを、応益原則または応能原則の例として分類しなさい。
  a. 多くの国立公園を訪れる人は、入場料を支払う。
  b. 地元の固定資産税が小中学校を支えている。
  c. 空港信託基金は、航空券の販売ごとに税を徴収し、その資金を空港と航空管制システムの改善に充当する。

理解度確認クイズの解答

1. b 　 2. b 　 3. c 　 4. a 　 5. a 　 6. a 　 7. d 　 8. c

第V部
企業行動と産業組織

Part V Firm Behavior and the Organization of Industry

第14章

Chapter 14
The Costs of Production

生産コスト

　経済には、あなたが毎日享受している財やサービスを生産する何千もの企業がある。ゼネラル・モーターズは自動車を生産し、ゼネラル・エレクトリックは電球を生産し、ゼネラル・ミルズは朝食用シリアルを生産している。この3社のように大規模で、何千人もの労働者を雇用し、何千人もの株主が利潤を共有している企業がある一方、地元の雑貨店や理髪店、カフェのような小規模で、数人の労働者を雇用し、一個人または一家族によって所有されている企業もある。

　これまでの章では、企業の生産決定を集約するために供給曲線を用いた。供給の法則によれば、企業は、財の価格が高くなれば、より多くの量の財を生産し、販売することを望む。この反応により、右上がりの供給曲線となる。企業の行動について知る必要があるのは、多くの場合、供給の法則だけである。

　本章と次章では、企業の行動をより詳細に検討する。この章では、供給曲線の背後にある意思決定について理解を深めることができる。また、**産業組織論**(industrial organization)と呼ばれる経済学の一部も紹介する。産業組織論とは、価格と数量に関する企業の決定が、直面する市場条件にどのように依存するかを研究する学問である。たとえば、あなたが住んでいる町には、ピザ屋が何軒かあっても、ケーブルテレビの会社は1社しかないかもしれない。これは重要な問題を提起している。企業数は市場の価格や市場の効率性にどのような影響を与えるのだろうか。産業組織論の分野では、この問題に取り組んでいる。

285

第Ⅴ部　企業行動と産業組織

これらの問題に目を向ける前に、生産コストを理解することが重要である。デルタ航空から地元の惣菜店に至るまで、すべての企業では、販売する財やサービスを製造する際にコスト（費用）が発生する。これからの章で示すように、企業のコストは、その生産と価格決定の重要な決定要因である。本章では、経済学者がこのようなコストを測定するために使用する変数を定義し、これらの変数間の関係を考察する。

若干の警告をしたい。この話題は少し専門的である。率直に言って、退屈とさえ言えるかもしれないが、頑張りどころである。ここでの内容は、この後に続く魅力的な話題の基礎となるからである。

1 コスト（費用）とは何か

クロエのクッキー工場に入る。オーナーのクロエはおいしいクッキーを焼いている。そのために小麦粉、砂糖、チョコレート・チップ、その他のクッキーの材料を買う。ミキサーやオーブンも購入し、これらの機器を動かす従業員も雇う。そして、クッキーを喜んでくれる消費者に売っている。クロエがビジネスで直面する問題のいくつかは、すべての企業に当てはまる。

1-1　総収入、総費用、利潤

企業が下す意思決定を理解するためには、その企業が何をしようとしているのかを問うことから始めよう。クロエが会社を始めたのは、世の中にクッキーを提供したいという利他的な願望からかもしれないし、単にクッキー・ビジネスへの愛からかもしれない。しかし彼女の場合、お金を稼ぐために始めたというのが本当のところだろう。経済学者は通常、企業の目標は利潤を最大化することであると仮定し、この仮定がほとんどのケースでうまく機能することに気づく。

総収入
(total revenue)
企業が生産物の販売に対して受け取る金額

総費用
(total cost)
企業が生産に使用する投入物の市場価値

利潤
(profit)
総収入から総費用を引いたもの

企業の利潤とは何か。生産物（クッキー）の販売で受け取る金額が総収入である。投入物（小麦粉、砂糖、労働者、オーブンなど）を購入するために支払う金額が総費用である。経営者であるクロエは、コストよりも上の収入を手元に残すことができる。つまり、企業の利潤は、総収入から総費用を引いたものに等しい。

利潤＝総収入－総費用

クロエは利潤をできるだけ大きくしたいと考えている。

企業がどのように利潤を最大化するかを見るために、まず総収入と総費用を測定する必要がある。総収入はわかりやすい。すなわち、企業が生産する生産量に販売価格を掛けたものである。クロエが1万個のクッキーを生産し、1個2ドルで販売する場合、彼女の総収入は2万ドルである。しかし、企業の総費用の測定はより把握が難しいのである。

第14章 生産コスト

1-2 機会費用が重要な理由

クロエのクッキー工場やその他の企業でコストを測定する際には、第1章にある**経済学の10原則**の1つ「何かのコスト（費用）とは、それを手に入れるために諦めたもので測られる」に留意することが重要である。ある品目の**機会費用**とは、それを手に入れるために放棄しなければならないすべてのものを指すことを思い出してほしい。経済学者が企業の生産コストについて語るとき、コストには、財やサービスの生産にかかるすべての機会費用を含む。

このような機会費用のなかには、明らかなものもある。クロエが小麦粉に1,000ドルを支払うとき、その1,000ドルは機会費用である。なぜなら、その1,000ドルで買えたであろう他のものを諦めなければならないからである。同様に、クロエがクッキーを作るために労働者を雇うとき、彼らの賃金は企業のコストの一部である。これらの機会費用は、企業がいくらかのお金を実際に支払う必要があるため、**明示的費用**と呼ばれる。

対照的に、企業の機会費用の一部は、**潜在的費用**と呼ばれ、現金支出を必要としない。これらのコストはすぐにはわからないかもしれないが、それでも意味のあるものである。クロエはコンピュータが得意で、プログラマーとして働けば時給100ドルを稼ぐことができるとしよう。彼女がクッキー工場で1時間働くごとに、100ドルのプログラミング収入を諦めることになり、この諦めた収入もコストの一部となる。クロエのビジネスの総費用は、明示的費用と潜在的費用の合計である。

経済学者と会計士では、ビジネスの分析方法が異なる。経済学者は、企業がどのように生産と価格決定を行うかに関心を持つ。これらの決定は、明示的費用と潜在的費用の両方に基づいているため、経済学者は企業のコストを測定する際に両方を含める。しかし、会計士は企業の入出金を把握しているため、明示的費用は測定するが、潜在的費用を無視するのが普通である。

経済学者と会計士の手法の違いは、クロエのクッキー工場を見れば一目瞭然である。クロエがプログラマーとして収入を得る機会を諦めても、会計士はこれをクッキー事業のコストとしては計上しない。なぜなら、このコストを支払うために事業から資金が流出することはないため、会計士の財務諸表にこのコストが記載されることはないからである。しかし、経済学者は、クロエがクッキー・ビジネスで行う意思決定に影響を与えるため、この放棄された収入をコストとして計上する。たとえば、クロエのプログラマーとしての賃金が時給100ドルから300ドルに上昇した場合、彼女はクッキー・ビジネスの経営はコストがかかりすぎると判断するかもしれない。彼女はプログラマーとして働くために工場を閉鎖することを選ぶかもしれない。

1-3 資本コストは機会費用である

ほとんどすべてのビジネスの潜在的費用は、そこに投資された資金（経済学者は金融資本と呼ぶ）の機会費用である。たとえば、クロエがクッキー工場を買うために30万ドルの貯金を使ったとしよう。その代わりに、この資金を金利5％の預金口

明示的費用
(explicit costs)
企業が資金を支出する必要のある投入コスト

潜在的費用
(implicit costs)
企業が資金を支出する必要のない投入コスト

287

座に預けていれば、年間1万5,000ドルを得ることができるだろう。したがって、クッキー工場を所有するために、クロエは年間1万5,000ドルの利子収入をあきらめることになる。この1万5,000ドルの放棄は、クロエのビジネスの潜在的機会費用の1つである。

資本コストは、経済学者と会計士がビジネスを異なる形で見ている典型的なケースである。経済学者は、クロエが毎年放棄する1万5,000ドルの金利収入を潜在的費用と見なす。しかし、クロエの会計士は、この1万5,000ドルをコストとは見なさない。なぜなら、ビジネスのために支払うお金ではないからである。

経済学者と会計士の手法の違いをさらに探るために、例を少し変えてみよう。クロエが工場を購入するために30万ドル全額を用意したのではなく、10万ドルを自分の貯蓄でまかない、20万ドルを金利5％で銀行から借りたとする。明示的費用しか測定しないクロエの会計士は、この資金が会社から流出するため、毎年銀行ローンに支払った1万ドルの利息をコストとして計算することになる。対照的に、経済学者によれば、事業を所有する機会費用は依然として1万5,000ドルである。この機会費用は、銀行ローンの利子（1万ドルの明示的費用）と、貯蓄の利子（5,000ドルの潜在的費用）の放棄に等しい。

経済上の利潤
（economic profit）
総収入から、明示的費用と潜在的費用の両方を含んだ総費用を引いたもの

会計上の利潤
（accounting profit）
総収入から明示的総費用を引いたもの

1-4 経済学者と会計士の利潤の測定の相違

さて、会社の目的である利潤に話を戻そう。経済学者と会計士では、この測定方法も異なる。経済学者は、企業の**経済上の利潤**を、その総収入から、販売した財やサービスを生産するためのすべての（明示的および潜在的）機会費用を差し引いたものとして測定する。会計士は、総収入から明示的費用のみを差し引いたものとして、企業の**会計上の利潤**を測定する。

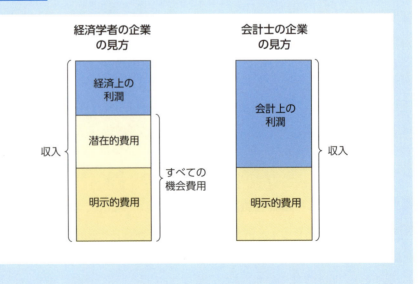

図14-1　経済学者 vs. 会計士

企業を分析する際、経済学者はすべての機会費用を含めるのに対し、会計士は明示的費用のみを勘定するため、経済上の利潤は会計上の利潤よりも小さくなる。

第14章 生産コスト

図14-1はこの違いをまとめたものである。会計士は潜在的費用を無視しているため、会計上の利潤は経済上の利潤よりも大きいことに注意しよう。経済学者の立場から見て、ビジネスが利潤を生むためには、総収入が明示的・潜在的両方の機会費用をすべて上回らなければならない。

経済上の利潤は、財やサービスを供給する企業のモチベーションを高めるため、重要な概念である。後述するように、経済上プラスの利潤を上げる企業は事業を継続する。それはすべての機会費用をカバーしており、会社の所有者に報いるためにいくばくかの収入が残るからである。企業が経済上の損失を出す場合（つまり、経済上の利潤がマイナスの場合）、生産コストをすべてカバーするのに十分な収入をもたらすことができない。状況が変わらない限り、オーナーは最終的に事業を閉鎖し、その産業から撤退することになる。ビジネス上の意思決定を理解するには、経済上の利潤に注視しておく必要がある。

理解度確認クイズ

1. マクドナルドは農業を営んでいるが、1時間20ドルでバンジョーを教えてもいる。ある日、彼は10時間かけて自分の農場に100ドル分の種をまいた。彼が負担した総費用はいくらか。

   a. 100ドル
   b. 200ドル
   c. 300ドル
   d. 400ドル

2. ザビエルはレモネード・スタンドを2時間開いた。彼は材料費に10ドル使い、60ドル分のレモネードを売った。同じ2時間で隣の家の芝生を40ドルで刈ることができた。ザビエルの会計上の利潤は＿＿＿＿＿、経済上の利潤は＿＿＿＿＿である。

   a. 50ドル ― 10ドル
   b. 90ドル ― 50ドル
   c. 10ドル ― 50ドル
   d. 50ドル ― 90ドル

➡ (解答は章末に)

---

2 生産とコスト

販売予定の財やサービスを生産するための投入物を購入するとき、企業にはコスト（費用）が発生する。この節では、企業の生産プロセスと総費用の関連性を検討する。もう一度、クロエのクッキー工場を考えてみよう。

以下の分析では、単純化した仮定を置く。クロエの工場の規模は固定しており、クロエは雇用する労働者の数を変えることによってのみ、クッキーの生産量を変えることができる。この仮定は、短期的には現実的であるが、長期的には現実的ではない。つまり、クロエは1日でより大きな規模の工場を建設することはできないが、今後1、2年の間に建設することは可能である。したがって、この分析は、クロエが短期的に直面する生産決定について説明する。コストと時間軸の関係については、この章の後半で詳細に検討する。

289

第Ⅴ部　企業行動と産業組織

表14-1　生産関数と総費用：クロエのクッキー工場

(1) 労働者 の数	(2) クッキーの生産量 （1時間当たり）	(3) 労働の 限界生産物	(4) 工場のコスト （ドル）	(5) 労働者の コスト（ドル）	(6) 投入物の総費用 （工場のコスト＋労働者 のコスト）（ドル）
0人	0個		30	0	30
		50個			
1人	50個		30	10	40
		40個			
2人	90個		30	20	50
		30個			
3人	120個		30	30	60
		20個			
4人	140個		30	40	70
		10個			
5人	150個		30	50	80
		5個			
6人	155個		30	60	90

2-1　生産関数

　表14-1は、クロエの工場で1時間当たりに生産されるクッキーの量が、労働者の数によってどのように変わるかを示している。(1) と (2) の列でわかるように、工場に労働者がいなければ、クロエはクッキーを生産しない。労働者が1人のとき、クロエは50個のクッキーを生産する。労働者が2人のとき、クロエは90個のクッキーを生産する。図14-2のパネル(a)は、これらの2列の数字をグラフ化したものである。横軸は労働者の数、縦軸は生産されたクッキーの数である。この投入量（労働者）と生産量（クッキー）の関係を**生産関数**と呼ぶ。

生産関数
(production function)
財の生産に使用される投入物の量とその財の生産量との関係

　第1章の**経済学の10原則**の1つに、「合理的な人々は「限界的に」考える」というものがある。後の章で示すように、この考え方は、企業がどれだけの労働者を雇い、どれだけの生産物を生産するかという意思決定を理解するカギである。このような意思決定を理解するための一歩として、表14-1の (3) 列は労働の限界生産物を示している。生産過程における投入物の**限界生産物**とは、その投入物を1単位追加することによって得られる生産量の変化である。労働者の数が1人から2人になったとき、クッキーの生産量は50個から90個に増加するので、2人目の労働者の限界生産物はクッキー40個である。労働者の数が2人から3人になると、クッキーの生産量は90個から120個に増加するので、3人目の労働者の限界生産物はクッキー30個である。表14-1では、限界生産物は2つの行の間に表示されているが、これは労働者数があ

限界生産物
(marginal product)
投入物を1単位追加することによって生じる生産量の増加分

290

図14-2 クロエの生産関数と総費用曲線

パネル(a)の生産関数は、雇用労働者数と生産量の関係を示している。ここで、雇用者数（横軸）は表14-1の(1)列のものであり、生産量（縦軸）は(2)列のものである。生産関数は、限界生産物の逓減を反映して、労働者数が増加するにつれて傾きが緩やかになる。パネル(b)の総費用曲線は、生産量と総費用の関係を示している。ここで、生産量（横軸）は表14-1の(2)列、総費用（縦軸）は(6)列のものである。総費用曲線は、限界生産物が逓減するため、生産量が増加するにつれて傾きが急になる。

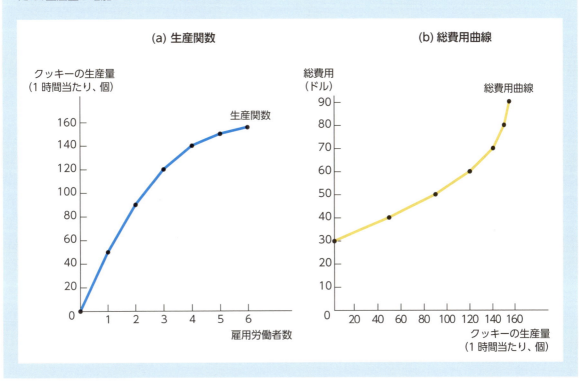

るレベルから別のレベルに増加したときの生産高の変化を表しているからである。

労働者の数が増えるにつれて、限界生産物は減少することに注意しよう。2人目の労働者の限界生産物はクッキー40個、3人目の限界生産物はクッキー30個、4人目の限界生産物はクッキー20個である。この性質は**限界生産物の逓減**と呼ばれる。最初、工場で働く労働者が数人しかいないとき、彼らは厨房設備に簡単にアクセスできる。クロエの雇用が増えるにつれ、労働者は設備を共有し、より混雑した状況に対処しなければならなくなる。やがて厨房は混雑状態になり、労働者同士がお互いの邪魔をするようになる。したがって、より多くの労働者が雇われるようになると、各労働者が総生産量に追加的に貢献するクッキーは少なくなる。

限界生産物の逓減は図14-2で明らかである。生産関数の傾き（"yの増加量／xの増加量"）は、労働力の追加投入（"xの増加量"）ごとにクロエのクッキーの生産量（"yの増加量"）の変化を測定する。つまり、生産関数の傾きは限界生産物を測定する。労働者の数が増えるにつれて、限界生産物は減少し、生産関数は平らになっていく。

限界生産物の逓減
（diminishing marginal product）
投入量の増加に伴って、投入量の限界生産物が減少する性質

第Ⅴ部　企業行動と産業組織

2-2　生産関数から総費用曲線へ

　表14-1の(4)、(5)、(6)列は、クロエがクッキーを生産するコストを示している。この例では、クロエの工場のコストは1時間当たり30ドルであり、労働者を雇うコストは1時間当たり10ドルである。もしクロエが労働者を1人雇えば、総費用は1時間当たり40ドルである。2人雇えば1時間あたり50ドル、といった具合である。この情報はさまざまな物事を結びつける。この表は、雇う労働者の数が、どのようにクッキーの生産量と総生産コストを決定するかを示している。

　この後のいくつかの章の目的は、企業の生産と価格の決定を研究することである。この目的のために、表14-1の中で最も重要なのは、生産量((2)列)と総費用((6)列)の関係である。図14-2のパネル(b)は、横軸を生産量、縦軸を総費用として、これら2列のデータをグラフ化したものである。このグラフを**総費用曲線**(total-cost curve)と呼ぶ。

　ここで、パネル(b)の総費用曲線とパネル(a)の生産関数を比較してみよう。この2つの曲線はコインの表裏関係にある。総費用曲線は生産量が増えるにつれて急になり、生産関数は生産量が増えるにつれて平らになる。これらの傾きの変化は、同じ理由で起こる。クッキーの生産量が多いということは、クロエの厨房が労働者で混雑していることを意味する。この場合、限界生産物は逓減していくので、労働者を1人増やしても生産にはほとんど寄与しない。だから生産関数は比較的平らになる。しかし、この論理を逆転させてみよう。厨房が混雑している場合、クッキーを1枚追加生産するには、より多くの労働力が必要となり、コストがかかる。したがって、生産量が多い場合、総費用曲線は相対的に急になる。

理解度確認クイズ

3. 農業を営むグリーンは限界生産物の逓減に直面している。農場に種をまかなければ、収穫はゼロ。種を1袋分まけば、3ブッシェルの小麦を得る。2袋分まけば、5ブッシェルの小麦を得る。もし3袋分まけば、グリーンはどれだけの小麦を得られるか。

　a. 6ブッシェル

　b. 7ブッシェル

　c. 8ブッシェル

　d. 9ブッシェル

4. 限界生産物の逓減は、生産高が増加するにつれて、＿＿＿＿＿＿＿＿を説明している。

　a. 生産関数と総費用曲線がともにより急になる理由

　b. 生産関数と総費用曲線の両方がより平らになる理由

　c. 生産関数はより急になり、総費用曲線は平らになる理由

　d. 生産関数はより平らになり、総費用曲線はより急になる理由

➡ (解答は章末に)

第14章 生産コスト

3 コストに関するさまざまな尺度

クロエのクッキー工場の分析は、企業の総費用がいかにその生産関数を反映しているのかを示した。総費用のデータから、後に生産と価格決定の分析に役立つ、関連するいくつかのコストの尺度を導き出すことができる。次に、クロエの隣人であるケイレブのコーヒーショップのコストデータを示した表14-2の例を考えてみよう。

表14-2の (1) 列は、ケイレブが1時間当たり0杯から10杯の範囲で生産する可能性のあるコーヒーの量 (杯数) を示している。(2) 列は、ケイレブのコーヒー生産にかかる総費用を示している。図14-3は、ケイレブの総費用曲線を図示したものである。横軸がコーヒーの生産量 ((1) 列)、縦軸が総費用 ((2) 列) である。ケイレブの総費用曲線はクロエの総費用曲線と同じような形をしている。特に、生産量が増加

表14-2　費用のさまざまな尺度：ケイレブのコーヒーショップ

(1) コーヒーの生産量 (1時間当たり)	(2) 総費用 (ドル)	(3) 固定費用 (ドル)	(4) 可変費用 (ドル)	(5) 平均固定費用 (ドル)	(6) 平均可変費用 (ドル)	(7) 平均総費用 (ドル)	(8) 限界費用 (ドル)
0杯	3.00	3.00	0.00	—	—	—	
							0.30
1杯	3.30	3.00	0.30	3.00	0.30	3.30	
							0.50
2杯	3.80	3.00	0.80	1.50	0.40	1.90	
							0.70
3杯	4.50	3.00	1.50	1.00	0.50	1.50	
							0.90
4杯	5.40	3.00	2.40	0.75	0.60	1.35	
							1.10
5杯	6.50	3.00	3.50	0.60	0.70	1.30	
							1.30
6杯	7.80	3.00	4.80	0.50	0.80	1.30	
							1.50
7杯	9.30	3.00	6.30	0.43	0.90	1.33	
							1.70
8杯	11.00	3.00	8.00	0.38	1.00	1.38	
							1.90
9杯	12.90	3.00	9.90	0.33	1.10	1.43	
							2.10
10杯	15.00	3.00	12.00	0.30	1.20	1.50	

293

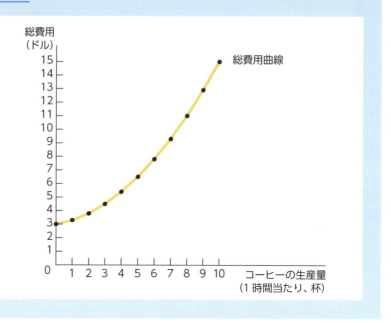

図14-3 ケイレブの総費用曲線

ここでは、生産量（横軸）は表14-2の（1）列、総費用（縦軸）は（2）列である。図14-2と同様に、限界生産物の逓減を反映し、生産量が増加するにつれて総費用曲線は傾きが急になる。

するにつれて急勾配になり、これは（これまで議論してきたように）限界生産物の逓減を反映している。

3-1 固定費用と可変費用

固定費用
(fixed costs)
生産量によって変化しない費用

ケイレブの総費用は2種類に分けられる。**固定費用**は生産量によって変化しない。固定費用は、生産量がゼロであっても発生する。ケイレブの固定費用には家賃が含まれ、これはコーヒーの生産量に関係なく同じである。同様に、コーヒーの生産量に関係なく、請求書の処理のために経理担当社員を雇う必要がある場合、経理担当社員の給与は固定費用となる。表14-2の（3）列はケイレブの固定費用を示しており、この例では3ドルである。

可変費用
(variable costs)
生産量によって変化する費用

一方、**可変費用**は、企業の生産量を変えると変化する。ケイレブの可変費用には、コーヒー豆、ミルク、砂糖、紙コップのコストが含まれる。同様に、ケイレブがより多くのコーヒーを作るために、より多くの労働者を雇う必要がある場合、これらの労働者の給与は可変費用となる。表14-2の（4）列はケイレブの可変費用を表している。可変費用は、何も作らなければ0ドル、コーヒー1杯を提供すれば0.30ドル、2杯提供すれば0.80ドル、といった具合である。

企業の総費用は、固定費用と可変費用の合計である。表14-2では、（2）列の総費用は（3）列の固定費用と（4）列の可変費用に等しい。

3-2 平均費用と限界費用

オーナーとして、ケイレブは生産量を決定する。その際に、生産量がコストにどのような影響を与えるかを考慮する必要がある。ケイレブは生産監督者にコーヒー

第14章　生産コスト

の生産コストについて以下の2つの質問をするかもしれない。

- 通常コーヒーを淹れるのに、いくらかかるか？
- コーヒーの生産量を1杯増やすのにいくらかかるか？

この2つの質問は同じ答えになるように思えるかもしれないが、そうではない。どちらの答えも、企業がどのように生産を決定するかを理解する上で重要である。

典型的な単位生産あたりのコストを求めるには、企業のコストを生産量で割る。たとえば、企業が1時間に2杯のコーヒーを生産する場合、その総費用は3.80ドルであり、通常のコーヒー1杯のコストは3.80ドル÷2、すなわち1.90ドルである。総費用を生産量で割ったものが**平均総費用**である。総費用は固定費用と可変費用の合計なので、平均総費用は平均固定費用と平均可変費用の合計として表すことができる。**平均固定費用**は固定費用を生産量で割ったものに等しく、**平均可変費用**は可変費用を生産量で割ったものに等しい。

平均総費用は、典型的な1単位あたりのコストを教えてくれるが、企業が生産水準を変化させたときに総費用がどれだけ変化するかは伝えてはくれない。表14-2の(8)列は、企業が生産量を1単位増加させたときに総費用が上昇する量を示している。この数値は**限界費用**と呼ばれる。たとえば、ケイレブが生産量を2杯から3杯に増やした場合、総費用は3.80ドルから4.50ドルに上昇するので、3杯目のコーヒーの限界費用は4.50ドルから3.80ドルを引いた0.70ドルとなる。表14-2では、限界費用は2つの行の中間に表示されているが、これは生産量があるレベルから別のレベルに増加したときの総費用の変化を表しているからである。

これらの定義を数学的に表現するとわかりやすい。

平均総費用＝総費用 / 数量
$$ATC = TC/Q$$

および、

限界費用＝総費用の変化 / 数量の変化
$$MC = \Delta TC/\Delta Q$$

ここで、Δはギリシャ文字のデルタであり、変数の変化を表す。これらの式は、平均総費用と限界費用が総費用からどのように導かれるかを示している。**平均総費用は、総費用を生産されたすべての単位に均等に配分した場合の、典型的な生産単位の費用を示している。限界費用は、1単位の生産物を追加生産することによって生じる総費用の増加を示している。**次の章では、ケイレブのような経営者が、市場に供給する製品の量を決定する際に、平均総費用と限界費用の概念を念頭に置く必要がある理由を説明する。

3-3 費用曲線とその形状

需要と供給のグラフが市場の行動を分析するときに役立ったように、平均費用と

平均総費用
(average total cost)
総費用を生産量で割ったもの

平均固定費用
(average fixed cost)
固定費用を生産量で割ったもの

平均可変費用
(average variable cost)
可変費用を生産量で割ったもの

限界費用
(marginal cost)
1単位の追加生産によって生じる総費用の増加分

図14-4　ケイレブの平均費用曲線と限界費用曲線

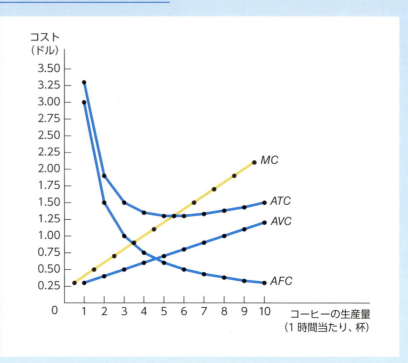

この図は、ケイレブのコーヒーショップの平均総費用(ATC)、平均固定費用(AFC)、平均可変費用(AVC)、限界費用(MC)を表している。これらの曲線は、すべて表14-2のデータをグラフ化したものである。これらの曲線は、共通する3つの特徴がある。①限界費用は生産量とともに上昇する。②平均総費用曲線はU字型である。③限界費用曲線は、平均総費用の最小値で平均総費用曲線と交差する。

限界費用のグラフは企業の行動を分析するときに役立つ。図14-4は、表14-2のデータを用いてケイレブのコストをグラフ化したものである。横軸は企業の生産量、縦軸は限界費用と平均費用である。グラフは、平均総費用(ATC)、平均固定費用(AFC)、平均可変費用(AVC)、限界費用(MC)の4つの曲線を示している。

ここに示したケイレブのコーヒーショップの費用曲線には、経済界の多くの企業の費用曲線に共通する特徴がある。特に次の3つの性質、限界費用曲線の形状、平均総費用曲線の形状、限界費用と平均総費用の関係に注目してほしい。

限界費用の上昇　ケイレブの限界費用は、生産量が増加するにつれて上昇する。この右上がりの傾きは、限界生産物の逓減を反映している。ケイレブが少量のコーヒーを生産する場合、労働者は少なく、設備の多くは使われていない。彼はこれらの遊休資源を容易に利用することができるので、労働者を1人増やしたときの限界生産物は大きく、コーヒー1杯をさらに生産する場合の限界費用は小さい。しかし、ケイレブがコーヒーをたくさん生産する場合、店には多くの労働者がおり、設備も稼働中になる。ケイレブが新たな従業員を加えてさらにコーヒーを生産すれば、混雑した状況で作業することになり、設備を使用するために待たされる可能性がある。したがって、生産されるコーヒー量がすでに多い場合、追加的に1人増やした労働者の限界生産物は低く、コーヒー1杯を追加的に生産する限界費用は大きい。

第14章　生産コスト

U字型の平均総費用　図14-4のケイレブの平均総費用曲線（*ATC*）は、最初に下降し、次に上昇するというU字型である。なぜこのような形状になるのかを理解するには、平均総費用が平均固定費用と平均可変費用の合計であることを思い出してほしい。平均固定費用は、固定費用がより多くの生産単位に分散されるため、生産高が増加するにつれて減少する。しかし、平均可変費用は、限界生産物が逓減するため、生産高が増加するにつれて上昇するのが普通である。

　平均総費用は、平均固定費用と平均可変費用の両方の形状を反映しているため、U字型になる。1時間当たり1〜2杯のような非常に低い生産量では、平均総費用は非常に高くなる。平均可変費用が低くても、平均固定費用が高いのは、固定費用がわずかな生産単位に分散しているからである。生産量が増加するにつれて、固定費用はより多くの生産単位に分散される。平均固定費用は、最初は急速に減少し、その後緩やかに減少する。その結果、平均総費用が1杯当たり1.30ドルになり、企業の生産高が1時間当たりコーヒー5杯に達するまで平均総費用も減少する。しかし、生産量が1時間当たり6杯以上になると、平均可変費用の増加が支配的となり、平均総費用は上昇に転じる。平均固定費用と平均可変費用の綱引きにより、平均総費用はU字型になる。

　U字型の底は、平均総費用を最小化する生産量で発生する。この数量は企業の**効率的規模**と呼ばれることもある。ケイレブの場合、効率的規模は1時間当たり5、6杯のコーヒーである。この量より多く生産しても少なく生産しても、平均総費用は最低の1.30ドルより高くなる。生産高が低い場合、固定費用が少ない単位に分散されるため、平均総費用は1.30ドルより高くなる。より高い生産高レベルでは、平均総費用は1.30ドルより高くなるが、これは投入の限界生産物が著しく減少しているからである。効率的な規模では、これら2つの力が均衡し、平均総費用が最も低くなる。

····**効率的規模**
（efficient scale）
平均総費用を最小化する
生産量

限界費用と平均総費用の関係　図14-4（あるいは表14-2）を見ると、最初は意外なことが見えてくる。**限界費用が平均総費用より小さいときは常に、平均総費用は低下する。限界費用が平均総費用より大きいときは、平均総費用は上昇している。**ケイレブの費用曲線のこの特徴は偶然の一致ではない。このことはすべての企業に当てはまる。

　その理由を知るために、似たような例を考えてみよう。平均総費用は、あなたの累積成績平均点のようなものである。限界費用は、次に受講するコースの成績のようなものである。次のコースの成績があなたの今までの平均点より低ければ、あなたの成績の平均点は下がる。次のコースの成績が今までの平均点より高ければ、平均点は上がる。平均費用と限界費用の計算は、平均の成績と限界の成績の計算とまったく同じである。

　平均総費用と限界費用の間には、重要な系がある。**限界費用曲線は平均総費用曲線と最下点で交差する。**なぜだろうか。生産量が低いレベルでは、限界費用は平均総費用を下回るため、平均総費用は低下する。しかし、2つの曲線が交差した後、限界費用は平均総費用を上回る。その結果、平均総費用はこの生産水準で上昇に転

297

じなければならない。だから、この交点が平均総費用の最小値になる。次章で示すように、最小平均総費用は競争企業の分析において中心的な役割を果たす。

3-4 典型的な費用曲線

これまでの例では、企業はすべての生産水準で限界生産物の逓減と限界費用の上昇を示してきた。この単純化の仮定は、企業の行動を分析する上で最も重要な費用曲線の特徴に焦点を当てることができたので、有用であった。しかし、実際の企業はもっと複雑であることが多い。多くの企業では、最初の労働者が雇用された直後から限界生産物の逓減が始まるわけではない。生産プロセスによっては、2人目、3人目の労働者のほうが1人目の労働者よりも限界生産物が高い場合がある。このようなパターンの企業は、限界生産物が逓減するまでのしばらくの間、限界生産物が増加することになる。

図14-5は、平均総費用（ATC）、平均固定費用（AFC）、平均可変費用（AVC）、限界費用（MC）を含む、このような企業の費用曲線を示している。生産が低水準の時は、企業は限界生産物の増加を経験し、限界費用曲線は下降する。やがて、企業は限界生産物の逓減を経験し始め、限界費用曲線は上昇し始める。この限界生産物逓増と逓減の組み合わせは、平均可変費用曲線をU字型にする。

このような違いはあるものの、図14-5の費用曲線と前の例の費用曲線には3つの重要な性質がある。

- 限界費用は最終的に生産量とともに上昇する。
- 平均総費用曲線はU字型である。
- 限界費用曲線は、平均総費用の最下点で平均総費用曲線と交わる。

図 14-5　典型的な企業の費用曲線

多くの企業は、限界生産物が減少する前に、限界生産物の増加を経験する。その結果、この図のような費用曲線になる。限界費用（MC）と平均可変費用（AVC）は、増加に転じる前にしばらくの間減少していることに注意しよう。

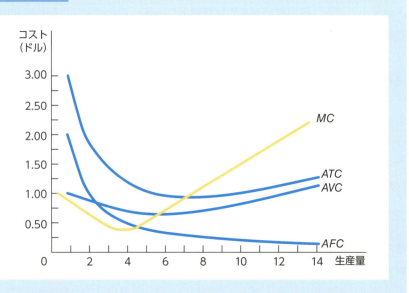

第14章　生産コスト

理解度確認クイズ

5. ある会社が総費用5,000ドルで製品を1,000個生産している。生産量を1,001個に増やすと、総費用は5,008ドルに上昇する。次のうち正しいのはどれか。

   a. この会社の限界費用は5ドル、平均可変費用は8ドルである。

   b. この会社の限界費用は8ドル、平均可変費用は5ドルである。

   c. この会社の限界費用は5ドル、平均総費用は8ドルである。

   d. この会社の限界費用は8ドル、平均総費用は5ドルである。

6. ある会社は平均総費用25ドル、限界費用15ドルで製品を20個生産している。もし生産量を21個に増やせばどうなるか、次のうちから選びなさい。

   a. 限界費用は減少する。

   b. 限界費用は増加する。

   c. 平均総費用は減少する。

   d. 平均総費用は増加する。

7. 政府はすべてのピザレストランに年間1,000ドルのライセンス料を課した。その結果、どの費用曲線がシフトするか。

   a. 平均総費用と限界費用

   b. 平均総費用と平均固定費用

   c. 平均可変費用と限界費用

   d. 平均可変費用と平均固定費用

➡ （解答は章末に）

---

4 短期と長期のコスト

　本章の前半で、企業のコストは考慮する時間軸に依存する可能性があると述べた。なぜそうなるのか、その理由を考えてみよう。

4-1 短期平均総費用と長期平均総費用の関係

　多くの企業にとって、固定費用と可変費用の間の総費用の分割は、時間軸に依存する。たとえば、フォードのような自動車メーカーを考えてみよう。わずか数か月の間に、フォードは工場の数や規模を調整することはできない。自動車を追加生産する唯一の方法は、すでにある工場でより多くの労働者を雇用することである。したがって、これらの工場のコストは、短期的には固定費用となる。しかし、数年間かけて、フォードは工場の規模を拡大したり、新しい工場を建設したり、老朽化した工場を閉鎖したりすることができる。長期的には、工場は可変費用となる。

　多くの意思決定は短期的には固定的であるが、長期的には可変的であるため、企業の長期費用曲線と短期費用曲線は異なる。図14-6はその例を示している。この図は、小規模工場、中規模工場、大規模工場の3つの短期平均総費用曲線を表している。また、長期平均総費用曲線も表している。企業は、長期曲線に沿って移動するにつれて、生産量に応じて工場の規模を調整する。

　このグラフは、短期費用と長期費用の関係を示している。長期平均総費用曲線は、短期平均総費用曲線よりもはるかに平らなU字形をしている。また、すべての短期平均総費用曲線は、長期平均総費用曲線上か、または上側に位置している。これは、企業が長期的にはより柔軟性を持つためである。要するに、長期的には、企業はどの短期曲線を望むかを選択できる。しかし、短期的には、過去に行われた意思決定

299

第Ⅴ部　企業行動と産業組織

> **図 14-6**　短期と長期の平均総費用
>
> 固定費用は長期では可変費用となるため、短期における平均総費用曲線は長期における平均総費用曲線とは異なる。

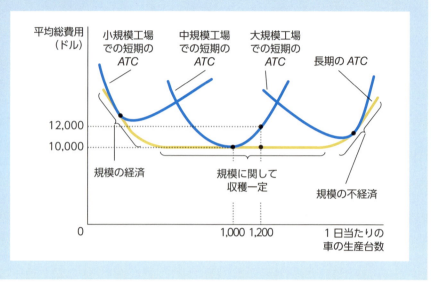

によって決定した短期曲線を使わなければならない。

この図は、生産台数の増減が時間軸によってどのようにコストを変化させるかを示している。フォードが1日当たりの生産台数を1,000台から1,200台に増やしたい場合、短期的には既存の中規模の工場で労働者を増員するしかない。限界生産物が逓減するため、平均総費用は1台当たり1万ドルから1万2,000ドルに上昇する。しかし、長期的には、フォードは工場の規模と労働力の両方を拡大することができ、平均総費用は1万ドルに戻る。

企業が長期に到達するのにかかる時間はどれくらいなのだろうか。それは企業による。自動車会社のような大手メーカーは、より大きな工場を建設するのに1年以上かかるかもしれない。しかし、コーヒーショップを経営する人は、数日以内に別のコーヒーメーカーを買うことができる。企業が生産設備を調整するのに必要とする期間について、唯一の答えはない。

4-2　規模の経済性と不経済性

長期平均総費用曲線の形状は、企業の生産プロセスに関する重要な情報を伝えている。特に、コストが企業の規模、すなわち事業規模によってどのように変化するかを教えてくれる。長期平均総費用が生産量の増加とともに低下する場合、**規模の経済**があるという。反対に、長期平均総費用が生産量の増加とともに上昇する場合は、**規模の不経済**がある。また、長期平均総費用が生産水準によって変化しない場合は、**規模に関して収穫一定**である。図14-6では、フォードは、生産水準が低い場合は規模の経済があり、生産水準が中間ぐらいでは規模に関して収穫一定であり、生産水準が高い場合は規模の不経済がある。

何が規模の経済や不経済をもたらすのだろうか。規模の経済がしばしば生じるの

規模の経済
(economies of scale)
生産量が増加するにつれて長期平均総費用が低下する性質

規模の不経済
(diseconomies of scale)
生産量が増加するにつれて長期平均総費用が上昇する性質

規模に関して収穫一定
(constant returns to scale)
生産量が変化しても、長期平均総費用が変わらない性質

は、生産水準が高ければ高いほど、労働者間の**分業**（specialization）が可能になり、特定の作業に熟練できるようになるからである。たとえば、フォードが多数の労働者を雇い、自動車をたくさん生産する場合、近代的な組立ライン生産を用いてコストを削減することができる。規模の不経済は、大規模な組織でしばしば発生する**調整問題**（coordination problem）のために生じる可能性がある。フォードが生産する車の台数が増えれば増えるほど、経営陣の責任は重くなり、経営陣がコストを抑える効果が低下する。

この分析は、長期平均総費用曲線がしばしばU字型になる理由を示している。生産水準が低い場合、企業は、より分業の利点を活用することができ、調整問題はまだ深刻ではないため、規模の拡大から便益を得る。生産水準が高い場合は、分業の便益はすでに実現されており、企業が大きくなるにつれて調整問題はより深刻になる。その結果、長期平均総費用は、分業が進むために生産水準が低い場合は低下し、調整問題が深刻化するために生産水準が高い場合は上昇する。

あるピン工場からの教訓

「多芸は無芸」。この格言は、何でもこなそうとする人は、結局何もうまくできないということを意味し、費用曲線の形状を説明するのに役立つ。企業が労働者の生産性を可能な限り高めたいのであれば、各労働者が限られた数の仕事を習得することに期待すべきである。しかし、このような仕事の組織は、企業が多くの労働者を雇用し、大量の生産物を生産する場合にのみ可能である。

アダム・スミスは著書『国富論』の中で、あるピン工場を訪れたときのことを述べている。スミスは、労働者の間の分業と、その結果としての規模の経済に感銘を受けた。彼は次のように書いている。

> ある人はワイヤーを引き出し、別の人はそれをまっすぐにし、3番目の人はそれをカットし、4番目の人は尖らせ、5番目の人は頭部を取り付けるためにその最上部を研磨する。頭部を作るには2つか3つの異なる工程が必要で、それを装着するのは独自の工程であり、白くするのは別の工程である。さらにピンを紙袋の中に入れることさえも、別の工程なのである。

スミスは、このような分業化のおかげで、工場では労働者1人当たり毎日何千本ものピンが作られたと報告している。もし労働者たちが専門家集団としてではなく、別々に働くことを選んだとしたら、「一人一人が1日に20本も作れない、おそらく1本のピンさえ作れなかっただろう」と彼は推測した。分業化のおかげで、大規模なピン工場は、小規模な工場よりも労働者1人当たりの生産高が高く、ピン1本当たりの平均費用が低くなった。

スミスがピン工場で観察した分業は、現代経済でも一般的である。家を建てようと思えば、すべての作業を自分で行うことができる。しかし、最近ではほとんどの人が建築業者に依頼し、業者は大工、配管工、電気技師、塗装工、その他多くの職種の人々を雇う。このような労働者は、汎用的である場合よりも、特定の仕事を得意とするようになる。現代の社会が繁栄している理由の1つは、規模の経済を実現するために分業を進めていることにある。

第Ⅴ部　企業行動と産業組織

理解度確認クイズ

8. 生産レベルがより高くなることで労働者が特定の作業に特化できる場合、企業は規模の_____を示し、平均総費用が_____する可能性が高い。

   a. 経済 ― 減少

   b. 経済 ― 増加

   c. 不経済 ― 減少

   d. 不経済 ― 増加

9. ボーイングが月に9機のジェット機を生産する場合、その長期総費用は月900万ドルである。ボーイングが月に10機のジェット機を生産する場合、その長期総費用は月1,100万ドルである。この場合ボーイングは_____を示す。

   a. 限界費用の上昇

   b. 限界費用の下降

   c. 規模の経済

   d. 規模の不経済

➡（解答は章末に）

5　結論

　本章では、企業がどのように生産と価格決定を行うかを研究するためのツールを展開した。これで、経済学者が**コスト**という用語で何を意味するのか、また、企業が生産する生産量によってコストがどのように変化するのかを理解したはずである。表14-3は、ここで出会った定義のいくつかを要約したものである。

　企業の費用曲線自体は、その企業がどのような意思決定を行うかを教えてはくれない。しかし、次章で示すように、費用曲線は意思決定の重要な要素である。

表14-3　多種多様なコスト：まとめ

用語	定義	数学的表記
明示的費用	企業が資金を支出する必要のあるコスト	
潜在的費用	企業が資金を支出する必要のないコスト	
固定費用	生産量によって変動しないコスト	FC
可変費用	生産量に応じて変動するコスト	VC
総費用	企業が生産に使用する投入物の市場価値	$TC=FC+VC$
平均固定費用	固定費用を生産量で割ったもの	$AFC=FC/Q$
平均可変費用	可変費用を生産量で割ったもの	$AVC=VC/Q$
平均総費用	総費用を生産量で割ったもの	$ATC=TC/Q$
限界費用	1単位の追加生産によって生じる総費用の増加分	$MC=\Delta TC/\Delta Q$

第14章　生産コスト

本章のポイント

- 企業の目標は利潤を最大化することであり、これは総収入から総費用を引いたものに等しい。

- 企業の行動を分析する際には、生産の機会費用をすべて含めることが重要である。企業が労働者に支払う賃金など、いくつかの機会費用は明示的である。その他は、企業の所有者が他の仕事に就かないことで諦める賃金のように、潜在的なものである。会計上の利潤が明示的費用のみを考慮するのに対し、経済上の利潤は明示的費用と潜在的費用の両方を考慮している。

- 企業のコストは、その生産プロセスを反映している。典型的な企業の生産関数は、投入量が増えるにつれて平らになり、限界生産物逓減の性質を示す。その結果、総費用曲線は、生産量が増加するにつれて急になる。

- 企業の総費用は、固定費用と可変費用に分けることができる。固定費用は、企業が生産量を変更しても一定のままである。可変費用は、企業が生産量を変更すると変化する。

- 企業の総費用から、関連する2つの費用の尺度が導き出される。平均総費用は、総費用を生産量で割ったものである。限界費用は、生産量が1単位増加した場合の総費用の増加分である。

- 企業の行動を分析する際、平均総費用と限界費用をグラフ化することがしばしば有用である。典型的な企業では、限界費用は生産量とともに上昇する。平均総費用は、まず生産量が増加するにつれて低下し、次に生産量がさらに増加するにつれて上昇する。限界費用曲線は、常に平均総費用の最下点で平均総費用曲線と交差する。

- 企業のコストは、多くの場合、考慮される時間軸に依存する。特に、多くのコストは短期的には固定的であるが、長期的には可変的である。その結果、企業が生産水準を変化させた場合、平均総費用は長期よりも短期で上昇する可能性がある。

理解度確認テスト

1. 企業の総収入、総費用、利潤の関係を述べなさい。

2. 会計士が費用としてカウントしないであろう機会費用の例を挙げなさい。なぜ会計士はこの費用を無視するのだろうか。

3. 限界生産物とは何か。また限界生産物の逓減とはどのような意味か。

4. 労働の限界生産物が逓減する生産関数を描きなさい。関連する総費用曲線を描きなさい（どちらの図にも、軸にラベルをつけること）。あなたが描いた2つの曲線の形状を説明しなさい。

5. **総費用**、**平均総費用**、**限界費用**を定義しなさい。また、これらの関係を説明しなさい。

6. 典型的な企業の限界費用曲線と平均総費用曲線を描きなさい。なぜ曲線がそのような形をしているのか、なぜこれらの曲線が交わっているのかを説明しなさい。

7. 企業の短期的な平均総費用曲線と長期的な平均総費用曲線は、どのように、またなぜ異なるのか、説明しなさい。

8. **規模の経済**を定義し、なぜそれが生じるかを説明しなさい。**規模の不経済**を定義し、なぜそれが生じるかを説明しなさい。

第Ⅴ部　企業行動と産業組織

演習と応用

1. この章では、機会費用、総費用、固定費用、可変費用、平均総費用、限界費用など、多くの種類のコストについて論じている。各文章に最も的確なコストの種類を記入しなさい。

   a. ある行動をとる際に諦めるものを＿＿＿＿＿＿と呼ぶ。

   b. ＿＿＿＿＿＿は、限界費用がそれを下回る場合は低下し、限界費用がそれを上回る場合は上昇する。

   c. 生産量に依存しないコストは＿＿＿＿＿＿である。

   d. 短期において、アイスクリーム産業では、＿＿＿＿＿＿には、クリームと砂糖のコストは含まれるが、工場のコストは含まれない。

   e. 利潤は総収入から＿＿＿＿＿＿を差し引いたものである。

   f. 生産量をもう1単位増やすのに必要なコストは＿＿＿＿＿＿である。

2. バフィーはお守りの店を開こうと考えている。彼女は場所を借り、商品を仕入れるのに年間35万ドルかかると見積もっている。さらに、年間8万ドルのヴァンパイア・ハンターの仕事も辞めなければならない。

   a. **機会費用**を定義しなさい。

   b. バフィーが1年間店を経営する機会費用はいくらか。

   c. バフィーは1年間に40万ドル相当のお守りを売ることができると考えている。会計士はこの店の利潤をいくらと考えるだろうか。

   d. バフィーは店をオープンすべきか、説明しなさい。

   e. バフィーがプラスの経済上の利潤を得るためには、店はどれくらいの収入を得る必要があるか。

3. ある漁師が、漁に費やした時間と漁獲量の間に次のような関係があることに気づいた。

時間	漁獲量（ポンド）
0	0
1	10
2	18
3	24
4	28
5	30

   a. 漁に費やした各1時間あたりの限界生産物はいくらか。

   b. これらのデータを使って、漁師の生産関数をグラフにし、その形状を説明しなさい。

   c. 漁師の固定費用（釣竿代）は10ドルである。彼の機会費用は1時間当たり5ドルである。この漁師の総費用曲線をグラフにし、その形状を説明しなさい。

4. ニンバス社は、ほうきを製造し、訪問販売をしている。ある日の労働者数とニンバス社の生産高の関係は以下の通りである。

労働者数	生産量	限界生産物	総費用	平均総費用	限界費用
0	0		＿＿	＿＿	
		＿＿			＿＿
1	20		＿＿	＿＿	
2	50		＿＿	＿＿	
		＿＿			＿＿
3	90		＿＿	＿＿	
4	120		＿＿	＿＿	
5	140		＿＿	＿＿	
		＿＿			＿＿
6	150		＿＿	＿＿	
		＿＿			＿＿
7	155		＿＿	＿＿	

   a. 限界生産物の列を埋めなさい。どのようなパターンが見られるか。それをどのように説明するか。

   b. 労働者のコストは1日100ドルで、会社の固定費用は200ドルである。この情報を使っ

304

て、総費用の列を埋めなさい。

c. 平均総費用の列を埋めなさい（$ATC = TC/Q$ であることを思い出そう）。どのようなパターンが見られるか。

d. 限界費用の列を埋めなさい（$MC = \Delta TC/\Delta Q$ であることを思い出そう）。どのようなパターンが見られるか。

e. 限界生産物の列と限界費用の列を比較し、その関係を説明しなさい。

f. 平均総費用の列と限界費用の列を比較し、その関係を説明しなさい。

5. あなたはゲーム機を販売する会社の最高財務責任者である。あなたの会社の平均総費用スケジュールは以下のとおりである。

数量（コンソールの台数）	平均総費用
600台	300ドル
601台	301ドル

現在の生産台数は600台で、すべて販売済である。誰かが電話をかけてきて、あなたのゲーム機を1台、どうしても買いたいという。電話の主はあなたに550ドルで買いたいと申し出た。あなたはその申し出を受けるべきか。その理由も説明しなさい。

6. あるピザ屋の以下の費用の情報について考える。

数量（ダース）	総費用（ドル）	可変費用（ドル）
0	300	0
1	350	50
2	390	90
3	420	120
4	450	150
5	490	190
6	540	240

a. このピザ屋の固定費用はいくらか。

b. 総費用の情報を使って、ピザ1ダースあたりの限界費用を計算する表を作成しなさい。また、可変費用の情報を使って、ピザ1ダースあたりの限界費用を計算しなさい。これらの数値の間にはどのような関係があるか、説明しなさい。

7. いとこのヴィニーは塗装会社を経営しており、固定費用は200ドル、可変費用は次のとおりである。

1か月あたりペンキを塗る家の数	1	2	3	4	5	6	7
可変費用（ドル）	10	20	40	80	160	320	640

各数量の平均固定費用、平均可変費用、平均総費用を計算しなさい。塗装会社の効率的な規模はどれくらいだろうか。

8. あなたの住む市では、次の2つの租税案が検討されている。

- ハンバーガー生産者に300ドルの一括税
- ハンバーガー1個につき1ドルの税を、ハンバーガーの生産者が支払う

a. 一括税の結果、平均固定費用、平均可変費用、平均総費用、限界費用のどの曲線がシフトするか。またそれはなぜか。グラフに示しなさい。グラフにはできるだけ正確にラベルをつけること。

b. ハンバーガー1個あたりにかかる税の結果、この同じ4つの曲線のうちどれが変化するだろうか。またそれはなぜか。これを新しいグラフに示しなさい。グラフにはできるだけ正確にラベルをつけること。

9. ジェーンのジュース・バーの料金表は以下の通りである。

量（ジュースのタンク数）	可変費用（ドル）	総費用（ドル）
0	0	30
1	10	40
2	25	55
3	45	75
4	70	100
5	100	130
6	135	165

a. 各数量の平均可変費用、平均総費用、限界費用を計算しなさい。

b. 3つの曲線すべてをグラフにしなさい。限

305

第Ⅴ部　企業行動と産業組織

界費用曲線と平均総費用曲線の関係、また
限界費用曲線と平均可変費用曲線の関係は
どうなるか。説明しなさい。

10. 次の表は、3つの異なる企業の長期総費用で
ある。

数量	1	2	3	4	5	6	7
企業A（ドル）	60	70	80	90	100	110	120
企業B（ドル）	11	24	39	56	75	96	119
企業C（ドル）	21	34	49	66	85	106	129

これらの企業はそれぞれ規模の経済、あるいは
規模の不経済を経験しているだろうか。

理解度確認クイズの解答

1. c　　2. a　　3. a　　4. d　　5. d　　6. c　　7. b　　8. a　　9. d

306

第15章

Chapter 15

Firms in Competitive Markets

競争市場における企業

地元のガソリンスタンドがガソリンを20％値上げし、他のガソリンスタンドが値上げしなかったとしたら、そのガソリンスタンドの顧客はすぐに他の店でガソリンを買い始めるだろう。対照的に、地元の水道会社が水道料金を20％値上げしても、それほど大きな損失にはならないだろう。人々はより節水型のシャワーヘッドを購入し、都市近郊では芝生に水まきする回数を減らすかもしれないが、他の水源を見つけるのは難しいだろう。ガソリン市場と水道市場の違いは、ほとんどの市や町にはガソリンを供給するスタンドが複数あるが、水道水を供給する会社は1社しかないことにある。この市場構造の違いが、これらの市場で事業を展開する企業の価格決定と生産決定を形成している。

この章では、地元のガソリンスタンドのような競争企業の行動を検討する。市場の規模に比べて買い手と売り手の一人一人が小さく、したがって市場価格に影響を与える能力がほとんどない場合、市場は競争的であることを思い出してほしい。これとは対照的に、地元の水道会社のように、販売する財の市場価格に影響を与えることができる企業は、**市場支配力**を持っていると言われる。次章では、このトピックを取り上げる。

競争企業は、2つの理由から企業行動の研究を始めるのにふさわしい対象である。第1に、競争企業は市場価格への影響力が小さいため、市場支配力のある企業よりも理解しやすい。第2に、競争市場は（第7章で示したように）資源を効率的に配分

307

第V部　企業行動と産業組織

するため、他の市場構造と比較するための基準となる。

　本章における競争企業の分析は、市場の供給曲線の背後にある意思決定を説明するのに役立つ。当然のことながら、市場における供給曲線は、企業の生産コストと密接に関連している。固定費用、可変費用、平均費用、限界費用といったさまざまな種類のコストのうち、どれが企業の供給決定に最も関係しているかは、あまり明確ではない。後述するように、これらのコストの尺度はすべて、供給の決定において重要でかつ相互に関連した役割を果たしている。

1　競争市場とは何か

　本章の目的は、競争市場において企業がどのように生産決定を行うかを検討することである。まず、競争市場とは何かを復習することから始めよう。

1-1　競争の意味

競争市場
(competitive market)
多数の買い手と売り手が同一の財を取引し、それぞれの買い手と売り手がプライステイカーである市場

完全競争市場と呼ばれることもある**競争市場**には、2つの特徴がある。

- 市場には多くの買い手と多くの売り手がいる。
- 各売り手が提供する財はほとんど同じである。

　このような条件下では、1人の買い手や売り手の行動が市場価格に与える影響はごくわずかである。それぞれの買い手と売り手は、市場価格を所与のものとして受け取る。

　ここで牛乳の市場を考えてみよう。消費者一人一人が購入する量は市場の規模からみると少ないため、牛乳の価格に影響を与えることはできない。同様に、他の多くの酪農家が基本的に同じ牛乳を提供しているため、各酪農家が価格をコントロールできる範囲は限られている。売り手は希望するものを希望価格で売ることができるので、どの酪農家も値段を下げる理由がなく、もしどこかが値段を上げれば、買い手は他の酪農家に移ってしまう。競争市場における買い手と売り手は、市場が決定した価格を受け入れなければならず、**プライステイカー**(価格受容者)と呼ばれる。

　先の2つの競争条件に加え、第3の条件が完全競争市場を特徴づけると言われることがある。

- 企業は自由に市場に参入・退出ができる。

　たとえば、誰でも新規に酪農を始めることができ、既存の酪農家も事業から退出することができるのであれば、酪農産業はこの条件を満たすことになる。競争企業の分析の多くは、自由な参入と退出を仮定する必要はない。なぜなら、自由な参入と退出がなくても企業はプライステイカーになりうるからである。しかし、後述するように、自由な参入と退出は、競争市場における長期均衡を形成する強力な力である。

308

第15章　競争市場における企業

1-2 競争企業の収入

　競争市場の標準モデルは、企業が利潤（総収入から総費用を引いたもの）の最大化を目的にすると仮定している。企業が利潤最大化をどのように行っているのかを見るために、まず典型的な競争企業であるヴァカ家の牧場の収入を考えてみよう。

　ヴァカ牧場は牛乳Qを生産し、1単位当たり市場価格Pで販売する。牧場の総収入は$P \times Q$である。たとえば、1ガロンの牛乳が6ドルで販売され、1,000ガロンを販売した場合、牧場の総収入は6,000ドルである。

　ヴァカ牧場は世界の牛乳市場に比べて規模が小さいため、市場価格をそのまま採用している。つまり、ヴァカ牧場が生産し、販売するミルクの量によって価格が左右されることはない。ヴァカ牧場が生産量を2,000ガロンに倍に増やしても価格は変わらず、総収入は2倍の1万2,000ドルになる。総収入は生産量に比例する。

　表15-1は、ヴァカ家の牧場の収入を示している。(1)および(2)列は、牧場の生産量と販売価格を示している。(3)列は牧場の総収入である。この表では、牛乳の価格を1ガロン当たり6ドルと仮定しているので、総収入は6ドル×ガロン数となる。

　前章でコストを分析する際に平均と限界の概念が役に立ったように、収入を議論する際にもこれらの概念が役に立つ。これらの概念から何がわかるのかを見るために、以下の2つの質問を考えてみよう。

表15-1 競争企業の総収入、平均収入、限界収入

(1) 生産量（ガロン） (Q)	(2) 価格（ドル） (P)	(3) 総収入（ドル） ($TR = P \times Q$)	(4) 平均収入（ドル） ($AR = TR/Q$)	(5) 限界収入（ドル） ($MR = \Delta TR/\Delta Q$)
1	6	6	6	
				6
2	6	12	6	
				6
3	6	18	6	
				6
4	6	24	6	
				6
5	6	30	6	
				6
6	6	36	6	
				6
7	6	42	6	
				6
8	6	48	6	

第V部　企業行動と産業組織

- 通常牛乳1ガロンに対して、牧場はどれくらいの収入を得ているか？
- 牛乳の生産量を1ガロン増やすと、牧場はどれだけの追加収入を得るのか？

表15-1の(4)列と(5)列は、これらの質問に答えるものである。

平均収入
(average revenue)
総収入を販売生産量で割ったもの

表の(4)列は平均収入を示しており、これは総収入((3)列)を生産量((1)列)で割ったものである。平均収入は、企業が典型的な販売単位に対して受け取る金額である。表15-1は、平均収入が牛乳1ガロンの価格である6ドルに等しいことを示している。これは、競争力のあるなしにかかわらず、すべての企業に当てはまる一般的な教訓となっている。平均収入は、総収入($P \times Q$)を生産量(Q)で割ったものである。したがって、**あらゆる企業にとって、平均収入は財の価格に等しい。**

限界収入
(marginal revenue)
追加的に一単位を販売することによる総収入の変化

(5)列は限界収入を示しており、これは各追加生産単位の販売による総収入の変化を示している。表15-1では、限界収入は牛乳1ガロンの価格である6ドルに等しい。これは、競争市場の企業にのみ適用される教訓を示している。総収入は$P \times Q$であり、競争企業にとってPは固定であるため、Qが1単位上昇すると、総収入はPドル上昇する。したがって、**競争企業にとって、限界収入は財の価格に等しい。**

理解度確認クイズ

1. 完全競争企業は、_____する。
   a. 利潤を最大化するために価格を選択
   b. 同じような財を販売している他の企業よりも引き下げた価格を設定
   c. 市場条件によって決まる価格を採用
   d. 最大の市場シェアをもたらす価格を選択

2. 完全競争企業が生産・販売量を10%増加させた場合、その限界収入は_____、総収入は_____上昇する。
   a. 下落し ― 10%よりも低く
   b. 下落し ― ちょうど10%
   c. そのままで ― 10%よりも低く
   d. そのままで ― ちょうど10%

➡ (解答は章末に)

2　利潤最大化と競争企業の供給曲線

企業の目標は利潤を最大化することであり、それは総収入から総費用を引いたものに等しい。前節では競争企業の収入について、前章では企業の費用について分析した。ここで、競争企業がどのように利潤を最大化し、その決定がどのように供給曲線を決定するかを考えてみよう。

2-1　利潤最大化の簡単な例

表15-2は、ヴァカ家の牧場のさらに詳細な情報を表している。表の(1)列は、牧場の生産する牛乳のガロン数を示す。(2)列は牧場の総収入を示しており、これはガロン数に6ドルを掛けたものである。(3)列は農場の総費用である。総費用には、

第15章　競争市場における企業

この例では3ドルである固定費用と、生産量に依存する可変費用を含んでいる。

（4）列は農場の利潤を示しており、これは総収入から総費用を差し引いて計算される。何も生産しなければ3ドルの損失（固定費用）を被る。1ガロン生産すれば利潤は1ドル、2ガロン生産すれば利潤は4ドルになる、といった具合である。ヴァカ家は、利潤をできるだけ大きくする生産量の牛乳を生産したい。この例では、農場は4ガロンまたは5ガロンの牛乳を生産したときに、7ドルの利潤を得て、利潤が最大化される。

ヴァカ牧場の決定を見るもう1つの方法がある。つまり、ヴァカ牧場は、生産される各単位の限界収入と限界費用を比較することで、利潤を最大化する生産量を求めることができる。表15-2の（5）列と（6）列は、総収入と総費用の変化から限界収入と限界費用を計算し、（7）列は、生産量が1ガロン増えるごとの利潤の変化を示している。農場が生産する最初の1ガロンの牛乳の限界収入は6ドル、限界費用は2ドルなので、その1ガロンを生産すると利潤が（−3ドルから1ドルへと）4ドル増加する。2ガロン目の生産は、限界収入6ドル、限界費用3ドルなので、そのガロンは利潤を（1ドルから4ドルへと）3ドル増加させる。限界収入が限界費用を上回っている限り、生産量を増やすと利潤が増える。しかし、牧場の生産量が5ガロンに達

表15-2　利潤の最大化：数値例

（1） 生産量 （ガロン） (Q)	（2） 総収入 （ドル） (TR)	（3） 総費用 （ドル） (TC)	（4） 利潤 （ドル） ($TR - TC$)	（5） 限界収入 （ドル） ($MR = \Delta TR / \Delta Q$)	（6） 限界費用 （ドル） ($MC = \Delta TC / \Delta Q$)	（7） 利潤の変化 （ドル） ($MR - MC$)
0	0	3	−3			
				6	2	4
1	6	5	1			
				6	3	3
2	12	8	4			
				6	4	2
3	18	12	6			
				6	5	1
4	24	17	7			
				6	6	0
5	30	23	7			
				6	7	−1
6	36	30	6			
				6	8	−2
7	42	38	4			
				6	9	−3
8	48	47	1			

すると、状況は変化する。6ガロン目の限界収入は6ドル、限界費用は7ドルなので、それを生産すると利潤が（7ドルから6ドルへ）1ドル減少する。その結果、ヴァカ家は5ガロン以上、生産しない。

第1章の**経済学の10原則**の1つに、「合理的な人々は「限界的に」考える」がある。ヴァカ家はこの原則を適用できる。限界収入が限界費用より大きい場合1、2、3ガロンのように、彼らは牛乳の生産を増やすべきである。というのも、自分たちの懐に入るお金（限界収入）のほうが、その生産によって失うお金（限界費用）よりも多くなるからである。限界収入が限界費用より小さい場合(6、7、8ガロンの場合)、ヴァカ家は生産量を減らすべきである。限界で考え、生産レベルを少しずつ調整することで、ヴァカ家は利潤を最大化する量を生産することになる。

2-2 限界費用曲線と企業の供給の決定

この分析を拡張するために、図15-1の費用曲線を考えてみよう。これらの費用曲線は、前章で説明したように、ほとんどの企業に共通する3つの特徴を示している。すなわち、限界費用曲線（MC）は右上がりであり、平均総費用曲線（ATC）はU字型であり、限界費用曲線は平均総費用の最小値で平均総費用曲線と交わる。図には、市場価格（P）の水平線も示されている。競争企業はプライステイカーであるため、価格線は水平である。つまり、企業の生産物の価格は、どれだけ生産しても同じで

図 15-1　競争企業の利潤最大化

この図は、限界費用曲線（MC）、平均総費用曲線（ATC）、平均可変費用曲線（AVC）を示している。また、市場価格（P）も示しており、これは競争企業にとって、限界収入（MR）と平均収入（AR）の両方に等しい。数量Q_1では、限界収入MR_1が限界費用MC_1を上回るので、生産量を上げると利潤が増加する。数量Q_2では、限界費用MC_2が限界収入MR_2を上回るので、生産量を減らすと利潤が増加する。利潤最大化量Q_{MAX}は、価格を表す水平線が限界費用曲線と交わるところで見られる。

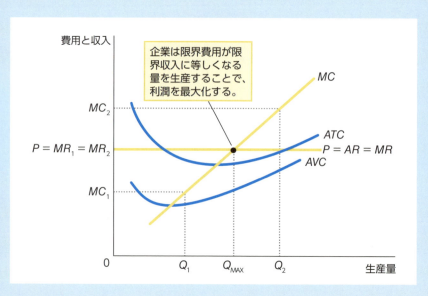

ある。競争企業にとって、価格は企業の平均収入（AR）と限界収入（MR）の両方に等しいということを忘れないでほしい。

図15-1を使って、利潤を最大化する生産量を求めることができる。企業がQ_1で生産しているとする。この生産量のレベルでは、限界収入曲線は限界費用曲線の上方にあり、限界収入が限界費用よりも大きいことを示している。これは、企業が生産を1単位上げると、追加的収入（MR_1）が追加的費用（MC_1）を上回ることを意味する。総収入から総費用を差し引いた利潤は増加する。したがって、限界収入が限界費用より大きければ、Q_1のように、企業は生産を増やすことによって利潤を増やすことができる。

同様の議論は、生産量がQ_2にある場合にも当てはまる。この場合、限界費用曲線は限界収入曲線の上方にあり、限界費用が限界収入よりも大きいことを示している。もし会社が生産を1単位減らすとすれば、節約された費用（MC_2）は失われた収入（MR_2）を上回る。したがって、Q_2のように限界費用が限界収入より大きければ、会社は生産を減らすことによって利潤を増やすことができる。

このような生産量の限界的な調整はどこで終わるのだろうか。企業が生産を低い水準（Q_1など）で始めるか、高い水準（Q_2など）で始めるかに関係なく、最終的には、生産量が利潤最大化生産量Q_{MAX}に達するまで生産を調整することになる。この分析から、利潤最大化のための3つのルールが得られる。

- 限界収入が限界費用を上回れば、企業は生産量を増やすべきである。
- 限界費用が限界収入を上回れば、企業は生産量を減らすべきである。
- 利潤を最大化する生産水準では、限界収入は限界費用に等しい。

これらのルールは、利潤を最大化する企業による合理的な意思決定の要である。競争企業だけでなく、次章で示すように、他のタイプの企業にも適用される。

ここで、競争企業がどのように市場に供給する財の量を決定するのかがわかる。競争企業はプライステイカーであるため、その限界収入は市場価格に等しい。どの価格においても、競争企業の利潤最大化生産量は、価格と限界費用曲線の交点を見ることによって求められる。図15-1では、その生産量はQ_{MAX}である。

この市場の現行価格が、たとえば市場の需要増加のために上昇したとする。図15-2は、価格上昇に対する競争企業の対応を示している。価格がP_1のとき、企業は限界費用と価格が等しくなる量Q_1を生産する。価格がP_2まで上昇すると、企業は、限界収入が以前の生産水準における限界費用よりも高いことに気づき、生産を増加させる。新しい利潤最大化生産量はQ_2で、限界費用はより上昇した新しい価格と等しくなる。**企業の限界費用曲線は、企業がどの価格でも供給する意思のある財の量を決定するので、限界費用曲線は競争企業の供給曲線でもある。**

しかし、この結論にはいくつかの注意点があり、次節ではそれについて検討する。

2-3 企業の短期における操業停止の決定

これまでは、競争企業がどれだけ生産するかという問題を分析してきた。しかし、状況によっては、企業は操業停止を決定し、まったく生産しないこともある。

図 15-2 競争企業の供給曲線としての限界費用

価格がP_1からP_2に上昇すると、企業の利潤最大化数量はQ_1からQ_2に増加する。限界費用曲線は、どの価格でも供給される量を示しているので、企業の供給曲線である。

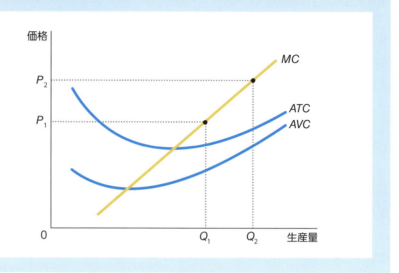

　企業の一時的な操業停止と市場からの永久的な退出を区別することは重要である。**操業停止**（shutdown）とは、現在の市場環境のために、特定の期間に何も生産しないという短期的な決定を意味する。**退出**（exit）とは、市場から退出するという長期的な決定を指す。ほとんどの企業は、短期的には固定費用を避けることができないが、長期的には回避できるため、短期的な意思決定と長期的な意思決定は異なる。つまり、一時的に操業停止する企業は固定費用を支払わなければならないが、市場から退出する企業は固定費用も可変費用もまったく支払わなくてよい。

　たとえば、農場での生産決定を考えてみよう。地代は固定費用である。農場主があるシーズンに作物を生産しないと決めた場合、その土地は休耕地となり、このコストを回収することはできない。1シーズン生産を停止するかどうかの短期的意思決定を行う場合、土地の固定費は**サンクコスト**（埋没費用）と呼ばれる。これに対して、農家が完全に農業をやめると決めた場合、土地を売却することができる。市場から退出するかどうかを長期的に判断する場合、土地代はサンク（埋没）しない（サンクコストについては、このあとすぐに扱う）。

　何が企業の操業停止を決定するのだろうか。企業が操業停止すれば、製品の販売による収入をすべて失う。同時に、製品を製造するための可変費用は節約できる（しかし、固定費用は支払わなければならない）。したがって、**生産から得られるであろう収入が生産にかかる可変費用を下回る場合、会社は操業停止する**。

　少し数学を使って、操業停止ルールをより便利なものにすることができる。TRが総収入、VCが可変費用を表すとすると、企業の決定は次のようになる。

$$TR < VC \text{ ならば操業停止}$$

総収入が可変費用を下回る場合、会社は操業停止する。この不等式の両辺を生産量Qで割ると、次のようになる。

第15章 競争市場における企業

図 15-3 競争企業の短期供給曲線

短期的には、競争企業の供給曲線は、限界費用曲線（MC）のうち平均可変費用曲線（AVC）より上の部分である。価格が平均可変費用を下回る場合、企業は一時的に操業を停止したほうがよい。

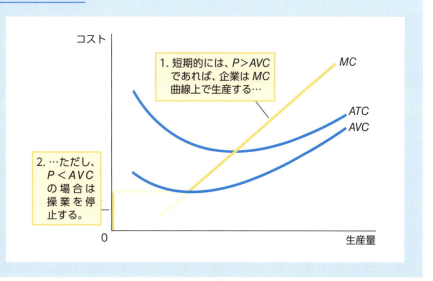

$TR/Q < VC/Q$ ならば操業停止

不等式の左辺TR/Qは、総収入$P×Q$を数量Qで割ったもので、平均収入であり、最も単純に表せば、財の価格Pである。不等式の右辺VC/Qは、平均可変費用AVCである。企業の操業停止ルールは次のように言い換えることができる。

$P < AVC$ ならば操業停止

つまり、財の価格が生産の平均可変費用を下回る場合、企業は操業停止する。このルールは直観的には以下のようなものである。すなわち、生産するかどうかを決定するとき、企業は一般的な1単位に対して受け取る価格と、それを生産するために負担しなければならない平均可変費用とを比較する。価格が平均可変費用をカバーしない場合、企業は生産を完全にやめたほうがよい。固定費用が発生するため、企業はまだ損をするが、操業を継続することでさらに損をすることになる。価格が平均可変費用を上回るように条件が変われば、会社は将来生産を再開することができる。

これで、競争企業の利潤最大化戦略を完全に描けた。企業が何かを生産する場合、限界費用が企業にとって所与であるような財の価格と等しくなる量を生産する。しかし、その数量で価格が平均可変費用より低ければ、企業は一時的に操業停止し、何も生産しないほうがよい。図15-3はこれらの結果を示している。**競争企業の短期供給曲線は、限界費用曲線のうち平均可変費用曲線の上にある部分である。**

2-4 こぼれた水とその他のサンクコスト

人生のどこかで、「覆水盆に返らず」とか、「過去のことは水に流せ」と言われたことがあるかもしれない。これらの格言は経済学者によって書かれたものではない

第Ⅴ部　企業行動と産業組織

サンクコスト
(sunk cost)
すでに投入され、回収できない費用

が、その可能性はある。これらの格言は、合理的な意思決定に関する重要な真実を表している。**サンクコスト**とは、すでに投入されて回収できない費用のことである。サンクコストについてはどうすることもできないため、ビジネス戦略に関するものも含め、人生における多くの決断を下す際には、サンクコストを無視するのが合理的である。

この企業の操業停止の決定に関する分析は、サンクコストが関係しないことを示す一例である。企業は、一時的な生産停止によって固定費用を回収することはできないと仮定する。つまり、供給される生産量にかかわらず（たとえそれがゼロであっても）、企業は固定費用を支払わなければならない。短期的には、固定費用はサンク（埋没）しており、企業は、生産量を決定する際には、固定費用を無視すべきである。企業の短期供給曲線は、平均可変費用より上にある限界費用曲線の一部である。固定費用はサンクしているので、その大きさはこの供給決定には関係ない。

サンクコストを無視すべきことは、個人生活でも覚えておく価値がある。たとえば、あなたは新作映画を見たいとする。チケット代も10ドルしかかからないので、15ドル払ってでも映画を観たいので行くことにした。ところが、映画館に入る前に映画のチケットをなくしてしまった。映画館の支配人は、あなたがチケットをなくしたことを信じていない。あなたはどうすべきだろうか。

怒りと落胆のあまり、家に帰って映画のことを忘れようという気になるかもしれない。結局のところ、あなたがもう1枚チケットを買えば合計で20ドルになり、高すぎると思えるだろう。しかし、それは間違いである。合理的に考えれば、10ドルでもう1枚チケットを買うべきである。なぜだろうか。映画を見るメリット（15ドル）が、機会費用（2枚目のチケットの10ドル）を上回るからである。なくしたチケットに支払った10ドルはサンクコストである。こぼれてしまった水と同じで、悲しんでも仕方がない。

> **ケーススタディ**　**空席の多いレストランとシーズンオフのパターゴルフ**
>
> ランチをしようとレストランに入ったら、ほとんど誰もいなかったという経験はないだろうか。なぜそのようなレストランがわざわざ営業しているのかと思うかもしれない。少ない客からの収入では、レストランの運営費を賄いきれないように思われる。
>
> ランチ営業をするかどうかを決めるとき、レストランのオーナーは固定費用と可変費用の区別を念頭に置く必要がある。家賃、厨房設備、テーブル、皿、銀食器など、レストランのコストの多くは固定費用である。ランチの時間帯に店を閉めても、これらのコストは減らず、短期ではサンクしてしまう。オーナーがランチを提供するかどうかを決定するとき、食材の追加的コストと追加スタッフの賃金である可変費用だけが関係する。オーナーがランチタイムにレストランを閉じるのは、ランチタイムのわずかな客からの収入で可変費用をカバーできない場合だけである。
>
> 避暑地でパターゴルフ場を経営する会社が、同じような決断に直面する。季節に

316

よって収入が大きく異なるため、何日にオープンし、何日にクローズするかを決定しなければならない。ここでも、土地の購入やコースの建設にかかるコストのような固定費用は、この短期的な意思決定とは無関係である。パターゴルフ場は、収入が可変費用を上回る時期にのみ営業すべきである。

2-5 市場から退出するか参入するか、企業の長期的意思決定

　市場から退出するという企業の長期的意思決定は、操業停止の意思決定と似ている。市場から退出すれば、企業は再び製品の販売による収入をすべて失うことになるが、今度は生産にかかる可変費用だけでなく固定費用も節約することができる。**企業は、生産から得られる収入が総生産費用を下回る場合、市場から退出する。**

　このルールを数学的に記述することで、より使いやすくすることができる。TR が総収入を表し、TC が総費用を表すとすると、企業の退出ルールは次のようになる。

　　　$TR < TC$ ならば退出

総収入が総費用を下回る場合、企業は退出する。この不等式の両辺を数量Qで割ると、次のようになる。

　　　$TR/Q < TC/Q$ ならば退出

これは、TR/Qが価格Pに等しい平均収入であり、TC/Qが平均総費用ATCであることに注目することによって単純化できる。企業の退出ルールは、

　　　$P < ATC$ ならば退出

となる。つまり、企業が退出するのは、その財の価格が平均的な総生産費用よりも低い場合である。

　同じような分析が、新しい企業を設立する可能性のある起業家にも当てはまる。起業家は、価格が平均総費用を上回れば、市場に参入するインセンティブを持つ。参入ルールは、

　　　$P > ATC$ ならば参入

となり、退出のルールとは正反対である。

　ここで、競争企業の長期的な利潤最大化戦略を説明することができる。何かを生産する場合、限界費用が財の価格に等しくなる量を選択する。しかし、価格がその数量における平均総費用を下回る場合、企業は市場から退出する（または市場に参入しない）ことを決定する。図15-4は、これらの結果を示している。**競争企業の長期供給曲線は、限界費用曲線のうち平均総費用曲線の上方に位置する部分である。**

2-6 グラフで見る競争企業の利潤測定

　退出と参入を研究する上で、会社の利潤をより詳細に分析することは有益である。

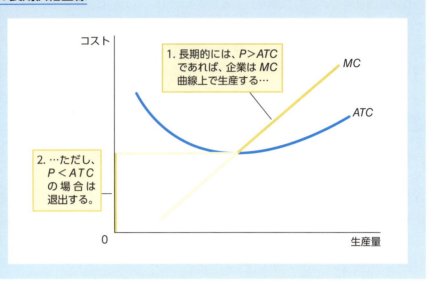

図 15-4 競争企業の長期供給曲線

長期的には、競争企業の供給曲線は、限界費用曲線（MC）のうち平均総費用曲線（ATC）より上の部分である。価格が平均総費用を下回る場合、企業は市場から退出したほうがよい。

1. 長期的には、P＞ATCであれば、企業はMC曲線上で生産する…

2. …ただし、P＜ATCの場合は退出する。

利潤は、総収入（TR）から総費用（TC）を引いたものに等しいことを思い出してほしい。すなわち、

$$利潤 = TR - TC$$

である。この定義は、右辺にQをかけてQで割ることで次のように書き換えることができる。

$$利潤 = (TR/Q - TC/Q) \times Q$$

なお、TR/Qは平均収入でこれは価格Pに等しく、TC/Qは平均総費用ATCである。したがって、

$$利潤 = (P - ATC) \times Q$$

となる。企業の利潤をこのように表現することで、グラフ上で利潤を測定することができる。

図15-5のパネル（a）は、正の利潤を得ている企業を示している。すでに説明したように、企業は、価格が限界費用に等しくなる量を生産することによって利潤を最大化する。ここで、水色で示した長方形を見てみよう。長方形の高さは、価格と平均総費用の差である$P - ATC$である。長方形の幅はQ、つまり生産量である。したがって、長方形の面積は$(P - ATC) \times Q$となり、これが企業の利潤となる。

同様に、この図のパネル（b）は、損失を被る（利潤がマイナスの）企業を示している。この場合、利潤を最大化するということは損失を最小化するということであり、価格が限界費用に等しくなる数量を生産することで達成される。次に、薄茶色で示した長方形を考えてみよう。長方形の高さは$ATC - P$、幅はQであり、面積は$(ATC - P) \times Q$であり、これが企業の損失である。このような状況にある企業は、平

図 15-5　価格と平均総費用の間の面積としての利潤

価格と平均総費用の間の色をつけた長方形の部分の面積は、企業の利潤を表している。このボックスの高さは、価格から平均総費用を引いたもの（$P-ATC$）であり、ボックスの幅は生産量（Q）である。パネル(a)では、価格は平均総費用より大きいので、企業は正の利潤を得ている。パネル(b)では、価格は平均総費用より小さいので、企業は損失を被る。

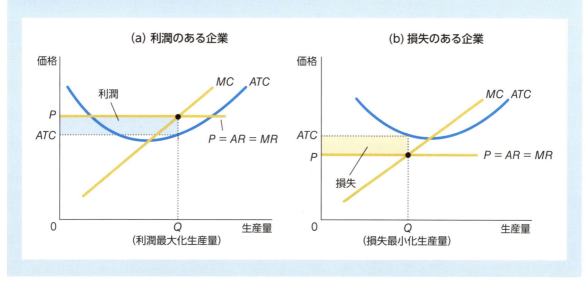

均総費用をカバーするのに十分な1単位あたり収入を得ていないので、長期的には市場から退出することになる。

2-7　要約

　競争企業の分析は、2人のビジネスパートナーの対話でまとめることができる。フレッドとウィルマは、キッチンカウンターの材料を生産する花崗岩の採石場を買ったばかりである。他の多くの採石場と競合しているため、彼らは花崗岩の価格を市場の状況によって与えられるものと考えている。経済学を専攻しているウィルマは、供給決定をどのように行うべきかをフレッドに説明している。

フレッド：利潤を最大化するために、われわれはどれだけ生産を行うべきだろう？
ウィルマ：何かを生産するのであれば、$P=MC$ になるような生産水準を選ぶべきよ。
フレッド：その場合、利潤は得られるだろうか？
ウィルマ：その生産水準で、$P>ATC$ なら利潤が得られ、$P<ATC$ なら損失が生じるわ。
フレッド：その生産量が利潤を生みだす場合、どうすべきだろう？
ウィルマ：私たちは幸福だし、ビジネスが継続するわ。
フレッド：もし、その生産量が損失を出す場合は？
ウィルマ：長期的には退出する計画よ。

第Ⅴ部　企業行動と産業組織

フレッド：その場合、短期的には事業を続けるべきだろうか？

ウィルマ：$P>AVC$ならそうすべきよ。操業することで、損失を最小限に抑えることができるわ。

フレッド：$P<AVC$の場合は？

ウィルマ：それなら、できるだけ早く操業停止して、退出の計画を立てましょう。

フレッド：つまり、われわれの長期的な供給曲線はATC曲線の上にあるMC曲線であり、短期的な供給曲線はAVC曲線の上にあるMC曲線であるわけだ。

ウィルマ：ええ、フレッド、それが計画。表15-3に私たちが知る必要があることをすべて要約したわ（彼らのものは花崗岩に彫られている）。

表15-3　競争企業の利潤最大化ルール

1. $P=MC$であるようなQを求める。
2. $P<AVC$ならば、ただちに操業を停止し、そのまま退出する。
3. $AVC<P<ATC$の場合、短期的には操業するが、長期的には退出する。
4. $ATC<P$の場合、ビジネスを継続し、利潤を享受する！

理解度確認クイズ

3. 競争企業は、次のような生産量を選択することで、利潤を最大化する。

　a. 平均総費用が最小となる。

　b. 限界費用と価格が等しい。

　c. 平均総費用と価格が等しい。

　d. 限界費用と平均総費用が等しい。

4. 競争企業の短期供給曲線とは、その＿＿＿＿＿曲線が、＿＿＿＿＿曲線より上にある。

　a. 平均総費用 — 限界費用

　b. 平均可変費用 — 限界費用

　c. 限界費用 — 平均総費用

　d. 限界費用 — 平均可変費用

5. 利潤最大化を行う競争企業が、限界費用が平均可変費用と平均総費用の間になるような生産量で生産している場合、どうなるか。

　a. 短期的には生産を続けるが、長期的には市場から退出する。

　b. 短期的には操業を停止するが、長期的には生産を再開する。

　c. 短期的には操業を停止し、長期的には市場から退出する。

　d. 短期的にも長期的にも生産を続ける。

➡（解答は章末に）

3　競争市場における供給曲線

　市場全体の供給曲線は、個々の企業の供給決定に基づいて構築される。考慮すべきケースは2つある。（1）企業数が一定である市場と、（2）企業が参入・退出できる

市場である。どちらのケースも重要であり、それぞれが特定の時間軸に当てはまるからである。短期的には、参入と退出は困難であることが多く、企業数が一定であると仮定することは合理的である。しかし、長期的には、参入と退出が容易になるため、市場環境の変化に応じて企業数を調整することができる。

3-1 短期：企業数が一定の場合の市場供給

同一企業が1,000社ある市場を想像してほしい。各企業は標準モデルに従って行動する。つまり、どのような価格でも、限界費用が価格に等しくなる生産量を供給する。図15-6のパネル(a)はこれを示している。価格が平均可変費用を上回る限り、各企業の限界費用曲線は供給曲線となる。市場に供給される生産量は、1,000社の各企業が供給する量の合計に等しい。市場の供給曲線は、（第4章でベンとジェリーの例で行ったように）すべての企業の供給曲線を水平に足し合わせることによって導出される。図15-6のパネル(b)が示すように、市場に供給される量は、これらの同一企業の供給量の1,000倍である。

3-2 長期：参入と退出がある場合の市場供給

では、企業が市場に参入したり、市場から退出したりできるとどうなるか考えてみよう。すべての人が同じ生産技術を入手でき、生産に必要な投入物を購入するために同じ市場を利用できると仮定しよう。その結果、現在の企業も潜在的な企業もすべて同じ費用曲線を持つことになる。

この種の市場における参入と退出の決定は、既存企業のオーナーと新しい企業を

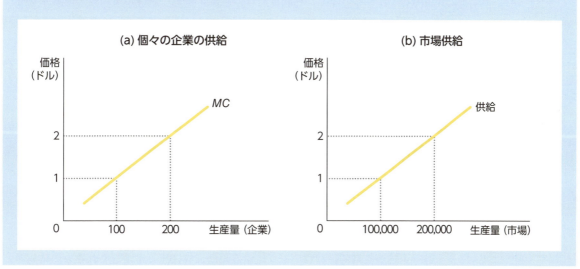

図 15-6　短期の市場供給

短期的には、市場の企業数は固定されている。その結果、パネル(b) に示す市場供給曲線は、パネル(a) に示す各企業の限界費用曲線の合計を反映する。ここで、同じ企業が1,000 社存在する市場では、市場に供給される生産量は、各企業が供給する量の1,000 倍になる。

第Ⅴ部　企業行動と産業組織

立ち上げる起業家が直面するインセンティブに依存する。すでに市場に参入している企業が利潤を上げていれば、新しい企業は参入するだろう。この参入は、企業数を拡大し、財の供給量を増やし、価格と利潤を押し下げる。逆に、市場内の企業が損失を出している場合、既存の企業の一部は退出する。退出は企業数を減らし、財の供給量を減らし、価格と利潤を押し上げる。**この参入と退出のプロセスの最後には、市場に残る企業の経済上の利潤はゼロにならなければならない。**この結論は奇妙に思えるかもしれないが、心配しないでもよい。このことについては後ほど説明する。

　企業の利潤は次のようになることを思い出してほしい。

$$利潤 = (P - ATC) \times Q$$

この方程式は、財の価格が生産の平均総費用に等しい場合に限り、事業会社の利潤がゼロであることを示している。価格が平均総費用を上回れば、利潤はプラスとなり、新しい企業の参入を促す。価格が平均総費用を下回る場合、利潤はマイナスとなり、一部の企業は退出を促される。**参入と退出のプロセスは、価格と平均総費用が等しくなったときにのみ終了する。**

　この論理の道筋は、意外な示唆をもたらす。本章の冒頭で、競争企業は価格が限界費用に等しくなる生産量を選択することによって利潤を最大化すると述べた。参入と退出が自由であれば、価格は平均総費用に等しくならざるをえない。しかし、価格が限界費用と平均総費用の両方に等しいとすれば、これら2つの費用の尺度は互いに等しくなければならない。ただし、限界費用と平均総費用が等しくなるのは、企業が平均総費用の最小値で操業している場合に限られる。前章で、経済学者は平均総費用が最小となる生産水準を**効率的規模**（efficient scale）という用語で表現していることを思い出してほしい。**したがって、参入と退出が自由な競争市場の長期的均衡では、企業は効率的規模で操業する。**

　図15-7のパネル(a)は、このような長期均衡にある企業を示している。この図では、価格Pは限界費用MCに等しいので、企業は利潤を最大化している。価格は平均総費用ATCにも等しいので、利潤はゼロである。新規企業は市場に参入するインセンティブを持たず、既存企業は市場から退出するインセンティブを持たない。

　このような企業行動の分析から、市場の長期供給曲線を決定することができる。参入と退出が自由な市場では、利潤ゼロと一致する価格は1つしかなく、平均総費用の最小値である。その結果、長期的な市場供給曲線は、図15-7のパネル (b) の完全に弾力的な供給曲線が示すように、この価格で水平にならざるを得ない。この水準を上回る価格は利潤を生み、参入と総供給量の増加をもたらす。この水準を下回る価格は損失を生み、退出と総供給量の減少につながる。最終的に、市場内の企業数は、価格が平均総費用の最小値に等しくなるように調整され、この価格ですべての需要を満たすのに十分な企業が存在するようになる。

3-3　なぜ利潤がゼロでも競争企業は事業を続けるのか

　競争企業が長期的に利潤をゼロにするのは奇妙に思えるかもしれない。結局のと

図 15-7 長期の市場供給

長期的には、企業は利潤がゼロになるまで市場に参入または退出する。その結果、パネル(a)に示すように、価格は平均総費用の最小値に等しくなる。企業数は、この価格ですべての需要が満たされるように調整される。長期市場供給曲線は、パネル(b)に示すように、この価格で水平になる。

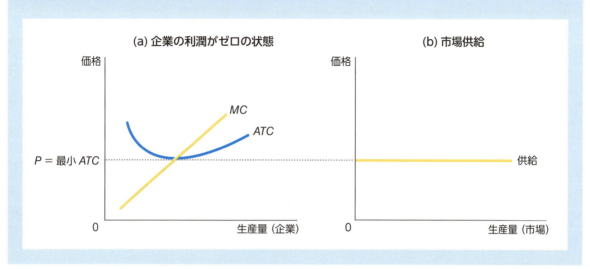

ころ、人々は金儲けのために事業を始めるのである。参入によって最終的に利潤がゼロになるのであれば、事業を続ける理由はほとんどないように思われる。

ゼロ利潤の条件をより完全に理解するためには、利潤は総収入から総費用を引いたものに等しく、総費用には企業のすべての機会費用が含まれることを思い出してほしい。特に、総費用には、企業の所有者が事業に捧げる時間と資金が含まれる。重要なのは、利潤ゼロ均衡では、企業の収入がこれらの機会費用を所有者に補償しなければならないということである。

次の例を考えてみよう。ある農家が農場を始めるために100万ドルを投資しなければならなかったとしよう。もし投資をしなければ、年間4万ドルの利子を銀行口座で得ることができたはずである。さらに、その農家は年俸6万ドルを得られるはずだった別の仕事を諦めなければならなかった。そうすると、農場の機会費用には、放棄した利子と賃金の両方が含まれ、合計10万ドルになる。農場の利潤がゼロになったとしても、その収入によって農家はこれらの機会費用を補うことができる。

会計士と経済学者では、コストの測定方法が異なることを思い出してほしい。前章で述べたように、会計士は明示的費用については記録するが、潜在的費用は記録しない。彼らは、資金の流出を必要とするコストは測定するが、企業から資金が流出しない機会費用は無視する。その結果、利潤ゼロ均衡では、経済上の利潤はゼロだが、会計上の利潤はプラスになる。たとえば、農家の会計士は、農場が10万ドルの利潤を得たと結論づけ、農家が事業を継続する理由となる。

第Ⅴ部　企業行動と産業組織

3-4　短期と長期における需要のシフト

　次に、市場が需要の変化にどのように反応するのかを見てみよう。企業は長期的には参入と退出ができるが、短期的にはできないため、需要の変化に対する市場の反応は時間軸に依存する。これを見るために、需要のシフトの影響について時間軸を通じて見てみよう。

　牛乳の市場が長期均衡で始まったとする。企業はゼロ利潤を得ているので、価格は平均総費用の最小値に等しい。図15-8のパネル（a）はこの状況を示している。長期均衡はA点であり、市場での販売量はQ_1、価格はP_1である。

　ここで、科学者が牛乳に顕著な健康効果があることを発見し、需要が急増したとする。すなわち、どの価格でも牛乳の需要量は増加し、牛乳の需要曲線はパネル（b）のようにD_1からD_2へと外側にシフトする。短期均衡はA点からB点に移動し、数量はQ_1からQ_2に、価格はP_1からP_2に上昇する。市場内のすべての企業は、より多くの牛乳を生産することで、より高い価格に反応する。各企業の供給曲線は限界費用曲線を反映しているので、各企業がどれだけ生産を増やすかは限界費用曲線に依存する。新しい短期均衡では、牛乳の価格は平均総費用を上回るので、企業は正の利潤を得ている。

　時間の経過とともに、この利潤は新規企業の参入を促す。たとえば、他の製品を供給していた農家が牛乳の生産に切り替えるかもしれない。参入企業が増えると、どの価格でも供給量が増加し、パネル（c）のように、短期供給曲線はS_1からS_2へと右にシフトし、このシフトによって価格が下落する。最終的に、価格は平均総費用の最小値まで下がり、利潤はゼロとなり、企業は参入を止める。牛乳の価格はP_1に戻るが、生産量はQ_3に上昇する。各企業は再び効率的規模で生産するが、より多くの企業が酪農事業に参入しているため、生産・販売される牛乳の量はより多くなる。

3-5　長期供給曲線の傾きが右上がりになる理由

　参入と退出によって、長期的な市場供給曲線は完全に弾力的になる可能性があるのを見てきた。要するに、多くの潜在的参入者が存在し、それぞれが同じコストに直面しているということである。その結果、長期市場供給曲線は平均総費用の最小値で水平になる。需要が増加した場合、長期的には、価格の変化なしに、企業数の増加と総供給量が増加するという結果になる。

　しかし、長期的な市場供給曲線が右上がりになる理由は2つある。第1に、生産に使われる資源の中には、限られた量しか入手できないものがあるということである。農産物市場を考えてみよう。誰でも土地を買って農業を始めることができるが、土地の量は限られている。農業を始める人が増えれば、農地の価格が競り上がり、市場にいるすべての農家のコストが上昇する。農産物に対する需要の増加は、農家のコストの上昇、つまり価格の上昇を引き起こさずに供給量を増加させることはできない。その結果、長期的な市場供給曲線は、農業への参入が自由であったとしても、右上がりになる。

324

図 15-8 短期的および長期的な需要の増加

パネル(a)において、市場の長期均衡はA点で示される。この均衡では、各企業の利潤はゼロであり、価格は平均総費用の最小値に等しい。パネル(b)は、需要がD_1からD_2へと増加したときに短期的に何が起こるかを示している。均衡はA点からB点に進み、価格はP_1からP_2に上昇し、市場で販売される数量はQ_1からQ_2に増加する。価格が平均総費用を上回ったため、各企業は利潤を得るようになり、これが時間の経過とともに新規企業の市場参入を促す。パネル(c)は、この新規参入によって、短期供給曲線がS_1からS_2へと右にシフトする様子を示している。新しい長期均衡（C点）では、価格はP_1に戻ったが、販売数量はQ_3に増加した。利潤は再びゼロとなり、価格は平均総費用の最小値に戻るが、市場はより大きな需要を満たすために、より多くの企業を抱えることになる。

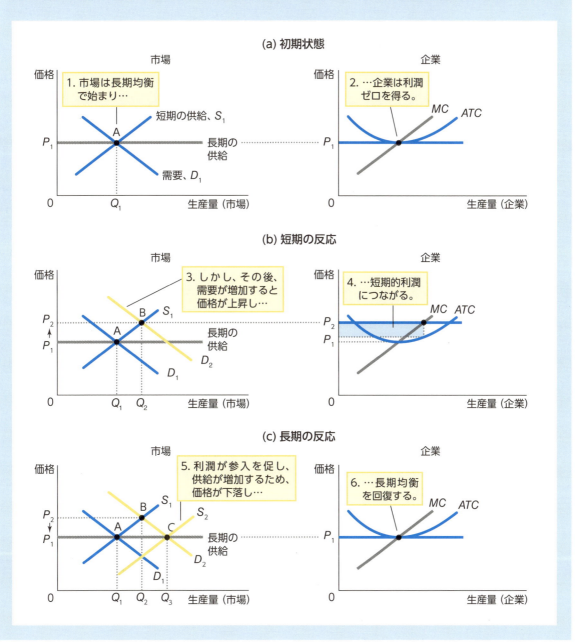

第Ⅴ部　企業行動と産業組織

　　長期供給曲線が右上がりになる第2の理由は、企業のコストが異なる可能性があることである。たとえば、塗装サービスの市場を考えてみよう。誰でも参入できるが、誰もが同じコストを持っているわけではない。仕事の速さも違えば、時間の使い方も違う。どのような価格であっても、コストの低い人はコストの高い人よりも参入する可能性が高い。塗装サービスの供給量を増やすには、新規参入者を市場に誘導しなければならない。新規参入者のコストは高いので、参入者にとって採算が合うようにするには、価格を上げなければならない。その結果、塗装サービスの長期市場供給曲線は、市場参入が自由であっても、右上がりになる。

　　企業のコストが異なる場合、一部の企業は長期的にも利潤を得ることができる。この場合、市場価格は、**限界的な企業**（価格がこれ以上低ければ退出する企業）の平均総費用を反映している。この企業の利潤はゼロであるが、よりコストの低い企業はプラスの利潤を得る。参入しようとする企業は、既存の企業よりもコストが高いので、参入によってこの利潤がなくなることはない。コストが高い企業は、採算が合う市場になるような価格が上昇した場合にのみ参入する。

　　これら2つの理由から、より多くの供給量を誘導するためには、より高い価格が必要かもしれない。この場合、長期供給曲線は水平ではなく、右上がりになる。それでも、参入と退出に関する基本的な教訓は変わらない。つまり、**企業は、短期よりも長期においてより容易に参入と退出を行うことができるため、長期供給曲線は短期供給曲線よりも弾力的であることが一般的である。**

理解度確認クイズ

6. 同一の企業が存在する競争市場の長期均衡において、価格P、限界費用MC、平均総費用ATCの間にはどのような関係があるか。

a. $P > MC$ であり、$P > ATC$ である。

b. $P > MC$ であり、$P = ATC$ である。

c. $P = MC$ であり、$P > ATC$ である。

d. $P = MC$ であり、$P = ATC$ である。

7. 同一の企業が存在する競争市場の短期均衡において、新規企業の参入準備が整いつつある場合、価格P、限界費用MC、平均総費用ATCの間にはどのような関係があるか。

a. $P > MC$ であり、$P > ATC$ である。

b. $P > MC$ であり、$P = ATC$ である。

c. $P = MC$ であり、$P > ATC$ である。

d. $P = MC$ であり、$P = ATC$ である。

8. ニューヨークのプレッツェル・スタンドが、長期均衡において完全競争市場であるとする。ある日、市は各スタンドに月100ドルの課税を始めた。この政策は、短期的にも長期的にも、プレッツェルの消費量にどのような影響を与えるか。

a. 短期的には減少し、長期的には変化しない。

b. 短期的には増加し、長期的には変化しない。

c. 短期的には変化せず、長期的には減少する。

d. 短期的には変化せず、長期的には増加する。

➡（解答は章末に）

4 結論：供給曲線の裏側にあるもの

これまで、完全競争市場で商品を供給する利潤最大化企業の行動について論じてきた。第1章で、**経済学の10原則**の1つに「合理的な人々は「限界的に」考える」があることを思い出したかもしれない。本章では、この考え方を競争企業に適用した。限界的な分析によって、競争市場における供給曲線の理論が得られ、市場の結果についての理解が深まった。

われわれは、競争市場で企業から財を購入する場合に支払う価格はその財の生産コストに近いことを学んだ。特に、企業が競争的で利潤を最大化している場合、財の価格はその財を生産する限界費用に等しくなる。また、企業が自由に市場に参入したり、市場から退出できるのであれば、価格は生産の平均総費用の最小値にも等しくなる。

本章では、企業がプライステイカーであることを前提としているが、ここで開発されたツールの多くは、競争の少ない市場における企業の研究にも有用である。次章では、市場支配力を持つ企業の行動を検討する。限界的な分析はここでも有用であるが、企業の生産量決定や市場結果の性質に対しては、まったく異なる意味合いを持つことになる。

本章のポイント

- 競争企業はプライステイカーであるため、その収入は生産量に比例する。財の価格は、企業の平均収入と限界収入の両方に等しい。
- 利潤を最大化するために、企業は、限界収入が限界費用に等しくなるような生産量を選択する。競争企業の限界収入は市場価格に等しいので、企業は価格が限界費用に等しくなる生産量を選択する。したがって、企業の限界費用曲線は、その供給曲線である。
- 短期的には、固定費用がサンクしている場合、財の価格が平均可変費用を下回れば、企業は一時的に操業を停止する。長期的には、固定費用と可変費用の両方を回収できるとき、財の価格が平均総費用を下回れば、企業は市場

から退出する。
- 参入と退出が自由な市場では、経済上の利潤は長期的にはゼロになる。この長期均衡では、すべての企業が効率的規模で生産し、価格は平均総費用の最小値に等しく、企業数はこの価格で需要量を満たすように調整される。
- 需要の変化は、時間軸によって異なる効果をもたらす。短期的には需要の増加は価格を上昇させ、利潤をもたらし、需要の減少は価格を低下させ、損失をもたらす。しかし、企業が自由に市場に参入し、市場から退出できるのであれば、長期的には、企業の数は市場を利潤ゼロ均衡に戻すように調整される。

第Ⅴ部　企業行動と産業組織

理解度確認テスト

1. 競争市場の主な特徴はどのようなものか。

2. 企業の収入と利潤の違いを説明しなさい。企業はどちらを最大化するか。

3. 典型的な企業の費用曲線を描きなさい。競争企業が、利潤を最大化する生産量をどのように選ぶのかを説明しなさい。その生産水準において、企業の総収入と総費用をグラフに示しなさい。

4. どのような状況の下で、企業は一時的に操業を停止するのか、説明しなさい。

5. 企業はどのような状況の下で、市場から退出するか、説明しなさい。

6. 競争企業の価格は、短期的に限界費用に等しいか、長期的に限界費用に等しいか、あるいはその両方か、説明しなさい。

7. 競争企業の価格が平均総費用の最小値に等しくなるのは、短期的か、長期的か、あるいはその両方においてか、説明しなさい。

8. 市場の供給曲線は、通常、短期と長期とではどちらがより弾力的か、説明しなさい。

演習と応用

1. 多くの小型ボートは、グラスファイバーと原油を原料とする樹脂でできている。ここで原油価格が上昇したとする。
   a. 図を使って、個々のボート製造会社の費用曲線と市場の供給曲線がどうなるのかを示しなさい。
   b. 短期的にボート製造会社の利潤はどうなるだろうか。長期的にボート製造会社の数はどうなるだろうか。

2. リアの芝刈りサービス社は利潤を最大化する競争企業である。リアは芝生を1枚27ドルで刈っている。1日の総費用は280ドルで、そのうち30ドルは固定費用である。彼女は1日に10枚の芝を刈る。リアの操業停止に関する短期的決定と退出に関する長期的決定について説明しなさい。

3. 次の表のような総費用と総収入を考える。

生産量	0	1	2	3	4	5	6	7
総費用（ドル）	8	9	10	11	13	19	27	37
総収入（ドル）	0	8	16	24	32	40	48	56

   a. 各生産量における利潤を計算しなさい。利潤を最大化するために、企業はどれだけ生産すべきだろうか。
   b. 各生産量における限界収入と限界費用を計算しなさい。またそれをグラフにしなさい。（ヒント：全体の数字の間に点を描くこと。

たとえば、生産量2と3の間の限界費用は、2.5でグラフを描けばよい）。これらの曲線はどの点で交わるか。これは設問（a）の答えとどのような関係にあるだろうか。
   c. この企業は競争企業だと考えられるか。もしそうなら、この企業は長期均衡にあるだろうか。

4. ボールベアリング社の生産コストは以下の通りである。

生産量 （ケース）	総固定費用 （ドル）	総可変費用 （ドル）
0	100	0
1	100	50
2	100	70
3	100	90
4	100	140
5	100	200
6	100	360

   a. 各生産水準における平均固定費用、平均可変費用、平均総費用、限界費用を計算しなさい。
   b. ボールベアリング1ケースの価格は50ドルである。会社が利潤を上げられないのを見て、最高経営責任者（CEO）は操業停止を決定した。会社の利潤または損失はいくらか。操業停止は賢明な決断だろうか。説明しな

第15章　競争市場における企業

さい。

c. うろ覚えの経済学入門の講義を思い出し、最高財務責任者がCEOに、その生産量では限界収入が限界費用に等しいので、ボールベアリングを1ケース生産したほうがよいと言った。その生産量における会社の利潤または損失はいくらだろうか。1ケースの生産は最良の決定だろうか。説明しなさい。

5. 出版産業が競争的であり、長期均衡で始まるとする。

a. その業界の典型的な企業の平均総費用、限界費用、限界収入、供給曲線を示す図を描きなさい。

b. ハイテク出版は、書籍の印刷コストを大幅に削減する新しいプロセスを発明した。ハイテク出版の特許によって他の出版社が新技術を使用できない場合、ハイテク出版の利潤と短期における書籍の価格はどうなるか。

c. 特許が切れ、他の出版社がその技術を自由に使えるようになる場合、長期的にはどうなるだろうか。

6. 競争市場において、ある企業が500ドルの総収入を得ており、限界収入は10ドルだとする。平均収入はいくらか。また何単位を販売しているか。

7. 競争市場における利潤最大化企業は、現在100単位の生産を行っている。平均収入は10ドル、平均総費用は8ドル、固定費用は200ドルである。

a. 利潤はいくらか。

b. 限界費用はいくらか。

c. 平均可変費用はいくらか。

d. 企業の効率的規模は100単位以上だろうか、それ以下だろうか、あるいはちょうど100単位だろうか。

8. 肥料市場は完全競争的である。市場における企業は生産を行っているが、現在経済的損失を被っている。

a. 肥料製造の平均総費用、平均可変費用、限界費用と比較して肥料の価格はどのくらいだろうか。

b. 典型的な企業と市場の現在の状態を示す2つのグラフを並べて描きなさい。

c. 需要曲線にも企業の費用曲線にも変化がないと仮定して、肥料の価格、限界費用、平均総費用、各企業の供給量、市場への総供給量に長期的にどのようになるか、説明しなさい。

9. エクテニア市のアップルパイ市場は競争的であり、次のような需要計画である。

価格（ドル）	需要量（個）
1	1,200
2	1,100
3	1,000
4	900
5	800
6	700
7	600
8	500
9	400
10	300
11	200
12	100
13	0

市場の各生産者の固定費用は9ドルで、限界費用は以下のようになっている。

生産量	限界費用（ドル）
1	2
2	4
3	6
4	8
5	10
6	12

a. 1から6個までのアップルパイの各数量について、各生産者の総費用と平均費用を計算しなさい。

b. 現在、アップルパイ1個の価格が11ドルである。何個のアップルパイが売れるだろうか。各生産者は何個のパイを作るだろうか。生産者は何人存在するだろうか。各生産者の利潤はいくらになるだろうか。

c. 設問（b）の状況は長期均衡だろうか。その

第Ⅴ部　企業行動と産業組織

理由も答えなさい。

d. 長期的には、参入と退出が自由であるとする。各生産者は長期均衡でいくらの利潤を得るだろうか。市場価格はいくらか。各生産者は何個のアップルパイを生産するだろうか。市場で売られるアップルパイの数はどれくらいか。また、アップルパイ生産者は何人存在するだろうか。

10. ある業界には現在100社存在し、各社の固定費用は16ドル、平均可変費用は以下の通りである。

生産量	平均可変費用（ドル）
1	1
2	2
3	3
4	4
5	5
6	6

a. 1から6までの各生産量について、限界費用と平均総費用を計算しなさい。

b. 均衡価格は現在10ドルである。各企業の生産量はどれくらいか。市場の総供給量はどれくらいか。

c. 長期的には、企業は市場への参入と市場からの退出が可能であり、すべての参入企業は上記と同じコスト構造を持つ。この市場が長期均衡に移行するとき、価格は上がるか、それとも下がるか。需要量は増加するか、あるいは減少するか。各企業による供給量は増加するか、減少するか。説明しなさい。

d. この市場の長期供給曲線をグラフにし、関連する軸に具体的な数値を記入しなさい。

11. ある競争産業における各企業の費用は、次のようになっている。

総費用：$TC = 50 + 1/2q^2$
限界費用：$MC = q$

ここでqは個々の企業の生産量である。
この財の市場需要曲線は次のとおりである。

需要：$Q^D = 120 - P$

ここでPは価格であり、Qは財の総量である。現在、市場には9社が存在する。

a. 各企業の固定費用はいくらか。また可変費用はいくらか。また、平均総費用を表す式を示しなさい。

b. qが5から15の場合の平均総費用曲線と限界費用曲線をグラフにしなさい。平均総費用曲線が最小になるのはどの生産量だろうか。その生産量での限界費用と平均総費用はいくらになるか。

c. 各企業の供給曲線の式を示しなさい。

d. 企業数が固定されている場合の短期的な市場供給曲線を表す式を示しなさい。

e. この市場の短期的な均衡価格と生産量はいくらか。

f. この均衡において、各企業はどれだけ生産するか。各企業の利潤または損失を計算しなさい。また、各企業に参入または退出するインセンティブがあるか。

g. 長期的に、参入と退出が自由である場合、この市場の均衡価格と生産量はいくらか。

h. この長期均衡において、各企業はどれだけ生産するか。また、市場には何社の企業が存在しているか。

理解度確認クイズの解答

1. c　**2.** d　**3.** b　**4.** d　**5.** a　**6.** d　**7.** c　**8.** c

第16章

Chapter 16
Monopoly

独占

　1990年代、パーソナル・コンピュータを所有していたなら、ほとんどの場合、マイクロソフトが販売するオペレーティング・システム（OS）、ウィンドウズの何らかのバージョンを使っていただろう。そして今日においても、ウィンドウズはいまだに人気がある。マイクロソフトがウィンドウズを最初に設計したとき、同社は政府に著作権を申請し、政府から取得した。この著作権により、マイクロソフトはウィンドウズOSのコピーを作成・販売する独占的権利を得た。コピーを買いたい人は、マイクロソフトが製品に課す約100ドルを支払うしかない。最近では、他のOSも入手可能だが、それらは全く異なるものである場合がある。マイクロソフトはウィンドウズによって市場を**独占**（monopoly）していると言われる。

　マイクロソフトの経営判断は、前章で展開した企業行動モデルではあまりうまく説明できない。前章では、多くの企業がほぼ同質財を提供する競争市場について分析しており、企業は受取価格に対してほとんど影響力を持たなかった。対照的に、独占企業には競合他社がいないため、自社製品の市場価格を左右する力を持っている。競争企業が**プライステイカー（価格受容者）**であるのに対し、独占企業は**プライスメーカー（価格設定者）**である。

　本章では、この市場支配力の意味を検討する。市場支配力は、企業が財を生産する際に発生するコストと、その財を販売する際の価格との関係を変化させることがわかるだろう。これまで、競争企業は、市場において生産物の価格が所与であると

331

第Ⅴ部　企業行動と産業組織

し、価格が限界費用に等しくなるように供給量を選択することを見てきた。独占企業は異なり、限界費用を上回る価格を要求する。実際、この手段はマイクロソフトのウィンドウズを見れば明らかである。ウィンドウズの限界費用（消費者がコピーを1つダウンロードする際にマイクロソフトが負担する追加コスト）はわずかである。ウィンドウズの市場価格は限界費用の何倍にもなる。

独占企業が自社製品に高い価格をつけるのは驚くことではない。独占企業の顧客は、独占企業が請求する料金に対して支払いが不可欠であるように見えるかもしれない。しかし、もしそうなら、なぜマイクロソフトはウィンドウズのコピーに1,000ドル、あるいは1万ドルを請求しないのだろうか。その理由は、もし価格がそれほどに高ければ、買う人が減ってしまうからである。コンピュータを買う人が減り、他のOSに乗り換えたり、違法コピーを作ったりするだろう。独占企業は販売価格をコントロールすることができるが、高い価格は需要量を減少させるため、独占企業の利潤は無限ではない。

本章では、独占企業がどのように生産と価格決定を行うかを検討する中で、独占が社会全体に及ぼす影響について考察する。独占企業は、競争企業と同様、利潤の最大化を目指しているが、この目標の追求がもたらす影響は大きく異なる。競争市場では、利己的な消費者と生産者は、あたかも見えざる手に導かれるかのように、一般的な経済厚生（経済的幸福度）を促進する均衡に達する。しかし、独占企業は競争による歯止めがないため、独占市場の結果の多くは社会の利益にはならない。

第1章の**経済学の10原則**の1つに、「政府は市場のもたらす結果を改善できる場合がある」というものがある。本章では、独占が引き起こす非効率性を検証し、政府の政策立案者がこれらの問題にどのように対応できるかを議論することで、この原則にさらに着目する。たとえば、アメリカ政府はマイクロソフトのビジネス上の意思決定を注視している。1994年、政府はマイクロソフトが家計簿ソフトウェア大手販売会社であるインテュイット社を買収するのを阻止した。同様に1998年、司法省は、マイクロソフトがブラウザーをインターネット・エクスプローラーに統合し始めたとき、このやり方は同社の市場支配力を新たな分野に拡大すると主張して反対した。近年、国内外の規制当局は、アップル、グーグル、アマゾンなど、市場支配力を拡大しつつある企業に焦点を移しつつあるが、マイクロソフトが独占禁止法を遵守しているかどうかの監視は続けている。

1　なぜ独占が生まれるのか

独占 ……………………
（monopoly）
代替品のない製品の唯一の販売者である企業

企業が**独占**であるとは、代替品のない製品の唯一の販売者である場合である。独占の根本的な原因は**参入障壁**（barriers to entry）である。すなわち独占企業がその市場で唯一の販売者であり続ける理由は、他の企業が参入して競争することができないからである。参入障壁には、主に3つの原因がある。

- **資源の独占**：単一企業が生産に必要な主要な資源を所有する。
- **政府の規制**：政府が、ある財やサービスを生産する独占的な権利を一企業に与

える。

- **生産過程**：単一企業は、多数の企業が生産するよりも低いコストで生産することができる。

このような参入障壁について、さらに説明しよう。

1-1 資源の独占

独占が発生する最も単純な方法は、単一の企業が重要な資源を所有することである。小さな町の水の市場を考えてみよう。数十人の住民が井戸を持っている場合、前章の競争市場のモデルが売り手の行動を説明する。供給者間の競争によって、1ガロンの水の価格は、1ガロン余分に汲み上げる限界費用に等しくなる。しかし、町に井戸が1つしかなく、他の場所から水を得ることが不可能な場合、井戸の所有者が独占することになる。驚くことではないが、独占企業は、競争市場のどの企業よりも大きな市場支配力を持っている。水のような必需品については、たとえ1ガロン余分に汲み上げる限界費用が低くても、独占企業はかなり高い価格を要求することができる。

主要資源の所有から生じる市場支配力の典型的な例は、ダイヤモンド企業のデビアスである。1888年、イギリス人実業家（でローズ奨学金の始祖）のセシル・ローズによって南アフリカに設立されたデビアスは、世界中のダイヤモンド鉱山から産出されるダイヤモンドの最大80％を支配したこともある。市場シェアは100％未満であるため、デビアスは正確には独占企業ではないが、それでも同社はダイヤモンドの市場価格に大きな影響力を及ぼしてきた。

重要な資源を独占的に所有することで独占が可能になることもあるが、実際にはそのようなことは比較的まれである。経済は大きく、資源は多くの人々に所有されている。財は国際的に取引されることが多いので、多くの市場の範囲は自然に世界規模となる。代替品のない資源を所有する企業の例はほとんどない。

1-2 政府による独占

多くの場合、独占は、政府がある個人や企業に財やサービスを販売する独占権を与えることで発生する。政治的な影響力によって独占者になろうとする者がその権利を得ることもある。かつて王たちは、友人や盟友に独占的な営業許可を与えた。独裁者たちは今もそうしている。公共の利益のために政府が独占を認めることもある。

特許法と著作権法は、政府がどのように独占を生み出すことができるかを示す2つの重要な例である。製薬会社が新薬を発見した場合、政府に特許を申請することができる。政府は、その薬が独創的であると判断すれば、特許を承認し、20年間その薬を製造・販売する独占権を会社に与える。同様に、小説家は本を書き上げた後、その本の著作権を持つことができる。著作権とは、作者の許可なしに誰も作品を売ることができないという政府の保証である。かろうじて自活している作家たちは、自分を独占者とは思っていないかもしれない。しかし、このことは、製品の唯一の売り手であることが、多数の買い手を保証するものではないことを示すにすぎ

ない。

特許法や著作権法の効果は目に見えやすい。これらの法律は1人の生産者に独占権を与えるため、競争下にある場合よりも高い価格と高い利潤をもたらす。しかし、特許法は望ましい行動も奨励する。製薬会社が発見した薬を独占できるようにすることで、特許法は製薬会社の研究を奨励する。著作権法は、著者に本の販売を独占させることで、より多くの、より良い本を書くことを奨励する。

特許と著作権を管理する法律には、便益とコストの両方がある。便益とは、創造的活動のインセンティブを高めることである。しかし、本章の後半で詳しく検討するが、独占価格設定というコストによって、ある程度相殺される。

1-3 自然独占

自然独占
(natural monopoly)
単一の企業が、2社以上の企業よりも低いコストで市場全体に財やサービスを供給できるために生じる独占の一種

ある産業が**自然独占**となるのは、財やサービスを単一の企業が2社以上の企業よりも低いコストで市場に供給できる場合である。これは、対象となる生産量の範囲において規模の経済がある場合に起こる。図16-1は、規模の経済を持つ企業の平均総費用を示している。この場合、単一の企業が最低コストであらゆる量の生産をすることができる。つまり、与えられた生産量に対して、企業数が多ければ多いほど、1社当たりの生産量は少なくなり、平均総費用は高くなる。

水道水の供給は、自然独占の一例である。町の住民に水を供給するためには、企業はパイプのネットワークを構築しなければならない。もし2社以上の企業が競争するとすれば、それぞれがネットワーク構築の固定費用を負担しなければならない。単一の企業が市場全体に水を供給する場合、平均総費用は最も低くなる。

その他の自然独占の例は第11章に登場した。**クラブ財**は排除可能であるが、消費において競合するものではないと指摘した。その例として、めったに利用されず混雑することがない橋がある。この橋は、通行料の徴収人が橋の利用を制限することができるため、排除可能である。ある人の橋の利用が他の人の橋の利用を妨げる

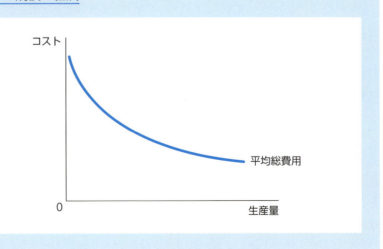

図 16-1 独占の原因としての規模の経済

ある企業の平均総費用曲線が継続的に低下している場合、その企業は自然独占と呼ばれる状態にある。この場合、生産がより多くの企業に分割されると、各企業の生産量は減少し、平均総費用は増加する。その結果、単一の企業がいかなる生産量においても最も低いコストで生産できる。

第16章　独占

ことはないので、橋は消費において競合しない。橋の建設には大きな固定費用がかかるが、利用者の増加による限界費用は無視できるので、平均総費用（総費用を通行回数で割ったもの）は通行回数が増えるにつれて減少し、橋は自然独占となる。

　企業が自然独占である場合、新規参入者がその独占力を脅かすことをそれほど心配しないでもよい。通常、企業は政府の保護や重要な資源の所有がなければ、独占的地位を維持することは困難である。独占企業の利潤は市場参入者を惹きつけ、参入者は市場をより競争的にする。対照的に、他社が自然独占している市場への参入は魅力的ではない。参入しようとする企業は、参入後に各々が市場の小さな分け前しか得られないために、独占企業が享受しているような低コストを達成できない。

　ある産業が自然独占かどうかは、市場の規模によって決まる場合もある。川にかかる橋を考えてみよう。人口が少ない場合、橋は自然独占となる可能性がある。単一の橋のみで、川を渡る全需要を最低コストで満たすことができるからである。しかし、人口が増え、橋が混雑するようになると、需要を満たすには複数の橋が必要になる。市場が拡大するにつれ、自然独占はより競争的な市場へと進化する可能性がある。

理解度確認クイズ

1. 政府による独占権の付与が望ましいのは、以下のどの場合か。

　　a. 熾烈な競争による悪影響を抑制する。

　　b. 産業の収益性を高める。

　　c. 発明や芸術的創造にインセンティブを与える。

　　d. 消費者が代替的供給者を選ぶ手間を省く。

2. 生産量が増加するにつれて＿＿＿＿＿＿を示す場合、企業は自然独占である。

　　a. 総収入の増加

　　b. 限界費用の増加

　　c. 限界収入の減少

　　d. 平均総費用の減少

➡ （解答は章末に）

2　独占企業が生産と価格決定を行う方法

　独占がどのように発生するかを見てきたところで、独占企業がどのように生産量と価格を決定するかを考えてみよう。この節の独占行動の分析は、独占が望ましいかどうか、また独占市場において政府がどのような政策を進めるかを評価する際の出発点となる。

2-1　独占と競争

　競争企業と独占企業の重要な違いは、独占企業がその生産物の価格に影響を与える能力があるかどうかである。競争企業は、事業を展開する市場に対して相対的に規模が小さいため、その生産物の価格に影響を与える力を持たない。競争企業は、市場の条件によって与えられた価格をそのまま所与とする。対照的に、独占企業はその市場において唯一の生産者であるため、供給量を調整することによって財の価

335

格を変えることができる。

競争企業と独占企業のこの違いを見る1つの方法は、それぞれが直面する需要曲線を考えることである。前章の競争企業の分析では、市場価格を水平線として描いた。競争企業は、この価格であればいくらでも、あるいはわずかでも売ることができるので、図16-2のパネル (a) のように、水平な需要曲線に直面する。事実上、競争企業は多くの完全代替物（市場内の他のすべての企業の製品）を持つ製品を販売しているため、どの企業の需要曲線も完全に弾力的である。

対照的に、独占企業はその市場で唯一の生産者であるため、その需要曲線は単に市場の需要曲線となり、図16-2のパネル (b) のように右下がりになる。独占企業がその財の価格を上げれば、消費者の購入量は減る。別の言い方をすれば、独占企業が生産し、販売する生産量を減らせば、その生産物の価格は上昇する。

市場需要曲線は、独占企業がその市場支配力から利潤を得る能力に制約を与える。独占企業は、高い価格をつけ、その高い価格で大量に販売することを望むだろう。しかし、需要曲線はそのような結果を不可能にする。市場の需要曲線は、独占企業が利用できる価格と数量の組み合わせを表している。生産量（またはそれに相当する価格付け）を調整することによって、独占企業は需要曲線上の任意の点を選ぶことができるが、需要曲線より上の点を選ぶことはできない。

独占企業はどのような価格と生産量を選択するのだろうか。競争企業と同様、独占企業の目標は利潤の最大化であると仮定する。企業の利潤は総収入から総費用を差し引いたものであるため、独占的行動を説明する上での次の課題は、独占企業の収入を検討することにある。

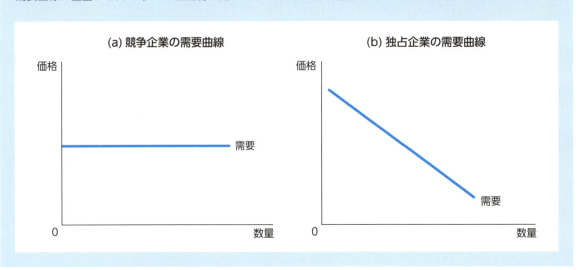

図16-2 競争企業と独占企業の需要曲線

パネル(a) のように、プライステイカーである競争企業は、水平な需要曲線に直面する。競争企業は、現在の価格で望むだけ販売できる。しかし、独占企業はその市場で唯一の生産者であるため、パネル(b) のように右下がりの需要曲線に直面する。より多くの生産物を売りたければ、より低い価格を受け入れなければならない。

第16章　独占

2-2 独占企業の収入

　ある町の水の生産者が単一の場合を考えてみよう。表16-1は、独占企業の収入が水の生産量にどのように依存するかを示している。

　(1) 列と (2) 列は独占企業の需要計画を示している。独占企業が1ガロンの水を生産する場合、その1ガロンを10ドルで売ることが可能である。2ガロン生産する場合、2ガロンとも売るには価格を9ドルに下げなければならない。3ガロン生産すれば、価格を8ドルに下げなければならない。この2列の数字をグラフにすると、典型的な右下がりの需要曲線になる。

　表の(3)列は独占企業の**総収入**を表している。これは、販売数量((1)列)×価格((2)列) に等しい。(4) 列は、企業の**平均収入**、すなわち企業が販売単位当たりに受け取る金額を計算している。平均収入は、(3) 列の総収入を (1) 列の生産量で割って算出される。前章で説明したように、平均収入は常に財の価格に等しい。これは独占企業にも競争企業にも当てはまる。

　表16-1の (5) 列は、企業の**限界収入**、すなわち、企業が生産量を1単位増やすごとに受け取る収入額を計算したものである。限界収入は、生産量が1単位増加した

表16-1　独占企業の総収入、平均収入、限界収入

(1) 水の量（ガロン） (Q)	(2) 価格（ドル） (P)	(3) 総収入（ドル） ($TR = P \times Q$)	(4) 平均収入（ドル） ($AR = TR/Q$)	(5) 限界収入（ドル） ($MR = \Delta TR/\Delta Q$)
0	11	0	—	
				10
1	10	10	10	
				8
2	9	18	9	
				6
3	8	24	8	
				4
4	7	28	7	
				2
5	6	30	6	
				0
6	5	30	5	
				−2
7	4	28	4	
				−4
8	3	24	3	

ときの総収入の変化を取ることによって計算される。たとえば、水の生産量が3ガロンから4ガロンに増加した場合、会社が受け取る総収入は24ドルから28ドルに増加する。4ガロンの販売からの限界収入は、28ドル−24ドル、すなわち4ドルである。

表16-1は、独占行動の基本モデルにおける重要な結果を示している。すなわち、**独占企業の限界収入は、その財の価格よりも小さい**。たとえば、会社が水の生産量を3ガロンから4ガロンに増やした場合、1ガロンを7ドルで販売しても、総収入は4ドルしか増えない。独占の場合、右下がりの需要曲線のため、限界収入は価格よりも低くなる。販売量を増やすには、独占企業はすべての顧客に課する価格を下げなければならない。4ガロン目の水を販売するためには、独占企業は最初の3ガロンごとに1ドル少ない収入しか得られない。この3ドルの損失が、4ガロン目の価格（7ドル）と4ガロン目の限界収入（4ドル）の差となる。

独占企業の限界収入は、競争企業の限界収入とは大きく異なっている。独占企業が販売量を増やした場合、総収入 ($P \times Q$) には以下の2つの影響がある。

- **生産効果**：より多くの生産物が販売されるため、Q が高くなり、総収入が増加する。
- **価格効果**：価格が下がるので P が低くなり、総収入が減少する。

競争力のある企業は市場価格で売りたいだけ売ることができるので、価格効果は存在しない。生産量を1単位増やすと、その分に対して市場価格を受け取り、すでに販売していた分の収入が減るわけではない。つまり、競争企業はプライステイカーであるため、その限界収入は財の価格に等しい。対照的に、独占企業が生産を1単位増やすと、販売する単位ごとに価格を下げなければならず、この価格引き下げによって、すでに販売していた単位からの収入は減少する。その結果、独占企業の限界収入はその価格よりも小さくなる。

図16-3は、独占企業の需要曲線と限界収入曲線をグラフにしたものである（独占の価格は平均収入に等しいので、需要曲線は平均収入曲線でもある）。最初に売られる単位の限界収入は財の価格に等しいので、これら2つの曲線は常に縦軸上の同じ点から始まる。しかし、先ほど説明した理由により、最初の1単位目以降のすべての単位で独占企業の限界収入は価格よりも小さくなる。これが独占の限界収入曲線が需要曲線の下にある理由である。

図16-3（および表16-1）を見れば、限界収入がマイナスになる可能性もある。これは、収入に対する価格効果が生産効果よりも大きい場合に生じる。この場合、生産量が1単位増えると、価格が十分に下落するため、企業は販売量を増やしても収入は減少してしまう。

2-3 利潤の最大化

さて、独占企業の収入について考えたところで、次は企業がどのように利潤を最大化するかを検討する準備が整った。第1章で**経済学の10原則**の1つに「合理的な

図 16-3　独占企業の需要曲線と限界収入曲線

需要曲線は、販売数量が価格にどのように影響するかを示している。限界収入曲線は、生産量が1単位増加したとき、企業の収入がどのように変化するかを示している。独占が生産を増加させる場合、すべての単位の販売価格は下落しなければならないので、限界収入は価格よりも小さくなる。

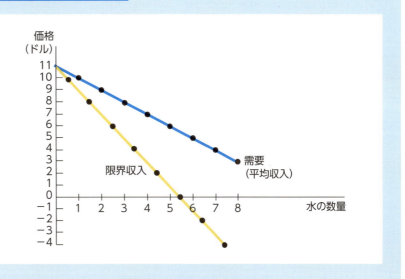

人々は「限界的に」考える」があったことを思い出してほしい。この教訓は、競争企業と同様に独占企業にも当てはまる。ここでは、独占企業が生産量をどこにするのかを決定する際に、限界分析の論理を適用する。

図16-4は、独占企業の需要曲線、限界収入曲線、費用曲線をグラフにしたものである。これらはすべて見覚えがあるはずである。需要曲線と限界収入曲線は図16-3と同じであり、費用曲線は前の2章で見たのと同様である。これらの曲線には、利

図 16-4　独占企業の利潤最大化

独占企業は、限界収入が限界費用に等しくなる数量（A点）を選択することによって利潤を最大化する。次に、需要曲線を用いて、消費者がその数量を買うような価格（B点）を見つける。

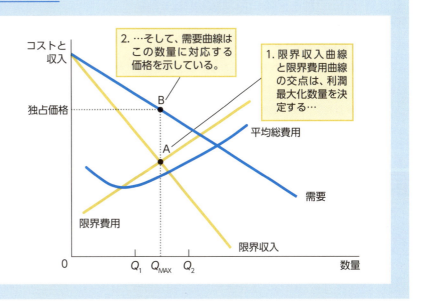

第Ⅴ部　企業行動と産業組織

潤を最大化する独占企業が選択する生産水準を決定するために必要なすべての情報が含まれている。

企業が、Q_1のような低い生産水準で生産しているとする。この場合、限界収入は限界費用を上回る。もし会社が生産を1単位増やせば、追加的収入は追加的コストを上回り、利潤は増加する。言い換えれば、限界収入が限界費用を上回る場合、会社は生産量を増やすべきである。

同様の議論は、Q_2のような高水準の生産量でも当てはまる。この場合、限界費用は限界収入を上回る。もし企業が生産を1単位減らすとすれば、節約されるコストは失われる収入よりも大きくなり、利潤が増加する。したがって、限界費用が限界収入を上回る場合、企業は生産量を減らすべきである。

最終的に、会社は限界収入が限界費用に等しくなる量であるQ_{MAX}に達するまで生産量を調整する。**独占企業の利潤最大化生産量は、限界収入曲線と限界費用曲線の交点によって決定される**。図16-4では、この交点はA点で発生する。

独占企業はどのようにして製品の利潤最大化価格を見つけるのだろうか。需要曲線がその答えを示してくれる。つまり、需要曲線は、顧客の支払用意額と販売数量との関係を示しているからである。独占企業は、利潤最大化生産量（$MR = MC$となる数量）を見つけた後、需要曲線に注目して、その数量で可能な最高価格をつける。図16-4では、利潤最大化価格はB点である。

ここで、競争企業と独占企業の結果を比較してみよう。両者には共通点がある。すなわち利潤を最大化するために、両社は限界収入が限界費用に等しくなるような生産量を選択する。しかし、重要な違いもある。利潤最大化数量において、価格は競争企業にとっては限界収入に等しいが、独占企業にとっては限界収入を上回る。つまり、

FYI　知識を深める　独占企業に供給曲線がない理由

これまで独占市場における価格について、市場の需要曲線と企業の費用曲線を用いて分析してきたが、市場の供給曲線については触れてこなかった。しかし、第4章で競争市場における価格を分析する際、最も重要な言葉は常に「需要」と「供給」であった。

供給曲線はどうなったのだろうか。独占企業は供給量を決定するが、独占企業には供給曲線はない。供給曲線は、企業がある価格で供給することを選ぶ数量を明らかにする。この概念は、プライステイカーである競争企業にとっては理にかなっている。しかし、独占企業はプライスメーカーであり、プライステイカーではない。このような企業が、与えられた価格でどれだけの量を生産するかを問うことには意味がない。その代わり、企業が供給する量を選択すると、その決定が需要曲線とともに価格を決める。

どれだけの量を供給するかという独占企業の決定は、独占企業が直面する需要曲線から切り離すことは不可能である。需要曲線の形状が限界収入曲線の形状を決定し、それが独占企業の利潤最大化生産量を決定する。競争市場では、需要曲線を知らなくても各企業の供給決定を分析することができるが、独占市場ではそうはいかない。したがって、独占企業の供給曲線について語ることは意味をなさない。

競争企業の場合：$P = MR = MC$
独占企業の場合：$P > MR = MC$

これは、競争と独占の重要な違いを浮き彫りにしている。すなわち、**競争市場では、価格は限界費用に等しい。独占市場では、価格は限界費用を上回る。**このあとすぐわかるように、この結果は、独占の社会的費用を理解する上で極めて重要である。

2-4 独占企業の利潤

独占企業はどれくらいの利潤を得られるのだろうか。独占企業の利潤をグラフで見るために、利潤は総収入（TR）から総費用（TC）を引いたものに等しいことを思い出してほしい。

利潤 = $TR - TC$

これを次のように書き換えることができる。

利潤 = $(TR/Q - TC/Q) \times Q$

TR/Q は平均収入で、これは価格 P に等しく、TC/Q は平均総費用 ATC である。したがって、

利潤 = $(P - ATC) \times Q$

となる。この利潤式（競争企業でも成り立つ）によって、グラフで独占企業の利潤を測ることができる。

図16-5の薄茶色の長方形を考えてみよう。ボックスの高さ（線分BC）は、価格か

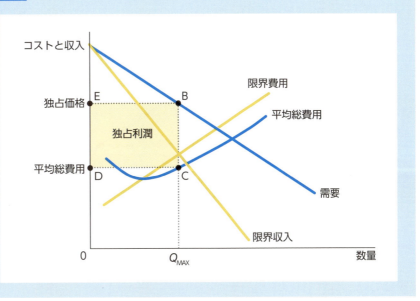

図 16-5　独占企業の利潤

長方形BCDEの面積は独占企業の利潤に等しい。長方形の高さ(BC)は価格から平均総費用を引いたもので、販売単位あたりの利潤に等しい。長方形の幅 (DC) は販売個数である。

341

ら平均総費用（$P-ATC$）を引いたもので、これは典型的な販売単位に対する利潤である。ボックスの幅（線分DC）は、販売数量Q_{MAX}である。この長方形の面積が独占の総利潤である。

表16-2は、独占企業がどのように利潤を最大化するかをまとめたものである。

表16-2　独占企業の利潤最大化ルール

1. 需要曲線から限界収入曲線を導出する。
2. $MR = MC$ となる Q を求める。
3. 需要曲線上で、消費者が Q を買う P を求める。
4. もし $P > ATC$ ならば、独占企業は利潤を得る。

ケーススタディ　独占的医薬品とジェネリック医薬品

われわれの分析によれば、独占市場と競争市場では価格の決定が異なる。この理論を検証するために最適な場として、両方の市場構造を持つ医薬品市場がある。ある企業が医薬品を発見すると、特許法によってその医薬品の販売が独占される。しかし、特許が切れると、どの企業もその医薬品を製造・販売できるようになる。その時点で、市場は独占的ではなく競争的になる。

特許が切れたら、理論的に薬価はどうなると予測されるのだろうか。図16-6は典型的な医薬品の市場を示している。ここでは、医薬品の生産にかかる限界費用は一

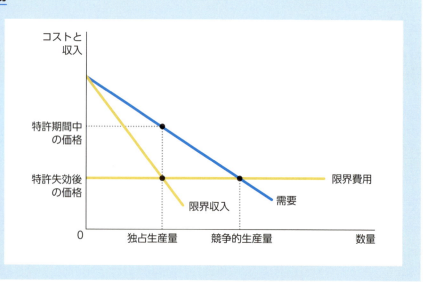

図16-6　医薬品市場

特許によって企業が医薬品の販売を独占している場合、企業は限界費用をはるかに上回る独占価格をつける。その医薬品の特許が失効すると、新しい企業が参入し、市場は競争的になり、価格は限界費用まで下がる。

第16章　独占

定であると仮定する（これは、医薬品の多くにほぼ当てはまる）。特許が存続する間は、独占企業は限界収入が限界費用に等しくなる量を生産し、限界費用を大きく上回る価格づけをすることで利潤を最大化する。しかし、特許が切れると、医薬品の製造から得られる利潤によって、新しい企業が市場に参入するようになる。競争により、価格は限界費用に等しくなるように低下するだろう。

　経験則がこの理論を裏づけている。医薬品の特許が切れると、他社がすぐに参入し、かつての独占企業の先発品と化学的に同一のジェネリック医薬品を販売し始める。理論が予測したとおり、競争的に製造されたジェネリック医薬品は、独占企業がつけた価格よりもかなり低い価格で販売される。

　しかし、特許が切れたからといって、独占企業がすべての市場力を失うわけではない。消費者の中には、新しいジェネリック医薬品が長年使用してきた医薬品と同じではないことを恐れて、先発医薬品を使い続ける人がいる。その結果、かつての独占企業は新しい競合企業よりも高い価格づけができる。

　たとえば、何百万人ものアメリカ人が服用している抗うつ剤フルオキセチンは、もともとプロザックという商品名で販売されていた。2001年に特許が切れて以来、消費者は先発品とジェネリックのどちらかを選ぶことができるようになった。プロザックは現在、ジェネリックのフルオキセチンよりもはるかに高い価格で販売されている。この価格差が続いているのは、2つの薬が完全な代替品であることを疑う消費者がいるからである。

理解度確認クイズ

3. 単一の価格を課す独占の利潤最大化の場合、価格P、限界収入MR、限界費用MCの間にはどのような関係があるか。

　a. $P = MR$であり、$MR = MC$である。

　b. $P > MR$であり、$MR = MC$である。

　c. $P = MR$であり、$MR > MC$である。

　d. $P > MR$であり、$MR > MC$である。

4. 独占企業の固定費用が増加した場合、その価格は_____、その利潤は_____。

　a. 増加し ― 減少する

　b. 減少し ― 増加する

　c. 増加し ― 変化しない

　d. 変化せず ― 減少する

➡（解答は章末に）

3　独占の厚生コスト

　独占は市場をまとめあげるのに良い方法だろうか。競争企業とは異なり、独占企業は限界費用を上回る価格づけをする。消費者にとって、この高価格によって独占は望ましくないものである。しかし、企業の所有者にとっては、高い価格はより多くの利潤を生み出し、独占を非常に魅力的なものにする。企業の所有者にとっての便益が消費者に課されるコストを上回り、社会全体の観点から、独占が望ましいも

のになることはあるだろうか。

　この疑問には、厚生経済学のツールを使って答えることができる。第7章を思い出してほしい。総余剰は市場における買い手と売り手の経済厚生（経済的幸福度）を測定することを学んだ。総余剰は、消費者余剰と生産者余剰の合計である。消費者余剰は、消費者が財に対して支払用意から、実際に支払う金額を差し引いたものである。生産者余剰とは、生産者が財を受け取る金額から、それを生産するコストを差し引いたものである。この場合、生産者は1人であり、独占企業である。

　この分析結果はおそらく想像がつくだろう。第7章では、競争市場における需要と供給の均衡は自然な結果であるだけでなく、望ましいものでもあると結論づけた。市場の見えざる手は、総余剰を可能な限り大きくする資源配分を導く。しかし、独占は競争市場とは異なる資源配分をもたらすため、その結果は何らかの形で、経済的幸福の総和を最大化することができない。その理由を見てみよう。

3-1 死荷重

　もし独占企業が、第7章で紹介したような善意ある社会計画者からなる委員会によって運営されていたら、どのような行動を取るかを考えてみよう。社会計画者は、会社所有者の利潤だけでなく、消費者が受ける便益にも気を配る。社会計画者は、生産者余剰（利潤）に消費者余剰を加えた総余剰を最大化したいのである。総余剰は、消費者にとっての財の価値から、独占的生産者が負担した財の製造コストを差し引いたものに等しいことを思い出してほしい。

　図16-7は、社会計画者がどのように独占の生産水準を選択するかを分析したもの

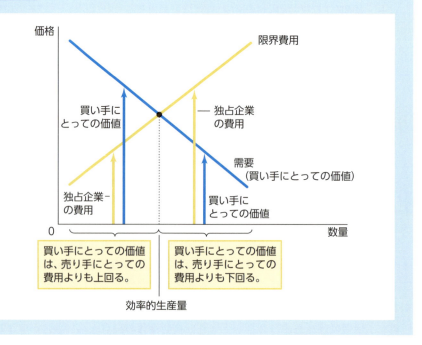

図16-7　効率的な生産水準

社会計画者は、需要曲線と限界費用曲線が交差する生産水準を選択することで、市場における総余剰を最大化する。この水準以下では、（需要曲線に反映されるように）限界的な買い手にとっての財の価値は、財を作る限界費用を上回る。この水準より上では、限界的な買い手にとっての価値は限界費用を下回る。

である。需要曲線は、消費者の支払用意によって測られる、消費者にとっての財の価値を反映している。限界費用曲線は、独占者のコストを反映している。したがって、**社会的に効率的な生産量は、需要曲線と限界費用曲線が交わるところで見つけられる**。この数量以下では、消費者にとっての追加的な1単位の価値は、提供するコストを上回るため、生産量を増加させれば総余剰が増加する。この数量より上では、追加的1単位を生産するコストが消費者にとってのその1単位の価値を上回るので、生産を減少させれば総余剰が上昇する。最適量では、消費者にとっての追加的1単位の価値は、生産にかかる限界費用にちょうど等しくなる。

社会計画者が独占企業を経営していた場合、企業は需要曲線と限界費用曲線の交点で見つかる価格づけをすることで、この効率的な結果を達成することができる。競争企業のように、そして利潤を最大化する独占企業とは異なり、社会計画者は限界費用に等しい価格づけをするだろう。この価格は、財の生産コストに関する正確なシグナルとなるので、消費者は効率的な数量を購入するだろう。

独占の厚生効果を評価するには、独占企業が選択する生産量と社会計画者が選択する生産量を比較すればよい。これまで見てきたように、独占企業は、限界収入曲線と限界費用曲線が交わる生産量を生産・販売することを選択し、社会計画者は、需要曲線と限界費用曲線が交わる数量を選択する。図16-8はその比較である。**独占企業の生産量は、社会的に効率的な生産量よりも少ない。**

独占の非効率性を、独占企業の価格という観点から見ることもできる。市場の需要曲線は、財の価格と数量の間の負の関係を表すため、非効率的に低い数量を生産することは、非効率的に高い価格づけをすることと同じである。独占企業が限界費

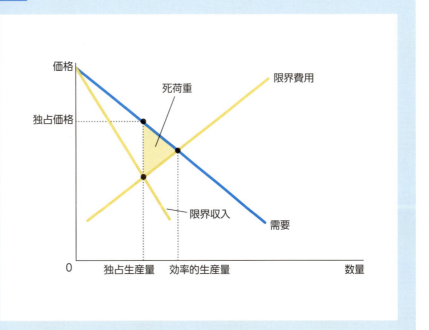

図 16-8　独占の非効率性

独占企業は限界費用以上の価格をつけるため、その財にコスト以上の価値を見いだす消費者全員がその財を購入するわけではない。つまり、独占によって生産・販売される数量は、社会的に効率的な水準を下回ることになる。死荷重は、(消費者にとっての財の価値を反映している)需要曲線と(独占的生産者のコストを反映している)限界費用曲線の間の三角形の面積で表される。

用を上回る価格をつけると、潜在的な消費者の中には、その財を限界費用よりも高いが、独占企業の価格よりも低く評価する者が出てくる。このような消費者は、その財を購入しない。なぜなら、消費者にとっての財の価値は、それを提供する企業のコストを上回るので、この結果は非効率的である。独占的な価格設定は、相互に有益な取引が行われることを妨げることがある。

独占の非効率性は、図16-8に示すように、死荷重の三角形で測ることができる。需要曲線は消費者の価値を反映し、限界費用曲線は独占企業のコストを反映しているため、需要曲線と限界費用曲線の間の死荷重の三角形の面積は、独占価格設定によって失われた総余剰に等しい。これは、独占企業が市場支配力を用いた結果生じる経済的幸福の減少を表している。

独占による死荷重は、税による死荷重と似ている。ある意味で、独占企業は私的な徴税人のようなものである。第8章にあったように、財に課税すると、消費者の支払用意（需要曲線に反映される）と生産者のコスト（供給曲線に反映される）の間に差が生じる。独占企業は限界費用以上の価格を課すことで市場支配力を行使するため、同様のくさびが生じる。どちらの場合も、生じたくさびによって販売量が社会的最適量を下回ることになる。この2つのケースの違いは、税が政府に歳入をもたらすのに対し、独占価格は企業に利潤をもたらすということである。

3-2 独占利潤は社会的コストか

独占企業は国民を犠牲にして「利潤を得ている」と批判したくなることがある。確かに、独占企業はその市場支配力によって利潤を得ている。しかし、独占の経済学的分析によれば、企業が利潤を得ること自体は必ずしも社会にとって問題ではない。

独占市場における厚生には、すべての市場と同様、消費者と生産者の厚生が含まれる。独占価格のために消費者が生産者に1ドル余分に支払うと、消費者は1ドル損になり、生産者は同額の利益を得る。総余剰は、消費者余剰と生産者余剰の合計に等しいので、消費者から独占企業の所有者へのこの移転は、市場の総余剰には影響しない。言い換えれば、独占利潤そのものは、経済的パイが縮小するのではなく、生産者にとってはより大きなスライス、消費者にとってはより小さなスライスになるに過ぎないのである。消費者が何らかの理由で生産者よりも割を食うのでない限り（それは、経済効率の領域を超えた公平性に関する規範的判断となる）、独占利潤は社会的問題ではない。

問題はむしろ、独占企業が、総余剰を最大化する水準を下回る生産量を生産し、販売することである。死荷重は、その結果、経済のパイがどれだけ縮小したかを測るものである。この非効率性は、独占企業がつける高い価格と関連している。企業が限界費用よりも価格を上げると、消費者はより少ない単位でしか買わなくなる。しかし、それでも売れ続けることで得られる利潤は問題ではないことを忘れてはならない。問題は、非効率的に低い生産量に起因する。別の言い方をすれば、もし高い独占価格が一部の消費者の購買意欲を削がなければ、消費者余剰を減少させた分だけ生産者余剰を増加させ、総余剰は社会計画者によって達成された需要量と同じ

第16章　独占

になる。

　しかし、この結論には例外がある。独占企業が、市場で唯一の生産者としての地位を維持するために、追加的なコストを負担しなければならないとしよう。たとえば、政府によってつくられた独占企業は、独占を継続するよう議員を説得するためにロビイストを雇う必要があるかもしれない。この場合、独占企業は、独占利潤の一部をこれらの追加的コストの支払いに充てるかもしれない。もしそうであれば、独占による社会的損失は、これらのコストと生産高減少による死荷重をも含むことになる。

理解度確認クイズ

5. 社会的最適と比較して、独占企業は以下のどの選択をするか。

　a. 少なすぎる生産量と高すぎる価格

　b. 多すぎる生産量と安すぎる価格

　c. 多すぎる生産量と高すぎる価格

　d. 少なすぎる生産量と安すぎる価格

6. 独占による死荷重は、以下のどの理由で発生するか。

　a. 独占企業は競争企業よりも高い利潤を生み出すため

　b. 財の購入を見送る潜在的消費者の中には、その財をその限界費用よりも高く評価する者もいるため

　c. 財を購入する消費者は、限界費用よりも高い金額を支払わなければならず、消費者余剰が減少するため

　d. 独占企業は、価格と平均収入が等しくない生産量を選んでしまうため

➡（解答は章末に）

---

4 価格差別

　ここまでは、独占企業がすべての顧客に同じ価格を課すことを前提としてきた。しかし多くの場合、企業は同じ財を異なる顧客に異なる価格で販売している。この慣行は**価格差別**と呼ばれる（マーケティングの専門家は、「差別」という言葉が否定的に聞こえるせいか、これを**価格カスタム化**（price customization）と呼ぶこともある。本書では標準的な呼称を用いる）。

　価格差別を行う独占企業の行動を論じる前に、多くの企業が同じ財を市場価格で販売している競争市場では、価格差別は不可能であることに注意しよう。どの企業も、市場価格で希望通りすべて売ることができるため、顧客に対してより安い価格づけをしようとはしない。そして、もしどこかの企業が顧客に高い価格づけをしようとすれば、その顧客は他の企業から買ってしまうだろう。企業が価格差別を行うには、何らかの市場支配力がなければならない。

····· **価格差別**
（price discrimination）
同じ財を異なる顧客に異なる価格で販売するビジネス慣行

4-1 価格づけに関するたとえ話

　なぜ独占企業が価格差別をするのかを理解するために、ある例を考えてみよう。

第Ⅴ部　企業行動と産業組織

あなたがリーダロットという出版社の社長だとする。ベストセラー作家が新しい小説を書き上げた。物事を単純にするために、あなたは著者に本の独占権として一律200万ドル支払い、本の印刷コストはゼロだと仮定する。したがって、リーダロットの利潤は、本の販売による収入から著者に支払う200万ドルを差し引いたものになる。これらの仮定を踏まえた上で、リーダロットの社長であるあなたは、本の価格をどのように決定するだろうか。

最初のステップは、その本の需要を見積もることである。リーダロットのマーケティング部門は、この本は2種類の読者の関心を引くだろうとあなたに伝えている。すなわち30ドルでも喜んで払う熱狂的なファン10万人と、5ドル以下しか払わないあまり熱狂的でない読者40万人である。

もしリーダロットが全員に同じ価格を請求する場合、利潤を最大化する価格はいくらになるだろうか。考えなければならない価格が2つある。すなわち30ドルは、リーダロットが可能な10万人の熱烈なファンを惹きつけることができる最高価格であり、5ドルは、50万人の潜在的読者を惹きつけることができる最高価格である。この問題を解決するのは、単純な算数の問題である。30ドルの場合、リーダロットは10万部を販売し、300万ドルの収入、100万ドルの利潤を得る。5ドルなら、50万部売れ、売上は250万ドル、50万ドルの利潤を得る。利潤を最大化する戦略は、30ドルの価格付けをして、40万人の熱心でない読者を見切ることである。

リーダロットの決定は死荷重をもたらす。この本に5ドルの支払用意を持つ読者が40万人おり、彼らに本を提供する限界費用はゼロである。リーダロットが高い価格づけをすると、社会は200万ドルの総余剰を失う。この死荷重は、独占企業が限界費用を上回る価格づけをするたびに生じる非効率である。

今、リーダロットのマーケティング部門がある発見をしたとしよう。太平洋でこの2つの読者グループが分かれている。熱狂的なファンはオーストラリアに住み、そうでない読者はアメリカに住んでいる。また一方の国の読者は他の国の本を簡単に買うことができない。

よし！　リーダロットはすぐにマーケティング戦略を変更する。オーストラリアの読者10万人には30ドルの価格にし、アメリカの読者40万人には5ドルの価格をつける。これで、売上はオーストラリアで300万ドル、アメリカで200万ドル、合計500万ドルになった。利潤は300万ドルで、すべての顧客に同じ30ドルを請求した場合の100万ドルよりはるかに多い。リーダロットの社長として、あなたはこの価格差別戦略を受け入れる。

リーダロットの物語は仮定の話だが、多くの企業のビジネス慣行を表している。ハードカバー本、電子書籍、ペーパーバックの価格を考えてみよう。ある出版社が新しい小説を出版する場合、最初は高価なハードカバー版と、通常は廉価版の電子書籍を発売する。印刷物を好むがハードカバーの高価格は払いたくないという読者のために、後日、より安価なペーパーバック版を発売する。こうしたさまざまな版型の価格差は、限界生産費用の差をはるかに超えている。出版社は、ハードカバーを熱烈なファンに、e-bookをタブレットで読んでも構わない低価格を好む読者に、ペーパーバックを価格に敏感な印刷物を好む読者に販売することで価格差別を行

348

い、利潤を最大化している。

4-2 たとえ話の教訓

他のたとえ話と同様、リーダロットの物語は定型化されているが、いくつかの重要な真実を含んでいる。このたとえ話から、価格差別に関する3つの教訓を学ぶことができる。

第1は、価格差別は利潤を最大化する独占企業にとって合理的な戦略であるということである。異なる顧客に異なる価格を課すことで、独占企業は利潤を増やすことができる。要するに、価格差別を行う独占企業は、均一価格をつけるよりも各顧客の支払用意に近い価格づけをするのである。

第2の教訓は、価格差別が機能するためには、売り手は顧客の支払用意に応じて顧客を分けなければならない。リーダロットの物語では、顧客は地理的に分けられていた。しかし、独占企業は、年齢や収入など、他の違いを利用して顧客を区別することもできる。

この第2の教訓から導かれる副産物としては、ある種の市場の力が、企業による価格差別を防ぐことができるということである。そのような力の1つが**裁定**（arbitrage）であり、ある市場で財を安く買い、別の市場で高く売って価格差から利潤を得るプロセスである。この例でいうと、もしオーストラリアの書店がアメリカで本を購入し、オーストラリアの読者に転売できたとするならば、この裁定により、高い価格で本を買うオーストラリア人はいないため、リーダロットが価格差別をすることはなくなる。

3つ目の教訓は、最も驚くべきものかもしれない。価格差別は、総余剰で測られる厚生を高めることができる。リーダロットが30ドルの均一価格を設定した場合、40万人の熱狂的でない読者は、限界生産費用以上の価値づけをしているにもかかわらず、その本を手に入れることができないため、死荷重が生じることを思い出してほしい。しかし、リーダロットが価格差別を行うと、すべての読者が本を購入し、その結果は効率的となる。このように、価格差別は独占価格設定に内在する非効率性を排除することができる。

この例では、価格差別による厚生増加は、消費者余剰の増加ではなく、生産者余剰の増加として表れていることに注意したい。消費者が本を買ったからといって、厚生は改善しない。というのも、消費者が支払う価格は、彼らが本に置く価値とまったく等しいので、消費者余剰を得られない。価格差別による総余剰の増加はすべて、より高い利潤という形でリーダロットにもたらされる。

4-3 価格差別の分析

価格差別が厚生にどのような影響を与えるかについて、もう少し具体的に考えてみよう。まず、独占者が完全な価格差別を行うことができると仮定する。**完全価格差別**（perfect price discrimination）とは、独占者が各顧客の支払用意を正確に把握しており、各顧客に異なる価格を課すことができる状況を表す。この場合、独占企業は、顧客の支払用意にぴったり一致した価格を請求し、独占企業はすべての取引

で全部の余剰を得る。

図16-9は、価格差別の有無による生産者余剰と消費者余剰を示している。物事を単純にするために、この図は、一定の単位費用、すなわち限界費用と平均総費用が一定で等しいと仮定して描かれている。価格差別がない場合、企業は、パネル(a)のように、限界費用を上回る均一価格をつける。限界費用以上の価値を認める潜在的な顧客の中には、この高い価格では購入しないものもいるため、独占は死荷重を引き起こす。しかし、パネル(b)のように、企業が完全な価格差別を行うことができる場合、限界費用以上の価値を持つ顧客はすべてその財を購入し、支払用意額に応じて課金される。すべてが互恵的な取引となり、死荷重は発生せず、市場から得られる余剰はすべて利潤という形で独占的生産者にもたらされる。

もちろん現実には、価格差別は完璧ではない。顧客は、支払用意を示す看板を持って店に入ってくるわけではない。その代わり、企業は顧客を、若者と年配者、平日と週末の買い物客、アメリカ人とオーストラリア人、印刷物と電子書籍の読者といったグループに分けて価格差別を行う。リーダロットのたとえ話とは異なり、各グループ内の顧客は商品に対する支払用意が異なるため、完全な価格差別は不可能である。

この不完全な価格差別は、総余剰で測られる厚生にどのような影響を与えるのだろうか。このような価格制度の分析は複雑であり、この問いに対する一般的な答えはないことがわかる。均一価格の独占の結果と比較すると、不完全な価格差別は、市場の総余剰を上げることもあれば、下げることもあり、変わらないこともある。確実に言える唯一の結論は、価格差別が独占企業の利潤を高めるということである。

図16-9　価格差別がある場合とない場合の厚生

パネル(a)は、すべての顧客に同じ価格をつける独占市場を示している。この市場の総余剰は、利潤（生産者余剰）と消費者余剰の合計に等しい。パネル(b)は、完全な価格差別が可能な独占市場を示している。消費者余剰はゼロに等しいので、総余剰は企業の利潤に等しくなる。この2つのパネルを比較すると、完全な価格差別は利潤を増やし、総余剰を増やし、消費者余剰を減らすことがわかる。

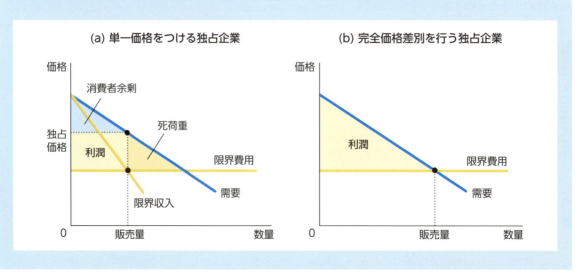

第16章　独占

そうでなければ企業は、すべての顧客に同じ価格をつけることを選ぶからである。

4-4　価格差別の例

　経済活動において企業は、顧客によって異なる価格づけをするために、さまざまな経営戦略を用いている。以下はその例である。

映画チケット　多くの映画館では、子供や65歳以上の客には、他の客よりも安い料金を課している。これは、価格が限界費用に等しい競争市場では説明しにくい。なぜなら、座席を提供する限界費用は、どの年齢の人にとっても同じだからである。しかし、映画館がある程度の地域独占力を持ち、子どもや高齢者のチケットに対する支払用意が低ければ、価格差は容易に説明できる。この場合、映画館は価格差別をすることで利潤を増やすことができる。

航空料金　飛行機の座席はさまざまな価格で販売されている。ほとんどの航空会社では、2都市間の往復航空券を購入する場合、旅行者が土曜日の夜を挟んで宿泊する場合、より安い料金を請求する。最初は、これは奇妙に思える。なぜ乗客が土曜の夜に泊まるかどうかが、航空会社にとって重要なのだろうか。その理由は、このルールによってビジネス客とレジャーの旅行客を分けることができるからである。出張のビジネス客は支払用意が高く、会議が週末に開催されることはめったにないため、土曜泊を希望しないことがほとんどだろう。しかし、休暇や友人や家族を訪問する旅行客の支払用意は低く、週末を目的地で過ごしたいと考える傾向が強い。航空会社にとって、土曜の夜に宿泊する旅行客に低料金を課すことで、価格差別に成功する。

割引の機会　多くの企業がオンラインや新聞、雑誌で割引クーポンを提供している。また、頻繁に発生する特別な日にオンライン割引を提供しているので、実際はそれほど特別でないこともある。割引を受けるには、購入者は単にクーポンを切り取るか、適切な日に購入すればよい。なぜ企業は悩むのだろうか。そもそも、なぜ商品の価格を値下げしないのだろうか。

　その答えは、こうした戦略によって企業は価格差別を行うことができるからである。企業は、すべての顧客がクーポンの切り抜きやオンラインバーゲンの巡回に時間を費やすことを望んでいるわけではないことを知っている。さらに、バーゲンを求める意欲は、顧客の財に対する支払用意に関係している。裕福で多忙なエグゼクティブは、そのようなことに時間を費やす可能性は低く、おそらく多くの財に対して高い価格を支払うことを厭わないだろう。失業者は、より安い財を探す傾向が強く、支払用意も低い。割引を求めるために時間を費やすことを厭わない顧客にのみ低価格を課すことで、企業は価格差別を成功させることができる。

学費援助　多くの大学が、家庭の収入に応じて学費の援助をしている。この方針を、一種の価格差別と見ることもできる。裕福な家庭の学生は、低所得の家庭の学生よ

351

第Ⅴ部　企業行動と産業組織

りも経済力があり、したがって支払用意も高い。高い授業料を徴収し、学費の援助を選択的に提供することで、学校は事実上、顧客にその学校に進学することの価値に基づいた価格づけを行っている。この行動は、価格差別を行う独占企業と同じである。

数量割引　ここまでの価格差別の例では、独占企業は異なる顧客に異なる価格づけをしている。しかし、独占企業は、同じ顧客に対して、その顧客が購入する単位ごとに異なる価格を請求することで、価格差別を行うこともある。たとえば、多くの企業は、大量に購入する顧客には低価格を提供する。あるパン屋は、ドーナツ1個を0.50ドルで、1ダースを5ドルで売るかもしれない。これは価格差別の一形態であり、顧客は12個目よりも1個目に高い価格を支払うからである。数量割引は価格差別の成功例であることが多いが、それは、顧客の追加購入に対する支払用意が、購入個数が増えるにつれて低下するからである。

理解度確認クイズ

7. 独占企業による価格差別とは、＿＿＿＿＿＿を基準として異なる価格を請求することである。

　a. 消費者の支払用意

　b. 消費者の人種または民族グループ

　c. 特定の消費者のために財を生産するコスト

　d. 消費者がリピート購入者になる可能性があるかどうか

8. 独占企業が単一価格から完全な価格差別に切り替えると、独占企業は＿＿＿＿＿＿を減少させる。

　a. 生産量

　b. 会社の利潤

　c. 消費者余剰

　d. 総余剰

➡（解答は章末に）

5　独占企業に対する公共政策

　競争市場とは異なり、独占企業は資源を効率的に配分することができない。独占企業は、社会的に望ましい生産量よりも少ない量を生産し、限界費用以上の価格を請求する。政府の政策立案者は、以下のいくつかの方法で独占の問題に対処することができる。

- 独占的な産業をより競争的にすること
- 独占企業の行動を規制すること
- 一部の私的独占企業を公営企業にすること
- 何もしないこと

5-1　独占禁止法による競争の拡大

コカ・コーラとペプシコが合併を望めば、連邦政府が発効前にその取引を精査す

第16章　独占

るだろう。司法省の弁護士や経済学者は、これら2つの大手清涼飲料会社の合併は、アメリカの清涼飲料市場の競争力を大幅に低下させ、その結果、国全体の幸福度を低下させると判断するかもしれない。そうなれば、司法省は法廷で合併を争うことになり、裁判官が同意すれば、両社の合併は認められない。伝統的に、コカ・コーラとペプシコのような同じ市場にある2社間の**水平合併**（horizontal mergers）には、裁判所は特に警戒を強めている。**垂直合併**（vertical mergers）、つまりタイヤ会社と自動車会社の合併のように、生産プロセスの異なる段階にある企業間の合併を阻止する可能性は低い。言い換えれば、ある企業が競合他社と合併を望む場合、その仕入先や顧客の1社と合併する場合よりも、より厳しい監視に直面することになる。

　政府は、独占的な力を抑制することを目的とした法律である**独占禁止法**（antitrust laws、**反トラスト法**ともいう）によって、民間産業に対してこのような力を行使する。アメリカで、これらの法律のうち最も古く最も重要なのは「シャーマン反トラスト法」であった。当時の支配的独占企業であった「トラスト」の市場力を低下させるために1890年に成立した。1914年に成立した「クレイトン反トラスト法」は、政府の権限を強化し、民間訴訟を許可した。連邦最高裁判所が言うように、反トラスト法は「自由で束縛のない競争を貿易のルールとして維持することを目的とした、包括的な経済的自由の憲章」である。

　独占禁止法は、競争を促進するための手段を政府に与えている。合併を阻止し、時には大企業を解体することもできる。独占禁止法はまた、企業が結託して競争を低下させることも禁じている。

　合併を阻止し、企業を解体することは、便益だけでなくコストももたらす。企業が合併することで、より効率的な共同生産が可能になり、コストが下がることもある。こうした利点は**シナジー効果**（synergies）と呼ばれる。たとば、アメリカの多くの銀行は近年、管理費を削減するために合併している。航空業界も統合を経験している。独占禁止法が社会厚生を向上させるためには、政府はどの合併が望ましく、どの合併が望ましくないかを判断できなければならない。つまり、シナジー効果による社会的便益と競争低下による社会的コストを測定し、比較しなければならない。政府が必要な費用便益分析を十分な精度で行えるかどうかは議論の余地がある。結局のところ、独占禁止法の適用については、専門家の間でも論争になることが多い。

5-2　規制

　政府が独占の問題に対処するもう1つの方法は、独占企業の行動を規制することである。この解決策は、水道会社や電力会社のような自然独占企業によく見られるもので、これらの会社がつける価格は政府によって規制されることが多い。

　自然独占の場合、政府はどのような価格を設定すべきだろうか。この問題は、一見したところ簡単ではない。ある人は、価格は独占企業の限界費用に等しいはずだと結論づけるかもしれない。価格が限界費用に等しければ、顧客は総余剰を最大化する独占企業の生産量を購入し、資源の配分は効率的になる。

　しかし、規制システムとしての限界費用価格形成には、現実的な問題が2つある。

353

第Ⅴ部　企業行動と産業組織

> | 専門家の見方 | 合併と競争 |

「もし規制当局が過去10年間にネットワーク化された大手航空会社間の合併を承認していなければ、旅行者は今日より良い暮らしをしていただろう」

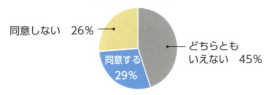

「アメリカ人はブロードバンド、ケーブルテレビ、電気通信サービスに対して高すぎる料金を支払っている」

（出所）IGM Economic Experts Panel, August 28, 2013, July 20, 2021.

第1は、費用曲線の論理から生じるものである。定義上、自然独占企業の平均総費用は減少している。前章で述べたように、平均総費用が低下している場合、限界費用は平均総費用よりも小さくなる。この状況は、固定費用が大きく、その後限界費用が一定になる企業を示した図16-10に示されている。規制当局が限界費用に等しい価格を設定した場合、その価格は企業の平均総費用を下回ることになり、企業は損失を被ることになる。そのような低い価格を設定する代わりに、独占企業は業界から撤退することになる。

規制当局はさまざまな方法でこの問題に対応することができるが、どれも完全ではない。1つの方法は、独占企業に補助金を出すことである。要するに、限界費用価格形成に内在する損失を政府が補填するのである。しかし、補助金を捻出するために、政府は課税によって資金を調達する必要があり、それ自体が死荷重を生む。あるいは、

図 16-10　自然独占における限界費用価格形成

自然独占は平均総費用が低下するため、限界費用は平均総費用を下回る。したがって、規制当局が自然独占企業に限界費用に等しい価格を要求すれば、その価格は平均総費用を下回ることになり、独占企業は損失を被ることになる。

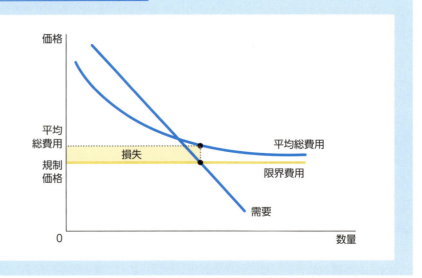

第16章 独占

規制当局は、独占企業が限界費用よりも高い価格づけをすることを認可することもできる。規制価格が平均総費用に等しければ、独占企業の経済上の利潤はゼロに等しい。しかし、平均費用価格形成は、独占者の価格がもはや財を生産する限界費用を反映していないため、死荷重につながる。要するに、平均費用価格形成は、独占企業が販売している財に対する税のようなものである。

規制システムとしての限界費用価格形成（平均費用価格形成も同様）の第2の問題点は、独占企業にコスト削減のインセンティブを与えないことである。競争市場の各企業は、コストを下げれば利潤が上がるので、コストを下げようとする。しかし、規制された独占企業が、コストが下がればいつでも規制当局が価格を引き下げることを知っていれば、独占企業はコスト削減の便益を受けることはない。実際には、規制当局は独占企業がコスト削減による便益の一部をより高い利潤という形で保持することを認めることでこの問題に対処しており、この慣行には限界費用価格形成からのある程度の逸脱が必要となる。

5-3 公的所有

独占に対処するための第3の政策は、公的所有である。つまり、民間企業が運営する自然独占を規制するのではなく、政府部門が自ら独占を運営するのである。この解決策はヨーロッパ諸国では一般的で、政府が電話会社、水道会社、電力会社などの公益事業を所有・運営している。アメリカでもかなり一般的である。政府が運営する郵便事業は、しばしば自然独占とみなされる。また、公営の水道会社や電力会社が全米に多数存在する。

自然独占の公的所有は多くの場合人々の支持を得るが、経済学者は公的所有よりも私的所有を好む。重要な問題は、所有権が生産コストにどのような影響を与えるかである。私的所有者は、高い利潤という形で便益の一部を得る限り、コストを最小限に抑えるインセンティブを持つ。もし経営者がコストを抑えるために悪い仕事をすれば、会社のオーナーは彼らを解雇するだろう。しかし、公務員が悪い仕事をすれば、損をするのは顧客と納税者であり、その唯一の頼みの綱は政治制度である。公務員は特別利益団体となり、政治制度を自分たちに有利なように変えようとするかもしれない。簡単に言えば、企業の効率的な運営を保証する方法として、投票所は利潤動機よりも信頼性が低いということである。

5-4 何よりも、危害を加えないこと

独占の問題を減らすことを目的とした前述の政策は、それぞれ欠点がある。そのため、独占価格形成に対処する際、政府は問題を悪化させないよう注意すべきだと主張する経済学者もいる。産業組織論の研究でノーベル経済学賞を受賞したジョージ・スティグラー（George Stigler）の評価を紹介しよう。

経済学の有名な定理に、競争企業経済は与えられた資源のストックから可能な限り最大の所得を生み出す、というものがある。この定理の条件に完全に一致するものはなく、現実の経済はすべて理想経済には及ばない。この差異は「市場の

第Ⅴ部　企業行動と産業組織

失敗」と呼ばれる。しかし、私の考えでは、アメリカ経済の「市場の失敗」の度合いは、現実の政治システムに見られる経済政策の不完全性から生じる「政治の失敗」の度合いよりもはるかに小さい。

この引用が示唆するように、政治の世界は時として、極めて不完全な市場よりもさらに完全性に欠ける。スティグラーの名を冠したシカゴ大学の研究所は、独占企業の権力と政治システムの間の不安定な関係を分析し続けている。最善の解決策は必ずしも明らかではない。すべてではないが、何もしないほうが賢明な場合もある。

理解度確認クイズ

9. 独占の規制当局は、以下のどの場合に、2社の合併を禁止する可能性が高いか。

a. 同業他社がたくさんある。

b. この組み合わせには相当なシナジー効果がある。

c. 合併会社は市場で大きなシェアを持つことになる。

d. 合併会社は低価格で競合他社と価格切り下げ競争を行うことになる。

10. 規制当局が自然独占企業に限界費用価格形成を課す場合、起こりうる問題は以下のどれか。

a. 消費者は、効率的である以上に多くの財を購入する。

b. 消費者は、効率的であるよりも少ない財しか買わなくなる。

c. 企業は損失を出し、市場から退出する。

d. 企業は過剰な利潤を上げる。

➡(解答は章末に)

6　結論：独占の広がり

　本章では、価格をコントロールできる企業の行動について論じてきた。このような企業の行動は、前章で検討した競争企業とは大きく異なることがわかった。表16-3は、競争市場と独占市場の主な類似点と相違点をまとめたものである。

　公共政策にとって重要な発見は、独占企業は効率的な生産量よりも少ない量を生産し、限界費用を上回る価格づけをするということである。その結果、独占は死荷重を引き起こす。価格差別は、時にこうした非効率性を軽減することができる。しかし、それ以外の場合には、政策立案者が積極的な役割を果たす必要がある。

　独占の問題はどの程度広がっているのだろうか。

　ある意味では、独占は普通のことである。ほとんどの企業は、自分たちのつけた価格をある程度コントロールできる。なぜなら、彼らの財は他の企業が提供するものと全く同じではないからである。テスラは電気自動車のマスタングと同じではない。ベン＆ジェリーズのアイスクリームはブレイヤーズと同じではない。これらの財はそれぞれ右下がりの需要曲線があり、これが生産者にある程度の独占力を与えている。

　しかし、実質的な独占力を持つ企業はまれである。ほかに存在しないような財はほとんどない。多くの財には、まったく同じではないにせよ、似たような代替品が

| 表16-3 | 完全競争対独占：要点比較 |

	完全競争	独占
類似点		
企業の最終目標	利潤最大化	利潤最大化
最大化のルール	$MR = MC$	$MR = MC$
短期で経済上の利潤を得ることができるか。	はい	はい
相違点		
企業の数	多数	1
限界収入	$MR = P$	$MR < P$
価格	$P = MC$	$P > MC$
経済厚生を最大化する水準の生産量を生産しているか。	はい	いいえ
長期的な参入があるか。	はい	いいえ
長期で経済上の利潤を得ることができるか。	いいえ	はい
価格差別化は可能か。	いいえ	はい

ある。ベン＆ジェリーズは、アイスクリームの価格を多少上げても売上をすべて失うことはないが、大幅に上げれば、顧客が他のブランドに乗り換えるため、売上は大幅に減少する。

　結局、独占力とは程度の問題である。多くの企業がある程度の独占力を持っているのは事実である。しかし、ほとんどの企業にとって、独占力は限定的である。多くの場合、たとえ正確にはそうでないとしても、企業が競争市場で事業を行っていると仮定しても、大きく間違ってはいないだろう。

第Ⅴ部　企業行動と産業組織

本章のポイント

● 独占とは、その市場における唯一の売り手のことである。独占は、単一の企業が重要な資源を所有している場合、政府が財を生産する独占権をその企業に与えた場合、または単一の企業が多くの企業よりも低いコストで市場全体を供給できる場合に発生する。

● 独占はその市場で唯一の生産者であるため、その製品に対する需要曲線は右下がりになる。独占企業が生産を１単位増やすと、その財の価格が下がり、生産されたすべての単位から得られる収入が減少する。その結果、独占企業の限界収入は、常にその財の価格よりも小さくなる。

● 競争企業と同様に、独占企業は限界収入が限界費用に等しくなる量を生産することで利潤を最大化する。そして、独占企業は、消費者がその量を需要する価格を設定する。競争企業とは異なり、独占企業の価格は限界収入を上回るため、その価格は限界費用を上回る。

● 独占企業の利潤最大化生産量は、消費者余剰と生産者余剰の合計を最大化する水準を下回る。つまり、独占が限界費用以上の価格をつけると、その財に生産コスト以上の価値を見いだす一部の消費者は、その財を買わなくなる。その結果、独占は、税金から生じるのと同様の死荷重をもたらす。

● 独占企業は、買い手の支払用意に基づいて同じ財に異なる価格を課すことで、しばしば利潤を増やすことができる。このような価格差別の実践は、そうでなければその財を買わない消費者にもその財を供給することで、経済厚生を向上させることができる。完全価格差別の極端なケースでは、独占による死荷重がなくなり、市場の余剰はすべて独占生産者にもたらされる。より一般的には、価格差別が不完全な場合、均一の独占価格による結果と比較して、厚生を上げることも下げることもできる。

● 政策立案者は、いくつかの方法で独占行動の非効率性に対応することができる。独占禁止法を使って、業界の競争力を高められる。独占企業が課す価格を規制できる。独占企業を政府が運営する企業に変えることもできる。あるいは、市場の失敗が政策の不可避の不完全性に比べて小さいと判断されれば、何もしないこともできる。

理解度確認テスト

1. 政府によってつくられる独占の例を挙げなさい。この独占の創出は、必ず悪い公共政策といえるであろうか。説明しなさい。

2. **自然独占**を定義しなさい。ある産業が自然独占であることと、市場の規模とは、どのような関係があるか。

3. なぜ独占企業の限界収入はその財の価格より小さいのか。限界収入がマイナスになることはあるのか。説明しなさい。

4. 独占企業の需要曲線、限界収入曲線、平均総費用曲線、限界費用曲線を描きなさい。利潤最大化生産量、利潤最大化価格、利潤額を示しなさい。

5. 問４の図に、総余剰を最大化する生産量を示しなさい。また独占による死荷重を示しなさい。そうなる理由を説明しなさい。

6. 価格差別の例を２つ挙げなさい。それぞれの場合において、なぜ独占企業がこのような事業戦略を選択するのかを説明しなさい。

7. 政府が企業間の合併を規制する権限を持つのはなぜか。社会厚生という観点から、合併が良いとされる理由を１つ、合併が悪いとされる理由を１つ述べなさい。

8. 規制当局が自然独占の企業に対して、限界費用に等しい価格を設定しなければならないと指示したとする。この場合に生じる２つの問題について説明しなさい。

358

第16章　独占

演習と応用

1. ある出版社が、人気作家の次回作について、次のような需要計画に直面している。

価格（ドル）	需要量（冊）
100	0
90	100,000
80	200,000
70	300,000
60	400,000
50	500,000
40	600,000
30	700,000
20	800,000
10	900,000
0	1,000,000

著者の原稿料は200万ドルで、出版にかかる限界費用は1冊あたり10ドルである。

a. それぞれの数量における総収入、総費用、利潤を計算しなさい。利潤を最大化するために、出版社はどの数量を選ぶだろうか。その場合、価格はいくらになるか。

b. 限界収入を計算しなさい（$MR=\Delta TR/\Delta Q$であることを思い出そう）。限界収入は価格と比較してどうなるだろうか。説明しなさい。

c. 限界収入、限界費用、需要曲線をグラフにしなさい。限界収入曲線と限界費用曲線はどの数量で交わるか。これは何を意味するのか。

d. グラフの中の、死荷重に色をつけなさい。この意味を言葉で説明しなさい。

e. もし著者に対して200万ドルではなく300万ドルが支払われたとしたら、出版社の価格決定にどのような影響を与えるか。説明しなさい。

f. 出版社が利潤最大化ではなく、経済効率の最大化に関心を持っていたとしよう。その場合、本の価格はいくらになるだろうか。この価格で出版社はどれだけの利潤を上げるだろうか。

2. ある小さな町に多くの競合するスーパーマーケットがあり、それらの限界費用は同じである。

a. 食料品市場の図を用いて、消費者余剰、生産者余剰、および総余剰を示しなさい。

b. 今、独立したスーパーマーケットが1つのチェーンに統合されたと仮定する。新しい図を用いて、新しい消費者余剰、生産者余剰、および総余剰を示しなさい。競争市場と比較して、消費者から生産者への移転はいくらか。死荷重はいくらか。

3. テイラー・スウィフトが最新アルバムのレコーディングを終えた。彼女のレコーディング会社は、そのCDの需要を次のように判断している。

価格（ドル）	CDの数（枚）
24	10,000
22	20,000
20	30,000
18	40,000
16	50,000
14	60,000

同社は固定費用ゼロ、可変費用5ドルでCDを生産することができる。

a. 数量が1万枚、2万枚……と増えていく場合の総収入を求めなさい。販売数量が1万枚増加するごとに、限界収入はいくらになるか。

b. 利潤を最大化するCDの数量は何枚だろうか。価格はいくらになるか。利潤はいくらか。

c. もしあなたがスウィフトの代理人だったら、彼女にレコーディング会社にどの程度のレコーディング料を要求するよう助言するか。それはどんな理由からか。

4. ある会社が川に橋を架けることを検討している。橋の建設費は200万ドルで、維持費はゼロである。以下の表は、この橋の耐用年数における会社の需要予測を示している。

359

通行料（ドル）	橋の通行量 （1,000人当たり）
8	0
7	100
6	200
5	300
4	400
3	500
2	600
1	700
0	800

価格（ドル）	大人	子供
10	0	0
9	100	0
8	200	0
7	300	0
6	300	0
5	300	100
4	300	200
3	300	200
2	300	200
1	300	200
0	300	200

a. その会社が橋を架けるとしたら、利潤最大化価格はいくらになるだろうか。そのレベルの生産量は効率的だろうか。その理由は何か。

b. 会社が利潤を最大化することに関心があるなら、橋を架けるべきだろうか。その利潤と損失はどうなるだろうか。

c. 政府が橋を架ける場合、どの程度の価格をつけるべきか。

d. 政府は橋を架けるべきだろうか、説明しなさい。

5. 独占価格と需要の価格弾力性の関係を考察しなさい。

a. 独占企業が、需要曲線が非弾力的である数量を、決して生産しない理由を説明しなさい（ヒント：需要が非弾力的で、企業が価格を上げると、総収入と総費用はどうなるか）。

b. 非弾力的な需要曲線の部分を正確にラベル付けして、独占企業の図を描きなさい（ヒント：答えは限界収入曲線と関連している）。

c. 設問（b）の図に、総収入を最大化する数量と価格を示しなさい。

6. あなたは大人300人、子供200人の町に住んでおり、近所の人を楽しませ、お金を稼ぐために劇を上演しようと考えている。演劇には2,000ドルの固定費用がかかるが、1枚余分にチケットを売っても限界費用はゼロである。ここに、2種類の顧客の需要計画がある。

a. 利潤を最大化するために、大人のチケットの価格はいくらにすればよいか。また、子供のチケットはいくらにすればよいか。利潤はいくらになるか。

b. 市議会は、客によって異なる価格をつけることを禁止する法律を可決した。このとき、チケットの値段をいくらに設定するか。また、利潤はいくらになるか。

c. 価格差別を禁止する法律により、誰の経済厚生が悪化し、誰の経済厚生が改善されるか（可能であれば、経済厚生の変化を定量化しなさい）。

d. もし、演劇の固定費用が2,000ドルではなく2,500ドルならば、設問（a）、（b）、（c）の答えはどのように変化するか。

7. エクテニア町の住民は皆、経済学が大好きで、町長は経済学博物館の建設を提案する。博物館の固定費用は240万ドルで、可変費用はない。10万人の町民がおり、各町民の博物館見学の需要関数は $Q^D = 10 - P$ である。ただし、P は入場料である。

a. 博物館の平均総費用曲線と限界費用曲線をグラフにしなさい。博物館はどのような市場が当てはまるだろうか。

b. 市長は、24ドルの一括税で博物館の資金を調達し、無料開放することを提案している。住民は1人当たり何回来館するだろうか。消費者余剰からこの新しい税を差し引いたものとして測定して、各人が博物館から得るであろう便益を計算しなさい。

c. 市長の新税反対派は、博物館は入場料を徴収することで資金を調達すべきだと言う。博物館が損失を出さずに徴収できる最低価格はいくらか（ヒント：2ドル、3ドル、4ドル、5ドルの場合の来館者数と博物館の利潤を求めよう）。

d. 設問 (c) で求めた損益分岐価格について、各住民の消費者余剰を計算しなさい。市長のプランと比較して、この入場料で得をするのは誰か、損をするのは誰か。説明しなさい。

e. これまでの問題で考慮されておらず、入場料を正当化するために現実的に考えなければならないことは何か。

8. ヘンリー・ポッターは、清潔な飲料水を生産する町で唯一の井戸を所有している。彼は以下の需要曲線、限界収入曲線、限界費用曲線に直面している。

$$需要：P = 70 - Q$$
$$限界収入：MR = 70 - 2Q$$
$$限界費用：MC = 10 + Q$$

a. これら3つの曲線をグラフにしなさい。ポッターが利潤を最大化する場合、生産量はどれくらいになるか。また価格はいくらになるか。これらの結果をグラフに示しなさい。

b. ジョージ・ベイリー市長は、水の消費者のことを考え、設問 (a) で導き出された独占価格より10%低い価格上限にすることを検討している。この新しい価格ではどの程度の量が需要されるだろうか。利潤を最大化するポッターはその量を生産するだろうか。説明しなさい（ヒント：限界費用について考えること）。

c. ジョージ市長の叔父ビリーは、価格上限は品不足を引き起こすので、悪い考えだと言っている。この場合、彼は正しいだろうか。価格上限はどの程度の品不足をもたらすだろうか。

d. ジョージ市長の友人クラレンスは、消費者のことをさらに気にかけており、独占価格より50%安い価格上限を提案する。この価格で需要される生産量を求めなさい。ポッ

ターはどれだけ生産するだろうか。この場合、ビリー叔父さんのいうことは正しいだろうか。価格上限はどれだけの品不足をもたらすだろうか。

9. ウィクナム国でサッカーボールを生産・販売しているのは1社だけであり、話が始まる時点で、サッカーボールの国際取引は禁止されている。次の方程式は、独占企業の需要、限界収入、総費用、限界費用を表している。

$$需要：P = 10 - Q$$
$$限界収入：MR = 10 - 2Q$$
$$総費用：TC = 3 + Q + 0.5Q^2$$
$$限界費用：MC = 1 + Q$$

ここで Q は生産量で、P はウィクナム・ドルで表された価格である。

a. 独占企業はサッカーボールを何個生産するだろうか。それはいくらの価格で売られ、そのときの独占企業の利潤はいくらになるか。

b. ある日、ウィクナム国王が、今後、サッカーボールを世界価格6ドルで、輸入や輸出が自由な貿易を行うことを布告した。今や企業は競争市場におけるプライステイカーである。サッカーボールの国内生産はどうなるだろうか。国内消費はどうなるだろうか。ウィクナムはサッカーボールを輸出するか、それとも輸入するか。

c. 第9章の国際貿易の分析では、貿易がない場合の価格が世界価格を下回る場合、その国は輸出国になり、貿易がない場合の価格が世界価格を上回る場合、その国は輸入国になる。この結論は設問 (a) と (b) における答えでも成立するだろうか。説明しなさい。

d. 世界価格が6ドルではなく、設問 (a) で決まった貿易がない場合の国内価格とまったく同じだったとしよう。貿易を認めたことで、ウィクナムの経済はどのような変化があったのか。説明しなさい。ここでの結果は、第9章の分析と比較するとどうだろうか。

10. 市場調査に基づき、ある企業は新製品の需要と生産コストについて以下の情報を得てい

第Ⅴ部　企業行動と産業組織

る。

$$需要：P = 1{,}000 - 10Q$$
$$総収入：TR = 1{,}000Q - 10Q^2$$
$$限界収入：MR = 1{,}000 - 20Q$$
$$限界費用：MC = 100 + 10Q$$

ここでQは販売数、Pはドル建て価格である。

a. 企業の利潤を最大化する価格と生産量を求めなさい。

b. 社会厚生を最大化する価格と生産量を求めなさい。

c. 独占による死荷重を計算しなさい。

d. 上記のコストに加えて、企業は製品の発明者に報酬を支払う必要があるとする。企業は4つの選択肢を検討している。

　i. 2,000ドルの一括支払い
　ii. 利潤の50%支払い
　iii. 販売1単位につき150ドルの支払い
　iv. 収入の50%の支払い

それぞれの選択肢について、利潤を最大化する価格と生産量を計算しなさい。これらの補償制度のうち、独占による死荷重が変化するのはどれか。説明しなさい。

11. ラリー、カーリー、モーは町で唯一の酒場を経営している。ラリーは損をせずにできるだけ多くの酒を売りたい。カーリーは酒場にできるだけ多くの収入をもたらしたい。モーはできるだけ大きな利潤を上げたい。酒場の需要曲線と費用曲線をあわせた1つの図を使って、3人のパートナーそれぞれが好む価格と生産量の組み合わせを示しなさい。その理由も説明しなさい（ヒント：限界収入を限界費用に等しくしたいのは、パートナー3人のうちの1人だけである）。

12. 価格差別の仕組みの多くは、何らかのコストを伴う。たとえば、割引クーポンは買い手と売り手双方の時間と資源を必要とする。この問題では、コストのかかる価格差別の意味を考える。話を単純化するために、平均総費用と限界費用が一定で互いに等しくなるように、独占企業の生産コストは単純に生産量に比例すると仮定しよう。

a. 独占企業の費用曲線、需要曲線、限界収入曲線を描きなさい。価格差別がなければ、独占企業が課すであろう価格を示しなさい。

b. 設問 (a) の図に、独占企業の利潤に等しい部分をXとして、記しなさい。消費者余剰に等しい部分をYとして、記しなさい。死荷重に等しい部分をZとして、記しなさい。

c. ここで、独占企業が完全価格差別ができるとする。独占企業の利潤はいくらか（X, Y, Zを用いて答えること）。

d. 価格差別による独占企業の利潤の変化はどれくらいになるか。価格差別による総余剰の変化はどれくらいになるか。またどちらの変化が大きくなるか。説明しなさい（X, Y, Zを用いて答えること）。

e. ここで、価格差別に関連するコストがあるとしよう。このコストをモデル化するために、独占企業は価格差別を行うために固定費用Cを支払わなければならないと仮定しよう。独占企業は、この固定費用を支払うかどうかをどのように決定するだろうか（X, Y, Z, Cを用いて答えること）。

f. 総余剰を重視する社会計画者は、独占企業が価格差別を行うべきかどうかをどのように決めるだろうか（X, Y, Z, Cを用いて答えること）。

g. 設問 (e) と (f) の答えを比較しなさい。価格差別を行う独占企業のインセンティブは、社会計画者のものとどのように異なるだろうか。社会的に価格差別が望ましくないにもかかわらず、独占企業が価格差別を行うことはありうるだろうか。

理解度確認クイズの解答

1. c　　**2.** d　　**3.** b　　**4.** d　　**5.** a　　**6.** b　　**7.** a　　**8.** c　　**9.** c　　**10.** c

第17章

Chapter 17
Monopolistic Competition

独占的競争

あなたは読みたい本を買うために書店に入った。店内の棚には、ジェームス・パターソンのスリラー小説、マヤ・アンジェロウの回顧録、ロン・チャーナウの歴史小説、ステファニー・メイヤーの超常現象ロマンス、その他多くの選択肢が並んでいる。本を選んで買うとき、あなたはどのようなマーケットに参加しているのだろうか。

一方で、本の市場は競争が激しいように見える。閲覧していると、何百もの著者や出版社があなたの注意を引こうと競い合っている。そして、本を書いて出版すれば誰でもこの業界に参入できるため、このビジネスはあまり儲からない。高額の報酬を得ている作家1人の裏には、苦労している作家が何十人もいる。

その一方で、本の市場も独占的である。各出版物がユニークであるため、出版社には価格設定にある程度の自由度がある。この市場の売り手はプライステイカーではなくプライスメーカーであり、本の価格は生産にかかる限界費用を大きく上回っている。たとえば、典型的なハードカバーの小説の定価は約30ドルだが、1部追加印刷するコストは10ドル以下である。電子書籍の価格は15ドル前後であることが多いが、ダウンロードを1回許可する限界費用はゼロである。

本の市場は、競争モデルにも独占モデルにも当てはまらない。むしろ、本章の主題である**独占的競争**モデルによって説明するのが最も適切である。「独占的競争」という言葉は、最初は「ジャンボ・エビ」のような矛盾した言葉に思えるかもしれ

363

第Ⅴ部　企業行動と産業組織

ない。しかし、これから述べるように、独占的競争産業は、ある意味では独占的であり、ある意味では競争的である。このモデルは、出版業界だけでなく、他の多くの商品やサービスの市場についても説明している。

1　独占と完全競争の間

前の２つの章では、競争企業が多数存在する市場と独占企業が１社存在する市場を分析した。第15章では、完全競争市場の価格は常に限界生産費用に等しいことを示した。また、長期的には、参入と退出によって経済上の利潤はゼロになるため、価格も平均総費用に等しくなる。第16章では、独占企業がその市場支配力を利用して価格を限界費用以上に維持し、企業にとってはプラスの経済上の利潤、社会にとっては死荷重をもたらすことを見てきた。完全競争と独占は、市場構造の２つの極端な形態である。完全競争は、本質的に同一の製品を提供する多数の企業が存在する市場を表し、独占は、１社のみが存在する市場を表している。

完全競争と独占のケースは、市場がどのように機能するかについての重要な考え方を示しているが、現実世界のほとんどの市場は、これらのケースの両方の要素を含んでおり、どちらか一方のケースで完全に説明できるものではない。典型的な企業は競争に直面しているが、その競争は、第15章の企業のように、その企業をプライステイカーにするほどに厳密なものではない。また、典型的な企業はある程度の市場支配力を持っているが、第16章の独占モデルで正確に説明できるほどではない。言い換えれば、多くの産業は、完全競争と独占の両極の間のどこかに位置する。経済学者はこのような状況を**不完全競争**（imperfect competition）と呼ぶ。

寡占
（oligopoly）
少数の売り手だけが類似または同一の製品を提供する市場構造

不完全競争市場の第１のタイプが**寡占**市場であり、少数の売り手しかいない市場で、それぞれが市場内の他の売り手と類似または同一の製品を提供している。経済学者はしばしば、**集中度**（concentration ratio）と呼ばれる統計で市場の少数の企業による支配を測定する。アメリカ経済では、ほとんどの産業で４社集中度は50％以下であるが、一部の産業では最大手企業がより支配的である。４社集中度が90％以上の産業には、航空機製造、タバコ、レンタカー、宅配便などがある。これらの産業は寡占と呼ぶのがふさわしい。次章で述べるように、寡占産業では企業数が少ないため、企業間の戦略的相互作用が市場を機能させる上で極めて重要となる。寡占市場の各企業は、生産量や価格を決定する際、競合他社の動向だけでなく、競合他社がどのような反応を示すかにも注意を払う。

独占的競争
（monopolistic competition）
多くの企業が、類似しているが同一ではない製品を販売する市場構造

不完全競争市場の第２のタイプは**独占的競争**と呼ばれるもので、多くの企業が同一ではないが類似の製品を販売する市場構造である。このような市場では、各企業は自社製品を独占しているが、他の多くの企業は同じ顧客を獲得するために競合する類似製品を製造している。

より正確には、独占的競争とは次のような特徴を持つ市場を指す。

- **多くの売り手**：多数の企業が同じ顧客グループを獲得しようと競争している。
- **製品の差別化**：各企業は、少なくとも他の企業とはわずかに異なる製品を提供

364

する。各企業はプライステイカーではなく、右下がりの需要曲線に直面している。
- **自由な参入と退出**：企業は制限なく市場に参入・退出できる。市場の企業数は、経済上の利潤がゼロになるまで調整される。

ちょっと考えると、このような属性を持つ市場のリストは長くなるのは明らかである。本、ビデオゲーム、レストラン、ピアノ教室、クッキー、衣料品などである。

独占的競争は、寡占と同様、完全競争と独占の中間に位置する市場構造である。しかし、寡占と独占は全く異なる。寡占は、市場の売り手が少数であるため、第15章の完全競争の理想からは外れてしまう。売り手の数が少ないため、厳しい競争は起こりにくく、売り手間の戦略的相互作用が極めて重要になる。これとは対照的に、独占的競争市場には多くの売り手が存在するが、それぞれの売り手は市場に比べて小規模である。それぞれの売り手が多少異なる製品を提供するため、完全競争の理想からは乖離している。

図17-1は、市場構造の4つのタイプをまとめたものである。どのような市場についても、最初に問われるのは、企業が何社あるかということである。企業が1社しかなければ、その市場は独占である。企業が少数であれば寡占である。企業が多数ある場合は、別の質問——その企業は同質の製品を販売しているのか、それとも差別化された製品を販売しているのか——をする必要がある。製品が同質であれば、市場は完全競争である。しかし、製品が差別化されていれば、市場は独占的競争である。

現実は理論ほど明確ではないため、特定の市場をどのような構造で表現するのが最適なのか、判断に迷うこともあるだろう。たとえば、企業の数を数える際に「少数」

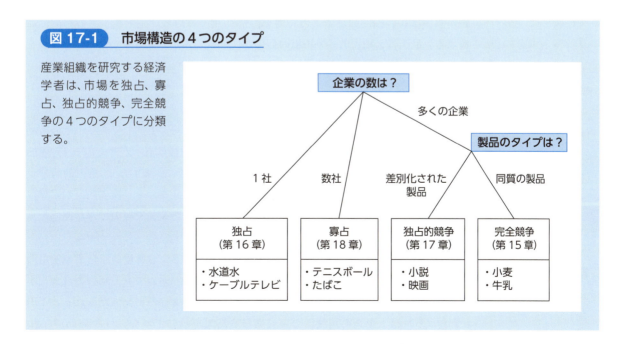

図17-1　市場構造の4つのタイプ

産業組織を研究する経済学者は、市場を独占、寡占、独占的競争、完全競争の4つのタイプに分類する。

第V部　企業行動と産業組織

と「多数」を分けるマジックナンバーは存在しない（アメリカで自動車を販売する約12の企業が市場を寡占化しているのか、それとも競争が激しいのか、答えには議論の余地がある）。同様に、製品が差別化されているのか、それともほとんど同質なのかを判断する確実な方法はない（異なるブランドの牛乳は本当に同じなのか。ここでも答えには議論の余地がある）。実際の市場を分析する際には、経済学者はあらゆる種類の市場構造を研究して得られた教訓を念頭に置き、適切と思われるようにその教訓を適用しなければならない。

さまざまな市場構造を定義したところで、それぞれの分析を続けよう。この章では独占的競争について、次の章では寡占競争について検討する。

理解度確認クイズ

1. 次の条件のうち、独占的競争市場の企業を説明していないものはどれか。

a. 競合他社とは異なる製品を販売する。

b. 市場条件によって与えられた価格を採用する。

c. 短期的にも長期的にも利潤を最大化する。

d. 長期的には参入・退出の自由がある。

2. 独占的競争の定義に最も当てはまる市場はどれか。

a. 小麦

b. 水道水

c. 原油

d. 散髪

➡ (解答は章末に)

2 差別化された製品による競争

独占的競争市場を理解するために、まず個々の企業が直面する意思決定を考える。次に、企業が業界に参入したり退出したりすることで、長期的に何が起こるかを検討する。次に、独占的競争下の均衡を、第15章で検討した完全競争下の均衡と比較する。最後に、独占的競争市場の結果が、社会全体から見て望ましいかどうかを議論する。

2-1 短期における独占的競争企業

独占的競争市場における各企業は、多くの点で独占企業と同じである。その製品は他の企業が提供するものと異なるため、その需要曲線は右下がりである（対照的に、完全競争企業は市場価格において水平な需要曲線に直面する）。独占的競争企業は、利潤最大化のための独占企業のルールに従う。すなわち、限界収入が限界費用に等しくなる数量を生産し、需要曲線を使ってその生産量を販売できる価格を見つけるというものである。

図17-2は、それぞれ異なる独占的競争産業に属する2つの典型的な企業の費用曲線、需要曲線、限界収入曲線を示している。どちらのパネルでも、利潤を最大化する生産量は、限界収入曲線と限界費用曲線が交差するところに見いだされる。この2つのパネルは、企業の利潤について異なる結果を示している。パネル (a) では、

366

第17章 独占的競争

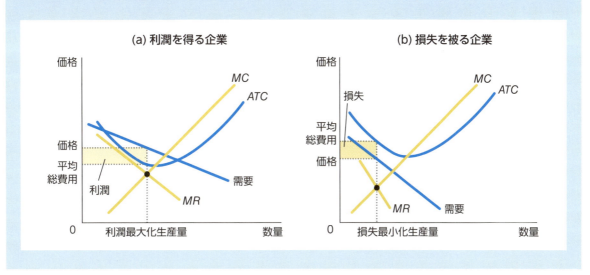

図 17-2　短期における独占的競争企業

独占的競争企業は、独占企業のように、限界収入が限界費用に等しくなる量を生産することによって利潤を最大化する。パネル(a)の企業は、この数量では価格が平均総費用より大きいので、利潤を得る。パネル(b)の企業は、この量では価格が平均総費用より小さいので、損失を被る。

価格が平均総費用を上回るので、企業は利潤を上げている。パネル(b)では、価格は平均総費用を下回っている。この場合、企業はプラスの利潤を上げることができないので、企業ができうる最善のことは損失を最小化することである。

これはすべて見覚えがあるはずである。独占的競争力のある企業は、独占企業と同じように生産量と価格を選択する。短期的には、この2つの市場構造は似ている。

2-2　長期均衡

図17-2のような状況は長くは続かない。パネル(a)のように企業が利潤を上げている場合、新規企業は市場に参入するインセンティブを持つ。この参入は、顧客が選択できる製品数を増やすため、すでに市場に参入している各企業が直面する需要を減少させる。言い換えれば、利潤は参入を促し、参入は既存企業の需要曲線を左にシフトさせる。既存企業の製品に対する需要が低下すると、既存企業は利潤の減少を経験する。

逆に、パネル(b)のように企業が損失を出している場合、市場の企業は退出するインセンティブを持つ。企業が退出すると、顧客は選択できる製品の数が減る。企業数の減少は、市場にとどまる企業が直面する需要を拡大させる。言い換えれば、損失は退出を促し、退出は既存企業の需要曲線を右にシフトさせる。需要の増加により、既存企業はより大きな利潤を享受する（つまり、損失が減少する）。

この参入と退出のプロセスは、市場の企業の経済上の利潤がちょうどゼロになるまで続く。図17-3は、長期均衡を示している。いったん市場がこの均衡に達すると、新規企業は参入するインセンティブを失い、既存企業は退出するインセンティブを

367

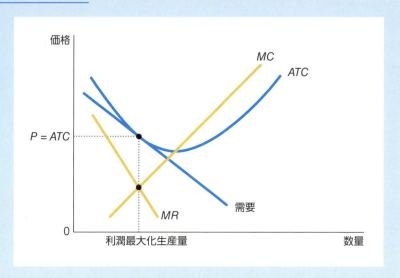

図 17-3 長期における独占的競争企業

独占的競争市場では、企業が利潤を上げている場合、新規企業が参入し、既存企業の需要曲線が左にシフトする。同様に、企業が損失を出している場合、市場の一部の企業が退出し、残りの企業の需要曲線が右にシフトする。このような需要のシフトにより、独占的競争企業は最終的にここに示すような長期均衡になる。この長期均衡では、価格は平均総費用に等しく、各企業の利潤はゼロである。

失う。

この図の需要曲線は、平均総費用曲線にぎりぎり接していることに注意したい。数学的には、この2つの曲線は接することになる。参入と退出によって利潤がゼロになれば、この2つの曲線は接しなければならない。販売単位あたりの利潤は、(需要曲線上にある)価格と平均総費用の差であるため、最大利潤がゼロになるのは、この2つの曲線が交わらずに接している場合だけである。また、この接点は、限界収入が限界費用に等しくなる生産量で発生することに注意する。この2点が並ぶのは偶然ではない。この生産量が利潤を最大化するからであり、長期的に利潤はまさにゼロでなければならないからである。

まとめると、独占的競争市場における長期均衡は2つの特徴で説明される。

- 独占市場と同様に、価格は限界費用を上回る（$P > MC$）。これは、利潤最大化のためには、限界収入が限界費用と等しくなければならず（$MR = MC$）、また、需要曲線が右下がりであるため、限界収入が価格よりも小さくなる（$MR < P$）ためである。
- 完全競争市場と同様、価格は平均総費用に等しい（$P = ATC$）。これは、参入と退出が自由であるため、長期的には経済上の利潤がゼロになることから生じる。

第2の特徴は、独占的競争がいかに独占と異なるかを示している。独占は、代替品のない製品の唯一の販売者であるため、長期的にもプラスの経済上の利潤を得ることができる。対照的に、独占的競争市場では参入が自由であるため、このタイプの市場における企業の経済上の利潤は、長期的にはゼロに追い込まれる。

2-3 独占的競争と完全競争

図17-4は、独占的競争下と完全競争下の長期均衡を比較したものである（第15章では完全競争下の均衡について論じた）。注目すべき違いは2つある。すなわち、過剰生産力とマークアップ（利幅）である。

過剰生産力 今見てきたように、参入と退出のプロセスは、独占的競争市場の各企業を、その需要曲線と平均総費用曲線の間にある接点に向かわせる。図17-4のパネル(a)は、この時点での生産量が、平均総費用を最小化する量よりも小さいことを示している。独占的競争の下では、企業は平均総費用曲線の右下がりの部分で生産する。このように、独占的競争は完全競争とは極めて対照的である。図17-4のパネル(b)が示すように、競争市場における自由参入は、企業を平均総費用の最小値で生産するように促す。

平均総費用を最小化する量は、企業の**効率的規模**（efficient scale）と呼ばれる。長期的には、完全競争企業は効率的規模で生産し、独占的競争企業はこの水準以下で生産する。独占的競争下では、企業は**過剰生産力**（excess capacity）を持つと言われる。言い換えれば、独占的競争企業は、完全競争企業とは異なり、生産量を増やして平均総生産費用を下げることができる。しかし、企業がこの機会を見送るのは、追加的生産量を販売するためには、生産するすべての単価を引き下げる必要が

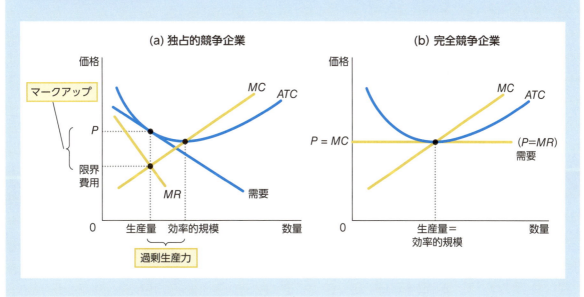

図17-4　独占的競争と完全競争

パネル(a)は独占的競争市場における長期均衡を、パネル(b)は完全競争市場における長期均衡を示している。注目すべき違いが2点ある。(1)完全競争企業は、平均総費用を最小化する効率的な規模で生産する。対照的に、独占的競争企業は、効率的規模未満で生産する。(2)完全競争下では価格は限界費用に等しいが、独占的競争下では価格は限界費用を上回る。

第V部　企業行動と産業組織

あるからである。独占的競争者にとっては、過剰生産力で事業を継続するほうがより収益性が高いのである。

限界費用を上回るマークアップ　完全競争と独占的競争の2つ目の違いは、価格と限界費用の関係である。図17-4のパネル (b) のような完全競争企業では、価格は限界費用に等しい。パネル (a) のような独占的競争企業では、企業は常にある程度の市場支配力を持っているため、価格は限界費用を上回る。

　限界費用を上回るこのマークアップは、自由参入やゼロ利潤とどのように整合的になるのだろうか。ゼロ利潤の条件は、価格が平均総費用に等しいことだけを保証する。価格が限界費用と等しくなることは保証しない。実際、長期均衡において、独占的競争企業は、平均総費用曲線の減少部分で事業を行うため、限界費用は平均総費用を下回る。価格が平均総費用と等しくなるためには、価格は限界費用を上回らなければならない。

　価格と限界費用のこの関係は、完全競争相手と独占的競争相手の重要な違いを浮き彫りにしている。ある企業に次のような質問をしたとしよう。「現在の価格で買う準備のある他の顧客が、御社に入ってきてほしいですか？」。完全競争企業は、「気にしない」と答えるだろう。なぜなら、価格は限界費用に正確に等しく、追加的販売量1単位からの利潤はゼロだからである。対照的に、独占的競争企業は、常に新たな顧客を獲得しようと躍起になっている。価格が限界費用を上回っているため、現在の価格で販売される追加的な1単位は、より多くの利潤を意味するからである。

　古い経済学者のジョークによれば、独占的競争市場とは、売り手が買い手にクリスマスカードを送るような市場のことだという。より多くの顧客を獲得するために顧客の機嫌を取ることは、価格が限界費用を上回っている場合にのみ意味を持つ。そして、クリスマスカードを送るという商習慣が広まっている以上、独占的競争市場がありふれたものであることは間違いない。

2-4　独占的競争と社会的厚生

　独占的競争市場の結果は、社会全体の観点から見て望ましいのだろうか。政府の政策立案者は市場の結果を改善できるだろうか。これまでの章では、経済がその希少な資源を最大限に活用しているかどうかを問うことで、効率性の観点から市場を評価した。完全競争市場は（外部性がない限り）効率的な結果をもたらすが、独占市場は死荷重を伴うことを学んだ。独占的競争市場は、この両極端のケースよりも複雑であるため、市場の厚生を評価するのはより難しい問題である。

　独占的競争市場における非効率の原因の1つは、限界費用を上回る価格のマークアップである。このマークアップのために、限界費用よりも高い（しかし、価格よりも低い）財に価値を見いだす一部の消費者は、その財の購入を控えることになる。独占的競争市場には、独占価格設定による通常の死荷重がある。

　この結果は、価格が限界費用に等しいときに生じる効率的な数量と比べると望ましくないが、政策立案者はこの問題を簡単に解決することはできない。限界費用価格形成を強制するには、差別化された製品を生産するすべての企業を規制する必要

がある。そのような製品は非常に一般的であるため、そのような規制の管理負担は非常に大きい。

　独占的競争企業を規制することは、自然独占を規制するためのすべての問題も必然的に伴う。特に、独占的競争企業はすでに利潤がゼロであるため、限界費用に等しくなるように価格を下げることを要求すると、損失を被ることになる。このような企業の事業を維持するためには、政府が損失を補塡する必要がある。政策立案者は、自らに死荷重をもたらすであろう増税でこのような補助金を賄うよりも、独占的価格設定の非効率性と共存するほうがよいと判断するかもしれない。

　独占的競争下における非効率のもう1つの原因は、市場に存在する企業の数が理想的でない可能性があることである。つまり、参入が多すぎたり少なすぎたりする可能性がある。参入に伴う外部性について考えてみよう。新規参入企業が新製品を市場に投入することを検討する場合、その企業が得るであろう利潤だけを考慮する。しかし、その参入は、企業にとって外部性となる2つの効果をもたらす。

- **製品多様性の外部性**：消費者は新製品の導入によって利潤を得るため、新規企業の参入は消費者に正の外部性を与える。
- **ビジネス収奪の外部性**：他の企業は、新たな競合他社が出現すると顧客と利潤を失うため、新規参入は、既存企業に負の外部性をもたらす。

　このように、独占的競争市場では、新規企業の参入は、正の外部性と負の外部性の両方を伴う。どちらが大きいかによって、独占的競争市場では、製品が少なすぎたり多すぎたりする可能性がある。

　いずれの外部性も、独占的競争の条件と密接な関係がある。製品多様性の外部性は、独占的競争下の新規企業が既存企業とは異なる製品を提供することから生じる。選択の幅が広がることで、消費者余剰が増大する。ビジネス収奪の外部性は、独占的競争下にある企業が限界費用以上の価格を設定するため、追加的に販売量を増やしたいと望むことから生まれる。逆に、完全競争企業は同質財を生産し、限界費用に等しい価格を設定するため、完全競争下ではこれらの外部性は存在しない。

　結局、独占的競争市場は、完全競争市場の望ましい厚生上の特性をすべて備えているわけではない、という結論に至る。つまり、見えざる手によって、独占的競争下で総余剰が最大化されるわけではない。しかし、その非効率性は微妙で、測定が難しく、修正も困難であるため、公共政策によって市場の結果を改善することは容易ではない。

第V部　企業行動と産業組織

理解度確認クイズ

3. 独占的競争企業は、以下のうち、どのような場合に生産を増やすか。
    a. 限界収入が限界費用より大きい場合
    b. 限界収入が平均総費用より大きい場合
    c. 価格が限界費用より大きい場合
    d. 価格が平均総費用より大きい場合

4. 新規企業が独占的競争市場に参入するのは、以下のうち、どのような場合か。
    a. 限界収入が限界費用より大きい場合

b. 限界収入が平均総費用より大きい場合
    c. 価格が限界費用より大きい場合
    d. 価格が平均総費用より大きい場合

5. 長期均衡における独占的競争市場に当てはまるものはどれか。
    a. 価格が限界費用より大きい。
    b. 価格は限界収入に等しい。
    c. 企業は正の経済上の利潤を上げる。
    d. 企業は平均総費用の最小値で生産する。

➡（解答は章末に）

3　広告

　現代社会では、典型的な1日を広告にさらされずに過ごすことはほぼ不可能である。ネットサーフィンをしていても、テレビを見ていても、高速道路で車を運転していても、どこかの企業がその製品を買うように説得してくる。このような行動は、独占的競争（および一部の寡占産業）の自然な特徴である。企業が差別化された製品を販売し、限界費用以上の価格づけをする場合、各企業は、特定の製品に多くの買い手を引きつけるために広告を出すインセンティブを持つ。

　広告量は製品によって大きく異なる。市販薬、香水、清涼飲料、カミソリ、朝食用シリアル、ドッグフードなど、差別化された消費財を販売する企業は、通常、売上の10〜20％を広告に費やす。一方、ボール盤や通信衛星のような工業製品を販売する企業は、通常、広告にほとんどお金をかけない。また、小麦、塩、砂糖、原油などの同質の製品を販売する企業は、まったく広告費を使わないことが多い。

　経済全体では、企業の総収入の約2％が広告費に費やされている。この支出には、ウェブサイト、ソーシャルメディア、テレビ、ラジオ、看板、新聞、雑誌、ダイレクトメールなど、さまざまな形態がある。

3-1　広告をめぐる論争

　社会は広告に資源を使うことで、その資源を無駄にしているのだろうか。それとも、広告は価値ある目的を果たしているのだろうか。広告の社会的価値を評価することは難しく、経済学者の間でよく激しい論争が巻き起こる。議論について双方の立場から考えてみよう。

広告への批判　広告を批判する人たちは、企業は人々の好みを操作するために広告を出すと主張する。多くの広告は、情報よりもむしろ心理的なものである。たとえば、あるブランドの清涼飲料水の典型的なテレビコマーシャルを考えてみよう。このコマーシャルは、ほとんどの場合、製品の価格や品質について視聴者に伝えてい

ない。その代わり、晴れた日のビーチでのパーティーで、幸せそうな美男美女のグループが映し出されるかもしれない。彼らの手にはソフトドリンクの缶が握られている。このコマーシャルの目的は（巧妙ではないにせよ）無意識のうちにメッセージを伝えることである。「私たちの製品を飲めば、あなたも多くの友人を持ち、幸せで美しくなれるのです」と。広告を批判する人たちは、このようなコマーシャルは、これがなければ存在しなかったかもしれない欲望を生み出すと主張する。

広告を批判する人たちはまた、広告が競争を妨げると主張する。広告はしばしば、製品が実際以上に異なっていると消費者に思わせようとする。広告は、製品の差別化への認知を高め、ブランドへの忠誠心を促進することによって、広告の対象となるブランドの需要をより非弾力的にし、買い手は同じような財の価格差をあまり気にしなくなる。企業は弾力性の低い需要曲線に直面したとき、それは限界費用以上の大きなマークアップをすることによって、その利潤を増やすことができる。

広告への支持　広告を支持する人たちは、企業が顧客に情報を提供するために広告を使用していると主張している。広告は、多くの場合、財の販売価格、新製品の存在、およびそれらを購入する方法を伝える。この情報は、顧客が資源の効率的配分に貢献し、何を購入するかについてより良い選択をすることを可能とする。

広告支持派はまた、広告は競争を促進すると主張する。広告は、顧客が商品をより認知する可能性があるため、顧客はより容易に価格差を利用することになり、各企業の市場支配力は低下する。さらに、広告は、顧客に情報を提供し、顧客を引き付けるための方法を提供するため、新規企業がより容易に参入することを可能にする。

時が経つにつれ、広告が市場の競争力をより高めるという見方が支持されるようになった。その重要な例の1つが、弁護士、医師、薬剤師の広告規制である。かつて、これらの職業の人たちは「専門家らしくない」という理由で、州政府にそれぞれの分野での広告を禁止させていた。しかし近年、裁判所はこれらの規制の主な効果は競争を抑制することであると結論づけた。そのため、これらの分野での広告を禁止する法律の多くは撤廃された。

ケーススタディ　広告が価格に与える影響

広告は価格にどのような影響を与えるのだろうか。一方で、広告によって消費者は、製品がかなり異なるものであるかのように見てしまうかもしれない。もしそうであるならば、市場の競争力を低下させ、企業の需要曲線はより非弾力的になり、企業はより高い価格づけができるようになる。他方、広告は、消費者が最良の価格を持つ企業を見つけることを容易にするかもしれない。この場合、市場はより競争的になり、企業の需要曲線はより弾力的になる。

1972年に『ジャーナル・オブ・ロー・アンド・エコノミクス』に掲載された論文で、経済学者のリー・ベンハム（Lee Benham）はこの2つの仮説を検証した。1960年代

第Ｖ部　企業行動と産業組織

のアメリカでは、検眼士による広告について州政府によってルールが大きく異なっていた。眼鏡や検眼の広告を許可する州もあったが、禁止する州も多かった。たとえば、フロリダ州の法律では、広告の禁止を「公衆衛生、安全、福祉のため」と正当化した。検眼士はこれらの制限を支持していた。

ベンハムは州法の違いを自然実験として利用し、広告に対する2つの見方を検証した。結果は驚くべきものだった。広告を禁止している州では、メガネの平均価格は33ドル、2021年のドル換算で288ドルだった。広告を制限しなかった州では、平均価格は26ドル、2021年のドル換算で227ドルだった。広告によって平均価格は20％以上下がった。

同様の自然実験は、1996年に連邦最高裁判所が酒類の価格広告を禁止したロードアイランド州法を撤廃した際にも起こった。1999年に『アメリカン・エコノミック・レビュー』に掲載されたジェフリー・ミリョ（Jeffrey Milyo）とジョエル・ウォルドフォーゲル（Joel Waldfogel）による研究では、法改正後のロードアイランド州の酒類価格を、法改正のなかった近隣のマサチューセッツ州の酒類価格と比較して調査している。この調査によると、広告を始めたロードアイランド州の店舗は、しばしば20％以上という大幅な値下げを行ったが、それは自社またはライバルが広告を出した商品に限られた。さらに、これらの店舗は広告を始めた後、より多くの顧客を惹きつけた。

多くの市場において、広告は競争を促進し、消費者にとっての価格低下につながる、というのが結論である。

3-2　品質のシグナルとしての広告

広告には多くの場合、広告されている製品に関する明確な情報はほとんど含まれていない。新しい朝食用シリアルを売り出す会社を考えてみよう。何人かの俳優がシリアルを食べ、いかに素晴らしい味であるかを絶賛する広告で溢れてしまうかもしれない。広告からどれだけの情報が得られるだろうか。

ある理論によれば、その答えは想像以上だという。あまり具体的な情報を含んでいないように見える広告でさえ、製品の品質について消費者に何かを伝えている可能性がある。広告に多額の資金を費やす企業の意欲自体が、提供される製品の品質に関する消費者への**シグナル**（signal）となりうる。

これがどのように機能するのかを知るために、ゼネラル・ミルズとケロッグの2社が直面している問題を考えてみよう。両社は新しいシリアルのレシピを考え出したばかりで、それを1箱5ドルで販売する。単純化のために、シリアルを作る限界費用はゼロだと仮定すると、5ドルはすべて利潤となる。各企業は、広告に2,000万ドルかければ、100万人の消費者にそのシリアルを試してもらえることを知っている。そして、消費者がそのシリアルを気に入れば、何度も買ってくれることも知っている。

まず、ゼネラル・ミルズの決定を考えてみよう。市場調査に基づいて、ゼネラル・

ミルズは、そのシリアルが細切れにした新聞に砂糖をかけたような味であることを知っている。広告を出せば100万人の消費者に1箱ずつ売れるだろうが、消費者はすぐにそのシリアルがあまりおいしくないことを知り、買わなくなるだろう。ゼネラル・ミルズは、たった500万ドルの売上を得るために2,000万ドルの広告費を費やす価値はないと判断する。だから、わざわざ広告を打つ必要はない。コックたちを厨房に戻し、より良いレシピを考えさせるのである。

一方、ケロッグは自社のシリアルが素晴らしいことを知っている。試食した人は翌年も毎月1箱ずつ買うので、2,000万ドルの広告費は6,000万ドルの売上をもたらす。この場合、ケロッグは消費者が繰り返し買うような良い製品を持っているので、広告により利潤が生まれる。したがって、ケロッグは広告を出すことを選択する。

ここで、消費者の行動を考えてみよう。まず、消費者は広告で見た新しいシリアルを試したくなるものと仮定する。しかし、この行動は合理的だろうか。消費者は、売り手が広告を出したからといって、新しいシリアルを試すべきなのだろうか。

実際、消費者が広告で見た新製品を試すのは、完全に合理的なのかもしれない。この話では、ケロッグが広告を出すので、消費者はケロッグの新しいシリアルを試してみることにした。ケロッグが広告を出すのは、そのシリアルがかなりおいしいことを知っているからである。一方で、ゼネラル・ミルズが広告を出さないのは、そのシリアルがまったくおいしくないことを知っているからである。ケロッグは広告費を惜しまないことで、消費者にそのシリアルの品質についてのシグナルを送る。「ケロッグがこれだけの広告宣伝費を惜しまないのであれば、この新しいシリアルは本当においしいに違いない」と消費者は極めて合理的に考える。

この広告の理論で目を引くのは、広告の内容は関係ないということである。ケロッグは、広告にお金をかける意思によって、自社製品の品質を示す。広告が何を言っているかは、消費者は広告が高価であることを知っているという事実ほど重要ではない。対照的に、安価な広告は、消費者に品質をシグナルで送るには効果的ではない。この例では、広告キャンペーンのコストが500万ドル未満であった場合、ゼネラル・ミルズとケロッグの両方が自分たちの新しいシリアルを販売するために広告を利用する。良いシリアルも悪いシリアルも広告されることになるため、消費者は広告されたという事実から新しいシリアルの品質を推測することはできない。時間が経つにつれて、消費者はそのような安価な広告を無視することを学ぶだろう。

この理論は、企業が有名俳優に大金を支払って、表面的にはまったく情報を伝えていないように見える広告を作る理由を説明することができる。情報は広告の内容にあるのではなく、単にその存在とコストにある。

3-3 ブランド名

多くの市場には、広く認知されたブランド名の製品を販売する企業と、ジェネリックの代替品を販売する企業という2種類の企業が存在する。たとえば、バイエルのアスピリンは、ジェネリックのアスピリンと競合している。コカ・コーラとペプシは、無名のコーラと競合する。ブランド名を持つ企業は、通常、より多くの広告費を費やし、より製品価格を高くつける。広告の経済性について議論があるように、

ブランド名の経済性についても議論がある。

広告の批判派は、ブランド名は実際には存在しない違いを消費者に認知させてしまうと主張する。多くの場合、ジェネリックはブランド品とほとんど見分けがつかない。消費者がブランド品に高いお金を支払おうとするのは、広告によって助長された非合理性の一形態である、と批判派は主張する。独占的競争理論の初期の開発者の1人であった経済学者のエドワード・チェンバレン（Edward Chamberlin）は、この議論から、ブランド名は経済にとって悪いものであると結論づけた。彼は、企業が製品を識別するために使用する商標の行使を拒否することによって、政府がその利用を抑制することを提案した。

最近では、消費者が購入する商品が高品質であることを保証する方法として、経済学者がブランド名を擁護している。その論拠は2つある。第1に、ブランド名は、購入前に品質を容易に判断できない消費者に、品質に関する**情報**を提供する。第2に、企業はブランドの評判を維持することに金銭的な利害関係があるため、ブランド名は企業に高品質を維持する**インセンティブ**を与える。

これらの議論が実際にどのように機能するかを見るために、有名なブランド名であるマクドナルドを考えてみよう。あなたが見知らぬ町をドライブしていて、昼食のためにどこかに立ち寄ろうと思ったとする。マクドナルドと、その隣にある地元のレストランを見つけたとしよう。あなたはどちらを選ぶだろうか。地元のレストランのほうが安くておいしいかもしれないが、実際のところはわからない。対照的に、マクドナルドは多くの都市や国で一貫した商品を提供している。そのブランド名は、あなたが買おうとしているものの品質を判断する方法として役に立つ。

また、マクドナルドというブランド名は、同社が品質を維持するインセンティブを確実にする。たとえば、マクドナルドで販売された食品が腐敗しており、そのせいで病気になった客がいたとしたら、そのニュースは会社にとって悲惨なものとなるだろう。マクドナルドは、長年にわたる高額な広告で築き上げた貴重な評判の多くを失うことになる。その結果、腐った食品を販売した店舗だけでなく、全国のマクドナルドの多くの店舗で売上と利潤を失うことになる。対照的に、地元のレストランで腐敗した食物を食べて病気になった客がいた場合、そのレストランは閉店せざるを得ないかもしれないが、失われる利潤ははるかに小さいだろう。マクドナルドには、食品の安全性を確保するためにより大きなインセンティブがある。

したがって、ブランド名をめぐる議論の中心は、消費者がブランド品を好むことに合理性があるかどうかという問題にある。批判派は、ブランド名は広告に対する非合理的な消費者の反応の結果であると主張する。擁護派は、消費者がブランド製品に高いお金を払うのは、その製品の品質に自信を持てるからだと主張する。

第17章　独占的競争

理解度確認クイズ

6. もし広告によって消費者が特定のブランドをさらにひいきするようになれば、需要の弾力性が_____、限界費用に対する価格のマークアップが_____可能性がある。

  a. 大きくなり ― 大きくなる
  b. 大きくなり ― 小さくなる
  c. 小さくなり ― 大きくなる
  d. 小さくなり ― 小さくなる

7. 広告によって消費者が代替品をより意識するようになれば、需要の弾力性が_____、限界費用に対する価格のマークアップが_____可能性がある。

  a. 大きくなり ― 大きくなる
  b. 大きくなり ― 小さくなる
  c. 小さくなり ― 大きくなる
  d. 小さくなり ― 小さくなる

8. 広告が品質のシグナルとなりうるのは、以下のうち、どのような場合か。

  a. すべての企業が自由に広告を利用できる場合
  b. 優れた製品を持つ企業ほど、顧客を惹きつける便益が大きい場合
  c. 消費者が広告を見た製品に見境なく惹かれている場合のみ
  d. 広告の内容に製品に関する信頼できる情報が含まれている場合のみ

➡（解答は章末に）

4 結論

　独占的競争はその名の通り、独占と競争の混合である。独占のように、独占的競争者は右下がりの需要曲線に直面し、限界費用以上の価格づけをする。完全競争市場と同様に、多くの企業が存在し、参入と退出によって、独占的競争者の利潤は長期的にはゼロに近づいていく。表17-1はこれらの学びを要約したものである。

表17-1　独占的競争：完全競争と独占の間

	市場構造		
	完全競争	独占的競争	独占
3つの市場構造に共通する特徴			
企業の最終目標	利潤最大化	利潤最大化	利潤最大化
最大化のルール	$MR = MC$	$MR = MC$	$MR = MC$
短期的に経済上の利潤を得られるか。	はい	はい	はい
独占的競争が独占と共有する特徴			
プライステイカーか。	はい	いいえ	いいえ
価格	$P = MC$	$P > MC$	$P > MC$
経済厚生を最大化する量を生産するか。	はい	いいえ	いいえ
独占的競争が完全競争と共有する特徴			
企業の数	多数	多数	1社
長期的な参入があるか。	はい	はい	いいえ
長期的に経済上の利潤を得られるか。	いいえ	いいえ	はい

第V部 企業行動と産業組織

　独占的競争関係にある企業は差別化された製品を生産しているため、各企業は自社ブランドに顧客を引きつけるために広告を出す。ある程度までは、広告は消費者の好みを操作し、非合理的なブランドに対する忠誠心を促進し、競争を阻害する。しかし、多くの場合、広告は消費者に情報を提供し、信頼できる品質のブランド名を確立し、競争を促進する。

　独占的競争の理論は、経済の多くの市場を説明している。したがって、この理論が公共政策に対して単純で説得力のある助言をもたらさないのは、いささか残念なことである。理論経済学者の立場からすれば、独占的競争市場における資源配分は完全ではない。しかし、現実的な政策立案者の立場からすれば、それを改善するためにできることはほとんどないのである。

本章のポイント

- 独占的競争市場とは、多数の企業、差別化された製品、自由な参入と退出という3つの特徴を持つ市場である。
- 独占的競争市場における長期均衡は、完全競争市場における均衡とは2つの点で異なる。第1に、独占的競争市場では、各企業は過剰生産力を持っている。つまり、平均総費用曲線の右下がりの部分に位置する生産量を選択する。第2に、各企業は限界費用を上回る価格づけをする。
- 独占的競争は、完全競争の望ましい特性をすべて備えているわけではない。限界費用を上回る価格のマークアップによる独占の標準的

な死荷重がある。さらに、企業の数（そして製品の種類の数）が多すぎたり少なすぎたりすることもある。実際には、政策立案者がこれらの非効率を修正する能力は限られている。
- 独占的競争に内在する製品の差別化は、広告やブランド名の使用につながる。広告やブランド名の批判派は、企業は消費者の好みを操作し、競争を減少させるためにそれらを使用すると主張する。広告とブランド名の擁護派は、企業は消費者に情報を提供し、価格と製品の品質でより激しく競争するためにそれらを使用すると主張する。

第17章　独占的競争

理解度確認テスト

1. 独占的競争の３つの属性について説明しなさい。独占的競争は独占とどう違うか。それは完全競争のようなものだろうか。

2. 独占的競争市場で利潤を上げている企業を図に描きなさい。次に、新しい企業が業界に参入すると、この企業に何が起こるかを示しなさい。

3. 独占的競争市場における長期均衡の図を描きなさい。価格は平均総費用とどのように関係しているか。価格と限界費用との関係はどうなっているか。

4. 独占的競争企業の生産量は、最も効率的な水準と比べて多すぎるか、それとも少なすぎるか。政策立案者がこの問題を解決することを困難にしているのは、現実的にどのようなものがあるか。

5. 広告はどのように経済厚生（経済的幸福度）を減少させるだろうか。広告はどのように経済厚生を増加させるだろうか。

6. 何の情報もないような広告が、消費者にどのようにして情報を提供するのだろうか。

7. ブランド名の存在によってもたらされる便益を２つ説明しなさい。

演習と応用

1. 独占、寡占、独占的競争、完全競争のうち、次の各飲料の市場はどれに分類されるか。
   a. 水道水
   b. ペットボトルの水
   c. コーラ
   d. ビール

2. 以下の市場を完全競争市場、独占市場、独占的競争市場に分類し、その理由を説明しなさい。
   a. HBの鉛筆
   b. 銅
   c. 地元の電力サービス
   d. ピーナッツバター
   e. 口紅

3. 次の各特徴について、それが完全競争企業、独占的競争企業、その両方、あるいはそのどちらでもない企業のいずれを表しているかを述べなさい。
   a. 競争相手と差別化された製品を販売している
   b. 限界収入が価格より小さい
   c. 長期的に経済上の利潤を得ている
   d. 長期的に平均総費用の最小値で生産している
   e. 限界収入と限界費用が等しい
   f. 限界費用以上の価格づけをしている

4. 次の各特徴について、それが独占企業、独占的競争企業、その両方、あるいはそのどちらでもない企業のいずれを表しているかを述べなさい。
   a. 右下がりの需要曲線に直面している
   b. 限界収入が価格より小さい
   c. 類似製品を販売する新規企業の参入に直面している
   d. 長期的に経済上の利潤を得ている
   e. 限界収入と限界費用が等しい
   f. 社会的に効率的な量を生産している

5. あなたは、ある独占的競争企業にコンサルタントとして雇われていて、価格（P）、限界費用（MC）、平均総費用（ATC）について以下の情報を報告されたとする。この企業は利潤を最大化できるだろうか。もしそうでないなら、利潤を増加させるために何をすべきか。企業が利潤を最大化している場合、市場は長期均衡にあるか。そうでない場合、長期均衡を回復するために何が起こるだろうか。
   a. $P < MC$、$P > ATC$
   b. $P > MC$、$P < ATC$
   c. $P = MC$、$P > ATC$
   d. $P > MC$、$P = ATC$

6. スパークルは、歯磨き粉市場に存在する多くの企業の１つであり、長期的な独占的競争均衡に

379

ある。

a. スパークルの需要曲線、限界収入曲線、平均総費用曲線、限界費用曲線を示す図を描きなさい。スパークルの利潤最大化生産量と価格を図に示しなさい。

b. スパークルの利潤はいくらか。説明しなさい。

c. 図に、スパークルの歯磨き粉の購入から得られる消費者余剰を示しなさい。また、効率的な結果と比較したときの死荷重も示しなさい。

d. もし政府がスパークルに効率的な生産量を強制したとしたら、スパークルはどうなるだろうか。スパークルの顧客には何が起こるだろうか。

7. 企業数が N 社ある独占的競争市場を考える。各企業のビジネスチャンスは以下の式で表される。

$$需要：Q = 100/N - P$$
$$限界収入：MR = 100/N - 2Q$$
$$総費用：TC = 50 + Q^2$$
$$限界費用：MC = 2Q$$

a. 市場に存在する企業の数 N は、各企業の需要曲線にどのような影響を与えるか。またそれはなぜか。

b. 各企業は何単位生産をするだろうか（この設問と次の2つの設問の答えは N の大きさに依存する）。

c. 各社はいくらの価格をつけるだろうか。

d. 各社の利潤はどれだけだろうか。

e. 長期において、この市場にはいくつの企業が存在するだろうか。

8. ナットビルのピーナッツバター市場は独占的競争状態にあり、長期均衡にある。ある日、消費者保護団体のジフ・スキッピーが、ナットビルで売られているピーナッツバターの銘柄がすべて同じであることを発見する。その後、市場は完全競争となり、再び長期均衡に達する。この市場における典型的な企業について、以下の各変数が増加するのか、減少するのか、あるいは変わらないのかを、適切な図を用いて説明しなさい。

a. 価格
b. 数量
c. 平均総費用
d. 限界費用
e. 利潤

9. 次の各組の企業について、どちらが広告を出す可能性が高いかを説明しなさい。

a. 家族経営の農場または家族経営のレストラン

b. フォークリフトのメーカーまたは自動車メーカー

c. 非常に剃り心地の良いカミソリを発明した会社、またはあまり剃り心地の良くないカミソリを発明した会社

10. 株式会社スリーク・スニーカーズは、靴の市場に数多く存在する企業の1つである。

a. スリークが現在短期的に経済上の利潤を得ていると仮定する。正しくラベル付けされた図に、スリークの利潤最大化生産量と価格、および利潤を表す領域を示しなさい。

b. 長期的にスリークの価格、生産量、利潤はどうなるだろうか。この変化を言葉で説明し、新たに図に示しなさい。

c. 時間の経過とともに、消費者が靴ブランド間のスタイルの違いに注目するようになったとする。この態度の変化は、各企業の需要の価格弾力性にどのような影響を与えるだろうか。この需要の変化は、長期的にスリークの価格、生産量、利潤にどのような影響を与えるだろうか。

d. 設問 (c) で特定した利潤最大化価格において、スリークの需要曲線は弾力的だろうか非弾力的だろうか。説明しなさい。

理解度確認クイズの解答

1. b   2. d   3. a   4. d   5. a   6. c   7. b   8. b

第18章

Chapter 18
Oligopoly

寡占

　テニスをする人なら、おそらくペン、ウィルソン、ダンロップ、プリンス、バボラなどのブランドのボールを使ったことがあるだろう。これら数社が、アメリカで販売されるテニスボールのほとんどを供給している。テニスボールの生産量と、市場の需要曲線からテニスボールの販売価格を決定するのは、これらの企業である。

　テニスボール市場は寡占の一例である。寡占市場の本質は、売り手が数人しかいないため、そのうちの1人の行動が他のすべての売り手の利潤に大きな影響を与えうるということである。本章では、この相互依存関係が企業の行動をどのように形成し、それが公共政策にどのような問題を提起するかを検討する。

　寡占の分析は、戦略的状況において人々がどのように行動するかを研究するゲーム理論につながる。「戦略的」とは、人々が行動指針を選択する際に、その選択に対して他者がどのように反応するかを予測しなければならない状況を意味する。戦略的思考は、チェス、チェッカー、○×ゲーム（三目並べ）だけでなく、多くのビジネス上の意思決定においても極めて重要である。寡占市場には少数の企業しか存在しないため、各企業は供給の決定を行う際に戦略的でなければならない。各企業の利潤は、自社がどれだけ生産するかだけでなく、他の各企業がどれだけ生産するかにも左右されることを、各企業は強く意識している。寡占状態にある企業は、生産量を決定する際、自社の選択が市場の他の企業の選択にどのような影響を与えるかを考慮する必要がある。

寡占
（oligopoly）
少数の売り手だけが類似または同一の製品を提供する市場構造

ゲーム理論
（game theory）
戦略的状況において人々がどのように行動するかの研究

第Ⅴ部　企業行動と産業組織

競争市場や独占市場の分析にゲーム理論は必要ではない。完全競争市場や独占的競争市場では、各企業の規模は市場全体と比べて非常に小さいため、戦略的相互作用は重要ではない。また、独占市場には他の企業は存在しないので気にしないでよい。しかし、ゲーム理論は寡占状態を理解する上で重要であり、少数のプレイヤーが互いに影響し合う場合にはいつでも適用することができる。テニスをするにしても、テニスボールを売るにしても、人々が選択する戦略を説明するのに役立つ。

1　少数の売り手の市場

寡占市場には少数の売り手しかおらず、協調と利己心の間の駆け引きが特徴である。寡占企業は、協調し合って1つの大きな独占企業のように行動し、少量の生産物に限界費用をはるかに上回る価格づけをすることで、最大の利潤を上げることができる。しかし、それぞれの寡占企業は、自らの利潤しか考えないため、協調的な結果を維持することを困難にし、ばらばらにしてしまうような強力なインセンティブが働く。

1-1　複占の例

複占（duopoly）と呼ばれる、構成員が2人だけの最も単純なタイプの寡占を考えてみよう。3人以上の寡占も複占と同じ問題に直面するので、より単純なケースから始めてもほとんど損はない。

ジャックとジルという2人の住民だけが、飲用に安全な水を汲み上げる井戸を所有している町を想像してみよう。毎週土曜日、ジャックとジルは何ガロンの水を汲むかを決め、その水を町に運び、市場で売れる値段で売る。物事を単純にするために、彼らはコストなしで好きなだけ水を汲むことができると仮定する。つまり、水の限界費用はゼロである。

表18-1は町の水の需要計画である。1列目は総需要量、2列目は価格である。井戸の所有者が合計10ガロンの水を売る場合、水は1ガロン110ドルになる。合計20ガロン売れば、価格は1ガロン100ドルに下がる、という具合である。この2列の数字をグラフにすると、標準的な右下がりの需要曲線になる。

表18-1の最後の列は、水の販売による総収入を示している。これは販売量に価格をかけたものである。水の汲み上げにはコストがかからないため、2人の生産者の総収入は総利潤に等しい。

次に、町の水道事業の組織が水の価格と販売量にどのような影響を与えるかを考えてみよう。

1-2　競争、独占、カルテル

ジャックとジルの複占から生じる水の価格と量を検討する前に、水市場が完全競争または独占的であった場合の結果を考えてみよう。これらの極端なケースは妥当なベンチマークとなる。

もし水市場が完全競争であれば、各企業の生産決定によって価格は限界費用に等

| 表18-1 | 水の需要計画 | |

総需要量（ガロン）	価格（ドル）	総収入（と総利潤）（ドル）
0	120	0
10	110	1,100
20	100	2,000
30	90	2,700
40	80	3,200
50	70	3,500
60	60	3,600
70	50	3,500
80	40	3,200
90	30	2,700
100	20	2,000
110	10	1,100
120	0	0

しくなっていく。ここで、水を追加的に汲み上げる限界費用はゼロであるため、完全競争下での水の均衡価格もゼロとなる。均衡数量は120ガロンとなる。水の価格は生産コストを反映し、効率的な水量が生産・消費されることになる。

　ここで、独占企業がどのように行動するかを考えてみよう。表18-1によると、総利潤が最大になるのは、数量が60ガロン、価格が1ガロン60ドルの場合である。したがって、利潤を最大化する独占企業は、この数量を生産し、この価格をつけることになる。独占の常として、価格は限界費用を上回る。その結果、生産され消費される水の量は、社会的に効率的なレベルである120ガロンに満たないため、非効率的となる。

　複占企業はどのような結果を得るだろうか。1つの可能性は、ジャックとジルが一緒になって、生産する水の量とその価格について合意することである。このような生産量と価格に関する企業間の合意は**共謀**と呼ばれ、一体となって行動する企業グループは**カルテル**と呼ばれる。カルテルが形成されると、市場は実質的に独占状態になり、第16章の分析が適用される。つまり、ジャックとジルが共謀すれば、彼らは総利潤を最大化するため、独占的な結果に合意することになる。2人は合計60ガロンを生産し、1ガロン60ドルで販売する。価格は限界費用を上回り、この結果は社会的に非効率である。

　カルテルは総生産量だけでなく、各メンバーの生産量についても合意しなければならない。各メンバーはより大きなシェアを望んでいる。というのも、各メンバーの利潤が増えることを意味するからである。この場合、ジャックとジルは60ガロンの生産量をどのように分けるかについて合意しなければならない。市場を均等に

共謀
(collusion)
市場における企業間の、生産量や価格に関する合意

カルテル
(cartel)
一体となって行動する企業グループ

第 V 部　企業行動と産業組織

分けることに合意した場合、それぞれが30ガロンを生産し、価格は1ガロン60ドルで、それぞれが1,800ドルの利潤を得る。

1-3　寡占の均衡

　寡占企業はカルテルを結成して独占利潤を得たいと考えるが、それは不可能であることが多い。カルテルのメンバー間で利潤の分配方法をめぐっていがみ合いが生じると、メンバー間の合意は難しくなる。加えて、独占禁止法（反トラスト法）は寡占企業間の露骨な協定を禁じている。競合他社と価格設定や生産制限について話し合うことさえ、犯罪行為になる可能性がある。そこで、ジャックとジルが別々に水の生産量を決めたらどうなるかを考えてみよう。

　ジャックとジルは自分たちで独占の結果に達すると予想する人がいるかもしれない。というのも、この結果はジャックとジルの共同利潤を最大にするからである。しかし、拘束力を持つ協定がない場合、独占の結果になる可能性は低い。その理由を知るために、ジャックはジルが30ガロン（独占量の半分）しか生産しないと予想するとしよう。ジャックは以下のように考える。

　「自分も30ガロンは生産できる。合わせて60ガロンの水を1ガロン60ドルで売る。自分の利潤は1,800ドル（30ガロン×60ドル/ガロン）である。しかし、それでいいのだろうか。自分は40ガロン生産できる。そうすれば、70ガロンの水を1ガロン50ドルで売ることができる。自分の利潤は2,000ドル（40ガロン×50ドル/ガロン）になる。市場全体の利潤は下がるかもしれないが、誰が気にするだろうか。自分の市場占有率が上がるので、自分の利潤は上がるだろう」。

　論理的であるが、何か引っかかることがある。なぜならジルも同じように考えるかもしれないからである。そうなれば、彼女も40ガロンを市場に持ち込むだろう。総販売量は80ガロン、価格は40ドルに下がり、総利潤は3,200ドルになる。ジャックとジルはそれぞれ1,600ドルしか稼げない。複占企業は、生産量を決定する際、それぞれの利己心を追求することで、独占数量よりも多い総量を生産し、独占価格よりも低い価格を付け、独占利潤よりも少ない総利潤を得る。

　利己心の論理によって、複占企業の生産量を独占の水準よりも増加させるが、複占企業の生産量を競争配分まで押し上げることはない。ジャックとジルがそれぞれ40ガロンを生産する場合を考えてみよう。価格は40ドルで、それぞれ1,600ドルの利潤を得る。ジャックは状況についてさらに深く考えるが、ジャックの利己心の論理は異なる結論を導き出す。

　「今、自分の利潤は1,600ドルである。生産量を50ガロンに増やしたとしよう。この場合、合計90ガロンが売れ、価格は1ガロン30ドルになる。そうなると、自分の利潤は1,500ドルにしかならない。であれば、生産量を増やして価格を下げるよりも、生産量を40ガロンのままにしておいたほうがいい」。

　ジルもジャックと同じ結論に達する。

　ジャックとジルがそれぞれ40ガロンを生産するという結果は、ある種の均衡のように見える。実際、この結果はナッシュ均衡と呼ばれる（これはノーベル賞を受賞した数学者であり経済理論家のジョン・ナッシュ（John Nash）にちなんで名付け

第18章　寡占

られたもので、彼の生涯は本や映画『ビューティフル・マインド』に描かれている）。**ナッシュ均衡**とは、互いに影響し合う経済主体が、他の主体が選択した戦略を与えられたものとして、それぞれ最善の戦略を選択する状況のことである。この場合、ジルが40ガロンを生産すれば、ジャックにとっての最善の戦略も40ガロンを生産することである。同様に、ジャックが40ガロンを生産すれば、ジルにとっての最善の戦略も40ガロンを生産することである。このナッシュ均衡では、ジャックにもジルにも異なる決定をするインセンティブはない。

> **ナッシュ均衡**
> (Nash equilibrium)
> 互いに影響し合う経済主体が、他の主体が選択した戦略を与えられたものとして、それぞれ最善の戦略を選択する状況

　この例は、寡占の本質である協調と利己心の緊張関係を示している。独占の結果を得るためには、寡占企業は協調したほうがよい。しかし、それぞれが自己の利潤を追求するため、そうすることに失敗する。各寡占企業は生産量を増やし、より大きな市場シェアを獲得しようとする誘惑に駆られる。それぞれの企業がそうしようとするため、総生産量は増加し、価格は下落し、総利潤は減少する。

　しかし、利己心が市場を競争的な結果へと導くわけではない。独占企業同様、寡占企業も、より多く生産することで得られる価格が下がり、それが利潤に影響することを知っている。そのため、価格が限界費用に等しくなるまで生産するという競争企業のルールには従わない。

　要約すると、**寡占状態にある企業が個々に利潤を最大化するために生産を選択する場合、独占状態で生産される水準よりも多く、完全競争下で生産される水準よりも少ない量を生産する。寡占価格は独占価格より低く、競争価格（限界費用に等しい）より高くなる。**

1-4　寡占の規模が市場の結果に与える影響

　寡占の規模が市場の結果にどのような影響を与えるかについては、複占の研究から得られた知見を利用することができる。たとえば、ジュードとジェイドが突然自分たちの土地に水源を発見し、ジャックとジルの水寡占に加わったとする。表18-1の需要計画は変わらないが、より多くの生産者がこの需要を満たすことができる。売り手が2人から4人に増えることは、町の水の価格と生産量にどのような影響を与えるだろうか。

　もし売り手がカルテルを組めば、独占量を生産し、独占価格をつけることで、再び総利潤を最大化しようとするだろう。売り手が2人だけの場合と同様に、カルテルのメンバーは個別の生産量について合意し、協定を実施する方法を見つける必要がある。しかし、カルテルの規模が大きくなればなるほど、このような結果は起こりにくくなる。チームやクラブに所属したことがある人なら、グループの規模が大きくなるにつれて、協調して仕事をすることが難しくなることに気づいたことがあるかもしれない。加えて、独占禁止法の適用を逃れることは、共謀者のグループが大きくなればなるほど難しくなるかもしれない。

　もし寡占企業がカルテルを結ばなければ、それぞれ独自に水の生産量を決めなければならない。販売者数の増加が結果にどのような影響を与えるかを見るために、各販売者が直面する決定を考えてみよう。各井戸の所有者は、いつでも生産量を1ガロン増やすことができる。この決定を下す際、井戸の所有者は2つの影響を考慮

385

する。

- **生産量効果**：価格が限界費用を上回るため、現行の価格でもう1ガロン多く水を売れば利潤が増える。
- **価格効果**：生産量を増やすと販売総量が増えるため、水の価格は下がり、他のすべてのガロン販売分の利潤も下がる。

生産量効果が価格効果を上回れば、井戸の所有者は生産を増やす。価格効果が生産量効果を上回れば、所有者は生産を増やさない（この場合、生産量を減らすと利潤が増える）。各寡占企業は、他の企業の生産を所与として、これら2つの限界効果がちょうど釣り合うまで生産を増加させる。

ここで、産業内の企業数が各寡占企業の限界分析にどのような影響を与えるかを考えてみよう。企業の数が多ければ多いほど、各企業の市場シェアは小さくなる。ある企業の市場シェアが縮小すればするほど、その企業は市場価格に対する自らの影響をあまり気にしなくなる。つまり、寡占が拡大するに従って、価格効果の大きさは小さくなる。

寡占が非常に大きくなると、価格効果は完全に消失する。この極端なケースでは、個々の企業の生産決定はもはや市場価格に影響を与えない。各企業は、生産量を決定する際に市場価格を与えられたものとし、よって価格が限界費用を上回る限り生産を増加させる。言い換えれば、大規模な寡占は本質的に競争企業の集団であるといえる。

要約すると、**寡占市場における売り手の数が増えるにつれて、寡占市場は競争市場に近づいていく。価格は限界費用に近づき、生産量は社会的に効率的な水準に近づく。**

この寡占分析は、国際貿易に新たな視点を提供する。日本にはトヨタとホンダ、ドイツにはフォルクスワーゲンとBMW、アメリカにはフォードとゼネラルモーターズしか自動車メーカーがないとする。もし、これらの国が自動車の国際貿易を禁止すれば、それぞれが2社だけの寡占状態となり、市場価格も数量も理想的な競争状態から大きく乖離する可能性が高い。しかし、国際貿易によって世界市場が形成され、この例の寡占企業は6社となる。自由貿易を認めることで、各消費者が選択できる生産者の数が増え、競争が激化することで、価格は限界費用に近づく。このように、第3章で議論した比較優位の理論に加えて、寡占の理論は、各国が自由貿易から便益を得ることができるもう1つの理由を提供している。

専門家の見方　市場シェアと市場支配力

「適切に定義された市場において、少数の企業の合計市場シェアが大きい場合、それらの企業が実質的な市場支配力を持っていることを示す強力な証拠となる」

経済学者の見解は？
同意しない 25%　どちらともいえない 21%
同意する 54%

（出所）IGM Economic Experts Panel, September 25, 2018.

第18章　寡占

理解度確認クイズ

1. 寡占市場の主な特徴は、以下のうちどれか。
   a. 各企業は、他の企業とは異なる製品を販売している。
   b. 1企業が市場の需要曲線上の1点を選択する。
   c. 各企業が市場価格を所与のものとする。
   d. 少数の企業が戦略的に行動している。

2. 寡占産業が協調的カルテルとして組織された場合、その産業は競争水準＿＿＿＿＿＿、独占水準＿＿＿＿＿＿量を生産する。
   a. より少なく ― より多い
   b. より多く ― より少ない
   c. より少なく ― に等しい
   d. に等しく ― より多い

3. 寡占企業が協調せず、各企業が独自の数量を選択する場合、その産業は競争水準＿＿＿＿＿＿、独占水準＿＿＿＿＿＿量を生産する。
   a. より少なく ― より多い
   b. より多く ― より少ない
   c. より少なく ― に等しい
   d. に等しく ― より多い

4. 寡占の企業数が増加するにつれ、産業の生産量は競争水準＿＿＿＿＿＿、独占水準＿＿＿＿＿＿水準に近づく。
   a. より少なく ― より多い
   b. より多く ― より少ない
   c. より少なく ― に等しい
   d. に等しく ― より多い

➡（解答は章末に）

2　協調の経済学

　寡占企業は独占の結果を得たいが、協調するのは困難かもしれない。このような状況は珍しいことではない。人生ではたびたび、協力することで皆がより良い状態なるにもかかわらず、人々は互いに協力し合えないことがある。寡占はその中の一例である。

　この節では、協調が望ましいが難しい場合に生じる問題をより詳しく見ていく。これにはゲーム理論の理解が必要である。ここでは、**囚人のジレンマ**と呼ばれる「ゲーム」に焦点を当てるが、このゲームは、メンバー間の協調を維持しようとするあらゆる集団に当てはまる一般的な教訓を教えてくれる。

…… **囚人のジレンマ**
(prisoners' dilemma)
捕らえられた2人の囚人の間で行われる特別な「ゲーム」であり、協力が相互に有益であっても、それを維持することが困難である理由を示している。

2-1　囚人のジレンマ

　囚人のジレンマは、警察に捕まった2人の犯罪者の物語である。彼らをボニーとクライドと呼ぼう。警察は、未登録の銃を所持していたという軽微な犯罪で彼らを有罪にするのに十分な証拠を持っているので、それぞれ1年間刑務所で過ごすことになる。警察はまた、この犯罪者たちが銀行強盗を働いたと疑っているが、それを有罪にする証拠がない。警察はボニーとクライドを別々の部屋で尋問し、それぞれに次のような取引を持ちかける。

　「今なら、あなたを1年間収監することになる。しかし、銀行強盗を自白し、相棒の関与を認めれば、無罪放免にする。ただし相棒は懲役20年になる。2人とも自白すれば、あなたの証言は必要なくなるし、裁判のコストも避けられるため、それぞれ8年の刑になる」。

　もし、ボニーとクライドが冷酷な銀行強盗で、自分たちの刑期だけを気にしてい

387

るとしたら、彼らはどうするのだろうか。図18-1は彼らの選択の**利得行列**（payoff matrix）である。それぞれの囚人には、自白するか黙秘するかの2つの戦略がある。各受刑者の刑罰は、彼または彼女が選択した戦略と、彼または彼女の共犯者が選択した戦略に依存する。

まず、ボニーの意思決定を考えてみよう。彼女は以下のように推論する。「私たちは一緒に銀行強盗をして素敵な時間を過ごしたけれど、今はクライドが何をするかわからない。もしクライドが黙秘を続けるなら、私の最善の戦略は自白することである。なぜなら、1年間収監されるよりも、無罪放免になるから。もしクライドが自白した場合でも、私は自白すべきだ。なぜなら20年間収監されるよりも、8年間の収監で済むから。だから、クライドが何をしようとも、私は自白したほうがいい」。

ゲーム理論の用語では、ある戦略が、他のプレイヤーが追求する戦略に関係なく、そのプレイヤーにとって最善のものである場合、支配戦略と呼ばれる。この場合、ボニーにとって自白は支配戦略である。クライドが自白しようが黙秘しようが、自白したほうが刑務所で過ごす時間が短くなる。

次にクライドの決断を考えてみよう。彼はボニーと同じ選択を迫られ、同じように理由を述べる。ボニーが何をしようと、クライドは自白することで刑期を短縮できる。つまり、自白することもクライドにとって支配戦略なのである。

結局、ボニーとクライドは自白し、それぞれ8年間刑務所で過ごす。この結果はナッシュ均衡である。つまり、お互いが相手の戦略を与えられたものとみなして、利用可能な最善の戦略を選択する。しかし、彼らの立場からすれば、この結果は最悪である。もし2人とも黙秘を貫いていれば、銃の不法所持の罪で刑務所に1年間入るだけでよかっただろう。お互いの利益を追求したために、2人の囚人は共に、それぞれにとってより悪い結果となる。

ボニーとクライドなら、このような状況をあらかじめ想定していただろうと思っ

支配戦略
(dominant strategy) 他のプレイヤーが追求する戦略に関係なく、そのプレイヤーにとって最善の戦略

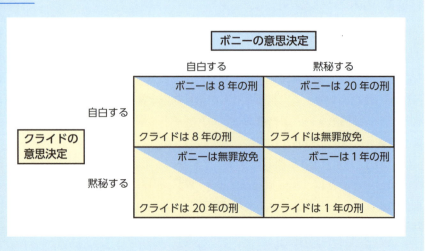

図18-1 囚人のジレンマ

重大犯罪を犯したと疑われる2人の犯罪者の間で行われるこのゲームでは、自白するか黙秘するかという自分の決断と、もう1人の決断によって、それぞれが受ける刑が決まる。

たかもしれない。しかし、たとえそうであったとしても、2人はやはり同じ問題に遭遇する。警察に捕まる前、2人の犯罪者が不滅の愛を誓い、決して自白しないことに合意していたとしよう。この盟約を守れば、それぞれが1年だけ刑務所で過ごすことになり、2人とも状況が改善するのは明らかである。その後、2人は栄光の夕日に向かって走り去ることができる。しかし、ボニーとクライドは、合意したからといって黙秘を続けるだろうか。いったん別々に取り調べを受けると、利己心の論理が支配し、自白を行うようになる。協調は個人的には非合理であるため、囚人同士の協調関係を維持するのは難しい。愛も同じであるが、実刑判決に直面していない場合は維持しやすい。

2-2 寡占と囚人のジレンマ

囚人のジレンマは、市場や不完全競争とどのような関係があるのだろうか。寡占企業が独占の結果を得ようとする際に直面する決断は、ボニーとクライドが囚人のジレンマで直面した決断と似ているのは明らかである。

ジャックとジルが直面する選択肢をもう一度考えてみよう。長時間の交渉の末、2つの水供給会社は生産量を30ガロンに抑えることで合意した。そうすれば価格は高くなり、2社で最大の利潤を得ることができる。しかし、生産レベルで合意した後、それぞれがこの合意を守るか、それとも無視してより高いレベルで生産するかを決めなければならない。図18-2は、2人の生産者の利潤が、彼らが選択した戦略にどのように依存するかを示している。

ジャックは次のように推論するかもしれない。「契約通り30ガロンの生産を維持することもできるし、生産量を増やして40ガロンを販売することもできる。もしジルが契約通り30ガロンの生産を続けるなら、40ガロンを売った場合の利潤は2,000ドル、30ガロンを売った場合の利潤は1,800ドルとなる。この場合、生産量が多いほうが得である。ジルが契約を守らず40ガロンを生産した場合、私は40ガロンを

図 18-2 ジャックとジルの寡占ゲーム

ジャックとジルのこのゲームでは、それぞれが水を売って得る利潤は、自分が選んだ生産量と相手が選んだ生産量の両方に依存している。

	ジャックの意思決定	
ジルの意思決定	高生産量：40 ガロン	低生産量：30 ガロン
高生産量：40 ガロン	ジャックは1,600 ドルの利潤 / ジルは1,600 ドルの利潤	ジャックは1,500 ドルの利潤 / ジルは2,000 ドルの利潤
低生産量：30 ガロン	ジャックは2,000 ドルの利潤 / ジルは1,500 ドルの利潤	ジャックは1,800 ドルの利潤 / ジルは1,800 ドルの利潤

第Ⅴ部　企業行動と産業組織

販売することで1,600ドル、30ガロンを販売することで1,500ドルの利潤を得る。この場合も、生産量が多いほうが得である。つまり、ジルがどのような選択をしようとも、契約を破棄して高いレベルで生産するほうが得である」。

40ガロンの生産はジャックにとって支配戦略である。もちろん、ジルも同じように考えるので、両者とも40ガロンという高水準で生産する。その結果、（ジャックとジルの立場からは）望まない結果となり、2人の生産者それぞれに低い利潤がもたらされる。

この例は、寡占企業が独占利潤を維持するのが難しい理由を示している。独占の結果は連帯的に合理的であるが、各寡占企業には裏切りを行うインセンティブがある。利己心によって囚人のジレンマにおける容疑者が自白に至るのと同様に、寡占企業が低生産量、高価格、独占利潤という協調的な結果を維持するのは、利己心のために困難である。

ケーススタディ　OPEC と世界の石油市場

この町の水市場の話は架空の話であるが、水を原油に、ジャックとジルをサウジアラビアとイラクに変えると、話は現実味を帯びてくる。世界の石油の多くは、主に中東の数か国によって生産されている。これらの国が一体となって寡占状態を形成している。石油をどれだけ汲み上げるかという彼らの決定は、水をどれだけ汲み上げるかというジャックとジルの決定とほぼ同じである。

1960年、世界の石油の多くを生産する国々は、石油輸出国機構（OPEC）と呼ばれるカルテルを結成した。OPECには、サウジアラビア、イラク、イラン、アラブ首長国連邦、クウェート、ベネズエラ、その他数か国が加盟している。2016年には、ロシアを筆頭とする他の産油国10か国がOPECと連携し、カルテルはOPECプラスとして知られるようになった。OPECプラス諸国を合わせると、世界の石油埋蔵量のほとんどを支配している。カルテルは、生産量を協調して削減することで、製品価格を引き上げようとしている。そのために、加盟国それぞれに生産目標を設定している。

OPECプラスが直面している問題は、本章でジャックとジルが直面している問題とほぼ同じである。カルテルに加盟している国々は、原油価格を高く維持したいと考えている。しかし、各加盟国は、より多くの利潤を得るために生産量を増やしたいという誘惑に駆られる。OPECプラス加盟国は、しばしば減産に合意しながらも、その合意を反故にする。

OPECは、1973年から1985年までの期間、協調と高値維持にかなり成功した。原油価格は、1972年の1バレル3ドルから1974年には11ドル、1981年には35ドルまで上昇した。しかし、1980年代半ばになると、加盟国が生産量について議論するようになり、OPECは協調を維持できなくなった。1986年には、原油価格は1バレル13ドルまで下落した。

近年、OPEC加盟国は定期的に会合を開き、より大きな石油圏の同盟国と協議を

390

続けてきたが、協定の合意に達し、実施することにはあまり成功していない。水圧破砕法の開発など技術の変化により、世界中の石油供給が拡大し、OPECの市場支配力が低下した。その結果、原油価格の変動は、カルテルによる人為的な生産制限よりも、需要と供給の自然な力によってもたらされている。

2-3 囚人のジレンマの他の例

囚人のジレンマの論理は、寡占だけでなく他の多くの状況にも当てはまる。ここでは、利己心が協調を妨げ、当事者にとって望ましくない結果をもたらす例を2つ紹介する。

軍拡競争 第2次世界大戦後の数十年間、アメリカとソビエト連邦という世界の2つの超大国は、長期にわたる軍事力をめぐる競争を繰り広げていた。この争いは、ゲーム理論に関する初期の研究の動機となった。理論家たちは、軍拡競争は囚人のジレンマによく似ていると指摘した。今日、これはアメリカ、ロシア、そしてもう1つの軍事大国である中国の関係に当てはまる。

アメリカとソビエト連邦が、新たな兵器を製造するのか、それとも軍縮するのかという決断について考えてみよう。それぞれの国は、相手国よりも多くの軍備を持ちたいと考えている。なぜなら、軍備が大きくなれば、世界情勢における影響力が増すからである。しかし、それぞれの国は相手国の兵器についても心配している。

図18-3は、この致命的なゲームの利得行列を示している。ソ連が軍拡すれば、アメリカは力の喪失を防ぐために軍拡したほうがよい。ソ連が軍縮した場合、アメリカは軍拡をしたほうがよい。なぜならより自国が強力になるからである。それぞれの国にとって、軍拡は支配戦略である。そのため、両国は軍拡競争を続けることを

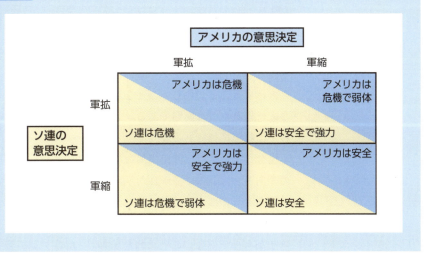

図18-3　軍備拡張ゲーム

この2国間のゲームでは、それぞれの国の安全性と力が、軍拡するかどうかについての敵の決定および自国の決定の両方に依存している。

第Ⅴ部　企業行動と産業組織

選択し、その結果、両国ともに危険にさらされるという望ましくない結果になる。

　1945年頃から1991年頃まで、アメリカとソ連は軍備管理交渉や協定を通じてこの問題を解決しようと試みた。両国が直面した困難は、寡占企業がカルテルを維持しようとする際に遭遇するようなものだった。寡占企業が生産水準をめぐって議論するのと同じように、両国は、それぞれの国が許容する武器の量と種類をめぐって議論した。そして、カルテルが生産水準を強制するのが難しいのと同じように、相手国が不正を働く方法を見つけることを恐れた。軍拡競争でも寡占競争でも、利己心の論理が参加者を非協力的な結果へと向かわせる。しかし、透明性を確保し、合意が守られていることを確認するための厳格な方法があれば、囚人のジレンマの箱から抜け出すことは可能である。とはいえ、利己心の論理は、両国の協力を妨げる圧力を理解する助けとなる。

共有資源　第11章では、人々は共有資源を使いすぎる傾向があると述べた。この問題は、囚人のジレンマの一例として捉えることができる。

　2つの石油会社、エクソンモービルとシェブロンが隣接する油田を所有しているとしよう。両油田の地下には、1億2,000万ドル相当の石油が眠っている。石油を汲み上げるために油井を掘るには1,000万ドルかかる。各社が1つずつ油井を掘れば、それぞれが石油の半分を手にし、（6,000万ドルの収入から1,000万ドルの費用を差し引いて）5,000万ドルの利潤を得ることができる。

　油田は共有資源であるため、両社は油田を効率的に利用することはできない。どちらの会社も2本目の油井を掘ることができたとする。一方の会社が3つの油井のうち2つを掘った場合、その会社は石油の3分の2を取得し、6,000万ドルの利潤を得る。もう一方の会社は石油の3分の1を取得し、3,000万ドルの利潤を得る。各社が2本目の油井を掘れば、2社で石油を分け合うことになる。この場合、それぞれが2本目の油井のコストを負担しなければならないので、4,000万ドルの利潤しか得られない。

　図18-4はこのゲームを示している。2つの油井を掘ることは、各社にとって支配戦略である。ここでもまた、2人のプレイヤーの利己心が望ましくない結果をもたらす。

2-4 囚人のジレンマと社会厚生

　囚人のジレンマは、ゲームに参加する両プレイヤーが有利になる場合でも、協調を維持することが難しいことを示している。このような協調の欠如は、直接関係する人々にとっては問題である。しかし、社会全体から見た場合、問題なのだろうか。答えは状況次第である。

　場合によっては、非協調的な均衡はプレイヤーだけでなく社会にとっても悪いものである。図18-3に描かれた軍拡競争では、アメリカとソビエト連邦の両方が危険にさらされることになる（地球上の他のすべての人々も同様である）。図18-4の共有資源ゲームでは、シェブロンとエクソンモービルが掘った余分な油井はまったく無駄なものである。このような場合、2人のプレイヤーが協調的な結果に達するこ

図18-4 共有資源ゲーム

企業が共有の油田から石油を汲み上げる場合、各企業の利潤は、自社が掘る油井の数と、他の企業が掘る油井の数の両方に依存している。

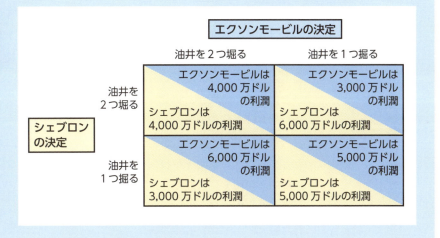

とができれば、社会はより望ましいものになる。

これとは対照的に、独占的利潤を維持しようとする寡占企業の場合、社会全体から見れば協調の欠如が望ましい。独占の結果は、寡占企業にとっては良いが、消費者にとっては悪いものである。第7章で示したように、総余剰を最大化するため、競争的結果は社会にとって最善である。寡占企業が協調しない場合、生産量はこの最適水準に近づく。別の言い方をすれば、見えざる手は、市場が競争的である場合にのみ、資源が効率的に配分されるように市場を導く。そして市場が競争的であるのは、市場内の企業が互いに協調し合うのに失敗した場合のみである。

同様に、警察が2人の容疑者を尋問する場合を考えてみよう。警察がより多くの犯罪者を有罪にすることができるため、容疑者間の協調の欠如は社会にとって望ましい。囚人のジレンマは囚人にとってはジレンマであるが、それ以外の人々にとっては恩恵となりうる。

2-5 人はなぜ協調するのか

囚人のジレンマは、協調が難しいことを示している。しかし、協調は不可能なのだろうか。囚人すべてが警察に尋問されたとき、仲間を売るわけではない。カルテルは、メンバーが離脱する動機があるにもかかわらず、共謀の取り決めを時には維持できることがある。多くの場合、プレイヤーが囚人のジレンマを解決できるのは、ゲームを一度だけでなく何度も行うからである。

繰り返しゲームにおいて、なぜ協調が実行されやすいかを見るために、図18-2で選択が与えられたジャックとジルの複占に戻ってみよう。2人は、それぞれが30ガロンを生産する独占の結果を達成したい。しかし、もしジャックとジルがこのゲームを一度しかやらないのであれば、両者ともそのような契約を守るインセンティブはない。利己心のために、2人はそれぞれ約束を破り、40ガロンという支配戦略を選択する。

第Ⅴ部　企業行動と産業組織

　ここで、ジャックとジルが毎週同じゲームをすることを知っているとする。生産量を低く抑えるという最初の合意をする際、どちらかが反故にした場合にどうなるかを指定することができる。たとえば、どちらかが40ガロンの生産をしたら、その後は永遠に両者とも40ガロンの生産をすることに合意するかもしれない。一方が高いレベルで生産すれば、もう一方も同じように生産する理由があるため、この罰則を実行するのは簡単である。

　この罰則の脅威が、協調を維持するために必要なすべてかもしれない。各人は、離脱すれば自分の利潤が1,800ドルから2,000ドルに上がることを知っている。しかし、この利潤は1週間しか続かない。その後、利潤は1,600ドルに下がり、そこにとどまる。プレイヤーが将来の利潤を十分に気にしている限り、彼らは逸脱による一時的な利潤を見送るだろう。現在進行中の軍拡競争のような囚人のジレンマの繰り返しゲームでは、2人のプレイヤーは協調的な結果に達することができるかもしれない。

ケーススタディ　囚人のジレンマのトーナメント大会

　別室で取り調べを受けている人と囚人のジレンマのゲームをしていて、その人と何度もプレイすることになったとする。ゲーム終了時の得点は、あなたが刑務所で過ごす年数の合計であり、その合計はできるだけ少なくしたい。あなたならどのような戦略をとるだろうか。自白から始めるのか、それとも黙秘を続けるのだろうか。ある順番での相手プレイヤーの行動は、その後の順番でのあなたの選択にどのような影響を及ぼすのだろうか。

　これは複雑なゲームになる。協調を促すために、各プレイヤーは他の部屋のプレイヤーが協調しなかった場合に何らかの罰則を課したくなる。しかし、先に説明したジャックとジルの水カルテルの戦略（相手のプレイヤーが裏切ったら永遠に裏切り続ける）は、あまり寛大なものではない。ゲームが何度も繰り返されるのであれば、プレイヤーが非協調的な期間のあとに協調的な結果に戻れるような戦略が望ましいかもしれない。

　政治学者のロバート・アクセルロッド（Robert Axelrod）は、どのような戦略が最も効果的かを調べるため、コンテストを実施した。参加者は、繰り返し囚人のジレンマのゲームをプレイするように設計されたコンピュータ・プログラムを提出した。そして各プログラムは、他のすべてのプログラムとゲームをし、総当たり戦を行った。その目標は、刑務所に収監される合計年数を最短にすることだった。

　勝者のプログラムは、**しっぺ返し**（tit-for-tat）と呼ばれる単純な戦略であることが判明した。しっぺ返しでは、プレイヤーはまず協調し、次に相手が前回やったことを何でもそのまま行う。しっぺ返しのプレイヤーは、相手が裏切るまで協調し、相手が再び協調するまで裏切る。この戦略は、最初は友好的にスタートし、非友好的なプレイヤーには罰則を与え、正当な理由があれば許すというものである。アクセルロッドが驚いたことに、この単純な戦略は、人々が送ってきた他の複雑な戦略

第18章　寡占

よりも良い結果を出した。

　しっぺ返し戦略には長い歴史がある。基本的には「目には目を、歯には歯を」である。囚人のジレンマのトーナメント大会は、この古典的な戦略が、人生のいくつかのゲームをプレイする際の経験則として有効であることを示唆している。

理解度確認クイズ

5. 2人用のゲームである囚人のジレンマについて、以下のどの説明が正しいか。

　　a. 協調的な結果は、ナッシュ均衡よりも両者にとって悪くなる可能性がある。

　　b. 協調的な結果が一方の人にとってナッシュ均衡より良くても、もう一方にとっては悪いかもしれない。

　　c. たとえ協調がナッシュ均衡より優れていたとしても、各人には協調しないインセンティブがあるかもしれない。

　　d. 合理的で利己的な個人は、ナッシュ均衡を避けるのが自然である。なぜなら両者にとって悪化をもたらすからである。

6. 囚人のジレンマに直面した2人が協力する可能性があるのは、次のどの場合か。

　　a. ナッシュ均衡は協力均衡よりも両者にとって悪いことを認識する。

　　b. ゲームを繰り返し、非協力的な場合は将来報復されることを予想する。

　　c. それぞれが支配戦略を選択する。

　　d. それぞれが選択した戦略は、結果が出るまで相手にはわからないことを理解している。

➡（解答は章末に）

3 　寡占企業に対する公共政策

　第1章の**経済学の10原則**の1つに、「政府は市場のもたらす結果を改善できる場合がある」というものがある。この原則は、社会全体から見れば、協調によって生産が低くなりすぎたり、価格が高くなりすぎたりするような、寡占市場にも適用される。寡占市場の企業が協調するよりも競争するほうが、資源配分は社会的最適に近づく。政策立案者がどのように競争を促進できるかを考えてみよう。

3-1 　取引の制限と反トラスト法（独占禁止法）

　判例法では寡占企業間の協調を禁じることができる。通常、契約の自由は市場経済に不可欠な要素である。企業や家計は契約を用いて相互に有利な取引を取り決め、契約を執行するために裁判制度を利用している。しかし、イギリスやアメリカの裁判官は、何世紀もの間、競争者同士が生産量を減らしたり、価格を引き上げたりする契約は公共の利益に反すると見なしてきた。それゆえ、そのような契約を執行することを拒否してきたのである。

　1890年に制定されたシャーマン反トラスト法（独占禁止法）は、アメリカにおけるこの政策を成文化し、強化した。

395

第Ⅴ部　企業行動と産業組織

　複数の州の間または外国との間の貿易または通商を制限するあらゆる契約、トラスト及びその他の形式による結合、または共謀は、違法と宣言される。…（中略）…複数の州の間または外国との間の貿易または通商の一部を独占する、または独占しようとする者、またはいずれかの者と共同もしくは共謀する者はすべて、軽犯罪の有罪とみなされ、その有罪が確定した場合、裁判所の裁量により、5万ドルを超えない罰金、または1年を超えない懲役、またはその両方の刑罰に処せられる。

　シャーマン法は、寡占企業間の合意を、法的拘束力のない契約から犯罪的な共謀へと昇華させた。

　1914年のクレイトン法は反トラスト法をさらに強化した。この法律によれば、違法な取引制限の取り決めによって損害を被ったことを証明できる原告は、訴訟を起こし、被った損害の3倍を回復することができる。この3倍の損害賠償という異例のルールの目的は、共謀した寡占企業に対する民事訴訟を奨励することである。

　今日、アメリカ司法省と民間団体は、反トラスト法を執行するために告訴する権限を持っている。第16章で述べたように、これらの法律は、ある企業に過剰な市場支配力を与えるような合併を防止するために用いられる。これらの法律はまた、寡占企業が共同で市場を競争的でなくすような行動をとることを防止するためにも使用される。

ケーススタディ　違法電話

　寡占企業には、生産量を減らし、価格を引き上げ、利潤を増やすために共謀する強いインセンティブがある。18世紀の偉大な経済学者アダム・スミスは、この潜在的な市場の失敗をよく知っていた。『国富論』の中で、彼はこう書いている——「同じ商売をする者同士が顔を合わせることはめったにないが、あるとすれば、その会話は大衆に対する共謀か、価格をつり上げるための陽動作戦に終始する」。

　スミスの観察の現代的な例として、1980年代初頭の航空会社幹部2人の電話での会話を検討してみよう。この電話は1983年2月24日付のニューヨーク・タイムズ紙で報道された。ロバート・クランドールはアメリカン航空の社長、ハワード・パットナムは当時の大手航空会社ブラニフ航空の社長だった。以下はその抜粋である。

クランドール：ここに座って、お互いに殴り合って、どちらも一銭も儲からないなんて、とんでもなくバカなことだと思う。

パットナム：何か提案があるのですか？

クランドール：そうだ、1つ提案がある。運賃を20%上げてほしい。翌朝、私も上げるから。

パットナム：ロバート、われわれは……。

クランドール：君はもっと稼げるし、僕もだ。

第18章　寡占

> **パットナム**：われわれは価格については話すことができない！
> **クランドール**：おお、ハワード。われわれはどんなことだって話せるんだ。

　パットナムは正しい。シャーマン反トラスト法は、競合する経営幹部が価格を固定することについて話すことさえ禁じている。パットナムがこの会話の録音を司法省に提出すると、司法省はクランドールを提訴した。

　2年後、クランドールと司法省は和解に達し、クランドールは他の航空会社の社員との接触を含む事業活動の制限に同意した。司法省は和解の条件について、「アメリカン航空とクランドールが、航空サービスの価格について競合他社と協議することにより、いかなる路線においても旅客航空サービスを独占しようとするさらなる試みを阻止し、航空業界の競争を保護する」と述べた。

3-2　反トラスト政策をめぐる論争

　反トラスト法がどのような行為を禁止すべきかは、議論の的になることが多い。ほとんどの論者は、競合企業間の価格の固定協定は違法であるべきだという意見で一致している。しかし、反トラスト法は、その効果があまり明らかではない、いくつかの商慣行を有罪にするために使われてきた。以下、3つの例を挙げる。

再販売価格維持　物議を醸す商慣行の1例として、**再販売価格の維持**（resale price maintenance）がある。スーパードゥーパー・エレクトロニクスが小売店にスマートフォンを400ドルで販売しているとしよう。スーパードゥーパーが小売店に対し、顧客に500ドルを請求するよう要求した場合、スーパードゥーパーは再販売価格を維持しているとみなされる。500ドルを下回る金額をつける小売店は、スーパードゥーパーとの契約に違反することになる。

　当初は、再販売価格の維持は反競争的に見えるかもしれない。カルテルのメンバー間の合意のように、小売業者が価格競争を行うことを妨げるためである。このため、裁判所は再販売価格維持を反トラスト法違反とみなすことがある。

　しかし、経済学者の中にはこの慣行を擁護する者もいる。第1に、彼らはこの慣行が競争を減じることを目的としていることを否定している。もしスーパードゥーパーが市場支配力を行使したいのであれば、再販価格をコントロールするのではなく、卸売価格を引き上げるだろう。さらに、スーパードゥーパーには小売業者間の競争を阻害する理由はない。小売業者のカルテルは競争力のある小売業者のグループよりも販売量が少ないため、小売業者がカルテルを組めば、スーパードゥーパーのほうが不利になる。

　第2に、再販売価格の維持には正当な目的があるかもしれない。スーパードゥーパーは、小売店が顧客に快適なショールームと知識豊富な販売員を提供することを望んでいるかもしれない。しかし、再販売価格の維持がなければ、スマートフォンの特別な機能を知るためにある店舗のサービスを利用し、その後、このサービスを

第Ⅴ部　企業行動と産業組織

提供していないディスカウントストアで商品を購入する顧客も出てくるだろう。良いカスタマーサービスは、スーパードゥーパーの商品を販売する小売業者間の公共財とみなすことができる。第11章で述べたように、ある人が公共財を提供すれば、他の人はその対価を支払うことなくそれを利用することができる。この場合、ディスカウントストアは他の小売業者が提供するサービスにただ乗りすることになり、望ましいサービスよりもサービスが低下することになる。再販売価格の維持は、このフリーライダー問題を解決するスーパードゥーパーの1つの方法である。

　再販売価格維持の例は、重要な原則を示している。それは、**競争を減じるように見える商慣行には、時として合法的な目的がある**、である。この原則が、反トラスト法の適用をより難しくしている。反トラスト法を執行する担当者は、どのような行為が競争を阻害し、経済厚生を低下させるかを判断しなければならない。多くの場合、その仕事は容易ではない。

　略奪的価格設定　市場支配力を持つ企業は通常、市場支配力を利用して価格を競争水準以上に引き上げる。しかし、政策立案者は、市場支配力を持つ企業が低すぎる価格づけをすることを懸念すべきだろうか。この疑問は、反トラスト政策をめぐる第2の議論の核心である。

　コヨーテ・エアというある大手航空会社が、ある路線を独占しているとする。そこにロードランナー・エクスプレスが参入し、市場の20%を奪い、コヨーテのシェアは80%になった。この競争に対し、コヨーテは運賃を値下げし始めた。反トラスト・アナリストの中には、コヨーテの動きは反競争的ではないかと主張する者もいる。つまり値下げはロードランナーを市場から追い出し、コヨーテが独占を回復して再び値上げできるようにするためかもしれない。このような行為は**略奪的価格設定**（predatory pricing）と呼ばれる。

　略奪的価格設定は反トラスト法違反訴訟ではよくある主張だが、経済学者の中には、略奪的価格設定が利潤を生むビジネス戦略であることはほとんどない、という人もいる。いったいなぜだろうか。価格競争でライバルを駆逐するには、価格が原価を下回っていなければならない。しかし、もしコヨーテが赤字覚悟で格安航空券を販売し始めたら、低運賃のほうがより多くの顧客を惹きつけることになるため、より多くの飛行機を飛ばす準備をしなければならない。一方ロードランナーは、コヨーテの略奪的な動きに対し、便数を減らすことで対応することができる。その結果、コヨーテは損失の80%以上を負担することになり、ロードランナーは価格競争を生き残るのに有利な立場になる。昔のロードランナー・コヨーテの漫画のように、捕食者は獲物よりも苦しむのである。

　略奪的価格設定が反トラスト法政策立案者にとって重要かどうか、経済学者たちは議論している。略奪的価格設定が有益な戦略であるとすれば、それはどのような場合なのか。裁判所は競争的値下げと略奪的値下げを区別できるのか。これらは難しい問題である。

　抱き合わせ　議論の的となる商慣行の第3の例は、**抱き合わせ**（bundling）である。

398

メイクマネー映画が2つの新作映画『スーパーヒーロー』と『ハムレット』を製作したとする。メイクマネーが映画館に2つの映画を別々にではなく、単一の価格で一緒に提供する場合、スタジオはその2つの製品を抱き合わせしているという。

映画を抱き合わせする慣行が争われたとき、最高裁判所はその慣行を禁止した。裁判所は次のように説明した。『スーパーヒーロー』が超大作で、『ハムレット』が不採算の芸術映画だとする。スタジオは『スーパーヒーロー』の高い需要を利用して、映画館に『ハムレット』を買わせることができる。裁判所は、抱き合わせは企業が市場支配力を拡大するためのメカニズムであると結論づけた。

1963年、経済学者のジョージ・スティグラーはこの議論に反論を行った。映画館が『スーパーヒーロー』には20万ドルを支払うが、『ハムレット』には何も支払わないとする。そうすると、映画館がこの2本の映画に支払うのはせいぜい20万ドルであり、これは『スーパーヒーロー』単体に支払うのと同じである。映画館が、価値のない映画を契約の一部として受け入れることを強要しても、支払用意を高めることにはならない。メイクマネーは、単純に2つの映画を一緒に抱き合わせすることによって、その市場支配力を高めることはできない。

スティグラーは、なぜ抱き合わせが存在するのかについて、別の説明を提案した。それは価格差別の一形態である。2つの劇場があるとしよう。市立劇場は『スーパーヒーロー』に15万ドル、『ハムレット』に5万ドルを支払う。一方、田舎の劇場は正反対である。『スーパーヒーロー』に5万ドル、『ハムレット』に15万ドルの支払用意がある。もしメイクマネーがこの2つの映画に別々の値段をつけるとしたら、メイクマネーの最良の戦略は、各映画に15万ドルを課金し、各映画館は1つの映画だけを上映することである。しかし、メイクマネーが2つの映画を抱き合わせして提供する場合、各劇場に20万ドルを請求することができる。映画館によって映画の価値が異なる場合、抱き合

専門家の見方　デジタル経済における独占禁止法

「グーグルによるインターネット検索市場の支配は、主に規模の経済と質の高いアルゴリズムの組み合わせから生まれた」

経済学者の見解は？

同意しない　0%
どちらともいえない　5%
同意する　95%

「グーグルの支配力を考慮すると、現在の運営方法は長期的には社会厚生に大きな悪影響を及ぼす可能性がある」

経済学者の見解は？

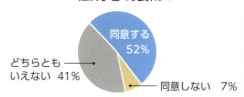

同意する　52%
どちらともいえない　41%
同意しない　7%

「デジタル経済におけるテクノロジー大手の市場支配の性質は、何らかの規制を課すか、独占禁止政策を根本的に変える必要がある」

経済学者の見解は？

同意する　53%
どちらともいえない　26%
同意しない　21%

「フェイスブックにWhatsAppとインスタグラムの売却を要求することは、社会をより良くする可能性が高い」

経済学者の見解は？

同意する　59%
どちらともいえない　25%
同意しない　16%

（出所）IGM Economic Experts Panel, November 3, 2020, December 22, 2020.

第Ⅴ部　企業行動と産業組織

わせすることで、映画会社は買い手の総支払用意額に近い合計価格を請求し、利潤を増やすことができるかもしれない。

抱き合わせは依然として論争の的となる商慣行である。抱き合わせによって企業がその市場支配力を他の財にまで拡大できるという最高裁の主張は、少なくともその最も単純な形においては、あまり適切なものとは言えないかもしれない。しかし、経済学者たちは、抱き合わせがいかに競争を妨げるかについて、より精緻な理論を提唱している。経済学的知見の現状を踏まえると、抱き合わせが一般的に社会にとって悪影響があるかどうかについては議論が続いている。

ケーススタディ　マイクロソフトのケース

特に重要で物議を醸した反トラスト法違反事件は、1998年にアメリカ政府がマイクロソフトを相手取って起こした訴訟である。この訴訟にはドラマ性があった。世界最強の規制機関の1つ（アメリカ司法省）と世界有数の大富豪（ビル・ゲイツ）が対決したのだ。政府側の証言者は著名な経済学者（マサチューセッツ工科大学教授のフランクリン・フィッシャー；Franklin Fisher）で、マイクロソフト側の証言者は、もう1人の著名な経済学者（フランクリン・フィッシャーの元教え子であるMIT教授のリチャード・シュマレンシー；Richard Schmalensee）であった。争点は、世界で最も価値のある企業の1つ（マイクロソフト）の、経済成長著しい産業の1つ（ソフトウェア）の将来であった。

抱き合わせは、マイクロソフト訴訟の中心的な争点であった。特に、マイクロソフトがインターネット・エクスプローラー・ブラウザーをウィンドウズ・オペレーティング・システムに統合することを認めるべきかどうかという問題である。政府は、マイクロソフトがこの2つの製品を抱き合わせにしているのは、OS市場における権力を、インターネット・ブラウザーという無関係な市場にまで拡大するためだと主張した。マイクロソフトがこのような製品をOSに組み込むことを認めると、他のソフトウェア会社が市場に参入して新製品を提供するのを抑止することになる、と政府は主張した。

マイクロソフトは、古い製品に新しい機能を搭載するのは技術進歩の自然な流れだと述べている。1990年代までに、自動車にはかつて別売りだったCDプレイヤーやエアコンが搭載され、カメラにはフラッシュが内蔵された。OSも同じだった。時を経て、マイクロソフトはウィンドウズに、以前は単体製品だった多くの機能を追加した。これによって、消費者は各機能が一体となって動作することを確信できるようになったため、コンピュータの信頼性が高まり、使いやすくなったのである。インターネット技術の統合は、当然の次のステップだとマイクロソフトは主張した。

意見の相違の1つは、マイクロソフトの市場支配力の程度に関するものだった。政府は、新型パソコンの80％以上がマイクロソフトのOSを使用していることを指摘し、同社は事実上独占状態にあり、新たな市場に影響力を拡大しようとしていると主張した。これに対してマイクロソフトは、ソフトウェア市場は常に変化してお

第18章　寡占

り、マイクロソフトのウィンドウズは、アップルのマックOSやリナックスOSなどの競合他社から常に挑戦を受けていると反論した。また、ウィンドウズの価格は当時約50ドルで、一般的なコンピュータの価格のわずか3%に過ぎないが、これは同社の市場支配力が著しく制限されている証拠だと主張した。

多くの大規模な反トラスト法違反訴訟と同様、マイクロソフト事件は法的に泥沼と化した。1999年11月、長い裁判の末、ペンフィールド・ジャクソン判事は、マイクロソフトには強大な独占力があり、その力を違法に乱用してきたという判決を下した。2000年6月、同裁判官は救済策に関する公聴会の後、マイクロソフトをOS販売会社とアプリケーション・ソフトウェア販売会社の2つに分割するよう命じた。1年後、控訴裁判所はジャクソンの分割命令を覆し、この訴訟を新しい裁判官に引き継いだ。2001年9月、司法省はもはやマイクロソフトの分割を求めず、この裁判の早期解決を望んでいると発表した。

両者は2002年11月に和解に達した。マイクロソフトはビジネス慣行に関するいくつかの制限を受け入れ、政府はブラウザーがウィンドウズOSの一部であり続けることを受け入れた。しかし、この和解によってマイクロソフトの反トラスト法上の問題が解決したわけではなかった。その後数年間、同社は複数の民間反トラスト法違反訴訟と、さまざまな反競争的行為を主張する欧州連合(EU)による訴訟で争った。

技術の発展により、かつて強大だったエクスプローラー・ブラウザーをめぐる争いは歴史の小話になってしまった。2021年6月、マイクロソフトは市場シェアの大半を失ったエクスプローラーを引退させ、エッジと呼ばれる新しいブラウザーに置き換えると発表した。一部のアナリストは、司法省とマイクロソフトの和解は、グーグル・クロームやアップル・サファリなどのブラウザーが成長し、最終的にエクスプローラーに取って代わることを可能にした重要なステップであったと評価している。

理解度確認クイズ

7. 反トラスト法が目的としているのは、以下のどれか。

a. 寡占的産業における企業間の協力を促進すること

b. 規模の経済を活用するために合併を奨励すること

c. 企業が生産拠点を海外に移転するのを阻止すること

d. 企業が競争を低下させるような行動をとるのを防ぐこと

8. 反トラスト法の執行が物議を醸すのは、主に以下のどの理由によるものか。

a. 協力的な国内企業は、国際的な競争相手に対処するための最良の能力を備えている。

b. 反競争的に見える商慣行にも、正当な目的がある場合がある。

c. 過当競争は、一部の企業を廃業に追い込み、雇用喪失を引き起こす可能性がある。

d. 強硬な取締りは企業の収益力を低下させ、株主価値を低下させる可能性がある。

➡ (解答は章末に)

401

第Ⅴ部　企業行動と産業組織

4　結論

　寡占企業は独占企業のように行動したいが、利己心によって競争へと駆り立てられる。寡占企業がこのスペクトラム（連続体）のどこに位置するかは、寡占企業の数と企業がどの程度協調するかによって決まる。囚人のジレンマの話は、寡占企業が、たとえ協調が最善の利益であったとしても、協力の維持に失敗する理由を示している。

　政策立案者は反トラスト法を通じて寡占企業の行動を規制する。反トラスト法の適用範囲については、現在も議論が続いている。競争企業間の価格の固定が経済厚生を低下させ、規制当局の適切なターゲットであることに疑いの余地はないが、競争を低下させるように見える商慣行には、微妙ではあるが正当な目的がある場合もある。そのため、政策立案者は、反トラスト法の強力な力を行使して企業の行動に制限を設ける際には、注意が必要である。

本章のポイント

● 寡占企業は、カルテルを結び、独占企業のように行動することで、総利潤を最大化する。しかし、寡占企業が個々に生産レベルを決定する場合、独占の結果よりも生産量は多く、価格は低くなる。寡占企業の数が多ければ多いほど、生産量と価格は完全競争下での水準に近づく。

● 囚人のジレンマは、たとえ協調が互いの利益になる場合でも、利己心が人々の協調維持の妨げになることを示している。囚人のジレンマの論理は、軍拡競争、共有資源問題、寡占状態など多くの状況に当てはまる。

● 政策立案者は反トラスト法を用いて、寡占企業が競争を低下させるような行為に及ぶのを防いでいる。競争を減じるように見える行動には、合法的な事業目的がある場合もあるため、これらの法律の適用には議論の余地がある。

第18章　寡占

理解度確認テスト

1. ある売り手のグループがカルテルを形成するとしたら、どのような数量と価格を設定するだろうか。
2. 寡占と独占の数量と価格を比較しなさい。
3. 寡占市場の数量と価格を完全競争市場のケースと比較しなさい。
4. 寡占市場の企業数は市場の結果にどのような影響を与えるか。
5. 囚人のジレンマとは何か、寡占とはどのように関係するか。
6. 寡占以外で、囚人のジレンマの論理で説明できる例を2つ挙げなさい。
7. 反トラスト法（独占禁止法）はどのような行為を禁止しているか。

演習と応用

1. ダイヤモンドの世界的供給の大半はロシアと南アフリカからもたらされている。ダイヤモンドの採掘限界費用がダイヤモンド1個当たり1,000ドルで一定であり、ダイヤモンドの需要計画が以下の表で表されるとする。

価格（ドル）	数量（ダイヤモンド）
8,000	5,000
7,000	6,000
6,000	7,000
5,000	8,000
4,000	9,000
3,000	10,000
2,000	11,000
1,000	12,000

  a. ダイヤモンドの供給国がたくさんあった場合、価格と数量はどうなるだろうか。
  b. ダイヤモンドの供給国が1国しかない場合、価格と数量はどうなるだろうか。
  c. ロシアと南アフリカがカルテルを結んだ場合、価格と数量はどうなるだろうか。両国が市場を均等に分割した場合、南アフリカの生産量と利潤はどうなるか。ロシアがカルテル協定を守っている間に南アフリカが生産量を1,000増やした場合、南アフリカの利潤はどうなるだろうか。
  d. カルテル協定が成功しないことが多い理由を、設問（c）の答えを使って説明しなさい。

2. 数年前、ニューヨーク・タイムズ紙は、「OPECが先週、減産に合意できなかったことで、石油市場は混乱に陥り、…（中略）…国産原油価格は1990年6月以来の安値となった」と報じた。
  a. なぜOPEC加盟国は減産に合意しようとしたのだろうか。
  b. なぜOPECは減産に合意できなかったのだろうか。その結果、なぜ石油市場は「混乱」に陥ったのだろうか。
  c. 同紙はまた、OPECの見解として、「ノルウェーやイギリスのようなOPEC外の生産国も、それぞれの分担を果たし、減産を行うべきだ」とも述べている。この「分担を果たす」という表現は、OPECがノルウェーやイギリスとどのような関係を望んでいることを示唆しているか。

3. 本章では、自分たちが販売する財の市場で寡占である企業について説明している。同様の考え方の大半が、自社が購入する生産要素市場で寡占的な企業にも当てはまる。
  a. 寡占企業である売り手が販売する財の価格を上げようとする場合、寡占企業である買い手の目標は何か。
  b. メジャーリーグの球団オーナーは野球選手の市場で寡占状態にある。選手の年俸に関するオーナーの目標は何だろうか。この目標を達成するのが難しいのはなぜだろうか。
  c. 野球選手が1994年にストライキを起こしたのは、オーナー側が課そうとした年俸上限を受け入れなかったためである。もしオーナーがすでに年俸をめぐって共謀していたのなら、なぜ年俸上限を設ける必要性を感

403

第Ⅴ部　企業行動と産業組織

じたのだろうか。

4. アメリカとメキシコの交易関係を考えてみよう。両国の指導者が、代替貿易政策の利得を次のように考えていると仮定する。

アメリカの意思決定

		低関税	高関税
メキシコの意思決定	低関税	アメリカは250億ドルを得る／メキシコは250億ドルを得る	アメリカは300億ドルを得る／メキシコは100億ドルを得る
	高関税	アメリカは100億ドルを得る／メキシコは300億ドルを得る	アメリカは200億ドルを得る／メキシコは200億ドルを得る

a. アメリカにとっての支配戦略は何か。メキシコにとっての支配戦略は何か。説明しなさい。

b. ナッシュ均衡を定義しなさい。貿易政策におけるナッシュ均衡とは何か。

c. 1993年、アメリカ議会は北米自由貿易協定を批准し、アメリカとメキシコは貿易障壁を同時に削減することに合意した。ここで示された利得は、貿易政策に対するこのアプローチを正当化するか。説明しなさい。

d. （第3章と第9章で議論した）交易からの便益についての理解をもとに、4つの可能な結果の下でのこれらの利得は、国家の厚生を実際に反映していると考えられるか。

5. ある特定のハイテク産業に属する企業はシナジーとダイナコの2社のみである。両社は、研究予算の規模を決定する際に、以下のような利得行列に直面する。

シナジーの意思決定

		巨額の予算	少額の予算
ダイナコの意思決定	巨額の予算	シナジーは2,000万ドルを得る／ダイナコは3,000万ドルを得る	シナジーは何も得られない／ダイナコは7,000万ドルを得る
	少額の予算	シナジーは3,000万ドルを得る／ダイナコは何も得られない	シナジーは4,000万ドルを得る／ダイナコは5,000万ドルを得る

a. シナジーは支配戦略を持っているか。説明しなさい。

b. ダイナコは支配戦略を持っているか。説明しなさい。

c. このシナリオにナッシュ均衡は存在するだろうか。説明しなさい（ヒント：ナッシュ均衡の定義をよく確認しよう）。

6. あなたとクラスメートは、合わせて評価を受けるプロジェクトを割り当てられた。それぞれ良い成績を取りたいが、大変な仕事は避けたい。具体的には、以下のような状況である。

- 2人とも努力すれば、ともにA評価となり、それぞれ40単位の幸福が得られる。
- どちらか一方だけが努力した場合、ともにB評価となり、それぞれ30単位の幸福が得られる。
- どちらも努力しなかった場合、ともにD評価となり、それぞれ10単位の幸福が得られる。
- 努力すると、25単位の幸福がコストとしてかかる。

a. 以下の利得行列を完成させなさい。

自分の意思決定

		努力する	さぼる
クラスメートの意思決定	努力する	自分／クラスメート	自分／クラスメート
	さぼる	自分／クラスメート	自分／クラスメート

b. どのような結果になるだろうか。答えを説明しなさい。

c. もし、このクラスメートが一度だけではなく、年間を通した一連のプロジェクトでパートナーの場合、設問 (b) で予想した結果はどう変化するだろうか。

d. 別のクラスメートは良い成績をより重視している。彼女はB評価に対して50単位の幸福を得、A評価に対しては80単位の幸福を得る。もしこのクラスメートがパートナーだとしたら（ただし、あなたの好みは変わらない）、設問 (a) と (b) の答えはどう変化す

404

第18章　寡占

るだろうか。あなたは2人のクラスメートのうち、どちらをパートナーにしたいだろうか。クラスメートもあなたをパートナーにしたいと思うだろうか。

7. 本章のケーススタディでは、アメリカン航空とブラニフ航空の社長同士の電話での会話について説明している。ゲーム理論を使って、この2社の相互作用を分析しなさい。各社が航空券に高い値段をつけることも、安い値段をつけることもできるとする。一方の会社が300ドルとした場合、もう一方の会社も300ドルとすれば低利潤、600ドルとすれば高利潤となる。一方、他社が600ドルとした場合、もう一方の会社が300ドルであれば、利潤は非常に低く、もう一方の会社も600ドルであれば利潤は中程度である。

   a. このゲームの利得行列を描きなさい。
   b. このゲームにおけるナッシュ均衡は何か。説明しなさい。
   c. 両航空会社にとってナッシュ均衡よりも良い結果はあるだろうか。どうやって達成できるだろうか。また達成された場合、誰が損をすることになるだろうか。

8. 1万ドルの賞金をめぐって、同じ実力の2人の選手が競い合っている。それぞれ危険ではあるがパフォーマンス強化薬を服用するかどうかを決めようとしている。一方の選手が薬物を服用し、もう一方が服用しなかった場合、薬物を服用したほうが賞金を獲得する。両者とも服用した場合、または服用しなかった場合は同点となり、賞金は山分けとなる。薬物を服用すると、Xドルの損失に相当する健康上のリスクが生じる。

   a. 選手が直面する決定を表す2×2の利得行列を描きなさい。
   b. どのようなXであれば、この強化薬を服用す

ることがナッシュ均衡になるか。

   c. 薬をより安全にする（つまりXを下げる）ことは、選手の状態をより良いものにするのか、それともより悪いものにするのか。説明しなさい。

9. リトル・コナは小さなコーヒー会社で、ビッグ・ブリューが支配する市場への参入を検討している。各社の利潤は、リトル・コナが参入するかどうか、ビッグ・ブリューが高い価格を設定するか、あるいは安い価格を設定するかに左右される。

	ビッグ・ブリュー	
	高価格	低価格
参入する	ビック・ブリューは300万ドルを得る／リトル・コナは200万ドルを得る	ビック・ブリューは100万ドルを得る／リトル・コナは100万ドルを失う
参入しない	ビック・ブリューは700万ドルを得る／リトル・コナは0	ビック・ブリューは200万ドルを得る／リトル・コナは0

（左側のラベル：リトル・コナ）

   a. このゲームにおいて、どちらのプレイヤーが支配戦略を持っているか。
   b. 設問(a)の答えは、もう一方のプレイヤーが何をすべきかを考えるために役立つか。ナッシュ均衡とは何か。それは1つしか存在しないだろうか。
   c. ビッグ・ブリューはリトル・コナに対して、「もし御社が参入したら、安い価格を設定するつもりなので、参入しないほうがいい」と言って脅してきた。リトル・コナはその脅しを信じるべきだろうか。賛否を示し、それに対する理由も述べなさい。
   d. もし両社が結託して、総利潤の分配方法について合意できたとしたら、どのような結果を選ぶだろうか。

理解度確認クイズの解答

1. d　　2. c　　3. a　　4. d　　5. c　　6. b　　7. d　　8. b

405

第**VI**部

労働市場の経済学

Part VI The Economics
of Labor Markets

第19章

Chapter 19

The Markets for the Factors
of Production

生産要素の市場

　学校を卒業したあと、どのような仕事に就くかによって収入は大きく左右される。コンピュータ・プログラマーとして働くなら、ガソリンスタンドの店員として働くよりも収入が増える可能性が高い。この事実は不可解である。コンピュータ・プログラマーの給料がガソリンスタンドの店員より高いことを法律で義務化しているわけではない。プログラマーがより価値があるという倫理原則もない。では、どちらの仕事の賃金が高いのかは、何によって決まるのだろうか。

　あなたの所得は、大きな経済図のほんの一部でしかない。2021年、アメリカ市民の総所得（**国民所得**と呼ばれる統計）は約20兆ドルであった。人々はさまざまな方法でこの所得を得ている。労働者はその約3分の2を賃金と健康保険や年金などの付加給付として得ている。残りは地主や**資本**（経済の設備や構造物のストック）の所有者に家賃、利潤、利子という形で支払われている。労働者に支払われる金額は何によって決まるのだろうか。地主に対してはどうだろうか。資本の所有者に対してはどうだろうか。なぜある労働者は他の労働者よりも高い賃金を獲得し、ある土地所有者は他の土地所有者よりも高い賃料収入を獲得し、ある資本所有者は他の資本所有者よりも高い利潤を得るのだろうか。具体的に、なぜコンピュータ・プログラマーはガソリンスタンドの店員よりも多くの収入を得るのだろうか。

　これらの質問に対する答えは、経済学のほとんどの分野と同じく、需要と供給で決定する。労働、土地、資本の需要と供給によって、労働者、土地所有者、資本所

407

第Ⅵ部　労働市場の経済学

有者に支払われる価格が決まる。ある人が他の人よりも多くの収入を得る理由を理解するためには、彼らが提供するサービスの市場をより深く調べる必要がある。この章と次の2つの章では、その課題を取り上げる。

本章では、生産要素市場の基本理論を紹介する。第2章を思い出したかもしれないが、**生産要素**とは財やサービスを生産するために使われる投入物のことである。労働、土地、資本が最も重要な3つの生産要素である。コンピュータ会社がソフトウェアを生産する場合、プログラマーの時間（労働）、オフィスのある物理的空間（土地）、オフィスビルとコンピュータ機器（資本）を使用する。ガソリンスタンドがガソリンを販売する場合、店員の時間（労働）、スタンドの物理的空間（土地）、ガソリンタンクやポンプ（資本）を使用する。

生産要素
(factors of production)
財やサービスを生産するために使われる投入物

生産要素市場は、前章で分析した財やサービスの市場とは、ある重要な点で異なる。生産要素に対する需要は**派生需要**（derived demand）である。つまり、ある企業の生産要素に対する需要は、別の市場で財を供給するという意思決定から派生したものである。たとえば、プログラマーの需要はソフトウェアの供給と連動しており、ガソリンスタンドの店員の需要はガソリンの供給と連動している。

本章では、利潤を最大化する競争企業が、ある生産要素をどれだけ購入するかを決定する方法を検討することによって、要素需要を分析する。分析は、まず労働需要を検討することから始まる。労働者は最も重要な生産要素であり、国民所得の大半を労働者が得ているという事実がそれを反映している。この章の後半では、分析を他の生産要素に拡大する。

本章で展開する生産要素市場の理論は、アメリカ経済の所得が労働者、土地所有者、資本所有者の間でどのように分配されているかを説明する上で大きな一歩を踏み出すものである。第20章では、この分析に基づき、なぜ一部の労働者が他の労働者よりも多くの所得を得ているのかをより詳細に検討する。第21章では、所得不平等が生産要素市場の機能からどの程度生じるかを検討し、所得分配を変化させる上での政府の役割を考察する。

1 労働需要

需要と供給の力は経済のほとんどの市場を支配しており、労働市場も例外ではない。これは図19-1に示されている。パネル（a）では、リンゴの需要と供給がリンゴの価格を決定している。パネル（b）では、リンゴ収穫人に対する需要と供給が、リンゴ収穫人の価格、すなわち賃金を決定している。

これまで述べてきたように、労働需要は派生需要である。ほとんどの労働サービスは、消費される最終財ではなく、他の財を生産するための投入財である。労働需要を理解するためには、労働者を雇用し、その労働力を使って販売用の財を生産する企業に焦点を当てる。財の供給と、それを生産するための労働需要との関連は、均衡賃金を決定する上で極めて重要である。

第19章 生産要素の市場

> **図 19-1** 需要と供給の多様性
>
> 需要と供給の基本的なツールは、財と労働サービスに適用される。パネル(a)は、リンゴの需要と供給がどのようにリンゴの価格を決定するかを示している。パネル(b)は、リンゴ収穫人の需要と供給が、リンゴ収穫人の賃金をどのように決定するかを示している。

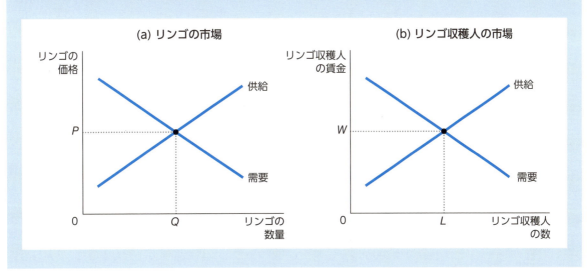

1-1 利潤を最大化する競争企業

あるリンゴ生産者が、どのように労働力の需要量を決めるかを考えてみよう。この企業は果樹園を所有し、毎週、収穫のために何人のリンゴ収穫人を雇うかを決定する。企業は労働者を雇用し、労働者たちはリンゴを収穫する。企業はリンゴを販売し、労働者に賃金を支払い、残った分を利潤として確保する。

本章で展開される理論は、企業に関する2つの仮定に基づいている。第1に、企業はリンゴ市場（売り手）でもリンゴ収穫人市場（買い手）でも競争的である。競争企業はプライステイカーである。多くの企業がリンゴを販売し、リンゴの収穫人を雇っているため、企業はリンゴの価格や収穫人に支払う賃金に対して、ほとんど影響力を持たない。企業は、市場の状況に応じて価格と賃金を決定する。企業が決定しなければならないのは、販売するリンゴの数と雇用する労働者の人数だけである。

第2に、企業は利潤を最大化する。リンゴの販売から得られる総収入からリンゴの生産にかかる総費用を差し引いたものに等しい利潤に影響がない限り、雇用する労働者の人数や生産するリンゴの数を気にしないでもよい。企業のリンゴの供給と労働者の需要は、利潤最大化という第1の目標から導出される。

1-2 生産関数と労働の限界生産物

雇用を決定するために、企業は労働力の規模が生産量にどのような影響を与えるかを考える。リンゴ生産者の場合、リンゴ収穫人の人数が、収穫・販売できるリンゴの量にどのような影響を与えるかが問題となる。表19-1に数値例を示す。(1)列

第Ⅵ部　労働市場の経済学

は労働者数を示す。(2)列は、労働者が毎週収穫するリンゴの量を示している。

生産関数
(production function)
財の生産に使用される投入物の量とその財の生産量との関係

この2列の数字は、リンゴを生産する企業の能力を表している。経済学者が**生産関数**という用語を使って、生産に使われる投入量と生産から得られる産出量の関係を説明していることを思い出してほしい。ここでは、「投入」はリンゴの収穫人であり、「産出」はリンゴである。他の投入物、たとえばリンゴの木そのもの、土地、企業のトラックやトラクターなどは今のところ固定されている。この企業の生産関数は、労働者を1人雇えば、その労働者は1週間に100ブッシェルのリンゴを収穫することを示している。労働者を2人雇えば、2人合わせて週に180ブッシェルのリンゴを収穫する……など。

図19-2は、表19-1に示した労働と生産に関するデータをグラフ化したものである。横軸が労働者数、縦軸が生産量である。この図は生産関数を示している。

労働の限界生産物
(marginal product of labor)
労働力を1単位追加することによって生み出される追加的な生産量

第1章の**経済学の10原則**の1つに、「合理的な人々は「限界的に」考える」というものがある。この考え方は、企業がどれだけの労働者を雇うかを決定する方法を理解するカギである。この決定への一歩を踏み出すために、表19-1の(3)列は、**労働の限界生産物**、すなわち、労働力を1単位追加することによって生み出される追加的な生産量を示している。たとえば、労働者数を1人から2人に増やすと、リンゴの生産量は100ブッシェルから180ブッシェルに増加する。したがって、2人目の労働者の限界生産物は80ブッシェルである。

限界生産物の逓減
(diminishing marginal product)
投入量の増加に伴って、投入物の限界生産物が減少する性質

労働者数が増加するにつれて、労働の限界生産物は減少する。つまり、生産プロセスは**限界生産物の逓減**を表す。最初、少数の労働者しか雇われていないとき、低

表19-1　競争企業はどのように労働者数を決定するか

(1) 労働 L (労働者数)	(2) 生産量 Q (ブッシェル)	(3) 労働の 限界生産物 $MPL = \Delta Q / \Delta L$ (ブッシェル)	(4) 労働の限界 生産物の価値 $VMPL = P \times MPL$ (ドル)	(5) 賃金 W (ドル)	(6) 限界利潤 $\Delta Profit = VMPL - W$ (ドル)
0	0				
		100	1,000	500	500
1	100				
		80	800	500	300
2	180				
		60	600	500	100
3	240				
		40	400	500	−100
4	280				
		20	200	500	−300
5	300				

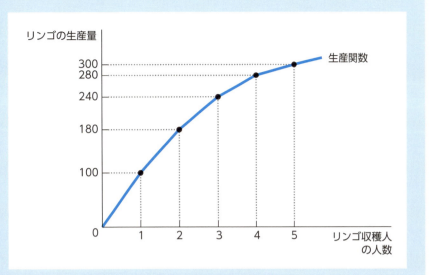

図 19-2　生産関数

生産関数は、生産への投入（リンゴ収穫人）が生産の産出（リンゴ）にどのように影響するかを示す。投入量が増えるにつれて、限界生産物が逓減する性質を反映して、生産関数は平らになる。

いところにあるリンゴを収穫することができる。労働者の数が増えるにつれて、収穫するリンゴを見つけるために、追加された労働者はハシゴを登ってより高いところで収穫しなければならなくなる。そのため、労働者の人数が多くなれば、追加的に1人増えることでの生産への貢献度は減っていく。このため、図19-2の生産関数は労働者数が増えるにつれて平らになっていく。

1-3　限界生産物の価値と労働需要

利潤を最大化する企業は、リンゴそのものではなく、リンゴを生産し販売することで得られるお金に関心がある。その結果、リンゴを収穫するために何人の労働者を雇うかを決めるとき、会社は各労働者がどれだけの利潤をもたらすかを考える。利潤は総収入から総費用を差し引いたものであるため、追加的な労働者からの利潤は、労働者の収入への貢献から労働者の賃金を差し引いたものである。

労働者の収入への貢献度を求めるには、（リンゴのブッシェルで測定される）労働の限界生産物を（ドルで測定される）限界生産物の価値に変換しなければならない。これはリンゴの価格を利用して行う。1ブッシェルのリンゴが10ドルで売られ、追加労働者が80ブッシェルのリンゴを生産する場合、労働者は800ドルの利潤を生み出す。

あらゆる投入物の**限界生産物の価値**は、その投入物の限界生産物に生産物の市場価格を掛けたものである。表19-1の(4)列は、リンゴの価格を1ブッシェル当たり10ドルと仮定した場合の労働の限界生産物の価値を示している。競争企業では市場価格は一定であるのに対し、限界生産物は労働者数が増えるほど減少するため、限界生産物の価値は労働者数が増えるほど減少する。経済学者は、この数字の列を「企業の**限界収入生産物**（marginal revenue product）」と呼ぶことがある。これは、

限界生産物の価値
(value of the marginal product)
投入物の限界生産物に生産物の市場価格を掛けたもの

ある生産要素を1単位追加雇用することによって、企業が得られる追加的な収入である。

さて、この会社が何人の労働者を雇うかを考えてみよう。リンゴ収穫人として働く労働者の市場賃金が週500ドルだとしよう。この場合、表19-1が示すように、最初の労働者を雇うことは利潤を生む。最初の労働者は1,000ドルの収入と500ドルの利潤をもたらす。同様に、2人目の労働者は800ドルの追加収入と300ドルの利潤をもたらす。3人目は600ドルの追加収入と100ドルの利潤をもたらす。しかし、3人目以降の労働者の雇用は採算が合わない。4人目の労働者は400ドルの追加収入しか生み出さない。労働者の賃金は500ドルなので、4人目の労働者を雇うことは100ドルの利潤の減少を意味する。企業は3人の労働者を雇うことが合理的な決定であることは明らかである。

図19-3は、限界生産物の値をグラフにしたものである。この曲線は右下がりであるが、これは労働者数が増加するにつれて労働の限界生産物が減少するためである。図には、市場賃金の水平線も含まれている。利潤を最大化するために、企業はこの2つの曲線が交差するところまで労働者を雇用する。この雇用水準以下では、限界生産物の価値が賃金を上回るので、労働者をもう1人雇えば利潤が増加する。この雇用水準より上では、限界生産物の価値は賃金を下回るので、限界的な労働者は利潤を生まない。**利潤を最大化する競争企業は、労働の限界生産物の価値が賃金に等しくなる点まで労働者を雇用する。**

利潤最大化のための企業の雇用戦略に基づいて、労働需要の理論を提供することが可能である。企業の労働需要曲線は、企業が任意の賃金で雇用を決定する労働量を示している。図19-3は、限界生産物の価値が賃金と等しくなる労働量を選択することによって、企業がその決定を下すことを示している。**その結果、限界生産物価**

図 19-3 労働の限界生産物の価値

この図は、限界生産物の価値（限界生産物に生産物の価格を掛けたもの）が労働者の数にどのように依存するかを示している。限界生産物が逓減するため、曲線は右下がりになっている。利潤最大化する競争企業にとって、この限界生産物価値曲線は、企業の労働需要曲線でもある。

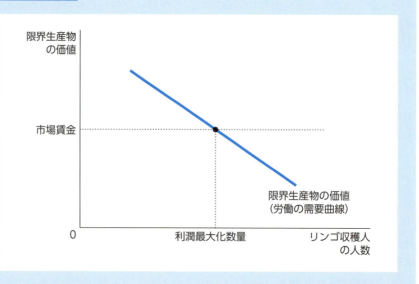

値曲線は、利潤を最大化する競争企業の労働需要曲線となる。

1-4 労働需要曲線をシフトさせるものは何か

労働需要曲線は、労働の限界生産物の価値を反映している。この洞察を念頭に置いて、労働需要曲線がシフトする要因となりそうな事柄をいくつか考えてみよう。

生産物価格 限界生産物の価値は、限界生産物に企業の生産物の価格を掛け合わせたものである。生産物の価格が変化すると、限界生産物の価値が変化し、労働需要曲線がシフトする。たとえば、リンゴの価格が上昇すると、リンゴを収穫する労働者一人一人の限界生産物の価値が上昇し、リンゴを供給する企業の労働需要が増加する。逆に、リンゴの価格が下がれば、限界生産物の価値は下がり、労働需要は減

投入物需要と生産物供給：コインの裏表

第15章では、利潤を最大化する競争企業が、その生産物の販売量を決定する方法について議論した。すなわち、財の価格が生産の限界費用に等しくなる生産量を選択する。そのような企業が、どれだけの労働者を雇うかを決定する方法をちょうど見たばかりである。すなわち、賃金が限界生産物の価値に等しくなるような労働量を選択するのである。生産関数は、投入量と生産量を結びつけるので、投入需要に関する企業の決定と生産供給に関する企業の決定は、同じコインの裏表である。

この関係をより詳しく見るため、労働の限界生産物（MPL）と限界費用（MC）がどのように関係しているかを考えてみよう。追加的な労働者のコストが500ドルで、限界生産物が50ブッシェルのリンゴだとしよう。この場合、50ブッシェル分を追加的に生産すると、500ドルかかるので、1ブッシェルの限界費用は500/50ドル、つまり10ドルとなる。より一般的には、Wを賃金とし、1単位の労働力がMPL単位の生産物を生産すると、1単位の生産物の限界費用は$MC = W/MPL$になる。

この分析は、限界生産物の逓減が限界費用の増加に密接に関係していることを示している。リンゴ園が労働者で混雑してくると、労働者が1人増えるごとにリンゴの生産量は減少する（MPLは低下する）。同様に、リンゴの生産会社が大量のリンゴを生産しているとき、果樹園はすでに労働者で混雑しているため、1ブッシェルのリンゴを追加生産するコストは高くなる（MCは上昇）。

ここで、利潤最大化の基準を考えてみよう。利潤最大化企業は、限界生産物の価値（$P \times MPL$）が賃金（W）に等しくなる労働量を選択する。このことを数学的に記述すると、

$$P \times MPL = W$$

である。この式の両辺をMPLで割ると、

$$P = W/MPL$$

となる。先に述べたように、W/MPLが限界費用MCに等しい。したがって、代入して

$$P = MC$$

を求めることができる。この方程式は、企業の生産物の価格が、生産物1単位を生産する限界費用に等しいことを示している。**競争企業が、限界生産物の価値が賃金に等しくなる点まで労働者を雇うとき、価格が限界費用に等しくなるところまで生産する**。本章の労働需要の分析は、第15章で論じた生産決定の別の見方にすぎない。

第Ⅵ部　労働市場の経済学

少する。

技術の変化　1960年から2020年の間に、アメリカの典型的な労働者が1時間に生み出す生産量は236％増加した。なぜだろうか。最も重要な理由は技術の進歩である。科学者やエンジニアが、より優れた新しい方法を発見したのである。これは労働市場に大きな影響を与える。技術の進歩は通常、労働の限界生産物を引き上げ、労働需要を増加させ、労働需要曲線を右にシフトさせる。

　しかし、技術革新は労働需要を減少させることもある。たとえば、安価な産業用ロボットが発明されれば、労働の限界生産物が減少し、労働需要曲線が左にシフトする可能性がある。経済学者はこれを労働節約的技術変化と呼ぶ。しかし、歴史を振り返ると、ほとんどの技術進歩は労働を増大させるものである。たとえば、釘打ち機を持つ大工は、金づちしか持たない大工よりも生産性が高い。賃金が上昇しているにもかかわらず、雇用が持続的に増加しているのは、労働増大的技術進歩のおかげである。賃金（インフレ調整後）が1960年から2020年にかけて201％上昇していたが、企業が雇用する労働量は約2倍に増加した。

他の生産要素の供給　利用可能な1つの生産要素の量は、他の要素の限界生産物に影響を与えうる。たとえば、リンゴ収穫人の生産性はハシゴの入手可能性に依存する。ハシゴの供給が減少すれば、リンゴ収穫人の限界生産物も減少し、リンゴ収穫人の需要が減少する。生産要素間の関係については、この章の後半で詳しく検討する。

理解度確認クイズ

1. アメリカの国民所得のうち、約何％が資本や土地の所有者ではなく労働者に支払われているか。

   a. 25％
   b. 45％
   c. 65％
   d. 85％

2. 企業が競争的で利潤を最大化する場合、労働の需要曲線は、次のどれによって決定されるか。

   a. 労働時間の機会費用
   b. 労働の限界生産物の価値

   c. 資本の限界生産物の価値
   d. 労働の限界生産物と資本の限界生産物の比率

3. 競争市場で営業しているパン屋が、ケーキ1個あたり20ドルで生産物を販売し、労働者に時給10ドルを支払っている。利潤を最大化するためには、労働の限界生産物が次のどれになるまで労働者を雇うべきか。

   a. 1時間あたり1/2個のケーキ
   b. 1時間あたり2個のケーキ
   c. 1時間あたり10個のケーキ
   d. 1時間あたり15個のケーキ

➡（解答は章末に）

2　労働供給

　労働需要を分析した後は、市場のもう1つの側面である労働供給について考えてみよう。労働供給の正式なモデルは、家計の意思決定の理論を展開する第22章に

第19章 生産要素の市場

含まれている。ここでは、労働供給曲線の背後にある意思決定についてざっくばらんな形で議論する。

2-1 仕事と余暇のトレードオフ

第1章の**経済学の10原則**の1つに、「人々はトレードオフに直面する」というものがある。人生において、仕事と余暇のトレードオフほど重要なトレードオフはないだろう。労働時間が増えれば増えるほど、友人と夕食を楽しんだり、ソーシャルメディアを閲覧したり、好きな趣味を追求したりする時間は減る。労働と余暇のトレードオフは、労働供給曲線の背後にある。

経済学の10原則のもう1つは、「何かのコスト（費用）とは、それを手に入れるために諦めたもので測られる」というものである。1時間の余暇を得るためにあなたは何を諦めなければならないだろうか。それは1時間の労働を諦めることであり、つまり1時間の賃金を意味する。賃金が1時間当たり20ドルなら、1時間の余暇の機会費用は20ドルである。時給が25ドルに上がれば、余暇の機会費用は増える。

労働供給曲線は、労働と余暇のトレードオフに関する労働者の決定が、機会費用の変化にどのように反応するかを反映している。労働供給曲線が右上がりであることは、賃金の上昇が労働者の労働供給量を増加させることを意味する。時間は限られているため、労働が増えれば余暇は減る。つまり、労働者は余暇の機会費用の増加に対して、余暇を減らすことで対応する。

注目すべきは、労働供給曲線が右上がりである必要はないということである。仮に、時給が20ドルから25ドルに上がったとしよう。余暇の機会費用は大きくなったが、あなたは以前より豊かになった。余暇を楽しむ余裕ができたと考えるかもしれない。つまり、賃金が上がれば、労働時間を減らすことを選択するかもしれない。その場合、労働供給曲線は後ろ向きに屈曲する。第22章では、この可能性について、**所得効果**と**代替効果**と呼ばれる、労働供給の決定に対する相反する効果の観点から論じている。所得効果は人の経済厚生（経済的幸福度）の変化による労働時間の反応を反映し、代替効果は余暇の機会費用の変化による労働時間の反応を反映している。とりあえず、ここでは労働供給が後ろ向きに傾く可能性は脇に置いておこう。つまり、代替効果が（所得効果を）上回るため、労働供給曲線は右上がりであると仮定する。

2-2 何が労働供給曲線をシフトさせるのか

労働供給曲線は、人々がある賃金で働きたいと考える量が変わるたびにシフトする。このようなシフトを引き起こす可能性のある事象をいくつか考えてみよう。

嗜好の変化 1950年には、有給の仕事に就いている、あるいは求職している女性は34％であった。それが2020年には56％にまで増加している。この変化を説明する多くの要因の1つは、仕事に対する嗜好や考え方の変化である。1950年には、女性は日常的に家にいて、子育てをしていた。今日では、典型的な家族規模は小さくなり、働くことを選択する母親が増えている。その結果、労働力の供給が増加し

415

第Ⅵ部　労働市場の経済学

ている。

代替的な機会の変化　ある労働市場における労働力の供給は、他の労働市場で得られる機会に左右される。ナシ収穫人の賃金が突然上昇した場合、一部のリンゴ収穫人は職業転換を選択するかもしれない。その影響で、リンゴ収穫人の労働供給が減少してしまう。

移民　地域から地域へ、あるいは国から国への労働者の移動は、労働供給のシフトの重要な原因である。出稼ぎ労働者が秋の収穫のために北上すると、リンゴ園では労働力の供給が増加するが、南部のオレンジ加工工場では減少する。移民がアメリカにやってくると、労働力の供給はアメリカで増加し、移民の母国では減少する。移民に関する政策論争の多くは、労働供給と均衡賃金への影響を中心に行われている。

理解度確認クイズ

4. 清掃員と外科医、どちらが余暇の機会費用が大きいか。
　a. 賃金が安いので、清掃員である。
　b. 賃金が高いので、外科医である。
　c. 所得効果が大きいほうである。
　d. 代替効果が大きいほうである。

5. より高い賃金でより多くの時間働くとき、代替効果はどうなるか。
　a. ゼロに等しい。
　b. 所得効果に等しい。
　c. 所得効果よりも小さい。

　d. 所得効果よりも大きい。

6. 労働供給曲線を右にシフトさせる出来事は次のうちどれか。
　a. 育児に時間を費やすために離職する父親が増えた。
　b. 素晴らしいビデオゲームの新作が登場し、余暇の価値を高めている。
　c. 移民法が緩和されたことで、海外からより多くの労働者を受け入れることができるようになった。
　d. 退職者に対する政府給付が増額された。

➡ （解答は章末に）

3　労働市場の均衡

これまでに、競争的労働市場で賃金がどのように決定されるかについて、2つの事実を明らかにした。

- 賃金は労働の需要と供給が均衡するように調整される。
- 賃金は労働の限界生産物の価値に等しい。

まず、賃金が上記2つのことを同時に達成できることに、意外性を感じるかもしれない。実際、ここはそんなに不可解ではないが、その理由を理解することは、賃

416

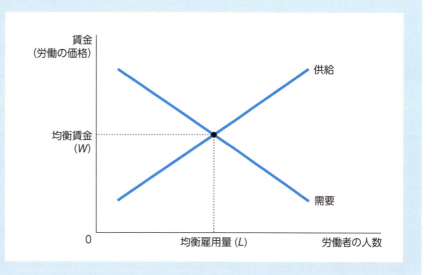

図 19-4　労働市場における均衡

すべての価格と同様に、労働の価格（賃金）は需要と供給に依存する。需要曲線は労働の限界生産物の価値を反映しているため、均衡においては、労働者は財やサービスの生産に対する限界的な貢献の価値を受け取る。

金の決定を理解するための重要なステップである。

図19-4は均衡状態にある労働市場を示している。賃金と労働量は需要と供給が均衡するように調整されている。市場がこの均衡状態にあるとき、各企業は均衡賃金で採算が取れると考えるだけの労働力を購入している。つまり、各企業は利潤最大化のルールに従っている。すなわち限界生産物の価値が賃金に等しくなるまで労働者を雇っている。したがって、需要と供給が均衡すれば、賃金は労働の限界生産物の価値に等しくならなければならない。

ここから重要な教訓が得られる。**労働の需要または供給を変化させるいかなる出来事も、均衡賃金と限界生産物の価値を同じだけ変化させなければならない。**というのも、この2つは常に等しくなければならないからである。この仕組みを理解するために、これらの曲線を変化させるいくつかの出来事を考えてみよう。

3-1　労働供給のシフト

移民がリンゴを収穫する労働者の数を増加させたとする。図19-5が示すように、労働供給はS_1からS_2へと右にシフトする。当初の賃金W_1では、労働供給量が需要量を上回る。この労働力の余剰は、リンゴ収穫人の賃金に下方圧力をかけ、W_1からW_2への賃金の下落によって、企業にとってより多くの労働者を雇用することが利潤を生む。各リンゴ園で雇用される労働者の数が増加するにつれて、労働者の限界生産物は低下し、限界生産物の価値も低下する。新しい均衡では、賃金も労働の限界生産物の価値も、新しい労働者が流入する前よりも低くなる。

経済学者のジョシュア・アングリスト（Joshua Angrist）が研究したイスラエルでのエピソードは、労働供給のシフトが労働市場の均衡をどのように変化させるかを示している。1980年代の大半、何千人ものパレスチナ人が、イスラエル占領下

図 19-5　労働供給のシフト

労働供給がS_1からS_2に増加するとき、おそらく新しい労働者の移民の波によって、均衡賃金はW_1からW_2に低下する。このように賃金が低下すると、企業はより多くの労働者を雇用するため、雇用はL_1からL_2へと増加する。賃金の変化は、労働の限界生産物の価値の変化を反映している。すなわち、労働者が増えれば、労働者1人から得られる生産量の増加分は小さくなる。

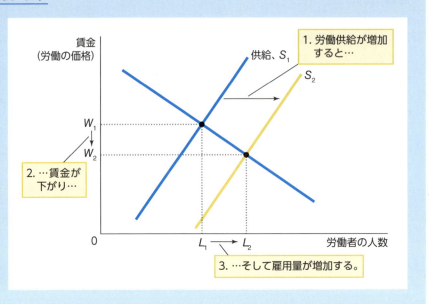

のヨルダン川西岸とガザ地区の自宅からイスラエル国内へ仕事（主に建設業と農業）をしに定期的に通勤していた。しかし1988年、これらの占領地での政情不安がイスラエル政府を動かし、副産物としてこのような労働者の供給を減らす措置をとった。夜間外出禁止令が出され、労働許可証のチェックが厳しくなり、イスラエル国内でのパレスチナ人の宿泊が禁止された。こうした措置による経済的影響は、まさに理論が予測する通りだった。すなわち、イスラエルで働くパレスチナ人の数は半減したが、イスラエルで働き続けるパレスチナ人は約50％の賃上げを享受した。イスラエルで働くパレスチナ人労働者の数が減ったことで、残りの労働者の限界生産物の価値ははるかに高くなった。

移民の経済学を考える場合、経済は単一の労働市場ではなく、多様な労働者のさまざまな労働市場で構成されていることを念頭に置く必要がある。移民の波は、新しい移民が職を求める労働市場では賃金を下げるかもしれないが、他の労働市場では逆の効果をもたらす可能性がある。たとえば、新しい移民がリンゴ収穫人の仕事を探すと、リンゴ収穫人の供給が増加し、リンゴ収穫人の賃金は低下する。しかし、新しい移民が収入の一部を使ってリンゴを買う医師であったとしよう。この場合、移民の波は医師の供給を増加させるが、同時にリンゴの需要も増加させ、リンゴ収穫人の需要も増加させる。その結果、医師の賃金は低下し、リンゴ収穫人の賃金は上昇する。**一般均衡効果**（general equilibrium effects）と呼ばれることもあるさまざまな市場間の連関は、移民の完全な効果を分析することを、見た目以上に複雑にしている。

専門家の見方　移民

「毎年、より多くの外国人高学歴労働者のアメリカへの移住が合法的に許可されれば、平均的なアメリカ市民はより良い生活を送ることができる」

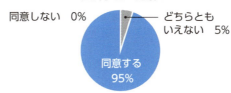

経済学者の見解は？
- 同意しない　0%
- どちらともいえない　5%
- 同意する　95%

「毎年、より多くの外国人単純技能労働者のアメリカへの入国が合法的に許可されれば、平均的なアメリカ市民はより良い生活を送ることができる」

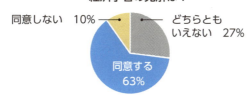

経済学者の見解は？
- 同意しない　10%
- どちらともいえない　27%
- 同意する　63%

「他で補償されない限り、毎年、より多くの外国人単純技能労働者のアメリカへの入国が合法的に許可されれば、多くのアメリカ人単純技能労働者の状況は大幅に悪化するだろう」

経済学者の見解は？
- 同意しない　11%
- どちらともいえない　29%
- 同意する　60%

（出所）IGM Economic Experts Panel, February 12, 2013, December 10, 2013.

ケーススタディ　移民論議

　パット・ポールセンは1960年代から1990年代にかけて活躍したコメディアンで、4年ごとに大統領選のフェイク・キャンペーンを行っていた。「今日、アメリカが直面しているすべての問題は、アメリカ先住民の無知な移民政策に起因している」とポールセンは言うだろう。

第VI部　労働市場の経済学

この皮肉には深い真実が含まれている。現在のアメリカ人のほとんどは、彼らの祖先が国境に到着したときに歓迎した政策の恩恵を受けている。しかし、だからといって移民問題が分裂を招く政治問題であることに変わりはない。この分裂の原因の1つは、移民の経済的影響である。

移民の厚生効果は、国際貿易を通して見ることができる。第9章を思い出してほしい。ある国が財の輸入を認めると、価格が下がる。財の消費者は恩恵を受け、国内の生産者は悪化する。しかし、消費者余剰の増加は生産者余剰の損失を上回るため、総余剰は増加する。言い換えれば、輸入は経済のパイを拡大するが、一部の人々のパイは小さくなるということである。

移民は労働サービスの輸入を伴う。これらのサービスの消費者は、労働者を雇用する企業とその顧客であり、移民が労働供給を増加させる場合、両者とも便益を得る。この場合の国内の生産者は、海外からの新しい労働者と競争する現地の労働者であり、その結果、彼らの収入は減少する。経済への純便益はプラスであるが、この事実は収入が減少している人々にはあまり慰めにならないかもしれない。

移民の労働市場への影響はどの程度か。経済学者のジョージ・ボルジャス（George Borjas）は、アメリカへの移民によって増加する総余剰は、アメリカの国民所得の年間約0.25％であると推定している。加えて、国民所得の約2.5％が、移民と競争する労働者である国内の敗者から、労働サービスを消費する労働者である現地の勝者へと再分配される。これらの数字には、移民自身の便益は含まれていない。移民がアメリカで獲得した収入は、もし母国にとどまっていた場合に得られたであろう収入をはるかに上回っている。

移民から得られる便益をより公平に分配する方法を提案する経済学者もいる。たとえば、移民に特別税を課し、移民本人か雇用主のいずれかに課税する。その税収は、現地労働者の税負担を軽減するために使うことができる。移民から得られる便益を現地労働者にも分配すれば、移民を歓迎する傾向が強まるかもしれない。

しかし、移民をめぐる議論は経済だけの問題ではない。文化的な問題であり、アイデンティティに関わる強力で感情的な要素もある。しかし、ほとんどのアメリカ人は、アメリカ先住民がボールセンの提案するような賢明な移民政策を追求しなかったことが、いかに幸運であったかを思い起こすのがよいだろう。

3-2　労働需要のシフト

ここで、リンゴの人気が高まり、リンゴの価格が上昇したとする。この価格上昇によって、労働者数に対する労働の限界生産物は変化しないが、限界生産物の価値は上昇する。リンゴの価格が上がれば、より多くのリンゴ収穫人を雇うことが採算に合うようになる。図19-6が示すように、労働需要がD_1からD_2へと右にシフトすると、均衡賃金はW_1からW_2へと上昇し、均衡雇用はL_1からL_2へと増加する。繰り返しになるが、賃金と労働の限界生産物の値は一緒に動く。

この分析は、ある産業における企業の繁栄が、その産業で働く労働者の繁栄につ

420

図19-6 労働需要のシフト

企業の生産物の価格が上昇したことなどにより、労働需要がD_1からD_2に増加すると、均衡賃金はW_1からW_2に上昇し、雇用はL_1からL_2に増加する。賃金の変化は、労働の限界生産物の価値の変化を反映している。すなわち、生産物の価格が上昇すれば、余剰の労働者から得られる付加的な生産物の価値が高まる。

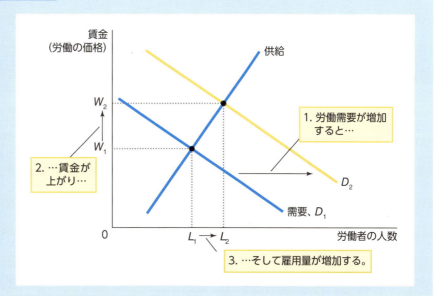

ながることが多いことを示している。リンゴの価格が上昇すると、リンゴの生産者はより大きな利潤を上げ、リンゴ収穫人はより高い賃金を得る。リンゴの価格が下がると、リンゴ生産者の利潤は少なくなり、リンゴ収穫人の賃金は低くなる。この教訓は、価格の変動が激しい産業で働く労働者にはよく知られている。たとえば、油田で働く労働者は、自分たちの収入が原油の世界価格と密接に結びついていることを経験的に知っている。

これらの例から、競争的労働市場において賃金がどのように設定されるかについて十分理解できたはずである。労働需要と労働供給はともに均衡賃金を決定し、労働需要曲線または労働供給曲線のシフトは均衡賃金を変化させる。同時に、労働力を需要する企業の利潤最大化により、均衡賃金は常に労働の限界生産物の値に等しくなる。

ケーススタディ　生産性と賃金

第1章の**経済学の10原則**の1つに、「一国の生活水準は、財・サービスの生産能力に依存する」というものがある。この原則は労働市場においても明らかである。労働需要を分析すると、賃金は労働の限界生産物の値で測定される生産性と等しいことがわかる。簡単に言えば、生産性の高い労働者の賃金は高く、生産性の低い労働者の賃金は低いということである。

この教訓は、現在の労働者が前の世代の労働者よりも一般的に恵まれている理由を理解する上で重要である。1960年から2020年まで、労働1時間当たりの生産量で

測定される経済全体の生産性は、年間約2.0％成長した。実質賃金（インフレ調整後の賃金）の伸び率は年間1.9％で、ほぼ同じ率である。この賃金の変化は、毎年では小さすぎて気づかないかもしれないが、何年にもわたって積み重なるのである。年率2％の成長率では、生産性と実質賃金は約35年ごとに倍増する。

図19-7に示すように、生産性と実質賃金の関連性は、生産性の異なるさまざまな歴史的時期を検討すると、再び出現する。生産性が急速に上昇した場合、実質賃金は急速に上昇する。生産性の伸びが緩やかな場合、実質賃金の上昇はより緩やかである。直近の2010年から2020年にかけては、生産性、実質賃金ともに低い伸びを示している。

結論として、理論上も歴史上も、生産性と実質賃金の間に密接な関係があることが裏づけられている。

図 19-7　生産性と実質賃金の伸び

生産性が急成長すれば、実質賃金も急成長する。また、生産性の伸びが緩やかなときは、実質賃金の伸びも緩やかになる。

生産性の伸びは、ここでは非農業部門における1時間当たり生産量の年率変化率として測定される。実質賃金の伸びは、非農業部門における時間当たり報酬の年率換算変化率を同部門の物価デフレーターで割ったものとして測定される。これらの生産性データは、限界生産性ではなく平均生産性（生産量を労働量で割ったもの）を測定しているが、平均生産性と限界生産性は密接に関連していると考えられる。

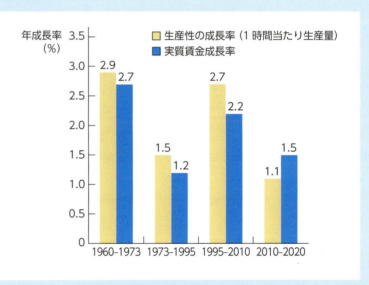

(出所)アメリカ合衆国労働省労働統計局。

理解度確認クイズ

7. 労働の限界生産物を増加させる技術の進歩は、労働_____曲線を_____にシフトさせる。
   a. 需要 ― 左
   b. 需要 ― 右
   c. 供給 ― 左
   d. 供給 ― 右

8. 1973年頃、アメリカ経済は大幅な生産性成長の_____と、実質賃金の成長の_____をともに経験した。
   a. 増加 ― 増加
   b. 増加 ― 減退
   c. 減退 ― 増加
   d. 減退 ― 減退

➡ (解答は章末に)

第19章 生産要素の市場

4 その他の生産要素：土地と資本

これまで、企業がどれだけの労働者を雇うかを決定し、その決定が労働者の賃金にどのような影響を与えるかを見てきた。企業は労働者を雇用する際、生産に必要な他の投入物についても決定する。たとえば、リンゴを生産する企業は、果樹園の大きさやリンゴ摘み用のハシゴの数を選択しなければならないかもしれない。企業の生産要素は、労働、土地、資本の3つに分類されると考える。

労働と**土地**の意味は明確だが、**資本**の定義は難しい。経済学者は**資本**という用語を、生産に使用される設備や構造物のストックを指す言葉として使用している。つまり、資本とは、過去に生産された財の蓄積を表し、それが現在、新たな財やサービスを生産するために使用されている。リンゴを生産する企業の場合、資本ストックには、リンゴの木に登るためのハシゴ、リンゴを輸送するためのトラック、リンゴを保管するための建物、さらにはリンゴの木そのものも含まれる。

···· **資本**
（capital）
財やサービスを生産するために使用される設備や構造物

4-1 土地と資本の市場における均衡

土地と資本の所有者が、その生産への貢献に対してどれだけの収入を得るかは、何によって決まるのだろうか。この問いに答える前に、購入価格とレンタル価格という2つの価格を区別する必要がある。土地や資本の**購入価格**は、それを無期限に所有するために支払われる価格である。**レンタル価格**は、その要素を一定期間使用するために支払われる価格である。後述するように、これらの価格は多少異なる経済的な力によって決定されるため、この区別を心に留めておく必要がある。

以下が重要な洞察である。すなわち、私たちが展開した労働市場における生産要素需要の理論は、土地の市場と資本の市場にも当てはまる。賃金は労働のレンタル価格であるため、賃金の決定について学んだことの多くは、土地と資本のレンタル価格にも関係する。図19-8が示すように、パネル (a) の土地のレンタル価格とパネル (b) の資本のレンタル価格は、需要と供給によって決まる。しかも、土地と資本の需要は、労働需要と同様に決定される。つまり、リンゴを生産する会社が、どれだけの土地とハシゴを借りるかを決めるときに、どれだけの労働者を雇うか決めるときと同じ論理に従う。土地と資本の両方について、会社は、生産要素の限界生産物の値が生産要素の価格に等しくなるまで、レンタルする量を増やす。各生産要素の需要曲線は、その生産要素の限界生産性を反映している。

この理論によって、労働者、土地所有者、資本所有者にどれだけの所得があるかを説明することができる。生産要素を使用する企業が競争的で、利潤を最大化する限り、各生産要素のレンタル価格はその限界生産物の価値に等しくなければならない。**労働、土地、資本はすべて、生産プロセスへの限界的貢献の価値を得る。**

ここで、土地と資本の購入価格を考えてみよう。レンタル価格と購入価格は関連している。すなわち買い手は、その土地や資本が価値あるレンタル料収入を生み出すなら、より多くの金額を支払ってもよいと考えるからである。そして、どの時点においても、均衡レンタル料収入は、その生産要素の限界生産物の価値に等しい。

423

図 19-8　土地と資本の市場

需要と供給は、パネル(a)に示すように、土地の所有者への補償支払いと、パネル(b)に示すように、資本の所有者への補償支払いを決定する。各要素の需要は、その限界生産物の価値に依存する。

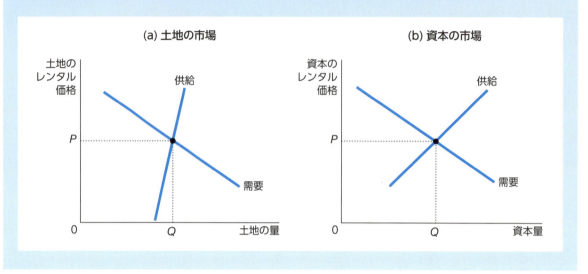

FYI　知識を深める　資本所得とは何か？

労働所得を理解するのはたやすい。つまり労働者が雇用主から受け取る給料のことである。しかし、資本によって得られる所得は、あまり明らかではない。

私たちの分析では、家計が経済の資本ストック（ハシゴ、ドリル・プレス、倉庫など）を所有し、それを使用する企業にレンタルしていると暗黙のうちに仮定した。この場合の資本所得とは、家計が資本の使用に対して受け取るレンタル料である。この仮定によって、資本所有者がどのように補償されるかについての分析を単純化したが、まったく現実的ではない。実際には、企業は通常、使用する資本を所有し、この資本から得られる収益を受け取る。

こうした資本からの収益は、最終的にさまざまな形で家計に支払われる。収益の一部は、企業に資金を貸した家計に利子として支払われる。社債権者と銀行預金者がその例である。銀行口座の利息を受け取る場合、その収入は経済の資本収入の一部である。

さらに、資本から得られる利潤の一部は、配当金として家計に支払われる。配当は、企業が株主に支払うものである。株主とは、会社の所有権を購入した人のことであり、したがってその利潤の一部を受け取る権利がある。

企業は、利子や配当の形で家計にすべての収益を支払う必要はない。その代わり、収益の一部を企業内に留保することができる。内部留保は、企業のキャッシュポジション（現金持ち高）を増やすため、または追加資本を購入するために使用することが可能である。配当とは異なり、内部留保は株主への直接的な現金支払いはないが、それでも株主は利潤を享受する。内部留保は企業の資産を増加させ、企業の株式価値を高める傾向があるためである。

こうした制度的な詳細は重要であるが、資本の所有者が得る所得についての結論を変えるものではない。この所得が利子や配当という形で家計に還元されるか、内部留保として企業内に留保されるかにかかわらず、資本はその限界生産物の価値に応じて支払われる。

第19章 生産要素の市場

その結果、土地や資本の均衡購入価格は、限界生産物の現在価値だけでなく、将来的に予想される限界生産物の価値にも依存する。

4-2 生産要素間の連関

競争的生産要素市場では、労働、土地、資本といった生産要素に支払われる価格は、その限界生産物の価値に等しい。どの生産要素の限界生産物も、利用可能なその生産要素の量に依存する。限界生産物が逓減するため、大量に供給される生産要素は、限界生産物が低く、価格が低い。そして、あまり供給されない生産要素は、限界生産物が高く、価格が高い。ある生産要素の供給が低下すると、その均衡価格は上昇する。

しかし、何らかの生産要素の供給が変化した場合、その影響はその生産要素の市場に限られるわけではない。たいていの場合、生産要素は、各生産要素の生産性が生産プロセスで使用可能な他の生産要素の量に依存するような方法で、一緒に使用される。その結果、何らかの出来事によって生産要素の供給が変化すると、その生産要素の収益だけでなく、他のすべての生産要素の収益にも影響を与えることになる。

たとえば、ハリケーンがリンゴの収穫に使うハシゴの多くを破壊したとする（物事を単純にするために、嵐は奇跡的に果樹園を無傷で残したとする）。種々の生産要素の収益はどうなるだろうか。最も明らかなことは、ハシゴの供給が減少すると、ハシゴの均衡レンタル価格が上昇することである。ハシゴの損傷を免れた幸運な所有者たちは、リンゴを生産する企業にハシゴを貸し出すことで、より高い収益を得ることになる。

しかし、この影響はハシゴ市場にとどまらない。ハシゴの数が減ったため、リンゴの収穫人は仕事を効率的にこなせなくなってしまう。つまり、労働の限界生産物が減少する。ハシゴの供給が減ることで、リンゴ収穫人の労働需要が減少し、この需要の変化によって均衡賃金は低下する。

この話は一般的な教訓を示している。**生産要素の供給を変化させる事象は、すべての生産要素の収益を変化させる可能性がある**。どの生産要素の収益の変化も、その生産要素の限界生産物の価値に与える出来事の影響を分析することによって求めることができる。

ケーススタディ ペスト（黒死病）の経済学

14世紀のヨーロッパでは、数年のうちに人口の約3分の1がペストによって一掃された。これは、人口の1%未満が死亡した2020年と2021年の悲劇的な新型コロナウイルス感染症の大流行よりも、はるかに悲惨な出来事である。**黒死病**と呼ばれるこの出来事は、われわれが開発してきた生産要素市場の理論を検証するための悲惨な自然実験を提供する。ペストが幸運にも生き残った人々に与えた影響を考えてみよう。労働者の賃金と地主の地代はどうなったであろうか。

第Ⅵ部　労働市場の経済学

この疑問に答えるために、人口減少が労働の限界生産物と土地の限界生産物に及ぼす影響を検証してみよう。労働者の供給が減れば、労働の限界生産物は上昇する。これは、限界生産物の逓減が逆に働いていることになる。したがって、ペストは賃金を上昇させたと予想される。

土地と労働は生産において一緒に使用されるため、労働者の供給が少なくなると、中世ヨーロッパにおけるもう1つの主要な生産要素である土地の市場にも影響が及ぶ。土地を耕作できる労働者の数が減れば、土地1単位が生み出す追加的生産量は減少する。このような土地の限界生産物の減少は、地代を減少させると予想される。

どちらの理論的予測も歴史的証拠と一致している。この時期、賃金は約2倍になり、地代は50％以上減少した。生き残った人々にとって、ペストは農民階級の経済的繁栄をもたらし、土地所有者階級の所得を減少させた。

理解度確認クイズ

9. 競争市場で営業しているパン屋が、ケーキ1個あたり20ドルで生産物を販売し、1時間あたり30ドルでオーブンをレンタルしている。利潤最大化のためには、オーブンの限界生産物が次のようになるまで、オーブンを借りるべきである。

a. 1時間あたりケーキ2/3個

b. 1時間あたりケーキ3/2個

c. 1時間あたりケーキ10個

d. 1時間あたりケーキ25個

10. 暴風雨がいくつかの工場を破壊し、資本ストックを減少させた。この出来事は生産要素市場にどのような影響を与えるか。

a. 賃金と資本のレンタル価格の両方が上昇する。

b. 賃金と資本のレンタル価格はともに下落する。

c. 賃金は上昇し、資本のレンタル価格は下落する。

d. 賃金は下落し、資本のレンタル価格は上昇する。

➡（解答は章末に）

5　結論

本章では、労働、土地、資本が生産プロセスで果たす役割に対してどのように補償されるかを説明した。ここで展開した理論は、**新古典派分配理論**と呼ばれる。新古典派理論によれば、各生産要素に支払われる金額は、その生産要素の需要と供給によって決まる。需要は、その生産要素の限界生産性に依存する。均衡においては、各生産要素は財・サービスの生産に対するその限界的貢献の価値を獲得する。

新古典派の分配理論は広く受け入れられている。アメリカ経済の20兆ドルもの所得が、経済のさまざまな構成員にどのように分配されているかを説明しようとするとき、ほとんどの経済学者はまずこの理論から始める。次の2章では、所得の分配についてより詳しく考察する。その議論の枠組みを提供するのが新古典派理論である。

この時点でも、この章の冒頭の質問に答えるためにこの理論を使うことができる。「なぜコンピュータ・プログラマーはガソリンスタンドの店員よりも給料が高いの

か」。それは、プログラマーがガソリンスタンドの店員よりも市場価値の高い財を生産できるからである。人々は優れたビデオゲームには喜んでたくさん支払うが、ガソリンを入れたりフロントガラスを洗ってもらったりすることには、あまり支払わない。これらの労働者の賃金は、彼らが生産する財の市場価格を反映している。もし人々が突然コンピュータを使うことに飽きて、もっと運転に時間を費やすことになったら、これらの財の価格は変わり、労働者の均衡賃金も変わるだろう。

本章のポイント

- 経済の所得は、生産要素の市場で分配される。最も重要な3つの要素は、労働、土地、資本である。
- 労働などの生産要素に対する需要は、その生産要素を使用して財やサービスを生産する企業から派生する需要である。利潤を最大化する競争企業は、各生産要素を、その要素の限界生産物の価値がその価格と等しくなる点まで雇用する。
- 労働供給は、個人の労働と余暇のトレードオフから生じる。労働供給曲線が右上がりになっているということは、人々が賃金の上昇に対して、労働時間を増やし余暇を減らすこ

とで対応することを意味する。
- 競争的生産要素市場では、各生産要素に支払われる価格は、需要と供給のバランスをとるように調整される。生産要素需要は、その生産要素の限界生産物の価値を反映するため、均衡においては、財やサービスの生産に対する限界貢献度に応じて各生産要素に補償される。
- 生産要素は共に使用されるため、いずれかの生産要素の限界生産物も、すべての生産要素の利用可能な量に依存する。ある生産要素の供給が変化すると、すべての要素の均衡収益が変化する。

理解度確認テスト

1. 企業の生産関数と労働の限界生産物がどのように関係しているか、企業の労働の限界生産物と限界生産物の価値がどのように関係しているか、企業の限界生産物の価値と労働需要がどのように関係しているか、それぞれ説明しなさい。

2. 労働需要をシフトさせる可能性のある出来事の例を2つ挙げ、その理由を説明しなさい。

3. 労働供給をシフトさせる可能性のある出来事の例を2つ挙げ、その理由を説明しなさい。

4. 労働の限界生産物の価値を等しくすると同時に、労働の需要と供給を均衡させるために賃金がどのように調整されうるかを説明しなさい。

5. もし大量の移民によってアメリカの人口が突然増加したら、賃金はどうなるか。土地と資本の所有者が得られるレンタル料はどうなるか。

第VI部　労働市場の経済学

演習と応用

1. 大統領が医療費削減を目的とした新しい法律を提案したとする。法律は、すべてのアメリカ人に、毎日リンゴを1個食べることを義務づけるものである。

　a. この「リンゴ1日1個」の法律は、リンゴの需要と均衡価格にどのような影響を与えるだろうか。

　b. この法律は、リンゴ収穫人の限界生産物と限界生産物の価値にどのような影響を与えるだろうか。

　c. この法律はリンゴ収穫人の需要と均衡賃金にどのような影響を与えるだろうか。

2. 次の各イベントがコンピュータ製造業の労働市場に及ぼす影響を示しなさい。

　a. 議会がアメリカの大学生全員のためにパソコンを購入する。

　b. 工学やコンピュータ・サイエンスを専攻する大学生が増加する。

　c. コンピュータ製造企業が新しい工場を建設する。

3. 完全競争企業が使用する唯一の投入物が労働であるとする。この企業の生産関数は以下の通りである。

労働日数（日）	生産量（単位）
0	0
1	7
2	13
3	19
4	25
5	28
6	29
7	29

　a. 追加的労働者の各々の限界生産物を計算しなさい。

　b. この生産物は1単位あたり10ドルで売れる。各労働者の限界生産物の値を計算しなさい。

　c. 日給ゼロから100ドルまでのすべての賃金に対して、雇われる労働者の数を示す需要計画を計算しなさい。

　d. 企業の労働需要曲線をグラフにしなさい。

　e. この需要曲線は、生産物の価格が単位当たり10ドルから12ドルに上昇した場合、どうなるだろうか。

4. スマイリング・カウ乳業は、1ガロンあたり4ドルの牛乳を売りたいだけ売ることができ、搾乳ロボットを1日100ドルの資本レンタル価格で借りたいだけ借りることができる。この企業の生産スケジュールは以下の通りである。

ロボットの数	総生産量（ガロン）
0	0
1	50
2	85
3	115
4	140
5	150
6	155

　a. この企業はどのような市場構造で生産物を販売しているか。どうすればわかるのか。

　b. この企業はどのような市場構造でロボットを借りているか。どうすればわかるのか。

　c. ロボットを追加するごとの限界生産物と限界生産物の価値を計算しなさい。

　d. この企業は何台のロボットを借りるべきか。説明しなさい。

5. エクテニア国には競争的な20のリンゴ園があり、すべての園がリンゴ1個あたり2ドルの世界価格でリンゴを販売している。以下の式は、各果樹園の生産関数と労働の限界生産物を表している。

$$Q = 100L - L^2$$
$$MPL = 100 - 2L$$

ここでQは1日に生産されるリンゴの数、Lは労働者数、そしてMPLは労働の限界生産物である。

　a. 日給Wの関数として各果樹園の労働需要はどうなるか。市場の労働需要はどうなるか。

　b. エクテニアには非弾力的に労働力を供給する200人の労働者がいる。賃金Wはいくらになるか。各果樹園は何人の労働者を雇用するだろうか。各果樹園の所有者はいくらの

利潤を得るだろうか。

c. 世界価格がリンゴ1個あたり2倍の4ドルになった場合、労働者と果樹園の所有者の所得はどうなるかを計算しなさい。

d. 次に、リンゴの価格が1個2ドルに戻ったが、ハリケーンによって果樹園の半分が破壊されたとする。ハリケーンが各労働者と残りの果樹園の所有者の所得にどのような影響を与えるかを計算しなさい。エクテニア全体の所得はどうなるだろうか。

6. 進取の気性に富むあなたの叔父が、7人を雇用するサンドイッチ店を開いた。従業員の時給は12ドルで、サンドイッチは6ドルで売られている。叔父が利潤を最大化する場合、最後に雇った労働者の限界生産物の値はいくらか。その従業員の限界生産物はどうなるか。

7. リードベリー社は完全競争生産物市場で鉛筆を販売し、完全競争労働市場で労働者を雇用している。労働者の市場賃金は1日当たり150ドルであると仮定する。

a. 利潤を最大化する労働者数を雇うために、リードベリーはどのようなルールに従うべきだろうか。

b. 利潤を最大化する生産水準では、最後に雇われた労働者の限界生産物は1日当たり30箱の鉛筆である。鉛筆1箱の価格を計算しなさい。

c. 鉛筆工の労働市場の図（図19-4のような図）を、リードベリーの労働の需要と供給の図（図19-3のような図）の横に描きなさい。市場と企業の両方について、均衡賃金と労働量にラベルを付けなさい。これらの図はどのように関連しているだろうか。

d. 鉛筆工の何人かが、成長中のコンピュータ産業での仕事に切り替えたとする。この変化が、鉛筆市場とリードベリーの均衡賃金と労働量にどのような影響を与えるかを、設問（c）の図に横並びで示しなさい。この変化は、リードベリーの労働の限界生産物にどのように影響するだろうか。

8. 健康保険や有給育児休暇のように、企業が労働者に特定の付加給付（fringe benefit）を与えることを法律で義務づけることがある。このよ

うな政策が労働市場に及ぼす影響を考えてみよう。

a. ある法律が、1時間ごとに各労働者に3ドルの付加給付を与えることを、企業に義務づけているとする。この法律は、与えられた賃金で企業が各労働者から得る限界利潤にどのような影響を与えるだろうか。この法律は労働の需要曲線にどのような影響を与えるか。賃金を縦軸とするグラフを描いて答えなさい。

b. 労働供給に変化がない場合、この法律は雇用と賃金にどのような影響を与えるか。

c. この法律を受けて労働供給曲線がシフトするのはなぜだろうか。労働供給におけるこのシフトは、賃金と雇用に対するこの法律の影響をより高めるだろうか、それとも低めるだろうか。

d. 第6章で議論したように、最低賃金法は、一部の労働者、特に未熟練者や経験の浅い労働者の賃金を均衡水準より高く維持している。付加給付の義務化は、これらの労働者にどのような効果をもたらすだろうか。

9. アメリカ経済全体は、**コブ・ダグラス生産関数**と呼ばれる以下の生産関数でモデル化できると考えている経済学者もいる。

$$Y = AK^{1/3} L^{2/3}$$

ここでYは生産量、Kは資本量、Lは労働量、そしてAは技術の状態を表すパラメーターである。この生産関数の場合、労働の限界生産物は次のようになる。

$$MPL = (2/3) A (K/L)^{1/3}$$

生産物の価格Pは2ドルで、Aは3、Kが100万ドル、そしてLが1,000人とする。労働市場は競争的なので、労働には限界生産物の価値が支払われる。

a. 生産された生産物の量Yおよび生産額（ドル）PYを計算しなさい。

b. 賃金Wと実質賃金W/Pを計算しなさい（注：賃金は労働報酬をドルで測定したものであり、実質賃金は労働報酬を産出物単位で測定したものである）。

c. 労働分配率（労働に支払われる生産額の割合、すなわち$(WL)/(PY)$）を計算しなさい。

第Ⅵ部　労働市場の経済学

d. 産出量Y、賃金W、実質賃金W/P、労働分配率 $(WL)/(PY)$ は、以下の場合にどうなるか、計算しなさい。

　i. Pを1ドルから3ドルへ上昇させるインフレーションが発生する。

　ii. 技術の進歩によって、Aが3から9へ増加する。

　iii. 資本蓄積Kが100万ドルから800万ドルへ増加する。

　iv. 疫病によってLが1,000人から125人に減少する。

e. アメリカ経済は長期にわたって多くの変化があったが、労働分配率は比較的安定していた。この観察はコブ・ダグラス生産関数と整合的だろうか。説明しなさい。

理解度確認クイズの解答

1. c　　2. b　　3. a　　4. b　　5. d　　6. c　　7. b　　8. d　　9. b　　10. d

第20章

Chapter 20

Earnings and Discrimination

収入と差別

　2020年のアメリカでは、ファストフードの料理人の年収は約2万4,000ドル、高校教師は約6万7,000ドル、かかりつけ医は約21万4,000ドル、そして最大規模の企業の最高経営責任者（CEO）は約1,200万ドルであった。また、ビルボード誌によると、スーパースターのテイラー・スウィフトは2,400万ドルを稼ぎ、その年で最も稼いだミュージシャンとなった。このような巨大な収入格差は、非常に大きなインプリケーションを持っている。それは、一部の人々が豪邸に住み、プライベートジェットに乗り、個人所有の島で休暇を過ごす一方で、他の人々は小さなアパートに住み、バスに乗り、十分な休暇を取れないことの背景となっている。

　なぜ収入にこれほどの差が生じるのだろうか。第19章では、基本的な新古典派の労働市場理論を学び、その答えを示した。この理論によると、賃金も需要と供給によって決まる。労働需要は労働の限界生産性を反映し、均衡状態では、労働者は財・サービスの生産に対する限界貢献価値分の賃金を支払われる。

　以上の労働市場理論は、経済学者に広く受け入れられているが、これは話の始まりに過ぎない。収入格差を説明するためには、この一般的な枠組みを超えて考える必要がある。この章では、さまざまなタイプの労働における需要と供給の具体的な決定要因、そしてなぜ、賃金が時として均衡レベルから逸脱するのかを詳しく検討する。また、差別が労働市場の帰結に与える影響も考察する。

第VI部　労働市場の経済学

1 賃金の決定要因

まず、仕事や労働者の特性が、労働供給、労働需要、そして均衡賃金にどのように影響するかを考えてみよう。

1-1 補償賃金格差

労働者が仕事を選ぶ際に、賃金は考慮すべき多くの要素のうちの1つに過ぎない。ある仕事は簡単で楽しく、安全である。別の仕事は大変で退屈、さらには危険である。賃金の水準を所与とすると、仕事が魅力的であればあるほど、その仕事をやろうとする人が増える。言い換えれば、楽しくて安全な仕事の労働供給は、大変で退屈で危険な仕事の労働供給よりも多いのである。その結果、他の条件が同じであれば、魅力的な仕事の均衡賃金は、魅力の少ない仕事よりも低くなる傾向がある。

海沿いの地域で夏の仕事を探しているとしよう。ビーチバッジのチェック係とゴミ収集係という2つの選択肢がある。ビーチバッジのチェック係は日中に海辺をゆっくり歩いて、観光客が必要な許可証を購入しているかを確認する。ゴミ収集係は夜明け前に起きて、エンジン音のうるさい汚れたトラックを町中走らせてゴミを収集する。あなたはどちらの仕事を選ぶだろうか。賃金が同じであれば、ほとんどの人はビーチでの仕事を選ぶだろう。ゴミ収集係を選択するように促すには、この地域の自治体はビーチバッジのチェック係よりもゴミ収集係により高い賃金を提供しなければならない。

補償賃金格差
(compensating differential)
仕事の間の非金銭的な特性の違いを埋め合わせるための賃金差

仕事の間の非金銭的な特性の違いから生じる賃金差を、経済学者は、**補償賃金格差**と呼ぶ。補償賃金格差は広く観察される。以下はいくつかの例である。

- 屋根職人は、同程度の教育水準を持つ他の労働者よりも高い賃金を得ている。彼らの高い賃金は、タールの不快な匂いや、常に事故のリスクに直面していることに対する補償である。
- 夜勤の労働者は、日勤で同様の仕事に就いている労働者よりも高い賃金を得ている。高い賃金は、夜に働き日中に寝るという、多くの人にとって望ましくない生活を送ることに対する補償である。
- 大学教授の賃金水準は、同程度の教育を受けた弁護士や医師よりも低い。弁護士や医師の高い賃金は、教授職であれば得られる、知的および個人的な満足を欠くことに対する補償である（実際、経済学を教えることは極めて楽しいので、経済学の教授が給与を受け取っていること自体が驚きである！）。

1-2 人的資本

前章で述べたように、経済における設備や建物などのストックは**資本**（capital）と呼ばれる。資本ストックには、農家のトラクター、製造業者の工場、教師の黒板などが含まれる。資本の本質は、それ自体が生産された生産要素であるということである。

第20章 収入と差別

もう1つの資本のタイプは、物的資本のように具体的な形を持ったものではないが、生産において等しく重要である。それは人的資本、すなわち人々への投資の蓄積である。人的資本のうち、最も重要なのは教育である。他のすべての形態の資本と同様に、教育は将来の生産性を向上させるためのリソースの投入を意味する。しかし、この投資は特定の人間に紐づいていて、この結びつきにより人的資本と呼ばれる。

平均的にみて、人的資本の多い労働者は、人的資本の少ない労働者よりも多くの収入を得る。たとえば、アメリカでは大学卒業者の給与は、高校卒業者の給与のほぼ2倍である。この大きな格差は世界中で記録されており、特に、十分な教育を受けた労働者の供給が不足している発展途上国では、さらに大きくなる傾向がある。

需要と供給の観点から見ると、教育が賃金水準を引き上げる理由は明らかである。教育水準の高い労働者の限界生産性が高いため、労働の需要者である企業は、彼らに多くの賃金を支払うのである。労働の供給者である労働者が自ら教育のコストを負担するのは、その対価としての報酬を期待するからである。教育水準の高い労働者と低い労働者の賃金の違いは、人的資本を獲得するためのコストを払うこと対する補償賃金格差と考えることができる。

···· 人的資本
（human capital）
教育や仕事上の訓練といった、人々に対する投資の蓄積

ケーススタディ スキルの価値の上昇

「富者はますます富み、貧者はますます貧しくなる」という言葉は、多くの格言と同様に、常に真実であるとは限らないが、最近のアメリカや他の多くの国々では事実であった。多くの研究が、高いスキルを持つ労働者と低いスキルを持つ労働者の間の収入格差が過去数十年で大幅に拡大していることを示しているのである。

表20-1は、大学卒業者と高校卒業者（それ以上の教育課程は修了していない者）の平均収入に関するデータを示している。これらのデータは、教育によって得られる金銭的報酬の増加を示している。1974年には、大学の学位を持つ男性の平均収入は、そうでない男性の平均収入よりも42％高かったが、2019年にはこの数字が85％にまで拡大した。女性の間では、大学の学位を持つ人と持たない人の間の収入格差は、1974年の35％から2019年の78％に拡大した。現在、（大学まで）学校に残ることのインセンティブは、歴史的にみても非常に大きい。

なぜ、スキルを持つ労働者とそうでない労働者の間の収入格差が拡大したのだろうか。経済学者は、以下でみるような2つの仮説を提唱しているが、そのどちらもが、スキルを必要とする労働に対する需要が、そうでない労働に対する需要に比べて強まったことを強調する。需要のシフトにより、両グループの賃金が変化し、格差が拡大したのである。

最初の仮説は国際貿易に焦点を当てるものである。過去半世紀で、国際貿易量は顕著に増加した。アメリカの財・サービスの総生産に対する比率として、輸入は1970年の5％から2020年の13％に、輸出は1970年の6％から2020年の10％に増加した。スキルを必要としない労働力は世界中で豊富かつ安価であるため、アメリカはスキ

433

表20-1　教育水準ごとの平均年収

大学卒業者は、大学に通わなかった労働者より常に多くの収入を得ているが、その差は過去数十年間でさらに拡大している。

	1974年	2019年
男性		
高校卒業、非大卒	56,855ドル	52,677ドル
大学卒業	80,973ドル	97,554ドル
大学卒業者の増分（%）	+42%	+85%
女性		
高校卒業、非大卒	32,675ドル	39,669ドル
大学卒業	44,200ドル	70,657ドル
大学卒業者の増分（%）	+35%	+78%

（注）収入データはインフレ調整後であり、2019年のドルで表示されている。データは18歳以上のフルタイムの年間労働者が対象。大学卒業者のデータには、修士号や博士号などの大学以上の学歴を持つ労働者は含まれていない。
（出所）アメリカ合衆国国勢調査局および著者による計算。

ルを必要としない労働力によって生産された商品を輸入し、スキルを必要とする労働力によって生産された商品を輸出する傾向がある。これは、国際貿易が拡大するにつれ、国内でスキルを必要とする労働力の需要が増加し、スキルを必要としない労働力の需要が減少することを意味する。

第2の仮説は技術の変化に重点を置くものである。コンピュータを考えてみよう。多くの企業は、ビジネス上の記録を保管するために、ファイル棚をコンピュータ・データベースに置き換えている。これにより、ファイリングのための事務員の需要が減少し、プログラマーやデータアナリストの需要が増加している。同様に、産業用ロボットの導入により、非熟練工場労働者は置き換えられたが、製造や保守に関する熟練したエンジニアが必要となった。経済学者は、この需要のシフトを、**スキルバイアスの技術変化**（skill-biased technological change）と呼んでいる。

経済学者たちは、賃金の分配に対する貿易、技術、その他の要因の重要性について議論している。スキルを持つ労働者とそうでない労働者の間の収入格差が拡大している理由は、おそらく1つではない。次章では、所得格差についてより詳しく議論する。

> **専門家の見方**　**格差とスキル**
>
> 「過去30年間でアメリカの所得格差が拡大した主な理由の1つは、技術革新が、特定のスキルを持つ労働者に対して、他の労働者に対するものとは異なる影響を与えたことである」
>
> 経済学者の見解は？

（出所）IGM Economic Experts Panel, January 24, 2012.

第20章　収入と差別

1-3 能力、努力、そして機会

　なぜメジャーリーグの野球選手の収入はマイナーリーグの選手よりも高いのだろうか。高い賃金は、間違いなく補償賃金格差のためではない。メジャーリーグでプレーすることは、マイナーリーグでプレーすることよりもまったく楽しくない、ということはない。また、人的資本のためでもない。メジャーリーグでは、練習やトレーニングは確かに必要だが、より多くの学校教育や経験年数を必須としているわけではない。多くの場合、メジャーリーグの選手がより多くの収入を得ているのは単純に彼らの能力が高いからである。

　能力はすべての職業において重要である。生まれつきや育った環境により、個々人の属性には違いがある。強い人もいれば、弱い人もいる。賢い人もいれば、そうでない人もいる。愛想のいい人もいれば、扱いにくいと思われてしまう人もいる。これらの多くの特性は労働者の生産性に影響し、したがって賃金に影響する。

　能力に密接に関連しているのは努力である。一部の人々は他の人よりも一生懸命働き、この追加的な努力によって彼らはより生産的になり、それが高い収入を得ることにつながる。しばしば、企業は労働者の成果物に基づいて支払いを行うことで、努力に報いる。たとえば、セールスマンは自分の売上高の一定の割合を報酬として受け取る。他の場合では、そこまで直接的ではないが、一生懸命働いたことが年俸やボーナスに反映される。

　しかし、偶然も賃金の決定に影響を与える。真空管を使ったテレビの修理を学ぶために専門学校に通った人たちを考えてみよう。そして、そのスキルが半導体を使用した電子機器〔訳注：このような機器では通常真空管は用いられない〕の発明によって時代遅れになってしまったとする。彼らは、同じ訓練年数を持つ他の職種の人々と比較して低い賃金を得ることになる。また、自動運転トラックが完成した場合、トラック運転手の将来の収入に何が起こるか想像してみてほしい。これらの労働者が経験する収入の減少は、ランダムに生じた技術変化によるものである。

　偶然は出生時にも生じる。もし高所得で十分な教育を行う家庭のもとに生まれたなら、その幸運は人生において優位をもたらす。もし極度の貧困状態や深刻な障害を持って生まれたなら、または身近に目標とすべきロールモデルない近所に生まれたなら、それもまた偶然の問題である。

　能力、努力、そして偶然は賃金水準が決まる上でどの程度重要なのだろうか。これらの要因は測定が難しいが、間接的な証拠をみると、非常に重要であることが示唆されている。労働経済学者が賃金について分析する際には、労働者の賃金を学歴、経験年数、年齢、職業の特性など、測定可能な変数と関連づける。これらの測定された変数は、理論的に推測される通り、すべて労働者の賃金に影響するが、アメリカにおける賃金の変動の半分以下を説明するにすぎない。賃金の変動の半分以上が説明されていないため、能力、努力、および偶然などの（直接測定することのできない）欠落変数（omitted variable）〔訳注：第2章の補論を参照〕が重要であると考えられる。

435

美しさの便益

　人々はさまざまな点で異なるが、その1つが身体的な魅力である。たとえば、俳優のガル・ガドットは美しい女性であり、実際、かつてコンテストで優勝したこともある。彼女の容姿によって、多くの観客が彼女の映画に引き寄せられ、それはガル・ガドットに大きな収入をもたらす。2020年、彼女は3,000万ドル以上を稼いだとされている。

　身体的な魅力は明らかに俳優にとって有益だが、美しさの経済的便益はどれほど広範に存在しているのだろうか。労働経済学者のダニエル・ハマーメッシュ（Daniel Hamermesh）とジェフ・ビドル（Jeff Biddle）は、この問いに取り組み、その分析が1994年12月号の『アメリカン・エコノミック・レビュー』に公表された。ハマーメッシュとビドルは、アメリカとカナダの人々に関するデータを調査した。調査を実施した面接者は、それぞれの回答者の外見を評価するよう求められた。その後、ハマーメッシュとビドルは、回答者の賃金水準が基本的な要因（教育、経験など）でどれだけ説明できるか、そして外見がどれだけ賃金水準を説明するかを調査した。

　彼らは、美は報酬をもたらすと結論づけた。一般的な人よりも外見が魅力的だと思われる人は、平均的な外見の人よりも5%多く稼ぎ、外見が平均より魅力的でない思われる人よりも5%から10%多く稼ぐのである。この結果は男性でも女性でも概ね同じであった。

　何がこうした賃金格差を説明するのだろうか。美しさのプレミアムにはいくつかの異なる解釈がありえる。

　1つは、見た目の良さは、生産性や賃金を決定する先天的な能力であるというものである。一部の人々は映画スターのような身体的特徴を生まれつき持っているが、他の人々はそうではない。良い見た目は、演技だけでなく、モデル、セールス、接客業など、人前に出る仕事において役立つ。この場合、魅力的な外見を持つ労働者は企業にとってより価値のあるものであり、美しさのプレミアムに支払ってもよいと思う金額は、その顧客の好みを反映している。

　第2の解釈は、報告された美しさは、他の能力の間接的な尺度であるというものである。人がどれほど魅力的に見えるかは、遺伝だけでなく、服装、髪型、振る舞いなど、個人がコントロールできる属性にも依存している。調査インタビューで魅力的なイメージを演出できる人は、他の仕事でも成功する才能を持った人である可能性が高いだろう。

　第3の解釈は、美しさのプレミアムはある種の差別であるというものである。これについては後であらためて議論する。

第20章　収入と差別

1-4 教育についてのもう１つの見方：シグナリング

　教育を人的資本とする見方においては、学校教育は労働者をより生産的にする、という立場をとっている。それに対し、一部の経済学者は、学校教育は高い能力の労働者と低い能力の労働者を企業が見分ける手段として機能している、という別の理論を提唱している。この見方によると、人々が大学の学位を取得するのは、より生産的になるためではなく、自分が高い生産性を持っているということを、将来の雇用主に**シグナル**（signal）として送るためである。高い能力を持つ人が大学の学位を取得するのは、低い能力しか持たない人よりも簡単であるため、より多くの高い能力を持つ人が学位を取得する。そのため、企業が大学の学位を能力のシグナルと解釈するのは合理的である。

　教育のシグナリング理論は、第17章で議論した広告のシグナリング理論と似ている。広告の場合、広告自体には実際の情報が含まれていないが、企業は広告に費用をかけることで、製品の品質の高さを消費者にシグナルとして送る。教育のシグナリング理論では、学校教育には実際の生産性を高める効果はないが、労働者は学校で年数を費やすことで、自分自身の生産性の高さを雇用主にシグナルとして送る。どちらの場合も、ある行動がとられるのは、その本来の目的のためではなく、その行動を意図的にとることで、それを観察している人に何らかの情報が伝わるからなのである。

　人的資本理論とシグナリング理論のどちらも、なぜより教育を受けた労働者がより少ない教育を受けた者よりも収入が高くなるのかという点を説明できる。人的資本理論によれば、教育は労働者をより生産的にするからである。シグナリング理論によれば、教育は能力と相関しているからである。しかし、これらの２つの理論は、教育水準を高めることを目指す政策が何をもたらすか、という点について全く異なる見方をとる。人的資本理論によれば、教育水準を高めることで、すべての労働者の生産性そして賃金が向上する。シグナリング理論によれば、教育は生産性を向上させないため、すべての労働者の教育水準を向上させても賃金に影響を与えない。

　おそらく、真実は極端な２つの理論の中間にあるだろう。教育の便益はおそらく、人的資本の生産性向上効果とシグナリングの生産性顕示効果の組み合わせである。これら２つの効果のうち、どちらの重要性が相対的に大きいかについては、未解決の問題である。

1-5 スーパースター現象

　ほとんどの俳優は収入が少なく、自活するためにウェイターとして働くことが多いが、スカーレット・ヨハンソンは出演する映画ごとに数百万ドルを稼いでいる。同様に、ほとんどの人が趣味としてテニスを楽しんでいる一方で、ダニール・メドベージェフはプロツアーで数百万ドルを稼いでいる。ヨハンソンとメドベージェフはそれぞれの分野でスーパースターであり、その高い人気は天文学的な収入に反映されている。

　なぜヨハンソンやメドベージェフはそれほどまでに多く稼ぐのだろうか。１つの

437

第VI部　労働市場の経済学

職業内で収入が異なるのは驚くことではない。優れた大工は並の大工よりも多く稼ぎ、優れた配管工は並の配管工よりも多く稼ぐ。人々は才能や努力に違いがあり、これらの違いが収入格差を生み出す。しかし、最高の大工や配管工は、最高の俳優やアスリートほどの巨額の富を稼ぐことはない。この違いはどのように説明できるだろうか。

ヨハンソンやメドベージェフの莫大な収入を理解するために、彼らがサービスを提供している市場の目立った特徴を考えてみよう。スーパースターが現れるのは、以下の2つの特徴を持つ市場においてである。

- 市場のすべての顧客が、最高のサービス提供者のサービスを享受したいと望む。
- 最高のサービス提供者が、低コストで市場のすべての顧客にサービスを提供することを可能にする技術が存在する。

スカーレット・ヨハンソンが最も優れた俳優の1人なら、誰もが彼女の次の映画を見たいと思うだろう。半分の魅力しかない俳優の映画を2回見ても、良い代替とはならないのである。さらに、スカーレット・ヨハンソンの演技を楽しむことは誰にでもできる。映画は複製してどこでも見ることができるので、ヨハンソンは演技を何百万人もの人々に同時に提供できる。同じように、テニスの試合がテレビ放映されれば、何百万人ものファンがメドベージェフの卓越した技術を楽しむことができる。

この論理は、なぜ「スーパースター」と呼ばれるような大工や配管工が存在しないのかを示している。他の条件が同じであれば、誰もが最良の配管工を雇いたいと考える。しかし、配管工は映画俳優とは異なり、限られた数の顧客にしか対応できない。そのため、最良の配管工は平均的な配管工よりもやや高い賃金を得ることはできるが、平均的な配管工も十分に生活を立てられるだけの収入を得ることができる。

1-6　均衡水準より低い賃金：モノプソニー

多くの場合、経済学者は労働市場を需要と供給のツールを使って分析する。この市場は、多くの買い手と多くの売り手がいる競争的な市場であり、各々の影響は賃金に対して無視できるほど小さいと仮定されている。しかし、この仮定が常に当てはまるわけではない。

小さな町の労働市場が唯一の大規模な雇用主によって支配されているとしよう。その雇用主は賃金に対して大きな影響力を持ち、労働市場の帰結を大きく変えることができる。買い手が1人しかいない市場は**モノプソニー**と呼ばれる。

モノプソニー（買い手が1人の市場）は、モノポリー（または独占、売り手が1人の市場）に似ている。第16章で、独占市場では競争的な市場よりも生産量が少なくなったことを思い出そう。販売数量を減らすことで、独占市場では財の需要曲線上に沿って、価格が上昇し、利潤が増加する。同様に、労働市場におけるモノプソニーでは、競争市場における企業よりも少ない労働者が雇われる。就業可能な仕事の数

モノプソニー ....
(monopsony)
買い手が一人しかいない市場

を減らすことで、モノプソニーは労働供給曲線上を移動し、支払う賃金を減らし、利潤を増やす。独占企業とモノプソニスト企業のいずれもが、経済活動を社会的に最適な水準以下に低下させる。いずれの場合も、市場支配力の存在によって歪みが生じ、死荷重を引き起こす。モノプソニー企業に雇用されている労働者は、競争が存在する場合よりも少ない賃金を得る。

　真のモノプソニーは稀であるため、本書ではモノプソニーのフォーマルなモデルは紹介しない。ほとんどの労働市場では、労働者には雇用主の選択肢が多くあり、企業は労働者を引きつけるために互いに競争している。このような場合は、需要と供給のモデルが最適である。

　しかし、経済学者ジョーン・ロビンソン（Joan Robinson）が1930年代に発展させたモノプソニーの概念は、いくつかのケースで重要である。2021年、最高裁判所はNCAA〔訳注：アメリカの大学スポーツにおける主要な統括機関〕がモノプソニーとして機能し、大学スポーツ選手がより競争的な市場であれば得られたであろう報酬を奪っていると断言した。同時期に、バイデン政権は大手テック・カンパニーの力を削減し、労働者の交渉力を高めることを目的として、モノプソニーに着目した大統領令を発した。多くの経済学者によると、問題の1つは競業避止条項が含まれた雇用契約の頻繁な使用である。この条項は、退職後一定期間、競合他社で働くことを禁止するものである。こうした契約は雇用主の企業秘密を保護する一方で、労働市場の競争を抑制し、賃金を均衡水準以下に抑える効果もある。

　純粋な形のモノプソニーは一般的ではないが、モノプソニーへの傾向は現代経済における悩ましい問題の1つである。モノプソニーの影響は、労働者の賃金を説明するのに有用なのかもしれない。

専門家の見方　労働市場における競争

「アメリカの雇用契約における競業避止条項の使用は、雇用主の知的財産や営業秘密の保護の観点から正当化されるというより、むしろ労働者の移動を抑制し、賃金を低下させる効果のほうが大きい」

経済学者の見解は？

同意しない　3%
どちらともいえない　11%
同意する　86%

（出所）IGM Economic Experts Panel, August 3, 2021.

1-7　均衡水準より高い賃金：最低賃金法、労働組合、および効率賃金

　モノプソニー企業に雇用されている労働者は、競争的な市場の均衡における賃金水準よりも低い賃金を受け取るが、均衡水準を上回る賃金を受け取る労働者もいる。均衡より高い賃金は、3つの理由から生じる可能性がある。

　その1つは、第6章で議論した最低賃金法である。経済におけるほとんどの労働者は、彼らの均衡賃金が最低賃金を大きく上回っているため、この法律の影響を受けない。しかし、技術不足で経験の浅い労働者にとっては、最低賃金法は、規制のない労働市場で得ることのできる水準を上回る水準まで賃金を引き上げる。

　賃金が均衡水準を上回る第2の理由は、労働組合の力である。**労働組合**は、賃金や労働条件について雇用者と交渉する労働者の団体である。労働組合はしばしば、

労働組合
(union)
賃金や労働条件について雇用者と交渉する労働者の団体

第Ⅵ部 労働市場の経済学

ストライキ
（strike）
抗議のために組織され
た、集団による労働拒否

ストライキを呼びかけることで労働者を動員できるため、賃金を引き上げることができる。時には、労働組合は雇用主のモノプソニー的行動を相殺する力として機能することもある。一方で、労働組合は労働力の価格を競争市場で決まる水準よりも高く設定し、モノポリストのようにも振る舞うこともある。研究によれば、労働組合に属する労働者は同様の職に就いている非組合員よりも約10 ～ 20％多く稼いでいるとされている。

効率賃金
（efficiency wages）
労働者の生産性を引き上
げるために企業から支払
われる、均衡水準よりも
高い賃金

賃金が均衡水準を上回る第3の理由は、効率賃金仮説に基づいている。この理論によれば、高い賃金は離職率を減らし、労働者の意欲を高め、高い能力を持つ人々に求職してもらうことで、労働生産性を向上させる。これらの効果が十分強ければ、均衡水準を上回る賃金を支払うことは、企業にとって利益になる。

均衡水準を上回る賃金は、その理由（最低賃金法、労働組合、または効率賃金仮説）に関わらず、労働市場に類似した影響を与える。どの場合でも、均衡水準を上回る賃金は、労働供給量を増加させ、労働需要量を低下させる。これにより、労働者の余剰、つまり失業が生じる。失業の研究は通常、マクロ経済学のトピックとして扱われ、これはこの章の範囲を超えるものである。しかし、こうした問題は人々の収入について考える際には重要である。ほとんどの収入格差は、需要と供給が釣り合うように賃金が決まる、と仮定することから理解できるが、均衡水準を上回る賃金も、一部のケースでは重要な役割を果たす。

理解度確認クイズ

1. テッドは高校の数学教師の仕事を辞めて、最新のコンピュータ・プログラミングを学ぶために学校に戻り、その後、ソフトウェア会社でより高収入の仕事に就く。これは以下のうちどの例に該当するか。

   a. 補償賃金格差
   b. 人的資本
   c. モノプソニー
   d. 効率賃金

2. マーシャルとリリーは地元のデパートで働いている。顧客の到着時に挨拶をすることが業務内容であるマーシャルは、トイレの掃除をするリリーよりも給料が低い。これは以下のうちどの例に該当するか。

   a. 補償賃金格差
   b. モノプソニー
   c. シグナリング
   d. 効率賃金

3. バーニーは小さな製造会社を経営しており、他の企業よりも従業員に2倍ほど高い給料を支払っている。より低い賃金水準でも必要なすべての労働者を採用できるにもかかわらず、である。彼は高い給料が従業員をより忠実で勤勉にさせると信じている。これは以下のうちどの例に該当するか。

   a. モノプソニー
   b. 人的資本
   c. シグナリング
   d. 効率賃金

4. あるビジネスコンサルティング企業は、ロビンが大学で数学を専攻していたため、彼女を雇った。新しい仕事には彼女が学んできた数学は必要ないが、会社のマネージャーたちは、数学の学位を取得できる人間は間違いなく非常に頭が良いと考えている。これは以下のうちどの例に該当するか。

   a. 補償賃金格差
   b. 人的資本
   c. シグナリング
   d. モノプソニー

➡（解答は章末に）

第20章 収入と差別

2 差別の経済学

賃金格差の別の要因は、差別である。**差別**は、人々が人種、民族、性別、年齢、宗教、性的指向、またはその他の個人的特徴に基づいて機会を提供されたり拒絶されたりするときに生じる。職場での差別は、社会全体に広がる偏見を反映している。経済学者はこの問題に取り組み、その規模や原因をより深く理解しようとしている。

…… **差別**
(discrimination)
人種、民族、性別、年齢、宗教、性的指向、またはその他の個人的特徴のみが異なる類似の個人に対して、異なる機会が与えられること

2-1 労働市場の差別を測定する

労働市場における差別が異なる労働者グループの収入にどの程度影響するか。この問いは重要だが、正確に答えることは簡単ではない。

表20-2に示されているように、異なる労働者グループの賃金水準がはっきりと異なっていることは、疑いようがない。2019年、アメリカ合衆国の黒人男性の収入の中央値は、白人男性の収入の中央値よりも24%低く、黒人女性の収入の中央値は、白人女性の収入の中央値よりも16%低かった。白人女性の収入の中央値は、白人男性の収入の中央値より19%低く、黒人女性の収入の中央値は、黒人男性の収入の中央値より10%低かった。これらの数値上の差異を見れば、雇用主が黒人や女性に対して差別をしていることは明らかであるように思える。

しかし、この推論には潜在的な問題がある。差別のない労働市場でも、異なる人々は異なる賃金を得ている。人々は持っている人的資本の量や、何ができるか、何をしたいかといった面において異なっている。これまでに見てきたように、経済における賃金の格差は、ある程度、均衡賃金の決定要因に帰着する。観察されたグループ間での賃金に格差があるだけでは、雇用主の差別が証明されたことにはならない。

人的資本の役割を考えてみよう。2019年において、25歳以上のアメリカ人のうち、白人の36%が学士号を取得していたが、黒人の場合は26%であった。この教育格差が賃金格差の一部を説明している。また、主に黒人が住む地域の公立学校は、支出やクラスの規模などの点で、主に白人が住む地域の公立学校よりも歴史的に質が低

表20-2 人種・性別ごとの年収の中央値

	白人	黒人	黒人の賃金が白人の賃金に比べてどれくらい低いか
男性	60,017ドル	45,644ドル	24%
女性	48,845ドル	41,098ドル	16%
女性の賃金が男性の賃金に比べてどれくらい低いか	19%	10%	

(注)賃金データは2019年時点、14歳以上のフルタイムの年間労働者が対象。2つ以上の人種を選んだ回答はデータから除外。
(出所)アメリカ合衆国国勢調査局および著者による計算。

第Ⅵ部　労働市場の経済学

いとされている。教育の量だけでなく、その質も測定できれば、人的資本の差異はさらに大きくなるだろう。

　仕事の経験から得られる人的資本も賃金の格差を説明するのに有効である。女性は子育てのためにキャリアを中断する可能性が（男性よりも）高い。25歳から44歳の人口（子供が家庭で育つときの親年齢）において、女性の24%が労働力人口に含まれていないのに対し、男性の同比率は10%である。その結果、特に年齢が高くなると、女性労働者は男性労働者に比べて職務経験が少なくなる傾向がある。

　補償的賃金格差も賃金格差の別の要因である。男性と女性は必ずしも同じ種類の仕事を選ぶわけではない。たとえば、女性は事務アシスタントになる可能性が相対的に高く、男性はトラック運転手になる可能性が相対的に高い。事務アシスタントとトラック運転手の賃金の差は、部分的にはそれぞれの仕事の労働条件に依存する。こうした非金銭的な側面は測定が難しいため、観察される賃金の差異を説明する際に、補償的賃金格差がどの程度寄与しているのかを把握するのは困難である。

　結局、グループ間の賃金格差の研究は、アメリカの労働市場においてどの程度差別が行き渡っているかについての、明確な結論を引き出せるものではない。ほとんどの経済学者は、ある程度の差別が存在していると考えているが、それが正確にはどの程度なのかを評価するのは困難である。唯一確かな結論は、以下のような消極的なものである——グループ間の平均賃金の格差は、人的資本や職務特性の違いを部分的に反映しているため、賃金格差のみで労働市場の差別の程度を測ることはできない。

　しかし、労働者グループ間の人的資本の違いは、ある種の差別を反映している可能性がある。たとえば、歴史的に女性学生に提供されてきた難易度の低いカリキュラムは、差別的な慣行と見なすことができる。同様に、黒人学生に提供されてきた劣悪な学校は、市議会や教育委員会の偏見に起因するものかもしれない。しかし、この種の差別は労働者が労働市場に入る前に生じている。この場合、症状は経済的であっても、原因は政治的なものである。

ケーススタディ　エミリーはラキーシャよりも雇用されやすいのか？

　労働市場で生じていることから差別を計測するのは難しいが、独創的なフィールド実験〔訳注：実験室のような人工的な環境を用いない、実際の自然環境や社会環境で行われる実験〕から、差別の存在を示す説得力のある証拠が得られる。経済学者のマリアンヌ・ベルトラン（Marianne Bertrand）とセンディル・ムライナサン（Sendhil Mullainathan）は、ボストンとシカゴの新聞に掲載された1,300以上の求人広告に対して、約5,000件の架空の履歴書を送付した。履歴書の半分には、ラキーシャ・ワシントン（Lakisha Washington）やジャマール・ジョーンズ（Jamal Jones）といった、アフリカ系アメリカ人コミュニティで一般的な名前を付けた。もう半分の履歴書には、エミリー・ウォルシュ（Emily Walsh）やグレッグ・ベイカー（Greg Baker）といった、白人の間でより一般的な名前を付けた。それ以外の履歴書の内容は同じである。

第20章 収入と差別

この実験の結果は、『アメリカン・エコノミック・レビュー』の2004年9月号に掲載された。

研究者たちは、雇用主の履歴書に対する反応が、2つのグループ間で大きく異なっている点を見いだした。白人の名前を持つ求職者は、アフリカ系アメリカ人の名前を持つ求職者よりも約50%多くの電話を雇用主から受け取っていたのである。さらに、求人広告に「機会均等雇用者」と記載している雇用主を含む、すべてのタイプの雇用主において、この差別が生じていることを発見した。論文では、「人種差別は依然として労働市場の顕著な特徴である」と結論づけられた。

最近では、経済学者のフィリップ・オレオポウロス（Philip Oreopoulos）がカナダの労働市場を調査し、英語風の氏名の履歴書とインド、パキスタン、中国、ギリシャ風の氏名の履歴書を送付した。2011年11月発行の『アメリカン・エコノミック・ジャーナル：エコノミック・ポリシー』に掲載されたこの研究は、再び顕著な差別の証拠を見いだした。英語風の氏名は、雇用主から39%多くのコールバックを受けたのである。この違いは4つの非英語圏グループ間で同様であった。また、架空の応募者が英語風の名前と中国風の姓（たとえば、ジェームズ・リウ（James Liu）やエイミー・ワン（Amy Wang））を持っていても、結果はほぼ同様であった。会社の採用担当者がこれらについて後で質問されたとき、彼らは言語スキルに対する懸念に基づくものだと正当化を試みた。しかし、差別は応募者がカナダの教育とカナダの職務経験を持っている場合でも生じており、英語風の氏名の優位性とその職種に必要な言語スキルの程度の間に関係性は存在しなかった。

シェイクスピアが『ロミオとジュリエット』で「名前に何の意味があるの？」と書いた。多くの雇用主は、評価する人々の名前の先にあるものを見逃しているのである。

2-2 雇用主による差別

次に、差別の測定の問題から、労働市場における差別の背後にある経済的要因に目を向けてみよう。もし、人的資本や仕事の特徴をコントロールした後でも、なお社会の一部のグループが他のグループよりも低い賃金を受け取っているのだとしたら、それは誰の責任なのだろうか？

答えは明白に思えるかもしれない。雇用主である。彼らは労働需要と賃金が決まる採用の決定を行う。もし一部の労働者グループが本来の得るべき水準よりも低い賃金を得ているのであれば、雇用主を犯人とするのが自然だろう。しかし、多くの経済学者はこの答えに懐疑的である。彼らは、競争市場が「利潤動機」という、雇用主の差別に対する自然な解毒剤を提供していると考えている。

労働者が髪の色だけで差別される仮の経済を考えてみよう。この単純化された世界では、人々は金髪か黒髪のどちらかであるとする。いずれのグループも同じ技能、経験、そして労働倫理を持っている。しかし、差別のため、雇用主は黒髪の人間を雇うことを好み、この偏りが金髪の人間に対する労働需要を減少させる。このため、

第VI部　労働市場の経済学

金髪の人々は黒髪の人々よりも低い賃金を得ることになる。

しかし、この賃金差別は長くは続かない。起業家たちは競争に打ち勝つ簡単な方法にすぐに気づくだろう。金髪の労働者を雇うのである。これにより労働コストが低くなり、利潤が増加する。時間が経つにつれて、ますます多くの「金髪」企業がこのコストの優位性を活かして市場に参入する。「黒髪」企業は高コストであるため、新しい競争相手に直面すると損失を出し始め、最終的には市場から撤退する。「金髪」企業の参入と「黒髪」企業の退出により、金髪労働者に対する需要が増加し、黒髪労働者に対する需要が減少する。これらの需要シフトにより賃金格差は縮小し、このプロセスは、経済が差別的な賃金格差のない新しい均衡に達するまで続く。

簡単に言えば、利潤だけを考えるビジネスオーナーは、差別を意識するオーナーに比べて競争上の優位性がある。その結果、差別をしない企業が差別をする企業に取って代わるのである。このように、競争市場は雇用主の差別に対する自然な解決策を備えているのである。

ケーススタディ　分離された路面電車と利潤動機

20世紀初頭、アメリカ南部の多くの都市の路面電車は人種によって座席が分離されていた。白人の乗客は路面電車の前部に座り、黒人の乗客は後ろに座らせられていた。路面電車の運行会社はこの慣行を続けていたが、歴史的な研究によれば、この慣行を始めたのは運行会社ではなかった。

経済史家ジェニファー・ロバック（Jennifer Roback）は、1986年に発表した『ジャーナル・オブ・エコノミック・ヒストリー』の論文で、路面電車での人種による分離は、分離を義務づける法律から生まれたことを明らかにした。この法律が存在する前、座席での人種差別はほとんどなかった。喫煙者と非喫煙者を分離することのほうがより一般的であった。

実際、路面電車の運行会社は、人種の分離を義務づける法律にしばしば反対していた。異なる人種のために別々の座席を提供することは企業のコストを増加させ、利潤を減少させる。ある鉄道会社の経営者は市議会に対し、分離法の下では、「会社はかなりの空席を用意して運行しなければならない」と不満を述べている。

以下は、ロバックがある南部の都市での状況を説明したものである。

鉄道会社は人種分離政策を開始したわけではなく、それに従う意欲も全くなかった。鉄道会社に車両で人種を分離させるように誘導するには、州の立法、公衆の扇動、そして不服従の場合には鉄道会社の社長を逮捕するという脅威が必要であった。…（中略）… 経営陣が市民の権利や人種平等に対する信念から反対したという証拠はなかった。彼らの反対の主な動機は経済的なものであった。分離は費用がかかるのである。…（中略）… 会社の役員が黒人嫌いだったかどうかは分からないが、そのような偏見を満足させるために利潤を放棄しようとは考えていなかった。

第20章　収入と差別

この南部の路面電車の例は一般的な教訓を示している。通常、企業の所有者は利潤を上げることに最も興味を持っているのであり、特定のグループを差別することには興味がない。企業が差別的な慣行に従事する場合、差別の根源はしばしば企業自体ではなく、他の要因であることが多い。この場合、路面電車会社に白人と黒人を分離させたのは、企業が反対した差別的な法律による強制である。

2-3 顧客や政府による差別

　利潤動機は差別的な賃金格差を排除する方向に働くが、その修正能力には限界もある。顧客の嗜好と政府の政策という2つの要因が制約となる。

　差別に対する顧客の嗜好が賃金にどのように影響するかを見るために、再び金髪と黒髪の架空の経済の例を考えよう。レストランの経営者がウェイターを雇う際、金髪の人に対して差別を行い、したがって金髪のウェイターは黒髪のウェイターよりも給与水準が低いとする。この場合、進取の精神のあるレストランは金髪のウェイターを雇用することで、より低い価格を設定して開業することができる。顧客が価格と食事の品質にのみ関心を持つ場合、差別的な企業は廃業に追い込まれ、賃金格差は消滅する。

　しかし、顧客が黒髪のウェイターに給仕されることを好むとしてみよう。もしこの差別的な好みが強い場合、金髪のウェイターを雇うレストランの登場でも、賃金格差は解消されないかもしれない。つまり、もし顧客が差別的な好みを持つ場合、競争市場でも差別的な賃金格差が維持される可能性がある。このような差別の存在する経済では、2種類のレストランが並存する。金髪のレストランはコストが低く、そのため価格も低い。黒髪のレストランはコストも価格も高い。ウェイターの髪の色に興味がない顧客は、金髪のウェイターのいるレストランの低価格を好む。偏見のある顧客は黒髪のウェイターのいるレストランに行き、高い価格を払ってその差別的な嗜好を満たすのである。

　競争市場において差別が排除されない別の要因は、政府がそれを要求することである。たとえば、金髪の人は皿洗いはしてよいが、ウェイターとして働いてはいけない、という法律を政府が制定した場合、競争市場においても賃金格差が残存することがありえる。前述のケーススタディでみた、分離された路面電車は、政府によって要求された差別の一例である。同様に、南アフリカでは、1990年にアパルトヘイトと呼ばれる公式の人種隔離政策が廃止される以前、黒人は一部の職業に就くことを禁止されていた。差別的な政府がこのような法律を制定すると、競争市場に本来備わっている、賃金格差を解消する力が抑制される。

　まとめると、**競争市場には雇用主の差別に対する自然治癒力が備わっている。利潤のみを考慮する企業の参入は、差別的な賃金格差を解消する方向に働く。顧客が差別的な慣行が維持されるような支払いを行うか、政府がそうした慣行を要求する場合に、差別的な賃金格差は競争市場でも残存する。**

445

第VI部 労働市場の経済学

> ### ケーススタディ スポーツにおける差別
>
> 差別を測定することはしばしば困難である。特定の労働者グループが差別されているかどうかを判断するには、そのグループと他のグループとの生産性の違いを調整する必要がある。しかし、ほとんどの企業では、財・サービス生産に対する、ある労働者の貢献度を計測することは難しい。
>
> スポーツはある種の例外である。プロスポーツチームは生産性の客観的な指標を重視している。たとえば、バスケットボールでは、選手の得点、アシスト、リバウンドなどの統計データが即座に集計され、熱心なファンの考察の対象となる。経済学者にとっては、この広範な記録が宝の山なのである。
>
> スポーツチームの研究からは、実際には人種差別が一般的であり、その多くの責任が顧客にあることが示唆されている。1988年に『ジャーナル・オブ・レイバーエコノミクス』に掲載された研究では、バスケットボール選手の給与を調査し、同じ能力を持つ白人選手と比べて、黒人選手の給与が20%少なかったことが明らかになった。また、白人選手の比率が多いチームのほうが、試合の観客数が多かったことも明らかになった。これらの事実に対する1つの解釈は、少なくとも研究時点においては、顧客の差別により、白人選手よりも黒人選手のほうがチームオーナーの利潤にはつながりにくかったというものである。このような顧客の差別が存在する場合、チームオーナーが利潤だけを追求している場合でも、差別的な賃金格差が残存することになる。
>
> 野球選手にも同様の状況がかつて存在していた。1960年代後半のデータを使用した研究では、黒人選手の収入が白人選手と比較して少なかったことが示された。さらに、黒人投手の成績のほうが白人投手よりも優れていたにも関わらず、黒人投手が投げる試合の観客数が、白人投手が投げる試合の観客数よりも少ないことも明らかにされた。しかし、近年の野球選手の給与に関する研究では、差別的な賃金格差の証拠は見つからなかった。
>
> 1990年に『クオータリー・ジャーナル・オブ・エコノミクス』に発表された別の研究では、古い野球カードの市場価格が調査された。この研究でも、同じような差別の証拠が見つかった。黒人打者のカードは、同等の活躍をした白人打者のカードよりも10%安く売られ、黒人投手のカードは、同等の活躍をした白人投手のカードよりも13%安く売られていた。これらの結果は、野球ファンが持つ差別意識を示唆している。

統計的差別 ....
(statistical discrimination)
「能力に関係しないが観察できる」従業員の特性が、「能力に関連するが観察できない」特性と相関していることによって生じる差別

2-4 統計的差別

特定のグループへの敵意とは別に、統計的差別と呼ばれる差別の要因がある。この理論では、雇用主が将来の従業員となりうる人々について、不完全な情報しか持っていないと仮定する。このとき「能力に関連するが観察できない」従業員の特性が、

別の「能力に関係しないが観察できる」特性と相関している場合、雇用主は雇用決定を行う際、「能力に関係しないが観察できる」特性を頼りにするかもしれない。

たとえばこういうことである。雇用主は、時間を守る雇用者を採用したいと考えているが、求職者が雇用後に時間をちゃんと守るかどうかは分からないとする。さらに、雇用主が、青い目の労働者のうち10％が慢性的に遅刻する一方で、茶色い目の労働者のうち遅刻するのはわずか5％であることを見つけたとする。この相関関係のために、雇用主は目の色に関しては興味がなくても、茶色い目の労働者を雇いたいと考えるかもしれない。青い目の人々は、90％が時間をちゃんと守っているにもかかわらず、グループ全体として差別を受けることになる。この種の差別は、青い目の個々人が、自分の所属する集団の平均的な行動によってステレオタイプ化されてしまうという点で、「統計的」である。

この例はばかげたものであるが（時間厳守は実際には目の色と全く関係ない）、同様の現象は実際に起こりうる。

たとえば、一部の雇用主は犯罪歴のある労働者を雇うことを好まない。そのような場合、犯罪歴を持っているかどうかを求職者に尋ねることが最も簡単な方法であるし、実際に多くの雇用主がそうしている。しかし、一部の州では、雇用主がそうした質問をすることを禁ずる「バン・ザ・ボックス」と呼ばれる法律が制定されている（ここで「ボックス」とは、自らの経歴がクリーンであることを示すために、求職者が申請書にチェックを入れる箇所を指す）。この法律の目的は、元受刑者が仕事を見つけて社会復帰するのを手助けすることである。

法律の高尚な目的にもかかわらず、その一方で統計的差別を促進するという予期せぬ結果も生んでしまう。統計によれば、黒人男性は白人男性よりも刑務所で服役していた可能性が高いとされる。このことを知っていると同時に、犯罪歴について尋ねることが禁止されている一部の雇用主は、黒人男性を雇用することを回避するかもしれない。その結果、犯罪歴のない黒人男性も、彼ら所属する集団の平均的な特性によって差別を受けることになる。一部の研究では、「バン・ザ・ボックス」政策のある州とない州を比較し、この法律が非大卒の若年黒人男性の雇用を大幅に減少させていることを明らかにしている。政策立案者は、統計的差別を意図せず助長してしまうことのないような、元受刑者支援の枠組みを模索すべきである。

理解度確認クイズ

5. アメリカのフルタイム労働者の中で、白人女性の賃金は白人男性より約＿＿＿＿＿＿＿％少なく、黒人男性の賃金は白人男性より約＿＿＿＿＿＿＿％少ない。

   a. 5 － 20
   b. 5 － 40
   c. 20 － 20
   d. 20 － 40

6. 差別が労働市場の結果にどの程度影響しているのかを測定するのが難しい理由は以下のうちどれか。

   a. 重要なデータである賃金データの入手が難しいため。
   b. 差別的な慣行を隠すために企業が給与額を誤報告しているため。
   c. 労働者の属性や職種が異なるため。
   d. すべてのグループの労働者に同じ最低賃金法が適用されているため。

第VI部　労働市場の経済学

7. _____による差別から生じる賃金格差は、自由な進出と退出がある競争市場では、解消される傾向にある。

    a. 雇用主

    b. 顧客

    c. 政府

    d. 上記のすべてが当てはまる。

➡ (解答は章末に)

3 結論

　競争市場では、労働者は財・サービスの生産に対する限界貢献価値と等しい賃金を得る。しかし、多くの要因が限界生産物の価値に影響を与える。企業は、有能で勤勉、経験豊富で十分な教育を受けた労働者に対してより多くの給与を支払う傾向がある。なぜなら、こうした労働者は生産性が高いからである。顧客の差別の対象となっている労働者に対しては、収益への貢献が少ないため、企業の彼らに対する給与は少なくなる傾向がある。

　本章と前章で学んだ労働市場の理論は、なぜ一部の労働者の給与が他の労働者よりも高いのかを説明する。しかし、この理論は、その結果もたらされた所得分配が平等・公平であるか、また望ましいものであるかどうかについては何も言っていない。次章でこのトピックについて議論する。

本章のポイント

- 労働者はさまざまな理由で異なる賃金を得ている。その１つは、賃金格差が労働者に対する仕事の属性を補償する役割を果たしているということである。他の条件が同じであれば、過酷で不快な仕事をしている労働者は、簡単で快適な仕事をしている労働者よりも高い賃金を受け取る。

- 多くの人的資本を持つ労働者は、人的資本の少ない労働者より多くの賃金を受け取る。人的資本を蓄積することのリターンは高く、過去数十年間にわたって高まっている。

- 教育年数、経験、仕事の特性は、理論的には給与に影響を与えると推測されるが、収入の格差の大部分は、経済学者が簡単に測定できるものでは説明できない。収入の変動のうち、その背景を説明することが難しいものの大部分は、能力、努力、偶然に起因している。

- 一部の経済学者は、より多くの教育を受けた労働者が高い賃金を得ているのは、教育が生産性を向上させるためではなく、教育を受けることが、自分が高い能力を持っていることについての、雇用主向けてのシグナルになっているからだと考えている。このシグナリング理論が正しい場合、すべての労働者の教育

448

水準を向上させても、賃金水準が全体的に上昇することはない。

- 賃金はしばしば、需要と供給が釣り合う均衡水準から乖離する。賃金が均衡水準以下になることの説明としては、雇用主のモノプソニー（唯一の労働力の買い手）としての力がある。賃金が均衡水準以上になることの説明としては、最低賃金法、労働組合、効率賃金仮説がある。

- 収入格差の一部は、人種、性別、またはその他の要因に基づく差別に起因している。しかし、人的資本や仕事の特性の違いを補正する必要があるため、差別の影響を定量的に測定することは困難である。

- 競争市場は、差別的な賃金格差を縮小させる傾向を持つ。生産性とは関係のない理由で、あるグループの労働者の収入が少ない場合、差別を行わない企業は差別的な企業よりも収益性が高くなる。したがって、利潤を追求する行動は、差別的な賃金格差を縮小させることになる。それでも、顧客が差別的な企業により高い料金を支払ったり、政府が企業に対して差別を義務づける法律を制定したりする場合、競争市場での差別は残り続ける。

- 差別は統計的な理由からも起こりうる。雇用主が従業員に関して不完全な情報しか持っていない場合、雇用主は、平均的に見て望ましくない特性を持つ集団のすべてのメンバーに対して、差別を加える可能性がある。

理解度確認テスト

1. 屋根職人が他の同等の教育水準を持つ労働者よりも高い賃金を受け取る理由は何か。
2. 教育が一種の資本であるとはどういう意味か。
3. 労働者の生産性を上げる以外の経路で、教育はどのように労働者の賃金を引き上げるのか。
4. 高給のスーパースターを生み出す条件は何か。歯科医の分野でもスーパースターは生まれるか。音楽ではどうか。説明しなさい。
5. 労働者の賃金水準が、需要と供給が釣り合う水準より上回る理由を3つ挙げなさい。
6. ある集団に属する労働者の賃金が低いとき、その要因を差別であると判断する際に生じる困難は何か。
7. 経済的な競争が、人種差別にどのように影響するかを説明しなさい。
8. 競争市場でも差別がどのように残存してしまうか、例を挙げて説明しなさい。

演習と応用

1. 大学生はしばしば、民間企業や政府で夏季インターンとして働く。こうしたポジションの一部には、ほとんどまたは全く給与が支払われない。
   a. そのような仕事をすることの機会費用は何か。
   b. 学生たちはなぜこのような仕事を好んでするのか、説明しなさい。
   c. かつてインターンとして働いていた労働者と、かつてより多くの給与を得られるサマージョブをしていた労働者の給与を比較するとしたら、どのような結果が予想されるか。

2. 第6章で説明したように、最低賃金法は低賃金労働市場を歪める。この歪みを軽減するため、

449

第Ⅵ部　労働市場の経済学

一部の経済学者は2段階の最低賃金制度を提唱している。これは、成人労働者には通常の最低賃金を設定し、10代の若者にはより低水準の「準最低賃金」を設定するというものである。単一最低賃金制度が、10代の若者の労働市場を大人の労働市場よりも歪めてしまう理由はなにか、2つ挙げなさい。

3. 労働経済学の基本的な発見の1つは、より多くの就業経験を持つ労働者は（教育水準が同じ）就業経験の少ない労働者よりも高い給与を受け取る、ということである。これはなぜだろうか。一部の研究では、同じ仕事の経験が給与に対して追加的なプラスの影響を与えることがわかっている。なぜこのようなことが起こるのだろうか。

4. いくつかの大学では、経済学の教授の給与が他の分野の教授よりも高いことがある。
　a. これが正しいとすると、その理由は何か。
　b. 別の大学では、すべての分野の教授に同額の給与を支払う方針を採用しているところもある。これらの学校の一部では、経済学の教授の授業負担が、他の分野の教授よりも軽くなっている場合がある。授業負担の違いが果たす役割は何か。

5. あなたに以下の2つの選択肢が与えられたとする。①世界最高の大学で4年間勉強することができるが、そこで勉強したことを永久に秘密にする必要がある。②世界最高の大学の正式の学位を授与されるが、そこで実際に勉強することはできない。将来の収入をより向上させるのは①と②のどちらの選択肢だと考えるか。あなたの答えは、教育のシグナリングとしての役割と人的資本としての役割についての議論に対して、何を示唆しているか。

6. 録音機器が100年以上前に初めて発明されたと

き、ミュージシャンは突如として低コストで多くの聞き手に音楽を提供することができるようになった。このことは最高のミュージシャンの収入にどのような影響を与えたか。平均的なミュージシャンの収入にはどのような影響を与えたか。

7. 教育についての現在の論争の1つは、教師の給与は彼らの訓練年数と教育経験のみに基づいて標準的に支払われるべきか、あるいはその給与の一部は成果に応じて支払われるべきか（いわゆる「功績給（merit pay）」）、というものである。
　a. 功績給が望ましいと考えられる理由は何か。
　b. 功績給に反対する可能性があるのは誰か。
　c. 功績給の潜在的な課題は何か。
　d. 関連する問題として、ある学区が、周囲の学区が提供する給与よりも高い水準の給与を教師に支払っているとすると、その理由は何か。

8. 1960年代にアラン・グリーンスパン（後に連邦準備制度の議長となる経済学者）がコンサルティング会社を経営していたとき、彼は主に女性経済学者を雇っていた。彼はかつてニューヨーク・タイムズ紙に、「私は常に男性と女性を平等に評価していたが、他の人々がそうしていなかったため、優秀な女性経済学者を男性よりも安く雇えることに気づいた」と語った。グリーンスパンの行動は利潤を最大化するものだろうか。それは称賛されるべきものか、あるいは非難されるべきものか。多くの雇用主がグリーンスパンと同じように行動するなら、男性と女性の賃金格差にどのような変化が生じるか。当時の他のコンサルティング会社はなぜグリーンスパンのビジネス戦略に追従しなかったのか。

理解度確認クイズの解答

1. b　2. a　3. d　4. c　5. c　6. c　7. a

第21章

Chapter 21
Income Inequality and Poverty

所得格差と貧困

　イギリスの偉大な首相、ウィンストン・チャーチルはかつてこう言った──「資本主義に内在する欠点は幸福の不平等な共有であり、社会主義に内在する美点は困窮の平等な共有である」。1945年にこの発言をしたとき、チャーチルは社会主義の著名な批判者であり、大英帝国とその繁栄を支えた経済システムの雄弁な称賛者でもあった。彼の観察は２つの事実を強調している。第１は、アダム・スミスの「見えざる手」のおかげで、市場メカニズムを用いて資源配分を行う国は、そうでない国よりも通常、より大きな繁栄を手に入れることができるということである。第２は、市場経済における繁栄は平等には分配されないということである。所得は経済的な階層の上と下で大きく異なりうるのである。

　前の２つの章では、なぜ人々の所得格差が大きくなるのかを分析した。所得は生産要素、すなわち労働、土地、そして資本に対する支払いから生じる。市場が競争的である場合、これらの生産要素の価格は需要と供給が釣り合うように調整される。均衡において、生産要素はその限界生産物の価値に見合った支払いを受ける。

　労働所得はアメリカの全所得のおよそ３分の２を占める。したがって、労働は家計の生活水準を決定する最も重要な要素である。労働需要と労働供給は、能力、努力、人的資本、補償賃金格差、差別などから影響を受ける。これらの要因によって、労働者がどれだけ稼ぐかの大部分が決まる。しかし時には、最低賃金法、労働組合、効率賃金、モノプソニー（唯一の買い手）の力などの影響により、労働への支払い

第Ⅵ部　労働市場の経済学

が競争均衡で決まる水準から逸脱することがある。これらの様々な要因は、ある人が裕福になるか、貧しくなるか、あるいはその中間のどこかに落ち着くかに影響を与える。

　所得分配は経済と公共政策に関する根本的な疑問を提起する。この章では、このテーマを3つのステップで取り上げる。第1に、不平等がどのように測定され、それがアメリカおよび世界中でどれほどの大きさであるかを考察する。第2に、所得の再分配における、政府が果たすべき役割に関するいくつかの異なる見解を検討する。第3に、社会の中で、最も支援を必要とする人々を助けることを目的とした公共政策について議論する。

1　格差の計測

まず、以下の4つの質問から始めよう。

- アメリカにはどれほどの経済的不平等があるのか。
- 貧困状態にある人々はどれくらいいるのか。
- 不平等と貧困を測定する際にどういった問題が生じるのか。
- 人々はどのくらいの頻度で所得階級間を移動するのか。

1-1　アメリカにおける所得格差

　すべての世帯を年収順に並べ、5等分してみたとしよう。この5等分を**5分位**（quintiles）と呼ぶ。表21-1には、2019年の各5分位の所得の範囲と、最も高い5分位の一部である上位5%の所得の範囲が示されている。この表を使うと、あなたの世帯がどの所得階層に属しているかが分かる。

　所得分布を分析するために、経済学者は各5分位が受け取った総所得の割合を計算する。表21-2は各年の情報を示している。2019年には、最も低い5分位は全所得

表21-1　アメリカにおける世帯所得の分布（2019年）

グループ	世帯年収
第1分位（最下位）	40,000ドル以下
第2分位	40,001ドル〜69,000ドル
第3分位（中位）	69,001ドル〜105,038ドル
第4分位	105,039ドル〜164,930ドル
第5分位（最上位）	164,931ドル以上
最上位5%	304,153ドル以上

（出所）アメリカ合衆国国勢調査局。

第21章　所得格差と貧困

表21-2　アメリカにおける所得格差

この表は、所得分布のそれぞれの5分位（20%）および上位5%の世帯が受け取る、税引き前総所得の全所得に占める比率を示している。

年	第1分位（最下位）	第2分位	第3分位（中位）	第4分位	第5分位（最上位）	最上位5%
2019	3.9%	9.2%	14.8%	22.5%	49.5%	21.9%
2010	3.8	9.4	15.4	23.5	47.9	20.0
2000	4.3	9.8	15.4	22.7	47.7	21.1
1990	4.6	10.8	16.6	23.8	44.3	17.4
1980	5.3	11.6	17.6	24.4	41.1	14.6
1970	5.4	12.2	17.6	23.8	40.9	15.6
1960	4.8	12.2	17.8	24.0	41.3	15.9
1950	4.5	12.0	17.4	23.4	42.7	17.3
1935	4.1	9.2	14.1	20.9	51.7	26.5

(出所)アメリカ合衆国国勢調査局。

の3.9%を稼ぎ、最も高い5分位は49.5%を稼いだ。世帯数はすべての5分位で同じであるにもかかわらず、最も高い5分位は最も低い5分位の約13倍の所得を稼いでいたことになる。

　最後の列には最も裕福な世帯の所得割合が示されている。2019年には、上位5%の世帯が全所得の21.9%を稼いでおり、これは下から40%分の世帯の所得の合計よりも多い額である。

　表21-2はまた、1935年以降のいくつかの年における所得分布も示している。一見すると、分布は安定しているように見える。何十年にもわたって、最も低い5分位は全所得の約4%から5%分を稼ぎ、最も高い5分位は全所得の約40%から50%を稼いできた。しかし、詳細に見ると不平等の程度にいくつかの傾向が見られる。1935年から1970年にかけて、分布は徐々に均等になっていった。最も低い5分位の割合は4.1%から5.4%に増加し、最も高い5分位の割合は51.7%から40.9%に減少した。しかし、その後の数十年間ではこの傾向が逆転している。1970年から2019年にかけて、最も低い5分位の割合は5.4%から3.9%に減少し、最も高い5分位の割合は40.9%から49.5%に増加している。

　前の章では、近年の不平等の拡大のいくつかの理由について議論した。低賃金国（中国など）との貿易の増加や、スキルに偏った技術革新（ロボットなど）は、スキルのない労働の需要を減少させ、スキルのある労働の需要を増加させる傾向がある。需要のこのシフトは、スキルのない労働者の賃金を、スキルのある労働者対比で低下させ、この相対的な賃金の変化が家計所得の不平等を拡大させている。

1-2　世界における格差

　他国と比べて、アメリカの不平等はどの程度だろうか。この問いは興味深いが、それに答えることには問題がある。一部の国々は信頼性のあるデータを持っておら

453

第Ⅵ部　労働市場の経済学

ず、信頼性のあるデータを持っている国々も、収集方法は異なっている。ある国は個人の所得を測定し、他の国は家計所得を測定し、また他の国は所得のおおまかな近似として支出を測定している。したがって、観察された格差が真の違いを反映しているのか、単にデータ収集方法の違いを反映しているのか、確実に判断することはできない。

　この点を念頭におきながら、主要な20数か国の格差を比較する図21-1を見てみよう。ここで使用されている不平等の尺度は、5分位比率（quintile ratio）、つまり

FYI　知識を深める　超富裕層の所得

　表21-1と表21-2は、裕福な人々（所得分布における上位20%および上位5%）についての情報を示している。上位1%に属する、最も裕福な人々についてはどうだろうか。また、極めて裕福な人々、つまり上位0.01%についてはどうだろうか。

　労働力調査（Current Population Survey）から得られる標準データは、こうした所得分布の端に位置する情報については信頼性が低い。1つの問題はサンプルサイズである。政府は毎月6万世帯をサンプル調査しているが、それは最上位1%の世帯は600世帯しかないことを意味し、最上位0.01%の世帯はわずか6世帯である。もう1つの問題は、調査への参加が任意であるという点である。政府の調査員に声をかけられたとき、裕福な人々は「結構です」と言う可能性が高い。

　超富裕層を分析するために、経済学者は所得税申告書に着目する。誰もが所得税の対象となるため、サンプルサイズは大きく、参加しないという選択肢はありえない。しかし、所得税申告書のデータは、ある面では優れているが、別のある面では劣っているともいえる。税法は歳入を確実にするために設計されており、時間を通じて一貫したデータを収集することは目的としていない。立法者が税法を改正すると、ある特定の方法で収入を報告するインセンティブが変わってしまうことがある（たとえば、事業所得（business income）は超富裕層にとって特に重要である。この収入がどのように報告されるかは、その事業が共同事業（パートナーシップ）として組織さ

れているのか、あるいは法人として組織されているのかに依存し、ビジネス所有者はそれを自由に変更できる）。それでもなお、税務データは超富裕層の生活を調べる最善の手法かもしれない。

　トマス・ピケティ（Thomas Piketty）とエマニュエル・サエズ（Emmanuel Saez）は、税務データを分析してアメリカの格差を分析した。以下は彼らの調査結果の一部である。

- 2018年に所得分布の上位1%に入るのは、納税者の所得が44万1,970ドル以上の場合である。このグループの所得合計が全所得に占める割合は、1970年の7.8%から2018年の18.3%に増加した。
- 2018年に所得分布の上位0.1%に属するのは、納税者の所得が175万3,300ドル以上の場合である。このグループの所得合計が全所得に占める割合は、1970年の1.9%から2018年の7.9%に増加した。
- 2018年に所得分布の上位0.01%に属するのは、納税者の所得が787万9,500ドル以上の場合である。このグループの所得合計が全所得に占める割合は、1970年の0.5%から2018年の3.4%に増加した。

　すなわち、表21-2に示されている過去半世紀にわたる不平等の増加は、超富裕層の富の増加によるところが大きいと考えられる。

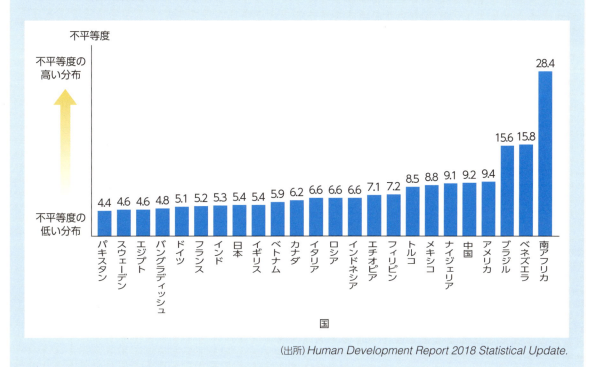

図 21-1　世界各国の所得格差

この図は、各国の、最も高い5分位の所得を最も低い5分位の所得で割った比率を示している。スウェーデンとパキスタンは最も所得分布が平等であり、南アフリカとベネズエラは最も不平等である。

(出所) *Human Development Report 2018 Statistical Update.*

最も高い5分位の所得を最も低い5分位の所得で割ったものである。最も平等な国はパキスタンとスウェーデンで、最も高い5分位の所得は最も低い5分位の所得の約4.5倍である（ただし、パキスタンでは平均所得が低く、スウェーデンでは平均所得が高いもとで、比較的平等な分布となっている）。最も不平等な国は南アフリカで、最上位グループの所得は最下位グループの所得の28倍となっている。すべての国において、富裕層と貧困層の間には大きな格差があるが、その程度は大きく異なっている。

アメリカは他の多くの国々と比べて不平等であり、特にドイツ、フランス、日本などの他の先進国よりもはるかに不平等である。ただし、南アフリカ、ベネズエラ、ブラジルなどの一部の開発途上国と比べると、所得分布は平等である。また、世界最大の人口を持つ中国とほぼ同じ程度の不平等となっている。中国は「中国独自の社会主義」の実践を主張しつつ、近年ではますます市場原理を取り入れている。

1-3　貧困率

所得分布の特徴を捉えるために一般的に引用される尺度の1つは**貧困率**である。これは、世帯所得が**貧困線**と呼ばれる水準以下である世帯の割合である。貧困線は、適切な食事を摂取するための費用の約3倍の水準として、連邦政府によって設定さ

貧困率
(poverty rate)
世帯所得が貧困線と呼ばれる絶対水準以下である世帯の割合

貧困線
(poverty line)
それ以下の水準になると貧困に陥ると考えられる所得水準。連邦政府によって家族の人数ごとに設定される。

れる。この基準は世帯の大きさに依存し、価格変動を考慮して毎年調整される。

2019年のデータを考えてみよう。この年、アメリカの全世帯の所得の中央値は8万6,011ドルであり、2人の大人と2人の子供の世帯の貧困線は2万5,926ドルだった。そして、貧困率は10.5％だった。つまり、アメリカの人口の10.5％が、その世帯人員における貧困線以下で生活していたということである。

図21-2は、データが公式に発表された1959年以降の貧困率の推移を示している。貧困率は1959年の22.4％から、1973年には11.1％に低下した。この低下は、インフレ調整後でみた平均所得が50％以上上昇したことによるものである。貧困線が相対的な基準ではなく絶対的な基準で設定されているため、経済成長が全体の所得を押し上げると、より多くの世帯が貧困線を超えるのである。ジョン・F・ケネディ大統領がかつて言ったように、「上げ潮がすべての船を持ち上げ」たのである。

しかし、1970年代初頭以来、経済の上げ潮は小さな船を置き去りにしてきた。平均所得の持続的な成長にもかかわらず、貧困率は1973年以来ほとんど変化していない。過去数十年間において貧困削減が進まなかったという事実は、表21-2に示されている格差の拡大と密接に関連している。経済成長が代表的な世帯の所得を引き上げた一方で、格差の拡大によって最も貧しい世帯がこの繁栄を享受できずにいるのである。

貧困はすべての人々に影響するが、その程度はグループによってさまざまである。表21-3はいくつかのグループの貧困率を示しており、次の3つの顕著な事実が明らかである。

- 貧困は人種と相関している。黒人とヒスパニックは、白人に比べて貧困に陥る

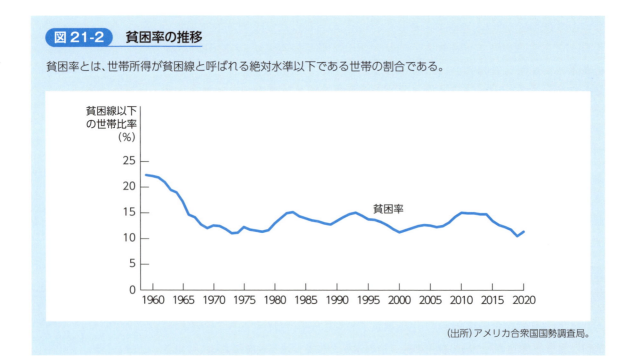

図21-2　貧困率の推移

貧困率とは、世帯所得が貧困線と呼ばれる絶対水準以下である世帯の割合である。

(出所)アメリカ合衆国国勢調査局。

第21章　所得格差と貧困

表21-3　グループごとの貧困率	

この表は、人口における異なるグループごとの貧困率を示している。

グループ	貧困率（％）
全人口	10.5
白人（ヒスパニックを除く）	7.3
黒人	18.8
ヒスパニック	15.7
アジア系	7.3
子供（18歳以下）	14.4
高齢者（64歳以上）	8.9
夫婦のいる家庭	4.6
母子家庭	24.3

(出所)アメリカ合衆国国勢調査局。データは2019年のもの。

可能性が2倍以上高い。

- 貧困は年齢と相関している。子供は、全世代平均との対比で、貧困世帯の一員である可能性が高く、高齢者は貧困世帯の一員である可能性が低い。
- 貧困は家族構成と相関している。母子家庭は、夫婦がいる世帯よりも貧困に陥る可能性が約5倍高い。

　これらの相関関係は長年にわたりアメリカ社会において確認されており、どういった人々が最も貧困に陥りやすいかを示している。これらの影響はまた、互いに連動している。たとえば、黒人とヒスパニックの母子家庭にいる子供たちは際立って貧困率が高い。

1-4　貧困率の計測における問題点

　所得分布と貧困率に関するデータは、アメリカ社会における不平等についてある程度の見通しを与えてくれるが、解釈はつねに簡単というわけではない。これらのデータは年間の世帯所得に基づいている。しかし、ほとんどの人が気にするのは、1年のみの所得ではなく、良好な生活水準を長く続けることができるかどうかである。以下のいくつかの理由により、所得分布と貧困率に関するデータは生活水準の不平等の程度を示すものとしては不完全なものである。

　税制と現物給付　標準的な所得分布と貧困率の測定は、一般に家計の税引き前所得に基づいている。これは、高所得世帯はより高率の税金を支払うことや、低所得世帯がしばしば税額控除の対象となっている点を考慮していない。特に、所得税控除（この章の後半で議論する）は多くの低賃金労働者に現金給付を行う。これらの給付は所得税制度を通じて行われるため、公式の貧困率を計算するために用いられる

457

第Ⅵ部　労働市場の経済学

収入には、この脱貧困政策の影響が反映されていない。

　この問題は、2020年のパンデミック時に顕著になった。多くの企業が一時的に休業を強いられたなかで、議会は世帯所得を支援するための大規模プログラムを導入した。失業保険の拡大などによる新たな給付の一部は、貧困率を計算する際の所得データに含まれていた。しかし、ほとんどの家計が受け取った、景気刺激対策小切手（stimulus check）は税制を通じて管理されていたため、貧困率の計算には含まれていなかった。結果的に、公式の貧困率は2020年に上昇したが、景気刺激対策小切手などの税額控除を考慮した補完的な貧困尺度をみると、当時の貧困は減少していた。

　所得分布と公式の貧困率に関するデータの別の問題点は、これらが金銭的な所得に基づいていることである。さまざまな政府プログラムは、低所得世帯に無料で生鮮食品、住宅手当、医療サービスなどの支援を提供している。現金ではなく物品やサービスとして提供される支援を**現物給付**と呼ぶ。補完的な貧困尺度はこれらの現物給付をある程度考慮しているが、より標準的な測定方法では考慮されていない。

現物給付
(in-kind transfers)
現金ではなく物品やサービスとして提供される給付

経済的ライフサイクル　所得は、ほとんどすべての人々の人生において、予測可能な形で変動する。学校に通っている若者の所得は低い傾向にある。人々が職場で経験を積み、熟練していくにしたがい所得は上昇し、約50歳でピークに達し、その後は多くの人々が退職する65歳にかけて急激に減少していく。このような所得変動の典型的なパターンを**ライフサイクル**と呼ぶ。

ライフサイクル
(life cycle)
生涯を通じた所得変動のパターン

　人々は借入や貯蓄によって、ライフサイクルに基づく所得の変動を均す（平準化する）ことができる。したがって、ある年の生活水準は、その年の所得のみに依存するわけではない。若者は学校に通ったり家を購入したりするために借入を行い、あとで所得が上昇してからこれらのローンを返済する。一般的に、貯蓄率が最も高くなるのは中年になったときである。これらの貯蓄は退職後に引き出すことができるため、高齢者の生活水準は所得の減少ほど大きくは低下しない。

　ほとんどのデータセットでは、大学生、労働年齢に属する人々、および退職者の所得を一括して扱っている。一般的なライフサイクルにより、所得の格差がそのまま実際の生活水準の格差を意味しているわけではない。

一時的所得と恒常所得　所得は、予測可能なライフサイクルの変動だけでなく、ランダムで一時的な要因によっても変動する。ある年、フロリダのオレンジ畑に霜が降りて収穫に打撃を与え、オレンジ農家は一時的に所得が減少したとする。同時に、フロリダの霜の影響によって（アメリカ全体の）オレンジの価格が上昇し、カリフォルニアのオレンジ農家は一時的に所得が増加したとする。次の年には逆のことが起こるかもしれない。あるいは、パンデミックによってレストラン従業員の所得が減少する一方で、宅配ピザ事業の収入は増加するかもしれない。公衆衛生が回復すると、このパターンは再びシフトする。

　所得のライフサイクル変動を平準化するために人々が借入や貯蓄を行うように、所得の一時的な変動を平準化するためにも借入や貯蓄を行うことができる。所得の

第21章 所得格差と貧困

高かった年に貯蓄し、所得の低かった年に借入（または貯蓄の取り崩し）をすることで、所得の一時的な変化が生活水準に与える影響は限定的になる。したがって、家計が財・サービスを購入する能力は、**恒常所得**によって決まるといえる。恒常所得とは、数年間ないしそれ以上の期間を通じた通常の所得、または平均的な所得のことである。

　生活水準の不平等を測るためには、年間所得の分布よりも恒常所得の分布のほうが適しているかもしれない。恒常所得は一時的な出来事の影響を受けにくいため、ある一時点の所得よりも均等に分布している。

恒常所得
(permanent income)
人々の通常の所得

1-5　所得階層の移動

　人々が、「富裕層」や「貧困層」という言葉を用いるとき、これらの階層が毎年同じ世帯で構成されているかのように話すことがある。しかし、実際はそうではない。経済的な移動性、つまり異なる所得階層の間での人々の移動の活発さは、アメリカ経済において特徴的である。より所得の高い階層への移動は、幸運あるいは努力によるものかもしれない。逆により所得の低い階層への移動は、不運あるいは怠惰によるものかもしれない。この移動の一部は所得の一時的な変動を反映しており、別の一部は所得のより恒常的な変化を反映している。

　家計所得は時間を通じて変化するため、一時的な貧困は貧困率が示すよりも一般的にみられる現象であるが、継続的な貧困はそこまでは一般的ではない。10年間のスパンでみると、典型的には約4分の1の世帯が少なくとも1年間にわたって貧困線以下の所得になるが、8年以上貧困状態が継続する世帯は3%未満にすぎない。一時的に貧困になる世帯と持続的に貧困に陥っている世帯は、異なる問題に直面している可能性が高い。したがって、貧困を削減する政策においては、これらのグループを区別して政策が考えられることが多い。

　所得階層間の移動を測る別の方法は、所属する所得階層が世代間でどの程度固定的かを調べることである。この点に関する研究によると、親が平均以上の所得階層に属すると、その子供も同じ所得階層に属する傾向があるが、その持続性はそこまで強いとはいえず、所得階層間には相応の移動度があることが示唆されている。たとえば、父親がその世代の平均所得より20%多く稼いでいる場合、予測されるその息子の所得は、世代の平均所得との対比で8％多い額である。祖父の孫との所得の関係となると、相関はより小さくなる。

　こうした世代を通じた所得階層間の移動度の高さにより、アメリカ経済にはゼロから成功をつかんだ億万長者（または相続した財産を浪費してしまった跡取り）が多数存在している。ある研究によると、億万長者の約5分の4は相続ではなく、自力で財を成している。彼らの多くは立ち上げた事業を成長させた人々、あるいは企業の階層を登ってきた人々である。

　研究によると、世代間の移動度の高さは国によって異なり、移動度の高さと不平等とは負の相関関係にある。ブラジルのようにアメリカよりも不平等度が大きい国は、通常、移動度が低い。スウェーデンのようにアメリカよりも不平等度が小さい国は、通常、移動度が高い。これらの国々の違いが人口、政策、制度、文化、また

459

第VI部　労働市場の経済学

は他のどの要因の違いを反映したものなのかは、まだ明らかになっていない。

ケーススタディ　所得格差に関する生涯の見通し

これまで議論してきた理由から、所得分布に関する標準的なデータは、実際の不平等の程度について誤解を与える可能性がある。「アメリカの不平等と財政進歩（U.S. Inequality and Fiscal Progressivity）」と題された2021年の研究で、経済学者のアラン・アウアーバック（Alan Auerbach）、ローレンス・コトリコフ（Laurence Kotlikoff）、ダリル・コーラー（Darryl Koehler）は、この問題に取り組んだ。彼らは大学生、正社員、退職者などのすべての年齢層の人々をひとまとまりに扱うのではなく、特定の集団、たとえば40歳から49歳の人々の中の格差を調査した。さらに、単一の年の収入ではなく、人々が生涯を通じて使うことのできるリソースの総額、つまり資産、現在所得、そして将来所得を考慮した。そして、連邦、州、地方の政策に起因する税金と移転支払（現物給付）も考慮した。

40歳から49歳の生涯リソースの分布の推定値は以下の通りである。

- 第1分位（最下位）：6.6%
- 第2分位：9.8%
- 第3分位（中位）：14.0%
- 第4分位：19.7%
- 第5分位（最上位）：49.8%
- 最上位5%：24.4%
- 最上位1%：11.8%

この結果を表21-2と比較すると、最下位層である第1分位（最下位）には大きな違いがあることがわかる。表21-2の標準データによれば、第1分位が全所得に占める比率は約4%だが、この新しいデータによれば、第1分位は生涯リソース合計の約6.6%を占めている。分布の反対側では、所得税申告書のデータ（前述のFYIボックスで議論したもの）によれば、最上位1%が全所得に占める比率は18.3%であったが、この研究によると、最上位1%が生涯リソース合計に占める比率は11.8%となる。

所得の不平等の1つの指標は、最も高い5分位の所得を最も低い5分位の所得で割った5分位比率であったことを思い出そう。この指標は、表21-2の税引き前の年間所得データでは約12.5であったが、生涯リソースのデータではわずか7.5となる。

この研究はまた、税金と移転支払いを含む公的政策が、生涯リソースの分布にどのように影響するかも定量化している。第5分位が生涯に直面する平均税率は31%であり、最上位1%については平均税率が35%であった。中流階級である中間の第3分位の平均税率は19%である。最も低位の第1分位の平均税率は、所得税控除やその他の貧困対策のおかげで、マイナス44%になる。平均税率がマイナスであることは、この層の人々が税金の支払いよりも多くの政府からの移転を受け取ってい

第21章 所得格差と貧困

ることを意味している。

すなわち、アメリカはかなりの不平等を抱えているが、従来の指標が示唆するほどではない。

理解度確認クイズ

1. アメリカでは今日、最も貧しい5分の1の世帯が、税引き前の年間所得全体の約＿＿＿＿＿％を稼ぎ、一方で最も裕福な5分の1の世帯は約＿＿＿＿＿％を稼いでいる。

   a. 2 ― 70
   b. 4 ― 50
   c. 6 ― 35
   d. 8 ― 25

2. 他国と比較して、格差・不平等に関するアメリカの特徴はどれか。

   a. 世界で最も平等な国である。
   b. 他の多くの国よりもより平等であるが、最も平等ということではない。

   c. 他の多くの国よりもより不平等であるが、最も不平等ということではない。
   d. 世界で最も不平等な国である。

3. 消費は主に＿＿＿＿＿＿所得によって決定されるため、消費は現在の所得に比べて＿＿＿＿＿＿に分布している。

   a. 恒常 ― より均等
   b. 恒常 ― より不均等
   c. 一時的 ― より均等
   d. 一時的 ― より不均等

➡ (解答は章末に)

2 所得再分配の政治哲学

前節では、所得がどのように分布しているのかを確認し、測定された不平等を解釈する際のいくつかの問題点について検討してきた。この議論は、世界をあるがままに記述しようとした点において、記述的なものであった。次に、規範的な問題に移ろう。経済的格差に対して、社会は何をすべきだろうか〔訳注：記述的 (positive)、規範的 (normative) とは何かについては、第2章の2-1を参照〕。

経済分析の枠内だけではこの問いに答えることはできない。この点に関するさまざまな見方は、主に政治哲学の問題である。所得再分配における政府の役割は、経済政策に関する多くの論争でも中心的な位置を占めている。そこで経済学から少し逸れて、政治哲学者たちが言っていることをみてみよう。

2-1 功利主義の伝統

政治哲学の一派である**功利主義**は、ジェレミー・ベンサム (Jeremy Bentham、1748 ～ 1832) とジョン・スチュアート・ミル (John Stuart Mill、1806 ～ 1873) によって創始された。功利主義者は、道徳や公共政策の問題を考える際、大部分において個人の意思決定の背後にある論理を適用する。

功利主義の出発点は、人々がある状況から得られる満足度を意味する**効用**の概念

功利主義
(utilitarianism)
政府は、社会全体のすべての人々が得る効用の合計を最大化すべきであると考える政治哲学

効用
(utility)
満足度の尺度

461

である。効用は厚生の尺度であり、功利主義者によれば、すべての個人的および公共的な行動の究極の目的である。功利主義における政府の適切な目標は、「最大多数の最大幸福をもたらすこと」である。より専門的な言葉で言えば、社会全体のすべての人々が得る効用の合計（総効用）を最大化することである。

この観点を踏まえると、所得再分配の正当性は、**限界効用の逓減**（diminishing marginal utility）という仮定に基づく。つまり、追加的な1ドルの収入によって得られる満足度の増分は、富裕な人より貧しい人のほうが大きい、ということである。別の言い方をすれば、所得が上がるにつれて、追加の1ドルから得られる効用の増分は減少していく。このもっともらしい仮定は、効用の合計を最大化するという目的も踏まえると、政府は所得分布をより平等にするための措置を講じるべきである、ということを意味する。

この議論はシンプルである。たとえば、ピーターは15万ドルを稼ぎ、ポーラは5万ドルを稼ぐが、それ以外の点において2人の違いはないと仮定しよう。このとき、ピーターから1ドルを取ってポーラに支払うと、ピーターの効用は減少し、ポーラの効用は増加する。しかし、限界効用の逓減により、ピーターの効用の減少幅はポーラの効用の増加幅よりも小さい。したがって、この再分配は効用の合計を増加させる。これが功利主義者の観点からの再配分政策の目的である。

最初は、この功利主義の議論は、全員が同じ所得を得るまで政府は所得再分配を続けるべきである、と示唆しているように思えるかもしれない。もし経済における所得総額（この例でいえば20万ドル）が固定されているのであれば、それは正しい。しかし、実際はそうではない。功利主義者は、所得が完全に平等になるまで再配分を続けよ、とは主張しない。なぜなら、彼らは第1章の**経済学の10原則**のうちの1つである「人々はインセンティブに反応する」ことを認識しているからである。

ピーターからポーラに所得を移転するには、政府は所得再分配政策を行う必要がある。アメリカの連邦所得税と福祉制度がその例である。これらの政策では、高所得の人々が多くの税金を支払い、低所得の人々が所得移転を受け取る。これらの所得移転の受け取りは段階的に削減される。つまり、多く稼ぐようになると、政府からの支援は減少する。ここで、ピーターが税率の高い所得税を払い、ポーラが所得に応じて段階的に受け取りが削減される所得移転制度に直面している状況では、両者とも、労働するインセンティブを失ってしまう。この状況では、労働して追加的な所得を得ても、高い税率や移転受け取りの削減により、得られるのはその一部になってしまうからである。しかし、彼らが働かなければ、社会の総所得は減少し、効用の合計も減少する。功利主義に基づく政府は、平等がもたらす総便益と、インセンティブの歪みがもたらす総損失のバランスをみる必要がある。効用の合計を最大化するために、政府は社会を完全に平等にすることまではしない。

有名なエピソードが功利主義の論理を明らかにする。ピーターとポーラが、砂漠の異なる場所に取り残された、のどの渇いた旅行者だとしよう。ピーターのオアシスにはたくさんの水があり、ポーラのオアシスにはほんの少ししかない。政府がコストなしで水を片方からもう片方に移動できる場合、両方の場所の水の量を完全に等しくすることで、総効用を最大化できる。しかし、政府が水漏れするバケツしか

第21章　所得格差と貧困

持っていないとする。片方からもう片方に水を移動しようとすると、いくばくかの水が移動中に失われてしまう。この場合、功利主義的な政府は、ポーラののどの渇きとバケツの水漏れの程度に応じて、なおピーターからポーラに水を再分配しようとするかもしれない。しかし、水漏れするバケツしか手元にない場合、功利主義的な政府は、完全に平等になるまで水を移そうとはしない。

2-2　自由契約主義の伝統

　不平等について考える第2の方法論は、**自由契約主義**とも呼ばれるものである。この思想において影響力のある著作の1つは、哲学者ジョン・ロールズ（John Rawls、1921 ～ 2002）の著書『正義論』である。この考えは、経済学者でノーベル賞受賞者のウィリアム・ヴィックリー（William Vickrey、1914 ～ 1996）とジョン・ハーサニー（John Harsanyi、1920 ～ 2000）による研究と密接に関連している。

　ロールズは、社会の制度、法律、政策は公正（just）であるべきだという前提からスタートする。そこから、「われわれ、社会のメンバーは、何が正義かについてどうやって合意できるのだろうか」という自然な問題に答えようとする。人々の見方（価値観）は、自分たちの置かれた状況と必然的に結びついている。自分たちの置かれた状況とは、才能があるかあるいは不器用か、勤勉か怠け者か、十分な教育を受けられているかどうか、裕福な世帯かあるいは貧しい世帯に生まれたか、特権的な多数派かあるいは抑圧された少数派に属しているか、などである。われわれの中の誰が一体、社会における正義とは何かについて、客観的に決定することができるというのだろうか。

　この問題に答えるために、ロールズはある思考実験を提案している。私たち全員がみな、生まれる前に「誕生前の世界」（「死後の世界」の逆バージョン）で集まり、社会を統治するルールについての契約を議論し、合意しようとする。この時点では、各人は生まれたあと、自分たちがどのような立場になるかは知らない。ロールズの言葉を借りれば、「無知のベール」をかぶった「原初状態」で座っているのである。ロールズは、この原初状態では、私たちは社会にとっての正義のルールを選択できると主張する。なぜなら、私たちは（生後の自分たちの立場を知らないので）そのルールがどのようにしてすべての人に対して影響するかを考慮しなければならないからである。ロールズは、「誰もが同様の立場にあり、誰もが自分が有利になるようにルールを設計することはできないので、ここで打ち立てられた正義についてのルールは、公正な合意・交渉の産物である」と述べる。

　この方法で公共政策や制度を設計することで、どの政策が正義かについての客観性が高まる。これは、多くの点で、歴史的に多くの宗教や文化で見られる倫理である「黄金律（Golden Rule）」に従うよう求めることに相当する。その黄金律とは、他人にしてもらいたいように他人に接せよ、というものである。原初状態で社会契約を結ぶ際には、あなたはどういった立場になるかまだわからないので、このルールに従う以外に選択肢はないのである。

　ロールズは自著の中で、この無知のベールをかぶって設計された公共政策が、何を達成しようとしているのかを考察している。特に、自分自身が所得分布の上位、

自由契約主義
（liberal contractarianism）政府は、「無知のベール」をかぶった公平な観察者によって評価されるように、公正な政策を選ぶべきだとする政治哲学

463

第VI部　労働市場の経済学

下位、または中間のどこに属することになるかを知らない場合に、人々はどのような所得分配を公正だと考えるか、という点について考察する。ロールズは、原初状態にいる人々は、自分が最下層になった場合について最も懸念するだろう、と述べている。したがって、公共政策を設計する際には、社会で最も不利な立場にある人の厚生が第1の関心事であるべきである。功利主義者のように、すべての人の効用の合計を最大化するのではなく、ロールズは最小効用を最大化することを目指す。ロールズの原則は**マキシミン基準**（または**最小値最大化基準**）と呼ばれている。

マキシミン基準は、最も不利な立場にある人々の状況を重視するが、完全に平等な社会を目指すわけではない。功利主義者と同様に、ロールズも人々がインセンティブに反応することを認識している。もし政府が所得の完全な平等化を宣言したとすると、人々は一生懸命働くインセンティブがなくなり、社会の総所得が大幅に減少し、最も不利な立場にある人々の厚生が悪化する。マキシミン基準は、それがインセンティブを向上させ、社会の貧困層を助ける能力を高める場合には、所得格差を許容する。しかし、ロールズの考えは功利主義者と完全に一致しているわけではない。彼の哲学は社会で最も不利な立場にある人々のみを重視するため、功利主義よりも強い所得再分配を求めるのである。

ロールズの見解は熱く論争されている。彼の思考実験は非常に魅力的であり、所得再分配を一種の**社会保険**の形態として捉えることができるのである。無知のベールをかぶった原初状態の視点から見ると、所得再分配は保険契約のようなものである。家の所有者は、自分の家が焼失するリスクへの対処として火災保険を購入する。同じように、社会として富裕層に課税して貧困層を援助する政策を採用することは、自分が貧しい世帯の一員になるリスクへの対処として保険に加入することと同じである。人々は一般的にリスクを嫌うので、こうした保険が提供される社会に生まれたことは喜ぶべきことである。

しかし、無知のベールをかぶった合理的な人々は、マキシミン基準に従うほどリスク回避的ではないかもしれない。原初状態にいる人々は、分布のどこにでもいる可能性があるので、公共政策を設計する際にはすべてのありうる結果を等しく扱うかもしれない。この場合、無知のベールをかぶった最善の政策は、社会のメンバーの平均効用を最大化するものになり、その結果得られる正義の概念は、ロールズ的なものではなく、より功利主義的なものになるであろう。

2-3 リバタリアンの伝統

不平等について考える際の第3の見方は、**リバタリアニズム**と呼ばれるものである。これまで見てきた2つの見方、功利主義と自由契約主義は、ともに社会全体の総所得を、社会の目標を達成するために再分配することができる共有のリソースと位置づけている。それに対して、リバタリアンの見方では、社会自体が所得を得るということはなく、所得を得るのはあくまで個々人であると考える。この見方によると、政府は、所得再配分のために一部の個人から所得を取り、それを他の個人に与えるといった根拠などは持っていないのである。

たとえば、哲学者ロバート・ノージック（Robert Nozick、1938〜2002）は、自

マキシミン基準
（最小値最大化基準）
(maximin criterion)
政府は、社会で最も不利な立場にある人の厚生の最大化を目指すべきである、という主張

社会保険
(social insurance)
困難に陥るリスクから人々を保護することを目指す政策

リバタリアニズム
(libertarianism)
政府は、犯罪を処罰したり自由意志に基づく合意を保障したりすべきだが、所得再配分は行うべきではないと考える政治哲学

464

身の著書『アナーキー、国家、ユートピア（Anarchy, State, and Utopia）』の中で次のように述べている。

　　不注意に切り分けてしまってあとで分け方を修正しようとしているパイがあるとする。われわれは、そうしたパイの一部を与えられた子供の立場にいるわけではない。中央集権的な配分は存在せず、すべての資源を管理し、それをどのように分配するかを共同で決定する権限を持つ個人やグループも存在しない。各人が得るものは、何かと交換で他者が与えたものか、贈り物として与えられたものである。自由な社会では、多様な個人が異なる資源を管理しており、新たな所有関係は人々の自発的な交換や行動から生じるのである。

　功利主義者や自由契約主義者は社会における望ましい不平等の程度を決定しようとする一方、ノージックはこの問い自体の妥当性を否定する。

　経済的な結果を評価するためのリバタリアンの代替案は、これらの結果が生じる過程（プロセス）を評価することである。リバタリアンは、所得の分配が不当に行われた場合（たとえば、他の人から盗んだり詐欺を行ったりする場合）には、他の大多数の人々と同様に、政府によって問題を解決するべきだと考える。しかし、彼らの考えでは、プロセスが公正であれば、結果的にもたらされる分配はどれだけ不平等であっても公平であるとする。

　ノージックは、社会における所得の配分を、授業の成績の配分と類比しながら、ロールズのアプローチを批判する。もし、現在受講している経済学の授業の採点が、公平かどうか判断するよう求められたとしよう。あなたは無知のベールをかぶり、各学生の才能、努力、パフォーマンスを知らずに成績の分配を選択するだろうか。それとも、採点結果の分布が平等であるか不平等であるかに関係なく、採点プロセスが公正であったかどうかを確認するだろうか。成績の場合、結果よりもプロセスを重視するリバタリアンの考えは説得力があるかもしれない。一方で、同じ論理を所得に適用してよいかどうかは議論の余地がある。

　リバタリアンは、機会の平等が結果の平等よりも重要だとする。彼らによると、政府は、個人の権利を保障し、誰もが自分の才能を活かして成功を収めることができるよう、機会を等しく提供すべきだと考えている。リバタリアンは、こうしたゲームのルールが確立されれば、政府が結果としてもたらされる所得分配を変更する理由はないと主張する。

第VI部　労働市場の経済学

理解度確認クイズ

4. 功利主義者が、所得再分配を価値のあるものとみなすのは、次のうちどの場合か。

a. 社会で最も不利な立場にある人がそこから便益を得る場合。

b. その制度に貢献している人々がその制度を支持する場合。

c. 税払いや給付後の全員の所得が、彼らの限界生産物を反映している場合。

d. 労働インセンティブに対する歪みの影響があまり大きくない場合。

5. ロールズの「無知のベールをかぶった原初状態」という思考実験は、何に着目するためのものか。

a. 低所得者のほとんどが若い頃に十分な教育を受けていなかった、ということ。

b. 私たちが生まれた際に与えられた立場は主に偶然によるものである、ということ。

c. 富裕層はあまりにも多くのお金を持っているため、それをどう使い切ればよいのか分からない、ということ。

d. 結果は、誰もが平等な機会から始める場合にのみ効率的である、ということ。

6. リバタリアンの主張は次のうちどれか。

a. 政府は、社会の最も不利な立場にある人の幸福度を向上させることを目指すべきである。

b. 経済政策は、社会のすべてのメンバーの幸福度の合計を最大化する所得分配を目指すべきである。

c. 結果的に大きな所得格差が生じたとしても、人々は自由に自発的な取引に参加すべきである。

d. 大きな所得格差は政治的自由を脅かす可能性がある。

➡ (解答は章末に)

3　貧困削減のための政策

　今まで見てきたように、政治哲学者は所得再分配についてさまざまな見解を持っている。政治的な議論も同様に見解は一致していない。にもかかわらず、ほとんどの人々は、最低限、最も助けを必要としている人々に対しては、社会として援助の手を差し伸べるべきであり、私的な慈善行為で十分でなければ政府が介入する必要があると考えている。よく使われる比喩によれば、市民があまりにも深く落下しないよう、社会は「セーフティーネット」を提供すべきである。

　貧困は厄介な問題である。低所得世帯は、平均的な世帯よりもホームレス、薬物依存、健康問題、10代の妊娠、非識字、失業、あるいは低い教育水準などに陥る可能性が高い。これらの世帯のメンバーは、罪を犯す可能性も犯罪の被害者になる可能性も高くなる。貧困の原因と結果を区別することは難しいが、貧困が深刻な経済・社会問題と関連していることは疑いようがない。

　もしあなたが政府の政策立案者であり、貧困層を減らすことが目的である場合、何をすべきだろうか。ここではいくつかの政策オプションを検討する。それぞれの政策は人々を貧困から脱出させるのに有効だが、どれも完璧ではなく、最適な組み合わせを決定することも簡単ではない。

3-1　最低賃金法

　雇用主が労働者に支払う賃金の最低水準を定める法律は、絶え間ない議論の的となっている。それを擁護する人々は、最低賃金を、政府にコスト負担を強いること

466

第21章　所得格差と貧困

なく、貧しい労働者層を支援する手段と見なしている。一方、批判的な立場をとる人々は、支援の対象とされた人々にむしろ害を及ぼすものであると見なしている。

最低賃金は、第6章で議論された需要と供給のツールを用いて簡単に理解できる。スキルや経験が低い労働者にとって、最低賃金により、実際の賃金は需要と供給が釣り合う水準よりも高くなる。これにより、企業の労働コストが上昇し、労働需要量が減少する。その結果、最低賃金の影響を受ける労働者層の失業が増加する。雇用が継続している労働者は高い賃金を受け取るが、より低い賃金で雇用されていた労働者は、以前より悪い状況（失業）に陥る。

これらの影響の大きさは、労働需要の弾力性に極めて大きく依存する。高い最低賃金を擁護する人々は、低スキル労働力の需要が比較的非弾力的であるため、高い最低賃金が雇用を抑制してしまう効果は小さいと主張する。一方、批判的な人々は、特に長期においては、企業が雇用や生産をより柔軟に調整できるため、労働需要はより弾力的であると主張している。また、最低賃金労働者の多くは中流家庭に属している10代の若者であるため、高い最低賃金は貧困層を支援するための政策としてターゲット選定がうまくいっていない、とも指摘されている。

3-2 経済的福祉

貧困層の生活水準を向上させる方法の1つは、政府が彼らの所得を補填することである。政府は、福祉制度を通じてこれを行っている。福祉とは、さまざまな政策プログラムを含む、幅広くかつ必ずしも厳密ではない用語である。貧困家庭一時扶助（Temporary Assistance for Needy Families；TANF）は、児童を持ち、世帯を支える成人のいない世帯を支えるプログラムである。補足的所得補償（Supplemental Security Income；SSI）は、病気や障害のために低所得となっている人々を援助するプログラムである。どちらのプログラムでも、金銭的な不足のみでは支援を受ける資格を得ることはできず、「小さな子供がいる」「障害がある」といった追加の「必要性」を証明する必要がある。

公共支援プログラムへの一般的な批判として指摘されるのは、資格を持つ人々に対して逆のインセンティブを与えるという点である。たとえば、これらのプログラムは家族の離散を促進すると言われている（なぜなら、多くの場合、父親が不在であることが、財政支援を受けられる条件となっているためである）。また、未婚での出産を促進するとも言われている（なぜなら、多くの場合、子供を持っていることが、貧しい未婚の女性が支援を受けられる条件となっているためである）。貧しいシングルマザーが貧困問題の大きな部分を占めているため、これらの政策は、解決すべき問題をむしろ悪化させていると言われている。このような議論によって1996年には福祉制度の大改革が実行され、受給者が福祉を受けることのできる期間に制限を設ける法律が制定された。この政策変更については、今でも議論が続いている。

これらの主張に反対し、より寛大な福祉を求める人々は、福祉を受けていたとしても貧しいシングルマザーはなお困難な状況にあるのであり、多くの人々は強制されない限りそのような生活を選ぶことはない、と指摘している。さらに、母親・父

福祉
（welfare）
貧困層の所得を補填する
政策プログラム

467

第Ⅵ部 労働市場の経済学

親の両方がいる世帯数の減少が公共支援プログラムと関連しているという見方は、事実に裏付けられたものではない。1996年の公共支援給付の削減は、一人親家庭で生活している子供の比率を低下させることにはつながらなかったのである。

3-3 負の所得税

政府が税金を徴収すると、所得分布に影響を与える。これは、高所得世帯が低所得世帯より、所得の割合に対してより高い税金を支払う累進課税制度の場合には明らかである。第13章で議論されたように、税の累進性は垂直的公平性を実現するための政策ツールである。

負の所得税
(negative income tax)
高所得世帯からは税を徴収し、低所得世帯には補助を給付する税制

多くの経済学者は、**負の所得税**を導入して低所得世帯を支援することを提案している。この政策では、累進課税は平均税率の上昇だけでなく、所得分布上の下位にある世帯に対して補助金を支給することも含まれる。つまり、これらの世帯は「負の税金」を「支払う」ことになる。

たとえば、政府がある世帯の税負担を計算するために次の式を用いたとする。

税金支払額 ＝（所得の1/3）－ 15,000ドル

この場合、所得が18万ドルの家計は4万5,000ドルの税金を支払い、所得9万ドルの家計は1万5,000ドルの税金を支払う。所得が4万5,000ドルの家計の支払額はゼロである。そして、所得1万5,000ドルの家計の「支払額」は−1万ドルとなる。つまり、政府はこの家計に1万ドルの小切手を送る。

負の所得税は、**ユニバーサル・ベーシックインカム**（universal basic income）と呼ばれることがある。所得がゼロの家計は政府から1万5,000ドルを受け取る。この方法では、どの家計も税引き後の所得が1万5,000ドルを下回ることはない。このようなシステムは、所得の1/3を支払う税制と、すべての家計に1万5,000ドルを給付する補助金の2つを合わせたものとみることができる。

負の所得税の下では、政府の援助を受けるために必要な唯一の資格は低所得である。この特徴は、見方によっては、利点ともなるし欠点にもなる。負の所得税は、置かれた状況に関係なく、誰もが最低限の生活基準を確保することができるようになる。一方で、負の所得税は、不幸な立場にある人々だけでなく、単に働きたくない人々や、一部の人々からは公的支援を受けるのは適切ではないと見なされる人々にも補助金を給付する。

実際の税制のいくつかは、負の所得税とかなり類似した機能をもっている。その1つが、勤労所得税額控除（EITC）である。この控除により、低所得の労働者家計は、年間に支払った税金よりも多い所得税還付を受け取ることができる。EITCは就業している貧困層にのみ適用されるため、他の貧困対策プログラムとは異なり、受給者の就業意欲を損なうことにはつながらない。しかしながら、同じ理由により、失業、病気、またはその他の要因によって労働ができない人々の貧困緩和には有効ではない。

負の所得税と同様に機能するもう1つの税制規定は、子供税額控除である。2021年には、この控除が拡大され、6歳未満の子供1人につき3,600ドル、6歳から17

第21章　所得格差と貧困

歳までの子供1人につき3,000ドルを受け取る資格が与えられた。この拡大された子供税額控除は、パンデミック救済法案の1つとして可決され、一時的な措置となる予定であったが、バイデン大統領はこれを子供の貧困を減らすための政策として恒久化することを提案した。

3-4 現物給付

　低所得世帯を支援する別の方法として、生活水準を向上させるために必要な財・サービスを直接支給することがある。たとえば、慈善団体はクリスマスの時期に貧困層に対して、食料、衣類、一時的な住居（シェルター）、おもちゃなどを提供する。そして政府は、補足的栄養支援プログラム（SNAP）として、食料品を購入するためのプラスチック製のカード（デビットカードのようなもの）を低所得世帯に給付する。このプログラムは、以前はフードスタンプと呼ばれていた類似のプログラムを置き換えたものである。また、政府はメディケイドと呼ばれるプログラムを通じて、多くの低所得者に医療を提供している。

　現物給付と現金給付、どちらが貧困層への援助として有効だろうか。明確な答えはない。

　現物給付を擁護する人々は、物品を支給するほうが貧困に苦しんでいる人々をより確実に助けることができる主張する。社会の最貧層の中では、アルコールや薬物の依存症が社会一般に比べて広がっている。食料品、シェルター、医療を直接提供することで、社会はそのような依存症を助長しているのではなく、受給者が真に必要としているものを提供しているのであるという確信を持つことができる。

　現金給付を擁護する人々は、現物給付は効率的でなく、また尊厳を欠いていると主張する。政府は、低所得世帯が最も必要としている財・サービスが何かを完全に知ることはできない。貧困層の多くは、運に恵まれないこと以外は普通の人々である。したがって、不運ではあるが、自分自身の生活水準を向上させるにはどうすればよいかを最もよく分かっている立場にある。彼らが望んでいない財やサービスを給付するくらいなら、現金を給付して最も必要とするものを彼ら自身で購入してもらうほうがいいだろう。

3-5 貧困対策プログラムと労働意欲

　貧困撲滅を目指す政策は、自力で貧困から抜け出そうとする意欲を喪失させるという、意図せざる副作用を引き起こすことがある。たとえば、最低限の生活水準を維持するためには年間2万5,000ドルの所得が必要であるとする。政府は貧困者の福祉を考慮して、全員にその額の所得を保証することにした。つまり、どんなに所得が少なくても、政府がその所得と2万5,000ドルの差額を補填するのである。この政策によってどのような効果がもたらされるであろうか。

　この政策が人々のインセンティブに与える効果は明らかである。所得が2万5,000ドル未満の人々は、仕事を見つけて働く動機をほとんど持たなくなる。個人が稼ぐ所得が1ドル増えるたびに、政府は所得補助を1ドル減額する。これは実質的に、政府が追加の所得に対して100%課税することを意味する。実効限界税率が100%の

469

政策は、大きな死荷重を生むのである。

　以上の貧困削減プログラムは仮のものだが、まったく非現実的というわけでもない。福祉政策、メディケイド、SNAP、およびEITCはすべて、貧困層の支援を目的としたプログラムであり、すべて所得に紐づけられている。人々の所得が増加すると、これらのプログラムの対象外となる場合がある。これらのプログラムをまとめて考えると、実効限界税率は非常に高く、時には100%を超えることさえある。このとき、低所得世帯は所得を増やすと逆に損をするのである。貧困削減プログラムに批判的な人々によれば、これらのプログラムは労働意欲を低減させ、「貧困の文化」を作り出してしまうのである。

　インセンティブ喪失問題は、簡単に解決できるように見えるかもしれない。所得が上昇したときの給付の減少分をより少なく、より緩やかにすることである。たとえば、人々の所得が1ドル増えるごとに給付が30セント減少する場合、実効限界税率は30%である。この実効税率はある程度労働意欲を減少させるが、就業インセンティブを完全に喪失させるわけではない。

　この解決策の欠点は、貧困撲滅プログラムのコストが大幅に増加することである。所得が上がっても給付の削減が緩やかであれば、所得がプログラムの閾値をわずかに超えた人々も大幅な給付を受ける資格が生じる。給付の削減ペースが緩やかであればあるほど、対象者が増え、プログラムのコストも増加する。政策立案者は、貧困層に高い実効限界税率を課すか、高コストの貧困削減プログラムを実行するための税負担を国民に課すかというトレードオフに直面している。

　貧困撲滅プログラムのインセンティブ喪失問題を緩和するには別の方法もある。その1つは、給付を受ける人々に、就業するか、あるいは政府が提供する仕事に就くことを義務づけることである。このシステムは時々**ワークフェア**（workfare）と呼ばれる。しかし、このアプローチは政府が「最後の雇い手」として適切なのかどうか、という問題を提起する。別の方法として、給付の期間を一定期間のみに限定することが考えられる。これは1996年の福祉制度改革法案で採用され、生涯にわたる給付期間の合計は5年間とされた。この法案に署名した際、クリントン大統領は、福祉政策は「再出発の機会を与えるものであり、生活の手段ではない」と述べた。しかし、受給者が十分な賃金を得られる仕事に就くための必要なスキルを持たない場合、給付打ち切りは貧困の解決策とはならない。このため、これらの問題は数十年にわたる努力にもかかわらず、いまだに未解決のままなのである。

第21章 所得格差と貧困

理解度確認クイズ

7. 負の所得税は、以下の政策のうちどれに該当するか。

- **a.** 低所得者全員が政府からの給付を受ける。
- **b.** 政府がインセンティブを歪ませることなく税収を増やす。
- **c.** 従来の所得税よりも誰もが少ない金額を支払う。
- **d.** 一部の納税者がラッファー曲線の間違えた側にいる。

8. もし貧困対策プログラムの給付が、所得の上昇に伴って段階的に削減される場合、それによってもたらされる効果は以下のうちどれか。

- **a.** 貧困層により大きな労働インセンティブを与える。
- **b.** 低スキル労働者の労働力の過剰供給を引き起こす。
- **c.** 政府にとっては全員に給付するプログラムよりもコストがかかる。
- **d.** 貧困層が直面する実効限界税率を上昇させる。

➡ (解答は章末に)

4 結論

　人々は長い間、社会における所得分布について考察してきた。古代ギリシャの哲学者プラトンは、理想的な社会では所得の最高値が最低値の4倍を超えないと述べた。不平等の測定は難しいが、世界中のほとんどの国々、特にアメリカでは、プラトンの基準よりはるかに大きな不平等が存在していることは間違いない。

　第1章の**経済学の10原則**のうちの1つは、「政府は市場のもたらす結果を改善できる場合がある」というものであった。この原則は所得分配を考える際に重要である。見えざる手による資源配分が効率的であっても、通常は平等とは程遠く、必ずしも公正とも限らない。しかし、公正とは何か、また政府がどれだけ所得を再分配すべきかについて、広範な合意は存在しない。立法者たちはしばしば税の累進性やセーフティーネットの寛容さについて議論する。経済学だけでこの論争を解決することはできない。

　第1章の**経済学の10原則**の中には、「人々はトレードオフに直面する」、「人々はインセンティブに反応する」というものもあった。これらの原則は経済的不平等の議論と密接に関連している。政府が所得の一部を均等化するための政策を実施すると、インセンティブが歪み、人々の行動が変容し、資源配分の効率性が失われることがある。その結果、政策立案者は公平性と効率性のトレードオフに直面することになる。経済のパイをより均等に分けようとするほど、パイの大きさが小さくなる可能性がある。これは、政策立案者が所得再分配を控えるべきだという意味ではない。しかし、再分配政策に取り組む際には、その潜在的なコストを認識しておく必要がある。

第Ⅵ部　労働市場の経済学

本章のポイント

- 所得分布に関するデータは、アメリカにおける格差の大きさを示している。最も裕福な5分の1の世帯の所得は、最も貧しい5分の1の世帯の所得の12倍以上にも達している。

- 現物給付、税控除、ライフサイクル、一時的所得、所得階層間の移動は、生活水準の変動を理解するために非常に重要であり、単年度の所得分布データのみから社会の不平等の程度を計測することは困難である。これらの要因を考慮すると、経済厚生は単年度所得よりも、より均等に分布する傾向がある。

- 政治哲学者たちは、所得分布を変える際の政府の役割について、異なる見解を持っている。ジョン・スチュアート・ミルのような功利主義者は、社会における全員の効用の合計を最大化するような所得分配を選択する。ジョン・ロールズのような自由契約主義者は、「無知のベール」をかぶったかのように、自分自身の人生の立場を知らない状態で所得分配を決定する。ロバート・ノージックのようなリバタリアンは、政府には公正なプロセスを確保するために個人の権利を保障させ、その結果生じる所得分布の不平等については考慮しない。

- さまざまな政策が低所得者を支援することを目的としている。具体的には、最低賃金法、経済的福祉、負の所得税、そして現物給付である。これらの政策は貧困の緩和に有効だが、意図せざる副作用を伴うこともある。所得が増えると金銭的支援が削減されるため、貧困層はしばしば非常に高い実効限界税率に直面し、それが自力での貧困からの脱却を阻害する。

理解度確認テスト

1. アメリカの人口の最も裕福な5分の1の世帯は、最も貧しい5分の1の世帯の所得の約何倍の所得を得ているか。次のうちから選びなさい——3倍、6倍、12倍。

2. 過去50年間において、アメリカの人口の最も裕福な5分の1の世帯の所得が、全人口の所得に占める比率はどのように変化したか。

3. アメリカの人口の中で、どのグループが最も貧困状態に陥りやすいか。

4. 一時的な所得変動やライフサイクルの変動によって、不平等の程度を計測するのが難しくなるのはなぜか。

5. 功利主義者、自由契約主義者、およびリバタリアンは、それぞれどのようにして所得格差の許容度を決定するか。

6. 低所得世帯に対し、現金給付ではなく現物給付を行うことの利点と欠点は何か。

7. 貧困対策プログラムがどのようにして人々の就業インセンティブを低下させるかを説明しなさい。このインセンティブ低下を和らげるにはどういった政策がよいか。あなたが提案した政策の欠点は何か。

第21章　所得格差と貧困

演習と応用

1. 表21-2は、1970年以来アメリカにおける所得格差が拡大してきたことを示している。いくつかの要因がこの拡大に寄与しており、それらは第20章で議論したものである。それらの要因とは何か。

2. 表21-3は、貧困線以下の所得を持つ世帯において、子供の割合が高齢者の割合を大幅に上回っていることを示している。政府プログラムによる資金配分は、この現象にどのように寄与しているだろうか。

3. この章では、所得階層間の移動の重要性について議論した。
   a. 同じ世代内で毎年の階層間移動を増やすためには、政府はどういった政策に注力すべきだろうか。
   b. 異なる世代間での階層間移動を増やすためには、政府はどういった政策に注力すべきだろうか。
   c. 所得階層間の移動を促進するプログラムへの支出を増やすために、現在の経済的福祉プログラムへの支出を減らすべきだろうか。そうした場合の利点と欠点は何か。

4. 2つのコミュニティを考える。一方のコミュニティでは、10世帯がそれぞれ10万ドルの所得を持ち、他の10世帯がそれぞれ2万ドルの所得を持っている。他方のコミュニティでは、10世帯がそれぞれ25万ドルの所得を持ち、他の10世帯がそれぞれ2万5,000ドルの所得を持っている。
   a. どちらのコミュニティにおいて所得分布がより不平等か。どちらのコミュニティにおいて貧困の問題がより深刻である可能性があるか。
   b. ロールズはどちらの所得分布を好むだろうか。説明しなさい。
   c. あなたはどちらの所得分布を好むか。説明しなさい。
   d. 誰かが逆の好みを持つとしたら、それはなぜか。

5. この章では、「水漏れするバケツ」の比喩を用いて、所得再分配政策における制約の1つを説明した。
   a. アメリカの所得再分配システムのどの要素がバケツの水漏れを引き起こしているのか、具体的に説明しなさい。
   b. 所得再分配に使われるバケツがより水漏れしやすいと考えているのは、共和党と民主党のどちらか。その見方は、政府が行うべき所得再分配の規模にどのように影響するか。

6. 10人で構成される社会で、以下の2つの所得分布がありうるとする。1番目の分布では、9人の所得が6万ドルで、1人の所得が2万ドルである。2番目の分布では、10人全員の所得が5万ドルである。
   a. この社会における所得分布が1番目である場合、所得再分配についての功利主義の主張はどのようなものになるか。
   b. ロールズはどちらの所得分布をより公平と考えるか。説明しなさい。
   c. ノージックはどちらの所得分布をより公平と考えるか。説明しなさい。

7. 現物給付の市場価値を家計所得に加えると、貧困率は大幅に低下する。最大の現物給付は低所得者向けの医療プログラムであるメディケイドである。このプログラムのコストは1受給世帯ごとに1万ドルであるとする。
   a. 政府がメディケイドに代わり、各受給世帯に1万ドルの小切手を渡すとする。このとき、世帯の大半はその資金で医療保険を購入すると考えられるか。また、それはなぜか（4人家族の貧困レベルの所得は約2万5,000ドルであったことを思い出そう）。
   b. 設問（a）の答えは、以下の主張に対するあなたの考えにどのように影響するか、説明しなさい。「貧困率を算定する際には、現物給付も政府が支払った金額で評価して勘案すべきである」。
   c. 設問（a）の答えは、以下の主張に対するあなたの考えにどのように影響するか、説明しなさい。「低所得家庭への支援を、現金給付でなく現金給付の形で提供すべきである」。

473

第Ⅵ部　労働市場の経済学

8. アメリカの2つの所得保障プログラムである、貧困家庭一時扶助（TANF）と勤労所得税額控除（EITC）について考える。

a. 子供がいて非常に低所得の女性が1ドル多く稼ぐと、TANFの給付額が減少する。このTANFの特徴は、低所得女性の労働供給にどのような影響を与えるか。説明しなさい。

b. EITCは、低所得労働者がより多くの所得を得ると、（一定時点まで）より多くの給付を提供する。このプログラムが低所得者の労働供給に与える影響はどのようなものか。説明しなさい。

c. TANFを廃止し、その分EITCを拡大することのデメリットは何か。

理解度確認クイズの解答

1. b　　**2.** c　　**3.** a　　**4.** d　　**5.** b　　**6.** c　　**7.** a　　**8.** d

第22章

第VII部 さらなる学習のためのトピック

Part VII Topics for Further Study

Chapter 22
The Theory of Consumer Choice

消費者選択の理論

　大型店に入ったり、ネット通販サイトをクリックすると、何千もの財を目にすることになる。あなたにとって魅力的なものはたくさんあるかもしれないが、使えるお金には限りがあるため、おそらくそのすべてを買うことはできないだろう。そこで、あなたは価格を見て、自分の手持ち資金を考慮し、自分のニーズと欲求に最も適した財を選ぶ。

　この章では、人々がこのような意思決定をどのように行うかを説明する理論を展開する。本書では、需要曲線を用いて消費者行動をまとめてきた。これまで見てきたように、需要曲線は消費者の財に対する支払用意を反映している。財の価格が上昇すると、消費者はより少ない単位しか支払いたくないので、需要量は減少する。次に、需要曲線の背後にある意思決定をより詳しく見てみよう。ここで紹介する消費者選択の理論は、第15章の競争企業の理論が供給のより深い理解を提供するのと同様に、需要のより深い理解を提供する。

　第1章の**経済学の10原則**の1つに、「人々はトレードオフに直面する」というものがある。この原則が消費者選択の原理の本質である。消費者はある財を多く買うと、他の財をあまり買えなくなる。余暇を楽しむためにたくさんの時間を使うと、稼げなくなる結果、あまり消費できなくなる。今、収入を多く使うと、貯蓄が減り、将来支出できるものが減ってしまう。消費者選択の理論では、このようなトレードオフの状況に直面した人々が、環境の変化にどのように対応するのかを研究してい

第Ⅶ部　さらなる学習のためのトピック

る。

この理論はさまざまな問題の分析に役立つ。基礎的な枠組を組み立てた後、次のような問いかけを行う。

- すべての需要曲線の傾きは右下がりなのだろうか？
- 賃金は労働供給にどのような影響を与えるのだろうか？
- 金利は家計の貯蓄にどのような影響を及ぼすのだろうか？

これらの質問は関連がないように思われるが、消費者選択の理論はその一つ一つに答える際の助けとなる。

1 予算制約線：消費者が買えるもの

他の条件が同じであれば、ほとんどの人はもっと消費したいと考える。つまり、もっといい車に乗ったり、もっと流行の服を着たり、もっといいレストランで食事をしたり、もっと豪華な休暇を過ごしたいと思うだろう。しかし、所得によって支出が制約あるいは制限されるため、消費は自分の欲求よりも少なくなる。消費者選択の研究は、この制約から始まる。

1-1 消費機会をグラフで表す

ピザとペプシという2つの財しか買わない消費者、コンスエラを考えてみよう。現実の世界では、人々は何百種類もの財を買っており、ピザとペプシだけの食生活は健康的ではないだろう。しかし、2つの財のみと仮定することで、消費者の選択に関する基本的な洞察を変えることなく、モデルを単純化することができる。

コンスエラの所得は月に1,000ドルで、彼女は飽きを知らないので、所得すべてをピザとペプシの消費に回す。ピザの値段は10ドル、ペプシ1リットルの値段は2ドルで、彼女の所得とこれらの市場価格が彼女の支出を制限している。

図22-1の表は、コンスエラが買うことのできるピザとペプシの組み合わせの一部を示している。最初の行は、彼女が所得すべてピザに費やした場合、その月に100枚のピザを食べることができるが、ペプシはまったく買うことができないことを示している。2行目は、もう1つの可能な消費の組み合わせ、ピザ90枚とペプシ50リットルを示している。そして、以下同様である。表の各消費の組み合わせは、合計するとちょうど1,000ドルの費用がかかっている。

図22-1のグラフは、コンスエラが選択できる消費の組み合わせを示している。縦軸はペプシのリットル数、横軸はピザの枚数である。この図には3つの点が記されている。A点では、コンスエラはペプシを買わず、ピザを100枚消費する。B点では、ピザは買わず、ペプシを500リットル消費する。C点では、ピザ50枚とペプシ250リットルを買う。C点は、AからBへの直線のちょうど真ん中にあり、コンスエラが2つの財に同額（500ドル）を使う点である。これらはたくさんあるピザとペプシの組み合わせの中の3つに過ぎない。AからBへの線上のすべての点において消費が可

476

図 22-1　消費者の予算制約線

予算制約線は、消費者が与えられた所得のもとで購入できる財の組み合わせを示している。ここで、コンスエラはピザとペプシの組み合わせを買う。表とグラフは、彼女の収入が1,000ドル、ピザの価格が10ドル、ペプシの価格が2ドルの場合に、消費者が買えるものを示している。

ピザの枚数	ペプシの数量（リットル）	ピザへの支出（ドル）	ペプシへの支出（ドル）	総支出（ドル）
100	0	1,000	0	1,000
90	50	900	100	1,000
80	100	800	200	1,000
70	150	700	300	1,000
60	200	600	400	1,000
50	250	500	500	1,000
40	300	400	600	1,000
30	350	300	700	1,000
20	400	200	800	1,000
10	450	100	900	1,000
0	500	0	1,000	1,000

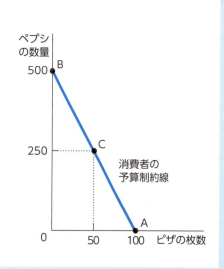

能である。この線は、**予算制約線**と呼ばれ、消費者が買うことができる消費の組み合わせである。この場合、コンスエラが直面するピザとペプシの間のトレードオフを示している。

予算制約線の傾きは、消費者が1つの財をもう1つの財と交換できる割合を測っている。2点間の傾きは、垂直距離の変化を水平距離の変化で割ったものとして計算されることを思い出そう（「高さ/幅」）。A点からB点まで、垂直距離は500リットル、水平距離は100枚なので、傾きはピザ1枚につきペプシ5リットルである（実際には、予算制約線の傾きは右下がりなので、傾きは負の値である。しかし、ここでの目的のため、負の符号を無視することにしよう）。

予算制約線の傾きは、2つの財の**相対価格**（一方の財の価格と他方の財の価格を比較したもの）に等しいことに注意しよう。ピザ1枚は1リットルのペプシの5倍の値段がするので、ピザ1枚の機会費用は5リットルのペプシである。予算制約線の傾き5は、市場がコンスエラに提供しているトレードオフ（ピザ1枚に対して5リットルのペプシと交換可能）を反映している。

1-2　予算制約線の変化

予算制約線はコンスエラが利用できる機会を示している。これは、彼女の所得と2つの財の価格が与えられたものとして描かれている。もし彼女の所得や価格が変われば、予算制約線はシフトする。このような変化がどうして起こるのか、以下の

> **予算制約線**
> （budget constraint）
> 消費者が購入できる消費の組み合わせの上限

3つの例を考えてみよう。

まず、コンスエラの収入が1,000ドルから2,000ドルに増え、価格は変わらないとする。所得が増えれば、彼女は両方の財をより多く買うことができる。所得の増加は、図22-2のパネル(a)のように、予算制約線を外側にシフトする。2つの財の相対価格は変化していないので、新しい予算制約線の傾きは、最初の予算制約線の傾きと同じになる。つまり、所得の増加は、予算制約線の平行なシフトをもたらす。

ここで、コンスエラの収入が1,000ドルのままで、ピザの値段が10ドルのまま、ペプシの値段が2ドルから1ドルに下がったとする。もしコンスエラが全所得をピザに費やすなら、ペプシの値段は関係ない。この場合、彼女はまだ100枚のピザしか買えないので、横軸の点(100枚のピザと0リットルのペプシ)は変化しない。しかし、ペプシを買っている限り、ペプシの価格がさらに下がることで、彼女の機会集合が広がる。図22-2のパネル(b)に示すように、予算制約線が外側にシフトする。価格が下がることで、彼女は、以前と同量のピザとより多くのペプシ、以前と同量のペプシとより多くのピザ、または両方の財をより多く買うことができる。

傾きはピザとペプシの相対価格を反映しているので、ペプシの価格が下がると傾きが変わる。ペプシの価格が下がると、コンスエラはピザ1枚を5リットルではなく10リットルのペプシと交換できるようになる。その結果、新しい予算制約線の傾きはより急になる。彼女の機会の拡大は、平行移動ではなく回転移動によって表

図22-2 消費者の予算制約線の変化

パネル(a)では、消費者の所得が増加すると、予算制約線が外側にシフトする。ピザとペプシの相対価格は変わらないので、傾きは変わらない。パネル(b)では、ペプシの価格が下がると予算制約線が外側にシフトし、パネル(c)では、ピザの価格が下がると予算制約線が外側にシフトする。この2つのケースでは、ピザとペプシの相対価格が変化したため、傾きが変化している。

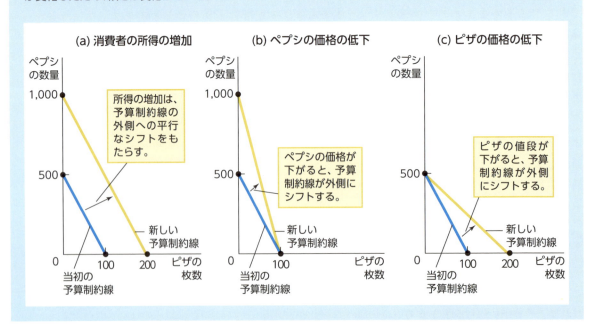

される。

　第3の例として、コンスエラの所得が1,000ドルで、ペプシの価格が2ドルのまま、ピザの価格が10ドルから5ドルに下がったとする。再び、価格が下がることで、彼女の機会集合が拡大し、図22-2のパネル（c）に示すように、予算制約線が回転的に外側にシフトする。今、ピザの価格が下がったので、コンスエラはピザを5リットルではなく2.5リットルのペプシと交換することができ、予算制約線はより平らになる。

　図22-2は、所得が上昇し、価格が下がった時、コンスエラの機会集合が拡大することを示している。反対に、所得が下がり、価格が上がると、彼女の機会集合は減少する。この状況は図22-2とほぼ同じに見えるが、矢印の方向は逆である。そして、複数の変化が同時に起こった場合、最初と最後の予算制約線をグラフにして比較することで、全体的な影響を分析することができる。

理解度確認クイズ

1. ホーマーは10ドルでハンバーガーを、2ドルでルートビアを買う。彼は100ドルを所持している。ホーマーの予算制約線が内側にシフトするのは、次のどのような場合か。

    a. ハンバーガーの値段が12ドルに値上がりした場合

    b. ルートビアの値段が1ドルに値下がりした場合

    c. ホーマーの所得が150ドルに増えた場合

    d. ハンバーガーの値段、ルートビアの値段、ホーマーの所得がそれぞれ50％上昇した場合

2. マージも、10ドルでハンバーガーを買い、2ドルでルートビアを買う。彼女は200ドルを所持している。彼女の予算制約線が、外側に平行にシフトするのは、次のどのような場合か。

    a. ハンバーガーの値段が5ドルに下がり、ルートビアの値段が1ドルに下がり、マージの所得が100ドルに下がる場合

    b. ハンバーガーの値段が20ドルに上がり、ルートビアの値段が4ドルに上がり、マージの所得は変わらない場合

    c. ハンバーガーの値段は8ドルに下がり、ルートビアの値段は1ドルに下がり、マージの所得が240ドルに上がる場合

    d. ハンバーガーの値段が20ドルに、ルートビアの値段が4ドルに、マージの所得が500ドルに上がる場合

➡（解答は章末に）

---

2 選好：消費者が望むもの

　この章の目的は、消費者がどのように選択を行うかを理解することである。予算制約線は、分析の一部である。すなわち、消費者の所得と財の価格が与えられた場合に、消費者が購入できる財の組み合わせを示すものである。しかし、その選択は、予算制約線だけでなく、消費者の選好にも依存する。

2-1 無差別曲線で選好を表す

　コンスエラの選好は、ピザとペプシの組み合わせから選ぶことができる。もし彼女に2つの異なる組み合わせを提供すれば、彼女は自分の好みに最も合っているも

479

のを選ぶ。もし2つの組み合わせが同程度に彼女の好みに合うなら、コンスエラにとってその2つの組み合わせは**無差別である**という。

コンスエラの予算制約線をグラフで表したように、彼女の選好もグラフで表すことができ、これを無差別曲線と呼ぶ。**無差別曲線**は、消費者を等しく幸せにするさまざまな消費の組み合わせを示している。この場合、無差別曲線は、コンスエラが等しく満足するピザとペプシの組み合わせを示している。

図22-3は、コンスエラの多くの無差別曲線のうちの2つを示している。A点、B点、C点の組み合わせはすべて同じ曲線上にあるため、彼女はA点、B点、C点の組み合わせに無差別であることがわかる。したがって、彼女のピザの消費量が、たとえばA点からB点に減少した場合、彼女が同じように満足するためには、ペプシの消費量を増やさなければならない。もし彼女のピザの消費量が再び減少し、B点からC点になった場合、ペプシの消費量はさらに増加しなければならない。

無差別曲線のどの点における傾きも、コンスエラが一方の財を他方の財に置き換えることを望む割合に等しい（傾きはマイナスだが、マイナス記号は無視できる）。この比率は、**限界代替率**（MRS）と呼ばれる。この場合、ピザの消費を1単位減らすために、どれだけのペプシの補償を必要とするか測っている。

無差別曲線は直線ではないので、無差別曲線上のすべての点で、限界代替率は同じではない。コンスエラが一方の財を他方の財と交換する割合は、すでに消費している財の量に依存する。言い換えれば、彼女がピザとペプシを交換したいと思う率は、彼女がより空腹か喉が渇いているかに依存し、彼女の空腹と喉の渇きは、ピザとペプシの現在の消費量に依存する。

コンスエラは、与えられた無差別曲線上のあらゆる点で同じように幸せであるが、ある無差別曲線を他の無差別曲線よりも好む。彼女は少ない消費よりも多い消費を好むので、無差別曲線がより高いものが、低いものより好まれる。図22-3では、曲線I_2上の点が、曲線I_1上のどの点よりも好ましい。

コンスエラの無差別曲線の集合は、彼女の選好の完全な順位づけを与える。つま

無差別曲線
(indifference curve)
消費者に同じレベルの満足を与える消費の組み合わせを示す曲線

限界代替率
(marginal rate of substitution)
消費者がある財を別の財と交換することを望む割合

図22-3　消費者の選好

消費者の選好は無差別曲線で表され、消費者が同等に満足するピザとペプシの組み合わせを示している。消費者はより多くの財を好むので、より高い無差別曲線（I_2）上の点は、より低い無差別曲線（I_1）上の点よりも好まれる。限界代替率（MRS）は、消費者がペプシとピザを交換したいと思う割合を示している。これは、消費者がピザ1枚と引き換えに受け取らなければならないペプシの量を測っている。

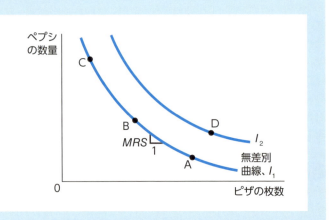

り、無差別曲線を使って、2つの財の組み合わせに順位をつけることができる。たとえば、無差別曲線は、コンスエラがA点の組み合わせよりもD点の組み合わせを好むことを教えてくれる。なぜなら、D点はA点よりも高い無差別曲線上にあるからである（明らかに、D点ではどちらの財もより多く提供されている）。D点のほうがC点よりも無差別曲線が高い位置にあるため、コンスエラはD点の組み合わせをC点の組み合わせよりも好むことを示している。D点のペプシの量はC点よりも少ないものの、ピザの量が十分にあるため、D点のほうが好みであることがわかる。どの点がより高い無差別曲線上にあるかを見ることで、無差別曲線の集合を使って、ピザとペプシのどんな組み合わせにも順位をつけることができる。

2-2 無差別曲線の4つの性質

無差別曲線は消費者の選好を表すので、その性質は選好を反映する。ここでは、ほとんどの無差別曲線を説明する4つの特性を紹介する。

- **性質1：無差別曲線は、高いほうが低いほうよりも好まれる。** 人は通常、消費量を減らすよりも増やすほうを好む。より多くの量を好むこの傾向は、無差別曲線に反映される。図22-3が示すように、より高い位置にある無差別曲線は、より低い位置にある無差別曲線よりも財の量が多いことを示している。したがって、消費者はより高い位置の無差別曲線を好む。
- **性質2：無差別曲線の傾きは右下がりである。** 無差別曲線の傾きは、消費者が一方の財を他方の財で代替しようとする比率を反映している。ほとんどの場合、消費者は両方の財を好むので、一方の財の量が減った場合、もう一方の財の量が増えなければ、消費者は同じように満足しない。このため、ほとんどの無差別曲線の傾きは右下がりである。
- **性質3：無差別曲線は交わらない。** その理由を説明するために、図22-4のように2つの無差別曲線が交わっていると仮定する。すると、A点はB点と同

図 22-4　無差別曲線は交差不可能

このような状況は決して起こりえない。これらの無差別曲線によれば、C点にはA点よりも多くの財があるにもかかわらず、消費者はA点、B点、C点で同じように満足することになるからである。

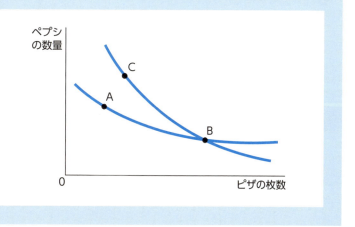

481

じ無差別曲線上にあるため、この2つの点は消費者にとって同じ満足度になる。さらに、B点はC点と同じ無差別曲線上にあるため、この2つの点も消費者にとって同じ満足度になる。しかし、これはC点のほうがどちらの財もより多く保有しているにもかかわらず、A点とC点も消費者にとって同じ満足度となることを意味している。これは、消費者はどちらの財も少ないよりも多いほうを常に好むという仮定と矛盾する。したがって、無差別曲線は交わることがない。

- **性質4：無差別曲線は内側に弓なりに反っている。**無差別曲線の傾きは、限界代替率（消費者が一方の財を他方の財と交換する率）である。限界代替率（MRS）は通常、消費される各財の量に依存する。人々は、たくさん持っている財を取引したがり、少ししか持っていない財を取引したがらないので、無差別曲線はグラフの原点に向かって内側に弓なりに反っている。例として、図22-5を考えてみよう。A点では、コンスエラはペプシをたくさん持っているが、ピザは少ししか持っていない。したがって、彼女は空腹だが喉は渇いていない。ピザ1枚を諦めるには、6リットルのペプシをもらわなければならない。この場合 MRS はピザ1枚につきペプシ6リットルである。対照的に、B点では、コンスエラはペプシを少しとピザをたくさん持っている。したがって彼女は喉が渇いているが、空腹ではない。彼女は1リットルのペプシを得るために進んで1枚のピザを諦めるだろう。したがって、MRS はピザ1枚につきペプシ1リットルである。このように、弓状の無差別曲線は、コンスエラがすでにたくさんあるものを諦める意志を強く反映している。

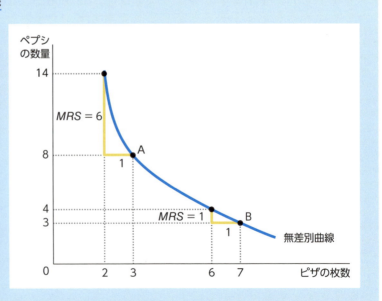

図22-5　弓状の無差別曲線

無差別曲線は通常、弓なりに反っている。この形状は、消費者が現在消費している2つの財の量に限界代替率（MRS）が依存することを意味する。A点において、消費者は少しのピザとたくさんのペプシを持っており、ピザ1枚を諦めさせるためには、たくさんのペプシが必要である。MRS はピザ1枚につきペプシ6リットルである。B点では、消費者はピザをたくさん持っており、ペプシは少ししか持っていない。MRS はピザ1枚につきペプシ1リットルである。

2-3 無差別曲線の2つの極端なケース

無差別曲線の形状は、消費者のある財と他の財を交換する用意を明らかにする。代替が簡単な財どうしであれば、無差別曲線はあまり弓なりにならず、代替が困難な財どうしであれば、無差別曲線は非常に弓なりになる。その理由を知るために、2つの極端なケースを考えてみよう。

完全代替財 誰かがあなたに5セント硬貨と10セント硬貨の組み合わせを差し出したとしよう。あなたなら、それぞれの組み合わせにどのような順位をつけるだろうか。

1つの可能性として、あなたはそれぞれの組み合わせの合計金額のみを気にするだろう。もしそうであれば、あなたは常に10セント硬貨1枚と5セント硬貨2枚を交換する用意がある。あなたの5セント硬貨と10セント硬貨の間の限界代替率は固定した数である。組み合わせの中の5セント硬貨と10セント硬貨の数に関係なく、$MRS = 2$である。

5セント硬貨と10セント硬貨に対するこうした選好を、図22-6のパネル(a)の無差別曲線で表すことができる。限界代替率は一定なので、無差別曲線は直線である。無差別曲線が直線の場合、2つの財は**完全代替財**であるという。

完全代替財
(perfect substitutes)
直線の無差別曲線を持つ2つの財

完全補完財 誰かがあなたに靴の組み合わせを提供したとしよう。あなたの左足に合う靴もあれば、右足に合う靴もある。あなたなら、これらの靴をどのように順位

図 22-6 完全代替財と完全補完財

5セント硬貨と10セント硬貨のように、2つの財が完全に代替可能な場合、パネル(a)に示すように、無差別曲線は直線になる。左の靴と右の靴のように、2つの財が完全に補完的である場合、無差別曲線はパネル(b)のように直角になる。

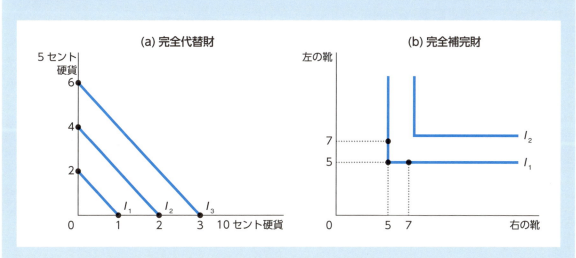

第VII部　さらなる学習のためのトピック

づけするだろうか。

この場合、靴が何足になるかのみを気にするかもしれない。片方ではあまり意味がない。だから、あなたはその組み合わせから何足揃えることができるかで判断する。左の靴が5つ、右の靴が7つの組み合わせからは、5足しか生まれない。

図22-6のパネル（b）の無差別曲線は、このような選好を表している。左の靴が5つ、右の靴が7つの組み合わせは、左の靴が7つ、右の靴が5つの組み合わせと同等の満足度となる。そして、これらはそれぞれ5つずつの組み合わせと等しくなる。無差別曲線は直角である。直角の無差別曲線の場合、2つの財は**完全補完財**であるという。

現実の世界では、ほとんどの財は（5セントと10セントのような）完全代替財でも（右と左の靴のような）完全補完財でもない。完全代替財と完全補完財は極端なケースである。ここで紹介するのは、それらが一般的だからではなく、無差別曲線が消費者の選好をどのように反映するかを説明するためである。ほとんどの財について、無差別曲線は内側に弓なりに反っているが、直角になるほどではない。

完全補完財
(perfect complements)
直角の無差別曲線を持つ2つの財

理解度確認クイズ

3. 無差別曲線上の2点において、次のうち正しいのはどれか。

　a. 消費者の所得は同じである。

　b. 消費者の限界代替率は同じである。

　c. 消費者が財の組み合わせに支払うコストは同じである。

　d. 消費者は財の組み合わせから同じ満足を得られる。

4. 無差別曲線上のどの点においても、曲線の傾きは消費者の何を測っているか、以下のうちから選びなさい。

　a. 所得

　b. ある財と他の財との交換用意

　c. 2つの財を代替財または補完財として認識すること

　d. 需要の弾力性

➡（解答は章末に）

---

3 最適化：消費者は何を選択するのか

消費者選択理論の構成要素である（消費者が何を買えるかを示す）予算制約線と（消費者が何を望むかを示す）選好が揃った。これらを組み合わせて、消費者が何を選択するかを見てみよう。

3-1 消費者の最適選択

再び、ピザとペプシの消費者であるコンスエラを考えてみよう。彼女は、ピザとペプシの最良の組み合わせ、つまり可能な限り高い無差別曲線上の組み合わせを達成したい。しかし、支出はコンスエラの所得によって制限されているので、彼女が利用可能な総資源を示す予算制約線上か、それ以下で終わらなければならない。

484

図22-7は、コンスエラの予算制約線と3つの無差別曲線を示している。彼女が到達できる最も高い無差別曲線（図ではI_2）は、予算制約線にちょうど接している。この無差別曲線と予算制約線が接する点が**最適点**（optimum）である。コンスエラはA点を好むが、その財の組み合わせは彼女の予算制約線よりも上にあるため、彼女はその財の組み合わせを買うことができない。彼女はB点を買うことができるが、その財の組み合わせはより無差別曲線が低い位置にあるため、満足度はより低くなる。最適点は、コンスエラが買えるピザとペプシの最良の組み合わせを表している。

最適点では、無差別曲線の傾きは予算制約線の傾きに等しい。このとき、無差別曲線は予算制約線に接しているという。無差別曲線の傾きは、ピザとペプシの間の限界代替率であり、予算制約線の傾きは、ピザとペプシの相対価格である。これは以下の重要な結論につながる。**消費者は、限界代替率が相対価格に等しくなるように、2つの財の量を選択する。**

第7章では、市場価格が消費者の財に対する限界価値をどのように反映しているかについて述べた。この消費者選択の分析は、別の方法で同じ結果を示している。コンスエラは消費を選択する際、2つの財の相対価格を所与のものとし、限界代替率がこの相対価格と等しくなるような最適な財の組み合わせを選択する。相対価格とは、市場が一方の財を他方の財と交換しようとする率であり、限界代替率とは、消費者が一方の財を他方の財と交換しようとする率である。最適点では、コンスエラの2つの財の評価（限界代替率で測られたもの）と、市場の評価（相対価格で測られたもの）は等しくなる。別の言い方をすれば、消費者が最適化するとき、市場における財の相対価格は、消費者のそれらの財に対する相対的価値を反映している。

図22-7　消費者の最適点

消費者は、最も高い無差別曲線上にある予算制約線上の点を選択する。ここで、消費者が到達できる最も高い無差別曲線はI_2である。消費者は、無差別曲線I_3上にあるA点を好むが、このピザとペプシの組み合わせを買う余裕はない。対照的に、B点は購入可能であるが、より低い無差別曲線上にあるため、消費者はそれを好まない。最適点では、限界代替率（MRS）は2つの財の相対価格に等しい。

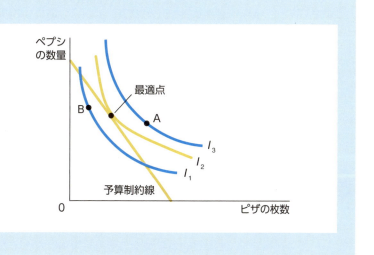

効用：選好と最適化を表すもう1つの方法

消費者の選好を表すのに無差別曲線を利用した。選好を表すもう1つの一般的な方法は、**効用**（utility）という概念である。効用とは、消費者が財の組み合わせから受ける満足感や幸福感を抽象的に表したものである。経済学者は、ある財の組み合わせが他の財よりも多くの効用を提供する場合、消費者は他の財よりもその組み合わせを好むという。

無差別曲線と効用は密接に関連している。消費者はより高い無差別曲線上の点を好むので、より高い無差別曲線上の財の組み合わせはより高い効用を提供する。消費者は、同じ無差別曲線上のすべての点で等しく満足するので、これらの組み合わせはすべて同じ効用をもたらす。無差別曲線は「等効用」曲線と考えることができる。

あらゆる財の**限界効用**（marginal utility）は、消費者がその財を1単位追加することによって得られる効用の増加である。ほとんどの財は、**限界効用の逓減**（diminishing marginal utility）を示すと仮定される。消費者がすでに持っている財が多ければ多いほど、その財の追加単位から得られる限界効用は低くなる。

2財間の限界代替率は、その限界効用に依存する。たとえば、財Xの限界効用が財Yの限界効用の2倍である場合、人はXを1単位失うことを補うためにYを2単位必要とし、限界代替率は2に等しくなる。より一般的には、限界代替率（および無差別曲線の傾き）は、一方の財の限界効用を他方の財の限界効用で割ったものに等しい。

効用分析は、消費者の最適化を説明する別の方法である。消費者の最適点では、限界代替率は価格比に等しいことを思い出そう。つまり、

$$MRS = P_X / P_Y$$

である。限界代替率は限界効用の比に等しいので、この最適化条件は次のように書ける。

$$MU_X / MU_Y = P_X / P_Y$$

この式を並べ替えると、次のようになる。

$$MU_X / P_X = MU_Y / P_Y$$

この方程式は解釈が簡単である。最適点では、X財に費やされた1ドル当たりの限界効用は、Y財に費やされた1ドル当たりの限界効用と等しくなる。もしこの等式が成り立たなければ、消費者は1ドルあたりの限界効用の低い財への支出を減らし、1ドルあたりの限界効用の高い財への支出を増やすことで、効用を増やすことができる。

経済学者が消費者選択について議論するとき、時には異なる言葉を用いて理論を表現する。ある経済学者は、消費者の目標は効用を最大化することだと言うかもしれない。別の経済学者は、消費者の目標は可能な限り高い無差別曲線上にあることだと言うかもしれない。前者は、消費者の最適点では、1ドルあたりの限界効用はすべての財で同じであると結論づけるだろう。一方、後者は、最適点を無差別曲線が予算制約線に接する点と表現するだろう。これらは同じことを2つの方法で述べているのである。

3-2 所得の変化が消費者の選択に与える影響

次に、コンスエラの消費決定が所得の変化にどのように反応するかを見てみよう。具体的には、彼女の所得が増加したとする。これまで見てきたように、所得の増加は、図22-8のように、予算制約線の外側への平行なシフトをもたらす。2つの財の相対価格は変化していないので、新しい予算制約線の傾きは、初期の予算制約線の

傾きと同じである。

　予算制約線の拡大により、コンスエラは、ピザとペプシのより望ましい組み合わせを反映して、より高い無差別曲線に達することができる。予算制約線のシフトとコンスエラの選好を考えると、彼女の最適点は、「初期の最適点」とラベル付けされた点から「新しい最適点」とラベル付けされた点に移動する。

　図22-8では、コンスエラは当初より多くのペプシとピザの消費を選択している。このモデルの論理では、所得の増加に応じて両方の財の消費が増加する必要はないが、この状況はごくありふれたものである。第4章で議論したように、消費者の所得が増加したときに財をより多く求める場合、経済学者はそれを正常財と呼ぶ。図22-8の無差別曲線は、ピザとペプシが両方とも正常財であると仮定して描かれている。

> **正常財**
> (normal good)
> 所得の増加によって需要量が増加する財

　図22-9は、所得の増加によってコンスエラがピザをより多く買うようになるが、ペプシをより少なく買うようになった例を示している。所得が増えると、消費者が買う財が減る場合、経済学者はそれを下級財と呼ぶ。図22-9は、ピザが正常財、ペプシが下級財であると仮定して描かれている。

> **下級財**
> (inferior good)
> 所得の増加によって需要量が減少する財

　世の中のほとんどの財は正常財だが、中には下級財もある。たとえば、バスの乗車である。所得が増えるにつれて、消費者は車を所有したりタクシーを利用したりするので、バスにあまり乗車しなくなる。したがって、バスの乗車は下級財である。

3-3　価格の変化が消費者の選択に与える影響

　では、この消費者選択のモデルを使って、ある財の価格が変わるとコンスエラの選択がどのように変わるかを考えてみよう。

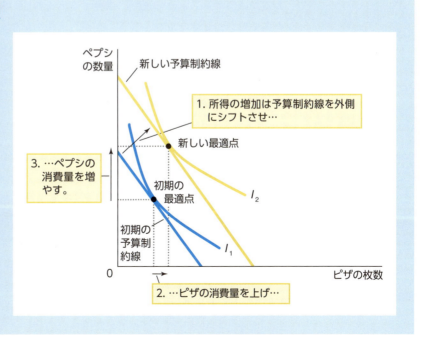

図22-8　所得の増加

消費者の所得が増加すると、予算制約線が外側にシフトする。両方の財が正常財である場合、消費者は所得の増加に対応して、両方の財をより多く買う。ここでは、消費者はピザもペプシも両方ともより多く購入する。

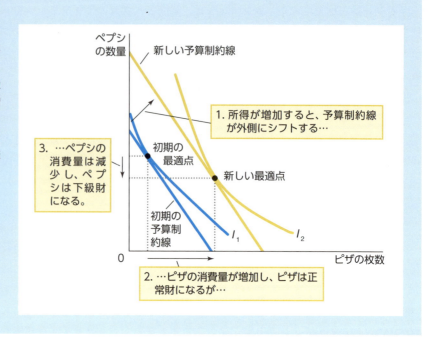

図22-9　下級財

消費者の所得が増加したときに、その財の購入量が少なくなれば、その財は下級財になる。ここで、ペプシは下級財である。消費者の所得が増加し、予算制約線が外側にシフトすると、消費者はピザをより多く買うが、ペプシの購入はより少なくなる。

ペプシの価格が下落したとしよう。先に述べたように、どちらかの財の価格の下落は、予算制約線を外側にシフトさせ、2つの財の相対価格を変えることによって、予算制約線の傾きも変える。図22-10は、ペプシの価格の下落が、どのように予算制約線を回転させ、最適点を変化させるのかを示している。

このような予算制約線の変化によって、購入する2つの財の数量がどのように変わるかは、コンスエラの選好に依存する。この図の無差別曲線では、彼女はペプシを多く買い、ピザを少なく買う。しかし、他の結果の無差別曲線を描くには、ほんの少しの創造性が必要である。消費者は、ペプシの値段が安くなれば、両方の財をより多く買うことで適切に反応することもできる。

3-4　所得効果と代替効果

財の価格変化が購入数量に与える影響は、所得効果と代替効果の2つに分解できる。消費者が価格変化に反応するとき、両方の効果が働いている。

ペプシの価格が下がったことを知ったとき、コンスエラがどのように反応するかを考えてみよう。彼女には2つの考えが浮かぶかもしれない。

- 「素晴らしいニュース！　ペプシが安くなった今、私の所得に購買力が増した。私は事実上、前より金持ちになった。金持ちになったので、ピザもペプシももっと買えるわ」（これが所得効果である）。

- 「ペプシの値段が安くなったので、ピザを1枚買うごとにペプシを1リットル買うことができる。ピザの値段が相対的に高くなったのだから、ピザを減らし

所得効果
(income effect)
価格変化によって消費者がより高い無差別曲線またはより低い無差別曲線に移動したときに生じる消費の変化

代替効果
(substitution effect)
価格変化によって消費者が与えられた無差別曲線に沿って、新しい限界代替率を持つ点まで移動したときに生じる消費の変化

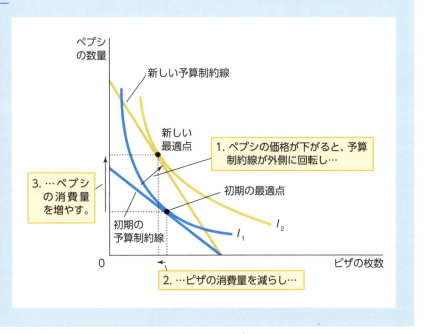

図 22-10　価格の変化

ペプシの価格が下がると、消費者の予算制約線は外側にシフトし、傾きが変わる。消費者は、初期の最適点から新しい最適点に移動し、ピザとペプシの両方の購入量が変化する。この場合、ペプシの消費量は増加し、ピザの消費量は減少する。

てペプシを買うべきだわ」（これが代替効果である）。

　どちらの考えも理にかなっている。ペプシの値段が下がることで、コンスエラはより豊かになった。ピザもペプシも正常財であれば、彼女は購買力の増加を両方の財に分散させたいと思うだろう。この所得効果は、彼女にもっとピザとペプシを買わせる傾向がある。しかし同時に、（ペプシを諦めた分の）ピザの機会費用は上昇し、（ピザを諦めた分の）ペプシの機会費用は下落している。この代替効果によって、コンスエラはピザを減らし、ペプシを増やす傾向にある。

　では、この2つの効果が同時に起こった場合の結果を考えてみよう。コンスエラは、所得効果と代替効果の両方がペプシの消費を増やすように働くので、確かにペプシをより多く買う。しかし、ピザの場合、所得効果と代替効果は正反対の方向に働く。その結果、コンスエラがピザをより多く買うか、より少なく買うかは明らかではない。所得効果と代替効果の大きさによって、結果はどちらにも転ぶ可能性がある。表22-1は、これらの結論をまとめたものである。

　所得効果と代替効果は、無差別曲線を用いて解釈することができる。**所得効果とは、新しい無差別曲線への移動によって生じる消費の変化である。代替効果とは、同じ無差別曲線上の異なる限界代替率を持つ新しい点に移動することによって生じる消費の変化である。**

　図22-11は、コンスエラの意思決定の変化を所得効果と代替効果に分ける方法を示している。ペプシの価格が下がると、彼女は初期の最適点であるA点から新しい最適点のC点に移動する。まず、コンスエラは、初期の無差別曲線I_1に沿って、A

表22-1　ペプシの価格が下落した場合の所得効果と代替効果

財	所得効果	代替効果	総効果
ペプシ	消費者は豊かになったので、ペプシをもっと買う。	ペプシは相対的に安いので、消費者のペプシを買う量が増える。	所得効果と代替効果は同じ方向に働くので、消費者はペプシをより多く買う。
ピザ	消費者は豊かになったので、ピザをもっと買う。	ピザは相対的に高いので、消費者のピザを買う量が減る。	所得効果と代替効果は相反する方向に動くため、ピザの消費に対する総効果は確定しない。

図22-11　所得効果と代替効果

価格変化の効果は、所得効果と代替効果に分けることができる。無差別曲線に沿って、限界代替率の異なる点へ移動する効果である代替効果は、無差別曲線 I_1 上のA点からB点への変化である。より高い無差別曲線へのシフトである所得効果は、無差別曲線 I_1 上のB点から無差別曲線 I_2 上のC点への変化である。

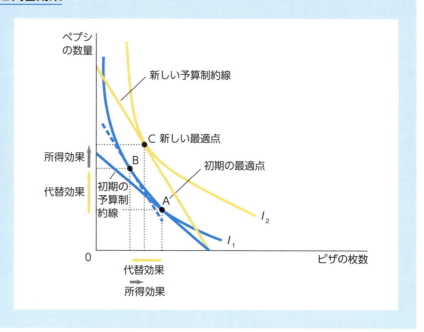

点からB点へと移動する。彼女はこれら2つの点で同じように満足しているが、B点では限界代替率が新しい相対価格を反映している（B点を通る破線は、新しい予算制約線に平行で、新しい相対価格を反映している）。次に、コンスエラは、B点からC点に移動することで、より高い無差別曲線 I_2 にシフトする。B点とC点は異なる無差別曲線上にあるが、それらの限界代替率は同じである。つまり、B点の無差別曲線 I_1 の傾きは、C点の無差別曲線 I_2 の傾きに等しい。

コンスエラが実際にB点を選択することはないが、この仮定の点は、彼女の決定を左右する2つの効果を明確にするのに便利である。A点からB点への変化は、コンスエラの厚生に変化を与えることなく、純粋に限界代替率を変化させることを意

味する。そして、B点からC点への変化は、限界代替率の変化を伴わない純粋な厚生変化を表している。A点からB点への動きは代替効果を示し、B点からC点への動きは所得効果を示す。

3-5 需要曲線の導出

ある財に対する消費者の需要曲線は、ある価格における需要量を表す。要するに、需要曲線は消費者の予算制約線と選好から生じる最適な決定を要約したものである。

たとえば、図22-12はコンスエラのペプシの需要を考えている。パネル(a)は、1リットルの価格が2ドルから1ドルに下がると、彼女の予算制約線が外側にシフトすることが示されている。所得効果と代替効果の両方によって、彼女はペプシの購入量を250リットルから750リットルに増やす。パネル(b)は、これらの決定から生じる需要曲線を示している。このように、消費者選択の理論は、個人の需要曲線の理論的基礎を提供する。

需要曲線が消費者選択の理論から自然に生じることを知れば安心できるかもしれないが、この議論はそれだけでは消費者選択の理論の発展を正当化するものではない。人々が価格変化に反応することを立証するためだけに、厳密な分析的枠組みは必要ない。しかし、消費者選択の理論は、次節で述べるように、人々が生活を営む上で行うさまざまな意思決定を研究する上で有用である。

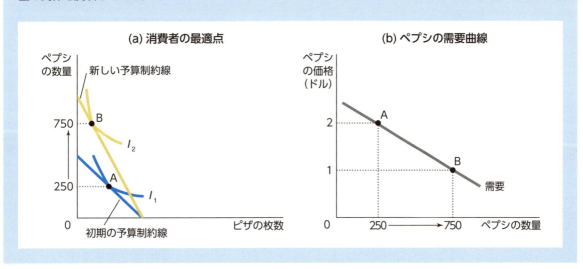

図 22-12　需要曲線の導出

パネル(a)は、ペプシの価格が2ドルから1ドルに下がると、消費者の最適点がA点からB点に移動し、ペプシの消費量が250リットルから750リットルに増えることを示している。パネル(b)の需要曲線は、この価格と需要量の関係を反映している。

第Ⅶ部　さらなる学習のためのトピック

理解度確認クイズ

5. バートとリサの両者はシャツと帽子の市場で最適化を行う消費者であり、シャツに100ドル、帽子に50ドルを支払う。バートはシャツを8枚、帽子を4個買い、リサはシャツを6枚、帽子を12個買う。この情報から、バートの限界代替率はシャツ1枚につき帽子＿＿＿個であり、リサの限界代替率はシャツ1枚につき帽子＿＿＿個であると推測できる。

   a. 2 ― 1
   b. 2 ― 2
   c. 4 ― 1
   d. 4 ― 2

6. マギーは両方とも正常財であるピーナッツバターとゼリーを買う。ピーナツバターの価格が上昇す

ると、所得効果はマギーに＿＿＿ピーナツバターと＿＿＿ゼリーを買わせる。

   a. より多い ― より多い
   b. より多い ― より少ない
   c. より少ない ― より多い
   d. より少ない ― より少ない

7. ネッドはワインとパンを買う。ワインの価格が上昇すると、代替効果によりネッドは＿＿＿ワインと＿＿＿パンを買う。

   a. より多い ― より多い
   b. より多い ― より少ない
   c. より少ない ― より多い
   d. より少ない ― より少ない

➡（解答は章末に）

4　3つの応用

　さて、消費者選択の基本理論を構築したところで、それを使って経済の仕組みに関する3つの問題を考えてみよう。

4-1　すべての需要曲線の傾きは右下がりか

　通常、財の価格が上昇すると、人々はその財をあまり買わなくなる。この典型的な行動は**需要の法則**（law of demand）と呼ばれ、需要曲線の傾きが右下がりであることに反映される。

　しかし、経済理論上、需要曲線が右上がりになる場合もある。言い換えれば、消費者は時として需要の法則に反し、価格が上昇するとその財を**より多く**買うことがある。これがどのように起こりうるかを見るために、図22-13を考えてみよう。この例では、コンラッドという消費者が肉とジャガイモの2つの財を買っている。当初、彼の予算制約線はA点からB点までの線であり、最適点はC点である。ジャガイモの価格が上昇すると、彼の予算制約線は内側にシフトし、A点からD点への線となり、彼の最適点はE点に移動する。ジャガイモの価格上昇により、コンラッドはより多くのジャガイモを購入する。

　なぜコンラッドはこのような変わった反応をするのだろうか。この例では、肉は正常財だが、ジャガイモは超下級財である。つまり、ジャガイモは、コンラッドの所得が上がると買う量が減り、所得が下がると買う量が増える財である。図22-13では、ジャガイモの価格が上昇すると、コンラッドはより低い無差別曲線に移動するという意味で、より貧しくなる。コンラッドはより貧しくなるため、所得効果によって、肉（正常財）をより少なく、ジャガイモ（下級財）をより多く買いたくなる。

492

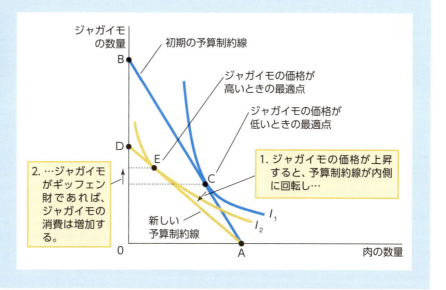

図22-13　ギッフェン財

この例では、ジャガイモの価格が上昇すると、消費者の最適点はC点からE点にシフトする。この場合、消費者はジャガイモの価格が高くなると、肉を減らしジャガイモを買う。

同時に、ジャガイモは肉に比べて高価になったため、代替効果によってコンラッドは肉をもっと買い、ジャガイモをあまり買わなくなる。所得効果と代替効果は反対方向に働くことに注意したい。この例のように、所得効果が代替効果よりも大きければ、コンラッドは肉の購入量を減らし、ジャガイモの購入量を増やすことで、ジャガイモの価格上昇に対応する。

経済学者は、需要の法則に反する財を説明するために**ギッフェン財**という用語を使用している。この用語は、この可能性を最初に指摘した経済学者ロバート・ギッフェン（Robert Giffen、1837〜1910）にちなんで名付けられた。この例では、ジャガイモがギッフェン財である。ギッフェン財とは、所得効果が代替効果を上回る下級財である。したがって、需要曲線の傾きは右上がりになる。

…… **ギッフェン財**
（Giffen good）
価格の上昇によって需要量が増加する財

ケーススタディ　ギッフェン財を探して

実際にギッフェン財が観察されたことはあるのだろうか。19世紀のアイルランドのジャガイモ飢饉の際には、ジャガイモがギッフェン財であったと指摘する歴史家もいる。ジャガイモは人々の食生活の大部分を占めていたため、ジャガイモの価格が上昇すると、その変化は大きな所得効果をもたらした。人々は生活水準の低下に対応するため、ぜいたく品である肉を減らし、主食であるジャガイモをより多く購入した。そのため、ジャガイモの価格が上がると、実際にジャガイモの需要量が増えたと主張されることもある。

2008年に『アメリカン・エコノミック・レビュー』に掲載されたロバート・ジェンセン（Robert Jensen）とノーラン・ミラー（Nolan Miller）の研究は、ギッフェ

第Ⅶ部 さらなる学習のためのトピック

財の存在についてより具体的な証拠を提示した。この2人の経済学者は、中国の湖南省で5か月間の実証実験を行った。無作為に抽出された世帯に、その地域の食生活の主食である米の購入補助券を渡し、米の消費が価格の変化にどう反応するかを調査した。その結果、多くの貧困世帯がギッフェン行動をとっていることが明らかになった。補助券で米の価格を下げると、これらの世帯は米の消費を減らし、補助券をなくすと逆の結果になった。ジェンセンとミラーは、「われわれの知る限り、これはギッフェン行動の最初の厳密な実証的証拠である」と書いている。

このように、消費者選択の理論では、需要曲線の傾きが右上がりになることが可能であり、実際にそのような変わった現象が起こることもある。その結果、第4章で紹介した需要の法則は完全には当てにならない。しかし、ギッフェン財はまれな現象であると言ってよいだろう。

4-2 賃金は労働供給にどう影響するか

消費者選択の理論は、人々が所得をどのように配分するかだけでなく、どのように時間を配分するかを分析するためにも利用することができる。多くの人々は、時間の一部を余暇に費やし、消費するための財やサービスを買うために働く。時間配分の問題の本質は、余暇と消費のトレードオフである。

フリーランスのソフトウェアデザイナー、ジャスミンを考えてみよう。彼女は週に100時間起きている。そのうちの何時間かは、マインクラフトで遊んだり、『バチェラー』を見たり、この教科書を読んだりして余暇を楽しんでいる。残りの時間はソフトウェアの開発に費やす。彼女は1時間コーディングするごとに50ドル稼ぎ、それを家賃、食費、音楽ダウンロード、その他の消費財に使う。彼女の時給50ドルは、ジャスミンが直面する余暇と消費のトレードオフを反映している。1時間の余暇を諦めるごとに、彼女は1時間多く働き、50ドルの消費を得る。

図22-14はジャスミンの予算制約線を示している。100時間すべてを余暇に費やすと、消費はゼロである。100時間すべてを仕事に費やすと、1週間の消費は5,000ドルだが、余暇を過ごす時間はない。週40時間働いた場合、60時間の余暇を楽しみ、1週間の消費は2,000ドルである。

図22-14には、消費と余暇に対するジャスミンの選好が無差別曲線で表されている。ここで、消費と余暇は、ジャスミンが選択する2つの「財」である。ジャスミンは常に、より多くの余暇とより多くの消費を好むので、低い無差別曲線上の点よりも高い無差別曲線上の点を好む。時給50ドルで、ジャスミンは「最適点」とラベル付けされた点で表される消費と余暇の組み合わせを選択する。最適点とは、ジャスミンが可能な限り高い無差別曲線 I_2 に到達する予算制約線上の点である。

次に、ジャスミンの時給が50ドルから60ドルに上昇した場合を考えてみよう。図22-15は、2つの起こりうる結果を示している。どちらの場合も、左のグラフに示される予算制約線は、BC_1 から BC_2 へと外側にシフトする。その過程で、各予算制約線は、相対価格の変化を反映して急になる。賃金がさらに高くなると、ジャス

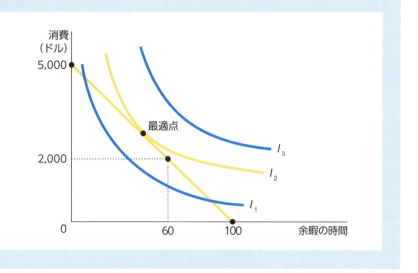

図22-14　仕事と余暇の決定

この図は、労働量を決めるためのジャスミンの予算制約線、消費と余暇に関する彼女の無差別曲線、そして最適点を示している。

ミンは余暇を1時間諦める代わりに、消費をより多く獲得できる。

　無差別曲線で表されるジャスミンの選好は、消費と余暇に関する選択が賃金上昇にどのように反応するかを決定する。どちらのパネルでも、消費は上昇する。しかし、賃金の変化に対する余暇の反応は、2つのケースで異なる。パネル(a)では、ジャスミンは余暇を少し諦めることで、高くなった賃金に反応する。パネル(b)では、余暇をよりたくさん楽しむことで、反応している。

　ジャスミンが余暇と消費のどちらを選ぶかの決定は、彼女の労働供給を決定する。図22-15の各パネルにおいて、右側のグラフはジャスミンの決定が意味する労働供給曲線を示している。パネル(a)では、賃金が高いほど、ジャスミンは余暇をさらに諦め、その代わりより多く働くようになるため、労働供給曲線の傾きは右上がりになる。パネル(b)では、賃金が高いほど、ジャスミンは余暇を大いに楽しみ、あまり働かなくなるので、労働供給曲線の傾きは後ろ向き（右下がり）になる。

　まず、後ろ向き（右下がり）の傾きの労働供給曲線は不可解である。なぜ人は賃金が上がると労働を減らして対応するのだろうか。その答えは、賃金が上昇した場合の所得効果と代替効果を考えればわかる。

　まず、代替効果を考えてみよう。ジャスミンの賃金が上昇すると、余暇は消費に比べて割高になり、ジャスミンは余暇から消費へと代替するようになる。言い換えれば、代替効果は、賃金の上昇に応じてジャスミンがさらに働くように誘導し、労働供給曲線の傾きが右上がりになる傾向がある。

　次に所得効果を考えてみよう。ジャスミンの賃金が上昇すると、彼女はより高い無差別曲線に移動し、以前よりも裕福になる。消費と余暇の両方が正常財である限り、ジャスミンは、より高い消費とより多くの余暇の両方を楽しむために、増加した幸福な状態を使いたいと思うだろう。言い換えれば、所得効果は彼女の労働を減少させ、労働供給曲線の傾きを後ろ向き（右下がり）にする傾向がある。

図 22-15 賃金の上昇

この図の2つのパネルは、ある人が賃金の上昇にどのように反応するかを示している。左側のグラフは、消費者の最初の予算制約線BC_1と新しい予算制約線BC_2、および消費と余暇に関する消費者の最適な選択を示している。右側のグラフは、結果として得られる労働供給曲線を示している。労働時間は、利用可能な総時間から余暇の時間を引いたものに等しいので、余暇の変化は、労働供給量の逆の変化を意味する。パネル(a) では、賃金が上昇すると消費は増加し、余暇は減少するため、労働供給曲線の傾きは右上がりである。パネル(b) では、賃金が上昇すると、消費も余暇も上昇し、労働供給曲線の傾きは後ろ向き (右下がり) である。

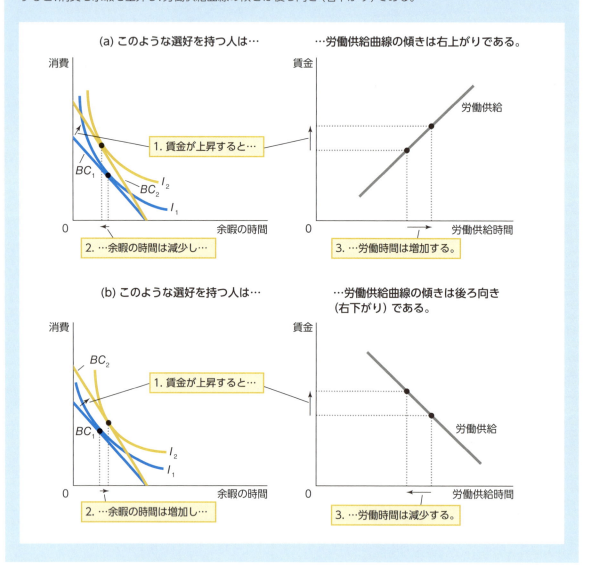

　　結局のところ、経済理論は、賃金の上昇がジャスミンの労働を増やすか減らすかについて、明示していない。代替効果が所得効果を上回れば、ジャスミンはより多く働く。所得効果が代替効果を上回れば、労働量は減る。したがって、労働供給曲線の傾きは、右上がりにもなるし、後ろ向き（右下がり）にもなりうる。

　　さらに、労働供給曲線の傾きはすべての賃金で同一である必要はない。たとえば、

図 22-16　後方屈曲型労働供給曲線

低賃金では代替効果が所得効果を上回るため、労働供給曲線の傾きは右上がりになる。しかし、賃金が上昇すると、所得効果が代替効果を上回るようになり、労働供給曲線の傾きは後方に屈曲する。

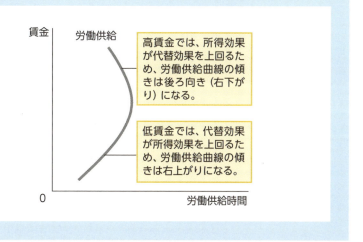

高賃金では、所得効果が代替効果を上回るため、労働供給曲線の傾きは後ろ向き（右下がり）になる。

低賃金では、代替効果が所得効果を上回るため、労働供給曲線の傾きは右上がりになる。

人の選好によっては、低賃金では代替効果が所得効果を上回り、高賃金では所得効果が代替効果を上回ることもありうる。この場合、図22-16のように、労働供給曲線は最初右上がりの傾きになっているが、賃金が上昇するにつれて後方に屈曲していく。

ケーススタディ　労働供給における所得効果：歴史的趨勢、宝くじの当選者、カーネギーの仮説

労働供給曲線の傾きが後ろ向き（右下がり）になるという考えは、単なる机上の空論ではない。その証拠に、労働供給曲線の傾きは長期的に見ると、実際には後ろ向き（右下がり）になっている。100年前、人々の多くは週6日働いていた。今日では週5日労働が普通である。週の労働時間が減少する一方で、（インフレ調整後の）一般的な労働者の賃金は上昇している。

経済学者はこの歴史的パターンをこう説明する。時が経つにつれて、技術の進歩は労働者の生産性を高め、労働需要を増加させる。この労働需要の増加により、均衡賃金は上昇する。賃金が上昇すれば、労働に対する報酬も上昇する。しかし、ほとんどの労働者は、このインセンティブ上昇に対応してより多く働くのではなく、余暇を増やすことでより豊かな生活を享受する。つまり、賃金上昇による所得効果が代替効果を上回っているのである。

労働供給に対する強力な所得効果のさらなる証拠は、宝くじの当選者という非常に異なる種類のデータから得られる。宝くじの高額当選者は所得が大幅に増加し、その結果、予算制約線が外側に大きくシフトする。しかし、当選者の賃金は変化していないので、彼らの予算制約線の傾きは変わらない。したがって、代替効果は存在しない。宝くじ当選者と、宝くじを買ったが落選した人を比較することで、研究

第Ⅶ部　さらなる学習のためのトピック

者は労働供給に対する所得効果を分離することができる。

シカゴ大学の4人の経済学者による2021年の研究で、まさにそのような結果が出た。賞金が1ドル増えるごとに、税引き後の労働総収入は40セント減少する。言い換えれば、賞金の40%は余暇を増やすために使われ（あるいはもっと楽で低賃金の仕事に転職するために使われるかもしれない）、60%は財やサービスの消費を増やすために使われるのである。たとえば、通常の定年退職年齢に近い人の場合、宝くじ当選者は宝くじ落選者よりも早期退職する可能性が高い。研究者らはまた、宝くじ当選前の所得が高い世帯ほど、余暇への効果が大きく、消費への効果は小さいと報告している。労働供給に対する所得効果は、特に最も恵まれた人の間で、かなり大きいようである。

これらの発見は、19世紀の実業家アンドリュー・カーネギー（Andrew Carnegie）にとって驚くことではなかっただろう。カーネギーは著書『富の福音』の中で、「息子に莫大な富を残す親は、一般的に息子の才能とエネルギーを枯渇させ、莫大な富を残さなかった場合よりも、役に立たず価値のない人生を送るよう誘惑する」と警告している。つまり、カーネギーは、所得が労働供給に与える影響は大きく、父権主義的な観点からすれば、残念なことだと考えていたのである。だからこそ、カーネギーは生前も死後も、莫大な財産の多くを慈善事業に寄付したのであろう。

4-3 金利は家計の貯蓄にどう影響するか

すべての人が直面する重要な決定は、今日どれだけの収入を消費し、将来のためにどれだけの貯蓄をするかということである。この意思決定を分析するために、消費者選択の理論を使うことができる。その際、人々が貯蓄する額が、貯蓄によって得られる金利にどのように依存するかを検証する。

定年退職を計画している労働者、ライダーが直面している決断について考えてみよう。簡単化のために、ライダーの人生を2期に分ける。最初の期では、ライダーは若く、働いている。2期目は、年老いて引退した状態である。若いとき、ライダーは10万ドルを稼ぐ。この収入を現在の消費と貯蓄に分ける。年老いたライダーは、貯蓄から得られる利子を含めて貯蓄分を消費する。

「若いときの消費」と「年をとったときの消費」は、ライダーがどちらかを選択しなければならない2つの財とみなすことができる。金利はこの2つの財の相対価格を決定する。金利が10%だとする。そうすると、ライダーは若いときに1ドル貯めるごとに、年をとったときに1.10ドル消費できることになる。

図22-17はライダーの予算制約線を示している。貯蓄をまったくしない場合、若いときに10万ドルを消費し、老後は何も消費しない。すべてを貯蓄した場合、若いときには何も消費せず、年老いたときには11万ドルを消費する。予算制約線は、この2つの組み合わせのすべての可能性を示している。

図22-17には、ライダーの2期間の消費に対する選好が無差別曲線で表されている。彼は、人生の両期間においてより多くの消費を好むので、より高い無差別曲線

498

図22-17 消費と貯蓄の決定

この図は、人生の2つの期間にどれだけ消費するかを決める人の予算制約線、選好を表す無差別曲線、そして最適点を示している。

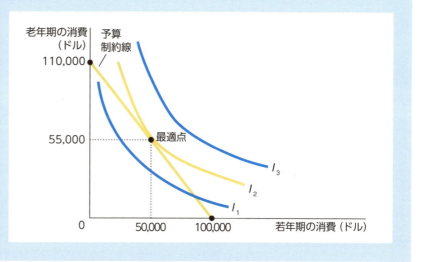

上の点を、より低い無差別曲線上の点よりも好む。彼の選好を考慮すると、ライダーは、2期間における消費の最適な組み合わせを選択し、それは、可能な限り高い無差別曲線上にある予算制約線上の点である。この最適点では、ライダーは若いときに5万ドルを消費し、年をとったときに5万5,000ドルを消費する。

ここで、金利が10%から20%に上昇した場合のことを考えてみよう。図22-18は2つの可能性を示している。どちらの場合も、予算制約線は外側にシフトし、急な傾きになる。新たな金利がより高い場合、ライダーは、若いときに諦めた消費1ドルに対して、年をとったときにより多くの消費を得る。

2つのパネルは、ライダーの選好が異なる場合の結果を示している。どちらのケースでも、老年期の消費は増加する。しかし、若い時の消費は2つのケースで異なる反応を示す。パネル(a)では、ライダーは金利の上昇に対応し、若い時の消費を減らしている。パネル(b)では、ライダーは若い時の消費を増やすことで対応している。

ライダーの貯蓄は、所得から若い時の消費を差し引いたものである。パネル(a)では、金利が上昇すると若い時の消費が減少するため、貯蓄は増加する。パネル(b)では、金利が上昇すると若い時の消費が増加するため、貯蓄は減少する。

パネル(b)のケースは不思議に思えるかもしれない。ライダーは貯蓄に対する利潤の増加に反応して貯蓄を減らすからである。高金利の所得効果と代替効果を考慮することで、この行動を理解することができる。

まず、代替効果について考えてみよう。金利が上昇すると、老年期の消費は若年期の消費に比べて相対的にコストが低くなる。したがって、代替効果は、ライダーが老年期の消費を増やし、若年期の消費を減らすように誘導する。言い換えれば、代替効果はライダーに貯蓄を増やすよう誘導する。

次に所得効果を考えてみよう。金利が上昇すると、ライダーはより高い無差別曲

線に移る。若いときの消費と年をとったときの消費がともに正常財であるならば、ライダーはどちらの時期においても、増加した幸福度を利用してより多くの消費をしたいと考えるだろう。言い換えれば、所得効果によって、彼は貯蓄を減らすことになる。

この結果は、所得効果と代替効果の両方に依存する。金利が高くなることによる代替効果が所得効果を上回れば、ライダーはより多く貯蓄する。所得効果が代替効果を上回れば、ライダーの貯蓄はより少なくなる。消費者選択の理論によれば、金利の上昇は貯蓄を促進することも、抑制することもできる。

この曖昧な結果は、経済理論的には興味深いものであるが、経済政策的には残念なものとなる。租税政策における重要な問題は、貯蓄が金利にどのように反応するかという点にある。一部のエコノミストは、利子やその他の資本所得に対する課税の軽減を提唱しており、そのような政策変更は貯蓄者が得ることのできる税引き後利子率を引き上げ、人々の貯蓄を促すと主張している。また、所得効果や代替効果が相殺されるため、そのような税制変更は貯蓄を増加させないどころか、貯蓄を減少させる可能性さえあると主張する者もいる。残念ながら、この研究成果は合意には至っていない。貯蓄を増やすことを目的とした税制の変更が、実際に意図した効果をもたらすかどうかについては、依然として意見が分かれている。

図 22-18　金利上昇

どちらのパネルでも、金利の上昇は予算制約線を外側にシフトさせる。パネル(a) では、若年期の消費は減少し、老年期の消費は増加する。その結果、若年期の貯蓄が増加する。パネル(b) では、両期間とも消費は増加する。その結果、若年期の貯蓄は減少する。

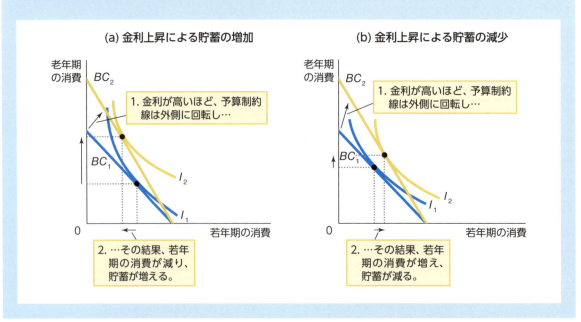

第22章　消費者選択の理論

理解度確認クイズ

8. バーンズ氏はロブスターとチキンしか買わない。ロブスターは正常財であり、チキンは下級財である。ロブスターの価格が上昇したとき、バーンズ氏はどうするか。

   a. 両方の財の購入量を減らす。

   b. ロブスターの購入量を増やし、チキンの購入量を減らす。

   c. ロブスターの購入量を減らし、チキンの購入量を増やす。

   d. ロブスターの購入量は減らすが、チキンの購入量についてはわからない。

9. パスタの値段が上がったとき、エドナがより多くのパスタを買うとすれば、エドナにとっては、次のように推測できる。

   a. パスタは、所得効果が代替効果を上回る正常財である。

   b. パスタは、代替効果が所得効果を上回る正常財である。

   c. パスタは、所得効果が代替効果を上回る下級財である。

   d. パスタは、代替効果が所得効果を上回る下級財である。

10. モードの労働供給曲線の傾きが右上がりの場合、正しいのは次のうちどれか。

    a. 余暇は正常財である。

    b. 消費は正常財である。

    c. 余暇に対する所得効果が代替効果を上回る。

    d. 余暇に対する代替効果が所得効果を上回る。

11. 定年退職のために貯蓄をしている労働者シーモアにとって、若年期の消費と老年期の消費はどちらも正常財である。金利が低下したとき、シーモアの老後の消費はどうなるだろうか。

    a. 間違いなく増える。

    b. 確実に減る。

    c. 代替効果が所得効果を上回った場合にのみ増加する。

    d. 代替効果が所得効果を上回った場合のみ減少する。

➡（解答は章末に）

5　結論：人は本当にこのように考えるのか

　消費者選択の理論は、人々がどのように意思決定を行うかを説明するものである。これまで見てきたように、この理論は多くの問題に当てはまる。ピザとペプシ、仕事と余暇、消費と貯蓄など、人々がどのように選択するかを説明することができる。

　さて、理論を理解したところで、その理論が信用できるかどうか、一歩下がって考えてみよう。消費者選択の理論を懐疑的に見たくなるかもしれない。結局のところ、あなたは消費者である。店に入るたびに何を買うかを決める。そして、予算制約線や無差別曲線を描いて、購入の決定を行っているわけではないことを知っているはずである。あなた自身の意思決定に関するこの知識は、理論に異議を唱えないのだろうか。

　いや、そんなことはない。消費者選択の理論は、人々がどのように意思決定を行うかを文字通りに説明しようとするものではない。あくまでもモデルである。第2章で述べたように、モデルは完全に現実である必要はない。

　消費者選択の理論は、消費者がどのように意思決定を行うかの比喩として捉えるべきである。この理論で想定されているようなあからさまな最適化を行う消費者は（経済学者を除いて）いない。しかし消費者は、自分の選択が財源によって制約されていることを知っている。そして、そのような制約がある中で、最高の満足を得

501

第VII部　さらなる学習のためのトピック

るために最善を尽くすのである。消費者選択の理論は、この直感的なプロセスを、正式な経済分析を可能にする形で説明している。

　プリンの証明は食べることにあるように、理論の検証はそれを応用することにある。この章の最後の節では、消費者選択の理論を3つの実際的な問題に適用した。経済学の上級コースを履修すれば、この理論が多くの追加的分析の枠組みを提供することがわかるだろう。

本章のポイント

- 消費者の予算制約線は、所得と財の価格が与えられたときに、買うことができるさまざまな財の組み合わせを示している。予算制約線の傾きは、財の相対価格に等しい。

- 消費者の無差別曲線は、消費者の選好を表している。無差別曲線は、消費者を等しく幸せにするさまざまな財の組み合わせを示す。より高い無差別曲線上の点は、より低い無差別曲線上の点よりも好まれる。任意の点における無差別曲線の傾きは、消費者の限界代替率（消費者がある財を他の財と交換することを望む割合）である。

- 消費者は、最も高い無差別曲線上にある予算制約線上の点を選択することによって最適化する。この点で、無差別曲線の傾き（財の間の限界代替率）は、予算制約線の傾き（財の相対価格）に等しくなり、消費者の2つの財の評価（限界代替率で測定）は、市場の評価（相対価格で測定）に等しくなる。

- 財の価格が下がることが消費者の選択に与える影響は、所得効果と代替効果に分けることができる。所得効果とは、価格が下がることで消費者の生活が豊かになるために生じる消費の変化である。代替効果とは、価格の変化によって相対的に安くなった財の消費が促進されるために生じる消費の変化である。所得効果は、より低い無差別曲線からより高い無差別曲線への移動に反映され、代替効果は、無差別曲線に沿って異なる傾きを持つ点への移動に反映される。

- 消費者選択の理論は、多くの状況に適用できる。需要曲線の傾きが時折右上がりになる理由や、賃金の上昇が労働供給量を増加させることも減少させることもある理由や、金利の上昇が貯蓄を増加させることも減少させることもある理由を説明している。

理解度確認テスト

1. ハリには6,000ドルの所得がある。ワインは1杯6ドル、チーズは1ポンド12ドルである。ワインを縦軸にとって、ハリの予算制約線を描きなさい。この予算制約線の傾きはどれくらいか。

2. ハリはワインとチーズの典型的な無差別曲線を持っている。無差別曲線を描き、その4つの性質を説明しなさい。

3. ワインとチーズの無差別曲線上の点を選び、限界代替率を示しなさい。限界代替率から何

第22章 消費者選択の理論

がわかるか。

4. ワインとチーズに関するハリの予算制約線と無差別曲線を、消費の最適な選択（最適点）とともに示しなさい。ワインの価格がグラス1杯6ドル、チーズの価格が1ポンド12ドルである場合、この最適点における限界代替率はいくらか。

5. ハリは昇給し、収入が6,000ドルから8,000ドルに増えた。ワインとチーズの両方が正常財である場合、どうなるかを示しなさい。次に、チーズが下級財の場合、どうなるかを示しなさい。

6. チーズの価格は1ポンドあたり12ドルから20ドルに上昇し、ワインの価格はグラス1杯あたり6ドルのままである。ハリの収入が6,000ドルのままであると仮定して、ワインとチーズの消費がどうなるかを示しなさい。また、その変化を所得効果と代替効果に分解しなさい。

7. チーズの価格が上がれば、ハリはもっとチーズを買うようになるだろうか。説明しなさい。

演習と応用

1. マヤは所得をコーヒーとクロワッサン（どちらも正常財）のために使っている。ブラジルで早霜が起こり、アメリカのコーヒー価格が大幅に上昇した。

   a. マヤの予算制約線に対する早霜の影響を示しなさい。

   b. クロワッサンの代替効果が所得効果を上回ると仮定して、早霜がマヤの消費の最適な組み合わせに及ぼす影響を示しなさい。

   c. クロワッサンの所得効果が代替効果を上回ると仮定して、早霜がマヤの消費の最適な組み合わせに及ぼす影響を示しなさい。

2. 次の2組の財を比較しなさい。
   - コカ・コーラとペプシ
   - スキーとスキーのビンディング

   a. 2つの財が補完関係にあるのはどちらの場合か。どちらの場合、代替財となるか。

   b. どちらの場合に、無差別曲線は直線に近づくだろうか。どちらの場合に、無差別曲線が非常に弓なりになると予想するか。

   c. どちらの場合に、2つの財の相対価格の変化に消費者がより反応するだろうか。

3. あなたはソーダとピザしか消費しない。ある日、ソーダの値段が上がり、ピザの値段が下がった。あなたは、値段が変わる前と変わらず幸せである。

   a. この状況をグラフで表しなさい。

   b. 2つの財の消費はどのように変化するか。

あなたの反応は所得効果と代替効果にどのように依存しているか。

   c. 価格変更前に消費したソーダとピザの組み合わせを買うことができるだろうか。

4. ラージはチーズとクラッカーしか食べない。

   a. ラージにとって、チーズとクラッカーの両方が、下級財になることはありえるだろうか。説明しなさい。

   b. ラージにとってチーズは正常財であり、クラッカーは下級財であるとする。チーズの価格が下落した場合、ラージのクラッカー消費はどうなるか。チーズの消費はどうなるか。説明しなさい。

5. ダリウスは牛乳とクッキーしか買わない。

   a. 1年目、ダリウスは100ドル稼ぎ、牛乳は1クォートあたり2ドル、クッキーは1ダースあたり4ドルである。ダリウスの予算制約線を描きなさい。

   b. 2年目にすべての物価が10%上昇し、ダリウスの給与も同様に10%上昇したと仮定しよう。ダリウスの新しい予算制約線を描きなさい。2年目の牛乳とクッキーの消費の最適な組み合わせは、1年目の最適な組み合わせと比べるとどうだろうか。

6. 以下の各記述が正しいか誤りかを述べなさい。またその理由を説明しなさい。

   a. ギッフェン財はすべて下級財である。

503

第VII部　さらなる学習のためのトピック

b. 下級財はすべてギッフェン財である。

7. 大学生のプリヤには、1食6ドルの食事を食堂で食べるか、あるいは1杯1.5ドルのラーメンスープを食べるかの2つの選択肢がある。彼女の1週間の食費は60ドルである。
   a. 食堂での食事と1杯のスープの間のトレードオフを示す予算制約線を描きなさい。プリヤが両財に同額を費やすと仮定し、最適な選択を示す無差別曲線を描きなさい。最適点をA点とラベルしなさい。
   b. スープの価格が2ドルに上昇したとしよう。設問（a）の図を使って、この価格変化の結果を示しなさい。プリヤは、食堂での食事に所得の30%しか使わなくなったと仮定する。新しい最適点をB点とラベルしなさい。
   c. この価格変化によって、消費されるスープの量はどうなるだろうか。この結果は、所得効果と代替効果について何を示しているだろうか。説明しなさい。
   d. A点とB点を用いて、プリヤのスープの需要曲線を描きなさい。このような種類の財は何と呼ばれているか。

8. あなたが何時間働くかという決定について考える。
   a. 所得に対して税金を払わないと仮定して、予算制約線を描きなさい。同じ図に、あなたが15%の所得税を支払うと仮定して、別の予算制約線を描きなさい。
   b. この税金によって、労働時間が増えるか、減るか、あるいは以前と変わらないかを示し、説明しなさい。

9. アーニャは週に100時間起きている。アーニャが時給12ドル、時給16ドル、時給20ドルである

場合の予算制約線を1つの図を使って示しなさい。ここで、アーニャの労働供給曲線が、賃金が時給12ドルから16ドルの間は右上がりで、16ドルから20ドルの間は傾きが後ろ向き（右下がり）になるような無差別曲線を描きなさい。

10. 仕事と余暇の時間の配分を決める人の無差別曲線を描きなさい。賃金が上昇したとする。その人の消費が減少する可能性はあるだろうか。これはもっともらしいことだろうか。議論しなさい（ヒント：所得効果と代替効果について考えなさい）。

11. 経済学者のジョージ・スティグラーはかつて、消費者理論によれば、「消費者は所得が増えても財の購入量を減らさなければ、財の価格が上昇したときに必ず購入量を減らす」と書いた。所得効果と代替効果の概念を用いて、この文を説明しなさい。

12. 5人の消費者のリンゴとナシの限界効用は以下の通りである。

	リンゴの限界効用	ナシの限界効用
クレア	6	12
フィル	6	6
ハーレイ	6	3
アレックス	3	6
ルーク	3	12

リンゴの値段は1ドル、ナシの値段は2ドルである。これらの消費者のうち、果物の選択を最適化している消費者がいるとすれば、どの消費者だろうか。そうでない消費者は、どのように支出を変えるべきだろうか。

理解度確認クイズの解答

1. a　　2. d　　3. d　　4. b　　5. b　　6. d　　7. c　　8. c　　9. c　　10. d　　11. b

第23章

Chapter 23

Frontiers of Microeconomics

ミクロ経済学の最前線

経済学は、人々の選択と、生活していく上での人々の相互作用を研究する学問である。これまでの章が示すように、この分野には多くの側面がある。しかし、私たちがすでに見てきた面は、完璧で変わることのない、完成した宝石を構成しているものではない。経済学者は常に、研究すべき新しい分野、説明すべき新しい現象、そして世界を見る新しい方法を探している。ミクロ経済学の最終章となる本章では、この学問の最前線における3つのトピックを取り上げ、経済学者が人間行動と社会に対する理解をいかに広げようとしているかを示す。

最初のトピックは、**情報の非対称性**の経済学である。多くの状況において、ある人々は他の人々よりも情報に精通しており、知識の不均衡は彼らの選択や互いの付き合い方に影響を与える。この非対称性について考えることは、中古車市場から贈り物の習慣まで、世の中のさまざまな側面に光を当てることになる。

この章の2つ目のトピックは**政治経済学**である。かつては経済学の全分野を包括していた用語だが、現在は政治学と経済学の境界における学際的な研究を指す。本書を通じて、市場が望ましい結果をもたらすことができず、政府の政策によって問題が改善される可能性がある例を数多く見てきた。しかし、「可能性がある」というのは必要な修飾語である。この可能性が実現するかどうかは、政治制度にかかっている。政治経済学の分野は、経済学のツールを使って政府の仕組みを研究し、そうすることで経済政策をより深く理解することができる。

505

第Ⅶ部　さらなる学習のためのトピック

この章の3つ目のトピックは**行動経済学**である。この分野は、心理学からの洞察を経済問題の研究に持ち込むものである。行動経済学は、少なくとも従来の意味において、人間が完全に合理的であるかどうかを問うものであり、標準的な経済理論に見られるものよりも、より繊細で複雑な、そしておそらくより現実的な人間の行動の見方を提供するものである。

この章は多くの分野をカバーしている。そのため、これら3つのトピックを余すところなく紹介するのではなく、それぞれの概要を知ってもらうことにする。本章の目的の1つは、経済学者が知識を広げようとする努力の方向性を示すことである。もう1つは、経済学や関連分野の講座をもっと受講したいというあなたの意欲をかき立てることである。

1　情報の非対称性

「私はあなたの知らないことを知っている」——小学校でよく使われるこの冗談は、人と人との関わり方についての真実を伝えている。人生ではしばしば、ある人が他の人よりも、何が起こっているのかについて知っていることがある。その知識の差が相互作用に関連する場合、それは**情報の非対称性**（information asymmetry）と呼ばれる。

例はたくさんある。労働者は雇用主よりも、自分がどれだけ仕事に打ち込んでいるかを知っている。中古車の売り手は、売りに出されている車の状態が良いかどうか、買い手よりもよく知っている。前者は**隠れた行動**（hidden action）の例であり、後者は**隠れた特性**（hidden characteristic）の例である。いずれの場合も、何も知らされていない側（雇用者、車の買い手）は関連する情報を知りたがるが、情報を知らされている側（労働者、車の売り手）にはそれを隠すインセンティブがあるかもしれない。

情報の非対称性は非常に一般的なものであるため、経済学者はその影響の研究に多くの労力を費やしてきた。この研究が明らかにした洞察をいくつか紹介しよう。

1-1　隠れた行動：プリンシパル、エージェント、モラルハザード

モラルハザードとは、**エージェント（代理人）**と呼ばれる人が、**プリンシパル（依頼人）**と呼ばれる人に代わって仕事を行う際に生じる問題である。プリンシパルがエージェントの行動を完全に監視することができない場合、エージェントは自己の利益にはなるが、プリンシパルにとっては望ましくない行動をとる可能性がある。経済学者は、保険業界から**モラルハザード**という少し奇妙な言い回しを採用した。モラルハザードとは、エージェントによる不適切な、あるいは「不道徳な」行動のリスク、また「ハザード（危険）」のことを指す。このような状況において、プリンシパルはエージェントがより責任ある行動をとるよう、さまざまな方法を試みる。

雇用関係は典型的な例である。雇用主はプリンシパルであり、労働者はエージェントである。モラルハザードの問題とは、不完全な監視下にある労働者が責任を回避しようとする誘惑に駆られることである。雇用者はこの問題にさまざまな方法で

モラルハザード
(moral hazard)
十分に監視されていない人が、不正な行動や望ましくない行動をとる傾向

エージェント（代理人）
(agent)
プリンシパルと呼ばれる第三者のために行動する人

プリンシパル（依頼人）
(principal)
エージェントと呼ばれる第三者にある行為を代行させる人

506

株式会社経営

　株式会社は現代経済を支配している。ある意味で、株式会社は他の企業と同じである。生産要素の市場で投入物を購入し、財やサービスの市場で生産物を販売し、通常、所有者の利潤を最大化することを目指している。しかし、大きな株式会社は、たとえば家族経営の小企業では生じないいくつかの問題を提起する。

　法的な観点からは、株式会社とは、所有者や従業員とは異なる独自の権利と責任を持つ独立した法人として認められる定款を与えられた組織である。株式会社が持つ重要な保証は、有限責任である。株式会社の所有者は、事業への投資全額を失うことはあっても、それ以上の損失を被ることはない。株式会社が被る損失について個人的に責任を負うことはない。

　有限責任は、株式会社のもう1つの重要な特徴である所有と支配の分離に関連している。株主という一群の人々が会社を所有し、利潤を共有する。もう1つのグループである経営者は、株式会社に雇用され、会社の経営資源をどのように配分するかを決定する。株主が無制限の損失を被る可能性がある場合、株主は事業に投資し、経営者にそれを管理させることに消極的になるため、この取り決めは有限責任を必要とする。

　所有と支配の分離は、株主をプリンシパル、経営者をエージェントとするプリンシパル・エージェント問題を引き起こす。最高経営責任者をはじめとする経営陣は、株主のために会社を経営する責任を負っている。経営者は利用可能なビジネスチャンスを知る最良の立場にあるため、それは理にかなっている。しかし、この状況はモラルハザードをはらんでいる。株主は通常、経営者が利潤を最大化することを望むが、経営者は楽をしたい、豪華なオフィスとプライベート・ジェットを持ちたい、豪華なパーティーを開きたい、巨大なビジネス帝国を築きたいなど、自分自身の目標を持っているかもしれない。

　株式会社の取締役会は、経営陣の雇用と解雇に責任を負う。取締役会は経営陣の業績を監視し、報酬体系を設定する。これらの報酬体系には、株主と経営陣の利害を一致させることを目的としたインセンティブが含まれることが多い。経営陣には業績に応じた賞与や、会社の業績が良ければ価値が上がるストックオプションが与えられることもある。

　取締役は株主のエージェントである。経営を監督する取締役会の存在は、プリンシパル・エージェント問題を変化させるだけである。そこで問題となるのは、取締役会が株主の利益のために最善を尽くすという取締役会自身の法的義務をいかに確実に果たすかということである。取締役が経営陣と友好的になりすぎると、必要な監督を行わなくなる可能性がある。

　株式会社に内在するプリンシパル・エージェント問題は、周期的に再燃する。2005年頃には大きなニュースとなった。エンロン、タイコ、ワールドコムなど著名企業の経営トップが、株主を犠牲にして自分たちだけ潤うような行為を行っていたことが発覚した。これらのケースでは、その行為は犯罪的といえるほど極端であり、企業経営者たちは解雇されただけでなく、刑務所にも送られた。一部の株主は、経営陣を十分に監視できなかったとして、取締役を訴えた。

　株式会社の経営者による犯罪行為はまれではあるが、ある意味では氷山の一角に過ぎない。大きな株式会社のほとんどがそうであるように、所有と支配が分離している場合、株主の利益と経営陣の利益との間には必然的な緊張関係があり、モラルハザードの問題は、株式会社の効率的な運営を妨げる可能性がある。

第Ⅶ部　さらなる学習のためのトピック

対応することができる。

- **モニタリングの強化**：雇用主は労働者の行動を記録するために隠しカメラを設置することができる。雇用主の狙いは、監督者が不在のときに起こりうる無責任な行動を捕らえることにある。
- **高賃金**：（第20章で議論した）**効率賃金仮説**によれば、一部の雇用主は労働市場の需給を均衡させる水準以上の賃金を労働者に支払うことを選択する可能性がある。均衡以上の賃金を得て、他の面でも厚遇されている労働者は、雇用主の信頼に反する可能性が低い。
- **支払いの遅延**：企業は労働者報酬の一部を遅らせることができるため、怠慢が発覚して解雇された労働者はより大きなペナルティを被ることになる。遅延補償の一例として、期末ボーナスがある。同様に、企業は労働者に対し、雇用期間の後半により多くの賃金を支払うことができる。通常、労働者が年齢を重ねるにつれて賃金が上昇するのは、経験の恩恵だけでなく、モラルハザードへの対応も反映しているのかもしれない。

雇用主は、モラルハザードを軽減するために、これらのメカニズムを組み合わせることができる。

モラルハザードの例は職場以外にもたくさんある。火災保険に加入している住宅所有者は、消火器の購入数が少なすぎるかもしれない。なぜなら、消火器のコストは住宅所有者が負担する一方で、その便益の多くは保険会社が享受するからである。氾濫の危険性が高い河川の近くに家族が住んでいるのは、その景色を楽しむためかもしれないが、洪水後の災害救助費用は政府が負担している。規制は問題に対処することを目的としている。つまり、保険会社は住宅所有者に消火器の購入を義務づけるかもしれないし、政府は洪水の危険性が高い土地に住宅を建設することを禁止するかもしれない。しかし、保険会社は住宅所有者がどの程度用心深いかについて完全な情報を持っているわけではないし、政府も家族が住む場所を選ぶ際のリスクについて完全な情報を持っているわけではないので、モラルハザードの問題は依然として残っている。

1-2　隠れた特性：逆選択とレモン問題

逆選択
(adverse selection)
観察できない属性が混ざることで、情報を持たない側から見て望ましくない結果がもたらされる傾向

逆選択とは、取引の一方の当事者が、交換される品物の属性について他方よりもよく知っている場合に生じる問題である。たとえば、ある財の売り手が買い手よりもその財について詳しく知っている場合、買い手は低品質のものを売りつけられるリスクを負うことになる。売られる財の「選択」は、買い手の立場からすると「不利（逆）」になるかもしれない。

逆選択の典型的な例が中古車市場である。売り手は自分の車の欠陥を知っているが、買い手は知らないことが多い。最低の品質の車の所有者は、最高の品質の車の所有者よりも売る可能性が高いため、買い手は「レモン〔訳注：質の悪い財をレモン、質の良い財をピーチという〕」を手に入れることを憂慮し、多くの人々は中古車の購入

第23章 ミクロ経済学の最前線

を完全に避ける。わずか数週間しか経っていない中古車が、同型の新車より数千ドルも安い値段で売られているのは、このレモン問題で説明できる。中古車の買い手は、売り手が買い手の知らないことを知っているため、すぐに車を手放すのだと推測するかもしれない。

逆選択の第2の例は労働市場である。ある効率賃金仮説によれば、労働者は自分の能力を雇用する企業よりもよく知っている。企業が賃金を引き下げれば、有能な労働者ほど、他の仕事が見つかると知って辞める可能性が高くなる。逆に、企業は優秀な労働者を惹きつけるために、均衡以上の賃金を支払うことを選択するかもしれない。

逆選択の第3の例は、第12章で述べたように、保険市場である。健康保険の加入者は、保険会社よりも自分自身の健康問題をよく知っている。もし、健康上の問題を多く隠している人が、他の人よりも健康保険に加入する可能性が高ければ、健康保険の価格は、平均よりも病気がちな人のコストを反映することになる。そうなると、健康な人が保険に加入する意欲を失い、健康保険はさらに高くなるだけである。

市場が逆選択に悩まされるとき、取引から得られる便益が完全に実現されるよう、見えざる手が魔法をかけるとは限らない。中古車市場では、良い車の所有者が、懐疑的な買い手が支払い意思のある安い価格で売るのではなく、そのままにしておくことがある。労働市場では、賃金が需要と供給を均衡させる水準より高止まりし、その結果、失業が生じるかもしれない。保険市場では、潜在的な買い手の中には、提示された保険がその人の本当の特性を反映していないために、無保険のままになっている人がいるかもしれない。

1-3 私的情報を伝えるシグナリング

市場はさまざまな方法で情報の非対称性の問題に対応している。その1つが**シグナリング**で、私的情報を明らかにする目的で情報提供者がとる行動を指す。

シグナリングはここまでの章にも出てきた。第17章では、企業は潜在的な顧客に対して、高品質の製品を持っているというシグナルを送るために、広告宣伝費を費やすことがあると論じた。第20章では、学生が大学の学位を取得するのは、生産性を向上させるためではなく、潜在的な雇用主に対して高い能力を持つ人材であるというシグナルを送るためかもしれないと考えた。これら2つのシグナリングの例（広告、教育）は、非常に異なるように見えるかもしれないが、表面上の違いを除けばほとんど同じである。どちらの場合においても、情報を持っている側（企業、学生）は、情報を知らない側（顧客、雇用主）に、自分たちが高品質のものを提供していると確信させるためにシグナルを使用する。

ある行動が効果的なシグナルとなるためには何が必要だろうか。まず、コストがかからなければならない。もしシグナルが無料であれば、誰もがそれを使い、何の情報も伝えられないだろう。同じ理由で、もう1つの要件がある。シグナルは、より高い品質の製品を持つ人ほどコストが低いか、より有益でなければならない。そうでなければ、誰もが同じようにシグナルを使うインセンティブを持つことになり、

> **シグナリング**
> （signaling）
> 情報を得た当事者が、情報を知らない当事者に私的情報を明らかにするためにとる行動

509

第Ⅶ部　さらなる学習のためのトピック

シグナルは何も明らかにしない。

2つの例をもう一度考えてみよう。広告のケースでは、一度製品を試した顧客はリピーターになる可能性が高いため、良い製品を持つ企業は広告から大きな便益を得る。したがって、良い製品を持つ企業がシグナル（広告）のコストを支払うことは合理的であり、顧客はシグナルを製品の品質に関する有益な情報とみなすことは合理的である。教育の場合は、才能のある人は才能のない人よりも簡単に学校を卒業できる。したがって、才能のある人がシグナル（教育）のコストを支払うことは合理的であり、雇用主がシグナルをその人の才能に関する情報として見ることは合理的である。

世の中にはシグナリングの例がたくさんある。雑誌の広告には「テレビで紹介された」という表現がある。なぜこの事実を強調するのだろうか。1つの可能性は、企業が自社の製品が高品質であると推測してもらえるよう、高価なシグナル（テレビ広告）にお金を支払う意思があることを伝えようとしている。同じ理由で、エリート校の卒業生は必ずその事実を履歴書に書く。

> ### ケース スタディ　シグナルとしての贈り物

ある男性がガールフレンドの誕生日に何を贈ろうかと悩んでいる。「現金にしよう。結局のところ、僕は彼女の好みを知らないし、現金があれば彼女は欲しいものを何でも買うことができる」と自分に言い聞かせる。しかし、彼がお金を渡すと、彼女は気分を害した。彼女は彼が自分のことを本当に愛していないと確信し、彼女は関係を断ち切る。

この話の背景にある経済学は何だろうか。

ある意味、贈り物は奇妙な習慣である。この話に登場する男性が示唆するように、人は通常、自分の好みを他人よりもよく知っているので、誰もが現物支給よりも現金を好むと思われる。もしあなたの雇用主が商品を選んで給料の代わりにしたとしたら、あなたはおそらくこの支払い方法に反対するだろう。しかし、あなたを愛する（とあなたが望む）人が同じようなことをした場合、あなたの反応は大きく異なる。

贈り物の1つの解釈は、それが情報の非対称性とシグナリングを反映しているということである。この話に登場する男性は、ガールフレンドが知りたがっている私的情報を持っている。すなわち、「彼は本当に私を愛しているのだろうか。彼は愛していると言うが、信じるべきだろうか」。口で言うだけなら簡単である。

彼女のために良いプレゼントを選ぶことは、彼の愛のシグナルになりうる。確かに、現金を贈るのではなく、良いプレゼントを選ぶという行為は、シグナルとなるにふさわしい特徴を持っている。それにはコストがかかり（時間がかかる）、そのコストは私的情報（彼がどれだけ彼女を愛しているか）に依存する。彼が本当に彼女を愛しているなら、彼女のことを常に考えているので、良いプレゼントを選ぶのは簡単である。もし彼が彼女を愛していなければ、適切な贈り物を見つけるのはより困難である。したがって、自分の彼女に合ったプレゼントを贈ることは、彼が彼

510

第23章　ミクロ経済学の最前線

女への愛を個人的な情報として伝える1つの方法なのである。現金を渡すことは、彼が努力しようともしていないことを示している。

　贈り物のシグナリング理論は、もう1つの観察と一致している。愛情の強さが最も問題になるとき、人々はその習慣を最も気にする。ガールフレンドやボーイフレンドに現金を贈るのは、通常はよくない行為である。しかし、大学生が両親から小切手を受け取った場合、気分を害することはほとんどない。両親の愛情は疑われることはあまりないので、現金を贈られた側はおそらく、愛情不足のシグナルとは解釈しないだろう。

1-4　私的情報を明らかにするスクリーニング

　情報を持つ側が私的情報を明らかにするために行動を起こす場合、その現象はシグナリングと呼ばれる。情報を持たない側が、情報を持つ側に私的情報を明かすように仕向ける行動を取る場合、この現象は**スクリーニング**と呼ばれる。

　ある程度のスクリーニングは常識的なものである。中古車を購入する人は、販売前に自動車整備士による点検を依頼することが多い。売り手がこの要求を拒否すると、車の状態が良くないという私的情報が漏れることになる。買い手はその後、より低い価格を提示するか、別の車を探すことにするかもしれない。

　他のスクリーニングの例はもっと微妙なものである。たとえば、自動車保険を販売する会社を考えてみよう。安全な運転者には危険な運転者よりも安い保険料を請求したい。しかし、どのように区別するのだろうか。運転者は自分が安全か危険かを保険会社よりもよく知っているかもしれないが、危険な運転者はそれを認めようとしない。運転者の事故歴は（保険会社が利用する）情報の1つであるが、交通事故は偶然に起こるため、事故歴は将来のリスクを示す不完全な指標である。

　保険会社は、運転者の分類を促すような保険メニューを提供することで、2種類の運転者を選別できるかもしれない。ある保険は保険料が高く、事故が起きた場合にその全額をカバーする。もう1つの保険は、保険料は安いが、たとえば免責額が2,000ドルになる（つまり、最初の2,000ドルの損害は運転者が負担し、残りのリスクは保険会社がカバーする）。リスクの高い運転者は事故を起こす可能性が高いので、免責金額の負担が大きくなる。十分高額な免責額があれば、免責額付きの低額保険は安全運転者を引きつけ、免責額なしの高額保険は危険運転者を引きつけるだろう。この2つの保険に直面して、2種類の運転者は異なる保険を選択することによって、自分の私的情報を明らかにすることになる。

···· **スクリーニング**
（screening）
情報を知らない当事者が、情報を持つ当事者に私的情報を明かすように促す行動

1-5　情報の非対称性と公共政策

　これまで、モラルハザードと逆選択という2種類の情報の非対称性を検証してきた。そして、この問題に対して個人がどのようにシグナリングやスクリーニングで対応するかを見てきた。次に、情報の非対称性に関する研究が、公共政策の適切な範囲について何を示唆しているかを考えてみよう。

　市場の成功と市場の失敗の間の緊張関係は、ミクロ経済学の中心である。第7章

511

第Ⅶ部　さらなる学習のためのトピック

では、競争市場における需要と供給の均衡は、社会が市場で得られる総余剰を最大化するという意味で効率的であることを示した。そこではアダム・スミスの見えざる手が頂点に君臨しているように見えた。この結論は、外部性（第10章）、公共財（第11章）、医療経済学（第12章）、不完全競争（第16章から第18章）、貧困（第21章）の研究によって補正された。これらの章では、政府がいかにして市場の成果を向上させることができるかを検討した。

情報の非対称性の研究は、市場を注意深く見る新しい理由を提供する。一部の人々が他の人々よりも多くのことを知っている場合、市場は資源を最大限に活用できない可能性がある。高品質の中古車を持っている人は、買い手がレモンを手に入れることを恐れるため、良い価格で売ることが難しいかもしれない。健康上の問題をほとんど抱えていない人たちは、保険会社が健康上の問題を抱える人たちとひとくくりにしてしまうため、妥当な価格の健康保険に加入することが難しいかもしれない。

情報の非対称性は、場合によっては政府の行動を正当化するかもしれないが、3つの事実がこの問題を複雑にしている。第1に、市場は情報の非対称性に対して、シグナリングとスクリーニングを組み合わせることによって、自力で対処できる場合がある。第2に、政府が民間よりも多くの情報を持っていることはまれである。市場の資源配分が理想的でないとしても、それが達成可能な最良の方法である場合もある。つまり、情報の非対称性がある場合、政策立案者は市場の不完全な結果を改善することは難しいと考えるかもしれない。第3に、次節で議論するように、政府自体が不完全な組織の場合である。

理解度確認クイズ

1. エレーンは家族に大きな病歴があるため、医療保険に加入しているが、健康な家族を持つ友人のジェリーは加入していない。この例は、以下のどれに該当するか。
   a. モラルハザード
   b. 逆選択
   c. シグナリング
   d. スクリーニング

2. ジョージは、自分が死んだら家族に100万ドルが支払われる生命保険に加入している。その結果、彼は大好きな趣味であるバンジージャンプをためらうことなく楽しんでいる。この例は、以下のどれに該当するか。
   a. モラルハザード
   b. 逆選択
   c. シグナリング
   d. スクリーニング

3. 生命保険を販売する前に、クレーマー保険会社は申込者に健康診断を受けることを義務づけている。重大な持病がある場合は、保険料が高くなる。この例は、以下のどれに該当するか。
   a. モラルハザード
   b. 逆選択
   c. シグナリング
   d. スクリーニング

4. ウェクスラー医師はオフィスの待合室に医学博士号を掲示している。彼女が名門の医学部出身であることに患者が感銘を受けることを望んでいる。この例は、以下のどれに該当するか。
   a. モラルハザード
   b. 逆選択
   c. シグナリング
   d. スクリーニング

➡（解答は章末に）

第23章　ミクロ経済学の最前線

2　政治経済学

　市場の結果が非効率または不公平と見なされる場合、政府は状況を改善することができるかもしれない。しかし、積極的な政府を受け入れる前に、もう１つ考えておかなければならないことがある。というのも、政府もまた、不完全な組織だからである。政治経済学（**公共選択**、**社会選択**と呼ばれることもある）は、経済学の手法を用いて政府がどのように機能するかを研究する学問である。

···· 政治経済学
(political economy)
経済学の手法を用いて政府がどのように機能するかを研究する学問

2-1　コンドルセの投票パラドックス

　民主制の原則は、アメリカや他の多くの国々の複雑な政府制度を支えている。これらの原則の中で最も基本的なものは、おそらく多数決であろう。一見簡単そうに見えるが、多数決は見かけ以上に問題をはらんでいることがある。

　新しい公園をどこに作るかという町の意思決定を考える。町議会は、有権者に選んでもらうことにした。これはどのように機能するのだろうか。選択肢が２つしかない場合、答えは簡単である。多数派の思い通りになる。しかし、新しい公園を設置できる場所が数多くあるとしたらどうだろうか。この場合、18世紀のフランスの政治理論家コンドルセ侯爵（Marquis de Condorcet）が指摘したように、民主制ではどの選択肢を選ぶべきか悩むことになるかもしれない。

　Ａ、Ｂ、Ｃの３つの候補地があり、表23-1に示す選好を持つ３タイプの有権者がいるとする。町議会は、これらの個人の選好を町全体の選好に集計したいと考えている。どのようにすればよいだろうか。

　まず、評議会はペアごとの投票を試みるかもしれない。まず有権者にＢとＣのどちらかを選んでもらうと、タイプ1とタイプ2はＢに投票し、Ｂが過半数を占める。次にＡとＢのどちらかを選んでもらうと、タイプ1とタイプ3はＡに投票し、Ａが多数派となる。ＡはＢに勝ち、ＢはＣに勝つことを観察して、評議会はＡが有権者の確かな選択であると結論づけるかもしれない。

　しかし待ってほしい。そのとき、町議会が有権者にＡかＣのどちらかを選ぶよう

表23-1　コンドルセのパラドックス

有権者が候補地Ａ、Ｂ、Ｃに対して表のような選好を持つ場合、二者択一の多数決では、ＡはＢに勝ち、ＢはＣに勝ち、ＣはＡに勝つ。

	有権者のタイプ		
	タイプ1	タイプ2	タイプ3
有権者に占める各タイプの割合	35%	45%	20%
1番目の選択肢	A	B	C
2番目の選択肢	B	C	A
3番目の選択肢	C	A	B

513

第Ⅶ部　さらなる学習のためのトピック

に依頼したとしよう。この場合、有権者のタイプ2とタイプ3はCに投票し、Cが多数派となる。ペアごとの投票のもとで、AはBに勝ち、BはCに勝ち、CはAに勝つ。通常、選好は**推移性**（transitivity）と呼ばれる性質があることが期待される。もしAがBよりも選好され、BがCよりも選好されるのであれば、AがCよりも選好されることが予想される。**コンドルセのパラドックス**は、民主制の結果が常にこの性質に従うとは限らないということである。ペアごとの投票は場合によっては推移的な選好を生み出すかもしれないが、それをあてにすることはできない。

コンドルセのパラドックス
（Condorcet paradox）
社会にとっての多数決が推移的選好を生み出さないこと

コンドルセのパラドックスが意味することの1つは、投票の順番が結果に影響を与える可能性があることである。有権者がまずAとBのどちらかを選び、その勝者とCを比べた場合、町の選択はCとなる。しかし、有権者がまずBとCのどちらかを選び、その勝者とAを比べた場合、町の選択はAとなる。また、有権者がまずAとCのどちらかを選び、その勝者とBを比べた場合、町の選択はBとなる。

コンドルセのパラドックスは2つの教訓を教えてくれる。狭い意味での教訓は、選択肢が2つ以上ある場合、議題を設定すること（つまり、投票項目の順番を決めること）が民主的選挙の結果に強力な影響を及ぼす可能性があるということである。広い意味での教訓としては、多数決それ自体では、社会が本当に望んでいる結果が必ずしも得られない、ということである。

2-2　アローの不可能性定理

政治理論学者がはじめてコンドルセのパラドックスに気づいて以来、彼らは投票制度の研究に多くのエネルギーを費やしてきた。時には新しいシステムを提案することもある。

ペアごとの多数決に代わる方法として、町議会は各有権者に候補者の順位を尋ねることができる。各有権者に対して、最下位に1点、最後から2番目に2点、最後から3番目に3点というように、順位をつけることができる。合計点が最も多い候補者が勝利する。この投票法は、これを考案した18世紀のフランスの数学者であり政治理論家でもあったジャン＝シャルル・ド・ボルダ（Jean-Charles de Borda）にちなんで、**ボルダ方式**（Borda count）と呼ばれる。この方式は、スポーツチームの順位を決める投票でもよく使われる。表23-1の選好では、Bが勝者であることがわかるだろう。

もう1つ考えられるのは、多くの都市が公職者の選挙に使っている**優先順位付投票制**（ranked-choice voting）と呼ばれるシステムである。この場合も、有権者はすべての候補者に順位をつける。各票はまず、その有権者が最初に選んだ候補者に割り当てられる。次に、最も得票数の少ない候補者を除外し、その票を有権者の第2候補に再配分する。以下同様に続く。いずれかの候補者が過半数を占めるまで、候補者は次々と淘汰されていく。表23-1の選好では、Cが第1ラウンドで脱落し、タイプ3の票がCからAに再配分され、Aが勝者となる。

完全な投票制度は存在するのだろうか。経済学者ケネス・アロー（Kenneth Arrow）は、1951年に出版した著書『社会的選択と個人的評価』でこの問いに取り組んだ。アローはまず、理想的な投票制度とは何かを定義することから始めた。彼は、

514

第23章　ミクロ経済学の最前線

個人はA、B、Cなど、起こりうる結果に対して選好を持っていると仮定した。そして、社会が以下の特性を満たすこれらの結果の中から選ぶような投票制度を望んでいると仮定した。

- **満場一致**：全員がAをBより好きなら、AはBに勝つ。
- **推移性**：AがBに勝ち、BがCに勝つなら、AはCに勝つ。
- **無関係な選択肢からの独立性**：2つの選択肢AとBの間の順位は、第3の選択肢Cが選択可能であるかどうかに依存しない。
- **非独裁制**：他のすべての人の選好にかかわらず、常に最終結果を選択できる人は存在しない。

これらの性質はすべて望ましく、両立できるように見える。しかしアローは、**どのような投票制度もこれらすべての性質を満たすことはできない**ことを、数学的に、そして議論の余地なく証明した。この結果は**アローの不可能性定理**と呼ばれている。

アローの定理を証明するのに必要な数学は本書の範囲外であるが、定理がなぜ正しいかを理解するために、いくつかの例を考えてみよう。ペアごとの多数決の問題はすでに見てきた。また、コンドルセのパラドックスは、常に推移性を満たす結果の順位を生み出せないことを示している。

別の例として、ボルダ方式は無関係な選択肢からの独立性を満たしていない。表23-1の選好を用いると、Bがボルダ方式で勝つことを思い出してほしい。しかし、Cが選択不可能になるとしよう。ボルダ方式をAとBだけに適用すると、Aが勝つことがわかるだろう。なぜなら、ボルダ方式はAとBが受け取るポイント数に依存し、それぞれが受け取るポイント数は、無関係な選択肢であるCが候補にあるかどうかに依存するからである。

優先順位付投票制もまた、無関係な選択肢からの独立性を満たさない。表23-1の選好を用いると、優先順位付投票制ではAが勝者となることを思い出してほしい。しかし、Bが選択肢として消滅した場合、勝者はCとなる。この変化は、Bが脱落すると、Cを第1候補とする有権者が増えるため、Cが脱落するのではなく、第1段階で過半数を獲得することから起こる。

確かに、これまで議論してきた3つのシステム、すなわちペアごとの多数決、ボルダ方式、優先順位付投票制は、実際の民主制を構成する豊かで複雑なルールや制度の集合を正しく評価するものではない。しかし、アローの不可能性定理は一般的な結果である。この3つの単純なシステムだけでなく、社会が個人の選好を集計して結果を選択するあらゆる方法に適用される。アローの不可能性定理は、政府の形態として民主制を放棄すべきだとは言っていない。しかし、どんなにうまく設計された民主制であっても、社会的な選択のメカニズムとしては欠陥があると言わざるをえない。

> **アローの不可能性定理**
> （Arrow's impossibility theorem）
> ある前提条件の下では、個人の選好を有効な社会的選好の集合に集約する方法は存在しないことを示す数学的結果

2-3 中位投票者は王である

アローの定理にもかかわらず、ほとんどの社会では投票によって指導者や公共政

515

策が選ばれる。政府を研究する次のステップは、多数決によって運営される政府がどのように機能しているかを調べることである。つまり、民主制の社会では、どのような政策を選択するかを誰が決定するのか、ということである。場合によっては、民主政治の理論は驚くほど単純な答えを導き出す。

社会が、軍隊や国立公園のような公共財にどれだけの予算を使うかを決めているとしよう。各有権者は最適な予算を考えており、常に自分の最適値に近い結果を、遠い結果よりも望む。最小の予算を望む有権者から最大の予算を望む有権者までを並べることができる。図23-1はその例である。ここには100人の有権者がおり、予算規模はゼロから200億ドルまでさまざまである。このような選好がある場合、民主制はどのような帰結をもたらすだろうか。

中位投票者定理と呼ばれる結果によれば、多数決は**中位投票者**（分布のちょうど真ん中の人）が好む結果をもたらす。この例では、投票した有権者を最適予算順に並べ、その列の両端から50人を数えた場合、中位投票者は100億ドルの予算を望んでいることがわかる。対照的に、平均的に望ましい結果（望ましい結果を足して有権者数で割ったもの）は90億ドルであり、最頻値（最も多くの有権者が好む結果）は150億ドルである。

中位投票者が支配するのは、望む結果が、二者択一の競争において他のどの提案よりも勝るからである。この例では、半数以上の有権者が100億ドル以上を望み、半数以上が100億ドル以下を望んでいる。誰かが100億ドルの代わりに80億ドルを提案した場合、100億ドル以上を望む全員が、中位投票者の望む100億ドルに投票する。同様に、誰かが100億ドルの代わりに120億ドルを提案した場合、100億ドル以下を望む全員が、中位投票者の望む100億ドルに投票する。どちらの場合でも、

中位投票者定理
(median voter theorem)
有権者がある線上の点を選ぶとき、全員が自分の最適値に最も近い点を選ぶとすると、多数決は中位投票者の最適値を選ぶという数学的結果

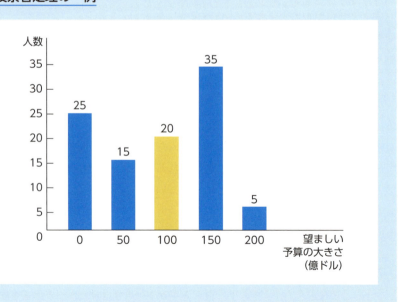

図23-1 有権者の中位投票者定理の一例

この棒グラフは、100人の有権者の最適な予算が、ゼロから200億ドルまでの5つの選択肢にどのように配分されるかを示している。社会が多数決で決める場合、ここでは100億ドルを望む中位投票者が結果を決定する。

中位投票者は半数以上の有権者を味方につけることになる。

コンドルセの投票パラドックスについてはどうだろうか。有権者が直線上の点を選び、各有権者が自分の最適値に近づくことを目指す場合、コンドルセのパラドックスは生じない。中位投票者が好む結果は、すべての挑戦者を打ち負かす。

中位投票者定理の1つの含意は、2つの合理的な政党がそれぞれ選挙に勝とうとしている場合、両者は中位投票者に支持されるほうに立場を移すということである。たとえば、民主党が150億ドルの予算を提唱し、共和党が100億ドルの予算を提唱したとする。150億ドルは他のどの選択肢よりも支持者が多いという意味で、民主党の立場のほうが人気がある。それにもかかわらず、共和党の得票率は50％を超える。というのも、100億ドルを望む20人、50億ドルを望む15人、そしてゼロを望む25人の有権者を引きつけるからである。もし民主党が勝ちたければ、党の綱領を中位投票者に向けていくだろう。この理論は、二大政党制の政党がしばしば似たような主張をする理由を説明することができる。

中位投票者定理が意味するもう1つのことは、少数派の意見はあまり重視されないということである。たとえば、国民の40％が国立公園に多額の予算を使うことを望み、60％が何も使わないことを望むとする。この場合、少数派の意見の強弱にかかわらず、有権者の望みの中央値はゼロとなる。多数決は、すべての人の望みを考慮して妥協点を見いだすのではなく、分布のちょうど真ん中にいる人にだけ目を向ける。それが民主制の論理の一部である。

2-4 政治家も人間である

経済学者が消費者行動を研究するとき、消費者は最大の満足度をもたらす財やサービスの組み合わせを買うと仮定する。経済学者が企業の行動を研究するとき、企業は最大の利潤をもたらす財やサービスの量を生産すると仮定する。政治に携わる人々の目的について、彼らは何を仮定すべきだろうか。

政治指導者が常に社会の幸福に気を配り、効率と平等の最適な組み合わせを目指していると仮定すれば、慰めになるだろう。慰めにはなるが、現実的ではない。私利私欲は、消費者や企業経営者と同様に、政治家にとっても強力な動機である。再選を望む政治家の中には、有権者の基盤を固めるために国益を犠牲にすることをいとわない者もいる。また、単純な欲に突き動かされている政治家もいる。疑うのであれば、世界の最貧国を見ればいい。そこでは腐敗の横行が経済発展の妨げになっていることが多い。先進国では政治指導者の汚職は少ないが、それでも時折スキャンダルは起こるし、そうしたスキャンダルは摘発され腐敗した指導者だけを明らかにする。

本書は、政治行動に関する本格的な理論を展開する場ではない。しかし、経済政策について考える際には、それが善意ある王によって（あるいは善意ある経済学者によって）ではなく、あまりにも人間的過ぎる欲望を持った現実の人間によってなされることを忘れてはならない。政治指導者は国益を増進させるために動かされることもあれば、自らの政治的野心や経済的野心によって動かされることもある。経済政策が経済学の教科書に書かれている理想と違っていても、驚かないでほしい。

第Ⅶ部　さらなる学習のためのトピック

理解度確認クイズ

5. コンドルセのパラドックスは、ペアごとの多数決が_____ことを示して、アローの不可能性定理を説明する。

　a. 満場一致の原則と矛盾する

　b. 推移性が成り立たない社会的選好につながる

　c. 無関係な選択肢からの独立性に反する

　d. 1人の人間を事実上、独裁者にする

6. ジョーゼットは対抗馬のビリーを破って学級委員長に再選されようとしていた。しかし、ロッサーナも立候補し、ジョーゼットから票を奪い、ビリーが優勢になる。この学校の投票システムは_____ものである。

　a. 満場一致の原則と矛盾する

　b. 推移性が成り立たない社会的選好につながる

　c. 無関係な選択肢からの独立性に反する

　d. 1人の人間を事実上、独裁者にする

7. 2人の政治家候補が町長選挙を争っており、毎年恒例の7月4日の花火にいくらかけるかが重要な争点となっている。100人の有権者のうち、40人は3万ドル、30人は1万ドル、30人はまったくお金をかけたくないと思っている。この問題で勝利するのは、いくらかけることを選好する有権者か。

　a. 1万ドル

　b. 1万5,000ドル

　c. 2万ドル

　d. 3万ドル

➡（解答は章末に）

3　行動経済学

　経済学は人間の行動を研究する学問だが、そう主張するのは経済学だけではない。社会科学である心理学もまた、人々が人生の中でどのような選択をするかに注目している。経済学と心理学の両分野は、扱う問題が異なることもあり、互いにほとんど独立している。しかし最近、**行動経済学**と呼ばれる分野が登場し、経済学者が心理学的洞察を用いて人々の意思決定をよりよく理解するようになった。

行動経済学 ⋯⋯⋯⋯⋯⋯
（behavioral economics）
心理学の洞察が融合した経済学の一分野

3-1　人は必ずしも合理的ではない

　経済理論は、**ホモ・エコノミクス**（Homo economicus）と呼ばれる特殊な生物によって構成されている。この種族のメンバーは常に合理的である。企業の所有者として、彼らは利潤を最大化する。消費者であれば、効用を最大化する（あるいは無差別曲線の最も高い点を選ぶ）。直面する制約があれば、彼らはすべてのコストと便益を合理的に比較検討し、常に最善の行動を選択する。

　しかし、現実の人間は**ホモ・サピエンス**（Homo sapiens）である。彼らは、経済理論で想定される合理的で計算高い人々に多くの点で似ているが、もっと複雑である。忘れっぽく、衝動的で、混乱しやすく、感情的で、近視眼的である。このような特性は心理学者の主な関心であるが、最近まで経済学者には軽視されがちであった。

　ハーバート・サイモン（Herbert Simon）は、経済学と心理学の境界で研究を行った最初の社会科学者の1人である。彼は、人間を「合理的マキシマイザー（rational maximizer；合理的に最大化する主体）」ではなく、「**サティスファイサー**（satisficer；満足者）」としてみなすべきだと提案した。人間は常に最良の行動を選択するので

518

はなく、それで十分であるという判断を下す。同様に、他の経済学者も、人間は「ほ
ぼ合理的」、あるいは「限定合理性」を示すに過ぎないと示唆している。

　人間の意思決定に関する研究によると、人々はよく次のような体系的な間違いを
犯すことがわかっている。

- **人々は自信過剰である。** 人々はしばしば自分が実際よりも多くのことを知って
　いると思い込んでいることを、研究者たちは実証してきた。たとえば、国連に
　加盟しているアフリカの国の数、北アメリカで最も高い山の高さ、前回のオリ
　ンピックで中国が獲得した金メダルの数など、一連の数値的な質問をされたと
　する。それぞれの質問について、1つの推定値の代わりに、本当の数字がその範
　囲内に入ることを90％確信できる範囲である90％の**信頼区間**（confidence
　interval）を尋ねられる。心理学者がこのような実験をすると、ほとんどの人
　たちが小さすぎる範囲を答えることがわかる。つまり、大半の人々は自分の能
　力を過信しているということである。
- **人々は少数のはっきりした観察結果を重視しすぎる。** あるブランドの車の購入
　を考えているとしよう。その車の信頼性を知るために、その車の所有者1,000
　人を体系的に調査した消費者レポートを読む。それから、その車を所有してい
　る友人と偶然出会い、自分の車はレモンであると告げられた。あなたはその友
　人の意見をどう受け止めるだろうか。合理的に考えれば、サンプル数を1,000
　から1,001に増やしただけで、ほとんど新しい情報を得ていないことに気づく
　だろう。しかし、友人の話は鮮明である。というのも単に友人から聞いたとい
　うだけで、あなたは自分の意思決定において必要以上にその話を重視してしま
　うかもしれない。この現象は**過度の顕著性**（undue salience）と呼ばれている。
- **人々は自分の考えを変えたがらない。** 人はすでに持っている信念を追認するよ
　うに証拠を解釈する傾向がある。ある研究では、死刑が犯罪を抑止するかどう
　かについての研究報告を読み、評価するよう被験者に求めた。その報告書を読
　んだ後、当初死刑に賛成していた人は、自分の考えがより確かなものになった
　と答え、当初死刑に反対していた人も、自分の考えがより確かなものになった
　と答えた。この2つのグループは、同じ証拠をまったく正反対の方法で解釈し
　たのである。この行動は**確証バイアス**（confirmation bias）と呼ばれる。

　あなた自身の人生で下した決断について考えてみよう。これらの特徴のどれかを
示したことがあるだろうか。

　合理性からの逸脱は、いくつかの経済現象を理解する上で重要である。401（k）
プランという、多くの企業が従業員に提供している税制上の優遇措置のある退職貯
蓄制度の研究が興味深い例である。ある企業では、従業員は簡単な書類に記入する
だけで、この制度への参加を選択できる。また、従業員が自動的に登録され、簡単
な書類に記入することで脱退できる企業もある。2つ目のケースでは、1つ目のケー
スよりも多くの人が参加する。もし彼らが完全に合理的マキシマイザーであれば、
雇用主が提示する初期条件にかかわらず、最適な退職貯蓄額を選択するだろう。実

第Ⅶ部 さらなる学習のためのトピック

際、従業員の行動にはかなりの慣性があるように見える。合理的な人間のモデルを放棄することで、従業員の行動を理解することは容易になるように思われる。

心理学や常識が合理性に疑問を投げかけているのに、なぜ経済学は合理性という仮定の上に成り立っているのだろうか。その答えの1つは、たとえ正確には真実でないとしても、その仮定が十分に現実に近く、実行可能な行動モデルを生み出す可能性があるからである。たとえば、競争企業と独占企業を比較したとき、企業が合理的に利潤を最大化するという仮定は、多くの重要かつ有効な洞察をもたらした。合理性からの逸脱をストーリーに組み込めば、少しは現実味が増すかもしれないが、水を濁らせることにもなり、そのような洞察を見いだすことが難しくなるだろう。第2章を思い出してほしい。経済モデルは現実を再現するためのものではなく、目の前の問題の本質を示すためのものである。

経済学者がしばしば合理性を仮定するもう1つの理由は、経済学者自身が合理的マキシマイザーではないからかもしれない。多くの人がそうであるように、経済学者も自信過剰で、自分の考えを変えたがらない。人間の行動に関する代替理論の選択には、過度の慣性が見られるかもしれない。さらに、経済学者は完璧ではないが十分な理論で満足することもある。合理的人間のモデルは、満足を求める社会科学者が選択する理論なのかもしれない。

3-2 人々は公平さを重視する

人間の行動に関するもう1つの洞察は、**最後通牒ゲーム**（ultimatum game）と呼ばれる実験によって最もよく説明される。これは次のようなものである。（見知らぬ者同士の）2人のボランティアが、あるゲームをすることになり、合計100ドルを獲得できる可能性があると告げられる。ゲームはコイン投げから始まり、コイン投げで提案者と応答者の二役を決める。提案者は、2人のプレイヤー（提案者と応答者）へ100ドルの賞金の分配案を提示しなければならない。提案者が提案した後、応答者はそれを受け入れるか拒否するかを決める。もし応答者がその提案を受け入れれば、両プレイヤーに賞金が支払われる。応答者が拒否した場合、どちらのプレイヤーにも何も支払われない。どちらの場合でもゲームは終了する。

先に進む前に、あなたならどうするか考えてみよう。あなたが提案者なら、100ドルをどのように分配するだろうか。あなたが応答者なら、どのような申し出なら受け入れるだろうか。

従来の経済理論では、このような状況にある人々は合理的に富を最大化する主体であると仮定されている。この仮定は以下のような単純な予測を導き出す。提案者は99ドルを受け取り、応答者に1ドルを渡すと申し出、応答者はその申し出を受け入れる。結局のところ、いったん申し出がなされれば、応答者はそれを受け入れるほうがよいのである。1ドルでもゼロよりはましである。また、提案者は、その申し出を受け入れることが応答者にとって有益であることを知っているため、1ドル以上の金額を提示する理由がない。（第18章で説明した）ゲーム理論では、99対1の分配がナッシュ均衡である。

しかし、実験的に経済学者が実際の人々に最後通牒ゲームをやってもらうと、結

第23章　ミクロ経済学の最前線

果はこの予測と異なる。応答者役の人々は通常、1ドルかそれに近い少額の申し出を拒否する。このことを予期して、提案者役の人々は通常、応答者に1ドルよりはるかに多い金額を提示する。半々を提示する人々もいるが、提案者が応答者に30ドルや40ドルといった金額を提示し、多いほうの取り分を自分のものにするほうが一般的である。このような場合、応答者は通常その提案を受け入れる。

　ここで何が起こっているのだろうか。1つの解釈は、人々は生来の公平感によって動かされているということである。99対1の分配は、多くの人々にとってあまりにも不公平に思えるため、経済的な不利益を覚悟でそれを拒否する。対照的に、70対30の分配はまだ不公平だが、人々が通常の自己利益を放棄するほど悪くはない。

　家計と企業の行動に関する研究を通じて、生来の公平感はいかなる役割も果たしてこなかった。しかし、最後通牒ゲームの結果は、おそらくそうした公平感が必要であることを示唆している。たとえば、第19章と第20章では、賃金が労働需要と労働供給によってどのように決定されるかを議論した。一部の経済学者は、企業が労働者に支払う賃金の公平さも考慮すべきであると指摘している。企業が特に良い年を迎えたとき、（応答者のように）労働者は、たとえ従来の市場均衡がそれを指示しなくても、賃金の公平な分け前が支払われることを期待するかもしれない。（提案者のように）企業は、労働者が努力しなくなったり、ストライキや破壊行為によって企業を罰しようとすることを恐れて、均衡賃金以上の賃金を労働者に支払うことを決定するかもしれない。

3-3　人々は時間とともに一貫性を失う

　あなたが退屈だと思う仕事を想像してほしい。それは洗濯かもしれないし、車道の雪かきかもしれないし、所得税申告書の記入かもしれない。では、次の質問を考えてみよう。

1.　あなたは、（A）今すぐに仕事を50分かけてこなすのと、（B）明日仕事を60分かけてこなすのと、どちらがよいですか。
2.　あなたは、（A）90日後に、50分かけて仕事をこなすのと、（B）91日後に、60分かけて仕事をこなすのと、どちらがよいですか。

　このような質問をされると、多くの人は質問1ではBを、質問2ではAを選ぶ。（質問2のように）将来を見据えている場合、人は退屈な仕事に費やす時間を最小限に抑えようとする。しかし、（質問1のように）すぐにその仕事をこなす必要があるという見通しに直面すると、先延ばしにすることを選ぶ。

　ある意味では、この行動は驚くべきことではない。誰だって先延ばしにすることはある。しかし、従来の合理性の観点からすると、これは不可解である。質問2に対して、90日後に50分を費やすことを選択したとしよう。そして、90日目が来て、その退屈な仕事を始めようとするとき、考えを変えることを許可する。事実上、そのとき彼らは質問1に直面し、翌日まで仕事を先送りすることを選ぶ。しかし、なぜ時間の経過が彼らの選択に影響を与えるのだろうか。

521

人生ではたびたび、人は自分で計画を立てるが、それを実行に移せないことがある。喫煙者は、禁煙すると自分に約束するが、最後のタバコを吸ってから数時間以内に次のタバコが欲しくなり、約束を反故にする。体重を減らそうとする人は、デザートを食べないと心に誓うが、ウェイターがデザートのカートを運んでくると、ダイエットは水の泡になる。どちらの場合も、すぐに満足したいという欲求が、過去に決めた合理的な計画を台無しにしてしまう。

　経済学者の中には、消費と貯蓄の決断は、人々が時間の経過とともに一貫性を失い、こうした矛盾を示す重要な例であると考える者もいる。多くの人にとって、消費は一種の即時的な満足をもたらす。貯蓄は、タバコやデザートを我慢するように、遠い将来の報酬のために現在の犠牲を必要とする。喫煙者の多くは禁煙したいと願い、大勢の人々が食べる量を減らしたいと願うように、大半の消費者が収入をもっと貯蓄したいと思っている。ある調査によると、アメリカ人の76％が老後のために十分な貯蓄をしていないと答えている。

　このような時間の経過に伴う矛盾の意味するところは、将来の自分が計画をやり遂げる方法を見つければ、人々はより良い生活を送れるかもしれないということである。禁煙しようとする喫煙者はタバコを捨てるかもしれないし、ダイエット中の人は冷蔵庫に鍵をかけるかもしれない。貯蓄が少なすぎる人はどうすればいいのだろうか。お金を使う前に鍵をかける方法を見つけなければならない。401（k）プランのような退職金制度では、それに近いことができる。従業員は、給与を受け取る前に、給与から天引きされることに同意することが可能である。そのお金は退職金口座に預けられ、一定の年齢に達する前に引き出されると、金銭的なペナルティが課される。おそらくそれが、こうした退職金制度が人気を博している理由の1つなのだろう。なぜなら即座に満足したいという自分の欲望から人々を守ってくれるものだからである。

専門家の見方　行動経済学

「個人の行動に関する心理学からの洞察（たとえば、限定合理性、自制心の低さ、公平さへの嗜好など）は、完全に合理的な経済モデルにはない、いくつかの重要なタイプの市場結果を予測している」

経済学者の見解は？

同意しない　0%
どちらともいえない　0%
同意する　100%

（出所）IGM Economic Experts Panel, October 19, 2017.

第23章　ミクロ経済学の最前線

理解度確認クイズ

8. 多くの人々は、＿＿＿＿＿＿＿ので、合理性から逸脱しているとされる。

 a. 自分の能力を過信する傾向がある

 b. 新しい情報を得ると、すぐに考えを変えてしまう

 c. はるか未来に起こる結果に重きを置きすぎる

 d. 限界便益と限界費用を同じにして意思決定を行う

9. 最後通牒ゲームと呼ばれる実験が示している人々のふるまいとして適切なものは、以下のうちのどれか。

 a. 戦略的な状況でナッシュ均衡を採る。

 b. 即座に満足したいという欲求に突き動かされている。

 c. たとえ自分が不利になろうとも、公平さを重視する。

 d. 時間の経過とともに一貫性のない決定を下す。

➡（解答は章末に）

4　結論

　この章では、ミクロ経済学の最前線の旅へと読者を誘った。すでに気づいた読者も多いと思うが、本章ではアイデアを完全に発展させるのではなく、概説を行った。その理由の1つは、上級コースでこれらのトピックをより詳しく学ぶ可能性があるからである。もう1つは、これらのトピックは依然として活発な研究分野であり、まだ具体化されていないということもある。

　これらのトピックが全体像の中でどのように位置づけられるかを知るために、第**1章の経済学の10原則**を思い出してほしい。その中の1つの原則は、「通常、市場は経済活動をまとめあげる良い方法である」というものであった。別の1つは、「政府は市場のもたらす結果を改善できる場合がある」というものであった。経済学を学べば、これらの原則とそれに伴う注意点をより深く理解することができる。情報の非対称性を学ぶと、市場の結果に対して、より注意を払うようになるかもしれない。政治経済学を学べば、政府の解決策をより警戒するようになるかもしれない。また、行動経済学を学ぶと、市場も政府も含め、人間の意思決定に依存するあらゆる制度により注意深くなるかもしれない。

　これらのトピックに共通するテーマがあるとすれば、それは人生は厄介だということである。情報は不完全であり、政府は不完全であり、人間は不完全である。もちろん、このことは経済学を学ぶずっと前からわかっていたことだろう。しかし、経済学者は、自分たちを取り巻く世界を説明し、おそらく改善するためには、これらの不完全性をできるだけ正確に理解する必要がある。

523

第Ⅶ部　さらなる学習のためのトピック

本章のポイント

- 多くの取引において、情報は非対称である。隠れた行動がある場合、プリンシパルはエージェントがモラルハザードの問題に苦しむことを懸念するかもしれない。隠れた特性がある場合、買い手は売り手の間にある逆選択の問題を懸念するかもしれない。民間市場では、情報の非対称性に対処するために、シグナリングやスクリーニングが行われることがある。

- 政府の政策によって市場の成果が改善されることもあるが、政府自体が不完全な制度である。コンドルセのパラドックスは、多数決が社会にとって推移的選好を生み出さないことを示しており、アローの不可能性定理は、い

かなる投票制度も完全でないことを示している。多くの状況において、民主制は他の有権者の選好に関係なく、中位投票者が望む結果を生み出す。さらに、政府の政策を決定する個人は、国益よりもむしろ私利私欲に突き動かされているかもしれない。

- 心理学と経済学の研究から、人間の意思決定は従来の経済理論で想定されている以上に複雑であることが明らかになった。人は常に合理的であるとは限らず、経済的な結果の公平さを（たとえ自分自身が不利益を被るとしても）重視し、時間の経過とともに一貫性がなくなることもある。

理解度確認テスト

1. モラルハザードとは何か。この問題の深刻さを軽減するために、雇用主ができることを3つ挙げなさい。
2. 逆選択とは何か。逆選択が問題となりうる市場の例を挙げなさい。
3. **シグナリング**と**スクリーニング**を定義し、それぞれの例を挙げなさい。
4. コンドルセが気づいた投票の特異な性質とは

何か。
5. 多数決が平均的な有権者の選好ではなく中位投票者の選好を配慮する理由を説明しなさい。
6. 最後通牒ゲームについて説明しなさい。このゲームから、従来の経済理論はどのような結果を予想するだろうか。実験はこの予想を裏付けるのだろうか。説明しなさい。

演習と応用

1. 次の各状況はモラルハザードを含んでいる。それぞれの場合において、プリンシパルとエージェントを特定し、なぜ情報の非対称性があるのかを説明しなさい。説明された行動は、モラルハザードの問題をどのように軽減するだろうか。
   a. 家主は、借り手に敷金の支払いを要求する。
   b. 企業は、将来所定の価格で購入できるオプション付きの自社株を経営幹部に対して補償する。

   c. 自動車保険会社は、盗難防止装置を車に取り付けた顧客に保険料の割引をする。

2. 本章のケーススタディでは、男性がガールフレンドに適切なプレゼントを贈ることで、愛のシグナルを送る方法を説明している。「愛している」と言うこともまたシグナルになると思うか。なぜなのか、またなぜそうでないのか、述べなさい。

第23章　ミクロ経済学の最前線

3. 2010年にオバマ大統領が署名した医療費負担適正化法には、以下の2つの条項が含まれている。
   i. 保険会社は、健康保険に加入するすべての人に健康保険を提供し、既往症の有無にかかわらず同額の保険料を請求しなければならない。
   ii. 誰もが健康保険に加入するか、加入しない場合は罰金を支払わなければならない。

   a. これらの条項のうち、逆選択の問題を悪化させるのはどちらか。説明しなさい。
   b. 設問（a）で挙げた条項が法律に盛り込まれたのはなぜだろうか。
   c. もう1つの条項が法律に盛り込まれたのはなぜだろうか。

4. ケンがアイスクリーム屋に入る。

   ウェイター：「今日はバニラとチョコレートがあります」。
   ケン：「バニラにします」。
   ウェイター：「忘れるところでした。ストロベリーもありますよ」。
   ケン：「それなら、チョコレートにします」。

   意思決定の標準的な性質のうち、ケンが違反しているのは何か（ヒント：アローの不可能性定理の節を再読してみよう）。

5. 3人の友人たちが夕食のために、レストランを選んでいる。以下は彼らの好みである。

	レイチェル	ロス	ジョーイ
1番目の選択	イタリア料理	イタリア料理	中華料理
2番目の選択	中華料理	中華料理	メキシコ料理
3番目の選択	メキシコ料理	メキシコ料理	フランス料理
4番目の選択	フランス料理	フランス料理	イタリア料理

   a. もし3人の友人たちがボルダ方式を使って決断を下すとしたら、彼らはどこに食べに行くことになるか。
   b. 選んだレストランに向かう途中、メキシコ料理屋とフランス料理屋が閉まっているこ

とがわかり、再びボルダ方式を使って残りのレストランの2つから選ぶことに決めた。果たして、彼らはどこに行くことに決めたか。
   c. 設問（a）と設問（b）に対するあなたの答えは、アローの不可能性定理とどのように関連しているだろうか。

6. 3人の友人たちが見るテレビ番組を選んでいる。彼らの好みは以下の通りである。

	チャンドラー	フィービー	モニカ
1番目の選択	『NCIS』	『テッド・ラッソ』	『サバイバー』
2番目の選択	『テッド・ラッソ』	『サバイバー』	『NCIS』
3番目の選択	『サバイバー』	『NCIS』	『テッド・ラッソ』

   a. もし3人の友人がボルダ方式を使って選択するとしたら、どうなるだろうか。
   b. モニカは多数決による投票を提案する。彼女は、まず『NCIS』と『テッド・ラッソ』のどちらかを選び、次に最初の投票の勝者と『サバイバー』のどちらかを選ぶことを提案する。全員が自分の好みに正直に投票した場合、どのような結果になるだろうか。
   c. チャンドラーはモニカの提案に同意すべきだろうか。彼はどのような投票システムを好むだろうか。
   d. フィービーとモニカは、モニカの提案に従うようチャンドラーを説得する。最初の投票では、チャンドラーは不正直に「『NCIS』より『テッド・ラッソ』が好きだ」と言う。なぜそのようなことをするのだろうか。

7. 5人のルームメイトが、週末をアパートで映画を見て過ごそうと計画しており、映画を何本鑑賞しようかと議論している。下の表は、それぞれのルームメイトの映画に対する支払用意を示している。

525

第VII部　さらなる学習のためのトピック

	アヴァ	リドリー	スパイク	クロエ	クエンティン
1本目の映画	14ドル	10ドル	8ドル	4ドル	2ドル
2本目の映画	12	8	4	2	0
3本目の映画	10	6	2	0	0
4本目の映画	6	2	0	0	0
5本目の映画	2	0	0	0	0

動画配信サービスの映画1本の料金は15ドルで、ルームメイトがそれを均等に分割するので、各自が1本の映画につき3ドルを支払う。

a. 効率的な映画の本数（つまり、総余剰を最大化する本数）は何本か。

b. それぞれのルームメイトについて、見る映画の本数は何本が好ましいか。

c. 中位投票者になるルームメイトの選好は何本か。

d. もしルームメイトが、「効率的な結果」と「中位投票者の選好」について投票を行ったならば、各人はどのように投票するだろうか。どちらの結果が過半数を得られるだろうか。

e. ルームメイトの1人が違う本数の映画を提案した場合、その提案は投票で設問 (d) の勝者に勝てるだろうか。

f. 多数決は公共財の提供において、効率的な結果をもたらすことが期待できるだろうか。

8. 2つのアイスクリームスタンドが、1マイルのビーチ沿いのどこに出店するかを決めている。人々はビーチに沿って一様に位置しており、ビーチに座っている各人は、最も近いスタンドから1日に1個のアイスクリームを買う。各アイスクリーム売りは最大数の客を望んでいる。2つのスタンドはビーチのどこに出店するだろうか。また、この答えから本章のどの結果が想起されるか。

9. 政府は、低所得の家庭を援助するために、現金を支給するか、炊き出しで無料の食事を提供するかという2つの方法を考えている。

a. 合理的消費者の標準的理論に基づき、現金を支給することについての理由を論じなさい。

b. 情報の非対称性に基づき、なぜ炊き出しの無料の食事の提供のほうが現金支給よりも良いのか、その理由を論じなさい。

c. 行動経済学に基づき、なぜ炊き出しの無料の食事の提供のほうが現金支給より良いのか、その理由を論じなさい。

理解度確認クイズの解答

1. b　　**2.** a　　**3.** d　　**4.** c　　**5.** b　　**6.** c　　**7.** a　　**8.** a　　**9.** c

第24章

Chapter 24

Appendix: How Economists Use Data

補論：経済学者はどのように データを活用するか

「データ！　データ！　データ！」——シャーロック・ホームズはかつてこう叫んだ。「粘土なしでレンガを作ることはできない」。いつものように、このフィクションの名探偵は正しかったのである。謎を解くために、あるいは世界のどんな側面を理解するためにも、われわれはデータを必要とする。理論や原則は極めて重要だが、周りで何が起こっているかを観察して初めて、われわれは何が真実で何がそうでないかを確信することができる。

データという用語は、推論や議論の基礎となる客観的情報を指す。経済学において、データはしばしば定量的なものであり、たとえば個人の所得、企業の利益、アイスクリームの市場価格、アイスクリームの販売量、国内総生産（GDP）などが含まれる。データを用いることで、経済理論における概念的な変数に、実際の数値を当てはめることが可能になる。

データ分析は現代の経済学においてますます中心的な役割を果たすようになっている。過去半世紀のコンピュータの処理能力の進歩により、経済学者は大規模なデータセットを分析できるようになり、データに基づいた研究がこれまで以上に重要になっている。過去の経済学者と比べて、現代の経済学者は純粋な理論や日常的な観察に基づいて信念や政策アドバイスを示すことが少なくなり、かわりに厳密なデータ分析に基づくことが多くなっている。

> データ
> (data)
> 推論や議論の基礎となる客観的情報。特に、定量的な情報に対してこの語が用いられることが多い。

527

第Ⅶ部　さらなる学習のためのトピック

計量経済学 ....
(econometrics)
データ分析のための手法
の開発を行う経済学の一
分野

経済学の一分野である**計量経済学**は、データ分析のための手法の開発を進めている。本質的に、計量経済学は経済を理解するために有益な統計的手法を研究する経済学の一分野である。多くの大学では計量経済学のコースが提供されており、経済学専攻の学生はしばしばトレーニングの一環として計量経済学のコースを受講することが義務づけられている。この章は、計量経済学の簡潔なイントロダクションとなっている。

本章では3つの話題を取り上げる。第1に、経済学者が使用するデータの種類について考察する。第2に、データ分析を通じて経済学者が達成しようとする目的について議論する。第3に、データを用いて推論を行う際に生じるいくつかの問題と、それらの問題に対処するために計量経済学者が考案した手法について検討する。

1　経済学者が分析対象にするデータ

まず、経済学者が最も頻繁に使用するデータの出所と種類について議論しよう。

1-1　実験データ

ランダム化比較試験 ....
(randomized
controlled trial)
研究者が被験者を無作
為にグループに分け、グ
ループごとに異なる処置
を行い、その処置に対す
る反応を比較する実験

しばしば、データはランダム化比較試験から得られる。**ランダム化比較試験**とは、研究者が被験者を無作為にグループに分け、グループごとに異なる処置を行い、その処置に対する反応を比較する実験である。

たとえば、ある製薬会社がある病気に対する新薬を開発したとする。規制当局から市場での販売許可を得るためには、製薬会社はその薬が安全で効果的であることを証明する必要がある。製薬会社の研究者は、まずその病気にかかっている200人の被験者を募集する。被験者の半分は**処置群**（treatment group）に無作為に割り当てられ、その薬を投与される。残りの半分は**対照群**（control group）に割り当てられ、プラセボ（偽薬。見た目は本物の薬と同じだが無害で効果のない薬）を投与される。その後、研究者は両方の群の健康状態を追跡する。もし処置群の患者のほうが対照群の患者よりも良好な結果を示せば、その薬は安全で効果的とみなされる。そうでなければ、その薬は安全でないか、効果がないか、またはその両方であると判定される。

実験データ ....
(experimental data)
ランダム化比較試験から
収集されるデータ

ランダム化比較試験から収集されたデータは**実験データ**と呼ばれる。多くの場合、比較試験は知りたいことについての推論を引き出す最も信頼性の高い方法である。試験参加者の数が十分に多く、処置群と対照群への割り当てが完全に無作為であれば、両グループ間の唯一の重要な違いは処置を行ったかどうかであることが確実である。

ランダム化比較試験は社会科学においても時折行われる（以下のケーススタディがその例である）が、その有用性は経済学においては限定的である。問題は実現可能性である。実験の実施には多額の費用がかかることがあり、政策立案者は、人々（被験者）対して異なる処置を与えることを不公平だとして反対するかもしれない。また、実験の実施にかかる経済的コストがあまりにも大きすぎる場合がある。たとえば、金融政策の効果を検証するために、中央銀行が毎年無作為に政策を設定し、

その結果を観察するとする。この実験は社会科学の発展に貢献するかもしれないが、一国の経済厚生（経済的幸福度）に多大な悪影響を及ぼすため、誰も本気で実施しようとは考えないであろう。

よりよい機会への移動プログラム

アメリカの住宅都市開発省が1990年代に実施した「よりよい機会への移動プログラム（Moving to Opportunity Program）」は、実験データの重要な例である。このプログラムの目的は、貧困地域での生活の影響を調査することであった。

研究者は、貧困度の高い地域に住む数千の低所得世帯を実験参加者として募集した。抽選により、世帯は処置群と2つの対照群に分けられた。処置群の世帯は、近郊のより裕福な地域に引っ越した場合に家賃が補助されるバウチャー（引換券）を受け取った。1つめの対照群では、世帯は居住地に制限のない家賃補助のバウチャーを受け取った。2つめの対照群では、世帯は何も受け取らなかった。研究者たちは、3つのグループに属する世帯のメンバーの、その後の所得や学業達成などの結果を比較した。

一部の結果は残念なものであった。処置群の多くがバウチャーを使用して貧困度の高い地域を離れたが、成人については3つのグループ間でその後の結果に有意な差は見られなかった。処置群と対照群の成人の世帯メンバーの平収所得はほぼ同じであったが、健康面の結果は処置群のほうが若干良好であった。同様に、13歳から18歳の子供についても、結果に有意な差はみられなかった。

しかし、このプログラムは、世帯がバウチャーを受け取った時点で13歳未満だった子供たちに対しては、有意かつポジティブな影響を与えた。処置群の子供たちは、読解と数学のテストの成績で測定される学校での成績について、対照群の子供たちよりもパフォーマンスが良好だったわけではない。にもかかわらず、その後の人生では、処置群の子供たちは大学への進学率が有意に高く、シングルマザーの比率が低く、成人になってからの所得が高いことが確認された。これらの結果は、世帯が貧困度の高い地域を離れることで、子供たちに長期的な利益がもたらされることを示している。

1-2 観察データ

実験データは常に利用可能ではないため、経済学者はしばしば観察データを用いる。**観察データ**は実験ではなく、世界をありのままに観察することで得られるデータのことである。観察データは家計や企業に対する調査や、税務申告書などの行政記録から入手することができる。実験データと比べて、観察データはより簡単に生成され、広く入手可能であるという利点がある。一方で、観察データを扱う際には、データアナリスト（分析者）は2つの問題に直面する。

観察データ
（observational data）
世界をありのままに観察することで得られるデータ

第Ⅶ部　さらなる学習のためのトピック

交絡変数 ·····················
(confounding variable)
分析から除外（欠落）されているが、分析対象の変数と関連しているために、分析者を誤った結論に導く可能性がある変数

逆の因果性 ·····················
(reverse causality)
分析者が2つの変数の因果関係の方向性を、本来のものとは逆方向に解釈してしまっている状況

　1つめは交絡変数の問題である。**交絡変数**とは、分析から除外（欠落）されているが、分析対象の変数と関連しているために、分析者を誤った結論に導く可能性がある変数のことである。

　たとえば、学校の1クラスあたりの人数（クラス規模）を減らすことで、学習効果を改善することができるかどうかを知りたいとする。そこで、あなたは大きなクラスと小さなクラスの試験の平均点を比較することで、クラスの人数の影響を推定しようとするかもしれない。この手法は、生徒や教師が実験データのようにランダムに割り当てられているのであれば問題ない。しかし、観察データの場合、生徒や教師の割り当てがランダムでないため、クラスの人数に関連する他の変数が結果に影響を与えてしまう可能性がある。たとえば、小さなクラスは住民の教育水準や平均所得が高い町で、より一般的かもしれない。このとき、親の教育水準が子供である生徒の成績に影響を与えているのであれば、親の教育水準は交絡変数となり、クラスの大きさが学習効果に与える影響を、実際よりも大きく見積もってしまう原因となる。本当は親の教育水準が子供の成績の決定要因となっているにもかかわらず、誤ってクラスの人数が決定要因であると推論してしまう可能性があるのである。あるいは、校長が経験の少ない教師を小さなクラスに割り当てるかもしれない。教師の経験が生徒のパフォーマンスに影響する場合、これも交絡変数となり、今度は小さなクラスの影響を実際よりも小さく見積もってしまう原因となる。経験の少ない教師のデメリットが、小さなクラスのメリットを覆い隠してしまうかもしれないのである。観察データでは多くの変数が相関している可能性があるため、分析者は1つの変数の影響を、他の変数の影響と注意深く区別する必要がある。

　観察データに関する2つめの問題は、逆の因果性である。**逆の因果性**とは、本来はある変数（Xとする）が別の変数（Yとする）に影響を与えているにもかかわらず、分析者は誤って別の変数（Y）がある変数（X）に影響を与えていると判断してしまっている状況を指す。

　たとえば、ある食品の摂取量が肥満の指標であるBMIと正の相関があることを見つけたとしよう。この食品の摂取がBMIの増加を引き起こしていると結論してよいだろうか。この推論は、比較試験のように、食品の摂取がランダムに割り当てられている場合は正しいかもしれないが、観察データでは問題が生じることがある。たとえば、対象の食品がアイスクリームであれば、因果関係の方向性は実際に食品摂取からBMIなのかもしれない。すなわち、アイスクリームを多く食べることが、体重増加を引き起こすという因果関係である。正の相関があることのみをもってこの因果性が証明されたわけではないが、この仮説は少なくとももっともらしくはある。一方で、対象の食品がダイエット用のソフトドリンクであれば、異なる解釈が必要であろう。おそらく高いBMIを持つ人々が、体重を減らそうとしてダイエット用のソフトドリンクを摂取している。つまり、このソフトドリンクの摂取が高いBMIを引き起こすのではなく、高いBMIがソフトドリンクの摂取を引き起こしているのである。この例は一般的な教訓を示している。観察データを用いて原因と結果を区別することはしばしば厄介な問題なのである。

　こうした問題はあるものの、分析者が注意深く扱えば、観察データは有用である。

第24章　補論：経済学者はどのようにデータを活用するか

交絡変数の問題や逆の因果性に対処するための、計量経済学者が開発したいくつか
の方法については、本章の後半で紹介する。

1-3　データの３つのタイプ

　実験データか観察データかどうかにかかわらず、すべてのデータは横断面データ、
時系列データ、パネルデータの３つのタイプに分類される。

　横断面データ（クロスセクションデータ） は、特定の時点における複数の対象（た
とえば個人、企業、国）の特性を示したものである。たとえば、労働者のグループ
を調査し、各人に賃金、教育、年齢、職業経験、職業、人種、性別などを答えても
らった場合のデータがこれにあたる。この種のデータを使用することで、調査対象
となった変数が互いにどのように関連しているかを分析することができる。たとえ
ば、教育、年齢、経験、職業の違いを調整したうえで、人種や性別によって賃金が
どれだけ異なるかを調べることができる。

> **横断面データ（クロスセクションデータ）**
> （cross-sectional data）
> 特定の時点における複数の対象の情報を示すデータ

　時系列データ は、ある特定の対象（たとえば特定の個人、特定の企業、あるいは
特定の国）の、異なる時点での特性を示したものである。たとえば、過去60年間に
わたるある国の失業率（労働力のうちの失業者の割合）やGDP（国内総生産、生産と
所得を示す指標）を、毎年測定したデータがこれにあたる。この種のデータを使用
することで、失業率と国内総生産の変動がどのように関連しているかを調べること
ができる。

> **時系列データ**
> （time-series data）
> 特定の対象の異なる時点での特性を示したデータ

　パネルデータ は、横断面データと時系列データの要素を組み合わせ、異なる時点
での複数の対象（たとえば個人、企業、あるいは国）の特性を示したものである。
このタイプのデータは、**縦断データ**（longitudinal data）とも呼ばれ、ある変数の変
化が他の変数にどのように影響するかを調べるのに役立つ。たとえば、宝くじに当
選することが労働参加にどのように影響するかを、宝くじの当選者と落選者の時間
を通じた行動変化を比較することで分析することができる。

> **パネルデータ**
> （panel data）
> 異なる時点での複数の対象の特性を示したデータ

理解度確認クイズ

1. ランダム化比較試験では、被験者は以下のどれに
   基づいて、処置群と対照群に割り当てられるか。
   a. 支払意思
   b. 所得
   c. 処置によって見込まれる利益
   d. 偶然

2. 観察データの利点は以下のどれか。
   a. 逆の因果性の問題を解決すること
   b. 広く利用可能であること
   c. 交絡変数を回避できること
   d. ランダム化比較試験から得られること

➡（解答は章末に）

2　経済学者はデータを用いて何をするか

　前節では、経済学者がデータを収集する方法（実験または観察）や収集するデー

第Ⅶ部　さらなる学習のためのトピック

タの種類（横断面データ、時系列データ、またはパネルデータ）について概観した。次に、経済学者がデータ分析を通じて達成しようとしている目的をみてみよう。

2-1 経済を描写する

経済データ自体が、世界を数量的に記述する興味深いものであると言える。具体例としては、以下が挙げられる。

- 多くの人々が支出の大部分を住宅に費やすといった話を聞いたことがあるとしても、その具体的な割合については知らないかもしれない。データによると、アメリカの平均的な消費者は、予算の 42％を住宅支出に振り向けている。
- アメリカの所得分布において、90 パーセンタイルに位置する世帯が、10 パーセンタイルに位置する世帯よりも高い所得を持つことは定義上明らかだが、その所得にどれだけの差があるのかは知らないかもしれない。データによると、前者の裕福な世帯の所得は後者の貧しい世帯の所得の約 12 倍である。
- アメリカの 1 人当たり所得がメキシコの 1 人当たり所得よりも高いことはよく知られているが、その差がどれほどあるのかは知らないかもしれない。データによると、アメリカの 1 人当たりの平均所得はメキシコの 1 人当たり平均所得の約 3 倍である。
- 経済全体の支出に占める医療支出の比率が上昇しているという報道を目にしたことがあるとしても、具体的な上昇幅は知らないかもしれない。データによると、アメリカの医療支出は対 GDP 比で 1960 年の 5％から 2019 年には 18％にまで上昇している。

こうした事実を知っておくことは有益である。世界がどのように機能しているかを分析し、それを踏まえてより良い政策を考える際には、データに目を向けて現実世界に対する感覚を鋭敏にしておくことが大切である。

2-2 関係性を数量化する

経済理論はしばしば特定の変数が関連していることを示唆するが、それがどの程度強く関連しているのかについてはほとんど教えてくれない。多くの場合、私たちはその規模感を求めることが必要になる。つまり、変数間の関係性の強さを示す数値である、モデルの**パラメーター**を推計する必要があるのである。

パラメーター
(parameters)
モデルにおける変数間の
関係性の強さを示す数値

例を考えてみよう。政策立案者が高級車に対する課税を検討しているとする。彼らは税負担が車の買い手に対してより大きくかかるか、売り手に対してより多くかかるかを知りたいと考える。税負担の大きさは、財の価格変化に対する数量の反応度である、需要と供給の価格弾力性に依存する。需要が供給よりも弾力的であれば、売り手が税負担の大部分を負う。一方、供給が需要よりも弾力的であれば、買い手が負担の大部分を負う。

理論的な分析が明らかにするのはここまでである。政策立案者の質問に答えるためには、需要の価格弾力性と供給の価格弾力性の推定値が必要となる。これらの推

532

第24章　補論：経済学者はどのようにデータを活用するか

定値を得るために、研究者は高級車市場のデータを収集する。このデータを丁寧に分析することで、需要量と供給量の決定要因、特に、税負担の予測に利用可能な、価格弾力性の推定値を得ることができる。

2-3　仮説を検定する

　経済理論は私たちが生活する世界を描写しようとする。すべての科学理論と同様に、ある経済理論もそれ自体1つの仮説（世界がどのように機能するかについての推測）である。この仮説を実証または反証するためには、データを用いる必要がある。

　たとえば、教育が賃金に与える影響を考えてみよう。経済学者ベッツィは、教育が労働者の賃金を増加させる素晴らしい方法だと考えている。彼女は学校教育によって労働者の生産性はより向上し、それによって高い賃金が得られると信じている。一方、別の経済学者ジャスティンは、教育は時間のムダだと考えている。彼は学校で教わるほとんどの事柄は多くの仕事で役に立たず、人々は教室で時間をムダにするよりも職場で経験を積んだほうが高い賃金を得られると信じている。

　ベッツィとジャスティンの間の議論は、いくら理論を用いても解決することはできない。彼らの意見の相違は実証的なものである。それは理論ではなく、事実によってのみ解決できるものなのである。この場合、賃金、教育、職場経験に関するデータを用いて、どちらの仮説が正しいかを判断する必要がある（ネタバレ注意：ほとんどの経済学者はベッツィの立場を支持している）。

2-4　将来を予測する

　ヨギ・ベラ〔訳注：大リーグ、ニューヨーク・ヤンキースの名捕手・監督〕は、「予測は難しいものである、特に将来についての予測は……」と述べた。彼は賢い人であったが、経済学者はしばしば将来を予測することを求められる。ミクロ経済学者は、2つの企業の今後の合併が市場価格にどのような影響を及ぼすかについて尋ねられる。マクロ経済学者は、インフレ率の突然の上昇がどれくらい早く終息するかについて尋ねられる。

　データに存在するパターンを見つけ出し、それをそのまま将来に当てはめることで予測を行うこともできる。たとえば、「結婚したカップルがコンパクトカーをミニバンに買い替えると、多くの場合、数か月後には新しい赤ちゃんが生まれる」という関係性をデータから見いだしたとしよう。もし近所の夫婦がある日ミニバンで家に帰ってきたら、あなたは赤ちゃんがもうすぐ生まれるだろう、と予測するかもしれない。経済学者はこのミニバンと赤ちゃんの関係を**経験的規則性**（empirical regularity）と呼ぶ。経験的規則性は、しばらくの間は予測に役立つかもしれないが、この規則性は常に安定して信頼できるものとは限らない。たとえば、自動車メーカーが家族向けの新型SUVモデルを販売した場合、ミニバンの購入は出生予測にとってはあまり役立たなくなるかもしれない。

　信頼性のある予測を行うために、経済学者はしばしばモデルの力を借りる。ここでモデルとは、特定の状況において機能している様々な変数の関係性を数学的に表現したものである。数量的な予測を行うためには、モデルにおけるそれぞれの関係

533

第Ⅶ部　さらなる学習のためのトピック

性を定量化する必要がある。そのために、経済学者は関連するデータを用いてモデルのパラメーターを推定する。推定されたモデルが入手できれば、それを用いて予測を行うことができる。

> ### ケーススタディ　FRB/US モデル
>
> 　経済政策立案における重要なモデルの1つに、FRB/US（「ファーバス」と発音される）モデルと呼ばれる、連邦準備制度理事会（FRB）のアメリカ経済についてのモデルがある。FRB/USモデルは、アメリカ経済の主要なマクロ経済変数、たとえばGDP、インフレーション、失業、そして金利などの変数間の関係性を記述している。中央銀行はこのモデルを予測や政策分析に使用している。
>
> 　FRB/USモデルには数百の方程式が含まれており、それぞれが経済の一部を記述している。これらの多くの方程式は**恒等式**（identity）、つまり、定義により常に等号が満たされなければならない方程式である。恒等式には推定する必要のあるパラメーターはない（恒等式の一例は、国民所得計算の恒等式 $Y = C + I + G + NX$ である。これは、GDPが消費、投資、政府支出、そして純輸出の合計であることを意味している）。しかし、FRB/USモデルのなかの約60の方程式は、家計や企業が経済状況にどのように反応するかを記述する方程式であり、これらの方程式には重要なパラメーターが含まれている。たとえば、消費に関する方程式は、家計が現在の所得や将来の期待所得、保有資産、金利など状況に応じて、消費財・サービスにどれだけ支出するかを示すものである。これらの消費の決定要因の相対的な重要性は、消費の方程式のパラメーターに反映される。連邦準備制度の経済学者は、アメリカ経済に関する時系列データに対して計量経済学的手法を適用して、これらのパラメーターを推定している。
>
> 　FRB/USモデルのパラメーターを推定した後、連邦準備制度の経済学者はモデルを2つの目的で使用している。1つめの目的は予測である。現在の政策と経済状況に基づいて、彼らは最も可能性の高い将来の経済状況を予測する。この予測はモデル内の数百の方程式を同時に解くことで得られる。この作業は不可能に見えるかもしれないが、紙と鉛筆のみを用いるのではなく、コンピュータアルゴリズムを用いることによって、幸いにも大規模モデルを解くことが可能になる。
>
> 　FRB/USモデルを使用する2つめの目的は政策分析である。連邦準備制度の経済学者は、連邦準備制度がもし金融政策を変更した場合、先行きが（現在の政策に基づく）ベースライン予測とどう異なってくるのかを分析する。それにより、一連の代替政策シナリオが得られる。これは、連邦準備制度が金融政策を引き締めたり緩和したりした場合に、GDP、失業、インフレーションなどの主要経済変数がどうなるかを示すものである。金融政策を決定する連邦公開市場委員会（FOMC）のメンバーは、先行きの金融政策の方向性を決定するためのガイドとして、これらのシナリオを参照することができる。
>
> 　連邦準備制度の経済学者によって提示される予測は、どの程度信頼できるものな

第24章　補論：経済学者はどのようにデータを活用するか

のだろうか。既存研究によると、これらの予測の精度は民間の経済予測と同等または それ以上であることはわかっているが、完璧と呼ぶには程遠い。予測の信頼性は FRB/USモデルの精度に依存するため、連邦準備制度の経済学者は常にその改善策 を模索している。改善策の一部は、より良い経済理論など、概念的な検討によって もたらされる。あるいは、時間と共に入手可能になる多くのデータを反映させるこ とや、計量経済学者が考案した新たな手法を適用するなど、統計学的な検討によっ ても改善がもたらされる。

理解度確認クイズ

3. 経済学者はデータを使用して、_____する。
   a. 経済を記述
   b. パラメーターを推定

   c. 仮説を検定
   d. 以上のすべてが当てはまる。

➡（解答は章末に）

3　データ分析の手法

前節まで、経済学者が使用するデータの種類と、データ分析を通じて達成しよう としている目的について概観した。次に、計量経済学者がデータ分析のために開発 したいくつかの手法をみてみよう。

3-1　最良推定値を見つける

人的資本の理論によれば、労働者の教育水準が高まると、それによって生産性が 向上し、賃金も増加するとされている。この言明は質的なものであり、教育と賃金 がどう関係するかついては言及しているが、どの程度関係するかについては触れて いない。もし単なる質的な関係性だけでなく、「1年の追加的な教育により、労働 者の賃金はいくら増えるか」という量的な関係を知りたいとき、その問いは実証的 なものであるといえる。そして、データを用いることによってのみ、この問いに答 えることができる。

まず、多数の労働者を調査し、賃金と教育に関するデータを収集する。データが 以下の表24-1で表されるとしよう（通常、サンプルとしては7人より多くの労働者 のデータを集めたいところだが、ここでの目的のためには7人で十分である）。こ の表のデータは横断面（クロスセクション）データの例となっている。

データから、教育年数が多い労働者ほど、賃金が高い傾向にあることがわかる。 12年間の教育を受けた2人の労働者（おそらく高校卒業者）は、平均時給が25ドル である。16年間の教育を受けた2人の労働者（おそらく大学卒業者）は、平均時給 が40ドルである。そして18年間の教育を受けた2人の労働者（おそらく大学院修了

535

表24-1 賃金と教育に関するデータ

労働者	賃金（ドル、時間当たり）	教育年数
アンディ	20	12
ブルック	30	12
クロエ	30	16
ディエゴ	40	14
エマ	40	18
フリン	50	16
ジーナ	50	18

者）は、平均時給が45ドルである。

しかし、教育年数が高まると、必ずしも賃金が上がるというわけではない。クロエはブルックよりも教育を4年多く受けているが、賃金は同じである。エマはフリンよりも2年多く教育を受けているが、時給はエマのほうが10ドル低い。教育は労働者の賃金の決定要因のうちの1つであるかもしれないが、他にも重要な要因があると言える。

これらのデータを理解するための1つの方法は、グラフで表すことである。図24-1では、1つの点が1つの観測値（この場合は労働者の教育年数と賃金の組み合わせ）を表している。このグラフは、右側にある点（教育年数が多い）ほど、高い位置にある（賃金が高い）という関係、すなわち、賃金と教育の間の正の相関を示している。しかし、これらの点は、直線あるいは単純な曲線上に完全に位置している

図24-1 データの散布図

賃金と教育に関するデータをプロットすると、これら2つの変数の間に正の相関があることがわかる。つまり、それらは同じ方向に動く傾向がある。

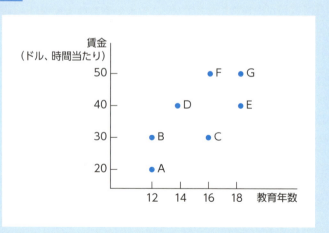

わけではなく、むしろそこから多少ぶれているようにみえる。これは、教育年数以外にも賃金に影響を与える要因が存在していることを示唆している。

1年間の教育が労働者の賃金に与える効果を特定するために、経済学者は**統計モデル**（statistical model）を用いる。統計モデルとは、データ生成過程の数学的表現である。そのなかでも最も単純なモデルは、以下のようなものである。

$$WAGE_i = \beta_0 + \beta_1 \times SCHOOL_i + \varepsilon_i$$

ここで、β_0とβ_1は変数間の関係の大きさを表すパラメーターである。このモデルによれば、個人 i の賃金（$WAGE_i$）は教育年数（$SCHOOL_i$）に依存し、さらに確率変数（ε_i）の影響も受ける。左辺の変数$WAGE_i$は**従属変数**（dependent variable）と呼ばれ、説明される側の変数である。右辺の変数$SCHOOL_i$は**独立変数**（independent variable）と呼ばれ、説明する側の変数（または所与の変数）である。最後の項ε_iは**残差**（residual、または誤差項）と呼ばれる。これは、経験や能力など、賃金に影響を与えるが、モデルからは除外されている様々な変数を含んでいる。残差は平均的にゼロであり、独立変数と相関がないと仮定される（この仮定の役割については後で議論するが、とりあえずここではこの仮定を受け入れておいて問題ない）。

この統計モデルは**線形回帰**と呼ばれる。このモデルは、本質的には図24-2に示されているように、点の集まりに対して直線を引くことに対応している。この直線は、労働者の教育年数が特定の値をとったときの、賃金の最良の推定値を示している。残差は、実際の賃金が、直線によって推定された賃金水準からどれだけ逸脱しているかを表しており、モデルがデータに完全に適合しないことを意味している。

われわれの主要な関心はパラメーターβ_1にあり、これは、1年間の教育によって賃金がどれだけ増加するかを示している。もう1つのパラメーターであるβ_0は、直線の切片に対応している。厳密には、β_0は教育年数がゼロの人の平均賃金であると解釈できるが、実際にはわれわれのサンプルには全く教育を受けていない人は含

> **線形回帰**
> （linear regression）
> 従属変数が、単一または複数の独立変数およびランダムな残差と線形に関係しているモデル

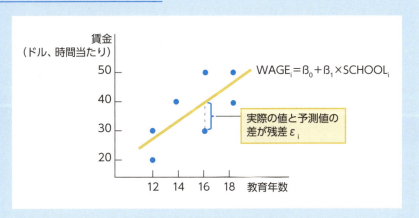

図 24-2 最もあてはまりの良い直線を推定する

ここでの統計モデルは、賃金が教育および他のランダムな影響を表す残差（誤差項）の線形関数であると仮定している。モデルのパラメータ（β_0とβ_1）は、残差二乗和の観点からもっともあてはまりのよい直線を導出する手法である、最小二乗法（OLS）によって推定できる。

第Ⅶ部　さらなる学習のためのトピック

まれていないため、そうした解釈は避けたほうが良いだろう。いずれにせよ、われわれの関心はβ_1にある。

われわれが直面している問題は、手元のデータを用いて、パラメーターの最良の推定値をどのように得るかである。点の集まりに対して、手でうまく合う直線を引くこともできるが、このアプローチは不正確すぎる（そして後で議論するより複雑なケースには使いづらい）。最もフィットする直線を見つける標準的な方法は、最小二乗法（OLS）と呼ばれるものである。この章ではOLSの詳細には立ち入らないが、その直感的な解釈はシンプルなものである。OLSは、直線がデータの各点を最も近く通るようにパラメーター（β_0とβ_1）を決める。ここでの「近さ」は残差の二乗で測定される。残差を二乗することで、正と負の残差が、近さを測る基準として同等に扱われる。OLSは残差の二乗和を最小化するようにパラメーターを推定する手法である。

7つの観測値からなる表24-1のデータにOLSを適用すると、以下の結果が得られる。

$$\mathrm{WAGE}_i = -10.7 + 3.16 \times \mathrm{SCHOOL}_i$$

推定されたモデルによると、1年間の教育によって、労働者の時間あたり賃金は3.16ドル増加する。これがわれわれの問いに対する答えとなる。

以上の例は一般的な原則を示している。経済学者はしばしば、賃金の増加に対する質的な洞察（教育は賃金を増やす）だけでなく、その量的な関係（1年間の教育が賃金をどれだけ増加させるか）を特定したいと考えている。このためにはデータが必要となる。経済学者は、関連する利用可能なデータを見つけ、データを説明できる統計モデルを設定し、最小二乗法などの方法を使ってモデルのパラメーターを推定する。推定されたモデルを用いることで、量的な関係を特定することができる。

3-2　不確実性を測定する

経済学者はデータを使用して数量的な関係（前節でみた、1年間の学校教育が賃金にもたらす効果など）を推定する。しばしば、彼らは最良の推定値だけでなく、その推定値がどれだけ信頼できるかを知りたいと考える。つまり、彼らは自分たちの推定が厳密なのか、それとも大まかなものなのかを知りたいのである。

賃金と教育のモデルに戻る前に、より簡単な例を考えてみよう。あなたはニューヨーク市民の平均身長に興味があるとする。その値を求める方法の1つは、すべてのニューヨーク市民の身長データを取得することである。そうすれば、すべての身長を合計して人数で割ることで平均（average、または mean：**算術平均**）を計算することができる。この計算にはニューヨークの全市民が含まれているため、正確な答えを得ることができる。しかし1つの問題がある。ニューヨークの人口は約900万人なので、このアプローチはまったく実用的ではない。

幸いなことに、完全に正確な答えでなくてもよいのであれば、より簡単な方法がある。全人口のデータを取得する代わりに、たとえば100人の無作為なサンプル（標本）を抽出するのである。ここでの「無作為」とは、すべてのニューヨーク市民が、

最小二乗法（OLS）
(ordinary least squares)
残差の二乗和を最小化するようにパラメーターの値を推定する統計的手法

538

第24章　補論：経済学者はどのようにデータを活用するか

同じ確率で選ばれる可能性があるということを意味する。この無作為性により、サンプルは人口を代表する可能性が高くなる。この無作為に選ばれた100人の人々の平均身長を計算することで、ニューヨーク市民の平均身長を推定することができる。

　サンプルの100人の平均身長が66インチ（約168cm）であるとしよう。分析はこれまでのところ順調である。しかし、あなたはこの推定値がどれだけ信頼できるものであるのか、気になり始めるかもしれない。サンプルが無作為に選ばれているので、サンプルから得られた66インチという平均身長が、人口の平均身長に比べて高すぎている、あるいは低すぎていると考える理由はない。しかし、実際はどちらかになりうる。無作為にサンプルを選んだ結果、少し背の高い人がサンプルに多く含まれてしまったり、逆に少し背の低い人がサンプルに多く含まれてしまったりすることがありうる。この不確実性は、統計学者が**標本変動**（sampling variation）と呼ぶものに由来する。標本変動とは、異なる無作為サンプルが異なる推定値をもたらす変動性のことを指す。

　統計学者は、パラメーターの値を推定するだけでなく、標本変動に起因するパラメーターの推定値の不確実性を評価する手法を開発している。この手法の詳細は本章の範囲外だが、基本的なアイデアは以下の例から理解できる。

　まず、サンプルの100人の平均身長を計算した後、身長の標準偏差を計算する。**標準偏差**（standard deviation）とは観測値のばらつきの尺度であり、数学や統計の授業で学んだことがあるかもしれない。ここでは、身長の標準偏差が4インチ（約10cm）であるとする。

　標準偏差とは何か。厳密には、平均からの二乗偏差の平均の平方根である。これだと厄介に聞こえるだろうが、より直感的な解釈がある。正規分布（ベル型の分布）の場合、観測値の約95%は平均から標準偏差2つ分の範囲内に収まる。この例では、平均が66インチで標準偏差が4インチ（標準偏差2つ分は8インチ）であるため、無作為にニューヨーク市民を選んだ場合、その個人の身長が58インチ（約148cm）から74インチ（約188cm）の間にある確率は95%となる。

　次に、標準偏差とサンプルサイズを使用して、推定の信頼度を表す尺度である**標準誤差**を計算することができる。統計学者によって開発された式によると、サンプルの平均の標準誤差は、標準偏差をサンプルサイズの平方根で割ったものである。この場合、推定の標準誤差は $4 / \sqrt{100} = 4/10 = 0.4$ となる。この数値は、推定値における標本変動の程度を測るために用いられる。標準偏差が個々のニューヨーク市民の身長のばらつきを測るのに対して、標準誤差はニューヨーク市民のサンプルの平均身長のばらつきを測るものである。

標準誤差
（standard error）
標本変動によってもたらされる、パラメーターの推定値の不確実性を表す尺度

　以下は有用な原則である。パラメーターの真の値は、95%の確率でパラメーターの推定値から標準誤差2つ分の範囲内に収まる。この例では、推定値は66インチで、標準誤差は0.4インチ（約1cm）であり、標準誤差2つ分は0.8インチに相当する。したがって、あなたは「95%の確率で、ニューヨークの全市民の真の平均身長は65.2インチ（約166cm）から66.8インチ（約170cm）の間にある」ということが言えるのである。

　この原則に基づき、標準誤差の2つ分は、しばしば**誤差の範囲**（margin of

539

error) と呼ばれる。ジャーナリストは、世論調査の結果を報告する際にこの用語を
よく用いる。たとえば、「400人を対象とした調査によると、57%が特定の候補を
支持しており、誤差の範囲は5%です」というふうに使われる。これは、「95%の正
しさで、その候補の真の支持率が52%から62%の間にあるということが言える」と
いう意味である。

　標準誤差は、真の平均を推定するような単純な例だけでなく、他の文脈でも有用
である。状況次第で、標準誤差を計算するための式は複雑になりうる。しかし幸い
なことに、パラメーターの推定を行う際に使用されるほとんどの統計ソフトウェア
は、推定値の標準誤差を自動的に計算してくれる。

　表24-1の賃金と教育に関するデータについて、マイクロソフト・エクセルを用い
て推定した線形モデルと、その推定値に対する標準誤差（カッコ内に示されている
値）は以下の通りである。

$$\text{WAGE}_i = -10.7 + 3.16 \times \text{SCHOOL}_i$$
$$(20.7)\ (1.35)$$

1年間の教育が賃金に与える効果の推定値は3.16ドルであるが、この推定値はあま
り正確ではないことが明らかになった。標準誤差2つ分は2×1.35 = 2.70である。
したがって、1年間の教育が賃金に与える真の効果は、95%の確率で0.46ドルから
5.86ドルの間にあるということが言えるが、この範囲は大きく、精度の高い推定で
あるとは言えない。もっとも、観測値が7つのみのデータでパラメーターを推定す
る場合、高い精度は期待できない。もし観測値の数が700であれば、標準誤差は0.135
になり、95%の信頼区間は2.89ドルから3.43ドルの間へと縮小する。推定されたパ
ラメーターは、サンプルサイズが大きくなるほど精度が高まるのである。

3-3 交絡変数を説明する

　多くの場面で、従属変数は2つ以上の変数の関数となる。たとえば、賃金は教育
だけでなく、経験、能力、職務特性などにも依存する。分析者が慎重さを失うと、
ある変数の影響と別の変数の影響を誤って混同してしまうことがある。幸いなこと
に、統計的手法を適切に用いることで、この交絡変数の問題を回避することができ
る。

　賃金と教育の統計モデルの例を引き続き用いよう。

$$\text{WAGE}_i = \beta_0 + \beta_1 \times \text{SCHOOL}_i + \varepsilon_i$$

先ほど、残差（または誤差項）ε_iは平均的にゼロであり、独立変数SCHOOL_iとの
相関がないと仮定した。平均的にゼロという仮定はそれほど重要ではない。もしゼ
ロでない場合、定数項β_0の推定値が変わるだけである。定数項は私たちの主要な分
析対象ではないため、分析自体が大きく誤った方向に進んでしまうといった恐れは
ない。

　一方で、誤差項と独立変数との間に相関がないという仮定は、潜在的な問題を孕
んでいる。誤差項は賃金に影響を与える、教育年数以外のすべての要因を反映した

第24章　補論：経済学者はどのようにデータを活用するか

ものである。そのなかに教育年数と相関している要因が含まれている場合、（誤差項と独立変数が相関し、仮定が満たされなくなるので）最小二乗法を用いて得られた推定値は、教育の賃金へ影響を示すものとして適切なものではなくなってしまう。これは交絡変数の問題である。

たとえば、ある人々が他の人よりも能力が高いとする。また、能力は労働者の賃金の決定要因であるとする（それ自体は妥当である）。もし能力が計測されていない場合、それは誤差項に含まれることになる。能力と教育年数が相関していなければ、これは問題ではない。このモデルを推定することで、教育が賃金に与える効果の正しい推定値を平均的に得ることができる。統計学の用語を用いれば、β_1の推定値はバイアスがないということになる。

しかし、もし能力の高い人々が、そうでない人々よりも長い期間教育を受けているとすると、（能力が含まれている）誤差項は、独立変数である教育年数と正の相関を持つことになる。最小二乗法によって推定されるβ_1の値は、教育の影響だけでなく、ある程度、能力の影響も反映することになる。言い換えれば、OLSは独立変数である学校教育の影響と、欠落変数である能力の影響を混同してしまうのである。その結果、β_1の推定値は上方向のバイアスがかかる。つまり、教育年数が賃金に与える影響を、真の値よりも過大に推計してしまうのである。

どうすれば良いのだろうか。1つのアプローチは、交絡変数を測定する方法を見つけることである。たとえば、7人の労働者の例に戻り、彼らは子供の頃にそれぞれIQテストを受けていたとしよう。IQは能力の指標である。表19-2には拡張されたデータが示されているが、予想通り、IQと教育年数は正の相関を示している。すなわち、IQが高い労働者ほど、教育を受けた年数が長くなる傾向がある。もしIQが教育年数を通じた間接的な影響だけでなく、直接的に賃金に影響を与えているのであれば、先ほどのβ_1の推定値は信頼できないものとなる。

しかし、すべてが無に帰したわけではない。以下のように、統計モデルを拡張することができる。

表24-2　賃金、教育、ＩＱに関するデータ

労働者	賃金（ドル、時間当たり）	教育年数	IQ
アンディ	20	12	90
ブルック	30	12	100
クロエ	30	16	90
ディエゴ	40	14	105
エマ	40	18	105
フリン	50	16	100
ジーナ	50	18	120

第Ⅶ部 さらなる学習のためのトピック

$$\text{WAGE}_i = \beta_0 + \beta_1 \times \text{SCHOOL}_i + \beta_2 \times \text{IQ}_i + \varepsilon_i$$

重回帰

(multiple regression)
2つ以上の独立変数を持つ線形回帰モデル

この新しいモデルでは、労働者の賃金は教育年数とIQによって測定される能力に依存する形になっている。この統計モデルは複数の独立変数を持つため、**重回帰**と呼ばれる。

再びOLSを用いて、このモデルのパラメーターを推定することができる。ここでは、OLSは残差の二乗の和を最小化するようにβ_0、β_1、およびβ_2を選ぶ。残差が各独立変数（この例では教育年数とIQ）と相関していない限り、OLSはバイアスのないパラメーターの推定値を導出する。そして、独立変数同士が相関していても、推計結果は信頼性がある。この場合、OLSによって推定された重回帰の推計結果を見ることで、賃金決定における学校教育とIQの相対的な重要性を明らかにすることができる。

表19-2のデータを用いてこのモデルを推定すると、以下の結果が得られる（カッコ内の数値はパラメーターの不確実性を示す標準誤差である）。

$$\text{WAGE}_i = -49.1 + 1.86 \times \text{SCHOOL}_i + 0.57 \times \text{IQ}_i$$
$$(29.5) \quad (1.41) \qquad\qquad (0.35)$$

予想通り、IQを制御（コントロール）すると、教育が賃金に与える効果の推定値は低下する。新しい推定値では、1年間の学校教育によって、労働者の賃金は時間当たり1.86ドル増加する。これは、IQをモデルに含めなかったときに推定された3.16ドルよりも低い。

まとめると、欠落変数（たとえばIQで測られる能力）が従属変数（賃金）に直接影響を与え、その欠落変数が独立変数（教育年数）と相関している場合、最小二乗法（OLS）は誤った結果を導く可能性がある。OLSの推定値は、独立変数の効果と欠落変数の効果を混同してしまう。この問題に対処する方法の1つは、重回帰を用いて欠落変数を独立変数に含めることである。

しかし、交絡変数の問題への対処方法は、重回帰だけではない。次のセクションで別のアプローチを見てみよう。

3-4 因果関係を特定する

データ分析者はしばしば、ある変数が他の変数に与える因果関係（因果性）に興味を持つ。たとえば、労働者が追加的に1年間の学校教育を受けると、賃金にどのような変化が生じるだろうか。ある食品の摂取量を2倍にすると、BMIにどのような変化が生じるだろうか。観察データを用いて因果関係を推定することは、交絡変数が欠落してしまう問題や、逆の因果性の問題が存在するために、簡単なことではない。

自然実験

(natural experiment)
ランダム化比較試験と同じようなデータの変動を引き起こす偶発的な出来事

これらの問題は、**自然実験**を利用することで解決する場合がある。自然実験とは、ランダム化比較試験があたかも行われたかのように、分析対象となるデータに変動（バリエーション）を引き起こす偶発的な出来事のことである。

例を考えてみよう。ある日、フィリス・フィランソロピストが高校で講演し、驚

542

きの発表をする。フィリスはその高校を卒業し大学に進学するすべての生徒に対して、4年間の大学の授業料を支払うというのである。これは生徒たちにとって素晴らしいニュースであり、多くの生徒が進学することになるだろう。一方、町にはもう1つの高校があるが、そこではそのような慈善家によるサポートはない。この状況は自然実験となる。最初の高校が処置群であり、もう1つの高校が対照群である。2つの群（グループ）の学校教育年数とその後の賃金を比較することで、追加的な学校教育が賃金に与える因果関係を測定することができる。

経済学者は、このような自然実験や類似の状況から得られるデータを用いて因果関係を推定する統計的手法を開発している。それは**操作変数法**（instrumental variables method）と呼ばれるものであり、計量経済学のコースで必ず取り上げられる手法である。この方法のカギは、**操作変数**（instrument）と呼ばれる、以下の2つの条件を満たす変数を見つけることである。

1. その変数は、われわれの興味の対象である独立変数と相関している。
2. その変数は、1.の独立変数を通じて従属変数に影響を与える以外の経路では、従属変数に影響を与えることはない。

この例において操作変数となるのは、最初の学校にあってもう1つの学校にはないフィリスの寛大さである。このランダムな行為により、処置群の教育年数が増加する（条件1）、しかし教育年数の増加を通じた経路以外では、処置群のその後の賃金に影響を与えることはない（条件2）。この条件の下で、操作変数法を用いて学校教育が賃金に与える因果関係を特定することができる。

表24-1の労働者の例に戻ろう。クロエ、エマ、フリンはフィリスの申し出を受けた高校に通ったとし、アンディ、ブルック、ディエゴ、ジーナは別の高校に通っていたとする。簡単な計算で、処置群（クロエ、エマ、フリン）の平均教育年数は16.7年で、平均賃金は1時間あたり40ドルであることがわかる。一方、対照群（アンディ、ブルック、ディエゴ、ジーナ）の平均教育年数は14年で、平均賃金は1時間あたり35ドルある。処置（フィリスの寛大さ）の有無以外の面では、両高校はまったく同じであると仮定する。処置群は対照群に比べて教育年数が2.7年多く、1時間あたりの賃金が5ドル高い。したがって、1年間の学校教育によって、賃金が1.85ドル（＝5ドル/2.7年）増加すると推定できる。

自然実験を用いる際には、それが本当にランダムなのか、そして解釈可能なものなのかについて、常に厄介な問題が生じる。われわれの例では、重要な問題はフィリスの申し出以外の面では、両高校は本当にまったく同じかどうかということである。実際には、生徒は2つの高校にランダムに割り当てられたわけではない。たとえば、生徒の学校選択は居住地域に依存しており、最初の高校を選択する生徒が多い地域は、もう1つの高校を選択する生徒が多い地域より裕福で教育水準が高いかもしれない。また、フィリスがその申し出を最初の学校のみにしたのは、その学校の生徒が特に勤勉であったからかもしれないし、あるいは特に支援の必要性が高かったからかもしれない。こうした両校の間の違いは、結果にバイアスを生じさせ

543

第Ⅶ部　さらなる学習のためのトピック

る可能性がある。研究者が自然実験を用いようとする場合は常に、データが生成されるプロセスがランダム化比較試験と異なるかどうか、また、その違いが分析結果を歪めてしまう可能性があるかどうかを考慮する必要がある。

こうした注意点があるものの、以下のケーススタディでみるように、自然実験を見つけることは、ある変数が他の変数に与える因果関係を推定する最良の方法となりうるのである。

ケーススタディ　兵役が一般市民の所得に与える影響

兵役期間がその後の民間人としての所得にどのような影響を与えるのか。この問いは、個人の意思決定だけでなく、軍事関連の公共政策にとっても重要である。異なる主張からの説得力のある議論が存在している。一方では、軍隊は規律、チームワーク、有益な職業技能を向上させるため、軍務経験が履歴書に記載されていることは、その個人の収入を引き上げる要因となる、という主張がある。他方では、軍務経験者は、それによって民間の職場経験や仕事中の訓練が削減されているので、軍務経験のない人々に比べ収入が低くなるという主張もありうる。どちらの主張も真実である可能性がある。データのみがどちらが正しいかを決めることができる。

この問題に対してどのようにデータを用いればよいかを考えてみよう。1つの出発点は、軍務経験のある労働者とない労働者を比較することである。これら2つのグループの平均収入の差を、軍務の影響と見なすことができるかもしれない。

しかしながら、このアプローチには問題がある。収入の差異は、軍隊に入る人々の個人的な特性に起因する可能性があり、軍務経験の因果効果ではないかもしれない。たとえば、軍隊に入る人々は、そうでない人々に比べ、既に規律がありチームワークが優れているのかもしれない。この場合、軍務経験者は、軍務が賃金に及ぼす効果がないとしても、他の人々より収入が高いかもしれない。あるいは、軍隊に入る人々は、そうでない人々に比べ、民間の高収入の仕事に必要なスキルを持っていないから軍隊に入隊しているのかもしれない。この場合は、軍務経験者は、軍務が賃金に及ぼす効果がないとしても、他の人々より収入が低いかもしれない。欠落変数が多いため、軍務経験の有無が平均収入の差の原因であると解釈することはできないのである。

では、この問いにどのように答えることができるのだろうか。ランダム化比較試験を用いればうまくいくだろう。人口を無作為に2つのグループに分ける——兵役を強制されるグループと、兵役につかないグループである。そして、両グループのその後の民間人としての収入を比較する。この差異は軍務の因果効果を反映していなければならない。なぜなら、ランダム化により両グループがそのほかの点では同じであることが保証されているからである。

それを厳密な実験として行うことはできないが、歴史的に、アメリカ政府はそれに近いことを行った。1970年代初頭のベトナム戦争中、若年男性が軍に徴兵されるかどうかは、くじに基づいて決められた。小さい番号のくじを引いた場合、その

第24章 補論：経済学者はどのようにデータを活用するか

くじを引いた若者は高い確率で徴兵された。逆に、大きい番号のくじを引いた場合、徴兵を回避することができた。確かに、くじの番号だけが徴兵の決定要因というわけではなかった。裕福で人脈のある人は比較的容易に徴兵を避けることができた一方、大きいくじ番号を持っている人でも自発的に徴兵を志願することができた。しかし、くじ番号の割り当て自体は完全にランダムであった。

経済学者ジョシュア・アングリスト（Joshua Angrist）は彼自身の重要な研究のなかで、この徴兵くじ番号が操作変数法を適用する理想的な変数であると指摘している。このくじ番号は、先に議論された2つの条件を満たしている。それは兵役の決定に影響を与えた（条件1）。そして、くじ番号は、徴兵の決定を通じて影響を与える以外の経路では、民間人のその後の収入に影響を与えることはなかった（条件2）。

アングリストがこの自然実験から得た結論は何だったのだろうか。要点は次の通りである。「1980年代初頭、ベトナムでの兵役が終了してからかなりの時間を経た後も、白人の退役軍人の収入は、非退役者（兵役につかなかった人々）と比較して約15％少なかった」。こうした長期的な経済的コストも踏まえると、兵役で国に奉仕することは、われわれがこれまで認識していたよりもずっと高貴な行為であると言えるのかもしれない。

2021年、アングリストは「因果関係の分析における方法論的な貢献」によりノーベル賞を受賞した。

理解度確認クイズ

4. 統計的手法としての最小二乗法（OLS）の説明として適切なのは次のうちどれか。

- **a.** 最も適合するパラメーターを見つける。
- **b.** 逆の因果性の問題を回避できる。
- **c.** すべてのデータを含む最小の長方形を特定する。
- **d.** 観察データを実験データに変換する。

5. 標準誤差が用いられる目的として適切なのは以下のうちどれか。

- **a.** 共通の間違いを分類するため
- **b.** 推定値の信頼性を測るため
- **c.** 交絡変数を避けるため
- **d.** より正確な予測を提供するため

6. 重回帰分析は＿＿＿＿＿＿に用いられる。

- **a.** 逆の因果性の問題を回避するため
- **b.** 大きな標準誤差の問題を避けるため
- **c.** 独立変数が2つ以上あるとき
- **d.** 従属変数が2つ以上あるとき

7. 操作変数法は、＿＿＿＿＿＿に用いられる。

- **a.** 逆の因果性の問題を回避するため
- **b.** 大きな標準誤差の問題を避けるため
- **c.** データが多すぎるとき
- **d.** データが不十分なとき

➡（解答は章末に）

第VII部 さらなる学習のためのトピック

4 結論

　本章は計量経済学という広大かつ専門的な分野の弾丸ツアーであった。ここでは、経済学者が使用するデータの種類、データ分析の目的、そしてさまざまな統計的手法がデータから信頼できる推論を導くためにどのように役立つかについて議論した。計量経済学のツールを自分で使いこなせるようにするためには、この分野についての独立したコースを受講する必要がある。この章は、その将来の学習に向けた簡単なイントロダクションである。

本章のポイント

● 経済学者は世界の動きを分析するために2種類のデータを用いる。1つはランダム化比較試験から得られる実験データであり、もう1つは調査や行政記録から得られる観察データである。観察データを解釈する際には、交絡変数の問題や逆の因果関係の問題があるため、注意が必要である。

● データには3つのタイプがある。横断面データは特定の時点における複数の対象（たとえば人、企業、国）の特性を示したものである。時系列データは特定の対象に関する時間を通じた特性を示したものである。パネルデータは複数の対象の時間を通じた特性を示したものである。

● 経済学者は通常、データを用いて分析する際、以下の4つの目的のいずれかを持っている。経済の描写、変数間の関係性の定量化、仮説の検定、または将来の予測である。

● 関係性を定量化する際には、統計的手法を用いてデータに最も適合するパラメーターを推定する。そのような手法の1つに最小二乗法がある。

● 統計的手法はパラメーターを推定するだけでなく、その推定値に関する、標本変動から生じる不確実性を測定する。推定値の標準誤差はその不確実性の尺度である。

● データアナリスト（分析者）は、交絡変数が独立変数と相関していて、それが統計モデルから除外されている場合、誤った結論に導かれることがある。この問題に対処するアプローチの1つは、交絡変数をモデルに追加し、重回帰を用いて分析対象である独立変数の真の効果を推定することである。

● 変数間の因果関係を推定するために、分析者は交絡変数の問題と逆の因果性の問題について注意を払う必要がある。この問題に対処する1つのアプローチは、自然実験を見つけ出すことである。

第24章　補論：経済学者はどのようにデータを活用するか

理解度確認テスト

1. 実験データと観察データの違いを説明しなさい。
2. 経済学者が常に実験データを使うわけではないのはなぜか。
3. 観察データの分析において生じる2つの問題とは何か。
4. 横断面データと時系列データの違いを説明し、それぞれの例を挙げなさい。
5. 最小二乗法は統計モデルのパラメーターの値をどのように推定するか。
6. パラメーターの推定値の標準誤差は何を測定するのか。
7. 交絡変数の問題を説明し、その問題を解決するための2つの手法を説明しなさい。

演習と応用

1. 以下は、架空の研究プロジェクトの要約である。それぞれについて、[　　]内の選択肢のなかから正しい語を選びなさい。
   a. エリーは経済学者で、人口増加が国民所得にどのように影響を与えるかを研究したいと考えている。彼女は50か国における、各国の人口増加率と1人当たりの国民所得のデータを収集した。これは［横断面データ ／ 時系列データ］の一例である。
   b. 彼女は国民所得が人口増加に依存するという統計モデルを仮定した。彼女はデータをプロットし、もっともあてはまりのよい直線を［ランダム化比較試験 ／ 最小二乗法］を用いて求めた。
   c. その結果、「より高い人口増加率の国は所得が低い」という負の関係性が見いだされた。彼女はこの結果は標本のばらつきの大きさによるものではないと結論づけた。なぜならば［サンプルのサイズ ／ 標準誤差］が小さかったからである。
   d. エリーは自分のデータを［実験的な ／ 観察的な］ものであるとみなした。なぜなら、……
   e. ……それは［ランダム化比較試験 ／ 重回帰］によって生成されたものではないからである。
   f. 彼女は、国の平均的な教育水準がその国の所得と人口増加の両方に影響を与えている可能性を懸念した。これは［交絡変数 ／ 線形回帰］の問題につながる恐れがあるからである。
   g. 彼女は各国の教育水準に関するデータを見つけ、［パネルデータ ／ 重回帰］を用いて統計モデルにそれを追加した。
   h. エリーはまた、所得水準が避妊手段の普及度合いに影響を与え、それが人口増加の問題に影響を与えている可能性を懸念した。これは［逆の因果性 ／ 標準誤差］の問題である。
   i. 彼女は、一部の国々が国連の避妊手段普及プログラムの恩恵を受けた一方、別の一部の国々はその恩恵を受けていなかったこと、また、そのプログラムへの参加がランダムであったことを知った。彼女はこの政策が［自然実験 ／ 線形回帰］を提供していると認識した。
   j. 彼女は今、人口増加が所得に与える因果関係を推定することができる。そのための手法として、［最小二乗法 ／ 操作変数法］を用いることができる。

理解度確認クイズの解答

1. d　　2. b　　3. d　　4. a　　5. b　　6. c　　7. a

訳者あとがき

　本書は、『マンキュー経済学』の原著第10版を翻訳したものである。これまでは、日本語版権を持っていた東洋経済新報社から2000年以来第4版まで翻訳されていたが、第5版からは原著オリジナルの版権を持っているセンゲージラーニングより刊行され、発売元は東京化学同人となった。『マンキュー経済学』は、2000年に日本語に初めて翻訳され、現在に至るまで、世界中で読まれており、経済学の入門書としての評価が定まったテキストとなっている。

　本テキストが書かれた経緯は、マンキューが大学1年の時に履修した経済学原理の授業に由来している。冷徹な科学的アプローチで、社会問題を解決していくスタイルに興奮したという。本書の中でも「私が初めて経済学の講義を受けた学生時代に感じた経済学への興奮を、少しでも伝えることができればと願って書いたものである」と述べており、その興奮が継続するように、様々な工夫がなされており、版が変わっても読み継がれる理由も明らかだろう。

　山下和美氏の漫画『天才柳沢教授の生活』（講談社）で経済学者の主人公の柳沢教授が、新しい版になった『サミュエルソン経済学』を買うエピソードがある。マンキュー経済学も版を重ねるたびに、常に最新の経済動向や理論が加わる改訂が行われており、経済学が常に進化していることを読者は感じることができるだろう。

　テキストの構成は、Ⅰミクロ編・Ⅱマクロ編で共通する入門部分である第1章～第4章があり、あとはミクロ編とマクロ編で構成が異なってくる。第1章では、マンキューが強調するように、経済学の思考法を日常に応用するために重要である「経済学の10原則」から始まり、経済学で繰り返し出てくる概念を詳細に説明している。本書全体を通じて、この「経済学の10原則」は繰り返し出てくるようになっており、読者が「経済学の10原則」を習得できるような工夫がなされている。

　その後は、経済学者がどのようなテーマに取り組んでいるのか（第2章）、貿易がなぜ起こるのかを理解するのに必要な比較優位の原則（第3章）を学び、需要と供給について第4章で学ぶ。これらの基礎の上で、ミクロ編、マクロ編の分析を深化させていくスタイルになっており、初学者に理解しやすい構成になっている。

　Ⅰミクロ編については、市場メカニズムがうまくいかない事例について、政府がどのように資源配分の効率性を改善するのかを説明をする。第1章～第4章までの基礎知識を前提として、第5章で弾力性の概念を、第6章では課税や価格規制などの経済政策を織り込んだ効果を学ぶ。第7章では、需要と供給の分析を発展させる形で余剰の概念を学び、消費者の支払用意と需要曲線との関連、生産者の生産コストと供給曲線との関連を明らかにする。第8章と第9章ではこれらの余剰の問題を課税、国際貿易に応用して分析を深める。第10章から第13章までは、市場の失敗の問題を取り上げ、外部性、公共財、医療経済学、税制度の問題を具体的に取り扱う。これらの章では、アメリカの税制などの具体的な事例を通じて、どう効率性が関係してくるのかを説明している。第14章からは、経済学で消費者や政府と並んで重要な「企業」の行動原理について学ぶ。まずは理想的な完全競争市場における企業の行動原理（第15章）を学び、完全競争ではないケースである独占（第16章）や独占的競争（第17章）、寡占（第18章）が紹介される。第19章からは生産要素市場、特に労働市場に関する分析が紹介され、所得格差の問題、政府がどのように介入すればよいのかなどが学べるようになっている。第22章からはミクロ経済学では重要である消費者の選択の理論（第22章）、ミクロ経済学の応用範囲で

548

ある政治経済学や行動経済学などの理論が紹介されている。

　Ⅱマクロ編では、価格が粘着的である短期の経済を分析する前に、価格が柔軟に変化する長期の経済を分析するアプローチがとられている。これは最近のマクロ経済学のコースワークでは長期と短期を分離して教えることが多く、安定的である長期均衡からの乖離を分析するのが有用だからである。

　まず第5章と第6章で、国民所得、消費者物価指数などのマクロ経済変数の測定の方法や利用について論じられている。第7章では、生活水準が時代や国によって大きく異なることの決定要因を説明している。第8章では、アメリカ経済における金融機関の種類を論じ、資源配分における金融機関の役割を検討する。第9章では、現在価値、リスク管理、資産価格についての基礎を学ぶ。第10章では、失業率の長期的決定要因について、最低賃金法、労働組合、効率賃金などを含めて考察している。第11章では、経済学者の貨幣の概念と、貨幣量をコントロールする中央銀行の役割を紹介している。第12章では、古典的なインフレ理論を展開し、インフレが社会にもたらすコストについて論じている。そして物価の柔軟性と完全雇用という長期的な前提を維持しつつ、開放経済のマクロ経済学を紹介する。第13章では、貯蓄、投資、貿易収支の関係、名目為替レートと実質為替レートの区別、購買力平価の理論について説明している。第14章では、財と資本の国際的な流れに関する古典的なモデルを示している。そして長期トレンド周辺の短期の変動の理論の説明が行われる。第15章では、景気循環に関する事実から始まり、総需要と総供給のモデルを紹介する。第16章では、政策立案者が総需要曲線を変化させるために、どのような手段を自由に使うことができるかを説明している。第17章では、総需要をコントロールする政策立案者が、なぜインフレと失業のトレードオフに直面するのかを説明する。マクロ経済学の議論は、第18章において、政策立案者が直面する6つの論点についてまとめ、学生がこれまで学んできたものを応用できるようになっている。

　東洋経済新報社版（第4版）からの変更点は、以下の通りである。大きな改定は、2つの新しい章が追加されたことである。近年重要性が高まる医療問題についてその特徴、問題点、政策課題などを理解するためにⅠミクロ編第12章の「医療経済学」が新たに加わった。Ⅰミクロ編第24章およびⅡマクロ編第19章は、経済学者がデータをどのように利用するかについて論じた補論である。近年、経済学の研究はデータを駆使した実証研究の重要性が一段と高まっており、データ分析の入門として今回新たに付加されている。今回、東洋経済新報社版にあった日本のデータは紙面の都合上割愛し、コラム等も版権の問題で翻訳ができなかったことを付記しておく。

　『マンキュー経済学（Ⅰミクロ編、Ⅱマクロ編）』（第5版）の翻訳は、片桐、篠、溝口の3人が担当した。それぞれの担当章は以下の通りである。片桐満：Ⅱマクロ編第5章〜第8章、第10章〜第12章、篠潤之介：Ⅰミクロ編第1章〜第5章、第9章、第12章、第20章、第21章、Ⅱマクロ編第9章、第13章〜第19章、溝口哲郎：Ⅰミクロ編第6章〜第8章、第10章、第11章、第13章〜第19章、第22章、第23章。翻訳については、訳者一同で用語の統一などを行い、編集の大河内さほ氏、宮崎洋一氏には丁寧な文章校正およびチェックをいただいた。センゲージラーニングの石原美希氏からは翻訳の機会および丁寧な文章チェックをいただいた。もちろん翻訳については、訳者一同に責任がある。

2024年10月

訳者一同（文責：溝口）

549

用語集　Glossary

【あ行】

アローの不可能性定理　Arrow's impossibility theorem　ある前提条件の下では、個人の選好を有効な社会的選好の集合に集約する方法は存在しないことを示す数学的結果

一括税　lump-sum tax　すべての人に同額が課される税

インセンティブ　incentive　人々にある特定の行動を促すもの

インデクセーション（物価スライド）　indexation　法律または契約により、インフレーションの影響を考慮して金額が自動的に補正されること

インフレーション　inflation　経済において全般的に物価が上昇すること

インフレ税　inflation tax　貨幣を生み出すことで政府が得られる収入

インフレ率　inflation rate　物価指数の前期からの変化率

エージェント（代理人）　agent　プリンシパルと呼ばれる第三者のために行動する人

応益原則　benefits principle　国民は政府によるサービスから受ける便益に応じて税を支払うべきだという考え方

応能原則　ability-to-pay principle　その人の負担能力に応じて税は課税されるべきだという考え方

【か行】

会計上の利潤　accounting profit　総収入から明示的総費用を引いたもの

外部性　externality　ある人の行動が周囲の人々の厚生に及ぼす、補償されることのない影響

外部性の内部化　internalizing the externality　人々が自分の行動の外部効果を考慮するように、インセンティブを変えること

開放経済　open economy　他国の経済と自由に相互作用する経済

価格下限　price floor　財を販売できる価格の法律で定められた下限

価格差別　price discrimination　同じ財を異なる顧客に異なる価格で販売するビジネス慣行

価格上限　price ceiling　財を販売できる価格の法律で定められた上限

下級財　inferior good　他の条件を一定としたとき、所得が増加すると需要が減少する財

貸付資金市場　market for loanable funds　貯蓄をしたい人が資金を供給し、投資のために借入をしたい人が資金を需要する市場

寡占　oligopoly　少数の売り手だけが類似または同一の製品を提供する市場構造

価値尺度　unit of account　人々が価格を表示したり、借金を記録したりするための基準

価値保存手段　store of value　人々が購買力を現在から将来に移すために用いることのできるもの

株式　stock　企業の部分的な所有権

貨幣　money　人々がお互いに財・サービスの購入のために、日常的に用いる資産の集合

貨幣供給量　money supply　経済で利用可能な貨幣の量

貨幣乗数　money multiplier　準備1ドルあたりから生じる貨幣の量

貨幣数量説　quantity theory of money　利用可能な貨幣量が物価水準を決定し、利用可能な貨幣量の成長率がインフレ率を決定すると主張する理論

貨幣数量方程式　quantity equation　貨幣量、貨幣の流通速度、経済における財やサービスの生産の名目価値を関係付ける方程式で、$M \times V = P \times Y$で表される。

貨幣の中立性　monetary neutrality　貨幣供給量の変化は実質変数に影響しないという定理

貨幣の流通速度　velocity of money　経済におい

用語集　Glossary

て人から人へと貨幣が移動する平均的な速度

可変費用　variable costs　生産量によって変化する費用

カルテル　cartel　一体となって行動する企業グループ

関税　tariff　海外で生産され、国内で販売される財に課される税

完全代替財　perfect substitutes　直線の無差別曲線を持つ2つの財

完全補完財　perfect complements　直角の無差別曲線を持つ2つの財

機会費用　opportunity cost　あるものを手に入れるために諦めなくてはならないもの

企業固有のリスク　firm-specific risk　単一企業に影響を及ぼすようなリスク

技術的知識　technological knowledge　財・サービスを生産するための最も良い方法に関する社会的な理解

記述的命題　positive statements　現実をあるがままに描写しようとする命題

希少性　scarcity　社会の資源は無限に存在するのではなく、限りがあるという性質

ギッフェン財　Giffen good　価格の上昇によって需要量が増加する財

規範的命題　normative statements　現実がどうあるべきかについて定めようとする命題

規模に関して収穫一定　constant returns to scale　生産量が変化しても、長期平均総費用が変わらない性質

規模の経済　economies of scale　生産量が増加するにつれて長期平均総費用が低下する性質

規模の不経済　diseconomies of scale　生産量が増加するにつれて長期平均総費用が上昇する性質

逆進税　regressive tax　高所得の納税者が低所得の納税者よりも所得に占める税額の割合が小さい税

逆選択　adverse selection　観察できない属性が混ざることで、情報を持たない側から見て望ましくない結果がもたらされる傾向

キャッチアップ効果　catch-up effect　相対的に貧しい状態でスタートした国のほうが、豊かな状態でスタートした国よりも急成長しやすいという性質

求職意欲喪失労働者　discouraged workers　働く意思はあるが職探しを諦めた労働者

供給曲線　supply curve　財の価格と供給量の関係を示したグラフ

供給計画　supply schedule　財の価格と供給量の関係を示した表

供給ショック　supply shock　企業の生産コストと価格設定に直接影響を与える事象で、総供給曲線およびフィリップス曲線をシフトさせる。

供給の価格弾力性　price elasticity of supply　価格変化に対して供給量がどれだけ反応するかを測定する尺度。供給量の変化率を価格の変化率で割ることで計算される。

供給の法則　law of supply　他の条件を一定とした場合、ある財の価格が上昇すると、その財の供給量が増加するという法則

供給量　quantity supplied　買い手が販売したいと考え、かつ販売可能な量のこと

競争市場　competitive market　多数の買い手と売り手が同一の財を取引し、それぞれの買い手と売り手がプライステイカーである市場

共謀　collusion　市場における企業間の、生産量や価格に関する合意

共有資源　common resources　消費において競合的であるが、排除可能ではない財

均衡価格　equilibrium price　需要量と供給量を等しくさせる市場価格

均衡数量　equilibrium quantity　均衡価格における需要量と供給量

均衡（点）　equilibrium　需要量と供給量が等しくなる水準に市場価格が達した状態

均衡貿易収支　balanced trade　輸出と輸入が等しい状態

金融市場　financial markets　貯蓄する人が借りる人に対して、直接資金を供給することができる金融の仕組み

金融システム　financial system　経済において、ある人の貯蓄と別の人の投資を結びつけるのを助けるさまざまな仕組み

金融政策　monetary policy　中央銀行の政策担

551

当者による貨幣供給量の設定

金融仲介機関 financial intermediaries 貯蓄する人が借りる人に対して、資金を間接的に提供できる金融の仕組み

靴底コスト shoeleather costs インフレーションが、貨幣保有を減らすよう人々に促すことから生じる資源の損失

クラウディングアウト crowding out 政府の借入によって生じる投資の減少

クラウディングアウト効果 crowding-out effect 財政拡大によって金利が上昇し、投資支出を押し下げることで当初の総需要の増加が相殺されること

クラブ財 club goods 排除可能だが、消費において競合的でない財

景気後退 recession 所得が低下し、失業が増加する局面

景気循環 business cycle 雇用や生産活動などの経済活動の振幅

経済学 economics 希少な資源をどのように管理・利用すべきかについて研究する学問

経済上の利潤 economic profit 総収入から、明示的費用と潜在的費用の両方を含んだ総費用を引いたもの

ゲーム理論 game theory 戦略的状況において人々がどのように行動するかの研究

減価 depreciation ある通貨の価値（その通貨1単位で購入できる他国通貨の量で測られたもの）が低くなること

限界収入 marginal revenue 追加的に一単位を販売することによる総収入の変化

限界生産物 marginal product 投入物を1単位追加することによって生じる生産量の増加分

限界生産物の価値 value of the marginal product 投入物の限界生産物に生産物の市場価格を掛けたもの

限界生産物の逓減 diminishing marginal product 投入量の増加に伴って、投入量の限界生産物が減少する性質

限界税率 marginal tax rate 所得が1ドル増えることによる増税額

限界代替率 marginal rate of substitution 消費

者がある財を別の財と交換することを望む割合

限界的な変化 marginal change 行動計画に対する漸進的な調整

限界費用 marginal cost 1単位の追加生産によって生じる総費用の増加分

現金通貨 currency 一般に流通している紙幣や硬貨

現在価値 present value 現在の金利を前提としたときに、「将来時点におけるある金額」を生み出すために必要な「現在時点における金額」

現物給付 in-kind transfers 現金ではなく物品やサービスとして提供される給付

コア CPI core CPI 食料品とエネルギーを除いた財・サービスの全体的なコストを示す指標

公開市場操作 open-market operations 連邦準備制度（Fed）によるアメリカ国債の購入・売却

交換手段 medium of exchange 財やサービスを購入する際、買い手が売り手に渡すもの

公共財 public goods 排除可能でも消費において競合的でもない財

恒常所得 permanent income 人々の通常の所得

厚生経済学 welfare economics 資源配分が経済的幸福にどのような影響を与えるのかの研究領域

構造的失業 structural unemployment ある労働市場において、空きのある仕事の数が、仕事を求めるすべての労働者に仕事を与えるのに十分でないことから生じる失業

行動経済学 behavioral economics 心理学の洞察が融合した経済学の一分野

購買力平価 purchasing-power parity どの通貨についても、その1単位で購入できる財の量が、全ての国で等しくなるように為替レートが決まるとする理論

公平性 equality 経済的な便益を社会のメンバーの間で均等に分配している性質

効用 utility 満足度の尺度

功利主義 utilitarianism 政府は、社会全体のすべての人々が得る効用の合計を最大化すべきであると考える政治哲学

用語集　Glossary

効率性　efficiency　社会の全メンバーが受け取る総余剰を最大化するという資源配分に関する性質

効率賃金　efficiency wages　労働者の生産性を引き上げるために企業から支払われる、均衡水準よりも高い賃金

効率的規模　efficient scale　平均総費用を最小化する生産量

効率的市場仮説　efficient markets hypothesis　資産価格はその資産価値に関するすべての入手可能な情報を織り込んでいるとする理論

合理的期待　rational expectations　人々は将来を予測する際、政府の政策を含むすべての知識を最適に利用するという理論

合理的な人々　rational people　計画的にかつ明確な意志に基づいて、目標を達成するための最善の方法を実行する人間

コースの定理　Coase theorem　民間の当事者たちが資源の配分についてコストなしに交渉できるのであれば、外部性の問題を自分たちで解決できるという命題

国内総生産（GDP）　gross domestic product；GDP　ある期間に国内で生産されたすべての最終的な財とサービスの市場価値

国民貯蓄（貯蓄）　national saving (saving)　消費と政府支出の支払い後に残る経済の総所得

コスト（費用）　cost　売り手が商品を生産するために諦めなければならないすべての価値

固定費用　fixed costs　生産量によって変化しない費用

古典派の二分法　classical dichotomy　名目変数と実質変数の理論的な分離

コモンズの悲劇　Tragedy of the Commons　社会全体から見て、望ましい量以上に共有資源が使用される理由を説明するたとえ話

コンドルセのパラドックス　Condorcet paradox　社会にとっての多数決が推移的選好を生み出さないこと

【さ行】

債券　bond　債務の証明書

財政赤字　budget deficit　政府支出に対する税収の不足額

財政黒字　budget surplus　政府支出を上回る税収の余剰額

財政政策　fiscal policy　政府支出と税金の水準に関する政府の選択

サクリファイス・レシオ（犠牲率）　sacrifice ratio　インフレ率を1%ポイント引き下げるために必要な年間産出量の低下幅を、%ポイントで示した値

差別　discrimination　人種、民族、性別、年齢、宗教、性的指向、またはその他の個人的特徴のみが異なる類似の個人に対して、異なる機会が与えられること

サンクコスト　sunk cost　すでに投入され、回収できない費用

GDPデフレーター　GDP deflator　名目GDPの実質GDPに対する比率に100を掛けて計算される物価水準の指標

死荷重　deadweight loss　市場の歪みから生じる総余剰の減少

シグナリング　signaling　情報を得た当事者が、情報を知らない当事者に私的情報を明らかにするためにとる行動

（銀行の）自己資本　bank capital　銀行が株主に株式を発行して得た資金

自己資本比率規制　capital requirement　銀行の自己資本の最低額を定めた公的規制

市場　market　ある財またはサービスの買い手と売り手の集まり

市場経済　market economy　市場で財やサービスを取引する際、多くの企業や家計の分権化された意思決定を通じて資源が配分される経済

市場支配力（価格支配力）　market power　単一の（あるいは少数からなる）経済主体が、市場価格に大きな影響を与える能力

市場の失敗　market failure　市場の力だけでは効率的な資源配分を実現できない状況

市場リスク　market risk　株式市場に含まれているすべての企業に影響を及ぼすようなリスク

自然産出量水準　natural level of output　失業率が自然失業率の水準にあるときの、経済が長期的に達成する財・サービスの産出量

553

自然失業率 natural rate of unemployment 通常時の失業率の水準で、失業率はその周りで変動する。

自然失業率仮説 natural-rate hypothesis 失業率は、インフレ率に関わらず、最終的には自然失業率に収斂していくという仮説

自然独占 natural monopoly 単一の企業が、2社以上の企業よりも低いコストで市場全体に財やサービスを供給できるために生じる独占の一種

失業保険 unemployment insurance 失業した労働者の所得を部分的に補填するための政府の政策

失業率 unemployment rate 労働力人口に占める失業者の比率

実質為替レート real exchange rate ある国の財・サービスと他国の財・サービスとの交換比率

実質金利 real interest rate インフレーションの影響を補正した金利

実質GDP real GDP 一定の価格で評価した財・サービスの生産額

実質変数 real variables 物質的な単位で測定される変数

私的財 private goods 排除可能であり、かつ消費において競合する財

自動安定装置 automatic stabilizers 景気後退に陥った際に総需要を刺激する、政策担当者の意図に基づかない財政政策の変更

支配戦略 dominant strategy 他のプレイヤーが追求する戦略に関係なく、そのプレイヤーにとって最善の戦略

支払用意 willingness to pay 買い手のそれぞれが財に対して支払うであろう最大価格

資本 capital 財やサービスを生産するために使用される設備や構造物

資本逃避 capital flight ある国の資産に対する需要が大規模かつ急激に縮小すること

社会保険 social insurance 困難に陥るリスクから人々を保護することを目指す政策

収穫逓減 diminishing returns 投入物の量が増えるにつれて、追加的な1単位の投入物から得られる便益が減少していく性質

自由契約主義 liberal contractarianism 政府は、「無知のベール」をかぶった公平な観察者によって評価されるように、公正な政策を選ぶべきだとする政治哲学

囚人のジレンマ prisoners' dilemma 捕らえられた2人の囚人の間で行われる特別な「ゲーム」であり、協力が相互に有益であっても、それを維持することが困難である理由を示している。

需要曲線 demand curve 財の価格と需要量の関係を示したグラフ

需要計画 demand schedule 財の価格と需要量の関係を示した表

需要と供給の法則 law of supply and demand どんな財についても、需要量と供給量が釣り合うように価格が調整されるという法則

需要の価格弾力性 price elasticity of demand 価格変化に対して需要量がどれだけ反応するかを測定する尺度。需要量の変化率を価格の変化率で割ることで計算される。

需要の交差価格弾力性 cross-price elasticity of demand ある財の価格変化に対して、別の財の需要量がどれだけ反応するかを測定する尺度。財1の需要量の変化率を財2の価格の変化率で割ることで計算される。

需要の所得弾力性 income elasticity of demand 消費者の所得変化に対して需要量がどれだけ反応するかを測定する尺度。需要量の変化率を所得の変化率で割ることで計算される。

需要の法則 law of demand 他の条件を一定とした場合、ある財の価格が上昇すると、その財の需要量は減少するという法則

需要量 quantity demanded 買い手が購入したいと考え、かつ購入可能な量のこと

循環的失業 cyclical unemployment 失業率の自然失業率からの乖離

純資本流出 net capital outflow 国内居住者による外国資産の購入額から、外国人による国内資産の購入額を差し引いたもの

準備 reserves 銀行が受け入れたものの貸出に用いられていない預金

準備預金制度 reserve requirements 銀行が預

金に対して保有しなければならない準備の最低額を定める規制

準備預金への付利 interest on reserves 連邦準備制度（Fed）への預金として保有する準備に対して銀行に支払われる金利

準備率 reserve ratio 銀行が準備として保有する預金の割合

純輸出 net exports 国内で生産された財に対する海外からの支出（輸出）から、海外の財に対する国内の支出（輸入）を差し引いたもの

乗数効果 multiplier effect 拡張的な財政政策が、所得と消費を押し上げることによって総需要を追加的に増加させる効果

消費 consumption 新築住宅の購入を除いた家計の財・サービスに対する支出

消費者物価指数（CPI） consumer price index 一般的な消費者が購入する財・サービスの全体的なコストを示す指標

消費者余剰 consumer surplus 買い手が商品に対する支払用意から、買い手が実際に支払う金額を差し引いた金額

消費における競合性 rivalry in consumption ある人の使用によって他の人の使用が減少する財の性質

商品貨幣 commodity money 本源的価値を持つ商品の形態をとる貨幣

情報に関して効率的 informational efficiency 資産価格にすべての入手可能な情報が合理的に織り込まれている状態

将来価値 future value 現在の金利を前提としたときに、「現在時点におけるある金額」が生み出す「将来時点における金額」

職探し job search 労働者が、自らの好みやスキルに応じた適切な仕事を見つけるためのプロセス

所得効果 income effect 価格変化によって消費者がより高い無差別曲線またはより低い無差別曲線に移動したときに生じる消費の変化

所有権 property rights 個人が限られた資源を所有し、自由にコントロールできる権利

人的資本 human capital 労働者が、教育、訓練、経験から得る知識や技能

垂直的公平性 vertical equity 支払い能力の高い納税者ほど、より多額の税を納めるべきだという考え方

水平的公平性 horizontal equity 同程度の支払い能力を持つ納税者は同額を納めるべきだという考え方

スクリーニング screening 情報を知らない当事者が、情報を持つ当事者に私的情報を明かすように促す行動

スタグフレーション stagflation 産出量の減少と物価の上昇が同時に生じている局面

ストライキ strike 労働組合の主導によって、組織的に企業から労働力を撤収すること

生産可能性フロンティア production possibilities frontier ある経済において、利用可能な生産要素と生産技術を用いて生産することのできる産出量の組み合わせを示したグラフ

生産関数 production function 財の生産に使用される投入物の量とその財の生産量との関係

生産者物価指数（PPI） producer price index 国内企業によって販売された財・サービスのバスケットのコストを示す指標

生産者余剰 producer surplus 売り手に支払われた金額から生産コストを差し引いたもの

生産性 productivity 労働力1単位から生産される財・サービスの量

生産要素 factors of production 財やサービスを生産するために使われる投入物

政治経済学 political economy 経済学の手法を用いて政府がどのように機能するかを研究する学問

正常財 normal good 他の条件を一定としたとき、所得が増加すると需要が増加する財

税の帰着 tax incidence 市場の参加者間で分担される税負担の方法

政府支出 government purchases 地方政府、州政府、連邦政府による財・サービスに対する支出

政府貯蓄 public saving 政府がその支出を支払った後に残る税収の額

世界価格 world price その財の世界市場で成立している価格

555

絶対優位 absolute advantage　他人より少量のインプットで財を生産できる能力

潜在的費用 implicit costs　企業が資金を支出する必要のない投入コスト

増価 appreciation　ある通貨の価値（その通貨1単位で購入できる他国通貨の量で測られたもの）が高くなること

総供給曲線 aggregate-supply curve　各物価水準において、企業が生産・販売したいと考える財・サービスの総量を示す曲線

総収入 total revenue　商品の買い手が支払った金額、または売り手が受け取った金額であり、その商品の価格と販売量を掛け合わせることで計算される。

総需要曲線 aggregate-demand curve　各物価水準において、家計・企業・政府・そして海外の顧客が購入したいと考える財・サービスの総量を示す曲線

総需要と総供給のモデル model of aggregate demand and aggregate supply　経済の長期的なトレンドからの短期的な変動を説明するモデルであり、多くの経済学者がこのモデルを用いる。

総費用 total cost　企業が生産に使用する投入物の市場価値

【た行】

代替効果 substitution effect　価格変化によって消費者が与えられた無差別曲線に沿って、新しい限界代替率を持つ点まで移動したときに生じる消費の変化

代替財 substitutes　一方の財の価格が上がると、もう一方の財の需要が増加するような財の組み合わせ

団体交渉 collective bargaining　雇用条件について、労働組合と企業が合意する過程

弾力性 elasticity　需要量や供給量が、その決定要因の変化に対応してどれだけ反応するかを測る尺度

中位投票者定理 median voter theorem　有権者がある線上の点を選ぶとき、全員が自分の最適値に最も近い点を選ぶとすると、多数決は中位投票者の最適値を選ぶという数学的結果

中央銀行 central bank　銀行システムの監督や貨幣量の規制のために作られた機関

ディスカウント・レート discount rate　連邦準備制度（Fed）が銀行に行う貸出の金利

天然資源 natural resources　財・サービスを生産するための投入物のうち、土地、河川、鉱山など自然によって与えられるもの

統計的差別 statistical discrimination　「能力に関係しないが観察できる」従業員の特性が、「能力に関連するが観察できない」特性と相関していることによって生じる差別

投資 investment　事業用の資本、住宅資本、在庫に対する支出

投資信託 mutual fund　持ち分を一般に販売し、その資金で株式や債券のポートフォリオを購入する仕組み

独占 monopoly　代替品のない製品の唯一の販売者である企業

独占的競争 monopolistic competition　多くの企業が、類似しているが同一ではない製品を販売する市場構造

取引コスト transaction costs　当事者たちが取引に合意し、それを実行する過程で発生するコスト

【な行】

ナッシュ均衡 Nash equilibrium　互いに影響し合う経済主体が、他の主体が選択した戦略を与えられたものとして、それぞれ最善の戦略を選択する状況

【は行】

排除可能性 excludability　人がその財の使用を妨げることができるような財の性質

比較優位 comparative advantage　他人より少量の機会費用で財を生産できる能力

費用便益分析 cost?benefit analysis　ある公共財を提供することによって社会にもたらされる費用と便益を比較する研究

比例税 proportional tax　すべての所得レベルの納税者が、所得に対して同じ割合の税を支払

用語集　Glossary

うこと

貧困線　poverty line　それ以下の水準になると貧困に陥ると考えられる所得水準。連邦政府によって家族の人数ごとに設定される。

貧困率　poverty rate　世帯所得が貧困線と呼ばれる絶対水準以下である世帯の割合

ファイナンス（金融）　finance　人々が時間を通じてどのように資源を配分し、リスクを処理するのかについて研究する分野

ファンダメンタル分析　fundamental analysis　企業価値を計算するため、その企業を詳細に調べ上げること

フィッシャー効果　Fisher effect　名目金利のインフレ率に対する1対1の調整

フィリップス曲線　Phillips curve　インフレーションと失業の間の短期的なトレードオフの関係を示す曲線

フェデラル・ファンド金利　federal funds rate　銀行間で1日のみの貸出を行う際の金利

不換紙幣　fiat money　本源的価値を持たず、政府の法令によって貨幣として用いられる貨幣

不況　depression　深刻な景気後退

福祉　welfare　貧困層の所得を補填する政策プログラム

複利　compounding　銀行口座などで貨幣が蓄積される過程で、得られた利息が口座に加わり、それが将来さらに利息を生むこと

不足　shortage　需要量が供給量を上回っている状態

物的資本　physical capital　財・サービスの生産に用いられる設備や建築物のストック

負の所得税　negative income tax　高所得世帯からは税を徴収し、低所得世帯には補助を給付する税制

部分準備銀行制度　fractional-reserve banking　銀行が預金の一部のみを準備として保有する銀行システム

フリーライダー　free rider　財の便益を受けているのにも関わらず、その対価を支払うことを避ける人

プリンシパル（依頼人）　principal　エージェントと呼ばれる第三者にある行為を代行させる人

フロー循環図　circular-flow diagram　貨幣が市場を通じて、家計と企業の間をどのように流れていくかを示す視覚的な経済モデル

平均可変費用　average variable cost　可変費用を生産量で割ったもの

平均固定費用　average fixed cost　固定費用を生産量で割ったもの

平均収入　average revenue　総収入を販売生産量で割ったもの

平均税率　average tax rate　総支払税額を総所得で割ったもの

平均総費用　average total cost　総費用を生産量で割ったもの

閉鎖経済　closed economy　他国の経済と相互作用しない経済

貿易赤字　trade deficit　輸入の輸出に対する超過分

貿易黒字　trade surplus　輸出の輸入に対する超過分

貿易収支　trade balance　一国の輸出額からその国の輸入額を差し引いたもの。純輸出とも呼ぶ。

貿易政策　trade policy　ある国の財・サービスの輸入量または輸出量に直接影響を与える政策

補完財　complements　一方の財の価格が上がると、もう一方の財の需要が減少するような財の組み合わせ

補償賃金格差　compensating differential　仕事の間の非金銭的な特性の違いを埋め合わせるための賃金差

補正的課税　corrective tax　負の外部性から生じる社会的コストを考慮するよう、民間の意思決定者を誘導するために設計された税

【ま行】

マキシミン基準（最小値最大化基準）　maximin criterion　政府は、社会で最も不利な立場にある人の厚生の最大化を目指すべきである、という主張

マクロ経済学　macroeconomics　インフレーション、失業、経済成長など、経済全体に関する事象を研究する分野

557

摩擦的失業　frictional unemployment　労働者が、自らの好みやスキルに最も適合する仕事を探すのに時間を要することで生じる失業

ミクロ経済学　microeconomics　家計や企業がどのように意思決定をし、それが市場でどのように相互に関わり合うかを研究する分野

民間貯蓄　private saving　家計が税金を払い、消費した分を支払った後に残る所得額

無差別曲線　indifference curve　消費者に同じレベルの満足を与える消費の組み合わせを示す曲線

明示的費用　explicit costs　企業が資金を支出する必要のある投入コスト

名目為替レート　nominal exchange rate　ある国の通貨を他の国の通貨と交換する際の交換比率

名目金利　nominal interest rate　通常表示されているインフレーションの影響を補正していない金利

名目GDP　nominal GDP　現在の価格で評価した財・サービスの生産額

名目変数　nominal variables　貨幣単位で測定される変数

メニュー・コスト　menu costs　価格を変更することのコスト

モノプソニー　monopsony　買い手が1人しかいない市場

モラルハザード　moral hazard　十分に監視されていない人が、不正な行動や望ましくない行動をとる傾向

【や行】

輸出（品）　exports　国内で生産され、海外で販売される財・サービス

輸入（品）　imports　海外で生産され、国内で販売される財・サービス

要求払い預金　demand deposits　預金者が小切手を書くだけで、必要に応じて利用できる銀行口座の残高

予算制約線　budget constraint　消費者が購入できる消費の組み合わせの上限

余剰　surplus　供給量が需要量を上回っている状態

【ら行】

ライフサイクル　life cycle　生涯を通じた所得変動のパターン

ランダムウォーク　random walk　変化が予測不可能な変数の経路

利潤　profit　総収入から総費用を引いたもの

リスク回避　risk aversion　不確実性を嫌うこと

リスク分散　diversification　単一のリスクを、完全には相関しない多くの小さなリスクに置き換えることで、リスクを軽減させること

リバタリアニズム　libertarianism　政府は、犯罪を処罰したり自由意志に基づく合意を保障したりすべきだが、所得再配分は行うべきではないと考える政治哲学

流動性　liquidity　ある資産を経済の交換手段に変換する際のしやすさ

流動性選好理論　theory of liquidity preference　貨幣需要と貨幣供給がちょうど釣り合うように金利が調整されるとする、ケインズが提唱した理論

累進税　progressive tax　高所得の納税者が低所得の納税者よりも所得に占める税額の割合が大きい税

レバレッジ　leverage　投資を行う際、既存の資金を補うために借入を利用すること

レバレッジ比率　leverage ratio　銀行の総資産と自己資本の比率

連邦準備制度（Fed）　Federal Reserve；Fed　アメリカの中央銀行

労働組合　union　賃金や労働条件について雇用者と交渉する労働者の団体

労働の限界生産物　marginal product of labor　労働力を1単位追加することによって生み出される追加的な生産量

労働力人口　labor force　労働者の総数で、就業者と失業者の両方を含む。

労働力率　labor-force participation rate　成人人口に占める労働力人口の割合

索引 Index

【あ行】

アインシュタイン, アルベルト ……… 22
アウアーバック, アラン ……………… 460
アクセルロッド, ロバート …………… 394
『アナーキー、国家、ユートピア』… 465
アメリカの税制 …………………………… 266
アメリカの平均寿命 ……………………… 254
アリストテレス ………………………… 237
アロー, ケネス …………………………514, 515
アローの不可能性定理 ………………… **515**
アングリスト, ジョシュア ………417, 545
安全保障 …………………………………… 194
暗黙の価格 ……………………………………… 61
意思決定 …………………………………………… 2
一括税 …………………………………………… **275**
一般均衡効果 …………………………… 418
移民 …………………………………………417-420
依頼人　→プリンシパル
医療改革法（ACA）………………………… 259
医療経済学 ……………………………… 243
医療支出 …………………………………254-258
　アメリカの医療支出 ………………… 256
　医療支出の国際比較 ………………… 257
医療市場 …………………………………244, 251
医療システム …………………………253, 260
医療保険改革法　→オバマケア
因果関係 ………………………………… 49, 542
インセンティブ
　…… 6, 17, 126, 167, 207, 271, 376, 462, 471
　私的インセンティブ ………………… 236
　社会的インセンティブ ……………… 236
インフレーション………………… **14**, 15, 17
インフレ率………………………………………… 14
ヴィックリー, ウィリアム…………… 463
ウーバー …………………………………………… 10
ウォルドフォーゲル, ジョエル …… 374
美しさの便益 …………………………… 436
売り手への課税 …………………………132, 133
エージェント（代理人）………………… **506**
円グラフ ………………………………………… 42
エンゲルの法則 ………………………… 105

応益原則 …………………………………… **276**
横断面データ …………………………… **531**
応能原則 …………………………………… **277**
汚染排出権 ………………………………213-218
オバマ, バラク（大統領）………249, 282
オバマケア ……………………………… 249
オレオポウロス, フィリップ ……… 443

【か行】

カーネギー, アンドリュー………… 498
会計上の利潤 …………………………… **288**
外部性………………**12**, 160, **203**-225, 245, 236
　正の外部性 …………… 204, 207, 245, 371
　製品多様性の外部性 ………………… 371
　ビジネス収奪の外部性 ……………… 371
　負の外部性 …………… 204, 206, 245, 371
　外部性の内部化 ……………………… **207**
価格…………………………………………………… 90
価格下限 …………………………………**122**, 127
　価格下限がある市場 ………………… 128
価格カスタム化 ………………………… 347
価格規制 …………………………………122, 131
価格効果 …………………………………338, 386
価格差別 …………………………………**347**-352
価格支配力 …………………………………… **12**
価格受容者　→プライステイカー
価格上限 …………………………………… **122**
　価格上限がある市場 ………………… 123
価格設定者　→プライスメーカー
科学者 …………………………………………… 22
科学的方法 ……………………………………… 22
下級財 ………………… **75**, 105, **487**, 488
確証バイアス …………………………… 519
隠れた行動 ……………………………… 506
隠れた特性 ………………………………506, 508
家計 …………………………………………… 1, 25
過剰生産力 ……………………………… 369
課税 …………………………………………164, 211
　売り手への課税 ………………………132, 133
　買い手への課税…………………………134, 135
　二重課税 ……………………………… 269

補正的課税 ……………………………… 211
　課税の効果 …………………………… 164
　課税の死荷重 ………………………… 164
寡占 …………………………………**364**, 365, **381**
ガソリン税 ……………………………… 212
傾き ………………………………………… 47, 103
仮定 …………………………………………………… 23
過度の顕著性 …………………………… 519
株式会社 ………………………………… 507
貨幣 ………………………………………… 14, 17
可変費用……………………………………**294**, 302
カルテル ………………………………… **383**
環境保護庁（EPA）…………………… 210
観察データ ……………………………… **529**
関税 ………………………… 37, **188**, 189, 196
関税及び貿易に関する一般協定（GATT）
　………………………………………………… 197
完全価格差別 …………………………… 349
完全競争 … 70, 357, 365, 369, 377
完全競争市場 …………………………… 308
完全代替財 ……………………………… **483**
完全に弾力的 …………………………… 99, 107
完全に非弾力的 ………………………… 99, 107
完全補完財……………………………………483, **484**
機会費用 …………………………… **4**, 28, **59**, 287
議会予算局（CBO）………… 33, 130, 278
気候変動 ………………………………… 216
技術（テクノロジー）………………………… 81
技術的波及 ……………………………… 208
記述的分析 ……………………………………… 32
記述的命題 ……………………………………… **32**
希少性 …………………………………………………… **2**
規制 ………………………………………… 210
　価格規制 ………………………………122, 131
　独占企業の規制 ……………………… 353
　家賃規制 ………………………………125-127
基礎研究 ………………………………… 231
期待 ……………………………………… 51, 75, 81
ギッフェン, ロバート ………………… 493
ギッフェン財 …………………………… **493**
規範的分析………………………………………… 32

規範的命題	32
規模に関して収穫一定	300
規模の経済	192, 300, 334
規模の不経済	300
逆進税	277
逆選択	249, 508
逆の因果関係	49, 50
逆の因果性	50, 530
キャデラック税	259
給与税	136, 137, 269
供給	69, 78, 85
供給の価格弾力性	106-109
供給の減少（減退）	80
供給の増加（増大）	80
供給の弾力性	106
供給の変化	86
供給の法則	78
供給曲線	78, 150, 310
競争企業の供給曲線	310
短期供給曲線	315
長期供給曲線	318
供給曲線上の動き	86
供給曲線のシフト	79, 81, 86
供給計画	78, 151
供給量	78, 85
供給量の変化	86
行政管理予算局	33
競争	70
不完全競争	364
不公平な競争	195
競争企業	307
競争企業の収入	309
競争企業の短期供給曲線	315
競争企業の長期供給曲線	318
競争企業の利潤最大化	312
競争市場	70, 156, 308
協調	387, 393
共謀	383
共有資源	229, 236, 392
均衡	83
貿易がない状態での均衡	182
労働市場における均衡	417
寡占の均衡	384
均衡数量	83
均衡点	83
均衡価格	83
金利	498, 500

勤労所得税額控除（EITC）	131, 468
グラフ	42
クラブ財	229, 334
グリーンスパン，アラン	273
クリントン，ビル（大統領）	281, 470
クレイトン反トラスト法	353, 396
クロスセクションデータ	531
軍拡競争	391
景気刺激対策小切手	458
景気循環（ビジネス・サイクル）	15
経験的規則性	533
経済	1
経済学	2
『経済学および課税の原理』	62
経済学の10原則	2, 17
経済諮問委員会（CEA）	33
経済上の利潤	288
経済的福祉	467
経済モデル	24-30, 184, 520
計量経済学	528
ケインズ，ジョン・メイナード	34, 38
ゲーム理論	381
欠落変数	49, 435, 542
限界効用	486
限界効用の逓減	462, 486
限界収入	310, 337
限界収入生産物	411
限界生産物	290
限界生産物の価値	411, 420
限界生産物の逓減	291, 410
限界税率	171, 268, 274
限界代替率	480, 486
限界的な売り手	151
限界的な買い手	145
限界的な企業	326
限界的な変化	5
限界費用	5, 295-297, 302
限界費用曲線	312
限界便益	5
原初状態	463
現物給付	458, 469
交易	8, 17, 53, 187
公共財	228, 230-235
公共選択	513
広告	372-377
恒常所得	459
厚生経済学	143, 205

公的所有	355
公的な選択肢	260
行動経済学	506, 518, 522
恒等式	534
購入価格	423
公平性	3, 12, 155, 275
垂直的公平性	277
水平的公平性	277, 279
後方屈曲型労働供給曲線	497
効用	461, 486
交絡変数	530, 540
功利主義	461
効率性	3, 12, 155, 157, 271
効率賃金	440
効率賃金仮説	440, 508
効率的規模	297, 322, 369
合理的な人々	4, 17, 274, 290, 312, 327, 410
コース，ロナルド	220
コースの定理	220
コーラー，ダリル	460
国際貿易	181
輸出国における国際貿易	185
輸入国における国際貿易	187
黒死病　→ペスト	
『国富論』	9, 10, 62, 301, 396
国防	231
国民所得	407
誤差の範囲	539
個人所得税	267-270
個人退職勘定（IRA）	272
コスト（費用）	4, 17, 28, 149, 286, 299, 302, 415
サンクコスト（埋没費用）	314, 316
社会的コスト	206
生産コスト	285
租税のコスト	163
取引コスト	221
固定費用	294, 302
コトリコフ，ローレンス	460
5分位	278, 452, 460
5分位比率	454
コモンズの悲劇	236
雇用	193
混雑料金	237
コンドルセ侯爵	513
コンドルセのパラドックス	513, 514

索引 Index

【さ行】

最高限界税率 ……………………… 274
最後通牒ゲーム ………………… 520
財・サービス市場 ………………… 26
最小値最大化基準 …………… **464**
最小二乗法（OLS） …………… **538**
裁定 ……………………………… 349
最低賃金 ………………… 128-130
最低賃金法 ………… 32, 439, 466
最適点 …………………………… 485
歳入 ……………………………… 266
　　州および地方政府の歳入 …… 270
　　連邦政府の歳入 ……………… 268
再販売価格の維持 ……………… 397
サイモン，ハーバート ………… 518
サエズ，エマニュエル ………… 454
サティスファイサー …………… 518
座標系 ……………………… 42-44
サプライサイド経済学 ………… 174
差別 ………………………431, **441**
　　顧客や政府による差別 …… 445
　　雇用主による差別 ………… 443
　　スポーツにおける差別 …… 446
産業政策 ………………………… 209
産業組織論 ……………………… 285
サンクコスト（埋没費用）………314, **316**
算術平均 ………………………… 538
参入 ……………………………… 317
参入障壁 ………………………… 332
散布図 …………………… 43, 536
ジェンセン，ロバート ………… 493
死荷重 …… **167**-173, 188, 266, 271, 344
　　課税の死荷重 ……………… 164
　　関税による死荷重 ………… 188
　　独占による死荷重 ………… 344
シグナリング ……………437, **509**
シグナル ………… 374, 437, 510
時系列グラフ ……………………… 42
時系列データ ………………… **531**
資源の独占 ……………………… 333
市場…… 8, 11, 17, **70**, 89, 131, 144, 176, 203,
　　　　227, 265, 332, 395, 471, 523
　　市場の均衡 ………………… 155
　　市場の失敗 ………… **12**, 160, 203
市場供給 ………………… 79, 321
市場供給曲線 ……………………… 79
市場経済 ………………………… **9**

市場構造 ………………365, 377
市場支配力 … **12**, 159, 307, 331, 386
市場需要 …………………………… 73
市場需要曲線 ……………………… 73
市場清算価格 ……………………… 83
自然実験 …………………… 23, **542**
自然独占 ………… 229, **334**, 354
失業 …………………… 15, 17, 129
実験データ …………………… **528**
しっぺ返し ……………………… 394
私的財 ………………………… **228**
私的情報 ………………………… 509
シナジー効果 …………………… 353
支配戦略 ……………………… **388**
支払用意 ……………………… **144**
資本 ……………… 407, 423, 432
資本所得 ………………………… 424
シャーマン反トラスト法… 353, 395, 397
社会選択 ………………………… 513
社会的コスト …………………… 206
『社会的選択と個人的評価』…… 514
社会保険 ……………………… **464**
社会保険税 ……………………… 269
奢侈税 …………………………… 138
重回帰 ………………………… **542**
自由契約主義 ………………… **463**
囚人のジレンマ ………… **387**-395
従属変数 ………………………… 537
縦断データ ……………………… 531
集中度 …………………………… 364
自由な参入と退出………… 308, 365
自由貿易 …………… 62, 191, 193, 198
自由放任　→レッセフェール
シュマレンシー，リチャード ……… 400
需要 ………………………… 69, 71
　　需要の価格弾力性 …… **96**, 100
　　需要の減少（減退）……………74
　　需要の交差価格弾力性 …… **105**
　　需要の所得弾力性 ………… **105**
　　需要の増加（増大）……………74
　　需要の弾力性 …………………96
　　需要の変化 ……………………86
　　需要の法則 ………… **72**, 492
需要曲線 …44, 72, **73**, 99, 103, 145, 491, 492
　　需要曲線上の動き ……… 77, 86
　　需要曲線のシフト … 46, 74, 77, 85, 86
需要曲線と供給曲線のシフト…… 87-89

需要計画 ………………… **72**, 146
需要と供給の均衡………………… 83
需要と供給の図 ………… 85, 86
需要と供給の法則 ……………… **84**
需要量 ………………………… **72**
　　需要量の変化 …………………86
順序対 ……………………………… 42
消費者選択の理論 ……………… 475
消費者の選好 …………479, 480
消費者余剰 ……… **145**-149, 182
消費税 …………………………… 272
消費における競合性 ………… **228**
情報 ……………………………… 376
　　情報の非対称性………506, 511
ショー，ジョージ・バーナード ………35
『諸国民の富の性質と原因に関する
　　研究』→『国富論』
処置群 ………………………… 528
所得階層間の移動 ……………… 459
所得格差 …………………451, 460
　　アメリカにおける所得格差……… 453
　　世界各国の所得格差 …… 455
所得効果 ………… 415, **488**-490, 497, 499
所有権 ……………… **12**, 209, 240
新型コロナウイルスのパンデミック
　　……………………15, 243, 246, 253
新型コロナワクチン ………… 211
新古典派分配理論……………… 426
人的資本 ……………… **433**, 441
信頼区間 ………………519, 540
推移性 …………………………… 514
水質汚濁防止法 ………………… 216
垂直合併 ………………………… 353
垂直的公平性 ………………… **277**
水平合併 ………………………… 353
水平的公平性 ………………**277**, 279
スーパースター現象 …………… 437
スキルの価値 …………………… 433
スキルバイアスの技術変化 ……… 434
スクリーニング ……………… **511**
スティグラー，ジョージ ………355, 399
ストックマン，デイヴィッド ……… 174
ストライキ …………………… **440**
スミス，アダム …… 9, 10, 62, 90, 157, 203,
　　　　301, 396, 451, 512
『正義論』……………………… 463
生活水準 ………………… 13, 17, 421

561

政策アドバイザー……31
生産可能性……55
生産可能性フロンティア……26, 27, 55
　生産可能性フロンティアのシフト…29
生産関数……290-292, 410, 411
生産コスト……285
生産者余剰……150-153, 182
生産性……14, 192, 422
　生産性と賃金……421
生産要素……25, 408, 423, 425
生産要素市場……26, 407
生産量効果……386
政治経済学……505, 513
政治哲学……461
正常財……75, 105, 487
ぜいたく品……96, 138
正の外部性……204, 207, 245, 371
正の関係……45
正の相関……43
税の帰着……132, 279
税の歪み……170
製品多様性の外部性……371
政府による独占……333
世界価格……183
世界貿易機関（WTO）……197
石油輸出国機構（OPEC）…112, 124, 390
絶対値……97
絶対優位……59
善意ある社会計画者……154, 206, 344
線形回帰……537
線形需要曲線……103
選好……479, 480
潜在的費用……287, 302
相関……43
　正の相関……43
　負の相関……44
操業停止……314
操作変数……543
操作変数法……543
総収入……101, 286, 337
相対価格……477
総費用……286, 302
総費用曲線……291, 292
総余剰……154

【た行】
退出……314, 317

対照群……528
代替効果……415, 488-490, 499
代替財……75, 96, 105
大統領経済報告……33
代理人　→エージェント
抱き合わせ……398
多国間アプローチ……196
単位弾力性……99, 102
単一支払者制度……250, 260
短期供給曲線……315
短期平均総費用……299, 300
炭素税……216, 218
単独アプローチ……196
弾力性……96
　供給の価格弾力性……106-109
　供給の弾力性……106
　需要の価格弾力性……96, 100
　需要の交差価格弾力性……105
　需要の所得弾力性……105
　需要の弾力性……96
　単位弾力性……99, 102
　弾力性と税の帰着……136
弾力的……96, 99, 106
チェンバレン, エドワード……376
地下経済……171
チャーチル, ウィンストン……451
中位投票者……516
中位投票者定理……516
中央銀行……534
中間点法……98
超過供給……83
超過需要……84
長期供給曲線……324
長期均衡……367
長期平均総費用……299, 300
調整問題……301
直接規制政策……210
著作権法……333
賃金……416, 421
　効率賃金……440
　最低賃金……128-130
　実質賃金……422
　生産性と賃金……421
　賃金の決定要因……432
データ……527
デス・スパイラル……249
統計的差別……446

統計モデル……537
独占……71, 331, 332, 357
　資源の独占……333
　自然独占……229, 334, 354
　政府による独占……333
　独占による死荷重……344
　独占の非効率性……345
独占企業……332
　独占企業の収入……337
　独占企業の需要曲線……336, 339
　独占企業の利潤最大化……339, 342
独占禁止法……353, 395, 399
独占的競争……363, 364, 365, 369, 377
独占的競争企業……366
　短期における独占的競争企業…367
　長期における独占的競争企業…368
独立変数……537
土地……423
土地と資本の市場……424
特許法……333
トランプ, ドナルド（大統領）
……175, 250, 280, 282
『トランポノミクス』……175
取引コスト……221
トルーマン, ハリー（大統領）……33
トレードオフ
……2, 17, 28, 33, 56, 216, 415, 471, 475
　インフレーションと失業の
　　短期的なトレードオフ……15, 17
　効率性と公平性のトレードオフ……3
　仕事と余暇のトレードオフ……415

【な行】
ナッシュ, ジョン……384
ナッシュ均衡……385
二重課税……269
ニュートン, アイザック……22
ネーダー, ラルフ……6
納税義務額……268
ノージック, ロバート……464

【は行】
ハーサニー, ジョン……463
排除可能性……228
バイデン, ジョー（大統領）
……130, 279, 282, 469
ハエ取り紙理論……280

索引 Index

派生需要 ……………………… 408
パネルデータ ………………… **531**
ハマーメッシュ, ダニエル ……… 436
パラメーター ……………… 36, **532**
バン・ザ・ボックス ……………… 447
ハンド, ラーンド ………………… 273
反トラスト政策 ………………… 397
反トラスト法 ……………… 353, 395
反トラスト法違反事件 ………… 400
比較優位 ……………… 59, **60**, 183
比較優位原則 …………………… 63
ピグー, アーサー ……………… 211
ピグー税 ………………………… 211
ピケティ, トマス ……………… 454
ビジネス・サイクル →景気循環
ビジネス収奪の外部性 ………… 371
非弾力的 ……………… 96, 99, 106
必需品 …………………………… 96
ビドル, ジェフ ………………… 436
費用（コスト）
 ………… 4, 17, 28, **149**, 286, 299, 302, 415
　可変費用 ……………… **294**, 302
　機会費用 ……… **4**, 28, **59**, 287
　限界費用 ……… 5, **295**-297, 302
　固定費用 ……………… **294**, 302
　潜在的費用 …………… **287**, 302
　総費用 ………………… **286**, 302
　明示的費用 …………… **287**, 302
費用曲線 ………………………… 295
標準誤差 ………………………… **539**
標準偏差 ………………………… 539
費用便益分析 …………………… **234**
標本変動 ………………………… 539
比例税 …………………………… **277**
貧困 ……………………… 232, 451
貧困家庭一時扶助（TANF）…… 232, 467
貧困線 …………………………… **455**
貧困対策プログラム ……… 276, 469
貧困率 …………………………… **455**
　貧困率の推移 ………………… 456
フィッシャー, フランクリン ……… 400
フォード（・モーター）………… 299
フォード, ジェラルド（大統領）……… 14
付加価値税（VAT）……………… 273
不完全競争 ……………………… 364
福祉 ……………………………… **467**
複占 ……………………………… 382

不足 ……………………………… **84**
物価 ……………………… 14, 17, 147
ブッシュ, ジョージ・W（大統領）…… 282
物品税 …………………… 269, 270
負の外部性 …… 204, 206, 245, 371
負の関係 ………………………… 45
負の所得税 ……………………… **468**
負の相関 ………………………… 44
プライステイカー（価格受容者）
 ……… 70, 184, 308, 331, 340, 363
プライスメーカー（価格設定者）
 …………………… 331, 340, 363
プラトン ………………………… 471
ブランド名 ……………………… 375
フリーライダー ………………… **230**
プリンシパル（依頼人）………… **506**
プリンシパル・エージェント問題 … 507
フロー循環図 …………………… **25**
分業 ……………………………… 301
平均可変費用 …………… **295**, 302
平均固定費用 …………… **295**, 302
平均収入 ………………………… **310**
平均税率 ………………………… **274**
平均総費用 ………… **295**, 297, 302
　短期平均総費用 ………… 299, 300
　長期平均総費用 ………… 299, 300
ペスト …………………………… 425
ベネフィット →便益
ペルツマン, サム ………………… 7
ベルトラン, マリアンヌ ………… 442
便益（ベネフィット）………… 4, 234
　美しさの便益 ………………… 436
　交易の便益 …………………… 53
ベンサム, ジェレミー …………… 461
ベンハム, リー ………………… 373
貿易協定 ………………………… 196
貿易制限 ………………… 190, 193
貿易政策 ………………………… 190
棒グラフ ………………………… 42
法人所得税 ……………… 269, 280
ホームズ・ジュニア, オリバー・
　ウェンデル …………………… 163
ボーモル, ウィリアム …………… 254
ボーモルのコスト病 ……… 255, 256
補完財 …………………… **75**, 105
北米自由貿易協定（NAFTA）…… 196
保険市場 ………………………… 248

補償賃金格差 …………………… **432**
補助金 …………………… 208, 211
補正的課税 ……………………… **211**
補足的栄養支援プログラム（SNAP）
 …………………… 232, 250, 469
補足的所得補償（SSI）………… 467
ボックス, ジョージ ……………… 25
ホモ・エコノミクス ……………… 518
ホモ・サピエンス ……………… 518
ボルジャス, ジョージ …………… 420
ボルダ, ジャン＝シャルル・ド …… 514
ボルダ方式 ……………………… 514

【ま行】
マークアップ ……………… 256, 370
マイクロソフト …………… 332, 400
埋没費用 →サンクコスト
マキシマイザー ………………… 518
マキシミン基準 ………………… **464**
マクロ経済学 …………………… **30**
麻薬の禁止 ……………………… 114
見えざる手 …… 9-12, 90, 144, 157, 159, 192,
　　　　　 203, 214, 222, 244, 332, 344,
　　　　　 371, 393, 451, 471, 509, 512
ミクロ経済学 …………………… **30**
ミラー, ノーラン ………………… 493
ミリョ, ジェフリー ……………… 374
ミル, ジョン・スチュアート ……… 461
民主制 …………………………… 513
ムーア, スティーブン …………… 175
無差別曲線 …………… 479, **480**-484
無知のベール …………………… 463
ムライナサン, センディル ……… 442
明示的費用 ……………… **287**, 302
メディケア ……… 136, 250, 258, 269, 279
メディケイド … 232, 250, 258, 270, 279, 469
モノプソニー …………………… **438**
モラルハザード ………… **248**, **506**, 507

【や行】
家賃規制 ………………… 125-127
優先順位付投票制 ……………… 514
輸出国 …………………………… 184
　輸出国における国際貿易 ……… 185
輸出品 …………………………… **64**
ユニバーサル・ベーシックインカム
 …………………………………… 468

563

輸入国 ……………………… 186
　輸入国における国際貿易 ………… 187
輸入品 …………………………… **64**
輸入割当 ……………………… 37, 190
幼稚産業（論） ………………… 194
予算制約線 …………………476, **477**
　予算制約線の変化 …………… 478
余剰 …………………………… **83**
　消費者余剰 ……………… **145**-149, 182
　生産者余剰 ……………… **150**-153, 182
　総余剰 ………………………… 154
401（k）プラン …………………272, 519

【ら行】

ライフサイクル …………………… **458**
ラッファー，アーサー ……………… 174
ラッファー曲線 …………………173-175
ランダム化比較試験 ……………… **528**
リカード，デヴィッド ……………… 62
利潤 …………………………… **286**
　会計上の利潤 ………………… **288**
　経済上の利潤 ………………… **288**
利潤最大化 ………………… 310, 357, 377
　競争企業の利潤最大化 ………312, 320
　独占企業の利潤最大化 ………339, 342
利潤動機 ………… 239, 355, 443, 444
リスク回避 ……………………**248**, 464
利得行列 ……………………… 388
リバタリアニズム …………………… **464**

略奪的価格設定 ……………… 398
累進税 …………………………… **277**
レーガン，ロナルド（大統領）
　………………………… 35, 174, 281
レッセフェール（自由放任） ………… 156
レモン問題 ……………………… 508
レンタル価格 …………………… 423
連邦公開市場委員会（FOMC） …… 534
連邦準備制度（Fed） …………… 34, 534
連邦準備制度理事会（FRB）……273, 534
連邦所得税率 …………………… 268
連邦保険拠出法（FICA） …………… 136
労働 …………………………… 423
　労働と余暇のトレードオフ ……… 415
　労働の限界生産物 ……………… **410**
　労働の限界生産物の価値 ……412, 416
労働供給 ……………… 414, 494, 497
　労働供給曲線 …………………415, 497
　労働供給のシフト ……………… 417
労働組合 …………………………… **439**
労働需要 ……………………408, 409
　労働需要曲線 ………………… 413
　労働需要のシフト ……………… 420
ロールズ，ジョン ………………… 463
ロバック，ジェニファー …………… 444

【わ行】

ワークフェア ……………………… 470
ワクチン …………………………245, 246

【アルファベット】

ACA　→医療改革法
CAFE基準 ……………………… 217
CBO　→議会予算局
CEA　→経済諮問委員会
EITC　→勤労所得税額控除
EPA　→環境保護庁
Fed　→連邦準備制度
FICA　→連邦保険拠出法
FOMC　→連邦公開市場委員会
FRB　→連邦準備制度理事会
FRB/USモデル …………………… 534
GATT
　→関税及び貿易に関する一般協定
IRA　→個人退職勘定
MRS　→限界代替率
NAFTA　→北米自由貿易協定
OLS　→最小二乗法
OPEC　→石油輸出国機構
SNAP　→補足的栄養支援プログラム
SSI　→補足的所得補償
TANF　→貧困家庭一時扶助
VAT　→付加価値税
WTO　→世界貿易機関
x座標 ………………………………43
y座標 ………………………………43

■ 著者紹介

N・グレゴリー・マンキュー（N. Gregory Mankiw）

　ハーバード大学経済学部ロバート・M・ベレン教授。学生時代はプリンストン大学とマサチューセッツ工科大学で経済学を学ぶ。教員として、マクロ経済学、ミクロ経済学、統計学、経済学原理を教えている。ロングビーチ島でセーリングのインストラクターとして、ひと夏を過ごしたこともある。

　マンキュー教授は執筆活動を盛んに行っているほか、学術的・政策的な議論にも頻繁に参加している。*American Economic Review, Journal of Political Economy, Quarterly Journal of Economics*などの学術誌のほか、『ニューヨーク・タイムズ』や『ウォール・ストリート・ジャーナル』などの一般紙にも寄稿している。ベストセラーとなった中級レベルの教科書 *Macroeconomics*（Worth Publishers；邦訳『マンキュー マクロ経済学』東洋経済新報社）の著者でもある。

　教育、研究、執筆活動に加え、マンキュー教授は、全米経済研究局（National Bureau of Economic Research）のリサーチ・アソシエイト、ブルッキングス経済活動パネル（Brookings Panel on Economic Activity）のメンバー、連邦議会予算局（Congressional Budget Office）およびボストン・ニューヨーク両連邦準備銀行（Federal Reserve Banks of Boston and New York）のアドバイザー、アーバン・インスティテュート（Urban Institute）およびニューヨーク経済クラブ（Economic Club of New York）の評議員、ETS の経済学上級試験の開発委員会のメンバーも務めている。2003年から2005年まで、大統領経済諮問委員会（CEA）の委員長を務めた。

◆ 訳者紹介

片桐 満（かたぎり・みつる）
1981年生まれ。法政大学経営学部准教授。東京大学経済学部卒。ペンシルバニア大学 Ph.D.（Economics）。専門はマクロ経済学。
ウェブサイト：https://sites.google.com/site/mitsurukatagiri/

篠 潤之介（しの・じゅんのすけ）
1978年生まれ。早稲田大学国際教養学部准教授。早稲田大学政治経済学部卒。東京工業大学社会理工学研究科修了。米国ラトガース大学Ph.D.（Economics）。専門は金融論、協力ゲーム理論。
ウェブサイト：https://w-rdb.waseda.jp/html/100001438_ja.html

溝口 哲郎（みぞぐち・てつろう）
1973年生まれ。高崎経済大学経済学部教授。慶應義塾大学経済学部卒。慶應義塾大学経済学研究科修了。カナダ・オタワ大学Ph.D.（Economics）。専門は公共経済学、応用ミクロ経済学。
ウェブサイト：https://www.tcue.ac.jp/professor/mizoguchi_tetsurou.html

2025 年 3 月 3 日　初版第 1 刷発行

マンキュー経済学 I　ミクロ編〈第 5 版〉

著　者　N・グレゴリー・マンキュー
訳　者　片桐満・篠潤之介・溝口哲郎
発行者　松村達生
発行所　センゲージラーニング株式会社
　　　　〒 102-0073　東京都千代田区九段北 1-11-11　第 2 フナトビル 5 階
　　　　TEL 03-3511-4390　FAX 03-3511-4391
　　　　URL　https://cengage.jp

発売者　石田勝彦
発売所　株式会社 東京化学同人
　　　　〒 112-0011　東京都文京区千石 3-36-7
　　　　TEL 03-3946-5311　FAX 03-3946-5317
　　　　URL　https://www.tkd-pbl.com
組　版　有限会社トライアングル
印刷·製本　株式会社シナノ

ISBN978-4-8079-1812-6
落丁・乱丁本はお取り替えします。
また、本書の全部、または一部を複写・複製・転訳載、および磁気・光記録媒体に入力することなど
は、著作権法上の例外を除き禁じられています。

© Katagiri Mitsuru, Shino Junnosuke, Mizoguchi Tetsuro　2025　Printed in Japan